Rollenvorstellungen kamerunischer Lehrkräfte
im schulischen DaF-Unterricht

IM MEDIUM FREMDER SPRACHEN UND KULTUREN

Herausgegeben von Prof. Dr. Lutz Götze,
Prof. Dr. Gabriele Pommerin-Götze und PD Dr. Salifou Traoré

BAND 33

Zu Qualitätssicherung und Peer Review der vorliegenden Publikation

Die Qualität der in dieser Reihe erscheinenden Arbeiten wird vor der Publikation durch die Herausgeber der Reihe geprüft.

Notes on the quality assurance and peer review of this publication

Prior to publication, the quality of the work published in this series is reviewed by the editor of the series.

Bertrand Toumi Njeugue

Rollenvorstellungen kamerunischer Lehrkräfte im schulischen DaF-Unterricht

Eine qualitative praxiserkundende Fallstudie

Bibliografische Information der Deutschen Nationalbibliothek
Die Deutsche Nationalbibliothek verzeichnet diese Publikation
in der Deutschen Nationalbibliografie; detaillierte bibliografische
Daten sind im Internet über http://dnb.d-nb.de abrufbar.

Zugl.: Bielefeld, Univ., Diss.,2021

D 361
ISSN 1439-5894
ISBN 978-3-631-86289-6 (Print)
E-ISBN 978-3-631-87006-8 (E-PDF)
E-ISBN 978-3-631-87007-5 (EPUB)
DOI 10.3726/b19214

© Peter Lang GmbH
Internationaler Verlag der Wissenschaften
Berlin 2022
Alle Rechte vorbehalten.

Peter Lang – Berlin · Bern · Bruxelles · New York ·
Oxford · Warszawa · Wien

Das Werk einschließlich aller seiner Teile ist urheberrechtlich
geschützt. Jede Verwertung außerhalb der engen Grenzen des
Urheberrechtsgesetzes ist ohne Zustimmung des Verlages
unzulässig und strafbar. Das gilt insbesondere für
Vervielfältigungen, Übersetzungen, Mikroverfilmungen und die
Einspeicherung und Verarbeitung in elektronischen Systemen.

Diese Publikation wurde begutachtet.

www.peterlang.com

Meiner 2017 verstorbenen Mutter und meinem Vater,
die mir von der Kindheit an Fleiß und Ausdauer beigebracht haben
&
Meiner Frau und unseren Kindern,
die mich stets inspirieren und meinem Leben einen Sinn geben

Vorwort

Die vorliegende empirische Studie wurde im Dezember 2020 von der Fakultät für Linguistik und Literaturwissenschaft der Universität Bielefeld als Dissertation angenommen.

Dass dieses Forschungsprojekt trotz zahlreicher Herausforderungen abgeschlossen werden konnte, verdanke ich vielen Menschen, Gruppen und Institutionen. An erster Stelle sei meiner Doktormutter Prof. Dr. Claudia Riemer für das Vertrauen, die wissenschaftliche Begleitung und die vielen wertvollen Impulse an entscheidenden Stellen im Forschungsprozess herzlich gedankt. Besonderer Dank gilt Prof. Dr. Uwe Koreik, Prof. Dr. Julia Settinieri und Prof. Dr. Udo Ohm für ihre konstruktiven Rückmeldungen im Doktorandenkolloquium.

Angefangen hat das Projekt 2014 an der Universität Yaoundé I (Kamerun), als ich mich nach mehrjähriger Lehrertätigkeit kontinuierlich mit der Reflexion über die eigene Lehrerrolle im Lehr-Lern-Prozess auseinandersetzte und dabei immer wieder auf ungeklärte Fragen stieß. Ich bedanke mich herzlich bei meinen ehemaligen Professor*innen und Dozent*innen an der Universität Yaoundé I. Für unsere konstruktiven und impulsreichen Gespräche während ihrer jeweiligen Forschungsaufenthalte an der Universität Bielefeld danke ich u.a. Prof. Dr. David Simo, Prof. Dr. Alexis Ngatcha, Prof. Dr. Donatien Mode, Prof. Dr. Philomène Atyame, Dr. Jean Bertrand Miguoue und Dr. Georges Massock. Besonders zu danken ist außerdem Prof. Dr. Maryse Nsangou-Njikam, die vor 20 Jahren meine ersten Schritte im Germanistikstudium an der Universität Yaoundé I begleitet und bis heute immer wieder ermunternde Worte für mich bereithat.

Ein besonderer Dank gilt Frau Kirsten Böttger, Frau Ruth Andersen und Frau Anette Huter für die mehrförmige Unterstützung meiner Familie und mir vor und während des Forschungsaufenthalts in Bielefeld. Zu Dank verpflichtet bin ich für ihre jeweiligen Förderungen sowohl dem Goethe-Institut Kamerun als auch dem DAAD und der Germanistischen Institutspartnerschaft zwischen einerseits der *Faculté des Arts, Lettres et Sciences Humaines* sowie der Deutschabteilung der Ecole Normale Supérieure der Universität Yaoundé I und andererseits dem Fach Deutsch als Fremdsprache der Fakultät für Linguistik und Literaturwissenschaft der Universität Bielefeld.

Ferner sei allen Schüler*innen und Lehrkräften gedankt, die bei der Datenerhebung mitgewirkt haben. Zahlreiche Anregungen verdanke ich dem Austausch mit

Frau Edith Nimatcha, Frau Babeth Nanga, Frau Carole Flore Messa´a Komgang Epse Fotso Simo, Frau Mbiafeun Annie, Frau Jocelyne Wafein, Herrn Ulrich Ngassam und Herrn Jean-Claude Atangana. Bei Frau Yvette Beatrice Evina, Frau Pierrette Embe Andoun und Herrn Jacques Marie Omgbwa bedanke ich mich dafür, dass sie in ihrer damaligen Funktion als Schulleiter*innen den Zugang zum Forschungsfeld ermöglicht haben.

Besonderer Dank gilt weiterhin Frau Kirsten Böttger, Frau Ruth Andersen, Frau Britta Sefzig, Frau Laura Hilsmann, Frau Justyna Plucinski, Herrn Hans Jünger, Herrn Jean Leopold Leumassi und Herrn Dieudonné Tchamou Ebon für das sorgfältige Korrekturlesen des Manuskriptes bzw. der Transkripte. Bedanken möchte ich mich außerdem bei allen meinen „Doktorgeschwistern" für die anregenden Diskussionen im Doktorandenkolloquium und in Arbeitskreisen.

Für die außerordentliche Unterstützung und Geduld gilt besonderer und tief empfundener Dank meiner Familie.

Bielefeld, im September 2021

Inhaltsverzeichnis

Abbildungsverzeichnis 19

Tabellenverzeichnis 21

1. Einleitung 23

2. Zum aktuellen Forschungsstand: Lehrer*innen-Rolle und
   Lehrer*innen-Vorstellungen 29
   2.1. Theoretische Verortung: Die Lehrkraft als „reflective practitioner" 29
       2.1.1. Zum Begriff des „reflective practitioner" 29
       2.1.2. Zur Lehrperson als reflektierte Praktikerin 33
   2.2. Zur Lehrer*innen-Rolle in der Forschung zum Lehrer*innen-
        Beruf 36
       2.2.1. Zur Lehrer*innen-Rolle als soziale Rolle 36
           2.2.1.1. Zum Rollenbegriff 36
           2.2.1.2. Zu den Merkmalen der Lehrer*innen-Rolle 39
       2.2.2. Zur Bestimmung der Lehrer*innen-Rolle in ausgewählten
              Paradigmen der Forschung zum Lehrer*innen-Beruf 43
           2.2.2.1. Das Persönlichkeitsparadigma 43
           2.2.2.2. Das Prozess-Produkt-Paradigma 45
           2.2.2.3. Das Expertenparadigma 46
   2.3. Zu den Lehrer*innen-Vorstellungen in der Unterrichtsforschung .. 48
       2.3.1. Zu den Lehrer*innen-Vorstellungen 48
           2.3.1.1. Begriffliche Erläuterungen 48
           2.3.1.2. Abgrenzung zu ausgewählten Konstrukten 52
           2.3.1.3. Zur Bedeutung von Vorstellungen im Lehr-Lern-
                    Prozess 54

2.3.2. Lehrer*innen-Vorstellungen als Bestandteil der professionellen Kompetenz von (Fremdsprachen-)Lehrenden 56
    2.3.2.1. Der Kompetenzansatz 57
    2.3.2.2. Zur Erforschung der Aspekte professioneller Kompetenz von Lehrkräften 61
2.3.3. Zur Einordnung der Arbeit: Ein Modell der Wirkungsweise des Unterrichts 62
2.4. Zusammenfassung 65

3. Implementierung von Veränderungen im Lehr-Lern-Prozess 69

3.1. Unterrichtsentwicklung 69
  3.1.1. Sinn und Zweck der Unterrichtsentwicklung 69
  3.1.2. Zur Diskussion über guten (Fremdsprachen-)Unterricht 73
  3.1.3. Zu den Merkmalen guten (Fremdsprachen-)Unterrichts 77
    3.1.3.1. Fachübergreifende Merkmale der Unterrichtsqualität 77
    3.1.3.2. Fachspezifische Merkmale des qualitätsvollen Fremdsprachenunterrichts 82
    3.1.3.3. Zur Festlegung der Qualitätsmerkmale für die Forschung an den Vorstellungen von DaF-Lehrenden über die eigene Rolle im DaF-Unterricht 89
  3.1.4. Ein Modell zur Implementierung von Veränderungen im DaF-Unterricht 90
3.2. Zur Förderung lebendigen Lernens im DaF-Unterricht 91
  3.2.1. Zum Konzept des lebendigen Lernens 91
    3.2.1.1. Was ist die Themenzentrierte Interaktion (TZI)? 92
    3.2.1.2. Das Vier-Faktoren-Modell der TZI 95
  3.2.2. TZI als Analysewerkzeug 99
  3.2.3. Zur Förderung des lebendigen Lernens im DaF-Unterricht 102

Inhaltsverzeichnis

4. Zu den Rahmenbedingungen des kamerunischen Deutschunterrichts 107

4.1. Allgemeine Rahmenbedingungen des kamerunischen DaF-Unterrichts 108

4.1.1. Zu den administrativen und curricularen Vorgaben des kamerunischen DaF-Unterrichts 108
4.1.2. Zu den Akteuren des schulischen DaF-Unterrichts in Kamerun 110
4.1.2.1. Zu den Deutschlehrenden 110
4.1.2.2. Zu den Deutschlernenden 112
4.1.3. Zu weiteren Rahmenbedingungen an kamerunischen Schulen 113

4.2. Spezifische Rahmenbedingungen der Forschung an der Lehrer*innen-Rolle: Zur Großgruppendidaktik 115

4.2.1. Zum Unterricht in großen Lerngruppen 116
4.2.1.1. Begriffsbestimmung: Was ist eine Großgruppe? 116
4.2.1.2. Zu den Merkmalen des Großgruppenunterrichts 117
4.2.2. Zum qualitätsvollen Großgruppenunterricht 120

5. Erkenntnisinteresse und Untersuchungsgegenstand 125

5.1. Ausgangspunkt und Grundannahmen 125
5.2. Untersuchungsgegenstand und Fragestellungen 126

6. Methodologische Verortung: Qualitative Forschung 129

6.1. Zur qualitativen Forschungsperspektive 129
6.2. Möglichkeiten und Grenzen qualitativer Erforschung des DaF-Unterrichts 131

7. Forschungsansatz: Aktionsforschung 135

7.1. Zum Begriff der Aktionsforschung 136
7.1.1. Zur Durchführung von *Aktions-* und *Forschungs*prozessen im DaF-Unterricht 140

      7.1.2. Möglichkeiten und Grenzen der Aktionsforschung im
            DaF-Unterricht 141
  7.2. Planung und Durchführung eines Aktionsforschungsprojekts
      in der Forschung an Lehrer*innen-Rolle im DaF-Unterricht 143
      7.2.1. Zur Rollenkonstellation im Aktionsforschungsprojekt 143
            7.2.1.1. Zu den Handlungsfeldern 146
            7.2.1.2. Zum Kreislauf von Aktion und Reflexion 149
      7.2.2. Beschreibung der Teilstudien 1 und 2 152
            7.2.2.1. Zur Organisation und Durchführung der
                  Teilstudie 1 152
            7.2.2.2. Zur Organisation und Durchführung der
                  Teilstudie 2 167
      7.2.3. Reflexion zur Durchführung der Aktionsforschung 182

8. Gütekriterien 185
  8.1. Zu den Gütekriterien in der qualitativen Forschung 185
  8.2. Zu den Gütekriterien der Aktionsforschung 194
  8.3. Zur Forschungsethik 197

9. Zur Aufbereitung und Interpretation der Daten 203
  9.1. Zur Datenaufbereitung 203
      9.1.1. Transkription als Konstruktion des Datenmaterials 204
      9.1.2. Zur Durchführung der Transkriptionsarbeit 204
      9.1.3. Zur Übersetzung der Transkripte 206
  9.2. Zur Dateninterpretation 207
      9.2.1. Zu den wichtigsten Merkmalen der Grounded Theory 207
      9.2.2. Zur konstruktivistischen Grounded Theory 210
            4.2.2.1. Zur Erläuterung der Auswertungstechnik der
                  KGT 211
            9.2.2.2. Zur Auswahl der Auswertungstechnik der KGT 217
      9.2.3. Zur Durchführung der Dateninterpretation 218
            9.2.3.1. Zu den subjektiven Merkmalen des Forschenden .. 218

9.2.3.2. Zum methodischen Vorgehen der
Dateninterpretation 219
9.2.3.3. Zusammenfassung zur Datenauswertung 239

10. Forschungsergebnisse zu den Vorstellungen von Lehrkräften über die Lehrer*innen-Rolle 241

10.1. Zu den Forschungsteilnehmenden 241
    10.1.1. Forschungsteilnehmer der Teilstudie 1 241
    10.1.2. Forschungsteilnehmer der Teilstudie 2 242
        10.1.2.1. Frau Nemka 242
        10.1.2.2. Frau Kouba 243
        10.1.2.3. Frau Njemmack 243

10.2. Forschungsergebnisse zu den Vorstellungen von Herrn Fetba über die eigene Rolle im DaF-Unterricht (Teilstudie 1) 244
    10.2.1. Vorstellungen von Herrn Fetba über die eigene Rolle im DaF-Unterricht 244
        10.2.1.1. „der lehrer ist derJEnige (-) der: (-) ALLES organisiert" 244
        10.2.1.2. „diese schüler sie: haben keine LUST […] zum LERNEN" (FS1-FT2, Z. 1–3) 246
        10.2.1.3. NUR der lehrer hat den (--) SCHLÜSsel dabei (FS1-FT2, Z. 19) 249
        10.2.1.4. „er [der Lehrer] gibt (-) RATschläge (-) er kann auch öh: (-) STRAfen (1.0) geben" (FS1-FT2, Z. 22–23) 252
    10.2.2. Auswirkungen der Rollenvorstellungen von Herrn Fetba auf die eigene Rolle im DaF-Unterricht 253
        10.2.2.1. Auswirkungen auf die Lernenden 253
        10.2.2.2. Auswirkungen auf die Prozessqualität des Unterrichts 258
    10.2.3. Zusammenfassung der Erkenntnisse zu den Vorstellungen von Herrn Fetba über die eigene Lehrer*innen-Rolle im DaF-Unterricht 265

10.3. Forschungsergebnisse zu den Vorstellungen von Frau Nemka über die eigene Lehrer*innen-Rolle im DaF-Unterricht (Teilstudie 2) 266
    10.3.1. Vorstellungen von Frau Nemka über die eigene Lehrer*innen-Rolle im DaF-Unterricht 267
        10.3.1.1. Vorstellung der eigenen Lehrer*innen-Rolle als Fachfrau 267
        10.3.1.2. Vorstellung der eigenen Lehrer*innen-Rolle als Autorität 269
        10.3.1.3. Vorstellung der eigenen Rolle als Ratgebende .. 271
    10.3.2. Auswirkungen der Vorstellungen von Frau Nemka über die eigene Rolle im DaF-Unterricht 272
        10.3.2.1. Auswirkungen auf die Lernenden 272
        10.3.2.2. Auswirkungen auf die Prozessqualität des Unterrichts 275
    10.3.3. Zusammenfassung der Erkenntnisse zu den Vorstellungen von Frau Nemka über die eigene Lehrer*innen-Rolle im DaF-Unterricht 282
10.4. Forschungsergebnisse zu den Vorstellungen von Frau Kouba über die eigene Lehrer*innen-Rolle im DaF-Unterricht 283
    10.4.1. Vorstellungen von Frau Kouba über die eigene Lehrer*innen-Rolle im DaF-Unterricht 283
        10.4.1.1. Frühere Selbstwahrnehmung als Fachfrau 284
        10.4.1.2. Aktuelle Selbstwahrnehmung als liebevolle Mutter 287
    10.4.2. Auswirkungen der Vorstellungen von Frau Kouba über die eigene Lehrer*innen-Rolle im DaF-Unterricht .. 289
        10.4.2.1. Auswirkungen auf die Lernenden 289
        10.4.2.2. Auswirkungen auf die Prozessqualität des Unterrichts 293
    10.4.3. Zusammenfassung der Erkenntnisse zu den Vorstellungen von Frau Kouba über die eigene Lehrer*innen-Rolle im DaF-Unterricht 300

10.5. Forschungsergebnisse zu den Vorstellungen von Frau
Njemmack über die eigene Lehrer*innen-Rolle im DaF-
Unterricht 301

    10.5.1. Vorstellungen von Frau Njemmack über die eigene
Lehrer*innen-Rolle im DaF-Unterricht 301

        10.5.1.1. „äh ich BIN: die: (.) erleichterin" 302

        10.5.1.2. „ich kontrolliere (-) IMMER die
hausaufgaben" 303

        10.5.1.3. „ich bin auch ihre SCHWESter. (.) ihre
FREUNdin" 304

    10.5.2. Auswirkungen der Vorstellungen von Frau Njemmack
über die eigene Lehrer*innen-Rolle im DaF-Unterricht .. 304

        10.5.2.1. Auswirkungen auf die Lernenden 305

        10.5.2.2. Auswirkungen auf die Prozessqualität des
Unterrichts 309

    10.5.3. Zusammenfassung der Erkenntnisse zu den
Vorstellungen von Frau Njemmack über die eigene
Lehrer*innen-Rolle im DaF-Unterricht 313

10.6. Vergleichende Betrachtung der Forschungsergebnisse zu
den Vorstellungen der vier DaF-Lehrpersonen über ihre
Lehrer*innen-Rolle im DaF-Unterricht 314

    10.6.1. Vergleichende Betrachtung der Vorstellungen der vier
DaF-Lehrkräfte über die eigene Lehrer*innen-Rolle
im DaF-Unterricht 314

        10.6.1.1. Rollenvorstellung als Fachperson und
Autorität 315

        10.6.1.2. Rollenvorstellung als *Facilitator* 317

    10.6.2. Vergleichende Betrachtung der Auswirkungen der
Vorstellungen der vier DaF-Lehrkräfte über die eigene
Lehrer*innen-Rolle im DaF-Unterricht 319

        10.6.2.1. Vergleichende Betrachtung der Auswirkungen
auf die Lernenden 319

        10.6.2.2. Vergleichende Betrachtung der Auswirkungen
auf die Prozessqualität des Unterrichts 321

10.7. Zusammenfassung 324

11. Forschungsergebnisse zu den Interventionen im DaF-Unterricht 327

11.1. Zur Durchführung der Interventionen in den beteiligten DaF-Klassen 327

11.1.1. Zur Durchführung der Interventionen in der Seconde-Klasse 327
11.1.2. Zur Durchführung der Interventionen in der Terminale-Klasse 330
11.1.3. Zur Durchführung der Interventionen in der Troisième-Klasse 334
11.1.4. Zusammenfassung der Durchführung von Interventionen im DaF-Unterricht 338

11.2. Ergebnisse der Interventionen im DaF-Unterricht (Teilstudie 2) 340

11.2.1. Ergebnisse der Interventionen aus Sicht der Lehrenden .. 340
11.2.1.1. Ergebnisse der Interventionen aus Sicht von Frau Nemka und Frau Njemmack 341
11.2.1.2. Ergebnisse der Interventionen aus Sicht von Frau Kouba 350

11.2.2. Ergebnisse der Interventionen aus Sicht der Lernenden .. 360
11.2.2.1. Ergebnisse der Interventionen aus Sicht der Schüler*innen der Seconde-Klasse 361
11.2.2.2. Ergebnisse der Interventionen aus Sicht der Schüler*innen der Terminale-Klasse 367
11.2.2.3. Ergebnisse der Interventionen aus Sicht der Schüler*innen der Troisième-Klasse 375

11.3. Vergleichende Betrachtung der Forschungsergebnisse zu den Interventionen im DaF-Unterricht 383

11.3.1. Vergleichende Betrachtung der Lehrer*innen- und Schüler*innen-Perspektiven auf die Interventionen in der Seconde-Klasse und in der Troisième-Klasse 383
11.3.2. Vergleichende Betrachtung der Lehrer*innen- und Schüler*innen-Perspektiven hinsichtlich der Durchführung der Interventionen in der Terminale-Klasse 387

11.4. Zusammenfassung 388

12. Zusammenfassung der Forschungsergebnisse und Schlussfolgerungen 393

12.1. Zusammenfassung der Forschungsergebnisse 393

12.2. Schlussfolgerungen 400

    12.2.1. Schlussfolgerung für die Unterrichtsforschung 400

    12.2.2. Schlussfolgerungen für die Lehrer*innen-Aus- und -Fortbildung 403

    12.2.3. Schlussfolgerungen für den Großgruppenunterricht 405

    12.2.4. Schlussfolgerungen für den DaF-Unterricht 407

Literatur 415

Abbildungsverzeichnis

Abb. 1: Reflexionstypen hinsichtlich der Chronologie der Praxis (Angepasst aus Cowan 2006: 53) 33
Abb. 2: Didaktische Kompetenzen (Hallet 2006: 36) 58
Abb. 3: Vereinfachte Darstellung der professionellen Kompetenz von Lehrkräften 60
Abb. 4: Ein Angebots-Nutzungs-Modell der Wirkungsweise des Unterrichts (Helmke 2015a: 71) 63
Abb. 5: Angebots-Nutzungs-Modell der Unterrichtsentwicklung (Angepasst aus Hilbert Meyer et al. 2007a) 90
Abb. 6: Das Modell der Themenzentrierten Interaktion (TZI) 96
Abb. 7: Didaktisches Dreieck der Unterrichtsgestaltung (angepasst aus Ruth Meyer 2015) 98
Abb. 8: Didaktisches Dreieck der Unterrichtsqualität (eigene Darstellung auf der Grundlage vom didaktischen Dreieck der Unterrichtsqualität von Ruth Meyer) 100
Abb. 9: Kreislauf des Beziehungsverlustes in Großgruppen (Angepasst aus Petillon 1985: 166) 119
Abb. 10: Handlungsfelder in der Aktionsforschung 147
Abb. 11: Kreislauf von Aktion und Reflexion 149
Abb. 12: Handlungsschema in der Teilstudie 2 173
Abb. 13: Iterativ-zyklischer Prozess der Implementierung von Veränderungen im Unterricht 194
Abb. 14: Bildschirmaufnahme eines Dokuments mit einigen Kodes (Auszug 1) 224
Abb. 15: Bildschirmaufnahme eines Dokuments mit einigen Kodes (Auszug 2) 226
Abb. 16: Kodegruppe (Beispiele) 228
Abb. 17: Netzwerk zur Kategorie „Lehrerbezogene Probleme im DaF-Unterricht" 230
Abb. 18: Bildschirmaufnahme des initialen Kodierens 231
Abb. 19: Benennungssystem der Kodes 233
Abb. 20: Visualisierung der Beziehungen zwischen den Kodes 234
Abb. 21: Schritt 2 des theoretischen Kodierens (Herausfindung der Ausprägungen theoretischer Kodes) 238

Abb. 22:	Schritt 3 des theoretischen Kodierens (Relationen zwischen den theoretischen Kodes zur Beantwortung der Fragestellungen)	239
Abb. 23:	Kreislauf der Demotivation von Lehrenden und Lernenden im Unterricht (eigene Darstellung auf der Grundlage von Petillon 1986: 166)	320
Abb. 24:	Rekonstruktion der Interventionsreihenfolge	339
Abb. 25:	Muster der Rollenvorstellung als Fachmann/Fachfrau und Autorität	395
Abb. 26:	Vier-Schritt-Modell zur Implementierung vom mündlichen Schüler*innen-Feedback	397
Abb. 27:	Muster der Rollenvorstellung als Facilitator	400

Tabellenverzeichnis

Tab. 1: Wichtige Merkmale der Vorstellungen (vgl. Kirchner 2016) 49
Tab. 2: TZI-Hilfsregeln (Matzdorf und Cohn 1992: 76–77) 96
Tab. 3: Merkmale durchgeführter Unterrichtsbeobachtungen 157
Tab. 4: Softwarefunktionen in ATLAS.ti und deren Verwendung in der KGT 223
Tab. 5: Beispiel von Memo: Lehrer*in als angsteinflößende Autorität 226
Tab. 6: Schritt 1 des theoretischen Kodierens (Konstruktion theoretischer Kodes aus dem Vier-Faktoren-Modell der TZI) 236
Tab. 7: Konstruktion theoretischer Kodes zur Untersuchung der Unterrichtsqualität 237
Tab. 8: Dichotomisches Bild der Unterrichtsbeteiligten 246

1. Einleitung

In ihrem Buch „*Kenne deinen Einfluss!*" stellen sich Hattie und Zierer folgende Frage: „Wie kann es sein, dass es manchen Lehrpersonen gelingt, über Jahre, ja sogar Jahrzehnte hinweg in unserer Erinnerung zu bleiben, während andere nach kürzester Zeit ins Nirwana verschwinden? Es ist eine Frage des Einflusses und damit eine Frage der Expertise" (Hattie und Zierer 2019: 20). Mit ihrer Antwort postulieren die beiden prominenten Bildungsforscher, dass die Lehrer*innen-Expertise, auf deren Grundlage Lehrpersonen im Unterricht handeln und Einfluss auf den Lehr-Lern-Prozess nehmen, den Unterschied macht. Diese Auffassung fußt auf Hatties These, nach der Lehrpersonen zu den Faktoren gehören, die den Erfolg bzw. Misserfolg der Schüler*innen am meisten beeinflussen (vgl. Hattie 2013; 2014).

Zu der Frage, was Lehrer*innen-Expertise bedeutet, besteht in der Lehrer- und Unterrichtsforschung keine Einigung. Einerseits wird mit dem Begriff der Lehrer*innen-Expertise auf das Wissen, die Fähigkeiten und die Leistungen von Lehrenden als Experten verwiesen (Krauss 2011). In diesem Zusammenhang werden vordergründig professionsspezifische Expertiseaspekte (ebd., S. 181) von Lehrkräften untersucht, nämlich deren Professionswissen bzw. deren Kompetenzen (vgl. beispielsweise Berliner 2001; Bromme 2014; Kunter et al. 2011; Kunter und Gräsel 2018; Neuweg 2011). Im Kontext der Professionalisierung von Lehrpersonen wurden verschiedene unterrichtsrelevante Kompetenzen (Helmke 2015a: 110), berufliche Kompetenzen (Rothland und Terhart 2010: 800), didaktische Kompetenzen (Hallet 2006) bzw. professionelle Kompetenzen von Lehrkräften (Kunter et al. 2011) herausgearbeitet, die als Oberbegriff für die Lehrer*innen-Expertise angesehen werden. Trotz unterschiedlicher Konzepte von dem, was zu den beruflichen Kompetenzen von Lehrkräften gehört, wurde in den letzten fünfzehn Jahren im deutschen Sprachraum immer wieder ein Modell zitiert, das sowohl das professionelle Wissen von Lehrenden, deren professionelle Überzeugungen und Werthaltungen als auch deren motivationale Orientierungen und Selbstregulation umfassen (Baumert und Kunter 2011).

Andererseits wird der Begriff der pädagogischen Expertise nicht nur mit den Kompetenzen von Lehrpersonen in Form von Wissen und Können verbunden, sondern auch mit ihrer Haltung in Form von Wollen und Werten (Hattie und Zierer 2019: 26–29). Hier wird die Haltung von Lehrpersonen nicht als Bestandteil deren Kompetenzen betrachtet, sondern als Grundlage für das Zustandekommen von Kompetenzen, also als „zentrales Element pädagogischer Expertise und Garant für ein lebenslanges Lernen im Lehrerberuf" (ebd., S. 28). Dabei wird die professionelle pädagogische Haltung im Sinne von Kuhl et al. (2014) als „ein hoch individualisiertes (d.h. individuelles, idiosynkratisches) Muster von Einstellungen, Werten, Überzeugungen" verstanden und mit einem inneren Kompass verglichen, der „die Stabilität, Nachhaltigkeit und Kontextsensibilität des Urteilens und Handelns ermöglicht" (Kuhl et al. 2014: 107). Demnach sind starke Einflüsse der Lehrpersonen nicht auf deren Professionswissen zurückzuführen, sondern auf deren Geisteshaltung, d.h. ihre Art zu denken, ihre Überzeugungen bzw. ihre Vorstellungen u.a. im Hinblick auf die eigene Lehrer*innen-Rolle im Unterricht (Hattie 2014: 183).

Die Übertragung dieser Erkenntnisse meist aus der Allgemeindidaktik auf die Fremdsprachendidaktik lässt vermuten, dass der Erfolg bzw. Misserfolg der Schüler*innen beim Fremdsprachenlernen hauptsächlich auf Fremdsprachenlehrkräfte zurückzuführen ist und am meisten davon abhängig ist, welche Geisteshaltungen den Handlungen und Entscheidungen der Lehrenden zugrunde liegen. Folglich ist davon auszugehen, dass nachhaltige Veränderungen des Fremdsprachenunterrichts mit entsprechenden Veränderungen der Überzeugungen bzw. Vorstellungen von Lehrpersonen zusammenhängen. Daher widmet sich die vorliegende Studie, die sich auf den DaF[1]-Unterricht in Kamerun bezieht, der Fragestellung, wie sich die DaF-Lehrkräfte die eigene Lehrer*innen-Rolle vorstellen und welche Konsequenzen sich für die Lernenden und die Prozessqualität des DaF-Unterrichts daraus ergeben. Die Auseinandersetzung mit dieser Frage ermöglicht Einsicht in die Relevanz der Rollenvorstellungen von DaF-Lehrpersonen für die Unterrichtsqualität. Auf der Grundlage der gewonnenen Erkenntnisse soll herausgefunden werden, inwiefern einige Aspekte des Lehrer*innen-Handelns verändert werden können und wie dies zur nachhaltigen Verbesserung der Prozessqualität des kamerunischen Deutschunterrichts beitragen kann. Durch die anvisierte Umsetzung allgemeindidaktischer Forschungsstränge im DaF-Unterricht wird das Ziel verfolgt, ein didaktisches Modell zur Verbesserung der Prozessqualität des kamerunischen DaF-Unterrichts zu entwerfen. Ein besonderes Merkmal des Lehrens und Lernens an kamerunischen Schulen ist, dass Lerngruppen mit mehr als 50 Schüler*innen im Durchschnittsbereich liegen. Daher wird unter Berücksichtigung der Rahmenbedingungen des schulischen Lehrens und

---

1 Deutsch als Fremdsprache (DaF)

Lernens in Kamerun angestrebt, zur Weiterentwicklung der Didaktik für den Großgruppenunterricht beizutragen.

In der Fremdsprachenforschung und in der Sprachlehrforschung wird seit geraumer Zeit postuliert, dass die Untersuchung der Art und Weise, wie Lehrpersonen ihre eigene Rolle konzipieren und realisieren, von zentraler Bedeutung ist, da davon ausgegangen wird, dass die Natur der Interaktion im Fremdsprachenunterricht für den Lehr- und Lernerfolg des Unterrichts höchstwahrscheinlich entscheidend ist (Edmondson und House 2011: 333). In den wenigen Forschungsarbeiten, die meines Wissens bisher im kamerunischen DaF-Unterricht durchgeführt wurden, herrscht Konsens darüber, dass viele Aspekte des dortigen Lehrens und Lernens verbesserungsbedürftig sind (Mbia 1998; Ngatcha 2002; 2010; Tsamo Fomano 2016).

In seiner Dissertation zum Thema *„Interaktion im kamerunischen Deutschunterricht. Bewältigung von Lernschwierigkeit"* zieht Williams Tsamo Fomano (2016) nach der Analyse verschiedener aufgezeichneter Unterrichtssequenzen das Fazit, dass kamerunische DaF-Lehrkräfte ihre Kompetenz weiterentwickeln sollen, damit sie Interaktionen im Unterricht lernförderlich gestalten können: Es geht nämlich um die Weiterentwicklung ihrer Fach- und diagnostischen Kompetenzen sowie ihrer Kompetenzen im Hinblick auf die Schüler*innen-Motivierung, den Einsatz interaktionsfördernder Sozialformen, den Umgang mit Qualitätsmerkmalen guten Unterrichts und den effektiven Umgang mit Prozessen der Aktions- und Handlungsforschung. Auch wenn die Implementierung dieser Veränderungsvorschläge einen qualitativen Mehrwert für den kamerunischen DaF-Unterricht hätte, wäre es sinnvoll vorher zu erforschen, welche Einstellungen, Vorstellungen bzw. Überzeugungen den jetzigen Handlungen und Entscheidungen der Lehrkräfte zugrunde liegen und wie diese verändert werden können, damit die hier erwähnten gewünschten Vorschläge überhaupt zustande kommen können.

Angesichts der besorgniserregenden Intoleranz und Welle von Menschenrechtsverletzungen, die im Zuge der Demokratisierung in den afrikanischen Ländern immer mehr zu beobachten sind und zahlreiche sozio-politische Krisen mit sich bringen, plädiert Ngatcha (2002, 2010) für die Veränderungen der Haltung und Rolle afrikanischer Fremdsprachenlehrkräfte. Sie sollen erwartungsgemäß ihrer aufklärerischen, gesellschaftlichen Verantwortung bewusst werden und durch die Einnahme einer diskriminierungsfreien Haltung sowie durch einen schonungslosen Austausch über gesellschaftliche Missstände die Lernenden dazu anregen, dem Zerfall der Gesellschaft nicht gleichgültig zuzuschauen (Ngatcha 2010: 1704).

In der Forschung zum Lehrer*innen-Beruf wird Reflexion einerseits als Grundlage für die eigene Unterrichtsentwicklung, andererseits als wichtiger Bestandteil der professionellen Lehrer*innen-Arbeit, und daher als Kernelement der Professionalität von Lehrkräften angesehen (Wyss 2013: 59, 76; ausführlich zur Reflexion als Schlüsselkompetenz von Lehrer*innen-Professionalität: vgl. Abels 2011; Combe und Kolbe 2008; Göhlich 2011; Leonhard und Rihm 2011; Schädlich 2019; Thißen 2019; Wyss 2013). Ein reflektierter Umgang damit, wie kamerunische DaF-Lehrkräfte die eigene Lehrer*innen-Rolle verstehen, ist ein unumgänglicher Schritt, damit Veränderungen an deren Rollenauffassung stattfinden können. Ferner sollen jene Faktoren herausgearbeitet werden, die den Veränderungsprozess der Lehrer*innen-Rolle, sowie deren Handeln und Haltung im DaF-Unterricht fördern bzw. hemmen.

Die vorliegende Untersuchung soll dazu beitragen, die oben beschriebenen Forschungslücken zu schließen, indem sie sich einerseits mit der Ermittlung der Art und Weise befasst, wie kamerunische DaF-Lehrkräfte die eigene Lehrer*innen-Rolle verstehen, und andererseits den Veränderungsprozess einiger Aspekte des Lehrer*innen-Handelns im Lehr-Lern-Prozess unter die Lupe nimmt. Hierfür wurde ein Aktionsforschungsprojekt bestehend aus zwei unterschiedlichen Teilstudien an zwei kamerunischen Gymnasien durchgeführt. Durch die Beobachtung zahlreicher Unterrichtsstunden und die mündliche Befragung der Lernenden und Lehrkräfte wurden qualitative Daten erhoben, die dann aufbereitet und anschließend mithilfe der kategorienbasierten Verfahren der konstruktivistischen Grounded Theory (Charmaz 2014) ausgewertet wurden. Während des Aktionsforschungsprozesses wurden die forschungsteilnehmenden Lehrkräfte dabei unterstützt, in einem Kreislauf von Aktion und Reflexion Maßnahmen zur Verbesserung des eigenen DaF-Unterrichts zu entwerfen, zu implementieren und darüber zu reflektieren.

Die Arbeit ist wie folgt gegliedert: Im zweiten Kapitel werden wichtige Erkenntnisse zur bisherigen Forschung zur Lehrer*innen-Rolle und zu den Lehrer*innen-Vorstellungen diskutiert. Dabei wird zuerst die der vorliegenden Untersuchung zugrunde liegende Auffassung von Lehrenden als „*reflective practitioners*" (reflektierte Praktiker*innen) (Schön 1983, 1987) erläutert. Dann wird auf die Lehrer*innen-Rolle in der Forschung zum Lehrer*innen-Beruf eingegangen, indem nach der Begriffsbestimmung die Lehrer*innen-Rolle als soziale Rolle diskutiert und ausgewählte Perspektiven der Forschung zur Lehrer*innen-Rolle beschrieben werden. Im Anschluss daran werden begriffliche Erläuterungen zu Lehrer*innen-Vorstellungen thematisiert und Vorstellungen von Lehrkräften als Bestandteil ihrer professionellen Lehrkompetenz dargestellt, bevor das der vorliegenden Arbeit zugrunde liegende Angebots-Nutzungs-Modell der Wirkungsweise des Unterrichts dargelegt wird.

Das dritte Kapitel widmet sich den theoretischen Ausführungen zur Implementierung von Veränderungen im Lehr-Lern-Prozess. Angesichts der zweiten Fragestellung der vorliegenden Untersuchung werden zum einen der Sinn und Zweck der Unterrichtsentwicklung, die Diskussion über den guten (Fremdsprachen-)Unterricht und die Qualitätsmerkmale guten Unterrichts sowohl aus allgemeindidaktischer als auch aus fremdsprachendidaktischer Sicht erörtert. Zum anderen wird auf das anvisierte Ziel der Studie, lebendiges Lernen im DaF-Unterricht zu fördern, eingegangen, indem das Konzept des *lebendigen Lernens* auf der Grundlage der Themenzentrierten Interaktion (TZI) definiert und die Einsatzmöglichkeiten dieses Konzeptes in der Forschung zur Lehrer*innen-Rolle zur Diskussion gestellt werden.

Im vierten Kapitel werden die Rahmenbedingungen des Untersuchungskontextes beschrieben. Dabei geht es zuerst darum, einige Aspekte allgemeiner Rahmenbedingungen des kamerunischen schulischen DaF-Unterrichts zu beschreiben: administrative und curriculare Vorgaben, Akteure des schulischen DaF-Unterrichts und weitere Rahmenbedingungen an kamerunischen Schulen. Dann werden theoretische Erkenntnisse zum qualitätsvollen Unterricht in Großgruppen diskutiert, insofern als das in der vorliegenden Studie durchgeführte Aktionsforschungsprojekt im Großgruppenunterricht stattgefunden hat und die Offenlegung der Besonderheiten des Lehrens und Lernens in Klassen mit höherer Klassenfrequenz Einsicht in die Rahmenbedingungen ermöglicht, die bestimmten Verhaltensweisen der Forschungsteilnehmenden bzw. bestimmten Entscheidungen des Forschenden im Forschungsprozess zugrunde liegen.

Das Kapitel 5 befasst sich mit der Darstellung des Erkenntnisinteresses und des Untersuchungsgegenstands der vorliegenden Studie. Dabei werden einerseits der Ausgangspunkt und die Grundannahmen dieser Untersuchung, andererseits die Fragestellungen und die einschlägigen Forschungsfragen näher erläutert.

Die nächsten vier Kapitel (Kapitel 6, 7, 8 und 9) widmen sich der Beschreibung und Diskussion forschungsmethodischer Konzepte. Im Kapitel 6 wird auf die methodologische Verortung der vorliegenden Studie in der qualitativen Forschung eingegangen; im Kapitel 7 wird der Forschungsansatz der Aktionsforschung dargelegt. Dabei werden theoretische Erkenntnisse zur Aktionsforschung diskutiert und anschließend werden die Planung und Durchführung eines Aktionsforschungsprojekts in der Forschung zur Lehrer*innen-Rolle im DaF-Unterricht ausführlich beschrieben. Das Kapitel 8 setzt sich mit den Gütekriterien auseinander, die in der vorliegenden Studie beachtet wurden: Gütekriterien in der qualitativen Forschung, Gütekriterien in der Aktionsforschung und forschungsethische Fragen. Im Mittelpunkt des Kapitels 9 steht die Offenlegung der Methoden der Datenaufbereitung und -interpretation. Dabei wird u.a. darauf eingegangen, inwiefern die konstruktivistische Grounded Theory (Charmaz 2014) bei der Interpretation der erhobenen Daten eingesetzt wurde.

Die Kapitel 10 und 11 befassen sich mit der Darstellung der Forschungsergebnisse. Im Kapitel 10 werden die Ergebnisse der Untersuchung zur ersten Fragestellung diskutiert, nämlich zur Ermittlung der Art und Weise, wie sich die forschungsteilnehmenden DaF-Lehrkräfte die eigene Lehrer*innen-Rolle vorstellen. Im Kapitel 11 geht es um die Darstellung der Ergebnisse der Untersuchung zur zweiten Fragestellung, nämlich der Interventionen im DaF-Unterricht.

Abschließend werden die Forschungsergebnisse im Kapitel 12 zusammengefasst und daraus Schlussfolgerungen für die Unterrichtsforschung, die Lehrer*innen-Aus- und -Fortbildung, den Großgruppenunterricht sowie für den DaF-Unterricht gezogen.

2. Zum aktuellen Forschungsstand: Lehrer*innen-Rolle und Lehrer*innen-Vorstellungen

In diesem Kapitel soll zunächst kurz der aktuelle Forschungsstand skizziert werden, d.h. es geht um die Darstellung theoretischen Wissens, das für die Ermittlung der Vorstellungen der an der vorliegenden Forschung beteiligten Lehrenden über die eigene Rolle im DaF-Unterricht grundlegend ist. Auf der Basis der Wahrnehmung von Lehrenden als *reflective practitioners* (Schön 1983, 1987) (vgl. Kap. 2.1.) soll zunächst auf die Lehrer*innen-Rolle in der Forschungsliteratur zum Lehrer*innen-Beruf eingegangen werden (vgl. Kap. 2.2.), bevor wichtige Aspekte der Lehrer*innen-Vorstellungsforschung zur Diskussion gestellt werden (vgl. Kap. 2.3.).

2.1. Theoretische Verortung: Die Lehrkraft als *„reflective practitioner"*

2.1.1. Zum Begriff des *„reflective practitioner"*

Das Modell des *„reflective practitioner"* wurde von Donald A. Schön – ehemals Professor am Massachusetts Institute of Technology – in den 1980er-Jahren entwickelt. Im Mittelpunkt seiner Arbeit stand die Rekonstruktion professioneller Praxis. Schön kritisiert in erster Linie das positivistisch geprägte „Modell technischer Rationalität", mit dem professionellen Handeln üblicherweise rekonstruiert wird (Schön 1983, 1987). Aus der Perspektive dieses Modells besteht professionelle Praxis von Ärzt*innen, Ingenieur*innen, Lehrkräften, Rechtsanwält*innen etc. in der Anwendung von Wissen und Theorien, die durch wissenschaftliche Grundlagen- und angewandte Forschung in den jeweiligen Disziplinen herausgearbeitet werden (Schön 1987: 33).

Für diese Sichtweise ist die Annahme grundlegend, dass theoretisches Wissen außerhalb der Praxis entwickelt und allgemein zur Lösung praktischer Probleme angewandt werden kann. Demnach ist der fremdsprachliche Deutschunterricht als ein Ort zu sehen, an dem Erkenntnisse aus verschiedenen Disziplinen – nämlich der Sprachlehr- und Fremdsprachenerwerbsforschung, der Sprach-, Literatur- und Kulturwissenschaft, der (Fremdsprachen-)Didaktik sowie der pädagogischen Psychologie – zum Lehren bzw. Lernen des Deutschen im fremdsprachlichen Kontext Anwendung finden. Die Qualität des Lehrens ist demzufolge daran zu messen, wie geschickt und nachhaltig Lehrende Theorien aus u.a. den oben erwähnten Disziplinen zur effektiven Gestaltung des Lehr-Lern-Prozesses und zur Förderung des Lernerfolgs im Unterricht umsetzen. Aufgrund der Abkopplung der Praktiker*innen- von der Forscher*innen-Rolle wird von den an Universitäten und Forschungszentren tätigen Forschenden erwartet, dass sie sich mithilfe strenger wissenschaftlicher Kriterien der Untersuchung von Problemen aus der Unterrichtspraxis, dem Entwurf von Lösungsvorschlägen sowie der Aus- und Weiterbildung von angehenden und tätigen Lehrkräften widmen (Schön 1983: 26).

Hinsichtlich der Anwendung professionellen Wissens stellt Donald A. Schön eine Vertrauenskrise fest, die er bezogen auf die amerikanische Gesellschaft der 1980er-Jahre wie folgt umschreibt:

> There are increasing signs of a crisis of confidence in the professions. Not only have we witnessed well-publicized scandals in which highly esteemed professionals have misused their autonomy – where doctors and lawyers, for example, have used their positions illegitimately for private gain – but we are also encountering visible failures of professional action. Professionally designed solutions to public problems have had unanticipated consequences, sometimes worse than the problems they were designed to solve. Newly invented technologies, professionally conceived and evaluated, have turned out to produce unintended side effects unacceptable to large segments of our society. A professionally conceived and managed war has been widely perceived as a national disaster. Professionals themselves have delivered widely disparate and conflicting recommendations concerning problems of national importance, including those to which professional activities have contributed (Schön 1983: 4).

Die Reduktion professioneller Handlungen auf „instrumentelles Problemlösen und starres Anwenden wissenschaftlicher Theorien und Methoden" (Abels 2011: 52) stellt Schön damit infrage. Er betrachtet berufliche Situationen – zum Beispiel von Lehrenden – als problematisch, da sie von Natur aus komplex, instabil, ungewiss und einzigartig sind und oft Wert- und Interessenkonflikten unterliegen (Schön 1983: 13–18; zur ausführlichen Erläuterung dieser Merkmale vgl. Altrichter et al. 2018: 330–331). Die Komplexität des Unterrichts bezieht sich laut Jank und Meyer (2009: 104–105) auf folgende Merkmale: (1) *Ereignisvielfalt* – zahlreiche Individuen mit unterschiedlichen Verhaltensweisen, Bedürfnissen und Interessen interagieren im Unterricht, sodass mannigfaltige Ereignisse bzw. Ereignisketten im Raum stattfinden; (2) *Gleichzeitigkeit* – die Lehrperson muss bei der Bearbeitung des Lernstoffs gleichzeitig die Uhrzeit im Auge behalten, für eine lernförderliche Arbeitsatmosphäre sorgen und mit Störungen umgehen; (3) *Unmittelbarkeit* – da jedes Ereignis im Klassenzimmer registriert, bewertet und beantwortet werden muss, darf sich die Lehrkraft beim Agieren und Reagieren keine Auszeit leisten; (4) *Nichtvoraussagbarkeit* – im Unterricht müssen Lehrende mit Überraschungen rechnen, da keine Unterrichtstunde hundertprozentig nach Plan läuft; (5) *Öffentlichkeit* – Handlungen, Haltung und Aussagen der Lehrkraft werden unmittelbar von den Lernenden wahrgenommen und können unterschiedlich interpretiert werden; und (6) *Geschichtlichkeit und Entwicklungsbezogenheit* – dadurch, dass Lehrende und Lernende regelmäßig über einen längeren Zeitraum miteinander interagieren, entstehen gemeinsame Routinen und Rituale, Feind- und Freundschaften, Vorurteile und tiefe Einsichten; darüber hinaus muss die Lehrperson die Entwicklung der ganzen Gruppe und zugleich die jedes Einzelnen fördern.

Um die komplexe Struktur des Unterrichts, die für das Verständnis des Lehrer*innen-Berufs in der Fremdsprachendidaktik grundlegend ist, zu beschreiben, betrachtet Schart (2014: 40–41) das Lehren als die Fähigkeit, auf widersprüchliche Anforderungen zu reagieren und damit kompetent umzugehen: Lehrende müssen einerseits eine Balance zwischen dem Prinzip des lehrerzentrierten und schülerorientierten Unterrichtens finden, andererseits Anforderungen der Institution, des Lehrplans oder des Lehrwerks mit dem Interesse der Lernenden in Einklang bringen. Zwar wird der Lehrer*innen-Beruf als Profession verstanden – das heißt als „Berufsfeld, das sich unter anderem durch eine intensive spezialisierte Ausbildung, eine Tätigkeit in autonomen und nichtroutine-basierten Situationen, einer gemeinsamen theoretischen Wissensbasis und spezialisierten Fertigkeiten sowie systematischen Qualitätssicherung und Wissenserweiterung innerhalb des Feldes auszeichnet" (Baumert und Kunter 2011: 30). Aber die Komplexität, Einzigartigkeit, Ungewissheit und Instabilität der Unterrichtssituationen machen es unwahrscheinlich, dass bei Lehrer*innen-Aus- und -Fortbildungen theoretisches Wissen erworben werden kann, das den spezifischen Merkmalen aller in der beruflichen Praxis vorkommenden Problemen und Herausforderungen sowie allen lokalen Bedingungen unterrichtlichen Handelns Rechnung trägt.

Schön (1983; 1987) hebt die Notwendigkeit hervor, sich der Frage zu widmen, wie professionelle Praktiker*innen mit dem problematischen Charakter der Handlungssituationen umgehen. Der Fokus auf die Problemlösung durch Anwendung des erlernten Wissens übersieht laut Schön (1983: 39–40) den Prozess der Problemermittlung: Da Probleme in konkreten Handlungssituationen generell nicht eindeutig vorliegen, müssen sie oft zuerst definiert werden, bevor bestimmt wird, wie sie gelöst bzw. welche Lösungsstrategien aus dem umfangreichen, berufsbezogenen Handlungsrepertoire der handelnden Personen ausgewählt werden. Schön geht davon aus, dass das Professionswissen von Praktiker*innen nicht nur aus erlerntem Wissenschaftswissen besteht, sondern auch aus einem sogenannten „Wissen-in-der-Handlung", auf das in konkreten Handlungssituationen – bewusst oder unbewusst – zurückgegriffen wird und das Praktiker*innen nicht leicht zu beschreiben vermögen.

In problematischen Handlungssituationen erweisen sich routinierte Lösungsstrategien sowie implizites, unausgesprochenes Wissen-in-der-Handlung überraschenderweise als nicht wirksam, was bei professionellen Praktiker*innen einen Reflexionsprozess auslöst. Dabei wird nicht nur über die vorliegende, konkrete Situation, sondern auch über das eingesetzte Wissen-in-der-Handlung kritisch nachgedacht, was oft zum Überdenken des betroffenen Phänomens, zur Veränderung der Handlungsstrategien und sowie zum Entwurf bzw. Ausprobieren neuer Ansätze führt (Schön 1987: 28). Aus diesem Reflexionsprozess und der darauffolgenden Neujustierung des Handelns kann neues Wissen über das betroffene Phänomen sowie über dessen Handhabung erzeugt werden; dieses Wissen kann auch in späteren ähnlichen Situationen zum Einsatz kommen, allmählich in die routinierte Erfahrung der professionellen Praktiker*innen integriert und zum ausgesprochenen Wissen-in-der-Handlung werden (Schön 1987: 35).

Dieser Prozess der Wissensgewinnung aus der Praxis für die Praxis durch reflektierte Praktiker*innen überwindet die Spaltung von Forschung und Praxis, von Mittel und Ziel sowie von Wissen und Handeln, die dem positivistischen Modell der technischen Rationalität zugrunde liegt. Schön bezeichnet diesen Reflexionsprozess als alternative Epistemologie der Praxis mit konstruktivistischer Grundlage (Schön 1987: 35–36; vgl. Reich 2008; 2010).

> Wenn jemand in der Handlung reflektiert, wird er zu einem Forscher im Kontext der Praxis. Er ist nicht von den Kategorien etablierter Theorien und Technik abhängig, sondern konstruiert eine neue Theorie des spezifischen Falles. Sein Forschen beschränkt sich nicht darauf, Mittel zu überlegen, die von einer vorhergehenden Übereinkunft über Ziele abhängen. Er trennt Mittel und Ziele nicht, sondern bestimmt sie interaktiv, wenn er eine problematische Situation definiert. Er trennt Denken nicht vom Tun, bahnt sich nicht schlussfolgernd seinen Weg zu einer Entscheidung, die er dann in eine Handlung umformen muss. Da sein Experimentieren eine Form praktischer Handlung ist, ist die Verwirklichung seiner Reflexionsergebnisse in seine Forschung eingebaut. (Schön 1983: 68; übersetzt von Altrichter et al. 2018: 333).

Durch die Wechselwirkungen, die zwischen den Praktiker*innen und der jeweiligen Handlungssituation stattfinden und bei denen ihren individuellen Erfahrungen, Vorstellungen und Deutungen Raum gelassen werden, wird neues Wissen konstruiert. Aus der Erkenntnis, dass diese genaue Reflexion der Praxissituation einschließlich der genauen Analyse der problematischen Aspekte und derer Gründe die Lehrkräfte dazu befähigt, sich zu professionalisieren,

Theoretische Verortung 33

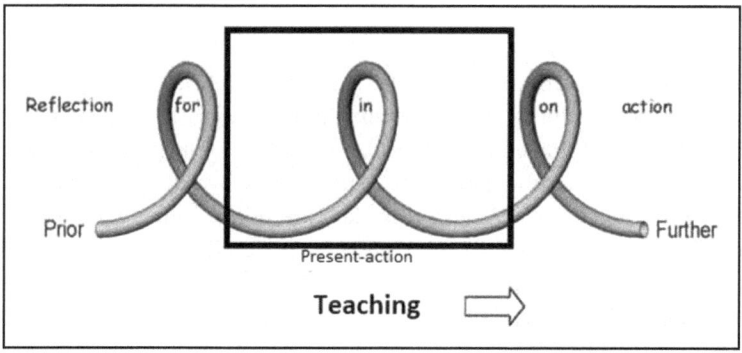

Abb. 1: Reflexionstypen hinsichtlich der Chronologie der Praxis (Angepasst aus Cowan 2006: 53)

sind in der Lehr-Lern-Forschung unterschiedliche partizipative Forschungsansätze (vgl. Bergold und Thomas 2010; Unger 2014) wie die Aktionsforschung (Zeichner und Noffke 2001) entstanden.

2.1.2. Zur Lehrperson als reflektierte Praktikerin

Ein Praxisfeld, in dem Schöns Modell des „*reflective practitioner*" sehr viel diskutiert wird, ist der Lehrer*innen-Beruf (vgl. Abels 2011; Belton et al. 2006; Cowan 2006; Maksimović et al. 2018; Maksimović und Osmanović 2018; Zeichner und Noffke 2001). Die Auffassung von Lehrenden als reflektierte Praktiker*innen beinhaltet, dass sie sich in ihrer beruflichen Praxis auf einen kontinuierlichen Reflexionsweg begeben, bei dem sie über ihre Haltung, ihre Emotionen und ihr Handeln, ihre Interaktion mit den Lernenden sowie mit dem Lehrstoff nachdenken. Notwendig dafür sind laut Maksimović und Osmanović (2018: 173): (1) die Bereitschaft zur ständigen Selbstanalyse und Selbstevaluation; (2) die Offenheit für Neues; (3) die Fähigkeit zur Identifizierung beispielhafter qualitätsvoller Praktiken; (4) die Offenheit, das eigene Wissen und die individuellen Erfahrungen mit anderen Lehrpersonen zu teilen; (5) die Bereitschaft, je nach der Reaktion der Lernenden vorbereitete Pläne zu ändern; sowie (6) die Bereitschaft, eigene Vorstellungen und Überzeugungen, die dem eigenen Handeln und der persönlichen Haltung im beruflichen Kontext zugrunde liegen, zu analysieren.

Hinsichtlich der Chronologie der Praxis, über die reflektiert wird, unterscheidet Donald A. Schön (1983; 1987) zwei Reflexionstypen: Zum einen kann die Reflexion mitten in der Praxis stattfinden und der Lehrkraft die Möglichkeit eröffnen, einen analytischen Blick (Belton et al. 2006: 152) auf den Handlungsprozess zu werfen und eventuelle Veränderungen in der Gestaltung der gegenwärtigen Handlung direkt vorzunehmen. Ungeachtet dessen, ob die gegenwärtige Handlung eine Unterrichtssequenz, eine Unterrichtsstunde oder eine thematisch zusammenhängende Unterrichtsreihe ist, spricht Schön hier von *„reflection-in-action"* (Reflexion-in-der-Handlung). Zum anderen kann die Reflexion nach dem Abschluss einer gegebenen Handlung – d.h. einer Unterrichtssequenz, einer Unterrichtsstunde oder einer thematisch zusammenhängenden Unterrichtsstunde – stattfinden und der Lehrperson Gelegenheit geben, sich retrospektiv mit der Handlungssituation zu befassen und Maßnahmen für spätere Handlungen zu ergreifen. In diesem Fall spricht Schön von *„reflection-on-action"* (Reflexion-über-die-Handlung).

Cowan (2006) kritisiert Schöns Beschränkung der Reflexion auf Situationen *mitten in* oder retrospektiv *nach* der Handlungssituation. Auf der Grundlage seiner auf Schöns Konzeption bezogenen Definition des Reflexionsbegriffs – als „a searching for answers to questions about our learning, development or experiences, which we may or may not have posed ourselves" (S. 51) – schlägt Cowan einen dritten Reflexionstyp vor, den er als *„reflection-for-action"* (Reflektion-für-die-Handlung) bezeichnet. Darunter ist jene Reflexion zu verstehen, bei der Lehrende sich mit späteren Lern- und Entwicklungszielen auseinandersetzen, indem sie Bedürfnisse, Wünsche und Lernerfahrungen ihrer Lernenden identifizieren und in der Unterrichtsvorbereitung berücksichtigen, sowie eventuelle Hindernisse, die dem guten Verlauf der späteren Lehr-Lern-Prozesse im Wege stehen könnten, antizipatorisch entgegenwirken (vgl. Abb. 1). Die Unterscheidung dieser drei Reflexionstypen beschreiben auch Maksimović und Osmanović (2018: 172–173), wenn sie Reflexion als jenen Prozess bezeichnen, bei dem Lehrende vor, mitten in oder nach einer konkreten Aktivität (z.B. einer Unterrichtsstunde) über die eigene Praxis nachdenken.

Die Relevanz der Reflexion für die Leistungsfähigkeit der Lehrkräfte wurde in zahlreichen Studien aufgezeigt (vgl. zum Beispiel Abels 2011; Maksimović et al. 2018; Maksimović und Osmanović 2018; Thißen 2019; Wyss 2013). Die Reflexion kann das Bewusstsein für den Unterricht schärfen, tieferes Verständnis ermöglichen und positive Veränderungen fördern, indem sie Lehrenden hilft, (1) impulsives und routiniertes Verhalten zu vermeiden, (2) aus den alltäglichen Erfahrungen zu lernen sowie (3) bewusst und zielgerichtet zu handeln (Maksimović et al. 2018: 309). Außerdem regt die Reflexion zum Nachdenken über Erfolgs- bzw. Misserfolgsfaktoren im Lehr-Lern-Prozess an, was den Blick auf eigene lernförderliche bzw. lernhemmende Verhaltensweisen im Unterricht richten kann. Dadurch können Lehrkräfte darauf verzichten, alles, was im Lehr-Lern-Prozess hinderlich erscheint, auf die Faulheit und mangelnde Motivation der Schüler*innen zurückzuführen, und eher die genaue Ursache für beobachtete Faulheit bzw. unmotiviertes Handeln der Lernenden zu ermitteln. Durch die Reflexion des eigenen Handelns und der eigenen Vorstellungen können Lehrende Selbstvertrauen und Selbstwertgefühl entwickeln, die eigene Lehrer*innen-Rolle selbstbewusster wahrzunehmen und den Unterricht kontextsensitiver gestalten, was zur größeren Zufriedenheit mit der eigenen Leistung und zugleich der der Schüler*innen führen kann.

Nach einem Überblick über die Rezeption des Modells des *„reflective practitioner"* von Schön in der Forschung zum Lehrer*innen-Beruf einschließlich der Diskussion um kritische Aspekte zieht Abels (2011: 163) das Fazit, dass Schön den sozialen, institutionellen und curricularen Kontext ignoriert, in dem Reflexion stattfindet. Abels spielt dabei auf Erkenntnisse an, die einerseits mit der Bedeutung des Austauschs unter Lehrpersonen für die Entwicklung der Reflexionskompetenz zusammenhängen sowie mit dem Stellenwert äußerer – institutioneller und curricularer – Bedingungen, unter denen Reflexion stattfindet (ausführlich zu dieser Kritik: vgl. Abels 2011: 53–55).

Es ist jedoch anzumerken, dass der Begriff *„reflective practitioner"* die drei wesentlichen Kompetenzbereiche verknüpft, die „für eine zukunftsfähige Gestaltung des privaten und beruflichen Lebens, für die Mitwirkung in der Gesellschaft und die Mitverantwortung im globalen Rahmen" (Schreiber und Siege 2016: 16) und daher für die Förderung einer Bildung für nachhaltige Entwicklung (vgl. Michelsen und Wells 2017; UNESCO und MGIEP 2017) wichtig sind: (1) *Erkennen*, (2) *Bewerten* und (3) *Handeln* (ausführlich zu den Kompetenzbereichen für den Lernbereich Globale Entwicklung: vgl. Schreiber 2016). Erst durch Reflexion können Lehrkräfte nämlich erkennen, was im Lehr-Lern-Prozess förderlich bzw. hinderlich ist, um dann in einem nächsten Schritt zu beurteilen und abzuwägen, welche Verbesserungsmaßnahmen zu treffen sind und um schließlich zu handeln, indem sie getroffene Maßnahmen effektiv im Unterricht umsetzen.

Angesichts der Relevanz der Reflexion für die Lehrtätigkeit gilt die Förderung der didaktischen Reflexionskompetenz als zentraler Bestandteil der Lehrer*innen-Aus- und -Fortbildung, da sie die Lehrenden dabei unterstützt, „Theorie- und Praxiswissen aufeinander zu beziehen und dadurch eine reflexive Distanz zur eigenen Berufsarbeit herzustellen" (Hilbert Meyer 2007: 101). Unter didaktischer Reflexionskompetenz versteht Abels die Kompetenz, das eigene didaktische Handeln und die eigenen didaktischen Entscheidungen im Kontext einer pädagogischen Situation im Nachhinein zu überdenken und explizit zu begründen, um bewusst daraus zu lernen, mit dem Ziel eines persönlichkeitswirksamen Bildungsprozesses. Dafür sollte rückblickend Bezug genommen werden auf die eigenen Erfahrungen im didaktischen Feld, die Kommunikation mit Dritten (Schüler, Kommilitonen, Seminarleitung), das eigene Vorwissen und Faktenwissen aus der Literatur im Sinne einer Theorie-Praxis-Relationierung (Abels 2011: 56).

Die in der vorliegenden Arbeit durchgeführte Untersuchung der Fragen, wie sich Lehrende ihre eigene Rolle im DaF-Unterricht vorstellen und inwiefern Lehrkräfte zur Verbesserung der Unterrichtsqualität beitragen können, basiert somit auf der Auffassung der Lehrpersonen als reflektierte Praktiker*innen – d.h. auf der Grundannahme, dass Lehrkräfte rückblickend, vorausschauend und/oder parallel durch das Nachdenken über eigene Erfahrungen im beruflichen Feld, die Kommunikation mit Dritten (Schüler*innen, Kolleg*innen) und unter Berücksichtigung der Kontextfaktoren unterrichtlichen Handelns bessere Einsicht in den Verlauf der Lehr-Lern-Prozesse gewinnen und davon ausgehend die Qualität des Lernens auf wohlbedachte und sinnvolle Art und Weise beeinflussen können.

2.2. Zur Lehrer*innen-Rolle in der Forschung zum Lehrer*innen-Beruf

2.2.1. Zur Lehrer*innen-Rolle als soziale Rolle

2.2.1.1. Zum Rollenbegriff

Aus strukturell-funktionaler Perspektive wird die soziale Rolle definiert als „eine Collage von Verhaltenserwartungen" (Preyer 2012: 57) oder als „ein aus speziellen Normen bestehendes Bündel von Verhaltenserwartungen, die von einer Bezugsgruppe (oder mehreren Bezugsgruppen) an Inhaber bestimmter Positionen herangetragen werden" (Bahrdt 2003: 67). Nach dieser Definition bestehen soziale Rollen aus „Verhaltensnormen", die einerseits mit unseren sozialen Positionen „*im Unterschied* zu anderen Kategorien" von Gesellschafts- bzw. Gruppenmitgliedern (Popitz 1972: 21, Hervorh. im Original) zusammenhängen und andererseits im Laufe der Sozialisation internalisiert werden (Bahrdt 2003: 67). Unter sozialer Position verstehen Köck und Ott (1989) „eine Stelle in einem Gebilde, z.B. in der Familie (Position des Vaters, der Mutter, des Kindes) oder in der Schulklasse (Position des Lehrers, des Schülers, des

Klassensprechers), allgemein eine Stelle in einer Gruppe (z.b. Gruppensprecher, Protokollführer, Kassenwart)" (S. 406). In der Schule sind demnach verschiedene Kategorien von Gesellschaftsmitgliedern zu unterscheiden, die verschiedene soziale Rollen innehaben: z.b. Schulleitung, Mitglieder der Schulverwaltung, Lehrer*innen, Sozial- und Sonderpädagog*innen und Schüler*innen. Angesichts der unterschiedlichen sozialen Positionen, die die Lehrenden im Schul- und Unterrichtsalltag übernehmen, hängen mit der Lehrer*innen-Rolle verschiedene, heterogene Verhaltenserwartungen unterschiedlicher Bezugsgruppen – Schüler*innen, Eltern, Kolleg*innen, Vorgesetzte, Öffentlichkeit – zusammen (Rothland 2013b: 29–31). Von Lehrenden werden andere Verhaltensweisen in deren Interaktion mit der Schulverwaltung (z.b. auf einer Schulkonferenz) erwartet als in der Lehrer-Schüler-Interaktion. Zur Lehrer*innen-Rolle gehört im Unterricht die Steuerung der Lehr-Lern-Prozesse, bei der laut Niegemann (2018) folgende Erwartungen an die Lehrperson herangetragen werden: (1) Versorgen mit geeigneten Lehrinhalten, spezifischem Wissen und Lernaufgaben; (2) Auslösen verschiedener kognitiver und affektiver Prozesse bei den Schüler*innen; (3) Liefern von Hinweisreizen, welche Informationen im Lehrstoff wichtig sind und wie die Informationen verarbeitet werden sollten; (4) Verhaltensweisen, die geeignet sind, Schüler*innen zu motivieren; und (5) Gewähren affektiver und persönlicher Unterstützung, Ermunterung (S. 375–376).

Die Darstellung sozialer Rollen als Verhaltensnormen unterstellt, dass die erwarteten Verhaltensweisen von der Gesellschaft vorbestimmt werden und den jeweiligen Inhaber*innen sozialer Positionen zur Verfügung gestellt werden. Dabei lässt sich die Frage nach dem Handlungsspielraum stellen, die einem bei der Übernahme einer sozialen Rolle zur Verfügung steht, zumal Abweichungen von den Verhaltungserwartungen eine „negativ sanktionierende Reaktion" (Popitz 1972: 28) mit sich bringen können. Unbeantwortet ist die Frage, ob Inhaber*innen von sozialen Positionen im Normalfall eventuell einige Aspekte erwarteter Verhaltensweisen infrage stellen dürfen. Die Auffassung, dass Lehrende beispielsweise im Unterricht vordefinierten Verhaltensweisen Beachtung schenken müssen, widerspricht dem konstruktivistischen Grundprinzip der Individualität von Lernprozessen (vgl. Ballweg et al. 2013; Reich 2008) und der zentralen These einer „Verantwortung jedes Einzelnen für die zusammen mit anderen geschaffene soziale Realität" (Franken 2010: 9) sowie der Annahme wechselseitiger Beeinflussung von Individuen (oder Gruppen) in ihrer Handlung (Edmondson und House 2011: 243).

Der interaktionistische Ansatz stellt den normativen Charakter sozialer Rollen infrage und betont die Relevanz der Interaktion für deren Durchführung in alltäglichen Lebenssituationen. Demnach ist Rolle als „eine situationsübergreifende in relevanten Situationen aktualisierte, erlernte Verhaltensfigur zu verstehen, die in der Gesellschaft bekannt und anerkannt ist" (Bahrdt 2003: 73). Nach dieser Definition besteht die soziale Rolle nicht aus vordefinierten Normen, die in Handlungssituationen zu beachten sind, sondern verweist auf die „Gesamtheit zusammengehöriger und als Einheit erlebter Verhaltensweisen (d.h. zum großen Teil Handlungen)", die sich erst in konkreten Handlungssituationen aktualisieren und zur Entstehung neuer Gewohnheiten und Bräuche führen (ebd., S. 73–74). Als Grundlage und Rahmen für die Durchführung einer sozialen Rolle gelten typisierte Handlungen, die in bestimmten Alltagssituationen routinemäßig durchgeführt werden, aber deren Aktualisierung von verschiedenen Handlungsfaktoren abhängt: den Handelnden, deren Definition und Interpretation der Handlungssituation, deren Wahrnehmung eigener und fremder Rollen sowie deren Individualität (ebd., S. 73).

Für die Lehrer*innen-Rolle werden während des Studiums, der Lehrer*innen-Aus- und Fortbildung typisierte Handlungen erlernt, die als Rollenvorschriften für Lehrende in der Schule bzw. im Unterricht anzusehen sind. Für den Lernerfolg unterscheidet Klauer (1985) sechs Lehrfunktionen, auf die Lehrende zur erfolgreichen Durchführung der Lehr-Lern-Prozesse Rücksicht nehmen müssen: (1) Steuerung des Lehr-Lern-Prozesses; (2) Motivierung; (3) Informierung; (4) Informationsverarbeitung (Verstehen sichern); (5) Speicherung und Abruf von Informationen; (6) Transfer. Die Lehr-Lern-Forschung – auch als Unterrichtsforschung bezeichnet – setzt sich mit der „theoriegeleiteten Beschreibung, Erklärung und Optimierung von Lehr-Lern-Prozessen" auseinander (Niegemann 2018: 375) und hat u.a. verschiedene Unterrichtsverfahren, Lehrmethoden und Lernformen herausgearbeitet, auf die Lehrpersonen zur Erreichung der Lehrfunktionen im Unterricht zurückgreifen können (Dubs 2009: 50–54). Auch wenn den Lehrenden typisierte Handlungen beispielsweise zur Steuerung des Lehr-Lern-Prozesses angeboten werden, kann in der Unterrichtsforschung keine Prognose zur Effektivität der zur Verfügung stehenden Unterrichtsverfahren, Lehrmethoden und Lernformen in den jeweiligen Unterrichtssituationen getroffen werden.

Die Beantwortung der Fragen, „welche grundsätzliche Verfahrensweise für eine Unterrichtseinheit (eine oder mehrere Lektionen) zur Erreichung eines Lernziels (einer Teilkompetenz) gewählt wird", welche „Formen des Frontalunterrichts mit der ganzen Klasse oder einer Gruppe" oder inwiefern sich die Lernenden erwartungsgemäß an der Lerntätigkeit im Unterricht beteiligen sollen (Dubs 2009: 50), wird der Lehrperson in der konkreten Unterrichtssituation selbst überlassen. Es ist durchaus zu erwarten, dass unterschiedliche Lehrende in einer gegebenen Unterrichtssituation – oder eine Lehrperson in verschiedenen Klassen – diese Fragen nicht gleich beantworten und folglich divergierende Entscheidungen zur Steuerung des Lehr-Lern-Prozesses treffen. Ausschlaggebend dabei können u.a. die Klassengröße (Groß- oder Kleingruppenunterricht), das Alter der Lernenden oder deren Lern- und Entwicklungsstand, die Rahmenbedingungen des Unterrichts sowie der Führungsstil der Lehrperson sein. Daher sind die Handlungen der Lehrenden, die nach dem interaktionistischen Ansatz zur Lehrer*innen-Rolle gehören, situations-, kontext- und personenabhängig; sie können in konkreten Handlungssituationen infrage gestellt, verändert und angepasst werden, was der Auffassung von Lehrkräften als *reflective practitioner* (Schön 1983, 1987) entspricht.

Die entsprechende Anpassung der Lehrer*innen-Rolle in den konkreten Unterrichtssituationen nimmt also Rücksicht sowohl auf die verschiedenen Unterrichtsakteure (Lehrende und Lernende) – deren Erfahrungshorizont, deren Wertevorstellungen, deren Arbeits- und Lerntraditionen – als auch auf die vorhandenen Rahmenbedingungen des Unterrichts, die von Schule zu Schule, von Schulform zu Schulform sowie von Land zu Land unterschiedlich sind. Daher erweist sich die Auseinandersetzung mit der Lehrer*innen-Rolle sowohl für die variablenorientierte als auch für die personenzentrierte Strategie der Unterrichtsforschung (Helmke und Brühwiler 2018: 862) als zentrale Gelenkstelle zur besseren Erfassung des Funktionierens sowie gleichzeitig zur Optimierung des Unterrichts.

*2.2.1.2. Zu den Merkmalen der Lehrer*innen-Rolle*

Auf der Grundlage der Fachliteratur zum Rollenbegriff werden in diesem Kapitel bestimmte Besonderheiten der Lehrer*innen-Rolle herausgearbeitet. In Anlehnung an Preyer (2012: 59–63), Rothland (2013b: 21–36) und Henecka (2015: 107–112) weist die Lehrer*innen-Rolle folgende Merkmale auf:

- (1) Die Lehrer*innen-Rolle besteht aus zahlreichen Aktivitäten, Verhaltensweisen, Kommunikationen und Handlungen und wird daher als *„Performanzstatus"* bezeichnet (Preyer 2012: 59). Von Lehrenden wird die Erwartung gehegt, dass sie (i) unterrichten (z.B. Lehr-Lern-Prozesse fachbezogen und fachübergreifend planen, organisieren, durchführen und auswerten), (ii) erziehen (z.B. Regelbewusstsein für die Teilnahme am Unterricht einüben oder Verantwortungsübernahme für sich und andere beibringen), (iii) beurteilen (z.B. Lernstände, Lernschwierigkeiten und Lernmöglichkeiten diagnostizieren), (iv) beraten (z.B. Schüler*innen und Eltern im Falle von Schullaufbahnberatungen unterstützen), (v) eigene Kompetenzen weiterentwickeln und zur Weiterentwicklung eigener Schule beitragen (Rothland 2013b: 28). Daraus ergeben sich in der Forschung zum Lehrer*innen-Beruf unterschiedliche Rollentypen, das heißt verschiedene Vorstellungen dessen, wie die Lehrer*innen-Rolle im Unterricht aufgefasst wird. Demnach weisen Mann et al. (1970: 1–19) der Lehrperson die folgenden Rollen zu:

- (a) als **Fachmann/Fachfrau** („*teacher as expert*"): Die Lehrperson bringt eine bestimmte Expertise im unterrichteten Schulfach mit und ist für die Wissensvermittlung verantwortlich;
- (b) als **formale Autorität** („*teacher as formal authority*"): Sie gilt als Autorität im Hinblick auf die Leistungskontrolle und -evaluation sowie der Förderung bzw. Einhaltung der Disziplin im Unterricht;
- (c) als **Sozialisationsförderer** („*teacher as socializing agent*"): Sie fungiert im Unterricht als Beraterin, die den Lernenden durch ihre Ratschläge dabei hilft, beispielsweise Einsicht in deren möglichen Zukunftsaussichten zu gewinnen;
- (d) als „**Facilitator**" („*teacher as facilitator*"): Sie legt der Organisation des Lehr-Lern-Prozesses die Wünsche, Bedürfnisse und Meinungen der Lernenden zugrunde; sie fördert aktive Beteiligung der Schüler*innen an der Bearbeitung des Lernstoffs und unterstützt sie dabei, eigene Lernziele zu bestimmen bzw. eigene Lernwege zu finden;
- (e) als **Vorbild** („*teacher as ego ideal*"): Durch ihre Art und Weise, mit den Lernenden umzugehen oder im Unterricht lern- und konzentrationsförderlich zu handeln, wird die Lehrperson von ihren Schüler*innen als Vorbild angesehen, dessen Spaß am Lehren und Selbstvertrauen im Umgang mit dem Lernstoff zum Lernen motiviert;
- und (f) als **Privatperson** („*teacher as person*"): Die Lehrperson hat eigene Stärken, Interessen, Schwächen und erscheint hier – wie die Lernenden – als Mensch, der Gefühle hat, auch außerhalb des Unterrichts weiterlebt, im Alltag Erfahrungen mit Erfolg und Misserfolg macht, keineswegs perfekt ist und auch vieles von Lernenden lernen kann – hilfreich dafür kann beispielsweise Schüler*innen-Feedback sein.

- (2) In der Ausgestaltung der Lehrer*innen-Rolle ist der individuelle Spielraum von Lehrenden begrenzt und die Übertretung der Rollenbegrenzungen wird in der Regel missbilligt (Preyer 2012: 59). Die Wertschätzung (vgl. Reitzer 2014) und der gegenseitige Respekt, deren Missachtung generell negative Auswirkungen auf die Qualität der Lehrer-Schüler-Interaktion hat, setzen dem Lehrer*innen-Verhalten Grenzen im Umgang mit den Lernenden.

Außerdem kann die Überschreitung bestimmter berufsimmanenter Grenzen als Amtsmissbrauch angesehen werden und im Extremfall straf- und/oder zivilrechtlich geahndet werden, was für die berufliche Laufbahn der betroffenen Lehrperson gravierende Konsequenzen mit sich bringen kann.
- (3) Lehrende sind durch ihre Rollenausübungen überfordert und folglich dem *Rollenstress* ausgesetzt (Preyer 2012: 60). Dieser Rollenstress ergibt sich einerseits aus dem Umgang mit den teilweise widersprüchlichen Erwartungen verschiedener Erwartungsträger an die Lehrperson und den damit zusammenhängenden Intra-Rollenkonflikten (Rothland 2013b: 29–31; vgl. Henecka 2015: 110–111). Andererseits führen die zahlreichen Belastungen, mit denen Lehrende außerhalb des Lehrer*innen-Berufs konfrontiert sind, zu Inter-Rollenkonflikten (van Dick und Stegmann 2013: 46–48), d.h. jenen Konflikten, die sich aus anderen Rollen, die Lehrende außerhalb der Schule übernehmen – als Eltern, Liebespartner*innen, Mitglieder in einem Verein, etc. – ergeben (Henecka 2015: 111–112).
- (4) Die Art und Weise, wie die Rollenperformanz der Lehrenden von den verschiedenen Bezugsgruppen – Schüler*innen, Eltern, Kolleg*innen, Vorgesetzten, Öffentlichkeit – bewertet wird, ist ein regulativer Mechanismus im Schulalltag (Preyer 2012: 60). Dass die jeweiligen Erwartungsträger einerseits auf rollenkonformes Verhalten der Lehrenden mit Anerkennung, Lob und Belohnung, andererseits auf Enttäuschung ihrer Erwartungen eher mit Vorwürfen, Missbilligung, Verachtung oder gar mit Androhung disziplinarischer Maßnahmen reagieren, gilt als klassisches Instrument der sozialen Kontrolle (Henecka 2015: 109). Die positiven Effekte von Feedback in beruflichen Arbeits- und Kooperationsbeziehungen sind zahlreich, da Feedback u.a. eigenes Verhalten beeinflusst, individuelle Lernprozesse fördert, die Motivation verstärkt und beim Erkennen eigener Fehler hilft (Buhren 2015a: 24). Als Instrument der Unterrichtsentwicklung (Bastian 2007: 158) kann Schüler*innen-Feedback dazu beitragen, dass Lehrende das Lernen mit den Augen der Lernenden sehen (Hattie 2013) und den Lehr-Lern-Prozess justieren.
- (5) Zur Lehrer*innen-Rolle sind verschiedene andere Rollen komplementär. Im Unterricht sind Lehrer*innen- und Schüler*innen-Rollen interdependent, da die soziale Position der Lehrperson mit der der Lernenden verknüpft ist. Dabei beziehen sich die Erwartungen der einen Rolle auf das Verhalten der anderen Rolle und umgekehrt (Henecka 2015: 107): „Die unterrichtlichen Lerngelegenheiten sind [...] ein Ergebnis der Zusammenarbeit von Lehrkraft und Schülern, also ein Ergebnis sozialer Ko-Konstruktion und die

Lehrpersonen sind hier auf die Mitwirkung und Kooperation der Schüler angewiesen" (Rothland 2013b: 26).
- (6) Die Lehrer*innen-Rolle wird nicht nur im Studium oder bei den Lehrer*innen-Aus- und -Fortbildungen gelernt, sondern auch beim Rollenspiel und bei der Rollenübernahme im beruflichen Alltag. Während der Rollenübernahme „eine persönlichkeitsstrukturierende Auswirkung" zugeschrieben wird, werden durch das Rollenspiel „soziale Fertigkeiten und die Erfüllung von verallgemeinerten und partikularisierten Erwartungen gelernt" (Preyer 2012: 60). Es ist davon auszugehen, dass sich die Auffassung dessen, was als Lehrer*innen-Rolle anzusehen ist, in alltäglichen Lebens- und Unterrichtssituationen sowie in der Interaktion mit den Lernenden aktualisiert. Daraus ergibt sich, dass sich die Art und Weise, wie Lehrende ihre eigene Rolle im Unterricht verstehen, je nach deren verschiedenen Erfahrungen in ihrer beruflichen Laufbahn verändert. So ist nicht auszuschließen, dass eine Lehrperson nach einigen Dienstjahren die eigene Rolle anders interpretiert als während bzw. unmittelbar nach der Lehrer*innen-Ausbildung.
- (7) Die Rollendistanz ist ein weiteres Merkmal des Rollenspiels. Der Begriff der Rollendistanz wird in der Rollenforschung (vgl. z.B. Krappmann 2000) verwendet als die Fähigkeit, mit der eigenen Rolle – z.B. der Lehrer*innen-Rolle – kritisch umzugehen, indem Erwartungen, die an die eigene Rolle herangetragen werden, bis zu einem gewissen Maße infrage gestellt werden (Abels und König 2016: 134). Aufgrund bestimmter Erfahrungen, die eine Lehrperson im Unterricht gewinnt oder auch infolge der Beteiligung an Lehrer*innen-Fortbildungen, kann es einer Lehrperson gelingen, über bestimmte Aspekte des bisherigen Handelns im Unterricht zu reflektieren und sogar neue Handlungsweisen zu entwickeln und idealerweise in der konkreten Praxis umzusetzen. Die Rollendistanz ermöglicht es, dass Lehrende einerseits ihr unterrichtliches Handeln an die Schüler*innen-Gruppe sowie an die jeweilige Unterrichtssituation anpassen und sich andererseits in manchen Fällen von den ausgesprochenen bzw. nicht ausgesprochenen Erwartungen der Schüler*innen distanzieren.
- (8) Zu der Ausübung einer Rolle und ihrer Beobachtung gehört auch das *Image* des*der Rolleninhabers*in. Lehrer*in-Sein wird in manchen Gesellschaften mit einer gegebenen Ausdrucksweise, einem besonderen Erscheinungsbild oder auch mit bestimmten Verhaltensweisen verbunden, sodass Abweichungen von den erwarteten Normen als anstoßerregend angesehen werden. Als Image verletzend gilt für manche Lehrkräfte die Tatsache, dass Lernende mit ihnen im Unterricht respektlos umgehen. In einem solchen

Kontext kann es vorkommen, dass Lehrende auf bestimmte Strafen zurückgreifen, um dadurch eine Wiedergutmachung der erlebten Respektlosigkeit – also das Aufpolieren des verletzten Images – zu erreichen.

2.2.2. Zur Bestimmung der Lehrer*innen-Rolle in ausgewählten Paradigmen der Forschung zum Lehrer*innen-Beruf

Ein Blick in die Geschichte der Unterrichtsforschung zeigt den hohen Stellenwert, der der Frage, was eine „gute Lehrerin" bzw. einen „guten Lehrer" ausmacht, beigemessen wurde. Die verschiedenen Ansätze, die die wichtigsten Merkmale einer guten Lehrkraft darstellen, fasst Weinert (1996) wie folgt zusammen:

> Gibt es „den guten Lehrer","die gute Lehrerin" überhaupt, und, wenn ja, wodurch lassen sie sich charakterisieren? Sind bestimmte Persönlichkeitsmerkmale entscheidend, spielen wirksame Lehrtechniken die dominierende Rolle oder geht es bevorzugt um die professionalisierte Unterrichtsexpertise?" (Weinert 1996: 141)

Mit diesen Fragen spielt Weinert auf drei wichtige, historisch aufeinanderfolgende Paradigmen an, die die Geschichte der Forschung zum Lehrer*innen-Beruf geprägt haben: Das Persönlichkeitsparadigma, das Prozess-Produkt-Paradigma und das Expertenparadigma.

2.2.2.1. Das Persönlichkeitsparadigma

Der Kerngedanke des Persönlichkeitsparadigmas, das bis ca. 1960 die Unterrichtsforschung prägte (Krauss 2011: 172), bestand darin, dass die „gute Lehrerin" oder der „gute Lehrer" bestimmte Charaktereigenschaften besitzt, die für die Durchführung der Lehrtätigkeit entscheidend sind. Dieser Ansatz, dessen Wurzeln in der Persönlichkeitsforschung und damit in der Psychologie liegen, basiert auf der Annahme, dass Lehrende bestimmte Charaktereigenschaften und Tugenden aufweisen, in Auftreten und Lebensführung Vorbilder darstellen und als solche gleichsam bildend auf die Lernenden einwirken sollten (Schart 2014: 37). In diesem Rahmen sind zahlreiche Forschungsarbeiten entstanden, die sich mit der Persönlichkeit von Lehrkräften beschäftigen, das heißt mit dem „Ensemble relativ stabiler Dispositionen, die für das Handeln, den Erfolg und das Befinden im Lehrerberuf bedeutsam sind" (Mayr 2011: 127).

Laut Rogers (1974) besteht das Ziel der Erziehung in der Förderung des Lernens (*facilitation of learning*) und die Rolle der Lehrperson ist es, „Veränderung zu fördern und Lernen zu erleichtern" (S. 105). Rogers betrachtet den Lehrenden als *Facilitator*, der den Auftrag hat, „Neugierde freizusetzen; Individuen zu erlauben, sich in neue Richtungen zu stürzen, die von Interessen diktiert sind; den Forschungssinn zu entfesseln; Dinge so offen zu legen, daß sie hinterfragt und untersucht werden können; zu erkennen, daß sich alles in einem Änderungsprozeß befindet" (ebd., S. 106). Um dieses Bildungsziel zu erreichen und „ein Klima für selbst initiiertes, auf Erfahrung beruhendes Lernen" (ebd., S. 113) entstehen zu lassen, benötigt die Lehrkraft drei wichtige Persönlichkeitsmerkmale in ihrer Beziehung zu den Lernenden: (1) Wertschätzung bzw. Achtung und positive Zuwendung (*respect*), (2) Einfühlungsvermögen (*empathy*) und (3) Aufrichtigkeit (*authenticity*) (ebd., S. 107–114). Die Wertschätzung bedeutet, dass sich die Lehrperson um den Lernenden kümmert, „ohne dabei Besitz von ihm zu ergreifen" und dass er als selbstständige, vertrauenswürdige Person angesehen wird, „die es wert ist, ihr eigenes Recht zu haben" (ebd., S. 110). Damit sich Lernende darauf einlassen, sich für das eigene Lernen aktiv einzusetzen, sollen Rogers zufolge ihrer Gefühle, ihrer Meinungen, ihrer Person im Lehr-Lern-Prozess Wertschätzung entgegengebracht werden. Das Merkmal des einfühlenden Verstehens (*empathic understanding*) bezieht sich auf die Fähigkeit der Lehrperson, „die Reaktion des Studenten von innen her zu verstehen", d.h. „in den Schuhen des anderen [zu stehen] und die Welt mit den Augen des Lernenden [zu sehen]" (ebd., S. 113). Damit ist die Fähigkeit der Lehrenden gemeint, Verständnis für die Handlungen, die Verhaltensweisen sowie die Ansichten der Lernenden zu zeigen, ohne beurteilende Aussagen über diese zu treffen. Die dritte Eigenschaft, die Lernen fördert, ist die der Aufrichtigkeit bzw. die Echtheit des Facilitators. Es geht um den „Verzicht auf Fassade und das Spielen einer Rolle" (Thaler 2010: 163), denn laut Rogers kann die Lehrkraft wirkungsvoll arbeiten, wenn sie authentisch ist, d.h. „wenn er der ist, der er ist, wenn er, ohne eine Mauer oder eine Fassade um sich aufzubauen, in Beziehung zum Lernenden tritt" (Rogers 1974: 107). Diese drei Persönlichkeitsmerkmale sind wichtig, um eine vertrauensvolle Lehrer-Schüler-Beziehung zu entwickeln, die Rogers zufolge essenziell für erfolgreiche Lernprozesse ist.

In der Fremdsprachenforschung zählt Moskowitz (1976) zu den wichtigsten Eigenschaften des *outstanding foreign language teacher* folgende Charaktermerkmale: Der*die gute Fremdsprachenlehrer*in ist u.a. engagiert (*dedicated*), fleißig (*hard working*), fair, unterrichtet leidenschaftlich und fördert das Selbstvertrauen der Schüler*innen. Damit das Selbstvertrauen bei den Lernenden im Unterricht entsteht, soll ein Klima geschaffen werden, in dem Schüler*innen keine Angst vor der Lehrperson sowie vor Fehlern haben. Das setzt jedoch voraus, dass Lehrer*in und Schüler*innen wertschätzend miteinander umgehen, dass die Lehrperson Empathie für die Situation bzw. die Probleme der Lernenden zeigt und die Lehrkraft die tatsächlichen Gefühle im Lehr-Lern-Prozess zum Ausdruck bringt. Daher ergänzen sich Rogers und Moskowitz' Ansätze bezüglich der Persönlichkeitsmerkmale der (Fremdsprachen-)Lehrenden. Als Haupterkenntnis des Persönlichkeitsansatzes gilt die Schlussfolgerung, „dass es offensichtlich Personenmerkmale gibt, die (a) über längere Zeiträume hinweg relativ stabil und (b) bezüglich bestimmter berufsrelevanter Kriterien bedeutsam sind, weil sie diese erklären und/oder prognostizieren können", was „für angehende und im Beruf stehende Lehrkräfte, für Berater*innen und Lehrerbildner*innen sowie für die lehrerbildenden Institutionen und die Bildungspolitik" eine besondere Relevanz besitzt (Mayr 2011: 143). Für die Erforschung der Lehrer*innen-Rolle bietet der Persönlichkeitsansatz allein jedoch kein ausreichend tragfähiges Fundament, da die Zusammenhänge zwischen den Charaktereigenschaften einer Lehrkraft und dem Unterricht, den diese gestaltet, weitaus komplexer sind, als es das Bild vom „geborenen Lehrenden" suggeriert (Schart 2014: 38). Der Persönlichkeitsansatz interessierte sich zwar für die Person der Lehrkraft, indem fokussiert untersucht wurde, welche angeborenen Persönlichkeitsmerkmale angehende bzw. im Beruf stehende Lehrende aufweisen müssen und welche anderen Merkmale weiterentwickelt werden könnten. Aber der Frage nach dem Lehrer*innen-Verhalten im Lehr-Lern-Prozess wurde dabei insgesamt kaum explizit Aufmerksamkeit geschenkt.

2.2.2.2. Das Prozess-Produkt-Paradigma

Unter dem Einfluss des Behaviorismus widmete sich die Unterrichtsforschung ab ca. 1960 der Auseinandersetzung mit dem Verhalten der Lehrperson im Unterricht (Krauss 2011: 171–172). Ausgangspunkt dieses Ansatzes, der als Prozess-Produkt-Paradigma bezeichnet wird, war die Grundannahme, dass einzelne Aspekte des Unterrichts einerseits als voneinander isolierbare Prozesse beobachtet werden könnten und andererseits bestimmte Auswirkungen auf die Lernergebnisse der Lernenden haben (Schart 2014: 38). Kern dieses Ansatzes war „die Erforschung von systematischen Beziehungen zwischen Merkmalen des Unterrichtens und Schülerleistungen" (Helmke 2015a: 47). Grundsätzlich wurden einerseits bestimmte Aspekte des Unterrichtsverhaltens (Prozess), andererseits Zielkriterien – z.B. Leistungszuwachs der Lernenden (Produkt) – erfasst und anschließend Zusammenhänge zwischen dem Unterrichten und der erreichten Lernergebnisse herausgearbeitet (Helmke 2015a: 46–47; 2015b: 34–35).

In der Fremdsprachendidaktik wurden im Rahmen des Prozess-Produkt-Ansatzes in den 1960er-Jahren zahlreiche Studien zum Vergleich verschiedener Unterrichtsmethoden durchgeführt (Schart 2014: 38). In der unterrichtlichen

Praxis wandelte sich das Verständnis der Lehrer*innen-Rolle – im Anschluss an die kommunikative Didaktik, die sich ab den 1970er-Jahren in der Fremdsprachendidaktik in Europa durchgesetzt hat – vom allwissenden „Vermittler von fremdsprachlicher Grammatik und Kultur" hin zum „Helfer im offenen Lernprozess" (Neuner und Hunfeld 1993: 124).

Zwar haben Forschungen im Prozess-Produkt-Paradigma „einen großen Schatz empirisch begründeten Wissens über lern- und leistungsrelevante Merkmale des Unterrichtens" (Helmke 2015a: 47) geliefert. Aber das zugrunde liegende Postulat von „direkten, linearen und unidirektionalen Zusammenhängen zwischen Unterricht und Schülerleistungen" (Helmke und Brühwiler 2018: 862) wurde bis in den 1980er-Jahren hinein infrage gestellt (Schart 2014: 38). Daraus ergab sich die Erkenntnis, „dass die Qualität eines Unterrichts nicht von einer bestimmten Technik abhängt, sondern eher davon, welche Beziehungen sich in einem bestimmten Klassenraum zwischen den Menschen mit ihren je individuellen Prägungen, Werten und Erwartungen herausbilden" (ebd.). Angesichts der Komplexität der Wirkungsweise des Unterrichts hat sich das Prozess-Produkt-Paradigma nach und nach wesentlich ausdifferenziert (Helmke 2011: 630), sodass die Erforschung der Einflussfaktoren des Lernerfolgs bis heute einen prominenten Bereich der Unterrichtsforschung bildet und über die Merkmale der Lehrer*innen-Persönlichkeit und die Lehrtechniken hinaus auch der Lehrer*innen-Expertise Rechnung getragen wird (vgl. Hattie 2013, 2014).

2.2.2.3. Das Expertenparadigma

Seit Mitte der 1980er-Jahre wurde in Anlehnung an neuere Erkenntnisse aus der kognitionspsychologischen Expertiseforschung der Person der Lehrkraft (wieder) größere Aufmerksamkeit in der Forschung zum Lehrer*innen-Beruf geschenkt (Krauss 2011: 172). Gleichzeitig und unabhängig von der kognitionspsychologischen Expertiseforschung fand die Weiterentwicklung des oben beschriebenen Prozess-Produkt-Paradigmas der Unterrichtsforschung hin zu einem zunehmenden Interesse für die Lehrer*innen-Expertise statt, d.h. dem berufsbezogenen Wissen und Können von Lehrer*innen (Bromme 2008).

Im Mittelpunkt des Expertenansatzes steht die Auseinandersetzung mit unterschiedlichen Aspekten der Lehrer*innen-Expertise. Grundlegend für das Konstrukt der Lehrer*innen-Expertise (bzw. die Lehrkraft als Expertin) ist die Einsicht, „dass die (erfolgreiche) Tätigkeit von Lehrkräften auf Wissen und Können beruht, das in der Ausbildung in theoretischen und praktischen Phasen gewonnen und dann durch die Berufserfahrung weiter entwickelt wurde"

(Bromme 2008: 159). Zur Lehrer*innen-Expertise gehört die „unterrichtsrelevante Expertise" – d.h. sowohl die fachwissenschaftliche und fachdidaktische Expertise als auch die „Expertise in den Bereichen Klassenführung und Diagnostik" (Helmke 2015a: 76). Dabei ist die Frage leitend, welches Wissen und Können Expertenlehrkräfte für die Durchführung ihrer Kernaufgabe – d.h. der Gestaltung der Lehr-Lern-Situationen im Unterricht und der Vermittlung der schulischen Lernziele (Baumert und Kunter 2011: 30) – benötigen.

Ein weiterer Aspekt, mit dem sich das Expertenparadigma der Unterrichtsforschung befasst, ist die Frage nach den weiteren verschiedenen Einflussfaktoren des Lehrer*innen-Handelns und der Lehrer*innen-Haltung im Unterricht – neben dem Wissen und Können – sowie die Frage nach der Zusammenwirkung all dieser Faktoren im Lehr-Lern-Prozess. Dabei werden nicht nur das konkrete Handeln von Lehrkräften als *„reflexive practitioners"* (vgl. Schön 1983, 1987) untersucht, sondern auch deren Wahrnehmungen (vgl. Barth 2017), subjektive Theorien (vgl. Caspari 2003, 2014), Vorstellungen (vgl. Kirchner 2016; Barthmann 2018) und epistemologische Überzeugungen (Vicente 2018) sowie deren „berufsbezogene(s) Selbstvertrauen (Selbstkonzept, Selbstwirksamkeit)" (Helmke 2015a: 76).

Die Untersuchung der Lehrer*innen-Expertise wurde in den letzten 30 Jahren u.a. in verschiedenen Forschungssträngen durchgeführt, die entweder das Wissen als zentrale Dimension der Lehrer*innen-Expertise betonten – z.B. Berliner (2001, 2004), Bromme (1997, 2008) – oder die Überzeugungen und subjektiven Theorien von Lehrenden – z.B. Calderhead 1996; Pajares 1992; Caspari 2003 – fokussierten. Die Erkenntnis, dass sowohl kognitive Merkmale – d.h. Wissen, Können und berufsbezogene Überzeugungen (Baumert und Kunter 2011) – als auch Motivation und Handlungsbereitschaft zur erfolgreichen Leistung von Lehrenden im Unterricht beitragen (vgl. z.B. Weinert, Schrader und Helmke 1990), hat als Erweiterung des Expertenansatzes die professionelle Kompetenz von Lehrkräften in den Blick genommen. Zur professionellen Kompetenz von Lehrpersonen gehören einerseits kognitive Merkmale wie das professionelle Wissen oder die berufsbezogenen Überzeugungen, andererseits motivational-affektive Merkmale wie intrinsische Motivation oder die Fähigkeit zur beruflichen Selbstregulation (Kunter und Gräsel 2018: 402).

Die Forschung an der Art und Weise, wie Lehrkräfte durch ihr Handeln die Unterrichtsqualität beeinflussen, hängt mit der Auseinandersetzung mit verschiedenen Aspekten der Lehrer*innen-Expertise zusammen. Da die professionelle pädagogische Haltung, zu der Einstellungen, Werte und Überzeugungen gehören (Kuhl et al. 2014), dem Lehrer*innen-Handel zugrunde liegt, befasst sich die vorliegende Arbeit mit einem Aspekt der professionellen Kompetenz von DaF-Lehrenden, nämlich deren Vorstellungen über ihre eigene Rolle im Unterricht.

2.3. Zu den Lehrer*innen-Vorstellungen in der Unterrichtsforschung

In diesem Kapitel geht es zuerst um die Erläuterung des Vorstellungsbegriffs und dessen Unterscheidung von anderen verwandten Begriffen, die in der Forschung mal synonym, mal einander ergänzend oder voneinander unterscheidend verwendet werden. Im Anschluss daran wird darauf eingegangen, inwiefern Lehrer*innen-Vorstellungen als Bestandteil der professionellen Kompetenz von Lehrenden aufgefasst werden.

2.3.1. Zu den Lehrer*innen-Vorstellungen

2.3.1.1. Begriffliche Erläuterungen

Charakteristisch für die Vorstellungsforschung ist die begriffliche Verwirrung, die sich daraus ergibt, dass zahlreiche Bezeichnungen sowohl in der englischsprachigen Literatur – *beliefs, conceptions, attitudes* oder *implicit theories* – als auch im Deutschen – *Vorstellungen, Einstellungen, Wahrnehmungen, Überzeugungen* oder *Auffassungen* – parallel existieren und zum Teil synonym zueinander gebraucht werden (Bräunling 2017). Eine Herausforderung der Forschung an der menschlichen Kognition ist die Schwierigkeit, den Begriff Vorstellung von anderen verwandten Begriffen wie Wissen, Überzeugungen, Einstellungen und subjektive Theorien abzugrenzen (zur näheren Erläuterung dieser Begriffe vgl. z.B. Barthmann 2018; Bräunling 2017; Kirchner 2016; Kleickmann 2008; Schmitz 2017). Nach einem Überblick über einige Ansätze zur Unterscheidung von Wissen und Vorstellung zieht Bräunling (2017) folgendes Fazit: „Die Konstrukte Wissen und Belief hängen also in gewisser Art und Weise zusammen, wie dieser Zusammenhang aber genau aussieht und worin die Unterscheidungskriterien bestehen, ist nicht vollständig geklärt" (S. 59).

Es gibt keine einheitliche Auffassung dessen, was unter dem Begriff „Vorstellung" verstanden wird. In der vorliegenden Arbeit wird unter diesem Konstrukt „eine relativ stabile, wenngleich erfahrungsbasiert veränderbare, kontextabhängige Kognition" verstanden, die „die theorieähnlichen, wenn auch nicht widerspruchsfreien Gedanken eines oder mehrerer Individuen zu einem Objekt(-bereich)" umfasst (Kirchner 2016: 78). Diese Definition weist

Tab. 1: Wichtige Merkmale der Vorstellungen (vgl. Kirchner 2016)

Vorstellungen …
• sind relativ stabil, aber erfahrungsbasiert veränderbar
• sind kontextabhängig
• sind theorieähnlich
• sind nicht widerspruchsfrei
• können individuell oder geteilt werden
• beziehen sich auf ein bestimmtes Objekt(-bereich)

bereits auf wichtige Merkmale der Vorstellungen hin, die als Grundlage der vorliegenden Untersuchung gelten (vgl. Tab. 1):

- *Vorstellungen sind relativ stabil, aber erfahrungsbasiert veränderbar*

Es wurde empirisch belegt, dass Vorstellungen sowohl relativ stabil als auch erfahrungsbasiert veränderbar sind (Fives und Buehl 2012). Diese Erkenntnis ist für die vorliegende Studie grundlegend, da davon ausgegangen wird, dass die Veränderung bestimmter Aspekte des Lehrer*innen-Handelns im DaF-Unterricht neue Erfahrungen im Umgang miteinander und mit dem Lernstoff ermöglichen, die sich erheblich darauf auswirken, wie Lehrende die eigene Rolle im Lehr-Lern-Prozess wahrnehmen.

- *Vorstellungen sind kontextabhängig*

Vorstellungen beziehen sich laut Kirchner (2016) auf konkrete Situationen des Alltagslebens und hängen davon ab, wie Menschen ihre Alltagserfahrungen individuell verarbeiten. Dabei spielen soziale, kulturelle und institutionelle Rahmenbedingungen eine wichtige Rolle. Für die vorliegende Studie ist anzunehmen, dass die Vorstellungen der Lehrenden u.a. einerseits von unterrichtsinternen Faktoren (z.B. Art der Lehrer-Schüler-Interaktion, Klassenstärke, Zeit- und Materialmanagement im Deutschunterricht, Umgang miteinander, Umgang mit den Hausaufgaben, eingesetzte Lehr- und Lernmethoden, Qualität der Lehrer-Schüler-Interaktion, Handlungen und Haltung anderer Unterrichtsbeteiligter etc.) und andererseits von außerunterrichtlichen Faktoren (Stundenplan, Handlungen und Haltung der Schulverwaltung sowie anderer Lehrkräfte, Relevanz des Fachs für die Lehrperson bzw. Lernenden, Status des Fachs im Bildungssystem, etc.) beeinflusst werden. Daher soll der Versuch unternommen werden, einigen dieser Faktoren in der Untersuchung der Vorstellungen von Lehrenden über die Lehrer*innen-Rolle Rechnung zu tragen.

- *Vorstellungen sind theorieähnlich*

Ähnlich wie wissenschaftliche Theoriesysteme besitzen Vorstellungen eine „quasilogische Struktur" (Voss et al. 2011: 249); sie dienen zur Erklärung von Zusammenhängen und haben Einfluss auf das Wahrheitsempfinden von Menschen (Kirchner 2016: 68–69). Die quasilogische Struktur der Vorstellungen verweist auf Greens (1971) Erkenntnis, dass Vorstellungen in Clustern vernetzt sind, sodass manche entweder als Ursache oder als Folge anderer Vorstellungen fungieren (Kleickmann 2008: 58–59). Daraus ergibt sich für die vorliegende Studie die Annahme, dass die Erläuterung der Vorstellungen von Lehrenden über die Lehrer*innen-Rolle eine bessere Einsicht darüber ermöglicht, wie Lehrpersonen mit Lernenden bzw. mit dem Lehrstoff im Deutschunterricht umgehen, was folglich Hinweisspuren darüber liefern könnte, an welcher Stelle zur Verbesserung der Qualität der Lehr-Lern-Prozesse anzusetzen wäre.

- *Vorstellungen sind nicht widerspruchsfrei*

Auf der Grundlage der Befunde zahlreicher Lehrer*innen-Vorstellungsstudien zieht Kirchner (2016) den Schluss, dass Menschen sich widersprechende Vorstellungen zum Ausdruck bringen können (vgl. Norton et al. 2005; Voss et al. 2011). Außerdem können konfligierende Vorstellungen parallel existieren, ohne dass sich der jeweilige Träger dessen bewusst wird (Kleickmann 2008: 59). Daraus ergibt sich für die vorliegende Studie, dass die Lehrer*innen-Interviews bei der Erhebung der Lehrer*innen-Vorstellungen sowohl mit Schüler*innen-Befragungen als auch mit mehrmaligen Unterrichtsbeobachtungen in den betroffenen Deutschklassen ergänzt werden müssen. Damit ist die Erwartung verbunden, mit dieser Studie herauszufinden, ob die ausgesprochenen Vorstellungen den in konkreten unterrichtlichen Situationen vorkommenden Handlungen der jeweiligen Forschungsteilnehmenden entsprechen bzw. widersprechen.

- *Vorstellungen können individuell oder geteilt werden*

Da Vorstellungen mit den individuellen Erfahrungen der Menschen zusammenhängen, sind sie als individuell zu betrachten. In Anlehnung an Duit und Häußler (1997) beschreibt Kleickmann (2008) zwei wesentliche Quellen von Vorstellungen: Lehrer*innen-Vorstellungen entstehen sowohl auf der Basis von individuellen Alltagserfahrungen – z.B. Sinneserfahrungen; Gesprächen mit Freunden, Verwandten, Lernenden, Kolleg*innen und Schulverwaltung; Informationen aus den Medien (Lehrwerken, Internet, Radio, Fernsehen, Fachtexten); Unterrichtserfahrungen etc. – und von geteilten, institutionellen

Lerngelegenheiten. Die gemeinsamen Erfahrungen, die beim gemeinsamen Unterrichtsbesuch gemacht werden, führen zur Entstehung geteilter Erfahrungen. In der vorliegenden Studie wird einerseits den individuellen Vorstellungen der Lehrenden über die eigene Rolle und andererseits den mit dem Lehrer*innen-Handeln zusammenhängenden geteilten Erfahrungen der Lernenden besondere Aufmerksamkeit geschenkt. Bei der Erhebung und Analyse der Gruppendiskussionen mit den Lernenden steht nicht die Untersuchung der individuellen Perspektive einzelner Schüler*innen im Fokus, sondern die über die individuellen Statements verbalisierten Erfahrungen als unterschiedliche Aspekte geteilter Unterrichtserfahrungen.

- *Vorstellungen beziehen sich auf ein bestimmtes Objekt (bzw. auf einen bestimmten Objektbereich)*

Jede Person hat Vorstellungen über verschiedene Objekte bzw. Objektsbereiche (Törner 2002). In der Lehrer*innen-Vorstellungsforschung unterscheidet man laut Woolfolk Hoy et al. (2006) die folgenden Lehrer*innen-Vorstellungen: 1) Über das *Selbst* – das heißt beispielsweise über die eigenen Fähigkeiten oder über die eigene Rolle als Lehrkraft – und 2) über den unmittelbaren *Lehr-Lern-Kontext* – das heißt zum Beispiel über den DaF-Unterricht in einer gegeben Klasse bzw. einer gegebenen Schule – sowie 3) über das *Bildungssystem* und den *gesellschaftlichen Kontext* (Voss et al. 2011: 235).

Die vorliegende Studie befasst sich unter anderem mit der Ermittlung der Lehrer*innen-Vorstellungen über die eigene Lehrer*innen-Rolle im DaF-Unterricht und damit, wie sich das mit den ermittelten Vorstellungen zusammenhängende Lehrer*innen-Handeln auf die Lernenden und die Prozessqualität des DaF-Unterrichts auswirkt. Dabei werden Lehrer*innen-Vorstellungen im Sinne von Kirchner wie folgt definiert:

> Lehrervorstellungen sind subjektive, relativ stabile, wenngleich erfahrungsbasiert veränderbare, zum Teil unbewusste, kontextabhängige Kognitionen von Lehrpersonen. Sie umfassen die theorieähnlichen, wenn auch nicht widerspruchsfreien Gedanken zu verschiedenen fachübergreifenden und fachspezifischen Gegenstandsbereichen der Profession von Lehrpersonen. (Kirchner 2016: 100)

Vor einer ausführlichen Verortung der Lehrer*innen-Vorstellungen in der Forschung zum Lehrer*innen-Beruf ist eine Abgrenzung des Vorstellungsbegriffs zu weiteren verwandten Konstrukten sinnvoll.

2.3.1.2. Abgrenzung zu ausgewählten Konstrukten

In der deutschsprachigen Forschung zu Lehrer*innen-Kognitionen wird der englische Begriff *beliefs* sowohl mit „Überzeugungen" (z.B. Baumert und Kunter 2011; Kirchner 2016; Kleickmann 2008; Reusser et al. 2011; Vicente 2018) als auch mit „Vorstellungen" (z.B. Barthmann 2018; Kirchner 2016; Kleickmann 2008) übersetzt. Vicente definiert Überzeugungen als „Vorstellungen davon, wie etwas beschaffen ist oder beschaffen sein sollte" (Vicente 2018: 119). Hier werden Überzeugungen als eine Form von Vorstellungen angesehen. Die gleiche Auffassung vertreten Reusser et al. (2011), wenn sie unter berufsbezogenen Überzeugungen von Lehrpersonen ("teacher beliefs") Folgendes verstehen:

> [...] affektiv aufgeladene, eine Bewertungskomponente beinhaltende Vorstellungen über das Wesen und die Natur von Lehr- und Lernprozessen, Lerninhalten, die Identität und Rolle von Lernenden und Lehrenden (sich selbst) sowie den institutionellen und gesellschaftlichen Kontext von Bildung und Erziehung, welche für wahr oder wertvoll gehalten werden und ihrem berufsbezogenen Denken und Handeln Struktur, Halt, Sicherheit und Orientierung geben (Reusser et al. 2011: 478).

Berufsbezogene Überzeugungen von Lehrkräften werden im Hinblick auf deren Gegenstandsbereiche wie folgt klassifiziert: (1) *personenbezogene*, (2) *kontextbezogene* und (3) *epistemologische* Überzeugungen (ebd., S. 486–487; Voss et al. 2011: 235; vgl. auch Woolfolk Hoy et al. 2006). Personenbezogene Überzeugungen beziehen sich entweder auf professionsbezogene Selbstwahrnehmungen der Lehrkräfte oder auf die Lernenden (Reusser et al. 2011: 486). Untersucht werden in diesem Zusammenhang u.a. Überzeugungen über die Lehrer*innen-Rolle und die Ausbildung von Lehrpersonen, sowie Selbstwirksamkeitsüberzeugungen der Lehrenden und deren Effekte auf die Unterrichtsqualität, das Weiterbildungsverfahren und die Unterrichtswirkungen (ebd.; vgl. auch Woolfolk Hoy et al. 2006). Forschungen in Bezug auf kontextbezogene Überzeugungen interessieren sich sowohl für den näheren (einzelschulischen) als auch für den weiteren (gesellschaftlichen) Kontext des Lehrens und Lernens (ebd., S. 487; vgl. auch Woolfolk Hoy et al. 2006).

In Anlehnung an Hofer und Pintrich (1997: 117) definiert Vicente (2018) epistemologische Überzeugungen als „(subjektive) Vorstellungen, die sich auf die Natur des Wissens (*nature of knowing*) und den Prozess des Wissenserwerbs (*process of knowing*) beziehen" (S. 118). Es geht um fachbezogene und fachübergreifende Überzeugungen über Lehr- bzw. Lerninhalte und Lehr-Lern-Prozesse (Reusser et al. 2011: 486), d.h. um das „subjektive Wissen über das Wissen" (Kirchner 2016: 86). Einer solchen Auffassung liegt die Unterteilung des Wissens in „objektives" und „subjektives" Wissen zugrunde (vgl.

Furinghetti und Pehkonen 2002; Kirchner 2016: 86; Schmitz 2017: 116), wobei sich „objektives Wissen" – auch als „Wissen" bezeichnet – auf das Wissen bezieht, das unabhängig von einer Person für wahr gehalten wird (Schmitz 2017: 117) und „für das es in der relevanten Wissensgemeinschaft Evidenz oder rationale Rechtfertigung gibt" (Vicente 2018: 130; ausführlich zur Abgrenzung von Wissen und Überzeugung vgl. u.a. Kirchner 2016: 86–90; Kleickmann 2008: 46–48; Schmitz 2017: 113–117; Vicente 2018: 126–130). Das subjektive Wissen wird je nach den zugrunde liegenden theoretischen Annahmen entweder als „subjektive Theorie" oder als „Überzeugung" angesehen: Im Rahmen des Forschungsprogramms Subjektive Theorie (FST) (vgl. Groeben et al. 1988) werden Kognitionen in Form von Theorien dargestellt und jene Vorstellungen untersucht, die für das Lehrer*innen-Handeln mittelbar relevant sind, während die Auseinandersetzung mit Übersetzungen nicht primär die Erklärung von Handlungen anstrebt (Vicente 2018: 134–135; ausführlich zur Unterscheidung zwischen Überzeugungen und Subjektiven Theorien vgl. Bräunling 2017: 52; Vicente 2018: 130–135). Im weiteren Sinne versteht Groeben (1988: 19) unter subjektiven Theorien „mentale Repräsentationen oder Vorstellungen, die sich auf die eigene Person und die Welt beziehen" (Vicente 2018: 131), die der Definition von Situationen, Planung, Ausführung und Kontrolle von Handlungen dienen (ebd.). Diese Auffassung wird mit dem Überzeugungskonstrukt als identisch angesehen (ebd., S. 135), wobei im FST die Rekonstruktion des Untersuchungsgegenstands von der Zustimmung bzw. Validierung der Forschungsteilnehmenden abhängt, was in der Überzeugungsforschung nicht der Fall ist (ebd.).

Hier werden also Überzeugungen als eine Subkategorie des Wissens angesehen. Andere Ansätze hingegen betrachten *beliefs* bzw. Überzeugungen als ein Bündel bestehend aus drei Komponenten: (1) einer kognitiven, (2) affektiven und (3) verhaltensbezogenen (*behavioral*) Komponente, wobei der kognitive Aspekt als Wissen bezeichnet wird (Rokeach 1972: 113). In der Forschung zur Kognition von Lehrenden herrscht mittlerweile Konsens darüber, dass die Abgrenzung von Wissen und Überzeugung schwierig (Kleickmann 2008: 48) bzw. nicht vollständig geklärt (Bräunling 2017: 59) ist und als „entmutigendes Unterfangen" (Pajares 1992: 309) betrachtet wird.

Auch wenn sich der Begriff *Überzeugung* weitestgehend als Übersetzung von *belief* in der deutschsprachigen Forschung durchgesetzt hat (Kirchner 2016: 90), wurden in den letzten Jahren zahlreiche Dissertationen in den Fachdidaktiken für Naturwissenschaften (z.B. Kleickmann 2008), Wirtschaftsunterricht (z.B. Kirchner 2016), Mathematik (z.B. Bräunling 2017) und Geografie (z.B. Barthmann 2018) verfasst, die sich mit *Vorstellungen* von Lehrkräften auseinandersetzen. In einigen dieser Studien lässt sich die Präferenz für den Begriff *Vorstellung* als Übersetzung von *belief* dadurch begründen, dass die Bezeichnung *Überzeugung* auf „eine (mit Vehemenz vertretene) identitätsstiftende Ansicht" verweist, während der Begriff *Vorstellung* – im Gegensatz zu *Überzeugung* – „weniger wertend ist und nicht vorwegnimmt, ob die Vorstellung im jeweiligen Vorstellungssystem eine zentrale oder eher periphere Bedeutung hat" (Kirchner 2016: 58). Andere Studien finden die Bezeichnung *Vorstellung* angebracht, weil sie ein inklusiver Begriff ist: Sie umfasst sowohl epistemologisch validiertes Wissen als auch eher subjektiv geprägte Überzeugungen (Kleickmann 2008: 48; vgl. auch Barthmann 2018: 36; Bräunling 2017: 51).

Die vorliegende Untersuchung befasst sich damit, wie Lehrende ihre Rolle im DaF-Unterricht verstehen. Es ist wenig relevant, ob einerseits die Wahrnehmung der eigenen Lehrer*innen-Rolle im Vorstellungssystem der Forschungsteilnehmenden eine zentrale oder eine periphere Rolle spielt, und ob andererseits dies als für wahr gehaltenes „objektives" Wissen oder eher als subjektiv geprägte Überzeugungen anzusehen ist. Das Augenmerk wird auf das gerichtet, was Hattie (2014: 170–196) unter der Geisteshaltung von Lehrpersonen versteht, nämlich u.a. das, was Lehrkräfte über ihre eigene Rolle im Unterricht denken. Der inklusive Begriff *Vorstellung* ist aus Sicht des Verfassers am geeignetsten für die Benennung des Untersuchungsgegenstands dieser Studie. Wenn von Vorstellungen von Lehrenden über die eigene Rolle im DaF-Unterricht gesprochen wird, ist folglich gemeint, wie DaF-Lehrkräfte ihre Rolle wahrnehmen und wie sie ihre eigene Rolle im Lehr-Lern-Prozess verstehen.

2.3.1.3. Zur Bedeutung von Vorstellungen im Lehr-Lern-Prozess

Die Ergebnisse zahlreicher Studien weisen auf die Relevanz von Lehrer*innen-Vorstellungen im Unterricht hin. Hartinger et al. (2006) haben aus einer Untersuchung, an der sich insgesamt 45 Grundschulklassen mit 1091 Schüler*innen beteiligt haben, das Fazit gezogen, dass es einen Zusammenhang zwischen den Lehrer*innen-Vorstellungen, der Unterrichtsgestaltung dieser Lehrenden und verschiedenen Schüler*innen-Variablen gibt: Im Unterricht von Lehrkräften mit konstruktivistischen Vorstellungen konnte festgestellt werden, dass es einerseits mehr Freiräume für die Schüler*innen gab und andererseits die Lernenden sich dabei selbstbestimmter fühlten und diesen Unterricht als interessanter empfanden (S. 122). Bräunling (2017) zieht aus einer qualitativen Untersuchung von Grundschullehrkräften die Schlussfolgerung, dass eine handlungsleitende Funktion von Vorstellungen bzw. Vorstellungssystemen im

Mathematikunterricht besteht (S. 419). Kleickmann (2008) zeigt, dass Lernfortschritte der Schüler*innen mit Vorstellungen von Grundschullehrkräften zum Lehren und Lernen von Naturwissenschaften zusammenhängen: Die Vorstellungen der Lehrkräfte zur Relevanz der Motivation der Schüler*innen für ein verstehendes naturwissenschaftliches Lernen bedingt den Fortschritt der Lernenden, während Lernende, deren Lehrpersonen die Vorstellung vertreten, dass im naturwissenschaftlichen Grundschulunterricht am besten aus Erklärungen der Lehrkraft gelernt und das Wissen eher passiv-rezipierend aufzunehmen ist, geringere Fortschritte im naturwissenschaftlichen konzeptuellen Verständnis aufwiesen (S. 172–173). Daraus lässt sich schließen, dass die Lehrer*innen-Vorstellungen einen Einfluss darauf haben, wie Lehrpersonen mit ihren Lernenden im Unterricht umgehen, welche Lehr-Lern-Methoden eingesetzt werden und wie viel Engagement Lernende in den Lehr-Lern-Prozess investieren.

Nach der Auswertung einer breit gefächerten Literatur unterscheiden Fives und Buehl (2012) drei wesentliche Funktionen von Vorstellungen: sie gelten (1) als Filter, (2) als Rahmen (*„frame"*) und (3) als Orientierungshilfe (*„guide"*) für das Handeln von Lehrenden und Lernenden (Übersetz. von Kirchner 2016).

- *Vorstellungen als Filter*

Vorstellungen gründen auf persönlicher Erfahrung und werden von dieser maßgeblich geprägt (Bräunling 2017). Als Filter bilden sie die Grundlage zur Interpretation und Beurteilung neuer Informationen und Erfahrungen. Das Vorhandensein gegebener Vorstellungen bestimmt die Blickrichtung der Lehrenden und Lernenden auf sich selbst und aufeinander im Lehr-Lern-Prozess. Es ist beispielsweise höchstwahrscheinlich, dass negative Vorstellungen einer Lehrkraft über ihre Lernenden dazu beitragen, bestimmte Verhaltensweisen dieser Letzteren als beleidigend, respektlos oder provokativ zu interpretieren. Außerdem können bestimmte Vorstellungen einer Lehrperson dazu führen, die Schüler*innen als motiviert anzusehen und deren Leistungen mit Wertschätzung wahrzunehmen. Gleichzeitig können manche Vorstellungen die Lernenden dazu bewegen, die Haltung und Handlungen ihrer Lehrenden hauptsächlich als motivierend bzw. demotivierend zu interpretieren.

- *Vorstellungen als Rahmen*

Als Rahmen (*„frame"*) nehmen Vorstellungen Einfluss auf die Sichtweise und Konzeptualisierung von Problemen oder Aufgaben (Kirchner 2016: 113). Sie helfen den Lehrenden, die Fokuspunkte ihrer Lehrveranstaltungen zu bestimmen. Wenn eine Lehrkraft beispielsweise die Vorbereitung der Schüler*innen auf Prüfungen als Kernaufgabe ihrer Tätigkeit versteht, dann ist es höchstwahrscheinlich, dass prüfungsrelevante Aufgaben und Aufgabenformate regelmäßig im Lehr-Lern-Prozess geübt werden.

- *Vorstellungen als Orientierungshilfe*

Vorstellungen aktivieren ein etabliertes Reaktionsrepertoire und ermöglichen die Orientierung des Menschen in seiner Umwelt (Törner 2002: 115). Die Interpretation bestimmter Verhaltensweise der Lehrperson als motivierend und lernförderlich kann die Schüler*innen dazu anregen, im Lehr-Lern-Prozess fleißiger zu sein. Des Weiteren wird das Verhalten der Lernenden und Lehrenden im Unterricht dadurch bestimmt, wie sie sich ihre Rolle im Lehr-Lern-Prozess vorstellen: z.B. Lehrer*innen als Wissensvermittler*innen vs. Schüler*innen als Wissensempfänger*innen, Lehrer*innen als Begleiter*innen des Lernens vs. Schüler*innen als aktiver Mitgestalter*innen des Lehr-Lern-Prozesses.

Aus der Betrachtung von Lehrer*innen-Vorstellungen als Filter, Rahmen und Orientierungshilfe lässt sich insgesamt schließen, dass Vorstellungen den Lehr-Lern-Prozess entweder fördern oder hemmen können. Sie beeinflussen einerseits die Sicht der Unterrichtsbeteiligten auf die jeweiligen Unterrichtsakteure, den Lerngegenstand und den Lehr-Lern-Prozess. Andererseits liegen Vorstellungen den Handlungen von Lehrenden und Lernenden in alltäglichen Unterrichtssituationen zugrunde. Durch die Einsicht in jene Vorstellungen, die dem lernförderlichen bzw. lernhinderlichen Lehrer*innen-Handeln zugrunde liegen, können Maßnahmen zur Verbesserung der Unterrichtsqualität entworfen und im Unterricht implementiert werden.

2.3.2. Lehrer*innen-Vorstellungen als Bestandteil der professionellen Kompetenz von (Fremdsprachen-)Lehrenden

In den vorigen Kapiteln wurde versucht, den Begriff *Vorstellung* zu klären und von weiteren Konzepten abzugrenzen. Anschließend wurde auf die Funktion der Vorstellungen im Lehr-Lern-Prozess eingegangen. In diesem Kapitel sollen Lehrer*innen-Vorstellungen als Bestandteil der professionellen Kompetenz von Lehrenden diskutiert werden. Dabei sollen die in dieser Arbeit berücksichtigten Kompetenzmodelle – nämlich Didaktische Kompetenzen (Hallet 2006) und die professionelle Lehrkompetenz (Baumert und Kunter 2011) – beschrieben werden und dann die Lehrer*innen-Vorstellungen in die professionellen Kompetenzen von Lehrkräften eingeordnet werden.

2.3.2.1. Der Kompetenzansatz

In der Bildungsforschung wird Kompetenz meistens im Sinne von Weinert (2002) verstanden, und zwar als „die bei Individuen verfügbaren oder durch sie erlernbaren kognitiven Fähigkeiten und Fertigkeiten, um bestimmte Probleme zu lösen, sowie die damit verbundenen motivationalen, volitionalen und sozialen Bereitschaften und Fähigkeiten, um die Problemlösungen in variablen Situationen erfolgreich und verantwortungsvoll zu nutzen." (S. 27–28). Dabei geht es laut Schart und Legutke (2012) um „Wissen, Verstehen, Können, Handeln, Erfahrung, Motivation, Emotion, Einstellungen, metakognitive Kontrolle und Bereitschaft zum Handeln (volitionale Merkmale), die es einem Individuum erlauben, komplexe Anforderungen erfolgreich zu bewältigen" (S. 185).

Im schulischen Alltag besteht die Aufgabe der Lehrkräfte im Unterrichten, Erziehen, Beurteilen und Beraten sowie in der Weiterentwicklung der eigenen Kompetenzen und der eigenen Schule (Rothland 2013b: 28). Beim Unterrichten müssen Lehrende laut Bromme (2008: 162–163) folgende Anforderungen bewältigen: Lehrpersonen müssen 1) eine Struktur von Schüler*innen- und Lehrer*innen-Aktivitäten organisieren und aufrechterhalten – z.b. mögliche Störungen antizipierend erkennen und dagegen handeln, Unterrichtsaktivitäten bzw. Unterrichtssequenzen nach einer bestimmten, passenden Reihenfolge festlegen und entsprechende Methoden einsetzen – 2) durch die Förderung der Schüler*innen-Aktivität den Unterrichtsstoff mit den Lernenden gemeinsam entwickeln, und 3) die Unterrichtszeit sinnvoll organisieren.

2.3.2.1.1. Das Modell der didaktischen Kompetenzen

Angesichts der zahlreichen verschiedenen Aufgaben und Anforderungen, die mit dem Lehrer*innen-Beruf zusammenhängen, schlägt Hallet (2006) ein Kompetenzmodell vor, das „didaktische Kompetenzen" von Lehrkräften – d.h. „Kompetenzen, über die Lehrkräfte zur erfolgreichen Gestaltung von Lehr-Lern-Prozessen verfügen müssen" (S. 26) – dem Unterrichtsgeschehen zuordnet. Hallet unterscheidet einerseits unterrichtsbezogene Kompetenzen im engeren Sinne, die sich entsprechend konkret auf den jeweiligen Fachunterricht beziehen, und andererseits übergreifende pädagogische und didaktische Kompetenzen (vgl. Abb. 2). Zu den unterrichtsspezifischen Kompetenzen gehören a) die fachliche Kompetenz, b) die fachdidaktische Kompetenz, c) die diagnostische Kompetenz, d) die methodische Kompetenz, f) die Beherrschung von Lehr-Lern-Formen und g) die Beurteilung und Evaluationskompetenz (ausführlich zu unterrichtsbezogenen Kompetenzen, vgl. Hallet 2006: 37–109). Als Teile der übergreifenden pädagogischen Kompetenzen zählt Hallet i) die

```
┌─────────────────────────────────────────────────────────────────────┐
│                   Institutionelle Rahmenbedingungen                  │
│                                                                      │
│  Unterrichtsbezogene Kompetenzen        Übergreifende pädagogische   │
│       im engeren Sinne                   und didaktische Kompetenzen │
│                                                                      │
│  ▪ Fachliche Kompetenz                  ▪ Erzieherische Kompetenz    │
│  ▪ Fachdidaktische Kompetenz            ▪ Personale und soziale      │
│  ▪ Diagnostische Kompetenz     ⇨  Unterricht  ⇦    Kompetenz         │
│  ▪ Methodische Kompetenz          Lehr-Lern-Prozesse  Planungs- und  │
│  ▪ Beherrschung der Lehr-/Lernformen        Management-Kompetenz     │
│  ▪ Beurteilungs- und                    ▪ Entwicklungskompetenz      │
│    Evaluationskompetenz                                              │
│                                                                      │
│                         ⇧       ⇧       ⇧                            │
│                      Kommunikative Kompetenz                         │
└─────────────────────────────────────────────────────────────────────┘
```

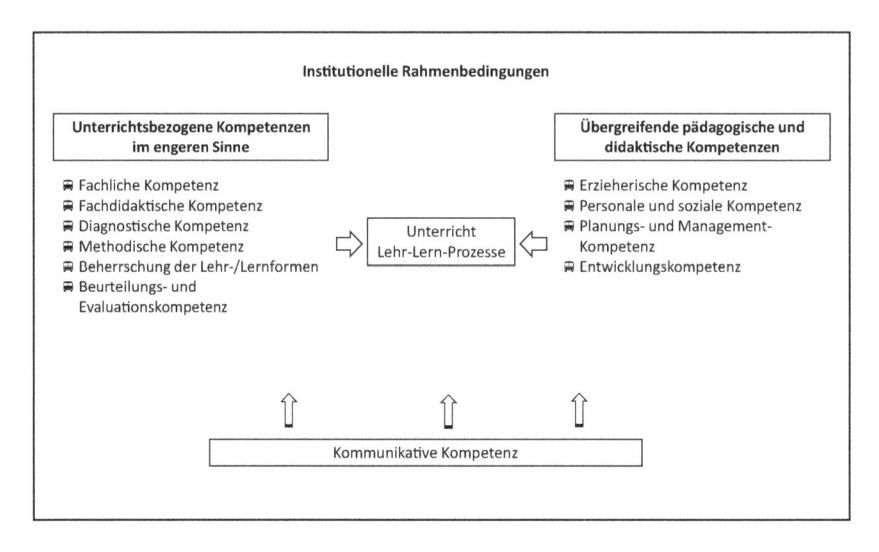

Abb. 2: Didaktische Kompetenzen (Hallet 2006: 36)

erzieherische Kompetenz, ii) die personalen und sozialen Kompetenzen, iii) die Planungs- und Managementkompetenz und iv) die Entwicklungskompetenz (ausführlich zu fachübergreifenden Kompetenzen, vgl. ebd., S. 148–174). Darüber hinaus benötigen Lehrende eine kommunikative Kompetenz als Querschnittkompetenz (ausführlich dazu, vgl. ebd., S. 127–147).

Überträgt man dieses Modell beispielsweise auf den Fremdsprachenunterricht, dann wird deutlich, dass Fremdsprachenlehrende zum einen grundlegende Kompetenzen benötigen, die in der Regel in der ersten Phase der Lehrer*innen-Ausbildung, d.h. im Studium, gewonnen werden: nämlich die sogenannten unterrichtsbezogenen Kompetenzen. Zum anderen wird hervorgehoben, dass die Ausbildung von DaF-Lehrkräften mit Modulen aus anderen Bildungswissenschaften (d.h. beispielsweise aus der Lehr-Lern-Forschung, der pädagogischen Psychologie und der Pädagogik) ergänzt werden sollte. Nach diesem Kompetenzmodell, das eine bessere Einsicht in die Komplexität von Unterricht und damit auch des Fremdsprachenlehrens ermöglicht und zugleich den fächerübergreifenden professionellen Kompetenzen von Lehrkräften Rechnung trägt, ist es sinnvoll und gerechtfertigt, sich in der fremdsprachendidaktischen Forschung der Frage nach der Umsetzung allgemeindidaktischer Forschungsstränge im DaF-Unterricht zu widmen.

Ein weiterer positiver Aspekt von Hallets Kompetenzmodell ist der hohe Stellenwert, der der Entwicklungskompetenz beigemessen wird. Aufgrund der Tatsache, dass die Rahmenbedingungen des Unterrichts zum Teil der unmittelbaren Entscheidungshoheit der einzelnen Lehrkräfte unterliegen (ebd., S. 35), gehört es zur Rolle der Lehrperson, zu deren Verbesserung beizutragen. Die Entwicklungskompetenz bezieht sich auf die Fähigkeiten, Fertigkeiten und Dispositionen der Lehrenden, durch bestimmte Handlungen sowohl im eigenen Unterricht als auch auf der Ebene der Schule einen individuellen Betrag zur Entstehung bzw. Beibehaltung qualitätsvoller Lehr-Lern-Prozesse zu leisten. Dazu gehört die systematische Unterrichtsentwicklung – z.b. durch Aktionsforschung, Selbst- und Fremdevaluation, Feedback – sowie die Schulentwicklung (ebd.). Mit analytischen und reflexiven Methoden der Aktionsforschung „werden eher subjektive Erklärungskonzepte und Schuldzuweisungen an die Lernenden (,Desinteresse', ,Faulheit' usw.) an das Unterrichtshandeln rückgebunden; es können Faktoren identifiziert werden, die zu bestimmten Lernhaltungen oder -wegen führen" (ebd., S. 172). Somit bietet Hallets Modell didaktischer Kompetenzen eine wertvolle Grundlage für den Einsatz der Aktionsforschung zur Untersuchung der Lehrer*innen-Rolle im fremdsprachlichen Deutschunterricht.

Allerdings schenkt Hallets Modell didaktischer Kompetenzen der Erkenntnis, nach der „Lehrerinnen in ihrem Unterricht kaum durch ihr kognitives Wissen (Fachwissen), sondern vor allem durch ihre Haltungen und Einstellungen beeinflusst" werden (Schocker-von Ditfurth 2002: 6), keine besondere Aufmerksamkeit. Im Grunde sind bestimmte Aspekte der Selbstkompetenz (vgl. z.B. Solzbacher 2017) von Lehrenden nicht in diesem Modell abgebildet, insbesondere der Aspekt der subjektiven Werthaltungen und Überzeugungen der Lehrkräfte. Hingegen behaupten Schart und Legutke (2012) in Anlehnung an Schocker-von Ditfurth (2002), dass die Vorstellungen der Lehrpersonen über sich selbst und die Lernenden, die Klarheit der eigenen Ziele und Werte und ein geübter Umgang mit den eigenen Gefühlen die Grundlage des Lehrer*innen-Handelns im Unterricht bildet. Dies erfordert bestimmte Kompetenzen bei den Lehrenden, die in Hallets Modell ausgeblendet werden.

2.3.2.1.2. Das Modell der professionellen Lehrkompetenz
Ein weiteres Kompetenzmodell, das sowohl den Einstellungen, Überzeugungen und subjektiven Theorien von Lehrkräften Rechnung trägt, wurde im Rahmen des Forschungsprogramms COACTIV entwickelt (vgl. Baumert und Kunter 2011). Nach diesem Modell besteht die professionelle Kompetenz von

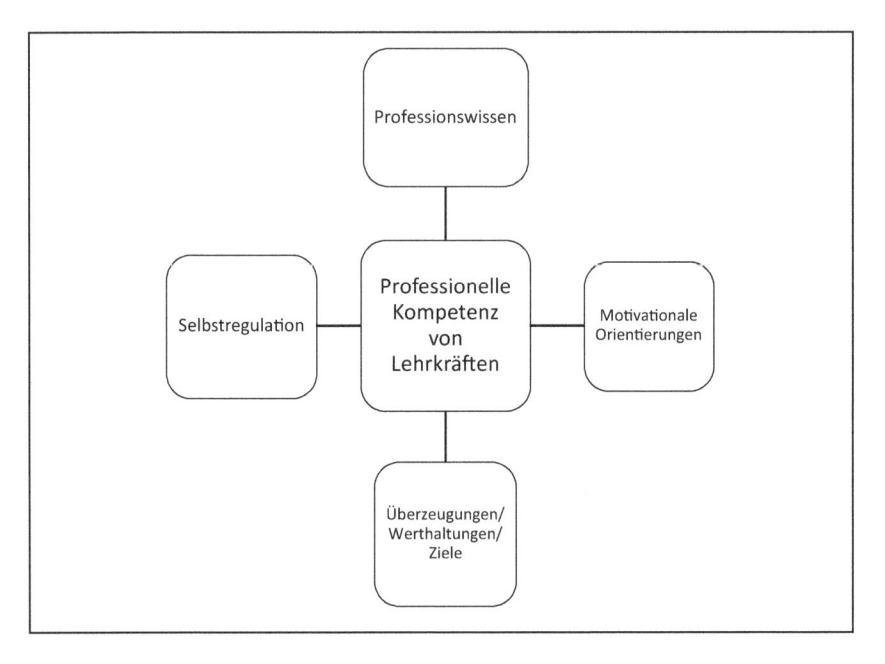

Abb. 3: Vereinfachte Darstellung der professionellen Kompetenz von Lehrkräften. (Angepasst aus Baumert und Kunter 2011:36)

Lehrkräften aus vier Kompetenzaspekten (vgl. Abb. 3): 1) dem Professionswissen, 2) den Überzeugungen, Werthaltungen und Zielen, 3) den motivationalen Orientierungen und 4) der Selbstregulation. Diese Aspekte der professionellen Kompetenz von Lehrkräften können nicht voneinander getrennt werden und bilden die Grundlage des Handelns von Lehrenden im Unterricht.

Die explizite Darstellung dieser vier Aspekte ermöglicht eine ausführliche Beschreibung einerseits der jeweiligen Kompetenzbereiche, aus denen jeder Kompetenzaspekt besteht und andererseits der Kompetenzfacetten, in die sich die jeweiligen Kompetenzbereiche differenzieren und durch konkrete Indikatoren operationalisiert werden. Dieses Modell macht vier mögliche Akzentsetzungen in der Forschung zur Lehrer*innen-Professionalität sichtbar: die Fokussierung 1) des Professionswissens, 2) der motivationalen Orientierungen, 3) der Selbstregulation und 4) der Werthaltungen und Überzeugungen von Lehrkräften.

2.3.2.2. Zur Erforschung der Aspekte professioneller Kompetenz von Lehrkräften

Die Fokussierung des Professionswissens ist Gegenstand der Expertiseforschung zum Lehrer*innen-Beruf, die von der Betrachtung des Wissens als zentrale Dimension der professionellen Kompetenz von Lehrkräften ausgeht (Baumert und Kunter 2011: 45). Angesichts mangelnder Übereinstimmung über den Begriff der „Expertise" – sie bezeichnet entweder das Wissen eines Experten oder die Fähigkeit zu überdurchschnittlichen Leistungen oder auch die permanente Erbringung von Höchstleistungen – werden in der kognitionspsychologischen Expertiseforschung zwei Ansätze unterschieden: der leistungsorientierte und der wissensorientierte Ansatz (Krauss 2011). Durch einen kontrastiven Vergleich von Experten und Novizen im sogenannten „Experten-Novizen-Paradigma" interessiert sich der leistungsorientierte Ansatz für die Faktoren, die die permanente Höchstleistung von Experten ausmachen. Im Zusammenhang mit dem Lehrer*innen-Beruf sind zahlreiche Forschungsarbeiten entstanden, die beispielsweise das Wissen von angehenden und berufstätigen Lehrenden vergleichen (vgl. z.B. König und Blömeke 2009; König et al. 2018). Mithilfe der Anforderungsanalyse beschäftigt sich der wissensorientierte Ansatz mit der Beschreibung, Klassifizierung und Differenzierung des Wissens von Expert*innen (vgl. z.B. Berliner 2001, 2004; Bromme 2008, 2014; Kunter et al. 2011; Niermann 2017).

Die Betonung der motivationalen Orientierung und Selbstregulation in der Forschung zum professionellen Lehrer*innen-Handeln richtet die Aufmerksamkeit auf die psychische Funktionsfähigkeit der Lehrenden (Baumert und Kunter 2011: 42). Untersuchungen zur Motivation von Lehrkräften fokussieren auf folgende Schwerpunkte (Kunter 2011): (a) die Berufswahlmotive von Lehrkräften (z.B. Brookhart und Freeman 1992; Rothland 2013c; Watt und Richardson 2007), (b) die Selbstwirksamkeitserwartungen von Lehrpersonen (z.B. Brouwers und Tomic 2000; Schmitz und Schwarzer 2000) und (c) die intrinsische Motivation und der Enthusiasmus von Lehrenden (z.B. Babad 2007; Kunter et al. 2008). Außerdem werden auch theoretische Modelle zur Beschreibung der Motivation von Lehrkräften entwickelt (z.B. Daumiller 2018). Im Mittelpunkt der Forschungsarbeiten zur beruflichen Selbstregulation von Lehrkräften steht u.a. die Frage, inwiefern Lehrkräfte ihre eigenen Ressourcen adaptiv regulieren, um die an sie gestellten Anforderungen und Erwartungen erfolgreich zu bewältigen (Klusmann 2011). Untersucht werden in diesem Zusammenhang Belastungen und Beanspruchungen im Lehrer*innen-Beruf (z.B. Rothland 2007, 2013a).

Das Kompetenzmodell von COACTIV betrachtet Wissen und Können (*knowledge*) einerseits sowie Werthaltungen (*value commitments*) und Überzeugungen (*beliefs*) andererseits als kategorial getrennte Kompetenzfacetten (Baumert und Kunter 2011). Auch wenn kein Konsens darüber besteht, an welcher Stelle die genauen Grenzen zwischen Wissen und Überzeugungen liegen (Kleickmann 2008), wird die Abgrenzung der beiden Begriffe im Hinblick auf deren epistemologischen Anforderungen gezogen (vgl. Pajares 1992). In der englisch- und deutschsprachigen Literatur wird keine scharfe, einheitliche definitorische Abgrenzung zwischen Vorstellungen, Haltungen, subjektive Theorien, Überzeugungen, Weltbilder oder Einstellungen vorgenommen (Bräunling 2017: 51), sodass diese Begriffe parallel verwendet werden. In der COACTIV-Studie, in der keine trennscharfe Unterscheidung zwischen den oben erwähnten Begriffen durchgeführt wird, werden Überzeugungen definiert als „überdauernde existentielle Annahmen über Phänomene oder Objekte der Welt, die subjektiv für wahr gehalten werden, sowohl implizite Anteile besitzen und die Art der Begegnung mit der Welt beeinflussen" (Voss et al. 2011: 235). Die vorliegende Studie fasst Überzeugungen als Bestandteile der Vorstellungen auf (vgl. Kap. 1.3.1.2) und ordnet Lehrer*innen-Vorstellungen daher dem Kompetenzbereich von Werthaltungen und Überzeugungen im COACTIV-Kompetenzmodell zu.

2.3.3. Zur Einordnung der Arbeit: Ein Modell der Wirkungsweise des Unterrichts

Als Grundlage der vorliegenden Arbeit dient Helmkes Angebots-Nutzungs-Modell der Wirkungsweise des Unterrichts (Helmke 2015a: 71; vgl. Abb. 4). Nach diesem Modell repräsentiert der von der Lehrperson durchgeführte Unterricht in seiner Gesamtheit ein *Angebot*, das von den Lernenden *genutzt* werden und zu bestimmten *Wirkungen* führen soll.

Die Qualität des angebotenen Unterrichts hängt von zahlreichen Faktoren ab, die entweder mit dem Unterrichtskontext, der Lehrperson oder dem Lehr-Lern-Prozess zusammenhängen. Zu den Kontextfaktoren gehören u.a. die kulturellen Rahmenbedingungen, die Schulform, die Klassenzusammensetzung etc. Demnach ist zu erwarten, dass der kamerunische Deutschunterricht von bestimmten kontextbezogenen Faktoren beeinflusst wird, deren Offenlegung für die Auffassung des Untersuchungsgegenstands und für die Ergebnisse der vorliegenden Forschung von großer Relevanz ist (Siehe Kap. 4).

Die Relevanz der Lehrperson für die Qualität des Unterrichts fasst Schart wie folgt zusammen: „Die Qualität des Unterrichts ist aufs Engste mit dem

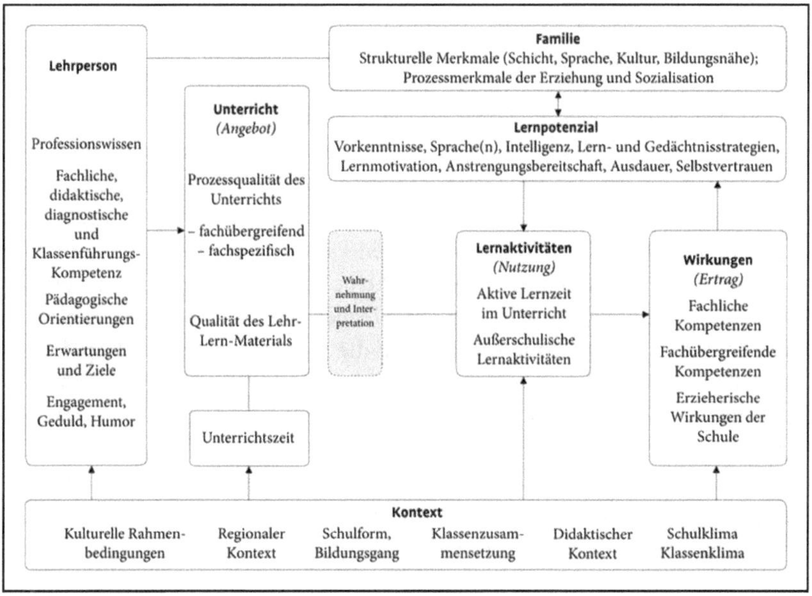
Lehrperson
Professionswissen
Fachliche, didaktische, diagnostische und Klassenführungs-Kompetenz
Pädagogische Orientierungen
Erwartungen und Ziele
Engagement, Geduld, Humor
Unterricht
(Angebot)
Prozessqualität des Unterrichts
- fachübergreifend
- fachspezifisch
Qualität des Lehr-Lern-Materials
Unterrichtszeit
Wahrnehmung und Interpretation
Familie
Strukturelle Merkmale (Schicht, Sprache, Kultur, Bildungsnähe);
Prozessmerkmale der Erziehung und Sozialisation
Lernpotenzial
Vorkenntnisse, Sprache(n), Intelligenz, Lern- und Gedächtnisstrategien,
Lernmotivation, Anstrengungsbereitschaft, Ausdauer, Selbstvertrauen
Lernaktivitäten
(Nutzung)
Aktive Lernzeit im Unterricht
Außerschulische Lernaktivitäten
Wirkungen
(Ertrag)
Fachliche Kompetenzen
Fachübergreifende Kompetenzen
Erzieherische Wirkungen der Schule
Kontext
Kulturelle Rahmenbedingungen
Regionaler Kontext
Schulform, Bildungsgang
Klassenzusammensetzung
Didaktischer Kontext
Schulklima Klassenklima

Abb. 4: Ein Angebots-Nutzungs-Modell der Wirkungsweise des Unterrichts (Helmke 2015a: 71)

Verhalten der Lehrenden, ihren Entscheidungen sowie ihren individuellen Lehrphilosophien verknüpft“ (Schart 2014: 36). Lehrerimmanente Faktoren beziehen sich auf die professionelle Lehrkompetenz, die laut dem COACTIV-Modell aus vier Kompetenzaspekten bestehen: (i) dem Professionswissen, (ii) den motivationalen Orientierungen, (iii) den Werthaltungen, Vorstellungen und Zielen sowie (iv) der Selbstregulation (vgl. Baumert und Kunter 2011). Diese Faktoren liegen der Lehrer*innen-Haltung und dem Lehrer*innen-Handeln im Lehr-Lern-Prozess zugrunde und tragen gemeinsam zur qualitätsvollen Leistung von Lehrkräften im Unterricht bei. Wie im Kapitel 2.3.1 aufgezeigt, steht die Auseinandersetzung mit dem Kompetenzaspekt der Lehrer*innen-Vorstellungen im Mittelpunkt der vorliegenden Untersuchung, in der die Vorstellungen der Lehrpersonen über die eigene Rolle im kamerunischen Deutschunterricht herausgearbeitet werden.

Wenn von unterrichtsprozessbezogenen Faktoren die Rede ist, dann geht es zunächst um die Faktoren der Prozessqualität des Unterrichts, die entweder fachübergreifend – wie beispielsweise Klassenführung, lernförderliches Klima, kognitive Aktivierung, Adaptivität und Individualisierung, Kompetenzorientierung (Helmke und Brühwiler 2018: 863–865) – oder fachbezogen sind (vgl. Kap. 3.1.3.2). Ein weiterer Aspekt unterrichtsimmanenter Faktoren bezieht sich laut Helmkes Angebots-Nutzungs-Modell auf die Qualität des Lehr-Lern-Materials: Die Qualität des Lehrwerks, der eventuell eingesetzten Arbeitsblätter, etc. In der vorliegenden Untersuchung wird einigen fachübergreifenden und fachbezogenen Aspekten der Prozessqualität des Fremdsprachunterrichts Rechnung getragen. Gleichzeitig wird jenen Faktoren, die mit der Qualität des Lehr-Lern-Materials zusammenhängen, keine – wenn, dann nur am Rande – Beachtung geschenkt, da bei einer entsprechenden Untersuchung zahlreiche Faktoren eine wichtige Rolle spielen: u.a. die Qualität der Inhaltsaspekte des Lehrwerks, personenbezogene Merkmale der Lehrkräfte und Lernenden bei der Handhabung dieser Lehrmaterialien. Eine Einbeziehung dieser Faktoren würde aber den Rahmen der vorliegenden Studie sprengen.

Das professionelle Handeln von Lehrkräften vollzieht sich im Unterricht in doppelter Unsicherheit (Baumert und Kunter 2006: 477): Einerseits ist das Lernen der Schüler*innen ein aktiver individueller Konstruktionsprozess, der nicht direkt von außen, etwa vonseiten der Lehrpersonen, beeinflusst werden kann (Rothland 2013b: 26). Andererseits ergeben sich unterrichtliche Lerngelegenheiten immer aus der Zusammenarbeit von Lehrenden und Lernenden im Lehr-Lern-Prozess – also aus sozialer Ko-Konstruktion – und dabei sind Lehrkräfte auf die Kooperation und die Mitwirkung der Schüler*innen angewiesen (ebd.). Daher hängen die Auswirkungen der von der Lehrperson geschaffenen Lerngelegenheiten nicht nur von der Qualität des Angebots ab, sondern vor allem von zwei Mediationsprozessen auf Schüler*innen-Seite: a) der Wahrnehmung und Interpretation des Angebots – insbesondere der Erwartungen der Lehrkraft und der unterrichtlichen Maßnahmen – durch die Schüler*innen und b) den daraus entstandenen motivationalen, emotionalen und volitionalen Prozessen auf Schüler*innen-Seite (Helmke 2015a: 71; 2015b: 36).

Der doppelten Kontingenz des Lehrer*innen-Handelns wird in der vorliegenden Studie folgendermaßen Rechnung getragen: Davon ausgehend, dass die Lehrer*innen-Vorstellungen mit dem jeweiligen Lehrer*innen-Handeln zusammenhängen, wird bei der Auseinandersetzung mit den Auswirkungen der Lehrer*innen-Vorstellungen über die eigene Rolle sowie der anvisierten Veränderung der lernhinderlichen Vorstellungen den Wahrnehmungen und Interpretationen des Lehrer*innen-Handelns durch die Schüler*innen große Aufmerksamkeit geschenkt.

2.4. Zusammenfassung

Der vorliegenden Untersuchung liegt die Auffassung der Lehrperson als „*reflective practitioner*" (Schön 1983, 1987) zugrunde (vgl. Kap. 2.1.). Die Annahme von Lehrenden als reflektierte Praktiker*innen resultiert aus der beruflichen Praxis, die Lehrkräfte immer wieder vor herausfordernde Situationen stellt, zu deren Bewältigung Lösungswege nicht nur aus dem Repertoire erlernter Berufspraktiken herauszugreifen, sondern auch in der konkreten Handlungssituation zu entwickeln sind. Dies setzt voraus, dass die Lehrenden sich in ihrem Lehrer*innen-Handeln beständig reflektieren, d.h. über sich selbst, über weitere Handlungsbeteiligte, die Handlungssituation, das Handlungsumfeld und/oder den ganzen Prozess der Handlungsdurchführung – *reflection-in-action* (Schön 1983, 1987). Diese Reflexion kann auch nach dem Abschluss des Handlungsprozesses stattfinden, sodass der Praktiker/die Praktikerin rückblickend auf das eigene Handeln, auf das Handeln anderer Interaktionsteilnehmender sowie auf den Verlauf der Handlungssituation zurückschaut – *reflection-on-action* (ebd.). Aus dieser Reflexion, die laut Cowan auch in der Vorbereitungsphase einer bevorstehenden Handlung – *reflection-for-action* (Cowan 2006: 53) – stattfinden kann, werden Maßnahmen zur Überwindung aufgetretener bzw. möglicher Herausforderungen entworfen.

Die Bereitschaft zur Selbstreflexion und die Offenheit für Selbstkritik regen Lehrende als „*reflective practitioners*" dazu an, sich selbst und die Wahrnehmung der eigenen Rolle im Lehr-Lern-Prozess infrage zu stellen. Hier gilt eine interaktionistische Rollenauffassung, nach der die *Rolle* – im Sinne von Bahrdt (2003: 73) – als eine situationsübergreifende Verhaltensfigur anzusehen ist, die zwar im Laufe unserer Sozialisation erlernt wird, sich aber in relevanten Alltagssituationen jeweils aktualisiert (vgl. Kap. 2.2.1.1.). Der Begriff der Lehrer*innen-Rolle verweist auf zahlreiche, sich teilweise widersprechende Verhaltenserwartungen, die von verschiedenen Bezugsgruppen – u.a. von den Lernenden, den Kolleg*innen, der Schulverwaltung, der Schulbehörde sowie der Gesellschaft – an Lehrpersonen herangetragen werden. Kennzeichnend für die Lehrer*innen-Rolle ist in Anlehnung an Preyer (2012), (1) dass sie einen *Performanzstatus* besitzt; (2) dass der individuelle Spielraum von Lehrenden begrenzt ist; (3) dass Lehrpersonen aufgrund von Intra- bzw. Inter-Rollenkonflikten regelmäßig dem Rollenstress ausgesetzt sind; (4) dass die Bewertung der Rollenperformanz von Lehrenden durch verschiedene Bezugsgruppen eine regulative Funktion im Schulalltag hat; (5) dass die Lehrer*innen-Rolle nicht isoliert, sondern unter Berücksichtigung komplementärer Rollen zu betrachten ist; (6) dass das Erlernen der Lehrer*innen-Rolle nicht nur im Studium und in der Lehrer*innen-Aus- bzw. -Fortbildung, sondern auch in der alltäglichen Rollenausübung im beruflichen Alltag stattfindet; (7) dass Rollendistanz den eigenen Umgang mit der Lehrer*innen-Rolle im Unterricht prägt; und (8) dass die Wahrung des eigenen *Images* ein wichtiger Aspekt der Ausübung der Lehrer*innen-Rolle ist (vgl. Kap. 2.2.1.2).

Mit einem Blick auf die Geschichte der Unterrichtsforschung ist festzustellen, dass es unterschiedliche Forschungsschwerpunkte gegeben hat. Während das Persönlichkeitsparadigma (vgl. Kap. 2.2.2.1.) die verschiedenen angeborenen bzw. erlernbaren Persönlichkeitsmerkmale des guten Lehrers/der guten Lehrerin erforschte, befasst sich das Prozess-Produkt-Paradigma (vgl. Kap. 2.2.2.2.) mit der Untersuchung verschiedener Faktoren, die den Lehr-Lern-Prozess – aber auch den Lernerfolg – beeinflussen. Gemeinsam ist diesen beiden Forschungsparadigmen, dass sie sich weder für das Lehrer*innen-Wissen noch für weitere Aspekte der Lehrer*innen-Kognition interessieren, deren Relevanz für einen qualitätsvollen Unterricht und damit einem nachhaltigen Lernerfolg nach heutigem Erkenntnisstand von zentraler Bedeutung ist. Die Forschungsarbeiten zum Expertenparadigma (vgl. 2.2.2.3.) hingegen setzen sich ambitioniert dafür ein, diese Lücke zu schließen, indem sie sich fokussiert mit verschiedenen Kompetenzbereichen und -facetten von Lehrenden befassen.

In der Auseinandersetzung mit den Lehrkompetenzen wurden für die vorliegende Arbeit zwei Modelle ausgewählt: einerseits das Modell der didaktischen Kompetenzen (Hallet 2006), da es fachbezogene und fachübergreifende Kompetenzen von Lehrenden unterscheidet, wobei die Weiterentwicklung des Unterrichts bzw. der Schule explizit den Kompetenzfeldern von Lehrenden – als „*reflective practitioners*" – zugeordnet wird (vgl. Kap. 2.3.2.1.); andererseits das Modell der professionellen Lehrkompetenz (Baumert und Kunter 2011). Das Besondere dabei ist, dass das Modell zu den Kompetenzbereichen von Lehrkräften nicht nur deren Professionswissen, Selbstregulation und motivationale Orientierungen, sondern auch deren Werthaltungen und Überzeugungen bzw. Vorstellungen beinhaltet. Die vorliegende Studie befasst sich mit einem Kompetenzbereich von DaF-Lehrenden – nämlich deren Vorstellungen (vgl. Kap. 2.3.1.) über die eigene Rolle im DaF-Unterricht – und schreibt sich somit in das Expertenparadigma der Unterrichtsforschung ein.

Leitend ist die Auffassung von Unterricht als ein Angebot, welches von Lehrenden geschaffen wird und dessen Ergebnisse sowohl von dessen Nutzung als auch von dessen Wahrnehmung und Interpretation durch die Lernenden abhängen (vgl. Kap. 2.3.3.). Es soll jedoch betont werden, dass die Art und Weise, wie die Schüler*innen die geschaffenen Lerngelegenheiten wahrnehmen und interpretieren mit der Unterrichtsqualität zusammenhängt, und vor allem damit, wie die Lehrperson mit den Lernenden umgeht – wobei es darauf ankommt, wie Lehrende ihre eigene Rolle im Unterricht verstehen und wie sie demzufolge handeln. Im Hinblick auf die Optimierung der Unterrichtsqualität wird in der vorliegenden Untersuchung der Standpunkt vertreten, dass Lehrkräfte – als „*reflective practitioners*" – sich zunächst ihrer individuellen Vorstellungen über die eigene Rolle bewusst werden sollten, um einen Einblick in die Wirksamkeit des eigenen Handelns im Unterricht zu gewinnen. Dann können unter Berücksichtigung der Schüler*innen-Perspektive Maßnahmen entworfen werden, die sich primär auf die Professionalisierung des eigenen Lehrer*innen-Handelns beziehen, damit eine positive Interpretation und bessere Nutzung des unterrichtlichen Angebots durch die Lernenden ermöglicht werden kann.

3. Implementierung von Veränderungen im Lehr-Lern-Prozess

Im Mittelpunkt dieses Kapitels steht ein wichtiger Aspekt der Auffassung von Lehrenden als *„reflective practitioners"* (Schön 1983, 1987): Die Weiterentwicklung des eigenen Unterrichts. Da das Ziel der verschiedenen Reflexionen – Reflexion-in-der-Handlung, Reflexion-über-die-Handlung und Reflexion-für-die-Handlung – in der Verbesserung der beruflichen Praxis besteht, werden in diesem Kapitel wichtige Erkenntnisse aus der Unterrichtsentwicklungsforschung zusammengetragen (Kap. 3.1.). Entsprechend der zweiten Fragestellung der vorliegenden Untersuchung, die auf die Verbesserung des DaF-Unterrichts abzielt, wird nach der Diskussion über den Sinn und Zweck der Unterrichtsentwicklung (Kap. 3.1.1.) auf die Frage nach der Unterrichtsqualität sowohl aus einer allgemeindidaktischen (Kap. 3.1.2.) als auch aus einer fremdsprachendidaktischen Perspektive (Kap. 3.1.3.) eingegangen. Abschließend wird ein Modell zur Implementierung von Veränderungen im DaF-Unterricht in der vorliegenden Studie erläutert (Kap. 3.1.4).

Der zweite Teil des Kapitels widmet sich dem in der vorliegenden Untersuchung anvisierten Ziel des Veränderungsprozesses des DaF-Unterrichts, nämlich dem *lebendigen Lernen* (Kap. 3.2.). Nach der Auseinandersetzung mit dem Konzept des lebendigen Lernens als Ziel der Themenzentrierten Interaktion (TZI) (Kap. 3.2.1) wird näher beschrieben, inwiefern dieses Konzept mit der Verbesserung der Prozessqualität des DaF-Unterrichts zusammenhängt (Kap. 3.2.2). Anschließend wird das der vorliegenden Arbeit zugrunde liegende Modell der Unterrichtsentwicklung dargestellt (Kap. 3.2.3.).

3.1. Unterrichtsentwicklung

3.1.1. Sinn und Zweck der Unterrichtsentwicklung

Die Entwicklung und Implementierung von Veränderungen im eigenen Unterricht werden in der Lehr-Lern-Forschung als Unterrichtsentwicklung bezeichnet. Manche Definitionen dieses Begriffs richten den Blick explizit nur auf den Entwicklungsprozess (z.B. Bastian 2007; Helmke 2015a; Horster und Rolff 2001; Kiper 2012), während weitere Auffassungen zu Recht auch dessen Ergebnisse miteinbeziehen (z.B. Meyer et al. 2007a, 2007b; Meyer 2015). Eine umfassende Definition liefert Hilbert Meyer (2015):

> Unterrichtsentwicklung bezeichnet den Prozess und die Ergebnisse individueller und gemeinsamer, mehr oder weniger systematischer Anstrengungen von Lehrerinnen und Lehrern, Schülerinnen und Schülern sowie weiterer beteiligter Personen zur Verbesserung der Lernbedingungen der Schüler, zur Erhöhung ihres Lernerfolgs und zur Sicherung zufriedenstellender Arbeitsbedingungen des Personals. (Meyer 2015: 12)

An der Unterrichtsentwicklung können nicht nur Lehrende und Lernende teilnehmen, sondern auch weitere Personen wie Schulleitung, Schulbehörden, Eltern, Schul- und Unterrichtsforscher*innen sowie weitere Interessierte. Kiper (2012: 11–12) unterscheidet vier Hauptmotive für die Weiterentwicklung des Unterrichts: (1) Das Streben nach mehr Zufriedenheit im Lehr-Lern-Prozess bzw. nach besserer Nutzung der Unterrichtsressourcen kann eine Lehrperson und ihre Lernenden – mit oder ohne Beteiligung weiterer Personen – dazu bewegen, den Entwicklungsprozess des eigenen Unterrichts einzuleiten; wenn aber (2) die Verankerung bestimmter Leitideen über „guten Unterricht" anvisiert wird oder (3) Unterrichtsentwicklung infolge der Erweiterung und Veränderung von Wissensbeständen in der Allgemeindidaktik bzw. in den Fachdidaktiken durchgeführt wird, sind Lehrende und Lernende auf die Beteiligung von zusätzlichen Akteuren – z.B. Kollegium, Schulleitung, Unterrichtsforscher*innen – angewiesen; (4) Schließlich kann die Mitwirkung der Schulbehörde sowie von Akteuren aus der Politik unausweichlich sein, wenn an die Weiterentwicklung des Unterrichts die Hoffnung geknüpft wird, Einfluss auf den Staat, die Gesetzgebung, die Lernziele und die Lerninhalte zu nehmen.

Unabhängig von den grundlegenden Motiven kann die Unterrichtsentwicklung als Bestandteil des Professionalisierungsprozesses von Lehrpersonen (Kiper 2012: 11) dazu beitragen, Maßnahmen zur Steigerung der Lernwirksamkeit des Unterrichts zu ergreifen und eigene (didaktische, fachliche, diagnostische) Kompetenzen der Lehrkräfte zu stärken sowie das Lehrmaterial zu optimieren (Helmke 2015a: 308), was zur Verbesserung des Lehrens und Lernens und seiner schulinternen Bedingungen (Bastian 2007: 29) führen kann. Mit der Optimierung des Unterrichts hängt idealerweise die Erwartung zusammen, dass „alle Schüler*innen gründlich, umfassend, effektiv und effizient lernen und Interessen ausbilden, ihre Selbststeuerung und ihren Willen entfalten und fähig werden zu kooperieren" (Kiper 2012: 10).

Für den Erfolg des Entwicklungsprozesses des Unterrichts ist empirisch abgesichert, dass drei Dimensionen zu berücksichtigen sind (Meyer et al. 2007b): die Dimensionen (i) der Vielfalt, (ii) der Kooperation und (iii) der Güte. Angesichts der Vielfältigkeit der Menschen, der Fächer und Fachdidaktiken sowie der Unterrichts- und Schulkulturen, die innerhalb einer gegebenen Schule oder zwischen verschiedenen Schulen bestehen, gibt es „keine Patentrezepte", damit "das Lehren und Lernen aller Beteiligten humaner und erfolgreicher" gestaltet werden (Meyer et al. 2007b: 70). Die Entwicklung und Implementierung von Verbesserungsmaßnahmen sollten u.a. folgende Faktoren in Kauf nehmen, die der Vielfalt Rechnung tragen: (a) Die im betroffenen Fach etablierten Fach- und Unterrichtstraditionen – was im Fremdsprachenunterricht förderlich ist, kann sich im Geografieunterricht als störend erweisen; (b) die Rahmenbedingungen des Unterrichts – Maßnahmen für Kleingruppen können für Großgruppen nicht dieselben Wirkungen mit sich bringen; sowie (c) die Stärken und Schwächen der Lehrkräfte. Aus diesem Grund wird erfolgreiche Unterrichtsentwicklung als "schöpferischer, nicht standardisierbarer Prozess" betrachtet (Meyer et al. 2007b: 67).

Die Dimension der Kooperation bezieht sich auf die Notwendigkeit der Mitwirkung aller Unterrichts- und Schulbeteiligten. Gräsel et al. (2006) unterscheiden drei Formen von Kooperation zwischen Lehrkräften: (1) Austausch, (2) arbeitsteilige Kooperation und (3) die Ko-Konstruktion. Ein Austausch liegt vor, wenn Lehrende Materialien oder Informationen weitergeben. Die arbeitsteilige Kooperation besteht darin, dass ein gemeinsam abgestimmtes Ziel und Ergebnis angestrebt werden, wobei jede Lehrkraft einen Teil der auszuführenden Aufgabe weitgehend autonom erledigt. Bei der Ko-Konstruktion betrifft die Zusammenarbeit sowohl die Festlegung der Ziele als auch den Arbeitsprozess, das zur Erreichung eines gemeinsamen Ergebnisses führt (ausführlich zu den Formen der Lehrerkooperation: vgl. Gräsel et al. 2006: 209–211; Richter und Pant 2016: 19). Eine nennenswerte Kooperationsmöglichkeit ist die Bereitschaft der einzelnen Lehrkräfte, sich auf den Veränderungsprozess bestimmter Aspekte ihrer Unterrichtsroutinen einzulassen. Dafür ist bei den betroffenen einzelnen Lehrenden die Existenz von Geisteshaltungen (Hattie 2014) bzw. Vorstellungen (Kleickmann 2008; Kirchner 2016) notwendig, die Unterrichtsentwicklung als Instrument "zur besseren Zusammenarbeit beim Lehren und Lernen" (Kiper 2012: 11) erkennen.

Eine andere Kooperationsweise im Unterricht betrifft die Zusammenarbeit von Lehrenden und Lernenden. Da es besonders lernförderlich ist, dass Lehrkräfte das "wahrnehmen, was Lernende denken und wissen" (Hattie 2014: 21), ist die Einbeziehung der Schüler*innen in den Optimierungsprozess des Unterrichts gewinnbringend: Dieser Prozess braucht "lernprozessbezogenes Feedback" von Lernenden und ist auf "Rückmeldung darüber angewiesen, was beim Lernen hilft" (Bastian 2015a: 143).

Des Weiteren ist die Kooperation im Kollegium oder auch mit schulexternen Personen bzw. Institutionen – z.B. Schul- und Unterrichtsforscher*innen – ein wesentlicher Faktor für erfolgreiche Unterrichtsentwicklung. Forschungsergebnisse und -erfahrungen sehen Teamarbeit, Rückhalt im Kollegium und wechselseitige Unterstützung einstimmig als besonders förderlich für die Unterrichtsentwicklung an (Helmke 2015a: 337). Daher bildet die Zusammenarbeit mit den Kolleg*innen ein grundlegendes Fundament in den meisten Modellen und Szenarien der Unterrichtsentwicklung (Helmke 2015a: 323–337): Dazu gehören z.b. professionelle Lerngemeinschaften (vgl. Brägger und Posse 2007; Rolff 2013), gegenseitige Unterrichtsbesuche (vgl. Leuders 2009; Altrichter et al. 2018), Fachdidaktisch-pädagogisches Coaching (vgl. Reusser 2011) und didaktische Entwicklungsforschung (vgl. Einsiedler 2010, 2011).

Die Dimension der Güte als Faktor erfolgreicher Unterrichtsentwicklung bezieht sich auf die „Arbeit an der Tiefenstruktur" (Meyer et al. 2007b: 68). Anstatt sich auf die Oberflächenstruktur des Unterrichts zu beschränken – indem beispielsweise lediglich Lehrmethoden gewechselt werden – ist zu erwarten, dass eine nachhaltige Verbesserung des Lehrens und Lernens ins Auge gefasst wird, indem vielmehr die Veränderung der „in der Tiefe angesiedelten Haltungen, Einstellungen und Überzeugungen" (ebd.) anvisiert wird. Angesichts der enormen Herausforderung, „tief sitzende und kollektiv verinnerlichte Überzeugungen, Denkgewohnheiten, Routinen und soziale Praktiken zu modifizieren oder aufzugeben" (Reusser 2011: 27), wird für eine „nachhaltige Unterrichtsentwicklung" (ebd.) plädiert, die als Personalentwicklung zu verstehen ist, welche berufsbiografisch erworbene und damit langjährig stabilisierte Überzeugungssysteme ihrer Akteure herausfordert (ebd.). Als unerlässliche Bedingung dafür gilt laut Meyer et al (2007b) eine kontinuierliche Begleitung der Lehrkräfte durch Fortbildungen und Teamsitzungen.

Damit aber solche Lehrer*innen-Fort- und -Weiterbildungen wirksam werden, schlägt Reusser (2011) elf Kriterien vor: Diese Fortbildungen sollen (1) unterrichtszentriert und schulfeldbezogen angelegt sein; (2) Unterrichts- und Lernerfahrungen der teilnehmenden Lehrpersonen aufgreifen; (3) klare Entwicklungsziele sowie einen definierten allgemein- oder fachdidaktischen Fokus aufweisen; (4) sich mit eng umgrenzten curricularen und fachlichen Inhalten auseinandersetzen, welche die Lehrpersonen auch tatsächlich unterrichten; (5) die Beschäftigung mit den inhaltsspezifischen Verstehensprozessen und Lernschwierigkeiten von Schüler*innen in den Mittelpunkt stellen; (7) im Prozess der Fortbildung selbst ko-konstruktiv und dialogisch erfolgen; (8) transferorientiert gestaltet sein, d.h. idealerweise aus einer Kombination von Input-, Trainings-, Transfervorbereitungs-, Durchführungs-, Reflexions- und Assessment-Phasen bestehen; (9) zur innerschulischen und schulübergreifenden Kooperation und Dissemination (in Fachgruppen, schulbezogenen Teams) anregen; (10) durch unterrichtsbezogene Coachingangebote von Expert*innen begleitet sein; sowie (11) zur vertieften Reflexion über den eigenen Unterricht und die Lernprozesse der Schüler*innen anregen (Reusser 2011: 28). In der vorliegenden Untersuchung geht es u.a. um die Konzeption und die Implementierung von Veränderungsmaßnahmen im DaF-Unterricht. Dabei soll den oben beschriebenen Dimensionen der Unterrichtsentwicklung Rechnung getragen werden: Vielfalt, Kooperation und Güte (Meyer et al. 2007b). Die Berücksichtigung der Dimension der Vielfalt bezieht sich auf die Beachtung vielfältiger Faktoren, die mit den Rahmenbedingungen des kamerunischen DaF-Unterrichts sowie des Lehr-Lern-Prozesses in den beteiligten Deutschklassen zusammenhängen: Deutsch als Wahlpflichtfach, geografische Entfernung Kameruns zu deutschsprachigen Ländern, keine Relevanz der deutschen Sprache für die berufliche Perspektive der meisten Schüler*innen, Klein- bzw. Großgruppenunterricht, etc. (ausführlich dazu, vgl. Kap. 4). Die Dimension der Kooperation bezieht sich auf die Zusammenarbeit von DaF-Lehrenden, deren Lernenden und dem Forschenden als unterrichtsexternem Teilnehmer (ausführlich dazu, vgl. Kap. 7.2.1). Was die Dimension der Güte angeht, wird eine Arbeit an der Tiefenstruktur des Unterrichts angestrebt, indem einerseits tiefsitzende und verinnerlichte Vorstellungen der Forschungsteilnehmenden über die eigene Rolle im DaF-Unterricht ermittelt werden, auf deren Grundlage anschließend Veränderungsmaßnahmen entwickelt werden. Anderseits wird anvisiert, das Lehrer*innen-Handeln durch eine kontinuierliche Begleitung der DaF-Lehrkräfte nachhaltig zu verändern, indem Unterrichtsbeobachtungen und informelle Gespräche mit den Lehrenden regelmäßig durchgeführt werden sowie eine Lehrer*innen-Fortbildungsreihe organisiert wird, die die oben erwähnten Kriterien wirksamer Lehr*innen-Fortbildungen (vgl. Reusser 2011: 28) berücksichtigt (ausführlich dazu, vgl. Kap. 7.2.2.2.3).

Die Einsicht, dass Unterrichtsentwicklung auf eine Optimierung des Lehr-Lern-Prozesses abzielt, regt zur Diskussion über die Unterrichtsqualität an.

3.1.2. Zur Diskussion über guten (Fremdsprachen-)Unterricht

Helmke und Brühwiler (2018) definieren Unterricht als „didaktisch geplante und deshalb sowohl thematisch abgrenzbare als auch zeitlich hinreichend umfassende Sequenzen des Lehrens und Lernens im Kontext pädagogischer Institutionen" (S. 860). Anders als andere Formen pädagogischen Handelns (1) findet Unterricht in einem institutionellen Kontext – d.h. in einem bestimmten zeitlichen Rahmen, in einem Klassenzimmer, in einer Schule mit bestimmten rechtlichen und sozialen Strukturen – statt; Unterricht (2) wird idealerweise von Lehrkräften mit bestimmten professionellen Kompetenzen geleitet; er (3) ist durch bestimmte ritualisierte Handlungs- und Interaktionsformen – z.B. durch ein asymmetrisches Unterrichtsgespräch – gekennzeichnet; und er (4) zielt durch die Vermittlung von Lerninhalten einerseits auf die Einführung der Lernenden in unterschiedliche Modi des Denkens, andererseits auf den Erwerb bzw. auf die Entwicklung fachlicher und fachübergreifender Kompetenzen ab (Klieme 2019: 393).

Die Bestimmung dessen, was qualitätsvoller Unterricht ist, hängt davon ab, wie Lehrkräfte die Lerngelegenheiten gestalten, sodass möglichst viele Schüler*innen das Angebotene effektiv nutzen und Verstehensprozesse ausgelöst werden (Kunter und Trautwein 2013). Dabei sind zwei grundsätzlich unterschiedliche Ansätze zu berücksichtigen: (1) der „gute Unterricht" („*good teaching*") und (2) der „erfolgreiche Unterricht" („*effective teaching*") (Berliner 2005; Ditton 2009).

Die Beantwortung der Frage nach der Unterrichtsqualität im Sinne „guten Unterrichts" bezieht sich auf normative Standards (Kunter und Trautwein 2013: 20), die eingehalten werden müssen, damit ein Unterricht als „gut" angesehen wird. Es geht um normative Vorstellungen (Ditton 2009: 177) darüber, wie Unterricht sein soll und inwieweit er bestimmten „tradierten Konzepten des professionellen pädagogischen Handelns oder ethischen Normen" (Klieme 2019: 395) entspricht.

Für den Fremdsprachenunterricht hat Butzkamm (2005b) zehn „theoretisch verankerte Leitsätze des Unterrichtens" (S. 45) zusammengestellt, die als „Prinzipien des Fremdsprachenlernens und -lehrens" bezeichnet werden. Demnach soll ein qualitätsvoller Fremdsprachenunterricht folgende Prinzipien berücksichtigen:

- (1) *Das Prinzip der Mündlichkeit*: Im Fremdsprachenunterricht sollen Hörverstehen und Sprechen vor anderen sprachlichen Fertigkeiten geübt werden; es ist beispielsweise wichtig, Vokabeln und Texte laut zu lesen und nachzusprechen.
- (2) *Das Prinzip der Kommunikation*: Die Fremdsprache ist von Anfang an als Kommunikationsmittel wahrzunehmen; es ist daher zielführend, möglichst viele Kommunikationsanlässe im Unterricht zu schaffen, in denen die Fremdsprache gesprochen wird.
- (3) *Das Prinzip der funktionalen Fremdsprachigkeit*: Die Fremdsprache soll als Verkehrssprache gelten, in der mitteilungsbezogene Kommunikation durchgeführt wird; es ist wichtig, die Fremdsprache möglichst viel und die Muttersprache möglichst wenig zu sprechen.

- (4) *Das Prinzip des Übens*: Auch mitteilungsbezogene Kommunikationssituationen können als Anlässe zum Üben genutzt werden; es ist sinnvoll, bei aufgetretenen Kommunikationsproblemen beispielsweise die zugrunde liegende grammatische Struktur kurzfristig zu üben;
- (5) *Das generative Prinzip*: Im Fremdsprachenunterricht kann ein Satz als Modell für viele weitere Sätze genutzt werden; es ist bedeutsam, Satzmuster bzw. Dialogmuster (z.B. Dialog zwischen einem Arzt und einer Patientin, einer Verkäuferin und einem Kunden oder einem Kellner und einem Gast) zu üben und davon ausgehend eigene Sätze bzw. Dialoge zu bilden bzw. zu spielen.
- (6) *Das Prinzip der muttersprachlichen Vorleistung*: Die Muttersprache soll als Schlüssel und Grundlage für den Fremdsprachenunterricht genutzt werden; es ist wichtig, sich auf die Muttersprache zu beziehen, wenn z.B. grammatische Strukturen besprochen oder Vokabeln erlernt werden.
- (7) *Das Prinzip der Individualisierung oder Lernerorientierung*: aufgrund unterschiedlicher Intelligenzprofile soll der Fremdsprachenunterricht jedem einzelnen Lernenden angepasst werden; es ist wichtig, den Lehr-Lern-Prozess so zu gestalten, dass sich auditive, visuelle, haptische und kommunikative Lerntypen angesprochen fühlen, indem u.a. Hörtexte, grafische Visualisierungen und „praktische" Kommunikationssituationen abwechselnd in die Unterrichtsstunde eingebaut werden – nach dem Motto: „Mischwald ist besser als Monokultur" (Hilbert Meyer 2018: 9).
- (8) *Das Prinzip der Selbsttätigkeit*: Im Fremdsprachenunterricht sollen Gelegenheiten geschaffen werden, in denen die Schüler*innen den Lernstoff selbstständig, kooperativ und interaktiv bearbeiten; es ist lernwirksam, beispielsweise durch Projektarbeiten und kooperative Lernmethoden die Schüler*innen-Aktivität im Lehr-Lern-Prozess zu fördern.
- (9) *Das Prinzip der Relevanz*: Die Inhalte des Fremdsprachenunterrichts sollen Alltagssituationen der Lernenden thematisieren und an deren Lebens- und Erfahrungswelten angepasst werden.
- (10) *Das Prinzip der emotionalen Sicherheit*: Der Fremdsprachenunterricht soll im vertrauensvollen und lernförderlichen Unterrichtsklima stattfinden; ein humaner, wertschätzender Umgang miteinander ist wichtig, damit Lernende keine Angst vor Fehlern haben; Rückmeldungen von der Lehrperson sollen lernförderlich sein.

Unter Berücksichtigung der Rahmenbedingungen, die in Helmkes Angebots-Nutzungs-Modell der Unterrichtsqualität (Helmke 2015a: 71; vgl. Kap. 2.3.3.) als Kontext bezeichnet werden und erheblichen Einfluss auf den Lehr-Lern-Prozess nehmen, ist zu erwarten, dass ein guter Fremdsprachenunterricht den oben dargestellten Prinzipien Rechnung trägt. Wie aber dies im Detail geschehen soll, hängt von zahlreichen Faktoren ab. Beispielsweise ist die Gruppengröße entscheidend dafür, wie die aktive Beteiligung der Lernenden – Prinzip der Selbsttätigkeit – gefördert wird, da das Unterrichten in Schulklassen mit 20 Teilnehmenden andere Herausforderungen mit sich bringt als das Unterrichten in Lerngruppen mit 80 Lernenden. Außerdem kann ein vertrauensvolles Unterrichtsklima – Prinzip der emotionalen Sicherheit – in einem Unterrichtskontext, in dem Schüler*innen regelmäßig körperlichen und demütigenden Strafen ausgesetzt sind, nicht in der gleichen Art und Weise gefördert werden wie in einem Lehr-Lern-Kontext, in dem das Handlungsrepertoire von Lehrkräften hinsichtlich von Sanktionen gesetzlich deutlich begrenzt ist. Daher sind diese Prinzipien des Fremdsprachenlernens und -lehrens nicht nur „zeitbedingt" (Butzkamm 2005b: 45), sondern auch kontextabhängig.

Die Bestimmung der Qualität des Unterrichts im Sinne eines „erfolgreichen Unterrichts" („*effective teaching*") verweist auf die Berücksichtigung seiner Wirkungen oder Effekte (Berliner 2005: 207; Ditton 2009: 177). Als qualitätsvoll gilt ein Unterricht, der bestimmte empirisch beobachtbare Merkmale (Klieme 2019: 396) aufweist, „von denen vermutet wird, dass sie mit dem Erreichen von (wünschbaren) Bildungszielen in bedeutsamen Zusammenhängen stehen" (Reusser 2020: 237). In der empirischen Unterrichtsforschung wurden bisher zahlreiche Metaanalysen durchgeführt, in denen die Wirksamkeit bestimmter Unterrichtsmerkmale gemessen wurde (vgl. Hattie 2013, 2014; Seidel und Shavelson 2007). Dabei werden zahlreiche Einflussfaktoren in Bezug auf folgende Dimensionen berücksichtigt: die Lehrperson (fachliche und pädagogisch-didaktische Expertise, subjektive Theorien und Vorstellungen), die Lernenden (Eingangsvoraussetzungen, Motivation, Interesse, Emotionen), die Unterrichtsinhalte (Lehrpläne, Curricula, Lehrmaterialien), die Unterrichtsgestaltung (Lernaktivitäten, Lehr-Lern-Methoden, Motivierungsstrategien, Umgang miteinander etc.) und die für den Unterricht verfügbare Zeit (Ditton 2009: 178).

Nach einer Auswertung von über 800 Metaanalysen (Hattie 2013) bzw. 900 Metaanalysen (Hattie 2014) hat der neuseeländische Professor für Erziehungswissenschaften John Hattie 138 bzw. 150 Einflussfaktoren herausgearbeitet, die den Lernerfolg wirksam beeinflussen. Daraus wurde ein Modell des „*sichtbaren Lehrens und Lernens*" entwickelt, das lehrerzentriertes Lehren und schülerzentriertes Lernen kombiniert und das höchstwahrscheinlich größere Lernleistungen mit sich bringt (Hattie 2013: 31–32). Demnach ist der Unterricht qualitätsvoll, (1) wenn das Lernen explizites und transparent gestaltetes Ziel des Unterrichts ist; (2) wenn es angemessen herausfordernd ist; (3) wenn sowohl Lernende als auch die Lehrkraft – jeweils auf ihre Art – bestimmen, ob und in welchem Maß das herausfordernde Ziel erreicht wird; (4) wenn es bewusstes Üben gibt, dessen Zweck die Erreichung des Ziels ist; (5) wenn Feedback gegeben und gefordert wird; und (6) wenn engagierte Menschen – sowohl Lehrpersonen, die das Lernen mit den Augen der Lernenden sehen, als auch Lernende, die das Unterrichten als den Schlüssel für ihr lebenslanges Lernen begreifen – am Lernprozess (aktiv) teilnehmen (Hattie 2014: 16).

Hatties Konzept erfolgreichen Unterrichts hebt die relevante Rolle einer effektiven, sichtbaren Zusammenarbeit zwischen Lehrenden und Lernenden im Lehr-Lern-Prozess hervor. Es stellt 138 bzw. 150 lernwirksame Faktoren evidenzbasiert dar, trifft aber kaum Aussagen darüber, wie diese einzelnen Faktoren gemeinsam im Unterricht zusammenwirken und wie sie in die einzelnen Unterrichtsstunden einzubauen sind. Es gibt weitere Systematisierungen, die die Unterrichtsqualität vornehmlich in Hinblick auf die Gestaltung des Lehr-Lern-Prozesses definieren und Merkmale bzw. Basisdimensionen guten Unterrichts entwickeln.

3.1.3. Zu den Merkmalen guten (Fremdsprachen-)Unterrichts

In der empirischen Unterrichtsforschung wird zwischen fachübergreifenden und fachspezifischen Aspekten der Unterrichtsqualität unterschieden.

3.1.3.1. Fachübergreifende Merkmale der Unterrichtsqualität

Ein Ansatz, der in den letzten 20 Jahren in der deutschsprachigen Unterrichtsforschung zunehmend Beachtung fand, basiert auf der Unterscheidung zwischen einerseits den sogenannten Tiefenstrukturen des Unterrichts und des Lernens, und andererseits den Oberflächenmerkmalen des pädagogischen Handelns (Gold 2015). Demnach können bestimmte Merkmale des Unterrichts auf verschiedenen Ebenen beschrieben werden: (1) Die erste Beschreibungsebene bezieht sich auf generelle Organisationsformen und strukturelle Rahmenbedingungen des Unterrichts – z.B. Schulklasse, Anfänger- bzw. fortgeschrittener Unterricht, Klein- bzw. Großgruppenunterricht; (2) die zweite Beschreibungsebene verweist auf die Methoden des Unterrichts – z.B. Frontal-, Projekt- oder offener Unterricht; (3) die dritte Beschreibungsebene betrifft die Gestaltung der sozialen Interaktion im Lehr-Lern-Prozess – d.h. die Sozialformen wie z.B. Gruppen-, Partner- oder Einzelarbeit; und (4) die vierte Beschreibungsebene betrifft den unmittelbaren Lehr-Lern-Prozess, d.h. es geht sehr konkret um die Art und Weise, wie Lehrende und Lernende miteinander umgehen, wie die

Lernenden im Lehr-Lern-Prozess unterstützt werden und wie Verstehensprozesse gesteuert werden (Kunter und Trautwein 2013: 64–65).

Die Merkmale der drei ersten Beschreibungsebenen sind Außenstehenden in relativ kurzer Zeit durch Beobachtung leicht zugänglich (Kunter und Trautwein 2013: 65) und werden daher als Oberflächenmerkmale, Sichtstrukturen oder Sichtmerkmale des Unterrichts bezeichnet (Decristan et al. 2020: 105). In Anlehnung an den Schweizer Psychologen und Pädagogen Hans Aebli wird davon ausgegangen, dass Organisationsmerkmale des Unterrichts, Unterrichtsmethoden und Sozialformen zum Lernzuwachs beitragen können, wenn dabei die notwendigen Qualitätsmerkmale der Tiefenstrukturen – d.h. die vierte Beschreibungsebene des Unterrichts – Berücksichtigung finden (Gold 2015). Mittlerweile herrscht in der Unterrichtsforschung Konsens darüber, dass keine Unterrichtsmethode besser als eine andere ist (Kunter und Trautwein 2013); vielmehr kommt es beim Lehren und Lernen darauf an, wie gut jede einzelne Methode im Unterricht eingesetzt wird, ob sie zum Erreichen des Lernziels passt und wie sehr bei ihrer Anwendung den Tiefenstrukturen der Unterrichtsqualität Rechnung getragen wird (Gold 2015).

Den Merkmalen der Tiefenstruktur wird im Lehr-Lern-Prozess eine viel größere Bedeutung beigemessen als den Oberflächenaspekten des Unterrichts (Kunter und Trautwein 2013: 65). Daher wurde im Kontext der TIMSS-Videostudie zur Erklärung des Zusammenhangs zwischen Unterrichtsmerkmalen und Lernzuwächsen in Deutschland ein Modell der Basisdimensionen der Unterrichtsqualität entwickelt (Klieme et al. 2006; vgl. Bos 2012). Grundlage für das Modell ist die Bestimmung wichtiger Aufgaben der Lehrkraft (1) als Organisatorin und Moderatorin des Lernens, die dafür sorgt, dass die Lernenden aufmerksam und störungsfrei am Lehr-Lern-Prozess teilnehmen; (2) als Erzieherin, die im Unterricht die soziale Leitungsrolle wahrnimmt und für die Motivierung der Schüler*innen sorgt; und nicht zuletzt (3) als Vertreterin eines Faches und Instrukteurin, die eine aktive kognitive Auseinandersetzung der Lernenden mit dem Lerngegenstand ermöglicht und das Verstehen im Lernprozess fördert (Ditton 2009; Klieme et al. 2006). Den drei wichtigen Funktionen der Lehrpersonen entsprechend wurden drei Basisdimensionen guten Unterrichts formuliert: (a) *Klassenführung*, (b) *konstruktive Unterstützung* und (c) *kognitive Aktivierung* (Ditton 2009; Klieme 2019; Klieme et al. 2006; Kunter und Trautwein 2013; Preatorius et al. 2020; Terhart 2020).

(1) Die Dimension der Klassenführung

Die Dimension der Klassenführung verweist darauf, dass die Lehrkraft dafür verantwortlich ist, dass und wie der Unterricht stattfindet, was darin geschieht und wie sich ihre Schüler*innen dabei verhalten (Gold 2015). Für eine effektive Klassenführung ist es unerlässlich, dass klare Regeln für erwünschtes Schüler*innen-Verhalten im Sinne aktiver Beteiligung und Aufmerksamkeit eingeführt werden, sodass Störungen rechtzeitig erkannt und präventiv vermieden werden (Klieme 2019). Außerdem hängt eine effektive Klassenführung laut Helmke und Brühwiler (2018) mit der Existenz lern- und konzentrationsförderlicher Rituale im Unterricht, der effektiven Nutzung der Unterrichtszeit zum Lernen, dem effizienten Umgang mit Störungen sowie der Planung und Strukturierung der Unterrichtsabläufe zusammen. Kunter und Trautwein (2013) halten zudem die eigene Geisteshaltung der Lehrkräfte im Hinblick auf eine effektive Klassenführung für entscheidend, da der Umgang mit Disziplinproblemen ihrer Ansicht nach erheblich davon abhängt, wie die Lehrpersonen ihre Rolle im Lehr-Lern-Prozess interpretieren. In Helmkes Modell der Unterrichtsqualität (vgl. Helmke 2015a) erscheint ebenfalls die Kategorie der *„Klassenführung"*.

(2) Die Dimension der konstruktiven Unterstützung

Die konstruktive Unterstützung beschreibt das Ausmaß, „in dem die Lehrenden Schülerinnen und Schüler [sic!] bei (Verständnis-)Schwierigkeiten helfen und die Lernprozesse begleiten" (Kunter und Trautwein 2013: 95). Die Lernenden bedürfen der Unterstützung sowohl auf der kognitiven als auch auf der emotionalen und motivationalen Ebene (Gold 2015). Unterstützend ist auf der kognitiven Ebene alles das, was die Komplexität des Lerngegenstands reduziert und das Verstehen erleichtert, wie z.B. Vorstrukturierungen und Sequenzierungen der Stoffinhalte, Zusammenfassungen und Hervorhebungen durch den Lehrenden, Lösungsbeispiele und sachbezogene Rückmeldungen an die Lernenden (Gold 2015). Auf der emotionalen und motivationalen Ebene bezieht sich die konstruktive Unterstützung auf Aspekte des Unterrichtsklimas, d.h. auf eine positive Schüler-Lehrer-Beziehung und einen wertschätzenden Umgang der Lernenden und Lehrenden untereinander (Klieme 2019). Weitere Aspekte der konstruktiven Unterstützung sind laut Kunter und Trautwein (2013) eine positive Feedback- und Fehlerkultur, ein angemessenes Tempo des Unterrichts sowie die eigene Geisteshaltung der Lehrkräfte, da die innere Einstellung der Lehrpersonen mitbestimmt, wie sie ihre Lernenden im Lehr-Lern-Prozess unterstützen. Helmke (2015a) fasst die Aspekte der konstruktiven

Unterstützung wie folgt zusammen: „*Lernförderliches Klima*" (konstruktiver Umgang mit Fehlern, entspannte Lernatmosphäre, Abbau hemmender Leistungsangst, angemessenes Unterrichtstempo, angemessene Wartezeiten); „*Schülerorientierung*[2]" (Wertschätzung, affektive Aspekte der Lehrer-Schüler-Beziehung); „*Motivierung*" und „*Aktivierung*" (im Sinne einer aktiven Teilhabe der Lernenden an der Planung und Durchführung des Unterrichts).

(3) Die Dimension der kognitiven Aktivierung

Die Dimension der kognitiven Aktivierung beschreibt vor allem die Interaktion zwischen den Lernenden und dem Lerngegenstand (Kunter und Trautwein 2013). Kognitiv aktivierend sind unterrichtliche Maßnahmen, die kognitive Aktivitäten – d.h. alle möglichen Aktivitäten des Denkens – bei den Kindern auslösen (Gold 2015). Es geht um „Lehrerverhaltensweisen, die zum Denken herausfordern, wie das Stellen herausfordernder Aufgaben, die Erzeugung kognitiver Konflikte, die Erregung von Neugier und die Initiierung selbstreflexiver Prozesse aufseiten der Schüler" (Helmke und Brühwiler 2018: 863). Dazu gehören beispielsweise im Fremdsprachenunterricht der Umgang mit Lesetexten, die Besprechung von Grammatikstrukturen, die Qualität der Grammatik- und Wortschatzaufgaben sowie die Thematisierung der Lebens- und Erfahrungswelten der Lernenden etc. Aspekte der kognitiven Aktivierung werden bei Helmke (2015a) unter den folgenden Kategorien dargestellt: „*Klarheit und Strukturiertheit*" (dazu gehören akustische, inhaltliche, sprachliche und fachliche Klarheit sowie Planung und Sequenzierung des Informationsangebots); „*Konsolidierung und Sicherung*" (beispielsweise durch das Wiederholen und Üben.); „*Passung*" (d.h. Anpassung des Lehrens an die kognitiven Fähigkeiten der Lernenden), „*Kompetenzorientierung*" und einige Aspekte der „*Aktivierung*" (im Sinne der kognitiven Aktivierung).

Weitere Kategorien der Unterrichtsqualität nach Helmke (ebd.) sind die „*Angebotsvielfalt*" und die „*Aktivierung*" im Sinne der sozialen Aktivierung durch Formen des kooperativen Lernens. Sie hängen mit der Art und Weise zusammen, wie das Informationsangebot im Unterricht bearbeitet wird, also mit den Organisationsformen, Methoden und Sozialformen des Unterrichts; sie entsprechen somit dem, was im Modell der Basisdimension der

---

2 Bei Helmke (2015a: 236) verweist die Schülerorientierung auf affektive Aspekte der Lehrer-Schüler-Beziehung und das Wohlbefinden der Lernenden. Demnach ist das Besondere an einem schülerorientierten Unterricht, dass die Lehrperson und die Schüler*innen einander Wertschätzung entgegenbringen.

Unterrichtsqualität den Merkmalen der Oberflächenstruktur des Unterrichts zugeordnet wird (Kunter und Trautwein 2013: 62–67). In Anlehnung an die zentralen Ergebnisse empirischer Forschungen weisen Kunter und Trautwein (ebd.) darauf hin, dass für die Anregung hochwertiger Lernprozesse nicht die Oberflächenstrukturen, sondern vielmehr die Tiefenstrukturen entscheidend sind (vgl. S. 66–67). Daher gelten die Qualitätsmerkmale der Tiefenstruktur als jene, die insbesondere wirksam sind.

In der deutschsprachigen Unterrichtsforschung hat Hilbert Meyer (2018: 17–18) ein weiteres prominentes Modell der Unterrichtsqualität bestehend aus einem Zehn-Punkte-Katalog vorgeschlagen:

1. *Klare Strukturierung des Unterrichts* (Prozess-, Ziel- und Inhaltsklarheit; Rollenklarheit, Absprache von Regeln, Ritualen und Freiräumen)
2. *Hoher Anteil echter Lernzeit* (durch gutes Zeitmanagement, Pünktlichkeit; Auslagerung von organisatorischen Aspekten; Rhythmisierung des Tagesablaufs)
3. *Lernförderliches Klima* (durch gegenseitigen Respekt, verlässlich eingehaltene Regeln, Verantwortungsübernahme, Gerechtigkeit und Fürsorge)
4. *Inhaltliche Klarheit* (durch Verständlichkeit der Aufgabenstellung, Plausibilität des thematischen Gangs, Klarheit und Verbindlichkeit der Ergebnissicherung)
5. *Sinnstiftendes Kommunizieren* (durch Planungsbeteiligung, Gesprächskultur, Sinnkonferenzen, Lerntagebücher und Schüler*innen-Feedback)
6. *Methodenvielfalt* (Reichtum an Inszenierungstechniken; Vielfalt der Handlungsmuster; Variabilität der Verlaufsformen und Ausbalancierung der methodischen Großformen)
7. *Individuelles Fördern* (durch Freiräume, Geduld und Zeit; durch innere Differenzierungen und Integration; durch individuelle Lernstandsanalysen und abgestimmte Förderpläne; besondere Förderung von Schüler*innen aus Risikogruppen)
8. *Intelligentes Üben* (durch Bewusstmachen von Lernstrategien, passgenaue Übungsaufträge, gezielte Hilfestellungen und „überfreundliche" Rahmenbedingungen)
9. *Transparente Leistungserwartungen* (durch ein an den Richtlinien oder Bildungsstandards orientiertes, dem Leistungsvermögen der Schüler*innen entsprechendes Lernangebot und zügige förderorientierte Rückmeldungen zum Lernfortschritt)
10. *Vorbereitete Umgebung* (durch gute Ordnung, funktionale Einrichtung und brauchbares Lernwerkzeug).

Die Merkmale 2, 10 und einige Aspekte des Merkmals 1 (nämlich: Rollenklarheit, Absprache von Regeln, Ritualen und Freiräumen) sowie des Merkmals 3 (verlässlich eingehaltene Regeln, Verantwortungsübernahme und Gerechtigkeit) entsprechen dem, was im Modell der Basisdimensionen unter *Klassenführung* verstanden wird. Das, was mit den Merkmalen 5, 9 und zum Teil 3 (gegenseitiger Respekt und Fürsorge) zum Ausdruck gebracht wird, steht im Modell der Basisdimensionen unter der Kategorie *konstruktive Unterstützung*. Mit den Merkmalen 4, 7, 8 und zum Teil 1 (Prozess-, Ziel- und Inhaltsklarheit) ist das gemeint, was im Modell der Basisdimensionen als *kognitive Aktivierung* bezeichnet wird. Das Merkmal 6 passt nicht zu den drei Basisdimensionen der Unterrichtsqualität, sondern zu den Oberflächenstrukturen des Unterrichts.

Gemeinsam an den beiden Modellen der Unterrichtsqualität von Helmke und Meyer ist, dass sie keine Unterscheidung zwischen den Merkmalen der Oberflächen- und der Tiefenstrukturen des Unterrichts vornehmen. Sie heben jedoch unterschiedliche Aspekte hervor, die im Modell der Basisdimensionen auf dem ersten Blick nicht sichtbar, allerdings für einen effektiven Unterricht von großer Bedeutung sind, wie z.B. die Merkmale *Aktivierung, Kompetenzorientierung* und *Angebotsvielfalt* (Helmke) und *klare Strukturierung des Unterrichts, hoher Anteil echter Lernzeit* und *Methodenvielfalt* (Meyer). Da in der vorliegenden Untersuchung der Fokus auf der Ermittlung tief sitzender und verinnerlichter Vorstellungen der Forschungsteilnehmenden über die eigene Rolle im DaF-Unterricht liegt, erscheint es wichtig zu sein, ein Modell der Unterrichtsqualität zu berücksichtigen, das Merkmale der Tiefenstruktur von denen der Oberflächenstruktur unterscheidet – nämlich diejenigen, die in der Unterrichtsforschung als besonders wirksam für qualitätsvolle Lernprozesse angesehen werden. Die Berücksichtigung einer solchen Unterscheidung ermöglicht bei der Unterrichtsentwicklung den Blick auf bestimmte Aspekte des DaF-Unterrichts zu richten und Veränderungsmaßnahmen zu entwerfen, die eine nachhaltigere Wirkung auf die Lernprozesse der Lernenden versprechen.

3.1.3.2. *Fachspezifische Merkmale des qualitätsvollen Fremdsprachenunterrichts*

Aus der Tatsache, dass Inhalte und Methoden von Fach zu Fach sehr unterschiedlich sind, ergibt sich die Notwendigkeit, domänenspezifische Merkmale der Unterrichtsqualität zu bestimmen (Helmke und Brühwiler 2018). Für den Fremdsprachenunterricht ist es wichtig, sich an einem Merkmalskatalog zu orientieren, der einerseits der Faktorenkomplexion des Fremdsprachenlehrens und -lernens (Edmondson und House 2011: 24–27) und andererseits dem dynamischen, instabilen und hochgradig individuellen und nicht direkt beobachtbaren Charakter von Prozessen und Produkten des Lehrens und Lernens (Riemer 2014) Rechnung trägt.

In Übereinstimmung mit Hatties Erkenntnis, dass Lehrpersonen zu den wirkungsvollsten Einflüssen beim Lernen gehören (Hattie 2014: 21), hat Richards (2011) zehn[3] wichtige Dimensionen qualitätsvollen Fremdsprachenunterrichts vorgeschlagen. Grundlegend ist die Vorannahme, dass die Lehrkraft den entscheidenden Qualitätsfaktor des Fremdsprachenlehrens bildet. Demnach beziehen sich Richards' vorgeschlagene Dimensionen eines effektiven Fremdsprachenunterrichts vor allem auf unterschiedliche Bereiche professioneller Kompetenzen von Fremdsprachenlehrkräften und antworten eher auf die Frage, welche Kompetenzen eine Fremdsprachenlehrkraft besitzen muss, um einen qualitativ gehaltvollen Unterricht zu gestalten. Als Merkmale effektiven Fremdsprachenlehrens benennt Richards die folgenden Kriterien:

(1) *Die Sprachkompetenz („language proficiency")*: Ausgehend davon, dass die Zielsprache nicht die Muttersprache vieler Fremdsprachenlehrkräfte ist, ist die Beherrschung der gelehrten Fremdsprache auf fortgeschrittener Ebene für die Lehrperson von großem Belang. Das trägt nicht nur zur qualitativen Gestaltung des Lehr-Lern-Prozesses, sondern auch zur Vergrößerung des Selbstvertrauens der Lehrkräfte bei (Seidlhofer 1999). Für ein effektives Fremdsprachenlehren muss die Lehrperson über ein bestimmtes Sprachniveau verfügen, das im gegebenen Schulkontext als angemessen angesehen wird. Dieser personenbezogene Faktor ermöglicht einen besseren Umgang mit den Lehrinhalten (Texte, Wortschatz- und Grammatikübungen in der Zielsprache).

(2) *„Content knowledge"*: Dieser Begriff ist schwer zu definieren und verweist sowohl auf das Fachwissen bzw. die Fachkompetenz (*„disciplinary knowledge"*), die fachdidaktische Kompetenz (*„pedagogical content knowledge"*) als auch auf die mediendidaktische Kompetenz (*„technological pedagogical content knowledge"*). Das Fachwissen (*„disciplinary knowledge"*) bezieht sich laut Richards (2011) auf das für den Fremdsprachenunterricht grundlegende, theoretische Wissen, das zum Teil während des Studiums und

---

3 Die Dimensionen *„Teaching skills"* und *„pedagogical reasoning skills"* sind hier nicht als eigenständige Kriterien erfolgreichen Fremdsprachenunterrichts angesehen, sondern als verschiede Aspekte dessen, was mit dem Begriff „methodische Kompetenz" zum Ausdruck gebracht wird.

der Lehrer*innen-Ausbildung erworben wird. Dazu gehört Wissen aus der (Angewandten) Linguistik (z.B. in Bezug auf Spracherwerbstheorien, Sprachlerntheorien, Soziolinguistik, Pragmalinguistik etc.), aus der Literaturwissenschaft (z.B. hinsichtlich von Literaturtheorien) sowie aus der Kulturwissenschaft (z.B. im Hinblick auf Ansätze der Kulturtheorien, internationale Ansätze zur Auseinandersetzung mit dem Kulturbegriff etc.). Die fachdidaktische Kompetenz von Lehrkräften (*"pedagogical content knowledge"*) definiert Hallet (2006) als die Fähigkeit, "fachliche Inhalte so auszuwählen und zuzuschneiden, dass sie aktive Lern- und Wissenserwerbsprozesse anhand zentraler und exemplarischer fachlicher Inhalte ermöglichen" (S. 45). Dieses Wissen unterstützt Lehrende bei der Unterrichtsplanung und -durchführung, beispielsweise im Hinblick auf die Auswahl der Lehrinhalte und Lehrmethoden. Anschließend ist die Qualität eines Fremdsprachenunterrichts auch daran zu messen, wie gut die Lehrkraft die zur Verfügung stehenden Medien – z.B. Internet, Handys, CD-Player, Lehrwerke, Beamer, Software für den Fernunterricht etc. – sinnvoll und zielgerichtet in den Lehr-Lern-Prozess integriert. Demnach hängt die Qualität des Fremdsprachenunterrichts davon ab, wie die Lehrkraft mit den sogenannten wissenschaftlichen Faktoren (Edmondson und House 2011: 25), mit dem didaktischen Wissen zur Vermittlung von Lerninhalten sowie mit den vorhandenen Medien effektiv umgeht.

(3) *Methodische Kompetenz (*"teaching skills"* und *"pedagogical reasoning skills"*)*[4]: Einerseits geht es hier um das reichhaltige Methodenrepertoire (*"repertoire of techniques and routines"*[5]), das der abwechslungsreichen, lernförderlichen Gestaltung des Lehr-Lern-Prozesses zugrunde liegt. Es ist zu erwarten, dass der Fremdsprachenunterricht dem fachübergreifenden Merkmal der Angebotsvielfalt (Helmke 2015a) bzw. der Methodenvielfalt (Hilbert Meyer 2018) im Hinblick auf die methodischen Großformen (Freiarbeit, Lehrgänge, Projektarbeit), die Dimensionen methodischen Handelns (Sozialformen, Handlungsmuster, Verlaufsformen) und die Inszenierungstechniken der Lehrenden und der Lernenden (z.B. Zeigen, Vormachen, Rollenspiel, etc.) (Hilbert Meyer 2018: 75) Rechnung trägt. Diese Methoden und Routinen werden nicht nur während des Studiums

---

4 "*Teaching skills*" und "*pedagogical reasoning skills*" sind bei Richards zwei getrennte Merkmale, die insgesamt verschiedene Aspekte der methodischen Kompetenz zum Ausdruck bringen.
5 Richards 2011: 9.

oder der Lehrer*innen-Ausbildung erlernt, sondern entwickeln sich vornehmlich aus den Sprachlehrerfahrungen von Lehrkräften. Andererseits verweist die methodische Kompetenz auf die Fähigkeiten der Lehrperson, den Lehrstoff zu didaktisieren, indem passende Entscheidungen getroffen werden hinsichtlich (a) der Bearbeitungsschritte des Lerngegenstands, (b) der Gestaltung der Unterrichtssequenzen sowie (c) der angemessenen Zeitnutzung.

(4) **Wissen über die Rahmenbedingungen des Unterrichts („*Contextual knowledge*")**: Als qualitätsvoll gilt der kontextsensitive Fremdsprachenunterricht (Gerlach und Leupold 2019). Dabei wird der Begriff des Kontexts weit gefasst und nicht nur als Rahmen fremdsprachlichen Handelns betrachtet – d.h. räumliche und zeitliche Gegebenheiten (z.B. Lernräume, soziokulturelle Aspekte, Schulform, Schulkultur/-programm, Unterrichtszeiten und -abfolge, administrative Vorgaben, Medien und Lehrwerke etc.) –, sondern als „Raum, der sowohl von Personen wie auch äußeren Umständen bestimmt wird oder werden kann (Kontextfaktoren)" (Gerlach und Leupold 2019: 49). Demnach verweist Kontextwissen auch auf Wissen über die miteinander agierenden Personen (Umgang mit den Lernenden und den Eltern, der Schulverwaltung und dem Kollegium). Angesichts der unterschiedlichen Rahmenbedingungen, in denen der Fremdsprachenunterricht in verschiedenen Ländern stattfindet, gilt als wichtiges Qualitätsmerkmal, dass die Lehrperson mit soziopolitischen sowie Lehr- und Lernumgebungsfaktoren (Edmondson und House 2011: 25) effektiv umgehen kann.

(5) **Wissen über die Lehrer*innen-Rolle im (Fremd-)Sprachenunterricht („*Language teacher's identity*")**: Für Richards (2011: 12) hängt die Qualität des Fremdsprachenunterrichts auch davon ab, wie Lehrende die eigene Lehrer*innen-Rolle verstehen und damit umgehen. Laut Richards ergeben sich die Vorstellungen über die eigene Lehrer*innen-Rolle aus zahlreichen Faktoren, u.a. individueller und kultureller Natur; sie wirken sich erheblich darauf aus, wie Lehrende im Unterricht handeln und ihre Interaktionen mit den Lernenden gestalten. Daher ist ein reflektierter Umgang mit der eigenen Rolle für einen qualitätsvollen Fremdsprachenunterricht von großem Belang.

(6) **Lernen aus der Praxis („*Theorizing from practice*")**: Für Richards (ebd., S. 22) sollen Lehrende aus Erfolgen und Misserfolgen der unterrichtlichen Alltagssituationen nützliche Erkenntnisse für die Entwicklung bzw. Veränderung der eigenen Vorstellungen und Überzeugungen ableiten. Dieses Kriterium bezieht sich auch auf die Fähigkeit der Lehrpersonen, als

„*reflective practitioners*" (Schön 1983, 1987) über den Spachlehr- und -lernprozess zu reflektieren und auf der Grundlage konkreter Unterrichtssituationen die eigene Praxis zu verbessern. Laut Richards ist die Qualität des Fremdsprachenunterrichts auch daran zu messen, in welchem Maße die Lehrperson Erfahrungen aus der eigenen Praxis reflektiert.

(7) *Schülerorientiertes Lehren* („*learner-focused teaching*"): Ausgehend davon, dass der Unterricht auf die Förderung des Lernens abzielt, soll ein qualitätsvoller Fremdsprachenunterricht Richards (2011: 16) zufolge schülerorientiert sein. Damit ist zuerst die aktive Teilhabe der Schüler*innen an der Planung und Gestaltung des Unterrichts gemeint. Demnach soll den Lernenden die Möglichkeit gegeben werden, eigene Wünsche, Meinungen und Bedürfnisse zum Ausdruck zu bringen, die die Lehrperson dann in die Unterrichtsgestaltung integriert. Dafür ist es beispielsweise wichtig, regelmäßig Rückmeldungen von den Lernenden einzufordern. Unter dem Begriff der „Schülerorientierung" ist zudem zu verstehen, dass sich der Fremdsprachenunterricht an der Lebenswelt der Lernenden orientiert, indem Themen und Inhalte besprochen werden, mit denen sich die Schüler*innen identifizieren können bzw. die ihnen vertraut sind. Die Schülerorientierung verweist bei Richards auch auf die körperliche Aktivierung, d.h. darauf, dass die Lernenden während der ganzen Unterrichtsstunden nicht passiv sitzen bleiben, sondern aktiv werden und sich bewegen, indem sie öfter selbst an die Tafel gehen, Lieder singen und tanzen, bewegungsfördernde Sprachspiele durchführen und vor der Klasse etwas präsentieren. Eine weitere Bedeutung der Schülerorientierung bei Richards ist die soziale Aktivierung durch Formen des kooperativen Lernens. Dabei geht es darum, dass Schüler*innen in positiver Abhängigkeit voneinander Aufgaben in der Gruppe lösen, wobei sowohl die Leistung aller Gruppenmitglieder als auch der individuelle Beitrag des einzelnen Lernenden wertgeschätzt wird. Richards Auffassung des Begriffs „Schülerorientierung" entspricht zum größten Teil dem, was Helmke (2015a: 205) unter Aktivierung versteht.

(8) *Mitglied einer Übungsgemeinschaft* („*Membership of a community of practice*"): Ein weiterer Aspekt qualitätsvollen Fremdsprachenunterrichts ergibt sich laut Richards (2011: 25–26) aus der Fähigkeit der Lehrkraft zur Selbst- und Fremdreflexion und besteht in der Kooperation mit Kolleg*innen, Institutionen und Lehrer*innen-Verbänden. Es ist wichtig, dass sich Fremdsprachenlehrkräfte als Teil einer Praxisgemeinschaft („*community of practice*") wahrnehmen, deren Mitglieder ähnliche Aufgaben haben, ähnliche Ziele verfolgen und ähnlichen Herausforderungen ausgesetzt sind.

So können sie voneinander lernen, sich über die jeweiligen Arbeitsweisen austauschen und gemeinsame Lösungswege entwickeln. Für den DaF-Unterricht in Ländern, die keine geografische Nähe zu deutschsprachigen Ländern haben, sind neben der Schulaufsicht regionale Deutschlehrerverbände und Deutsch fördernde Institutionen wie das Goethe-Institut im Rahmen der Fort- und Weiterbildung von Deutschlehrenden tätig, was für die dortigen Lehrkräfte nicht nur als wichtige Möglichkeit der eigenen professionellen Entwicklung dient, sondern auch als wertvolle Vernetzungs- und Austauschplattform genutzt wird. Die Kooperation mit Kolleg*innen mag langfristig zur professionellen Entwicklung der Lehrperson beitragen, aber ihre positiven Effekte auf die einzelnen Unterrichtsstunden ergibt sich vor allem daraus, wie intensiv sich Lehrende im Alltag miteinander austauschen und ob/inwiefern bestimmten Kriterien wirksamer Lehrer*innen-Fortbildungen Rechnung getragen wird (vgl. Reusser 2011: 28).

(9) Professionelles Handeln („professionalism"): Für Richards (2011: 27–28) hängt die Qualität des Fremdsprachenunterrichts auch von dem professionellen Handeln der Lehrkräfte ab. Damit wird einerseits darauf verwiesen, dass Fremdsprachenlehrende ein umfangreiches, berufsbezogenes Handlungsrepertoire benötigen, mit dem sie die widersprüchlichen Anforderungen des Fremdsprachenunterrichts bewältigen und für den eigenen Unterricht eine Balance der verschiedenen Prinzipien finden, die unter den lokalen Bedingungen sinnvoll, praktikabel und Erfolg versprechend sind (Schart 2014: 40–41). Es geht hier um die Erwartung, dass die Lehrkräfte den von der Gesellschaft bzw. der jeweiligen Institution festgelegten Anforderungen und Standards im Hinblick auf die Unterrichtsgestaltung Beachtung schenken, stets unter Berücksichtigung der konkreten Rahmenbedingungen in der eigenen Lerngruppe (vgl. Leung 2009: 50–53). Andererseits wird mit der Professionalisierung von Fremdsprachenlehrkräften auf deren Fähigkeit zur reflexiven Distanz (Schart 2014: 42) hingewiesen. Damit ist das gemeint, was Leung (2009: 53) als *„independent professionalism"* bezeichnet, nämlich die Fähigkeit, bewusst und systematisch über eigene Handlungen, Überzeugungen und Wertevorstellungen zu reflektieren und daraus Erkenntnisse zur Verbesserung der eigenen Praxis abzuleiten. Dies kann als ein Appell an Fremdsprachenlehrkräfte interpretiert werden, als reflektierte Praktiker*innen die eigene berufliche Praxis als Wissensquelle zu nutzen, die eigene Reflexionskompetenz beständig zu erweitern und somit im beruflichen Alltag selbst Aktionsforschung zu betreiben (ausführlich zur Aktionsforschung, vgl. Kap. 7.1).

Die verschiedenen Dimensionen, die Richards (2011) für einen qualitätsvollen Fremdsprachenunterricht vorgeschlagen hat, lassen sich als Aspekte der Professionalisierung des Fremdsprachenlehrens und -lernens bezeichnen. Sie richten den Blick auf die verschiedenen Kompetenzbereiche der professionellen Fremdsprachenlehrkraft. Sie geben jedoch wenige Informationen darüber, wie Lehr-Lern-Prozesse konkret zu gestalten sind, damit sie besonders wirksam für das Fremdsprachenlernen werden.

Für die Forschung an den Lehrer*innen-Vorstellungen über die eigene Rolle im DaF-Unterricht bietet das Modell von Richards jedoch nützliche Anknüpfungspunkte. Das Merkmal 5 („*Language teacher's identity*") führt zur Frage, wie DaF-Lehrkräfte in Kamerun die eigene Professionsrolle verstehen und wie sich diese in ihrem Handeln widerspiegelt. Daraus können Erkenntnisse abgeleitet werden, die zur Verbesserung der Unterrichtsqualität beitragen. Darüber hinaus wird mit den Merkmalen 6 („*Theorizing from practice*"), 8 („*Membership of a community of practice*") und 9 („*professionalism*") einen Rahmen für die Erforschung der Unterrichtsentwicklung im DaF-Unterricht festgelegt. Einerseits wird das Deutschlehren als Tätigkeit angesehen, die nicht in einer rein mechanischen Anwendung theoretischen Wissens aus der Sprachdidaktik, der Linguistik, der Allgemeindidaktik und weiteren Disziplinen besteht, sondern als professionelle Tätigkeit, bei der Lehrkräfte einerseits auf die Zusammenarbeit und Kooperation mit Kolleg*innen und bestimmten Institutionen angewiesen sind, andererseits aus der Reflexion über die eigene Praxis Wissen zur Verbesserung des eigenen Unterrichts generieren können bzw. sollten. Daraus ergibt sich zugleich die Begründung für die Durchführung eines Aktionsforschungsprojekts sowie entsprechenden Lehrer*innen-Fortbildungen in der vorliegenden Untersuchung (ausführlich dazu, vgl. Kap. 7.2). Abschließend bezieht sich das Merkmal 7 („*learner-focused teaching*") darauf, welche Spielräume den Lernenden im DaF-Unterricht gewährt werden. Im Rahmen der Forschungsarbeit erscheint es sinnvoll, sich der Frage zu widmen, inwiefern DaF-Lernende in die Unterrichtsgestaltung aktiv eingebunden werden, da das Maß an Partizipation der Schüler*innen im Unterricht unmittelbar an das Rollenverständnis der jeweiligen Lehrkraft sowie damit auch an die Unterrichtsqualität anknüpft. Angesichts der Fragestellung werden zwei wichtige Aspekte der Schülerorientierung – hier als *Aktivierung* bezeichnet – zu den untersuchten Qualitätsmerkmalen im DaF-Unterricht gezählt: (1) die soziale Aktivierung durch Formen des kooperativen Lernens und (2) die Förderung der Teilhabe der Lernenden an der Planung und Durchführung des Unterrichts.

3.1.3.3. Zur Festlegung der Qualitätsmerkmale für die Forschung an den Vorstellungen von DaF-Lehrenden über die eigene Rolle im DaF-Unterricht

Die vorliegende Untersuchung zielt darauf ab, forschungsteilnehmende Lehrkräfte bei der Verbesserung des eigenen Unterrichts zu unterstützen. Hier wird qualitätsvoller Unterricht im Sinne des „erfolgreichen Unterrichts" („*effective teaching*") (Berliner 2005: 207; Ditton 2009: 177) verstanden, nämlich als Unterricht, der bestimmten Merkmalen Rechnung trägt, die mehr oder weniger empirisch untersucht wurden und vermutlich mit dem Erreichen bestimmter Bildungsziele bedeutsam zusammenhängen (vgl. Reusser 2020: 237). Da die Auseinandersetzung mit der Frage, wie Lehrende die Lehrinhalte so bearbeiten, dass Lernen effektiv stattfindet, den Rahmen der vorliegenden Untersuchung sprengen würden, wurden jene Qualitätsmerkmale ausgeschlossen, die die didaktische Aufbereitung des jeweiligen Lerngegenstands betreffen, wie beispielsweise Merkmale der kognitiven Aktivierung und der konstruktiven Unterstützung auf der kognitiven Ebene (vgl. Gold 2015).

Im Mittelpunkt der vorliegenden Forschung steht die Frage, wie DaF-Lehrkräfte die eigene Rolle verstehen und wie sich dies auf die Lernenden und den Lehr-Lern-Prozess auswirkt. Da der Aspekt der Lehrer-Schüler-Beziehung – und nicht die Befassung mit der Fremdsprache und den jeweiligen Lerninhalten – im Vordergrund steht, erfolgt die Untersuchung der Unterrichtsqualität auf der Grundlage fachübergreifender Qualitätsmerkmale (vgl. Kap. 3.1.3.1). Berücksichtigt wurde also das Merkmal (1) der Klassenführung und (2) der konstruktiven Unterstützung auf emotionaler und motivationaler Ebene. In Bezug auf die Klassenführung wurde der Blick darauf gerichtet, wie Lehrende vorbeugend und reaktiv mit Störungen im Unterricht umgehen und ob auf lern- und konzentrationsförderliche Rituale zurückgegriffen wird. Was die konstruktive Unterstützung angeht, wurde der Fokus einerseits auf das Klassenklima (nämlich der Lehrer-Schüler-Beziehung und der Wertschätzung) und andererseits auf die Feedback- und Fehlerkultur im DaF-Unterricht gerichtet. Ein weiteres Qualitätsmerkmal, das Richards Qualitätsmerkmal des Fremdsprachenunterrichts (vgl. Richards 2011) entnommen wurden, bezieht sich auf die Handlungsspielräume, die den DaF-Lernenden im Unterricht gewährt werden: (3) die Schüler*innen-Aktivierung. Dabei wird vor allem geschaut, ob Schüler*innen an der Planung und Durchführung des Unterrichts aktiv teilhaben und ob die eingesetzten Lehrmethoden eine aktive Beteiligung der Lernenden im Lernprozess ermöglicht.

Unterrichtsexterne Akteure	Gemeinsame Anstrengungen zur Unterrichts- entwicklung	Verbesserung der Prozessqualität des Unterrichts	Bessere Leistung im Fremdsprachen- unterricht
⇨ Forscher*in ⇨ Schulleitung ⇨ Kollegen ⇨ etc.	⇨ Lehrperson ⇨ Lernende	⇨ Effektive Klassenführung ⇨ Konstruktive Unterstützung ⇨ Kognitive Aktivierung ⇨ Merkmale der Oberflächenstruktur	⇨ Bessere Noten ⇨ Kompetenzentwicklung ⇨ etc.

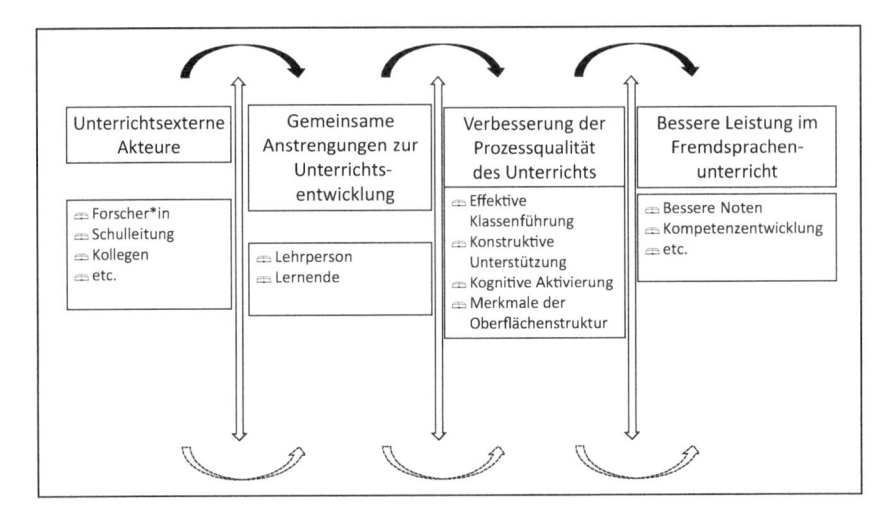

Abb. 5: Angebots-Nutzungs-Modell der Unterrichtsentwicklung (Angepasst aus Hilbert Meyer et al. 2007a)

3.1.4. Ein Modell zur Implementierung von Veränderungen im DaF-Unterricht

Die vorliegende Studie setzt sich u.a. zum Ziel, zur Veränderung der Prozessqualität des DaF-Unterrichts beizutragen. Als Grundlage zur Gestaltung eines Veränderungsprozesses soll das Angebots-Nutzungs-Modell der Unterrichtsentwicklung (Meyer et al. 2007a; vgl. Abb. 5) dienen. Demnach wird Unterrichtsentwicklung als gemeinsame Aufgabe aller Unterrichtsbeteiligten wahrgenommen (Lehrperson, Lernende). Dabei kann die Unterstützung außerunterrichtlicher Akteure (z.B. Forschende, Schulleitung, etc.) in Anspruch genommen werden. Angestrebt wird die Veränderung einiger fachübergreifender und fachspezifischer Aspekte des fremdsprachlichen Deutschunterrichts.

Der ganze Entwicklungsprozess lässt sich als eine Kette von Angeboten interpretieren, deren Wirkungen davon abhängen, wie sie von den jeweiligen Akteuren genutzt werden. Die erste Angebots-Nutzungs-Interaktion betrifft die Kooperation zwischen der Lehrkraft und unterrichtsexternen Akteuren. Beim Entwurf von Veränderungsmaßnahmen bieten involvierte Unterrichtsforscher*innen, Kolleg*innen oder entsprechende Fachliteratur der Lehrkraft lediglich ein Angebot, dessen Wirksamkeit davon abhängt, wie es von der Lehrperson selbst genutzt wird.

Die zweite Angebots-Nutzungs-Interaktion bezieht sich auf die Durchführung des Veränderungsprozesses des Unterrichts. Die gemeinsamen Anstrengungen der Lehrenden und Lernenden zur Implementierung der konzipierten Veränderungsmaßnahmen sind auch als Angebote anzusehen, da sie nicht automatisch zur Verbesserung der Prozessqualität des Unterrichts führen. Ihre Wirkung hängt ebenfalls davon ab, wie die jeweiligen Akteure (Lehrperson und Schüler*innen) die durchgeführten Maßnahmen sowie ihre jeweiligen Handlungen interpretieren und welche Konsequenzen sie daraus ziehen. Daher lässt sich der Erfolg oder Misserfolg des Veränderungsprozesses nicht daran feststellen, ob die Prozessqualität des Unterrichts besser – oder auch nicht – wird, sondern vor allem daran, wie die beteiligten Akteure den Entwicklungsprozess des Unterrichts ansehen und erleben. Wichtige Kriterien für die Wirksamkeit sind u.a. positivere Lehrer-Schüler-Beziehung, positivere Einstellungen der Unterrichtsbeteiligten zum DaF-Unterricht bzw. zueinander.

Die dritte Angebots-Nutzungs-Interaktion befindet sich in der Beziehung zwischen dem verbesserten Lehr-Lern-Prozess und den Leistungen der Lernenden. Die aus dem Veränderungsprozess entwickelnde Unterrichtskultur, die erwartungsgemäß lebendiges Lernen fördert und u.a. durch einen vertrauensvollen, wertschätzenden und respektvollen Umgang der Lehrperson und der Lernenden miteinander gekennzeichnet ist, lässt sich ebenfalls als Angebot bezeichnen, das nicht unmittelbar zu besseren Noten bei der nächsten Klassenarbeit oder zur Verbesserung der kommunikativen Kompetenz der Schüler*innen führt. Wichtig dabei ist, wie dieses Angebot von den Deutschlernenden genutzt wird. Über die Auswirkungen der Implementierung von Entwicklungsmaßnahmen im Hinblick auf die Leistungen der Lernenden wird in der vorliegenden Arbeit keine Aussage getroffen, da dies den Rahmen sprengen würde. Vielmehr sollte der Blick auf die Planung und Durchführung von Maßnahmen zur Förderung lebendigen Lernens im fremdsprachlichen Deutschunterricht gerichtet werden.

3.2. Zur Förderung lebendigen Lernens im DaF-Unterricht

3.2.1. Zum Konzept des lebendigen Lernens

Der Begriff *„lebendiges Lernen"* wurde von Ruth Cohn für die Arbeitsweise der Themenzentrierten Interaktion (TZI) eingeführt (Stollberg und Schneider-Landolf 2009: 147) und verweist auf einen Lernprozess, in dem auf vier gleichwertige Faktoren Rücksicht genommen wird: Die Persönlichkeit der einzelnen Beteiligten (Lehrperson, Schüler*innen), die Interaktion in der Gruppe, den

Sachinhalt des Unterrichts sowie das Umfeld, in dem der Lehr-Lern-Prozess durchgeführt wird. Da, wo lebendiges Lernen stattfindet, wird beim Lehren danach gestrebt, (1) sich selbst (z.b. Lehrkraft) und den anderen (z.b. die Lernenden) Wertschätzung entgegenzubringen, (2) die Bearbeitung des Lerngegenstands mit der Förderung der Persönlichkeit des Einzelnen und der Einbeziehung der Gruppe insgesamt zu verbinden sowie (3) die Kooperation zwischen den verschiedenen Teilnehmenden am Lehr-Lern-Prozess zu begünstigen (Schütz 1992: 390).

Charakteristisch für das lebendige Lernen sind laut Stollberg und Schneider-Landolf (2009) folgende Merkmale:

- *Das Vertrauen auf die Lernbereitschaft der Lernenden.*
- *Das Streben nach selbstbestimmtem und eigenverantwortlichem Lernen* durch die Rücksicht auf das Interesse und die Meinung der Lernenden zum Lehr-Lern-Prozess – z.b. durch das Einfordern von Schüler*innen-Feedback.
- *Der erfahrungsbasierte, handlungsorientierte und emanzipatorische Charakter des Lehr-Lern-Prozesses*: Einerseits nimmt die Bearbeitung des Lerngegenstands Rücksicht auf die Lebenserfahrung der Lernenden, andererseits fördern die eingesetzten Lehr-Lern-Methoden die aktive Beteiligung – und/oder Mitbestimmung – der Schüler*innen am Lehr-Lern-Prozess.
- *Die Nutzung der Gruppe als Lernquelle*: die Anregung der persönlichen Begegnung und Interaktion zwischen den Lernenden durch den Einsatz verschiedener Lehr-Lern-Methoden – z.B. Partner-, Gruppenarbeit und Plenum.
- *Die mehrdimensionale Lehrer*innen-Rolle*: Die Lehrkraft ist nicht nur für die angemessene Besprechung des Fachinhalts, sondern auch für die Organisation des Lernrahmens und die Begleitung der Gruppenprozesse verantwortlich, z.B. sollte die Lehrperson dafür sorgen, dass eine dynamische Balance zwischen den einzelnen Faktoren – Persönlichkeit der einzelnen Beteiligten (ICH), Gruppe (WIR), Sachinhalt (ES) und dem Umfeld des Lehr-Lern-Prozesses (GLOBE) – besteht (vgl. Abb. 6).

Ein besseres Verständnis des Konzepts des lebendigen Lernens setzt eine kurze Auseinandersetzung mit Ruth Cohns professionellem pädagogischem Konzept (Reiser 2009) der Themenzentrierten Interaktion (TZI) voraus.

3.2.1.1. Was ist die Themenzentrierte Interaktion (TZI)?

Die Themenzentrierte Interaktion (TZI) wurde von Ruth Cohn in den 1950er- und 1960er-Jahren entwickelt und zielt auf die Förderung *lebendigen Lernens*

(Spielemann 2009). Die TZI findet heutzutage in vielen Arbeitsfeldern wie Schule, Erwachsenenbildung, sozialer Arbeit, Therapie, Wirtschaft, Religion, Beratung, Supervision, Politik etc. Anwendung und wird von Grün (2015) zugleich angesehen als Gruppen- und Leitungsmodell, dynamisches, ganzheitliches und humanistisches Modell, als Modell zur Förderung der Selbstverantwortung und zur Stärkung der Fremd- und Selbstwahrnehmung, als Modell für lebendiges, motiviertes Lernen und Arbeiten sowie nicht zuletzt als Modell für die Kommunikation in Gruppen. Ruth Cohns Anliegen bestand darin, ein Konzept zu entwickeln, welches dem gesunden Menschen erlaubt, gesund zu leben (Langmaack 2011: 22). Sie stellte sich folgende Frage: Wie können Menschen, die sich in Gruppen – z.B. in der Schule, am Arbeitsplatz, im Alltagsleben – mit einer Aufgabe beschäftigen, dazu angeleitet werden, sich selbst, die anderen und die Sache im Rahmen der umgebenden Realität gleichermaßen ernst zu nehmen, ohne dass einer dieser Faktoren darunter leiden muss? Ruth Cohn war nämlich der Ansicht, dass alle diese Faktoren für das Funktionieren einer Gruppe gleichermaßen wichtig sind (Grün 2015: 21).

Der TZI liegen drei Axiome zugrunde, die sich als Grundsätze verstehen lassen, an deren Grundidee sich alle folgenden Initiativen zu orientieren haben (Kanitz 2009: 78; vgl. Ewert 2008). In ihrer Aussage gelten die Axiome als „wahr erkannte und nicht verhandelbare Voraussetzungen für die Arbeit mit TZI"; für den Prozess lebendigen Lernens sind sie sowohl Grundlage als auch Zielrichtung (ebd.). Diese Axiome, die aufeinander aufbauen, sind die folgenden:

(1) Das **existentiell-anthropologische Axiom**: „Der Mensch ist eine psychobiologische Einheit. Er ist auch Teil des Universums. *Er ist darum autonom und interdependent. Autonomie (Eigenständigkeit) wächst mit dem Bewußtsein der Interdependenz (Allverbundenheit)*" (Cohn 1975: 120; Hervorh. im Original). Als „psycho-biologische Einheit" ist der Mensch einerseits dadurch charakterisiert, dass seine physischen, intellektuellen, seelischen sowie emotionalen Bedürfnisse, Wahrnehmungen sowie bewussten und unbewussten Erfahrungen als untrennbare Grundeinheiten zu sehen sind (Faßhauer 2009: 80). Andererseits wird die Entwicklung des Menschen dadurch gefördert, dass er sich seiner widersprüchlichen Natur bewusst wird: Er ist sowohl selbstständig und für sich selbst verantwortlich als auch von anderen Menschen abhängig.

(2) Das **ethisch-soziale Axiom**: „Ehrfurcht gebührt allem Lebendigen und seinem Wachstum. Respekt vor dem Wachstum bedingt bewertende Entscheidungen. Das Humane ist wertvoll; Inhumanes ist wertbedrohend" (Cohn 1975: 120). Auf den Unterricht übertragen bedeutet dieses Axiom,

dass jedem Unterrichtsbeteiligten (Lehrperson, Lernenden) Wertschätzung entgegengebracht werden soll; alles, was im Unterricht unternommen wird, soll nach der Entwicklung, dem Wachstum und der Verbesserung jedes Einzelnen streben. Daher wird die TZI als „wertgebundenes Konzept" (Kanitz 2009: 78) angesehen.

(3) Das **politisch-pragmatische** Axiom: „Freie Entscheidung geschieht innerhalb bedingender innerer und äußerer Grenzen. Erweiterung dieser Grenzen ist möglich." (Cohn 1975: 120). Dieses Axiom verweist auf das anthropologische Paradox der „Freiheit in Bedingtheit" menschlicher Existenz (Matzdorf und Cohn 1992: 63). Auf den Unterricht übertragen ist zu berücksichtigen, dass die Lehrkraft und die Lernenden eine bestimmte Freiheit genießen, die aber begrenzt ist. Diese Grenzen hängen zum Beispiel mit den kulturellen und institutionellen Rahmenbedingungen der Handlungssituation zusammen. Aber innerhalb der gegebenen Grenzen der Institution „Schule" sind Lehrende und Lernende zum Beispiel in der Gestaltung der Lehrer-Schüler-Interaktion frei.

Aus den drei Axiomen, die als „ethische Fix- und Orientierungspunkte im TZI-Konzept" betrachtet werden, lassen sich zwei Postulate ableiten, die sich als „konkrete Vollzugs- oder Praxishilfen" verstehen lassen (Kanitz 2009: 79). Ruth Cohn (1975) betrachtet diese Postulate als „Forderungen auf der Basis des Paradox' der Freiheit in Bedingtheit" (S. 120). Es sind:

(a) Das **Chairperson-Postulat**: „Sei dein eigener Chairman, der Chairman deiner selbst. Das bedeutet: a) Sei dir deiner inneren Gegebenheiten und deiner Umwelt bewußt. b) Nimm jede Situation als Angebot für deine Entscheidung. Nimm und gib wie du es verantwortlich für dich selbst und andere willst" (Cohn 1975: 120–121). Dieses Postulat betrachtet Röhling (2009) als die humanistische Forderung, sich selbstbestimmt, selbstverantwortlich, selbstbewusst zu verhalten und sich nicht von Idealen oder Autoritäten bestimmen zu lassen (S. 95). Im Unterricht gilt dieses Postulat u.a. als Appell an die Lernenden, im Lehr-Lern-Prozess einerseits eigene Wünsche, Bedürfnisse und lernhemmende Gegebenheiten zu identifizieren und zum Ausdruck zu bringen, aber andererseits den Grenzen des eigenen Handlungsspielraums Beachtung zu schenken, wie z.B. beim Bedürfnis der Lehrperson und der Mitschüler*innen nach einer ruhigen Unterrichtsatmosphäre: Dabei wird die Lehrperson dazu aufgefordert, den Unterricht so zu gestalten, dass die Schüler*innen im Alltag wahrnehmen, dass sie für sich und das eigene Lernen selbst verantwortlich sind.

(b) Das **Störungspostulat**: „Beachte Hindernisse auf deinem Weg, deine eigenen und die von anderen. Störungen haben Vorrang (ohne ihre Lösung wird Wachstum erschwert oder verhindert)" (Cohn 1975: 121). Störungen sind „Aufmerksamkeitsverschiebungen" wie – z.B. Trauer, Angst, Freude, Erinnerungen, Frustrationen etc. – bei einzelnen oder mehreren Unterrichtsbeteiligten (Schütz 1992: 393); sie arbeiten den bewussten Absichten einer Gruppe entgegen (Hoffmann 2009: 101). Den Störungen soll Vorrang eingeräumt werden, da sie einerseits vom Unterrichtsthema bzw. von Unterrichtsaktivitäten ablenken können und folglich dem lebendigen Lernen im Wege stehen; aber andererseits können Störungen auf wichtige Aspekte, die für den Lehr-Lern-Prozess von Bedeutung sind und sonst außer Betracht gelassen wären, aufmerksam machen.

Für den persönlichen Umgang mit den Axiomen und Postulaten empfiehlt Ruth Cohn, die sogenannten Hilfsregeln der TZI „taktvoll und nicht diktatorisch" anzuwenden (Cohn 1975: 124). Die TZI-Hilfsregeln (vgl. Tab. 2.) sind „Kommunikationshilfen und Interventionstechniken" (Matzdorf und Cohn 1992: 76), „ein Satz situativ gültiger Empfehlungen für das Verhalten und die Interaktion in Gruppen" (Keel 2009: 195). Diese Regeln, die „dem Geist der existentiellen Postulate nicht widersprechen" dürfen, können variieren, sollen nicht als Dogmen, sondern als Hilfe aufgefasst (Cohn 1975: 173) und in der Formulierung stets an die Lerngruppe angepasst werden. In den verschiedenen Publikationen von Ruth Cohn variiert die Anzahl der Hilfsregeln von fünf (z.B. Matzdorf und Cohn 1992) bis neun (z.B. Cohn 1975).

Zentral für das Konzept der TZI ist das Vier-Faktoren-Modell, das die verschiedenen Faktoren thematisiert, deren Erläuterung zugleich einen Einblick in das Funktionieren von Gruppenprozessen ermöglicht.

3.2.1.2. Das Vier-Faktoren-Modell der TZI

Aus Sicht der TZI werden Gruppeninteraktionen von vier Wirkfaktoren beeinflusst: dem Ich, dem Wir, dem Es und dem Globe (Klüger 2009). Das Ich, das Wir und das Es können bildlich als die drei Eckpunkte eines Dreiecks dargestellt werden, das in einer Kugel (Globe) eingebettet ist (Cohn 1975: 113–114) (vgl. Abb. 6).

Das *Ich* steht für die Persönlichkeit (Cohn 1975), die Person und ihre Anliegen (Matzdorf und Cohn 1992), die einzelne Person und ihre Bezüge (Lotz 2009) oder den Gruppenteilnehmer bzw. die Gruppenteilnehmerin (Klüger 2009). Es geht um jedes einzelne Individuum, das in die Gruppeninteraktion involviert ist: die Lehrperson, jede*r einzelne Lernende im Unterricht.

Tab. 2: TZI-Hilfsregeln (Matzdorf und Cohn 1992: 76–77)

1.	Sei zurückhaltend mit Verallgemeinerungen.
2.	Wenn du eine Frage stellst, sage, warum du fragst und was deine Frage für dich bedeutet. Sprich für dich selbst und vermeide Interview.
3.	Sei authentisch und selektiv in deinen Kommunikationen. Mache dir bewusst, was du denkst, fühlst und glaubst, und überdenke vorher, was du sagst und tust.
4.	Halte dich mit Interpretationen von anderen so lange wie möglich zurück. Sprich stattdessen deine persönlichen Reaktionen aus.
5.	Beachte Signale aus deiner Körpersphäre, und beachte diese auch bei anderen Teilnehmern.

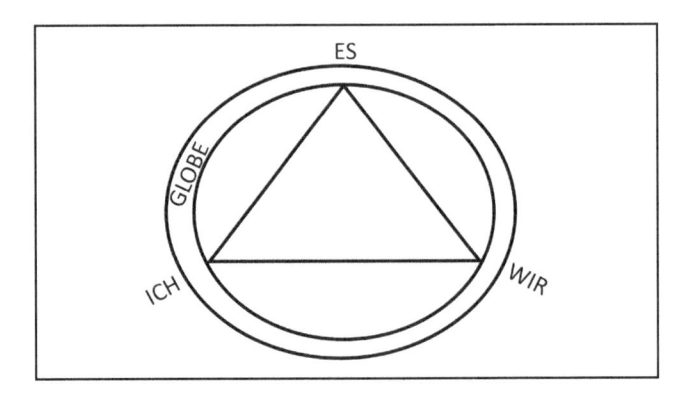

Abb. 6: Das Modell der Themenzentrierten Interaktion (TZI)

Jede Person hat ihre eigenen Gefühle, Vorstellungen, Wahrnehmungen, Gedanken, Wünsche, die sich von denen anderer Interaktionsbeteiligten unterscheiden und uns einzigartig machen. Für die Selbstverwirklichung der Lehrperson und jeder Schülerin bzw. jedes Schülers im Unterricht ist es wichtig, deren Ich zu schützen, indem beispielsweise Frustrationen und Demütigungen vermieden werden. Mit Blick auf die Axiome und Postulate ist jeder Mensch für sich und seine Handlungen verantwortlich, als psychobiologische Einheit den anderen Menschen gleich, verdient von anderen Menschen Respekt und Wertschätzung und schuldet dies gleichermaßen den anderen Menschen.

Das *Wir* bezeichnet die Gemeinschaft oder die Gruppe (Cohn 1975), die Gruppe und ihre Interessen (Matzdorf und Cohn 1992) oder das Miteinander, das durch die Interaktion der Gruppenarbeit gestärkt oder auch geschwächt werden kann (Klüger 2009). Das Wir entsteht, wenn sich die einzelnen Individuen gemeinsam mit dem Thema befassen und dabei miteinander interagieren. Es umfasst sowohl die psychischen Prozesse zwischen den einzelnen Personen – d.h. zwischen den Lernenden untereinander sowie der Lehrperson und den Lernenden – als auch die interpersonellen Beziehungen zwischen den Gruppenmitgliedern sowie die dadurch ausgelöste Dynamik in der Gruppe als Ganzes (Schneider-Landolf 2009b: 120). Die Art und Weise, wie die Interaktion, die Kommunikation zwischen der Lehrperson und den Lernenden sowie zwischen den Lernenden untereinander gestaltet wird, kann lebendiges Lernen fördern oder hemmen, da sie Einfluss auf das Wohlbefinden, die Motivation der Unterrichtsbeteiligten sowie auf deren Bereitschaft, sich aktiv am Lehr-Lern-Prozess zu beteiligen, nimmt.

Unter dem *Es* versteht die TZI das Thema und die gemeinsame Aufgabe (Matzdorf und Cohn 1992), das Anliegen, warum eine Gruppe zusammenkommt, die Aufgabe, die zu bewältigen ist (Klüger 2009). Es geht also im Unterricht um den Lerngegenstand, der im Rahmen eines gegebenen Fachs – z.B. im Fremdsprachenunterricht – gelehrt bzw. gelernt wird. Wenn vom lebendigen Lernen die Rede ist, wird immer die Auseinandersetzung mit einem *Es, einem Thema*, – z.B. einer Fremdsprache, einer Grammatikstruktur, einem Text, einer Vokabelliste etc. – gemeint sein.

Der *Globe* repräsentiert die Umgebung, in welcher sich die interaktionelle Gruppe trifft (Cohn 1975), das Umfeld der Gruppe (Matzdorf und Cohn 1992), die Gegebenheiten und Rahmenbedingungen, in denen die Gruppe arbeitet (Klüger 2009). Den Globe stellt Ruth Cohn als verschiedene Schalen einer Zwiebel dar; er umfasst (1) das nähere Umfeld eines Unterrichts und ihrer Mitglieder, also die Geschehnisse und die institutionellen Rahmenbedingungen; (2) die Schule, die Stadt, das Land oder die Gesellschaft, in der der Unterricht stattfindet sowie (3) die fernsten Menschen, geschichtlichen, planetarischen und astronomischen Gegebenheiten (Nelhiebel 2009). Im Sinne des näheren Umfelds des Unterrichts beeinflusst der Globe den Unterricht und wird von ihm ebenfalls beeinflusst; zum Umfeld gehören verschiedene Aspekte räumlicher (z.B. das Klassenzimmer, die Stellung des Einzelnen im Klassenraums), zeitlicher (z.B. Uhrzeit, Wochentag, Jahreszeit; Lebenszeit, Arbeitsphase der Gruppe), kognitiver (z.B. Ansichten und Lebenskonzepte aller Art, Prinzipien der Lebensgestaltung, Kenntnis des Umfelds, Vorurteile etc.), emotionaler

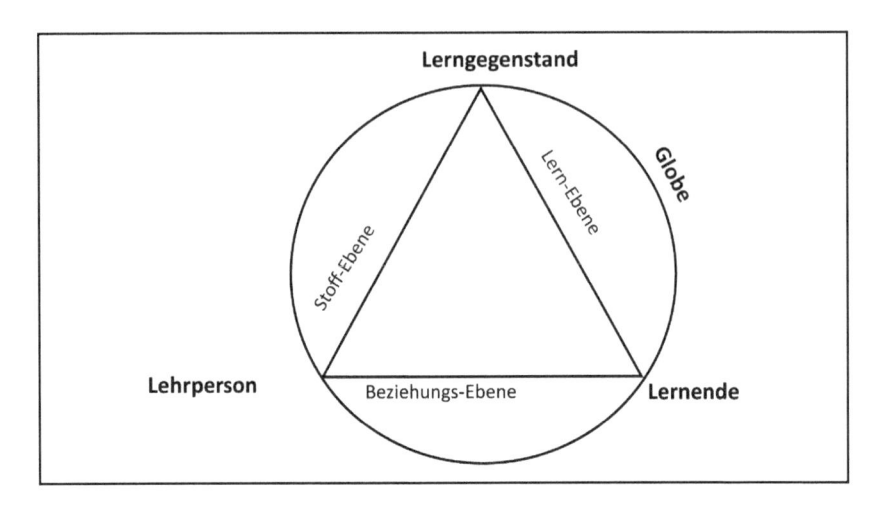

Diagram: A triangle inside a circle. Triangle vertices labeled "Lerngegenstand" (top), with sides labeled "Stoff-Ebene" (left), "Lern-Ebene" (right), and "Beziehungs-Ebene" (bottom). The circle is labeled "Globe". Outside the circle: "Lehrperson" (bottom left) and "Lernende" (bottom right).

Abb. 7: *Didaktisches Dreieck der Unterrichtsgestaltung (angepasst aus Ruth Meyer 2015)*

(Gefühle der Unterrichtsbeteiligten), personaler und sozialer (z.b. Freund*innen, Feinde, Konkurrent*innen, Familie etc.), aktionaler (das Handeln und Verhalten der jeweiligen Unterrichtsbeteiligten sowie deren Wirkungen auf mich, meine eigene Handlungen und Verhaltensweisen) sowie politischer, ökonomischer und religiös-spiritueller Natur (Stollberg 2015).

Die TZI betrachtet diese vier Wirkfaktoren (Ich, Wir, Es und Globe) als gleichermaßen bedeutsam. Die Art und Weise, wie diese vier Faktoren zusammenwirken, ermöglicht oder verhindert lebendiges Lernen und kooperatives Arbeiten, transparente Interaktion und wachstumsfördernde Kommunikation (Klüger 2009: 107). Im Unterricht sind demnach die einzelnen Individuen, die Gruppe, die Aufgabe und die Umgebung gleich wichtig; in der Unterrichtsgestaltung und -durchführung ist darauf zu achten, dass keiner dieser Faktoren vernachlässigt wird. Ganz im Gegenteil muss die Lehrperson darauf achten, dass eine dynamische Balance zwischen ihnen entsteht: Es wird erwartet, dass im Unterricht nicht nur am Lerngegenstand gearbeitet wird, sondern auch auf die Gefühle, das Wohlbefinden der einzelnen Unterrichtsbeteiligten, die Qualität der Lehrer-Schüler- bzw. Schüler-Schüler-Beziehungen und -Interaktionen sowie auf die Wirkungsfaktoren im Zusammenhang mit den Rahmenbedingungen Rücksicht genommen wird. Demnach ist die Qualität eines Unterrichts nicht nur daran zu messen, was auf der Stoffebene und der Lernebene geschieht, sondern auch daran, wie die Beziehungsebene gestaltet wird (vgl. Abb. 7).

Damit lebendiges Lernen stattfindet, wird die „Gleichwertigkeitshypothese" – nach der „die interaktionelle Gruppe nicht nur *themen*zentriert arbeitet, sondern in *gleicher* Weise personen-, gruppen-, themen- und globezentriert" – als das wesentliche Arbeitsprinzip der TZI betrachtet (Matzdorf und Cohn 1992: 74; Hervorh. im Original). Ob das Gleichgewicht zwischen den vier Faktoren jemals aus sich selbst heraus existieren kann, bleibt fraglich. Es ist jedenfalls zu erwarten, dass die Reflexion über den Verlauf der Interaktion Anreize dafür liefern könnte, damit sich die Interaktionsteilnehmenden um die Wiederherstellung des Gleichgewichts bemühen. Im Rahmen eines Forschungsvorhabens, das auf eine Konzeption und anschließende Implementierung von Maßnahmen zur Verbesserung der Unterrichtsqualität abzielt, wird schnell deutlich, dass die Komplexität des TZI-Konzepts zu groß ist, sodass eine gleichgewichtige Einbindung der vier Faktoren unmöglich ist. Das liegt u.a. daran, dass die Veränderung bestimmter Aspekte des Unterrichtsumfelds über die Befugnisse der Interaktionsteilnehmenden hinausgeht. Daher können bei einer solchen Studie vor allem im Hinblick auf das ICH, WIR und ES Maßnahmen zur Veränderung des Unterrichts entworfen werden. Mit dem Vier-Faktoren-Modell (vgl. Kügler 2009) erscheint die TZI jedoch als ein komplexes pädagogisches Rahmenkonzept, das einen umfassenden Orientierungsrahmen bietet, sowohl für die Planung als auch für die Analyse von Lernsituationen und Lernprozessen (Stollberg und Schneider-Landolf 2009: 151–152). Genau diese doppelseitige Funktion im Hinblick auf Planung und Analyse von Unterricht soll mit den drei grundlegenden Faktoren der TZI im vorliegenden Forschungsprojekt zur Lehrer*innen-Rolle im DaF-Unterricht genutzt werden.

3.2.2. TZI als Analysewerkzeug

Die vorliegende Untersuchung zielt darauf ab, durch die Ermittlung der Art und Weise, wie DaF-Lehrkräfte die eigene Rolle im DaF-Unterricht verstehen, Einblick darin zu gewinnen, wie diese Vorstellungen das jeweilige Lehrer*innen-Handeln sowie die Qualität der Lehr-Lern-Prozesse prägen. Es wird von einem Unterrichtsverständnis ausgegangen, das nicht nur in der Vermittlung von Lerninhalten besteht, sondern den Unterricht als einen Ort versteht, an dem Menschen mit unterschiedlichen Bedürfnissen, Wünschen, Biografien und Erwartungen aufeinanderfallen, miteinander interagieren und den

Lerngegenstand

- Kognitive Aktivierung
- konstruktive Unterstützung (kognitiv)

Stoff-Ebene / Lern-Ebene

- Soziale Aktivierung
- Aktivierung als Teilhabe
- Körperliche Aktivierung

Lehrperson — Beziehungs-Ebene — **Lernende**

- Effektive Klassenführung
- Konstruktive Unterstützung (emotional und motivational)

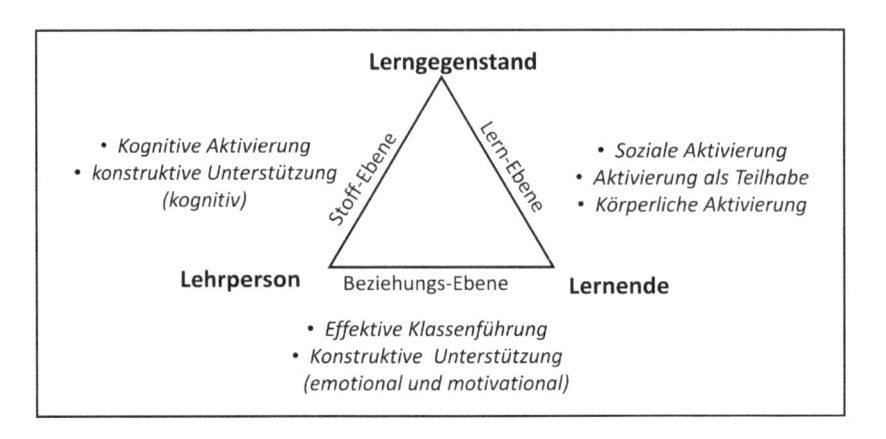

Abb. 8: Didaktisches Dreieck der Unterrichtsqualität (eigene Darstellung auf der Grundlage vom didaktischen Dreieck der Unterrichtsqualität von Ruth Meyer)

Lehr-Lern-Prozess gemeinsam gestalten. Für einen Erfolgs versprechenden Austausch soll jedem Unterrichtsbeteiligten Wertschätzung entgegengebracht werden.

Im Sinne der TZI wird davon ausgegangen, dass die Qualität des DaF-Unterrichts nicht nur davon abhängt, wie der Lerngegenstand seitens der Lehrperson bearbeitet wird, das heißt, wie die Lernenden im Lehr-Lern-Prozess kognitiv aktiviert werden und welche konstruktive Unterstützung den Lernenden auf der kognitiven Ebene angeboten wird (Stoffebene) (vgl. Abb. 8). Es soll darüber hinaus berücksichtigt werden, welche Methoden eingesetzt werden, ob die aktive Teilhabe der Lernenden an der Planung und Gestaltung des Unterrichts sowie deren soziale und körperliche Aktivierung gefördert werden (Lern-Ebene). Am wichtigsten für die Bestimmung der Unterrichtsqualität ist jedoch die Beziehungsebene, da sie mit dem allgemeinen Organisationsrahmen der Lehrer-Schüler-Interaktion zusammenhängt. Auf dieser Ebene ist einerseits die Klassenführung (Umgang mit Störungen, lern- und konzentrationsförderliche Rituale), andererseits die konstruktive Unterstützung des Lehr-Lern-Prozesses auf emotionaler und motivationaler Ebene (Wertschätzung, Lehrer-Schüler-Beziehung, positive Fehler- und Feedbackkultur) zu verorten. Die Relevanz der Auseinandersetzung mit der Beziehungsebene ergibt sich aus der Annahme, dass eine schlechte Lehrer-Schüler-Beziehung die Motivation der Lernenden und deren Bereitschaft zum erfolgreichen Lernen beeinträchtigen könnte, sodass damit die Anstrengungen der Lehrperson auf der Stoff- und Lernebene zunichtegemacht werden.

Angesichts der Fragestellungen der vorliegenden Untersuchung wurden vor allem die TZI-Faktoren ICH, WIR und ES untersucht, da sie unmittelbar von der Lehrperson und den Lernenden abhängen und leicht beeinflusst werden können. Auf zahlreiche Aspekte des GLOBE – beispielsweise die Klassengröße, die Schulform, die Anzahl der wöchentlichen Stunden, die Einsatzbereitschaft bestimmter Medien, etc. – haben die Lehrperson und die Lernenden wenig Einfluss. Sie hängen eher mit der institutionellen Organisation der Schule sowie mit den zur Verfügung stehenden Ressourcen zusammen. Daher wurden sie in den Veränderungsprozess des DaF-Unterrichts nur am Rande berücksichtigt.

Um herauszufinden, welches Gewicht den verschiedenen Polen des Dreiecks in der Gestaltung des Unterrichts beigemessen wird und ob eine Balance zwischen ihnen geschaffen wurde, wurden bei der Durchführung der Aktionsforschung und beim theoretischen Kodieren der erhobenen Daten der Blick auf die einzelnen Unterrichtsbeteiligten (ICH), die Gruppe bzw. die ganze DaF-Klasse (WIR) und den Lerngegenstand (ES) gerichtet (ausführlich zum theoretischen Kodieren, vgl. Kap. 9.2.3.2.2.2). Auf der Ebene des ICH wurden bei der Analyse der erhobenen Daten folgende Schlüsselbegriffe berücksichtigt, die – wie die Konzepte zu den anderen Dreieckpolen – aus einer intensiven Auseinandersetzung mit der Fachliteratur zur TZI entwickelt wurden: Rücksicht auf das Wohlbefinden des Einzelnen, Förderung aktiver Beteiligung des Einzelnen, Wertschätzung des Einzelnen, Förderung der Eigenverantwortung des Einzelnen. Auf der Ebene des WIR wurden folgende Kriterien in den Fokus genommen: Qualität der Kommunikation, Qualität der Interaktion, Qualität der Beziehung zwischen den Unterrichtsbeteiligten, Beteiligung an Gruppenaktivitäten, Umgang miteinander. Auf der Ebene des ES wurden folgende Aspekte in der Analyse herangezogen: Umgang mit dem Lerngegenstand, Bearbeitung des Lerngegenstands, Umgang mit aufgetretenen Schwierigkeiten im Lernprozess.

In der Auseinandersetzung mit den drei Variablen der Dreieckspole wird jeweils ersichtlich, ob ein Gleichgewicht zwischen ihnen besteht und welche Handlungen durchgeführt werden sollen, um ggf. dieses Gleichgewicht wiederherzustellen. Auf der Grundlage der gewonnenen Erkenntnisse sollten Maßnahmen entwickelt werden, um die Qualität des Unterrichts zu verbessern und lebendiges Lernen im DaF-Unterricht zu implementieren.

3.2.3. Zur Förderung des lebendigen Lernens im DaF-Unterricht

In der vorliegenden Arbeit wird u.a. angestrebt, das lebendige Lernen im DaF-Unterricht zu fördern. Darunter lässt sich ein Lehr-Lern-Prozess verstehen, dessen Anliegen nicht hauptsächlich darin besteht, dass Grammatik und Wortschatz erlernt oder die Fähigkeiten und Fertigkeiten der Lernenden, die Fremdsprache in kommunikativen Situationen adäquat zu verwenden, entwickelt werden. Vielmehr wird erwartet, dass die Arbeit am Lehrplan nicht auf Kosten des Wohlbefindens von Lernenden und Lehrperson stattfindet. Das lebendige Lernen setzt sich zum Ziel, bei der Auseinandersetzung mit dem Lehr-Lern-Stoff den einzelnen Unterrichtsbeteiligten – d.h. der Lehrkraft und den einzelnen Lernenden – und deren Zusammenarbeit gezielt Aufmerksamkeit zu schenken.

Beim lebendigen Lernen stellt sich die Lehrkraft u.a. die folgenden Fragen: Wie kann die Klasse so geführt werden, dass Frustrationen der einzelnen Lernenden vermieden werden können? Wie kann der Lehr-Lern-Prozess konstruktiv unterstützt werden, damit die Lernenden untereinander sowie mit ihrer Lehrperson gerne zusammenarbeiten? Wie kann der Lerngegenstand so bearbeitet werden, dass ein effektives Lernen stattfindet?

Die Relevanz der ersten Frage, die mit dem Unterrichtsqualitätsmerkmal der effektiven Klassenführung zusammenhängt, ergibt sich aus der Erkenntnis, dass mangelnde Transparenz über den Handlungsspielraum der Lernenden negative Effekte mit sich bringt (vgl. Hattie 2013; 2014). Wenn beispielsweise keine klaren, transparenten Umgangsregeln für den Unterricht bestehen, kann es passieren, dass eine Reaktion der Lehrkraft beispielsweise im Falle von Disziplinproblemen als willkürlich, unangemessen oder ungerecht wahrgenommen wird. Daraus können sich Frustrationen einzelner Schüler*innen ergeben, was sich negativ auf deren Wohlbefinden – im Vier-Faktoren-Modell der TZI als *Ich* bezeichnet – auswirkt. Nach der Selbstbestimmungstheorie der Motivation (Deci und Ryan 2012) können erlebte Frustrationen der Motivation von Lernenden für den Fremdsprachenunterricht im Wege stehen, sowie deren „*Investment*" (Norton und McKinney 2011) beeinträchtigen – also deren Bereitschaft, sich beim Erlernen der Fremdsprache aktiv einzubringen.

Die zweite Frage bezieht sich auf das Qualitätsmerkmal der konstruktiven Unterstützung und fokussiert vornehmlich den Bereich des „*Wir*" – aber auch des „*Ich*" – im Vier-Faktoren-Modell der TZI. Unzählige Forschungen zeigen, dass eine positive Lehrer-Schüler-Beziehung (vgl. Cornelius-White 2007; Hattie 2013), eine positive Fehler- und Feedbackkultur (vgl. Hattie und Timperley 2007; Hattie 2013) sowie die Schülerorientierung im Unterricht (Ditton

2009) den Lernerfolg, die Motivation und das Wohlbefinden der Schüler*innen positiv beeinflussen. Es wurde u.a. nachgewiesen, dass die meisten Schüler*innen, die nicht gern in die Schule gehen oder die manche Fächer nicht mögen, dies vor allem deshalb nicht tun, weil sie ihre Lehrkraft nicht mögen (Hattie 2013: 143). Daher erweist sich die Förderung personenzentrierter Lehrer*innen-Haltung – geprägt durch Empathie, Wertschätzung und Anerkennung – als wichtiger Ansatz, um den Lernenden bei ihren Lernanstrengungen die notwendige Sicherheit zu geben (Gold 2015; vgl. Cornelius-White 2007).

Die Frage, wie die Lerninhalte so bearbeitet werden können, dass ein effektives Lernen stattfindet, bezieht sich hauptsächlich auf das *Es* im Vier-Faktoren-Modell der TZI. Es geht einerseits um das Qualitätsmerkmal der kognitiven Aktivierung, d.h. um die Frage, wie die Bearbeitung des Lerngegenstands so gestaltet werden kann, dass die Schüler*innen angemessen kognitiv aktiviert werden. Kognitive Lerntheorien gehen davon aus, dass das Lernen davon abhängt, wie das Gedächtnis neue Informationen aufnimmt und verarbeitet. Inwieweit das Erlernen einer Fremdsprache durch die Lehrkraft optimiert wird, richtet sich nach der Art und Weise, wie die zu vermittelten Lerninhalte organisiert und elaboriert werden sowie ob bzw. wie das neu Gelernte wiederholt und geübt wird (Gold 2015).

Andererseits hängt die Antwort auf die Frage nach einer lernförderlichen Unterrichtsgestaltung mit den Lehr-Lern-Methoden zusammen. Sozio-konstruktivistische Lerntheorien betonen die Relevanz der Mitlernenden und der aktiven Beschäftigung des Lernenden mit dem Lerngegenstand. Laut Schart (2014) ist es für die Fortschritte der Lernenden im Fremdsprachenunterricht entscheidend, „dass diese ausreichend Möglichkeiten erhalten, um sich aktiv mit den Lerninhalten auseinanderzusetzen" (S. 47). Daher ist es für die Lernenden gewinnbringend, wenn schüleraktivierende Lernmethoden eingesetzt werden.

Dass die Zusammenarbeit und die Kooperation unter den Lernenden positive Effekte mit sich bringen, ist an den Ergebnissen zahlreicher Forschungen zum kooperativen Lernen abzulesen. Es wurde aufgezeigt, dass kooperatives Lernen (1) die Denkfähigkeiten der Lernenden entwickelt, (2) die Lehrer-Schüler-Interaktion und die Vertrauensbasis fördert, (3) die Schüler*innen-Beteiligung steigert, (4) das Selbstwertgefühl verbessert, (5) die Lernzufriedenheit stärkt, (6) eine positive Haltung unterstützt, (7) soziale Kompetenzen und (8) Kommunikationskompetenz trainiert, (9) gegenseitige Verantwortung entwickelt, (10) Lernverantwortung bei den Schüler*innen fördert, sowie (11) eine Atmosphäre von Kooperation und Hilfsbereitschaft etabliert (Green und Green 2012).

Die erfolgreiche Durchführung lebendigen Fremdsprachenlernens hängt aber auch davon ab, wie dem Umfeld des Unterrichts – dem *Globe* im Vier-Faktoren-Modell der TZI – bei der Planung und Durchführung des Lehr-Lern-Prozesses Rechnung getragen wird. Die Art und Weise, wie die Klasse geführt wird, wie die Lernenden im Lehr-Lern-Prozess konstruktiv unterstützt werden, wie die effektive Vermittlung der Lerninhalte gestaltet wird sowie wie bzw. welche Lehr-Lern-Methoden eingesetzt werden, muss an die Rahmenbedingungen des Unterrichts angepasst werden. Dies gilt z.B. für das Vorwissen der Lernenden, die bestehenden Schul- und Unterrichtserfahrungen der Lehrenden und Lernenden, den räumlichen Rahmen – Ausstattung des Klassenzimmers, Sitzordnung, Umstellbarkeit der Stühle, Lage der Schule (in der Stadt, auf dem Land) etc. – aber auch für zeitliche Merkmale – Uhrzeit des Unterrichts, Stellung im Stundenplan (welcher Unterricht findet vor bzw. nach dem Deutschunterricht statt?) – sowie ebenfalls für die Anzahl der Lernenden im Klassenzimmer (Kleingruppen oder Großgruppen).

Diese verschiedenen Aspekte des Umfelds setzen dem Handlungsspielraum der Lehrperson und der Lernenden Grenzen und liegen der Auswahl passender Strategien zur Förderung lebendigen Fremdsprachenlernens zugrunde. Insofern lässt sich der Fremdsprachenunterricht in einer Klasse mit 50 Lernenden nicht so gestalten wie in einer anderen Lerngruppe mit 15 Schüler*innen. Loo (2012) weist auf folgende Herausforderungen hin, mit denen Fremdsprachenlehrkräfte in Großgruppen – vor allem Großgruppenneulinge – konfrontiert sind: Materialfrage (fehlende Lehrbücher, beschränkte Kopiermöglichkeiten oder lange Kopierzeiten), kaum zu bewältigende Hausaufgabenberge, unüberlegte und deshalb korrekturaufwendige Tests (S. 15) (ausführlich zur Großgruppendidaktik, vgl. Kap. 4.2).

Die Vision des lebendigen Fremdsprachenlernens plädiert für eine gleichwertige Behandlung grundlegender Faktoren: Die Menschen, die am Unterricht teilnehmen, sind als Individuum und als Gruppe ebenso wichtig wie der Lerngegenstand. Die Rücksicht auf die Unterrichtsbeteiligten, deren Wohlbefinden und darauf, wie sie im Lehr-Lern-Prozess interagieren, hängt mit den Qualitätsmerkmalen der Klassenführung und der konstruktiven Unterstützung zusammen. Forschungen zur Lehrkräftemotivation zeigen beispielsweise auf, dass das Klassenklima zu den kontextbezogenen Wirkfaktoren der Motivation von Lehrenden gehört und dass die Motivation von Lehrpersonen u.a. die Unterrichtsqualität beeinflusst und sich zum Teil auch auf die Motivation der Lernenden überträgt (Daumiller 2018). Das Klassenklima – auch als Unterrichtsklima bzw. Sozialklima bezeichnet (Kunter und Trautwein 2013) – wird als „gemeinsam geteilte Wahrnehmung oder Übereinstimmung in der

Wahrnehmung des Unterrichts" verstanden und umfasst sowohl die Qualität der Beziehungen zwischen Lehrerenden und Lernenden sowie der Schüler*innen untereinander als auch die Lernhaltungen der Lernenden (Ditton 2009: 179). Das Klassenklima – als eine der Dimensionen des Unterrichtskontextes – gehört zu den Motivationskomponenten von Lernenden im Fremdsprachenunterricht (vgl. Riemer 2006). Die Relevanz der Motivation fasst Schart wie folgt zusammen: „Die affektiven, emotionalen und motivationalen Aspekte entscheiden in erheblicher Art und Weise mit darüber, wie erfolgreich das Erlernen einer Fremdsprache in einem institutionalisierten Kontext verläuft." (Schart 2014: 40).

4. Zu den Rahmenbedingungen des kamerunischen Deutschunterrichts

Dieses Kapitel beinhaltet eine kurze Darstellung des Untersuchungskontextes der vorliegenden Studie: dem schulischen DaF-Unterricht in Kamerun. Es geht darum, einige kontextbezogene Faktoren darzustellen, die – dem Angebots-Nutzungs-Modell der Unterrichtsqualität (Helmke 2015a) und dem Vier-Faktoren-Modell der TZI entsprechend – auf die Planung und Durchführung des Deutschunterrichts an kamerunischen Gymnasien Einfluss nehmen. In der Soziologie wird grundsätzlich davon ausgegangen, dass die Umwelt bzw. der Kontext die Handlungsmöglichkeiten und -restriktionen der Individuen bestimmt und daher weitgehend das menschliche Verhalten prägt (Friedrichs 2014: 2). Dabei wird Kontext im weitesten Sinne definiert als „eine sozial-räumliche, zeitlich begrenzte Struktur – ein «soziales Gehäuse» –, die für den Handelnden mit Erwartungen, Opportunitäten und Restriktionen verbunden ist und so sein Verhalten beeinflusst" (ebd.). Laut dieser Definition ermöglicht das Wissen über den Untersuchungskontext Einsicht darin, was für Handlungen und Vorstellungen der Untersuchungsteilnehmenden erwartungsgemäß auftreten – oder auch nicht – und wie diese zu interpretieren sind. Sich mit dem sozialen Kontext des kamerunischen DaF-Unterrichts auseinanderzusetzen, bedeutet, die „menschengemachte Umwelt (Infrastruktur, Institutionen, soziale Normen und kulturelle Überzeugungen) und die sozialen Netzwerke und Aktivitäten [herauszuarbeiten], die die sozialen Handlungen [der Akteure des DaF-Unterrichts] beeinflussen können" (Diekmann 2014: 49). Dazu gehören laut Gerlach und Leupold (2019: 49–72) handelnde Personen (z.B. DaF-Lehrkräfte, Schüler*innen), administrative Vorgaben, räumliche und zeitliche Gegebenheiten, Lehrwerke und Medien.

Mit diesem Kapitel wird nicht das Ziel verfolgt, die Wirkungsweise der dargestellten Kontextfaktoren auf den schulischen Deutschunterricht in Kamerun zu untersuchen. Die Frage, welche Faktoren wirksamer als andere sind, ist hier auch fehl am Platz. Eine ausführliche Beschreibung der dargestellten Kontextfaktoren wird ebenfalls nicht angestrebt, da dies eine entsprechende Analyse erfordert, die aber nicht dem Anliegen der vorliegenden Untersuchung entspricht. Vielmehr geht es um die Offenlegung einiger Hintergrundinformationen, die den Handlungen und Verhaltensweisen von Forschungsteilnehmenden sowie bestimmten Entscheidungen im Forschungsprozess zugrunde liegen. Im Folgenden werden zuerst allgemeine Rahmenbedingungen des kamerunischen schulischen DaF-Unterrichts kurz beschrieben, bevor ein bedeutungsvoller Kontextfaktor des DaF-Unterrichts in den forschungsbeteiligten DaF-Klassen ausführlich diskutiert wird: der Großgruppenunterricht.

4.1. Allgemeine Rahmenbedingungen des kamerunischen DaF-Unterrichts

In Kamerun wird Deutsch als „Tertiärsprache/Drittschulfremdsprache" (Kenne 2019: 159) – nach Französisch und Englisch – ab der Quatrième-Klasse (9. Klasse) als Wahlpflichtfach gelernt. Zur Auswahl stehen landesweit Deutsch und Spanisch, aber auch Chinesisch, Italienisch und Arabisch an einzelnen Schulen. Manche Schüler*innen belegen das Fach Deutsch nur zwei Jahre – d.h. in der Quatrième- und in der Troisième-Klasse (10. Klasse) – und manche andere fünf Jahre – d.h. in der Quatrième-, Troisième-, Seconde- (11. Klasse), Première- (12. Klasse) und Terminale-Klasse (13. Klasse). In den jeweiligen Stundenplänen werden dem Deutschunterricht je nach Klassenstufe drei bis vier Stunden (à 55 bis 60 Minuten) eingeräumt. Laut einer internationalen Erhebung der Zahl von Deutschlernenden weltweit lernten 2020 insgesamt über 230.000 Schüler*innen Deutsch an fast 2.500 Schulen in Kamerun, was einem Zuwachs von fast 10.000 Lernenden im Vergleich zum Jahr 2015 entspricht (vgl. Auswärtiges Amt 2020).

4.1.1. Zu den administrativen und curricularen Vorgaben des kamerunischen DaF-Unterrichts

Grundlegend für den schulischen Unterricht in Kamerun ist das 1998 verabschiedete Bildungsrahmengesetz – *Loi d'orientation N° 98/004 du 14 avril 1998 de l'Education au Cameroun* –, das den allgemeinen juristischen Rahmen für die Schulbildung in Kamerun bestimmt und als oberstes Bildungsziel an kamerunischen Schulen aller Schulformen und aller Jahrgänge die Ausbildung weltoffener Bürger*innen mit festen Wurzeln in der eigenen Kultur nennt. Dieses Rahmengesetz gilt als Grundlage für die Lehrpläne, deren aktuellen Fassungen seit Anfang der 2010er-Jahre kontinuierlich bearbeitet werden und einen kompetenzorientierten Ansatz für den Unterricht in allen Fächern vorschreiben. Demnach wird vom Lehren und Lernen von Fremdsprachen an kamerunischen Schulen erwartet, dass es zur (1) Entwicklung der kommunikativen Kompetenz, (2) zur Selbsterkenntnis und Kenntnis der Mitmenschen, (3) zur soziopolitischen, wirtschaftlichen und kulturellen Integration, sowie (4) zur Offenheit gegenüber anderen Kulturen und der Welt beiträgt (MINESEC 2018: 4).

Im kamerunischen Schulwesen wird dem Fach Deutsch eine relative wichtige Stellung eingeräumt. Im Lehrplan wird Deutsch der Fächergruppe „Sprache und Literatur" (MINESEC 2014b) zugeordnet, zu der Französisch und Englisch – beide Amtssprachen in Kamerun – sowie die Wahlpflichtfremdsprachen[6], als *Langues vivantes II* – nämlich Spanisch, Deutsch, Italienisch, Arabisch und Chinesisch – bezeichnet, die sogenannten Altsprachen[7] (Griechisch und Latein) und kamerunische Nationalsprachen[8] gehören. Laut Erhebungen des Auswärtigen Amtes 2015 lernten 41,4 % der Schüler*innen im schulischen Fremdsprachenunterricht Deutsch.

In den neuen DaF-Lehrplänen für die vierte und dritte Klasse (vgl. MINESEC 2014a), die Seconde-Klassen (vgl. MINESEC 2018), die Première-Klassen (vgl. MINESEC 2019) und die Terminale-Klassen (vgl. MINESEC 2020) wird dem schulischen DaF-Unterricht folgende Zielsetzung zugeschrieben:

> L'enseignement de l'allemand vise le développement de la personnalité du jeune Camerounais, l'émancipation de ce dernier par la formation de son esprit critique et d'autonomie, la construction par lui des habiletés, des capacités et des attitudes permettant son intégration dans une communauté plurilingue (MINESEC 2014a: 3).

Die genannten Schlüsselbegriffe sind: Entwicklung der Persönlichkeit des Lernenden, Förderung seiner Kritikfähigkeit und Selbstständigkeit sowie Kompetenzbildung in einer mehrsprachigen Gesellschaft. Lehrende werden nachdrücklich aufgefordert, den schulischen Deutschunterricht kompetenzorientiert und kontextsensibel zu gestalten und dabei einen besonderen Wert auf die Vermittlung *situierten* – d.h. mit einem echten, wirklichen Bezug zur Alltagswelt der Lernenden – und *intelligenten Wissens* – d.h. nützlich zur Lösung komplexer Aufgaben und zur Bewältigung der Herausforderungen im Alltagsleben – (Gudjons 2006: 20) zu legen.

Diese Lehrpläne legen das jährliche bzw. wöchentliche Stundenvolumen des DaF-Unterrichts fest und geben Auskunft einerseits über die Themen, Module und zu entwickelnden Kompetenzen, andererseits über die Struktur und Organisation von DaF-Tests und -Prüfungen. Des Weiteren wird in diesen

---

6 Spanisch und Deutsch stehen den Lernenden an fast allen Schulen in Kamerun zur Auswahl, aber Italienisch, Arabisch und Chinesisch sind nicht flächendeckend verfügbar.
7 Diese Altsprachen sind äußerst marginal.
8 Seit einigen Jahren werden Lehrer*innen für kamerunische Nationalsprachen ausgebildet. Insgesamt werden ca. 280 kamerunische Nationalsprachen in Kamerun gesprochen.

Lehrplänen auch auf die vorgeschriebene Lehrer*innen- und Schüler*innen-Rolle im kamerunischen DaF-Unterricht eingegangen. Demnach besteht die Lehrer*innen-Rolle nicht darin, Wissen an passive Rezipienten zu vermitteln. Vielmehr wird erwartet, dass der DaF-Unterricht schülerorientiert gestaltet wird und dass die Lehrperson dabei als eine Art Beraterin fungiert, die den Schüler*innen Hilfestellung gibt und bei der Entwicklung und Evaluation der zu erreichenden Kompetenzen unterstützt. Den Lernenden wird eine aktive Teilhabe an der Gestaltung und Durchführung des DaF-Unterrichts vorgeschrieben, da von ihnen erwartet wird, dass sie nicht nur aktiv am Lehr-Lern-Prozess teilnehmen, sondern auch eigene Wünsche, Meinungen und Bedürfnisse in die Gestaltung des Lehrens und Lernens einbringen. Ausdrücklich wird das Recht der Schüler*innen genannt, im Lernprozess Fehler zu machen und auch das Lernen selbstzubestimmen.

Die neuen Lehrpläne für den DaF-Unterricht geben aber keine Information darüber, wie die Akteure des kamerunischen DaF-Unterrichts dazu gebracht werden sollen, die vorgeschriebenen Lehrer*innen- bzw. Schüler*innen-Rolle zu erlernen und im Unterricht effektiv durchzuführen. Angesichts der jetzigen Erfahrung, dass es an den meisten Schulen keine Bibliothek gibt und viele Schüler*innen keine eigenen Lehrwerke besitzen, sodass die Lehrperson oft als alleinige Wissensquelle gilt, ist es fraglich, wie die vorgeschriebenen Rollen zu übernehmen sind. Aufgrund der mangelnden Akzeptanz vieler Menschen in Kamerun gegenüber der Kritik von jüngeren Menschen steht die zu fördernde Kritikfähigkeit der Lernenden vor einer enormen Herausforderung. Diese Situation begründet die Notwendigkeit, einerseits die Vorstellungen kamerunischer DaF-Lehrkräfte über die eigene Rolle im DaF-Unterricht sowie die Auswirkungen dieser Rollenauffassungen auf die Lernenden und die Unterrichtsqualität zu ermitteln, andererseits davon ausgehend Veränderungsmaßnahmen zu entwerfen und im Unterricht zu implementieren.

4.1.2. Zu den Akteuren des schulischen DaF-Unterrichts in Kamerun

4.1.2.1. Zu den Deutschlehrenden

Je nach Qualifikationsprofil lassen sich Kameruner Deutschlehrende in zwei Hauptkategorien einteilen: (1) Lehrende mit pädagogischer Ausbildung und (2) Lehrkräfte ohne pädagogische Ausbildung (Ebot Boulleys 1998; Mbia 1998). Die Ausbildung der Deutschlehrkräfte findet an einer École Normale

Supérieure[9] – nach erfolgreicher Teilnahme an der sehr begehrten Aufnahmeprüfung – statt. Insgesamt gibt es zwei Stufen:

- Lehramt I mit Abitur als Zulassungsvoraussetzung: Die Ausbildung dauert insgesamt 3 Jahrgänge (6 Semester); der Abschluss ist das *Diplôme de Professeur d'Enseignement Secondaire premier grade* (DIPES I);
- Lehramt II mit Zulassungsvoraussetzung DIPES I oder Universitätsabschluss (*Bachelor* bzw. *Licence*). Die Ausbildung dauert 2 Jahre (4 Semester); der Abschluss ist das *Diplôme de Professeur d'Enseignement Secondaire deuxième grade* (DIPES II).

Auch wenn das DIPES I theoretisch zur Lehrtätigkeit in der Sekundarstufe I (bis zur Troisième-Klasse bzw. 10. Klasse) und das DIPES II zum Unterrichten in der Oberstufe (Seconde- bis Terminale-Klasse) befugt, ist die Realität an den Schulen angesichts des Lehrkräftemangels anders. Es ist vor allem in ländlichen Gegenden üblich, dass Lehrkräfte mit DIPES I in allen Gymnasialklassen Deutsch unterrichten, weil keine weitere DaF-Lehrperson an der Schule tätig ist. Ausgebildete Lehrkräfte werden verbeamtet.

Zu den Deutschlehrkräften ohne pädagogische Ausbildung gehören:

- Lehrer*innen, die zwar Deutschkenntnisse besitzen, aber über „keinen anerkannten Abschluss verfügen und nun vorläufig da aushelfen, wo dringend Deutschlehrer*innen gebraucht werden" (Mbia 1998: 54).
- Lehrende, die nach dem Abitur weder studieren noch eine École Normale Supérieure besuchen konnten und überwiegend an Privatschulen tätig sind.
- Lehrkräfte mit Universitätsabschluss (*Licence* bzw. *Bachelor* oder *Master*), die nach drei bis fünf Jahren Germanistikstudium (bisher) zwar die Aufnahmeprüfung für eine École Normale Supérieure nicht bestehen konnten, aber dennoch als Deutschlehrende – meistens an Privatschulen – tätig sind.

Die Fortbildung von Deutschlehrkräften unterstützt das Goethe-Institut Kamerun mit einem reichhaltigen Fortbildungsprogramm. Seit 2015 planen, leiten und evaluieren ausgebildete *DaF-Mutiplikatoren* des Vereins EduNeC (Educational Network Cameroon) im Auftrag des Goethe-Instituts Kamerun halbtägige und Tages-Fortbildungsseminare und Workshops mit didaktischen

---

9 Seit dem Schuljahr 2008/2009 gibt es neben der École Normale Supérieure de Yaoundé – 1961 gegründet – eine zusätzliche Lehrer*innen-Ausbildungsstätte in Maroua, eine dritte seit dem Schuljahr 2018/2019 in Bertoua.

Schwerpunkten für Deutschlehrkräfte in allen Regionen des Landes[10]. Darüber hinaus vergibt das Goethe-Institut zahlreiche Stipendien für Fortbildungen in Deutschland und für das sogenannte BKD-Lehrer*innen-Seminar, eine mehrtägige Fortbildungsveranstaltung in einem Tagungshotel am Strand als „Trostpreis" für jene engagierten Lehrkräfte, die keine Zusage für ein Stipendium und damit eine Fortbildung in Deutschland erhalten haben.

Im Alltag unterstützt das Goethe-Institut u.a. Schulen bzw. Klassen bei ihren Deutsch-Aktivitäten (Schul- und Klassenprojekten) im Deutschunterricht bzw. im Deutschklub[11] mit finanziellen und materialen Förderungen. Alle diese Angebote des Goethe-Instituts zielen auf die Motivierung von Deutschlehrkräften und -lernenden sowie auf eine gezielte Qualitätsverbesserung des schulischen Deutschunterrichts in Kamerun ab[12].

4.1.2.2. Zu den Deutschlernenden

Auch wenn bisher keine repräsentative Studie über die Motivation der kamerunischen Deutschlernenden vorliegt, ist festzustellen, dass viele Schüler*innen im Alltag wenig Interesse am Deutschunterricht zeigen. Das liegt u.a. daran, dass Deutsch ein Wahlpflichtfach ist und viele Schüler*innen es lernen müssen, weil sie keine anderen Möglichkeiten haben: In einigen Fällen sind die Spanischklassen[13] schon überfüllt und haben keine Kapazitäten mehr für zusätzliche Lernende. In eine Deutschklasse zu gehen, ist dann für die betroffenen Lernenden die einzige Chance, um diese Schule überhaupt zu besuchen. Es

---

10 Der Verein Educational Network Cameroon (EduNeC) ist ein Bildungsnetzwerk, das 2014 von Kameruner Deutschlehrer*innen und Multiplikator*innen gegründet wurde. Angestrebt werden einerseits Professionalisierung der kamerunischen Deutschlehrkräfte durch ein gezieltes Fortbildungsangebot in Kooperation mit dem Kameruner Erziehungsministerium, andererseits die Förderung der Zusammenarbeit im Rahmen schulischer und beruflicher Bildung zwischen Deutschland und Kamerun. Von 2016 bis 2019 hat EduNeC im Auftrag des Goethe-Instituts Kamerun insgesamt 71 Lehrer*innen-Fortbildungsseminare und -workshops landesweit organisiert (mehr dazu: https://educationalnetwork.org/)
11 Der Deutschklub ist eine Art Schüler*innen-Verein, in dem sich Deutschlernende aller Klassenstufen zusammentreffen und zahlreiche kulturelle Aktivitäten und Projekte im Zusammenhang mit der deutschen Sprache bzw. deutschsprachigen Ländern durchführen.
12 Ausführlich zum Goethe-Institut Kamerun, vgl. https://www.goethe.de/ins/cm/de/
13 Wie bereits erwähnt, stehen nur Deutsch und Spanisch prinzipiell in der vierten Klasse (9. Klasse) an fast allen Schulen Kameruns zur Auswahl.

kommt auch vor, dass Deutsch die einzige angebotene Drittschulsprache ist, weil es keine Lehrkraft für Spanisch oder andere Fremdsprachen in der Schule gibt. In diesem Fall müssen alle Schüler*innen der vierten und dritten Klasse am Deutschunterricht teilnehmen. Erfahrungsgemäß besitzen viele Schüler*innen kein eigenes Lehrwerk, was oft die Arbeit an Lesetexten im Unterricht erschwert und auch dazu führt, dass manche Schüler*innen ihre Hausaufgaben nicht erledigen können.

Ausschlaggebend für die Motivation vieler Schüler*innen sind zahlreiche Programme des Goethe-Instituts, die zur Förderung der DaF-Lernenden an kamerunischen Schulen beitragen. Dazu gehören die Deutschwettbewerb-Prüfungen, die das Goethe-Institut jährlich im Auftrag des Pädagogischen Austauschdienstes (PAD) organisiert und bei denen die besten DaF-Schüler*innen zwischen 15 und 17 Jahren Stipendien zur Teilnahme am Sommerprogramm des PAD in Deutschland erhalten. Alle zwei Jahre können die besten kamerunischen Deutsch-Schüler*innen auch an der internationalen Deutsch-Olympiade des Goethe-Instituts in Deutschland teilnehmen. Für Schüler*innen, die ein Stipendium in Deutschland knapp verpasst haben, wird ein Sommercamp in der Küstenstadt Kribi (Kamerun) veranstaltet. Dabei erhalten die ausgewählten Lernenden die Möglichkeit, Deutsch zu lernen und sich jährlich wechselnden Freizeitaktivitäten wie Workshops zu Medien, Sport, Naturwissenschaften oder Geschichte widmen. In einem Land, in dem Bildungsreisen und Klassenfahrten nie stattfinden, dienen die Reisemöglichkeiten des Goethe-Instituts als hoher Motivationsfaktor für die DaF-Lernenden.

4.1.3. Zu weiteren Rahmenbedingungen an kamerunischen Schulen

Im Schulalltag nimmt die Schulleitung einen erheblichen Einfluss auf die Durchführung des Unterrichts an kamerunischen Schulen. Neben der Schulleitung – der Schulleiterin/dem Schulleiter – gehören u.a. der „*Cenceur*" und der „*Surveillant Général*" zur Leitungsstruktur kamerunischer Gymnasien. Der „*Cenceur*" ist laut dem Schulgesetz[14] als stellvertretender Schulleiter zuständig für die Erstellung der Arbeitspläne für Lehrkräfte und Stundenpläne für Schulklassen sowie für die pädagogische Betreuung schulischen Lehrens und Lernens. Der „*Surveillant Général*" sorgt insbesondere für Ordnung und Disziplin in der Schule: Er kontrolliert die Anwesenheit von Lehrpersonen und

---

14 DECRET N° 2001/041 DU 10 FEVRIER 2001 portant organisation des Etablissements Scolaires Publics et fixant les Attributions des Responsables de l'Administration Scolaire.

Lernenden und ist Ansprechperson sowohl bei Konflikten als auch bei Disziplinproblemen auf dem Schulgelände. Der „*Surveillant Général*" ist auch dazu befugt, straffbare Verhaltensweisen der Lernenden festzustellen, ihnen entgegenzuwirken und gilt folglich als Entlastung für Lehrkräfte, da ihm Lernende mit tadelswerten Verhaltensweisen während des Unterrichts anvertraut werden, damit Lehrende für eine reibungslose Leitung des Lehr-Lern-Prozesses sorgen können. Für die Auseinandersetzung mit der Lehrer-Schüler-Interaktion und Lehrer-Schüler-Beziehung ist die Berücksichtigung dieses Strukturmerkmals der Institution „Schule" in Kamerun von großem Belang.

Ein anderer wichtiger Aspekt der Institution „Schule" betrifft das nähere Umfeld der unterrichtlichen Interaktion: das Klassenzimmer. Unterschiede bezüglich der Anzahl der Lernenden in den Klassen sind landesweit sehr groß: Während in vielen Schulen in ländlichen Gegenden oft weniger als zehn Schüler*innen in einer Klasse sitzen, ist die Situation in Großstädten anders, da eine einzige Lehrkraft oft 50 bis 100 Schüler*innen und mehr in einer Klasse Deutsch – oder auch in anderen Schulfächern – unterrichten muss. Aufgrund der demografischen Entwicklung werden die Lerngruppen auch auf dem Land immer größer. Für die vorliegende Studie wurden Daten an zwei Schulen erhoben, in denen die Klassen aus 10 bis 20 (am LKA-Gymnasium) bzw. 60 bis 80 Lernenden (am LSF-Gymnasium) bestanden. Generell sind die Klassenräume nicht mit Stromanlagen ausgestattet, sodass der Einsatz von elektronischen Unterrichtsmedien nicht möglich ist. Den Lehrenden steht meistens nur eine Tafel und das Lehrwerk zu Verfügung; der Einsatz von Arbeitsblättern und anderen Zusatzmaterialien ist aufgrund mangelnder bzw. begrenzter Stromverfügbarkeit und den daraus folgenden beschränkten Kopiermöglichkeiten oft nicht möglich. Der Unterricht findet grundsätzlich frontal statt. Die Lernenden sitzen generell zu zweit, zu dritt oder zu viert auf hölzernen Schulbänken, die in zwei, drei oder vier Reihen hintereinanderstehen. Gegenüber den Lernenden hängt eine breite Tafel, auf der mit Kreide geschrieben werden kann. Angesichts der Gruppengröße ist es nicht möglich, sich eine andere Sitzordnung (z.B. in U- oder O-Form) vorzustellen. Zwischen den Lernenden und der Tafel stehen für die Lehrkräfte ein Tisch und ein Stuhl oder auch eine Schulbank an der Wand links oder rechts.

An vielen Schulen existiert ein „Deutschklub" (eine Deutsch-AG), in dem sich Deutschlernende Klassen übergreifende treffen und u.a. verschiedene kulturelle Aktivitäten zur Förderung der „kamerunischen" und „deutschen" Kultur durchführen. In der Hauptstadt Yaoundé findet seit 2013 einmal im Jahr ein vom örtlichen Deutschlehrer*innen-Verband organisierter und vom Goethe-Institut Kamerun geförderter „Kulturnachmittag" statt, an dem sich 150 bis

200 Schüler*innen (Mitglieder von verschiedenen Deutschklubs) von 15 bis 20 Schulen rund um die Hauptstadt Kameruns sowie 30 bis 50 Deutschlehrenden beteiligen. Landesweit gibt es zahlreiche solcher Vernetzungsveranstaltungen, die von den regionalen Deutschlehrer*innen-Verbänden organisiert werden.

Von den beschriebenen Rahmenbedingungen erscheint die Gruppengröße aus meiner Sicht als einer der einflussreichsten Faktoren für die vorliegende Studie, da sie die Handlungsmöglichkeiten und -restriktionen sowohl in der Konzeption als auch im Rahmen einer möglichen Implementierung von Maßnahmen zur Verbesserung des DaF-Unterrichts dominiert. Daher sollen die Besonderheiten des Großgruppenunterrichts im nächsten Kapitel näher erläutert werden.

4.2. Spezifische Rahmenbedingungen der Forschung an der Lehrer*innen-Rolle: Zur Großgruppendidaktik

In der Schul- und Unterrichtsforschung wird Klassengröße – auch als Klassenfrequenz oder Klassenstärke bezeichnet (Saldern 2010: 362) – als Einflussfaktor der Schul- und Lernleistung angesehen und im Rahmen der sogenannten Klassengrößeforschung untersucht. Dabei wird davon ausgegangen, dass die Anzahl der Schüler*innen, „die innerhalb der Institution Schule über mindestens ein Schuljahr hinweg in der Mehrzahl der Fächer gemeinsam unter Anleitung lernen" (Arnhold 2005: 19), Einfluss sowohl auf die Leistung der Lernenden als auch auf die Prozessvariablen des Unterrichts hat. Laut Arnhold (2005) befasst sich die Klassengrößeforschung daher mit den folgenden Fragestellungen: (1) Welchen Zusammenhang gibt es zwischen der Klassenstärke und der Leistungsfähigkeit der Schüler*innen? (2) Welche Bedeutung hat die Klassengröße für die Prozessqualität des Unterrichts?

Die Auseinandersetzung mit diesen Fragen – vor allem im europäischen und amerikanischen Lernraum – hat zur Erkenntnis geführt, dass die Klassengröße zwar nur einen geringen Einfluss auf Lern-Outcomes hat, aber dass kleinere Klassen aus Sicht der Lehrenden und Lernenden wichtige Voraussetzungen für eine höhere Unterrichtsqualität erfüllen (Arnhold 2005; Hattie 2013; Saldern 2010). Als Merkmale des Lehrens und Lernens in kleinen Lerngruppen wird auf das positive Arbeitsklima, die höhere Motivation der Unterrichtsbeteiligten, die höhere Mitarbeitsbereitschaft der Lernenden, auf wenigere Störungen (Arnhold 2005; Hattie 2013) sowie auf die niedrigere Lehrbelastung (Ndethiu et al. 2017; Saldern 2010) hingewiesen. In der Klassengrößeforschung wird die Klassenfrequenz auch als Determinante des Lehrer- und Schüler*innen-Verhaltens im Unterricht dargestellt (Petillon 1985). Darüber hinaus wird die Vermutung aufgestellt, dass die Reduzierung der Klassengröße zur angestrebten Verbesserung der Schüler-Outcomes führen könnte, aber nur wenn die Lehrpersonen ihre Lehrstrategien an die Anzahl der im Klassenzimmer sitzenden Lernenden anpassen würden (Hattie 2013). Daraus lässt sich ableiten, dass die Unterrichtsqualität unter anderem davon abhängt, wie Lehrende die Lerngelegenheiten an den Lernkontext anpassen, wie sie jeweils in Groß- oder Kleingruppen entsprechend adäquate Lehrstrategien umsetzen und ob sie eine angemessene Lehrer*innen-Haltung sowie ein professionelles Lehrer*innen-Handeln aufweisen.

Angesichts der stetig zunehmenden Schüler*innen-Zahl an kamerunischen Schulen und dem damit verknüpften Anstieg der Klassenfrequenzen[15] erscheint es notwendig, die Herausforderungen des Unterrichtens in großen Lerngruppen näher zu erläutern.

4.2.1. Zum Unterricht in großen Lerngruppen

4.2.1.1. Begriffsbestimmung: Was ist eine Großgruppe?

Die Frage, was eine Großgruppe ist, wird in der Klassengrößeforschung nicht einheitlich beantwortet. Während Mombe (2012) eine Großgruppe als eine Klasse mit mehr als 30 Lernenden definiert, hängt laut Baker und Westrup (2000) die Bestimmung dessen, was eine große Lerngruppe ist, von der Auffassung der Lehrkräfte ab. Für den Fremdsprachenunterricht schlägt Loo (2007) zu Recht einen Definitionsansatz vor, der sich weder nur auf die Zahl der Lernenden einer Lerngruppe noch auf die Wahrnehmung der Lehrkräfte beschränkt, sondern der Definition der Großgruppe sechs interdependente Faktoren zugrunde legt: (1) die Anforderungen des Fachs, (2) die Kursart und die Lernziele, (3) die Ressourcen, (4) die Lerner- und (5) Lehrer*innen-Eigenschaften sowie (6) die Zahl der Schüler*innen.

Der Faktor „Anforderungen des Fachs" bezieht sich auf die Tatsache, dass eine kleine Lerngruppe im Fremdsprachenunterricht als eine große Gruppe im Chemieunterricht wahrgenommen werden kann, da die Lernenden bei Laborarbeiten auf eine begrenzte Anzahl von Arbeitsplätzen angewiesen sind. Je nachdem, ob der Fremdsprachenunterricht an der Universität, in der Erwachsenenbildung oder in der Schule stattfindet, können unterschiedliche Ziele angestrebt werden. In Klassen, in denen die Förderung der mündlichen kommunikativen Kompetenz im Vordergrund steht und dies durch Sprachspiele, Dialogspiele und weitere Methoden trainiert wird, kann eine bestimmte

---

15 Vgl. http://uis.unesco.org/fr/country/cm (am 30.05.2020)

Anzahl an Lernenden größer wirken als in jenem Fremdsprachenunterricht, in dem die schriftliche Auseinandersetzung mit Grammatik und dem Wortschatz im Fokus steht. Was die Ressourcen betrifft, so lässt sich anmerken, dass die Größe des Klassenraums sowie die zur Verfügung stehenden Arbeitsmaterialien ebenfalls die Definition beeinflussen können: Wenn 40 Schüler*innen in einem Klassenraum sitzen, der prinzipiell für 20 Lernende geeignet ist, kann der Eindruck entstehen, dass die Gruppe zu groß ist. Wenn aber diese 40 Schüler*innen in einem Klassenraum für 60 Personen Platz nehmen würden, kann es sein, dass die Lehrkraft diese Gruppe nicht als Großgruppe wahrnimmt.

Die Lernereigenschaften als Definitionsfaktor für die Großgruppe beziehen sich u.a. auf den Motivationsstand der Lernenden und deren Bereitschaft, sich am Lehr-Lern-Prozess aktiv zu beteiligen. Eine Lerngruppe mit 25 Schüler*innen, die ihre Hausaufgaben nicht gerne erledigt und sich in den Unterricht kaum aktiv einbringt, könnte viel größer wirken als eine andere Schulklasse mit 50 äußerst motivierten und engagierten Lernenden. Die Einschätzung der Klassenstärke hängt daher sowohl von der Lehrer*innen-Erfahrung sowie der eingesetzten Lehrmethoden ab. Lehrende, die als Schüler*innen Klassen mit ca. 20 Lernenden besucht haben und für einen Arbeitskontext ausgebildet wurden, in denen Schulklassen aus 15 bis 20 Teilnehmenden bestehen, könnten aufgrund mangelnder Erfahrung mit größeren Lerngruppen eine Klasse mit 40 Schüler*innen als zu groß empfinden. Aber für Lehrende, die an Klassen mit 80 Schüler*innen gewöhnt sind, könnte eine Klasse mit 50 Schüler*innen als klein wirken und das Unterrichten in einer Kleingruppe unter zehn Schüler*innen sogar als Belastung.

In Bezug auf die Klassengröße unterscheidet Loo (2007: 26, 183) vier Typen von Großgruppen im Fremdsprachenunterricht: (1) sogenannte „kleine" Großgruppen mit ca. zwanzig bis dreißig Lernenden; (2) sogenannte „mittelgroße Großgruppen" mit fünfundvierzig bis sechzig Lernenden", (3) sogenannte „große Großgruppen" mit sechzig bis achtzig Lernenden und (4) sogenannte „riesige Großgruppen" mit mehr als 80 Lernenden. Angesichts der Klassenfrequenz an vielen Schulen in Kamerun bezieht sich der Begriff der *Großgruppe* in der vorliegenden Arbeit vornehmlich auf „große" und „riesige" Großgruppen (vgl. Yang und Loo 2007).

4.2.1.2. Zu den Merkmalen des Großgruppenunterrichts

Auf der Grundlage von Unterrichtserfahrungen von Fremdsprachenlehrenden für Englisch u.a. in Asien (z.B. China, Bangladesch) und Afrika (Kamerun, Kongo, Nigeria, Ghana, Eritrea), schlagen Baker und Westrup (2000: 2–3) folgende Merkmale des Fremdsprachenunterrichts in Großgruppen vor, die für den kamerunischen Deutschunterricht zutreffen:

- Die Klassenräume sind augenscheinlich überfüllt, da die Lernenden zu eng beieinandersitzen.
- Die Schulbänke, auf denen die Schüler*innen sitzen, können nicht leicht bewegt werden, da sie manchmal auf dem Boden festgeschraubt sind.
- Die Schulbänke stehen generell in zwei, drei oder mehr Reihen hintereinander, sodass der Unterricht generell frontal ausgerichtet ist.
- Während des Unterrichts gibt es nur sehr wenig Platz, sodass die Durchführung von Sprachspielen, die die Bewegung im Raum verlangen, nicht möglich ist.
- Angesichts der großen Klassenstärke und der dünnen Trennwand zwischen den Klassenzimmern kann der Unterricht durch Lärm aus den Nachbarklassen gestört werden.
- Die verfügbaren Ressourcen sind beschränkt: Manche Schüler*innen haben weder ein Lehrwerk noch ein Wörterbuch, die Ausstattung der Klassenräume ermöglicht oft keinen multimedialen Einsatz.

Unter diesen Umständen werden Organisation und Durchführung des Lehr-Lern-Prozesses erschwert, denn

- wegen des hohen Lärmpegels in großen Klassen fällt es den Lehrenden oft nicht leicht, die Aufmerksamkeit aller Schüler*innen auf die Bearbeitung des Lernstoffs zu lenken.
- Außerdem ist das Ablenkungspotenzial groß, sodass manche Schüler*innen – vor allem diejenigen, die ganz hinten im Klassenzimmer sitzen – die Lehrperson akustisch nicht hören können, was deren Motivation entgegenwirkt.
- Angesichts der hohen Schüler*innen-Zahl erweist sich eine individualisierte Förderung aller Lernenden hinsichtlich ihrer Begabungen, Interessen und Bedürfnisse als unmöglich (Narkar-Waldraff 2014: 31).
- Wegen der Publikumshemmung – d.h. der Hemmung, vor zahlreichen Menschen zu sprechen – können sich viele lernschwächere Lernende nicht aktiv am Lehr-Lern-Prozess beteiligen (Loo 2012).
- Es besteht die Gefahr eines Kreislaufs des Beziehungsverlustes zwischen Lehrenden und Lernenden (Petillon 1985: 166): Da manche Schüler*innen generell im Unterricht kaum zu Wort kommen und deren individuellen Bedürfnissen und Interessen angesichts der hohen Schüler*innen-Zahl nur höchstens marginal Berücksichtigung finden, ist die Qualität ihrer Beziehung

Spezifische Rahmenbedingungen der Forschung 119

[Diagramm: Kreislauf mit den Elementen "Autoritäres Lehrer*innen-Handeln" → "Schlechte Lehrer-Schüler-Beziehung" → "Negative Reaktionen der Lernenden (z.B. undiszipliniertes Verhalten)" → zurück zu "Autoritäres Lehrer*innen-Handeln"]

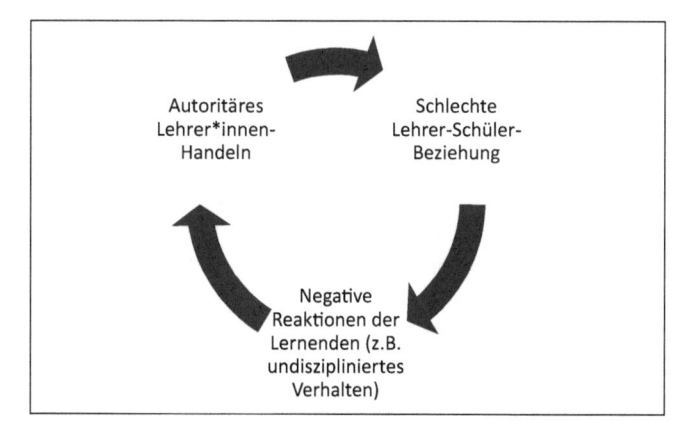

Abb. 9: Kreislauf des Beziehungsverlustes in Großgruppen (Angepasst aus Petillon 1985: 166)

zur Lehrperson schlecht. Zudem kann es vorkommen, dass sie ein undiszipliniertes Verhalten aufweisen, was ein autoritäres Lehrer*innen-Handeln hervorruft, was wiederum zur Verschlechterung der Lehrer-Schüler-Beziehung führt und sich negativ auf den Lehr-Lern-Prozess auswirkt (vgl. Abb. 9).

- Angesichts der Schwierigkeit, die aktive Beteiligung aller Schüler*innen an jeder Unterrichtssitzung zu ermöglichen, erweist sich die Förderung der (produktiven) kommunikativen Kompetenz bei den Lernenden als äußerst problematisch (Loo 2007: 185).
- Die Korrektur bzw. die Benotung der Klassenarbeiten ist für die Lehrkraft in großen Lerngruppen sehr zeitaufwendig und stellt eine große Belastung dar (Ndethiu et al. 2017).

Im beruflichen Alltag müssen sich Lehrende im Großgruppenunterricht ständig die Frage stellen, wie die zahlreichen großgruppenimmanenten Herausforderungen überwunden werden können, damit ein qualitätsvolles Lehren und Lernen stattfindet. Dabei ist es als Erstes wichtig, die Klassengröße als Ressource zu nutzen:

- Positiv am Großgruppenunterricht ist, dass die große Schüler*innen-Zahl zu heterogenen Meinungen und Perspektiven im Lehr-Lern-Prozess führen kann;

- Bei der Durchführung von Miniprojekten können mehrere Gruppen gebildet werden, die sich mit zahlreichen, unterschiedlichen Aspekten der besprochenen Thematik auseinandersetzen können.
- Wenn geeignete schüleraktivierende Methoden eingesetzt werden, kann die Arbeit an längeren Lesetexten bzw. Grammatikübungen mit zahlreichen Aufgaben (Items) erleichtert werden, indem sich die Lernenden in Paaren oder in kleinen Gruppen nur mit einem einzigen Satz aus dem Text bzw. einem einzigen Item befassen, was für lernschwächere Schüler*innen gewinnbringend sein kann.
- Wenn geeignete Strategien zur Förderung der Lehrer-Schüler-Beziehung eingesetzt werden, kann durch die Fragen und Sorgen der heterogenen Großgruppe auf unterschiedliche Aspekte des Lernstoffs aufmerksam gemacht werden.
- Je größer die Lerngruppe wird, desto höher wird das Anregungs- und Austauschpotenzial im Unterricht (Loo 2007: 183).

Neben der Nutzung der Gruppengröße als Ressource verlangt ein qualitätsvoller Großgruppenunterricht die Anpassung der Lehrmethoden an die Gruppengröße.

4.2.2. Zum qualitätsvollen Großgruppenunterricht

Grundlegend für einen qualitätsvollen Großgruppenunterricht ist die Berücksichtigung großgruppenimmanenter Faktoren bei der Gestaltung und Durchführung eines guten Unterrichts. Ein Ansatz – und ebenfalls eine große Herausforderung – besteht darin, die Merkmale guten Unterrichts – wie beispielsweise effektive Klassenführung, konstruktive Unterstützung und kognitive Aktivierung – mit den methodischen Prinzipien, die Loo (2007; 2012) für den Fremdsprachenunterricht in großen Lernklassen vorschlägt, in Einklang zu bringen: Prinzip (1) der Schüler*innen-Aktivierung, (2) der Zusammenarbeit und (3) der Berücksichtigung und Nutzung der Vielfalt

Das Prinzip der Schüler*innen-Aktivierung bezieht sich auf die Förderung der aktiven Beteiligung aller Lernenden am Lehr-Lern-Prozess. Es geht – wie bei vielen anderen handlungsorientierten Ansätzen – darum, dass die Lernenden sich individuell oder in einer Gruppe möglichst eigenständig – und nicht nur rezeptiv, sondern auch produktiv – mit der Bearbeitung von vorgegebenen Aufgabenformaten befassen (Bastian 2009). Aktivierende Methoden sind im Großgruppenunterricht genauso wichtig wie im Kleingruppenunterricht: Sie tragen zur konstruktiven Unterstützung des Lehr-Lern-Prozesses bei, indem sie der Auflockerung des Unterrichtsklimas und der Motivation von Lernenden dienen; da sie zum Handeln und zur Übernahme von Verantwortung für das eigene Lernen anregen, spielen sie für die effektive Klassenführung eine wichtige Rolle; dadurch, dass schüleraktivierende Methoden verschiedene Lernkanäle (Sehen, Hören, Sprechen, Handeln) eröffnen und die Entfaltung der Kreativität anstreben, leisten sie einen Beitrag zur kognitiven Aktivierung der Schüler*innen (vgl. Kolodzy 2016: 100–101).

In Großgruppen können die Lernenden aktiviert werden, indem auf Rollen- und Sprachlernspiele, freie Sprechsequenzen, Frage-Antwort-Sequenzen, die Durchführung von (Mini-)Projekten, das Einfordern von Schüler*innen-Rückmeldungen sowie die Beteiligung der Lernenden an der Reflexion über die Lernentwicklung zurückgegriffen wird (vgl. Bastian 2009; Loo 2012; Narkar-Waldraff 2014). Außerdem kann ein effektiver Einsatz kooperativer Lernmethoden wie beispielsweise das *Think-pair-share*-Verfahren (Green und Green 2012: 130) der Schüler*innen-Aktivierung und Sicherung qualitätsvollen Unterrichts in großen Lerngruppen dienen. Dabei geht es darum, dass die Lernenden Aufgaben in drei Schritten bearbeiten: Der erste Schritt besteht in der Entwicklung individueller Standpunkte, indem jedem Teilnehmenden etwas Zeit gegeben wird, sich kognitiv mit der vorgegebenen Aufgabe auseinanderzusetzen (*think*) und seine Gedanken aufzuschreiben; im zweiten Schritt sprechen die Lernenden mit ihren Tischnachbar*innen über ihre jeweiligen Antworten (*pair*) und können dabei nicht nur eigene Meinung zum Ausdruck bringen, sondern auch einander unterstützen; anschließend wird im dritten Schritt im Plenum über die Aufgabe ausgetauscht (*share*). Dieses Verfahren hat den Vorteil, dass es die aktive Teilnahme aller Schüler*innen am Lehr-Lern-Prozess ermöglicht, was bei individualistischen Organisationsformen des Unterrichts (Borsch 2019: 17) wie beispielsweise Frage-Antwort-Sequenzen nicht der Fall ist, da sich lernstärkere Lernende dann schneller zu Wort melden, während Lernschwächere eher entweder eine passive oder eine dysfunktionale Rolle übernehmen – d.h. entweder beteiligen sie sich wenig am Unterrichtsgeschehen und widmen sich anderen Tätigkeiten (z.B. sich mit den Tischnachbar*innen unterhalten, die Hausaufgabe für ein anderes Fach machen, etwas lesen, was nicht mit dem Deutschunterricht zu tun hat) oder sie stören in irgendeiner Weise den Unterricht (vgl. Loo 2012: 35–36).

Das Prinzip konstruktiver Zusammenarbeit setzt voraus, dass Lehrende und Lernende über ihre eigenen Rollen im Unterricht reflektieren und die Gestaltung und Durchführung des Unterrichts als gemeinsame Aufgabe betrachten. Da die Lehrperson weder zugleich überall im Raum sein kann noch während des Unterrichts alles lesen kann, was die Schüler*innen während der Unterrichtsstunde schreiben, bzw. alles hören kann, was die Teilnehmenden sagen, können die Lernenden den Unterricht konstruktiv unterstützen. In Bezug auf die Klassenführung können Umgangsregeln und die mit deren Verstoß zusammenhängenden Strafen kooperativ und transparent im Unterricht besprochen werden. So kann sich jeder Unterrichtsbeteiligte zu den Umgangsregeln bekennen und die Lernenden können auch befugt werden, auf deren Einhaltung zu achten, was die Lehrperson maßgeblich entlastet. Wenn gegenseitiger Respekt dem Umgang miteinander zugrunde gelegt wird und die kooperativ festgehaltenen Regeln verlässlich und gerecht eingehalten werden, kann das Unterrichtsklima lernförderlich werden (Hilbert Meyer 2018: 47).

In der Literatur zum Großgruppenunterricht wird davor gewarnt, dass Gruppenarbeit eher schaden als nutzen kann (Loo 2012: 103). Es wird auf die Gefahr des Kontrollverlusts über die Gruppen, Disziplinschwierigkeiten, Unsicherheiten bezüglich der Lehrer*innen-Rolle, Zeitverlust und erhöhte Verwendung der Muttersprache hingewiesen (ebd.). Jedoch gilt Gruppenarbeit laut Klippert (2019: 28) als „Herzstück der Schüleraktivierung", weil in der Unterrichtsforschung positive Effekte auf den Wissenserwerb, den Lernerfolg, den fachlichen Durchblick, das Selbstwertgefühl, die Motivation sowie die methodischen und sozialen Grundkompetenzen der Lernenden nachgewiesen wurden (vgl. Borsch 2019; Hattie 2013; Klippert 2019). Voraussetzung dafür ist aber, dass „die Lehrkräfte eine stimulierende und gut organisierte Gruppenarbeit einfädeln und kooperationsfördernde Aufgabenstellungen, klare Verantwortlichkeiten und geklärte Interaktionsmethoden sicherstellen" (Klippert 2019: 28). Auf Schüler*innen-Seite kann die Gruppenarbeit dann den erwarteten positiven Mehrwert mit sich bringen, wenn die Schüler*innen lernen und erfahren, wie Gruppenarbeit effektiv durchzuführen ist, d.h. „worauf in Gruppenarbeit möglichst zu achten ist, welche Verhaltens- und Ablaufregeln sich empfehlen, wie man geschickt interagiert und Feedback gibt und wie man ggf. als Regel-, Zeit-, Gesprächs- oder Fahrplanwächter für Ordnung sorgt" (Klippert 2019: 35).

Gerade im Großgruppenunterricht, in dem Gruppenarbeit nicht geläufig ist, tragen das Erlernen zielführender Regeln und der Aufbau von Problembewusstsein, die Klärung von Prozeduren und die Entwicklung einer Kooperationsbereitschaft sowie die Einübung von Selbstkritik und der Aufbau konstruktiver Kooperationsroutinen zur Abmilderung oder sogar zur Vermeidung der meisten gruppeninternen Störungen und Friktionen bei (Klippert 2019: 20). Besonders wichtig ist auch, dass Schüler*innen bei der Gruppenarbeit positive Interdependenz erleben und individuelle Verantwortlichkeit wahrnehmen (Borsch 2019: 25; vgl. Brüning und Saum 2017; Green und Green 2012). Die positive Interdependenz bedeutet, dass die Aufgaben beispielsweise so gestellt werden, dass die Lernenden wechselseitig voneinander abhängen und bei deren Bearbeitung auf gegenseitige Unterstützung angewiesen sind. Das kann laut Borsch (2019: 28–29) durch verschiedene Strategien erreicht werden: (1) Aufgaben- und Rollenteilung in der Gruppe (Protokollant*in, Zeitwächter*in, Sprecher*in, Aufgabenmanager*in, Lautstärkewächter*in, Materialmanager*in), (2) Erzeugung positiver Zielinterdependenz (d.h. die individuellen Lernziele sind miteinander vernetzt, sodass jeder sein Lernziel nur erreichen kann, wenn alle anderen Gruppenmitglieder es erreicht haben), (3) die Verteilung der Ressourcen unter den Gruppenmitgliedern (d.h. jeder bekommt beispielsweise nur einen Teil der Materialien oder Informationen, sodass die Aufgabenlösung die Kooperation unter den Gruppenmitgliedern verlangt) sowie (4) die Schaffung von Wettbewerb mit anderen Gruppen. Die Förderung der individuellen Verantwortlichkeit bezieht sich darauf, dass die individuelle Leistung jedes Gruppenmitglieds wahrgenommen, wertgeschätzt und sowohl an das Individuum als auch an die Gruppe zurückgemeldet wird.

Das Prinzip der Berücksichtigung und Nutzung der Vielfalt als ein bedeutsamer inklusive Ansatz im Großgruppenunterricht bezieht sich darauf, dass der vielfältigen, heterogenen Großgruppe – aufgrund unterschiedlicher Sprachniveaus, Lernvoraussetzungen, -motivationen, Interessen und Bedürfnisse – bei der Gestaltung des Lehrangebots Rechnung getragen wird. Das betrifft zunächst die Bereitstellung von abwechslungsreichen Lerngelegenheiten, in denen verschiedene Facetten des Fremdsprachenunterrichts – Grammatik-, Wortschatz- und Dialogarbeit, Aussprachetraining, Lese- und Hörverstehen, Sprech- und Schreibübungen, Übersetzen, Landeskunde und interkulturelles Lernen, außerschulische Erkundungen – mithilfe unterschiedlicher Materialien (z.B. Texte, Grafiken, Bilder, Spielen, Lieder, Videos, Audios, Internetquellen etc.) und durch entsprechend variierende Methoden (Einzel-, Partner- und Gruppenarbeit, Klassengespräche etc.) in die Lehr-Lern-Prozesse integriert werden (Loo 2007: 194).

Die Berücksichtigung und Nutzung der Vielfalt bezieht sich außerdem auf die Binnendifferenzierung, d.h. „die methodische Möglichkeit, den Lernprozess der Lernenden in einer Lerngruppe unterschiedlich zu gestalten. Beispielsweise durch Aufgaben von unterschiedlichem Schwierigkeitsgrad, verschiedenen Lernwegen oder Themenbereichen." (Loo 2012: 65).

Grundlegend für die Durchführung der Aktionsforschung in der vorliegenden Studie und den Entwurf von Veränderungsmaßnahmen in den beteiligten DaF-Klassen sind die oben beschriebenen Prinzipien des Großgruppenunterrichts: Prinzip (1) der Schüler*innen-Aktivierung, (2) der Zusammenarbeit und (2) der Berücksichtigung und Nutzung der Vielfalt (ausführlich zur Durchführung der Aktionsforschung, vgl. Kap 7.2).

5. Erkenntnisinteresse und Untersuchungsgegenstand

5.1. Ausgangspunkt und Grundannahmen

Ausgangspunkt der vorliegenden empirischen Studie sind Hatties Erkenntnisse über die Kernmerkmale einer erfolgreichen schulischen Bildung, die in seinem 2014 publiziertem Buch *Lernen sichtbar machen für Lehrpersonen* dargelegt wurden und im folgenden Zitat zusammengefasst sind:

> Das Hauptargument in diesem Buch, das starken Einflüssen an unseren Schulen zugrunde liegt, bezieht sich darauf, wie wir denken! Es sind ein Set von Geisteshaltungen, die jede unserer Handlungen und Entscheidungen an einer Schule untermauern. Es sind folgende Überzeugungen: dass wir Evaluatoren, Change-Agents, adaptive Lernexperten, Menschen, die Feedback über ihre Wirkung fordern, sind; dass wir am Dialog und an der Herausforderung teilnehmen; dass wir Vertrauen zu allen entwickeln; dass wir in Fehlern Chancen sehen; dass wir begierig darauf aus sind, die Botschaft der Kraft, des Spaßes und des Einflusses, die wir auf das Lernen haben, zu verbreiten. (Hattie 2014: 183)

Aus einer Auseinandersetzung mit über 900 Metaanalysen bestehend aus über 50.000 Studien zieht John Hattie das Fazit, dass Lehrpersonen zu den wirkungsvollsten Faktoren beim Lernen gehören (Hattie 2014: 21). Er argumentiert, dass das Lehrer*innen-Handeln das wichtigste Kriterium für erfolgreiche schulische Bildung ist, da alles davon abhängt, ob bzw. wie die Lehrkraft auf besonders überlegte und sichtbare Weise lehrt (Hattie 2013: 28). Entscheidend für das Lehrer*innen-Handeln sind die Geisteshaltungen und Überzeugungen, die den Handlungen und Entscheidungen der Lehrenden zugrunde liegen – was in der vorliegenden Studie dem Begriff der „Lehrer*innen-Vorstellungen" entspricht. Die Art und Weise, wie Lehrkräfte denken und ihre Rolle im Unterricht verstehen, hat – so Hattie – einen erheblichen Einfluss auf die Gestaltung des Lehr-Lern-Prozesses und auf die Interaktion mit den Lernenden.

Aus diesen Erkenntnissen lassen sich mindestens zwei Grundannahmen ableiten: (1) Um Aussagen über die Qualität des Unterrichts zu treffen, müsste vorher herausgearbeitet werden, wie Lehrende ihre Rolle im Unterricht verstehen und wie sich dies darauf auswirkt, wie sie mit den Lernenden umgehen und wie sie die Lerngelegenheiten schaffen bzw. nutzen; (2) um die Qualität des Unterrichts zu verändern, steht zunächst die Veränderung der Vorstellungen und des Lehrer*innen-Handelns im Vordergrund.

5.2. Untersuchungsgegenstand und Fragestellungen

Die vorliegende Forschungsarbeit schreibt sich in das Expertise-Paradigma der Forschung zum Lehrer*innen-Beruf ein (vgl. Kap. 2.2.2.3) und interessiert sich für eine der vier Kompetenzfacetten von Lehrkräften (vgl. Baumert und Kunter 2011): den Lehrer*innen-Vorstellungen (vgl. Kap. 2.3.1). Es wird von der Auffassung von Lehrenden als „*reflective practitioners*" (vgl. Kap. 2.1) ausgegangen, deren Aufgabe nicht nur in der technischen Anwendung ihres Professionswissen (vgl. Bromme 2014) besteht, sondern auch darin, durch kontinuierliche Reflexion *für den*, *im* und *über den* Lehr-Lern-Prozess qualitätsvolle Unterrichtsgelegenheiten zu schaffen bzw. zu nutzen (vgl. Kap. 2.3.3).

Unter Berücksichtigung des Vier-Faktoren-Modells der TZI (vgl. Kap 3.2.1.2) und der kontextbezogenen Faktoren des kamerunischen Deutschunterrichts (vgl. Kap. 4) wird angestrebt, das Konzept des lebendigen Lernens im DaF-Unterricht in Kamerun weiterzuentwickeln, d.h. eines Unterrichts, der effektiv geführt und konstruktiv unterstützt wird und zugleich kognitiv aktivierend ist (vgl. Kap. 3.2.1 und 3.2.3). Da die Bearbeitung des Lernstoffs im Lehr-Lern-Prozess nicht im Vordergrund dieser Untersuchung steht, sondern die Art und Weise, wie Lehrende mit Lernenden beim lebendigen Lernen miteinander umgehen, wird der Blick vor allem auf die Qualitätsmerkmale der effektiven Klassenführung und der konstruktiven Unterstützung sowie auf den Aspekt der Schüler*innen-Aktivierung gerichtet (vgl. Kap. 3.1.3.3.). In Bezug auf das Qualitätskriterium der Klassenführung werden folgende Aspekte herausgearbeitet: (1) Transparente Umgangsregeln, (2) lern- und konzentrationsförderliche Rituale, (3) Nutzung der Unterrichtszeit fürs Lernen und (4) effizienter Umgang mit Störungen. Hinsicht des Kriteriums der konstruktiven Unterstützung wird die Aufmerksamkeit auf zentrale emotionale und motivationale Aspekte gerichtet, nämlich auf (a) das Unterrichtsklima (die Qualität der Lehrer-Schüler-Beziehung, die Wertschätzung), und (b) auf die Feedback- und Fehlerkultur. Was die Schüler*innen-Aktivierung angeht, geht es um (i) die eingesetzten Sozialformen und (ii) das Schüler*innen-Feedback an die Lehrperson.

Entsprechend der im Kapitel 5.1 formulierten Grundannahmen stehen im Mittelpunkt der vorliegenden Untersuchung einerseits die Ermittlung der Vorstellungen von DaF-Deutschlehrkräften über die eigene Rolle und das Lehrer*innen-Handeln im Unterricht, andererseits der Entwurf eines didaktischen Modells zur Verbesserung der Unterrichtsqualität auf der Grundlage der Veränderung wichtiger Aspekte des Lehrer*innen-Handelns. Hierbei sind folgende Fragestellungen leitend:

(1) Wie stellen sich die Lehrkräfte die eigene Rolle im kamerunischen Deutschunterricht vor und welche Auswirkungen ergeben sich daraus?

(2) Inwiefern können wichtige Aspekte des Lehrer*innen-Handelns verändert werden und wie kann dies zur nachhaltigen Verbesserung der Prozessqualität des kamerunischen Deutschunterrichts beitragen?

Zur Beantwortung der ersten Fragestellung soll auf folgende Forschungsfragen eingegangen werden: (a) Wie stellen sich die Lehrkräfte die eigene Lehrer*innen-Rolle im kamerunischen DaF-Unterricht vor? (b) Welche Konsequenzen ergeben sich aus diesen Rollenvorstellungen für die Lernenden sowie für die Prozessqualität des Unterrichts?

Die Antwort auf die zweite Fragestellung erfolgt durch die Auseinandersetzung mit folgenden Forschungsfragen: (c) Inwiefern könnten wichtige Aspekte des Lehrer*innen-Handelns verändert werden, damit lebendiges Lernen im DaF-Unterricht stattfinden kann? (d) Welche Schritte sollen gegangen werden, um lebendiges Lernen und insbesondere mündlich realisiertes Schüler*innen-Feedback an die Lehrperson im kamerunischen Deutschunterricht zu implementieren? (e) Welche Konsequenzen ergeben sich daraus für die Prozessqualität des Unterrichts und für die Lernenden?

6. Methodologische Verortung: Qualitative Forschung

In der vorliegenden Studie liegt der Fokus der Untersuchung u.a. auf der Ermittlung der Vorstellungen von Lehrenden über ihre Lehrer*innen-Rolle im DaF-Unterricht. Dabei wird der Blick auf die subjektive Sichtweise der Forschungsteilnehmenden gerichtet. Demnach entsprechen die ausgewählten Methoden der Datenerhebung, -aufbereitung und -interpretation der qualitativen Forschungsperspektive. In diesem Kapitel werden zunächst allgemeine Merkmale qualitativer Forschung beschrieben (Kap. 6.1). Daran anschließend wird diskutiert, welche Möglichkeiten und Grenzen mit dem Einsatz dieser Methodologie in der Forschung am DaF-Unterricht einhergehen (Kap. 6.2).

6.1. Zur qualitativen Forschungsperspektive

Trotz zahlreicher Unterschiede, die die Ansätze der qualitativen Forschung aufweisen und deren ausführliche Beschreibung den Rahmen der vorliegenden Studie sprengen würde, werden in der Fachliteratur verschiedene Merkmale identifiziert, die für die qualitative Forschungspraxis charakteristisch sind. Diese Merkmale beziehen sich auf die folgenden Aspekte:

- *Forschungsgegenstand:* Für die qualitative Forschung gilt die Grundannahme, dass die soziale Wirklichkeit als Ergebnis gemeinsam in sozialer Interaktion hergestellter Bedeutungen und Zusammenhänge zu verstehen ist und dass Menschen auf der Basis von gemeinsam geteilten Bedeutungen handeln, die sie wiederum Objekten, Ereignissen, Situationen und Personen zuschreiben (Flick et al. 2017: 20). Qualitative Forscher*innen befassen sich mit der „sozialen Welt" (Crocker 2009) und interessieren sich dafür, wie Untersuchungsteilnehmer*innen mit einem gegebenen sozialen Phänomen in ihrem natürlichen Lebensraum umgehen. Bei dieser „Orientierung am Alltagsgeschehen und/oder Alltagswissen" (Flick et al. 2017) wird explizit anvisiert, die subjektive Perspektive der Forschungsbeteiligten über die untersuchte Situation zu explorieren (Dörnyei 2007). Grundlegend für die qualitative Forschung ist ein intensiver und/oder meist verlängerter Kontakt der Forscher*innen zum Forschungsfeld (Miles und Huberman 1994), was eine holistische Beschreibung der untersuchten (Einzel-)Fälle (Flick et. al 2017) ermöglicht. Dabei wird kein Anspruch auf die Generalisierung der Forschungsergebnisse gestellt; häufig wird eher aus einer ausführlichen

Untersuchung von (Einzel-)Fällen die Entwicklung von Theorien anvisiert, die somit als Grundlage Hypothesen testender Studien dienen können (Riemer 2014: 22).
- *Forschungsdesign*: Das Forschungsdesign qualitativer Forschungspraxis ist offen, flexibel und oft iterativ. Das Prinzip der Offenheit (Flick et al. 2017) besagt, dass qualitative Forscher*innen das Forschungsfeld nicht mit einem vorgefertigten Antwortkatalog betreten; der Einsatz offener Datenerhebungsverfahren kann im Laufe der Untersuchung zum Justieren der Forschungsfragen und zur Anpassung der Forschungsmethoden führen. In manchen qualitativen Forschungsansätzen – wie z.B. der Grounded Theory – finden Prozesse der Datenerhebung, -aufbereitung und -analyse parallel statt, sodass die Interpretation erhobener Daten zur Grundlage für Entscheidungen über die Weiterführung der Forschung (z.B. Erhebung weiterer Daten) wird (vgl. Brüsemeister 2008; Strübing 2014, 2018b).
- *Forschungsmethoden*: Ein wesentliches Merkmal qualitativer Forschungspraxis besteht darin, dass es „nicht *die* Methode gibt, sondern ein methodisches Spektrum unterschiedlicher Ansätze, die je nach Fragestellung und Forschungstradition ausgewählt werden können" (Flick et. al 2017: 22 – Hervorh. i.O.) und dem Forschungsgegenstand angemessen verwendet werden müssen. Für die Erhebung qualitativer Daten wird u.a. zur Gewinnung möglichst tiefgründiger Daten (Riemer 2014: 22) auf folgende offene Erhebungsverfahren zurückgegriffen: mündliche Befragungen (Interviews, Gruppendiskussionen) sowie schriftliche Erhebungsmethoden (z.B. Feldnotizen, Tagebücher, Fragebögen mit offenen Antwortoptionen etc.). Um eine umfassende Beschreibung der untersuchten Phänomene zu ermöglichen, sollen erhobene Daten detaillierte und aussagekräftige Informationen über den Untersuchungsgegenstand liefern. Aufgrund der überwiegenden Betrachtung qualitativer Forschungspraxis als „Textwissenschaft" (Flick et al 2017: 24) müssen mündlich erhobene Daten vor deren Analyse und Interpretation in schriftliche Textformen transkribiert werden. Zu den Analysemethoden, die in der qualitativen Forschung Anwendung finden, gehören sowohl kategorienbasierte Verfahren (z.B. Grounded Theory, qualitative Inhaltsanalyse, dokumentarische Methode) als auch sequenzielle Verfahren (Konversationsanalyse, Diskursanalyse, etc.).
- *Rolle der Forscher*innen*: Crocker (2009) bezeichnet qualitative Forscher*innen als „das primäre Forschungsinstrument" (S. 11). Das liegt einerseits an der Rolle der Forscher*innen für die Organisation und Durchführung der Datenerhebung[16], andererseits an deren Rolle zur Dateninterpretation. Im

---

16 Die Auswahl der Erhebungssituationen und Untersuchungsteilnehmer*innen sowie die Festlegung der Fokuspunkte der Datenerhebung (Formulierung der

Forschungsprozess werden Forscher*innen von deren eigenen Biografien sowie ihren kulturellen, gesellschaftlichen und wissenschaftlichen Erfahrungen beeinflusst. Daraus ergibt sich, dass die qualitative Datenanalyse als grundsätzlich interpretativ betrachtet wird und Forschungsergebnisse nur als eine mögliche Interpretation des Untersuchungsmaterials anzusehen sind (Dörnyei 2007; vgl. auch Demirkaya 2014). Aus diesem Grund wird von qualitativen Forscher*innen ein reflektierter Umgang mit der eigenen Rolle im Forschungsfeld erwartet (Flick et al. 2017).

Für die vorliegende Studie sind die oben dargestellten Merkmale der qualitativen Forschung grundlegend. Im Fokus stehen u.a. einerseits die Ermittlung der subjektiven Perspektive von DaF-Lehrenden über die eigene Rolle im DaF-Unterricht und andererseits die Herausfindung der Auswirkungen dieser Rollenvorstellungen auf die Lernenden sowie auf die Prozessqualität des Unterrichts. Während des ganzen Forschungsprozesses wurden u.a. sowohl die Fragestellungen als auch die eingesetzten offenen Datenerhebungsverfahren nachjustiert.

In den nächsten Kapiteln soll ausführlich beschrieben werden, wie eine Einbindung dieser Merkmale in das vorliegende Forschungsdesign erfolgt. Allerdings ist es unabdingbar, zuvor kurz die Grenzen qualitativer Forschung konkret im Hinblick auf den DaF-Unterricht zu erläutern.

6.2. Möglichkeiten und Grenzen qualitativer Erforschung des DaF-Unterrichts

Flick, Kardorff & Steinke (2017: 18–19) betrachten die qualitative Forschung als „ein Oberbegriff für unterschiedliche Forschungsansätze", deren theoretische Annahmen, Gegenstandsverständnis und methodologischer Fokus sich zwar voneinander unterscheiden, aber zu drei Hauptlinien zusammengefasst werden können (S. 18). Der erste Ansatz, der sich in die Traditionen der Phänomenologie (vgl. Husserl und Held 2010) und des symbolischen Interaktionismus (vgl. z.B. Reiger 2007) einschreibt, fokussiert „Zugänge zu subjektiven Sichtweisen" der Untersuchungsteilnehmer*innen (Flick et al. 2017: 19). Während der zweite qualitative Forschungsansatz sich mit der „Beschreibung der Prozesse der Herstellung vorhandener (alltäglicher, institutioneller oder allgemein: sozialer) Situationen" (ebd., S. 18) befasst, steht die „hermeneutische Analyse tiefer

---

Interviewfragen, Beobachtung der untersuchten Phänomene, Niederschrift der Feldnotizen) werden von den Forscher*innen bestimmt.

liegender Strukturen", mit der sich die Psychoanalyse und der genetische Strukturalismus auseinandersetzen (ebd. S. 19), im Vordergrund der dritten Hauptlinie qualitativer Forschungsansätze.

Die Wahrnehmung qualitativer Forschung als „explorativ-interpretativ" (Grotjan 1987: 55–60, zit. nach Riemer 2014: 20) bedeutet für den DaF-Unterricht, Untersuchungsgegenstände „auf den Ebenen des Lern-/Erwerbsprozesses, des Lehr-/Lern-Prozesses, des Lerngegenstandes sowie der Lernumgebung (im engen Sinn = Lern-/Unterrichtsszenarien, im weiten Sinn = soziokulturelle und sprachenpolitische Rahmenbedingungen)" (Riemer 2014: 24) zu explorieren und zu verstehen. Die Auseinandersetzung mit der subjektiven Sichtweise der Akteure des DaF-Unterrichts ermöglicht Einsicht in deren „Haltungen, Meinungen, Kognitionen und Emotionen" (Riemer 2014: 22), was für eine holistische Beschreibung der Prozesse und Produkte des fremdsprachlichen Deutschunterrichts von großem Belang ist. Die grundlegenden Prinzipien der Offenheit und der Flexibilität, die sowohl bei der Formulierung der Fragestellungen als auch bei der Gewinnung und Interpretation qualitativer Daten zu berücksichtigen sind und zur ständigen Anpassung der Untersuchungsinstrumente führen, ermöglichen eine effektive Generierung von Wissen in Bezug auf bisher nicht oder wenig beforschte Aspekte (Dörnyei 2007: 39) des DaF-Unterrichts. Insbesondere in Ländern wie Kamerun, in denen bislang ausgesprochen wenige wissenschaftliche Studien zum Deutschunterricht vorliegen, erweist sich die Exploration der Lehr-Lern-Prozesse unter Berücksichtigung der dortigen Rahmenbedingungen als erforderlich für die Generierung von Wissen, das den subjektiven Sichtweisen dort handelnder Unterrichtsakteure Rechnung trägt und zukünftig als Grundlage für die dortige Lehrer*innen-Aus- und -Fortbildung dienen kann.

Die Untersuchung zentraler Fragestellungen vor allem in Bezug darauf, wie qualitative Veränderungsmaßnahmen in den DaF-Unterricht eingeführt werden können, erfordert die Aufhebung der traditionellen Trennung von Forschung und Entwicklung (Caspari 2016: 72) im Rahmen der qualitativen Forschung. Da bei solchen Studien nicht nur das Verstehen, sondern auch die Optimierung des DaF-Unterrichts angestrebt werden soll, wird auf einen partizipativen Forschungsansatz zurückgegriffen, der „die Möglichkeiten der partnerschaftlichen Zusammenarbeit und empirischen Forschung nutzt, um die sozialen, politischen und organisationalen Kontexte, in die [er] eingebettet ist, kritisch zu reflektieren und aktiv zu beeinflussen" (Unger 2014b: 3). Dafür sollen Lehrende und Lernende nicht mehr nur als „Forschungssubjekte und Konsumenten der Forschungsergebnisse" (Zeichner und Noffke 2001: 298), sondern als „Akteure des Forschungsprozesses" (Caspari 2016: 72) angesehen werden, was somit deren Teilhabe an Forschung und Gesellschaft (Unger 2014a: 1–3) impliziert. Neben dem Prinzip der Partizipation ist das Prinzip der Intervention für Forschungsansätze zur Implementierung von Verbesserungsmaßnahmen im DaF-Unterricht ausschlaggebend. Als Grundlage qualitativer Studien gelten verbale Daten, bei deren Erhebung, Aufbereitung und Interpretation „das Untersuchungsfeld weitgehend in seinem natürlichen Zustand belassen bleiben [soll]" (Riemer 2014: 21). Von DaF-Forscher*innen, die den Unterricht aus einer qualitativen Forschungsperspektive heraus untersuchen, wird erwartet, dass sie „Prozesse und Gegenstände" des Fremdsprachenlehrens und -lernens (Riemer 2014: 16) mit der Absicht, diese „zu beschreiben, zu ordnen sowie in ihren Zusammenhängen und Abhängigkeiten zu erklären" (Schmelter 2014: 34), wertneutral und möglichst ohne Eingriffe in den Unterrichtsverlauf erforschen. Aber wenn qualitative Veränderungsmaßnahmen im Forschungsprozess entwickelt und in den DaF-Unterricht eingeführt werden müssen, soll auf besondere Forschungsansätze zugegriffen werden, „deren Hauptaugenmerk die Ebene der Intervention ist" (Lerchster 2012: 26) und die nach „langfristigen Änderungen von Verhaltensweisen und Verhaltensregeln" (Hübner 2012: 161) der Unterrichtsakteure streben. Solche Forschungsansätze werden in der Fachliteratur u.a. als *Aktionsforschung* (z.B. Altrichter et.al. 2018), *action research* (z.B. Burns 2010), *practitioner research* (Zeichner und Noffke 2001), *Partizipative Forschung* (z.B. Unger 2014a) und *Interventionsforschung* (Krainer und Lerchster 2012) beschrieben.

Im Fokus der vorliegenden Studie steht auch die Frage nach der Veränderung des Lehrer*innen-Handelns und nach der Verbesserung der Unterrichtsqualität. Zwar ermöglicht die qualitative Forschung Einsicht in die subjektiven Sichtweisen, die dem Lehrer*innen-Handeln im DaF-Unterricht zugrunde liegen. Aber der Entwurf und die Implementierung von Maßnahmen zur Verbesserung der Prozessqualität des DaF-Unterrichts sind auf die Partizipation und die Intervention der Forschungsteilnehmenden angewiesen, die nicht nur als Informant*innen für die Datenerhebung anzusehen sind, sondern auch als wichtige Mitgestalter*innen des Forschungsprozesses. Zur besseren Gestaltung der Eingriffe in den Unterrichtsverlauf wurde die Aktionsforschung als Forschungsansatz für die vorliegende Untersuchung ausgewählt.

7. Forschungsansatz: Aktionsforschung

Die empirische Erforschung der Zusammenhänge, die zwischen Lernenden, Lehrenden und Lerngegenständen im Fremdsprachenunterricht auftreten, ist als Gegenstand der Fremdsprachenunterrichtsforschung einer der prominentesten Bereiche der Forschungen zum Fremdsprachenunterricht (Schramm 2016: 587–588). Abzugrenzen ist sie einerseits von historischer und konzeptueller Forschung zum Fremdsprachenunterricht, und andererseits von der Erforschung von Einzelaspekten des Fremdsprachenunterrichts (z.B. Lernforschung, Curriculumforschung oder Lehrwerksforschung) sowie von Untersuchungen zu Spracherwerbsprozessen, die außerhalb des Fremdsprachenunterrichts stattfinden (ebd., S. 588).

In der englischsprachigen Fachliteratur wird die Fremdsprachenunterrichtsforschung als *classroom research* oder *classroom-based research* betrachtet und darunter verstehen Gass und MacKey (2007) „investigations carried out in second and foreign language classrooms, whether by teachers of those classrooms or by external researchers" (S. 164). Kennzeichnend für die Fremdsprachenunterrichtsforschung sind folgende Merkmale: (1) Die Untersuchung findet typischerweise in authentischen Klassenzimmern statt; (2) dabei können sowohl Hypothesen generierende (qualitative) als auch Hypothesen testende (quantitative) Methoden eingesetzt werden; (3) anvisiert wird Deskription, Evaluation und/oder explanatorische Modellierung von Unterricht (Schramm 2016: 588); und (4) die Forschung kann entweder von den Lehrenden selbst oder von unterrichtsexternen Forschenden durchgeführt werden.

Hinsichtlich der Rolle und des Hauptanliegens des Forschenden unterscheidet Bailey (1999, zit. nach Gass und Mackey 2007: 164–177) drei Ansätze in der Fremdsprachenunterrichtsforschung: 1) naturalistische Forschung; 2) experimentelle Forschung; und 3) Aktionsforschung. Die naturalistische Fremdsprachenunterrichtsforschung widmet sich der Beobachtung und Beschreibung der Lehr-Lern-Prozesse nicht zum Zweck der Durchführung von Interventionen, sondern zum besseren Verständnis der untersuchten Phänomene durch die Sammlung entsprechender detaillierter Informationen. Dazu gehören beispielsweise diskursanalytische und konversationsanalytische Untersuchungen. Experimentelle und quasi-experimentelle Forschungen zielen auf die Einflussnahme auf den Lehr-Lern-Prozess, wobei die Ergebnisse durchgeführter Interventionen gemessen und mit den Werten einer oder mehrerer als Kontrollgruppen geltenden Unterrichtsklassen verglichen werden. Anders als in den beiden beschriebenen Forschungsansätzen, bei denen die Untersuchung hauptsächlich von externen Akteuren durchgeführt wird, geht es bei der Aktionsforschung darum, dass die Lehrenden selbst bestimmte Aspekte des Lehrens und Lernens im eigenen Unterricht systematisch erforschen und dabei Interventionen zum besseren Verstehen und zur Veränderung der untersuchten Phänomene in einem iterativen Forschungsprozess durchführen.

Angesichts der Fragestellungen der vorliegenden Studie und des ausgewählten Forschungsansatzes wird die Aktionsforschung im Folgenden weiter erläutert.

7.1. Zum Begriff der Aktionsforschung

Der Begriff der *Aktionsforschung* lässt sich als Kompositum auf der Grundlage der Bestandteile erklären: *Aktion* und *Forschung*. Die Aktionskomponente bezieht sich darauf, dass Lehrende verbesserungswürdige Aspekte des eigenen Unterrichts identifizieren und diese als Grundlage nehmen, um gezielt Interventionen durchzuführen, um die Ausgangssituation zu verändern und dabei das Lehren und Lernen qualitativ zu verbessern (Burns 2010: 2). Aufgrund der Tatsache, dass dabei Daten mit Instrumenten der qualitativen Forschung systematisch erhoben, interpretiert und der Durchführung von Veränderungsmaßnahmen zugrunde gelegt werden (Burns 2009: 115), wird dieser Prozess als Bestandteil der Forschung betrachtet.

Demnach lässt sich Aktionsforschung – auch als „*Handlungsforschung*" oder „*Praxisforschung*" (Boeckmann 2016: 592) bezeichnet – definieren als „eine Art von Forschung, die von professionellen Handelnden (z.B. Lehrenden) direkt in ihrem Praxisumfeld durchgeführt wird" (ebd.) und die „durch die systematische Sammlung von Daten in der eigenen Praxis und durch deren Analyse mit dem Ziel [erfolgt], Erkenntnisse für die zukünftige Praxis zu gewinnen" (Wallace 1998: 4; zit. nach Boeckmann 2011: 83). Im fremdsprachlichen Deutschunterricht bezieht sich die „Aktion" (oder „Handlung" bzw. „Praxis") auf Lehr-Lern-Prozesse, die im Unterricht stattfinden und an denen Deutschlehrkräfte und ihre Lernenden beteiligt sind. Die systematische Untersuchung des eigenen Unterrichts erfolgt nach zentralen Merkmalen, die für die Aktionsforschung grundlegend sind.

Altrichter et al. (2018) identifizieren zehn charakteristische Merkmale der Aktionsforschung:

(1) *Forschung der Betroffenen:* Aktionsforschung ist keine Forschung an anderen Menschen (Nunan und Bailey 2009: 230), sondern eine „Forschung,

die von Personen betrieben wird, die von einer sozialen Situation direkt betroffen sind" (Altrichter et al. 2018: 13; vgl. Feichter 2015). Im unterrichtlichen Kontext bedeutet dies, dass die jeweiligen Lehrkräfte den eigenen Unterricht untersuchen.

(2) *Fragestellung aus der Praxis*: Als Forschung „aus der Praxis – in der Praxis – für die Praxis" (Boeckmann 2011: 83), ergibt sich der Untersuchungsgegenstand aus dem unterrichtlichen Alltag. Durch den Forschungsprozess strebt die forschende Lehrkraft die Qualitätssteigerung des Unterrichts an.

(3) *In-Beziehung-Setzung von Aktion und Reflexion*: Interventionen, die zur Verbesserung der Praxis durchgeführt werden, ergeben sich aus der Reflexion über die Praxis. Die Durchführung dieser Interventionen mündet in neue Reflexionen, die weitere Interventionen hervorrufen, sodass ein „Kreislauf von Reflexion und Aktion" (Altrichter et al. 2018: 14) entsteht.

(4) *Längerfristige Forschungs- und Entwicklungszyklen*: Die Durchführung von Aktionsforschungsprojekten ist eine längerfristige Aktivität, bei der mehrere aufeinander bezogene Forschungszyklen wiederholt werden. Burns (2009: 114–115; 2010: 7–10) unterscheidet vier wesentliche, aufeinanderfolgende Phasen eines Aktionsforschungszyklus: **Planung, Aktion, Beobachtung** und **Reflexion** (vgl. Kap. 7.2.1.2).

(5) *Konfrontation unterschiedlicher Perspektiven*: Die Aktionsforschung legt besonderen Wert auf die Berücksichtigung der unterschiedlichen Perspektiven verschiedener Schul- und Unterrichtsakteure. Nunan und Bailey (2009: 234–235) sprechen in diesem Zusammenhang von einer Triangulation der Qualitätskontrolle im Aktionsforschungsprozess, die sich auf verschiedene Ebenen beziehen lässt. Für ein besseres Erfassen des Untersuchungsgegenstandes können sich u.a. sowohl (a) Datentriangulation – die Konfrontation der Gesichtspunkte der lernschwächeren und lernstärkeren Schüler*innen, der Lehrpersonen und der Lernenden – und (b) Methodentriangulation – z.B. simultaner Einsatz von Interviews, Gruppendiskussionen und Unterrichtsbeobachtungen zur Datenerhebung – als auch (c) Forscher*innen-Triangulation – z.B. Zusammenarbeit mit Kolleg*innen und externen Wissenschaftler*innen – als ergiebig erweisen.

(6) *Einbettung der individuellen Forschung in eine professionelle Gemeinschaft*: Aktionsforschung wird im schulischen Kontext beschrieben als kooperative Tätigkeit (Stringer 1996: 15; Bruce und Easley 2000: 243), die von einzelnen Lehrerforscher*innen in Zusammenarbeit mit verschiedenen Akteur*innen durchgeführt wird: mit a) anderen Lehrenden, b) mit

Wissenschaftler*innen, c) mit Lernenden oder d) mit der Schulverwaltung (Boeckermann 2016: 592). Während Lernende und Schulverwaltung u.a. oft als Informant*innen für eine Datenerhebung gelten, können mitwirkende Lehrerforscher*innen bzw. Lehrende und Wissenschaftler*innen laut Altrichter et al. (2018: 338) durch den Austausch über Forschungskonzepte, -schritte und -ergebnisse i) bei der Forschungsplanung- und -durchführung unterstützen; und ii) Lehrer*innen-Wissen verbreiten; sowie iii) durch kritische Gespräche über Stärken und Schwächen durchgeführter Unterrichtsentwicklungsprojekte eine Art forschungskritische Instanz bilden. Um die Relevanz der Zusammenarbeit verschiedener Akteur*innen für die Aktionsforschung hervorzuheben, zieht Benitt das folgende Fazit: „Action research [...] is most beneficial when undertaken collaboratively" (Benitt 2015: 70).

(7) *Vereinbarung ethischer Regeln für die Zusammenarbeit*: Bei der Planung und Durchführung von Aktionsforschungsprozessen im Unterricht soll darauf geachtet werden, dass „das Forschen mit den pädagogischen Zielen der untersuchten Situation verträglich" (Altrichter et al. 2018: 108) ist. Außerdem ist bei der Datenerhebung, -aufbereitung und -interpretation die Berücksichtigung bestimmter ethischer Prinzipien von großem Belang (ebd.: 109–110), wie z.B. a) das **Prinzip der Aushandlung** (Information der Betroffenen – Schüler*innen, Lehrpersonen – über die geplanten Interventionen und die Untersuchungsabsichten; Beteiligung an dem Forschungsprozess auf freiwilliger Basis), b) das **Prinzip der Vertraulichkeit** (vertraulicher Umgang mit persönlichen Daten der Forschungsbeteiligten; keine Weitergabe erhobener Daten an Dritte ohne Einverständnis der Betroffenen) und c) das **Prinzip der Kontrolle der Forschung durch die Betroffenen** (die Kontrolle – und damit zugleich die Verantwortung – über Beginn, Verlauf und Beendigung eines Aktionsforschungsprozesses soll nicht bei den beratenden, externen Wissenschaftler*innen liegen, sondern bei den Lehrerforschenden, deren Unterricht erforscht wird) (ausführlich zu Forschungsethik, vgl. Kap. 8.3).

(8) *Veröffentlichung von Praktiker*innen-Wissen*: Die Aktionsforschung ermöglicht Einsicht sowohl in den Implementierungsprozess von Veränderungsmaßnahmen im eigenen Unterricht als auch in deren Ergebnisse. Eines der grundlegenden Merkmale der Aktionsforschung ist die Veröffentlichung der Forschungsergebnisse und -erfahrungen, die laut Altrichter et al. (2018: 236–239) zahlreiche positive Konsequenzen hat: a) Schutz vor dem Vergessenwerden; b) Erhöhung der Qualität der Reflexion über die Praxis; c) Verbesserung des professionellen Umgangs mit

Schüler*innen, Eltern und Kolleg*innen; d) Stärkung des beruflichen Selbstbewusstseins und damit der eigenen Selbstwirksamkeit; e) Verbesserung des gesellschaftlichen Ansehens; f) Erweiterung der beruflichen Autonomie; g) Ermöglichung begründeter bildungspolitischer Einflussnahmen.

(9) *Wertaspekte pädagogischer Tätigkeit*: Nach Altrichter et al. (ebd., S. 17) werden Interventionen, die als Ausdruck der Wertvorstellungen der Aktionsforschenden anzusehen sind, in der Aktionsforschung geplant und durchgeführt. Sie dienen der Verbesserung der Praxis und sind als Ausdruck dessen zu betrachten, was aus Sicht der Lehrerforschenden als das Beste für die erlebten Unterrichtssituationen gilt.

(10) *Ziele der Aktionsforschung*: Charakteristisch für die Aktionsforschung ist laut Altrichter et al. (ebd., 17–18) eine doppelte Zielsetzung: „Es wird gleichzeitig *Erkenntnis* (als Ergebnis von Reflexion) und *Entwicklung* (als Ergebnis von Aktion) angestrebt[17]". Das erkenntnisorientierte Ziel der Aktionsforschung verweist darauf, dass ein besseres Verständnis des zugrunde liegenden Problems anvisiert wird – z.B. wenn man verstehen will, wie sich Lehrende ihre eigene Rolle im Unterricht vorstellen und inwiefern deren Rollenvorstellungen Auswirkungen auf den Lehr-Lern-Prozess haben. Burns (2011: 237) betrachtet die Aktionsforschung in dieser Hinsicht als „a means for teacher practitioners to be engaged in self-reflective and investigative approaches to understanding and researching their working environments". Das entwicklungsbezogene Ziel fokussiert das Handlungsinteresse, d.h. den Entwurf und die Implementierung von Interventionen zur Verbesserung der Praxis – wie z.B. die Entwicklung und Implementierung von Maßnahmen zur Förderung der Schüler*innen-Aktivierung im Unterricht. Wallace (2002: 1) betrachtet die Aktionsforschung als „the systematic collection and analyses of data relating to the improvement of some aspects of professional practice".

Auf der Grundlage der beschriebenen Merkmale wird die Aktionsforschung in der vorliegenden Arbeit verstanden als Forschung, die Lehrende (hier als *Lehrerforschende* benannt)

- im Unterricht (d.h. als Bestandteil der Lehrtätigkeit) initiieren,
- in Zusammenarbeit mit anderen Schul- und Unterrichtsakteur*innen (z.B. Schüler*innen, Kolleg*innen, Wissenschaftler*innen) durchführen,

---

[17] Hervorhebungen im Original.

- der Auseinandersetzung mit Problemen aus der Unterrichtspraxis in einem Kreislauf von Aktion und Reflexion auf der Grundlage systematisch erhobener Daten mit der doppelten Zielsetzung widmen, um einerseits den Lehr-Lern-Prozess besser zu verstehen und um andererseits zugleich das Lehren und Lernen qualitativ zu optimieren.

7.1.1. Zur Durchführung von *Aktions*- und *Forschungs*prozessen im DaF-Unterricht

Grundlage für die Durchführung von Aktionsforschungsprojekten im Unterricht ist ein konstruktivistisches Unterrichtsverständnis, nach dem Lernerfolg nicht lediglich auf die Qualität des Inputs des Lehrenden zurückzuführen ist, sondern vor allem mit dem Zusammenwirken des Lehrangebots und dessen individueller Nutzung durch die Lernenden verknüpft ist (vgl. Helmke 2015a; siehe Kap. 2.3.3). Für eine erfolgreiche und lernwirksame Gestaltung des Lehr-Lern-Prozesses ist die Berücksichtigung der Rahmenbedingungen des Unterrichts wesentlich, um das jeweilige Lehrer*innen-Handeln und die Verhaltensweisen der Unterrichtsbeteiligten zu verstehen (vgl. Kap. 4).

Grundsätzlich besteht die Aktionsforschung aus zwei parallel laufenden Aktivitäten: einerseits der Planung, Implementierung, Beobachtung und Reflexion von Veränderungen im Unterricht (*Aktion*, *Praxis* oder *Handlung*) – also dem eigentlichen *Aktions*-Prozess – und andererseits der systematischen Erhebung, Aufbereitung und Analyse von Daten (*Forschung*) – also dem *Forschungs*-Prozess. Zum Zweck der Übersichtlichkeit werden die *Aktions*- und *Forschungs-Prozesse* im Folgenden getrennt voneinander beschrieben.

Zwar ist jedes Aktionsforschungsprojekt einzigartig, dennoch gibt es ein gemeinsames Grundmuster in der Entstehung und Durchführung von Projekten im Rahmen der Aktionsforschung. Als Ausgangspunkt für die Planung der *Aktions*-Prozesse[18] (auch *Lehr*-Prozesse genannt) nennen Altrichter et al (2018: 46) die „Erfahrung von Diskrepanzen", die Lehrende im Alltagsunterricht erleben und die sie zum Nachdenken anregen. Diese Diskrepanzen können sich laut Fischer (2001) auf einen oder mehrere der

---

18 *Aktions*-Prozesse verweisen auf das Lehren als Komponente der Aktionsforschung neben den *Forschungs*-Prozessen. Zur Unterscheidung von „Aktion", der zweiten Phase des Burnschen Aktionsforschungsmodells, wird in der vorliegenden Arbeit der Begriff kursiv und mit einem Bindestrich im Kompositum geschrieben. Diese Schreibform gilt auch für die Forschungskomponente, die als *Forschungs*-Prozesse bezeichnet wird.

folgenden Kernbereiche beziehen: (1) lehrerimmanente Faktoren (z.B. Lehrer*innen-Verhalten, Lehrer*innen-Haltung, eingesetzte Lehrmethoden im Lehr-Lern-Prozess); (2) schülerspezifische Faktoren (z.B. Lernmethoden, Schüler*innen-Verhalten im Lernprozess, Motivation der Lernenden, Lernbeeinträchtigungen aus Schüler*innen-Sicht); (3) lernstoffbezogene Faktoren (z.B. Umgang mit dem Lehrplan und mit dem Lehrwerk); und (4) Faktoren, die sich auf die Grundlage des Lehrer*innen-Handelns im Unterricht beziehen (z.B. Lehrer*innen-Wissen und -Überzeugungen).

Die Identifikation des betroffenen Problembereichs dient als Grundlage der Entwicklung und kleinschrittigen Implementierung von Interventionen im eigenen Unterricht. Die Kernpunkte der *Forschungs*-Prozesse betreffen: a) die Formulierung und Abgrenzung einer Fragestellung oder eines Entwicklungsinteresses (Altrichter et. Al. 2018: 53) auf der Grundlage der beobachteten Diskrepanzen und Problembereiche; b) die Auseinandersetzung mit forschungsmethodologischen Fragen (quantitativer oder qualitativer Ansatz); c) die Datenerhebung; d) die Dateninterpretation; e) die Rückführung der Ergebnisse der Interpretation an die Praxis durch den Entwurf neuer Interventionen; f) die Beobachtung der Implementierung von Interventionen; g) die Reflexion über den Forschungsprozess. Aufgrund des iterativen Prozesses der Aktionsforschung lassen sich einzelne Forschungsschritte in verschiedenen Forschungszyklen wiederholen.

7.1.2. Möglichkeiten und Grenzen der Aktionsforschung im DaF-Unterricht

In der Unterrichtsforschung herrscht Konsens über die Relevanz der Aktionsforschung sowohl für den Lehr-Lern-Prozess als auch für die Unterrichtsbeteiligten. Die Erforschung des eigenen Unterrichts ermöglicht eine bessere Einsicht in die spezifischen Probleme und Herausforderungen, mit denen Lehrende im Alltag konfrontiert sind (vgl. Burns 2005; 2010; Burns et al. 2016; Burns und Westmacott 2018; Downes et al. 2016; Wallace 2002). Dadurch können Innovationen entwickelt werden, die zur Verbesserung der Unterrichtspraxis beitragen (vgl. Altrichter et al. 2018; Boeckermann 2016; Burns 2005; Nunan und Bailey 2009). Unter Berücksichtigung der Rahmenbedingungen des Unterrichts und der sozio-kulturellen Zusammenhänge der Unterrichtsbeteiligten trägt die Aktionsforschung zum Wissenserwerb über die Unterrichtspraxis bei (vgl. Boeckermann 2016), was zugleich die Kluft zwischen Unterrichtsforschung und Unterrichtspraxis, also die Diskrepanz zwischen Theorie und Praxis, deutlich minimiert (Burns 2005; Nunan und Bailey 2009).

Die Entwicklung der Forschungs- und Reflexionskompetenz (Burns 2010), die mit der Aktionsforschung zusammenhängt, wird als eine elementare Grundlage für die erfolgreiche Professionalisierung einer Lehrkraft betrachtet. Durch die Sammlung relevanter Daten und damit der Bereitstellung einer Wissensgrundlage für zukünftige pädagogische Entscheidungen dient die Aktionsforschung als Empowerment für die Lehrperson (Nunan und Bailey 2009). Als kooperative Tätigkeit trägt die Aktionsforschung zur Förderung der aktiven Beteiligung der Lernenden an der Unterrichtsentwicklung bei (vgl. Schensul et al. 2004). In diesem Sinne fördert die Aktionsforschung auch die Partizipation von Schüler*innen im Lehr-Lern-Prozess.

Grundlage für die internationale Erforschung des fremdsprachlichen Deutschunterrichts ist das Lehren und Lernen der deutschen Sprache an deutschen Institutionen im Ausland (z.B. am Goethe-Institut) sowie an den nationalen Institutionen der jeweiligen nichtdeutschsprachigen Länder. Die Wahrnehmung des Fremdsprachenunterrichts als Faktorenkomplex (Edmondson und House 2011: 25) weist auf wechselseitige Beeinflussungen zwischen den verschiedenen Faktorenbereichen hin, die nach soziopolitischen, personenbezogenen, wissenschaftlichen Faktoren, didaktischen Variablen, sowie Lehr- und Lernumgebungsfaktoren zu unterscheiden sind. Angesichts der unterschiedlichen Ausprägungen dieser Faktoren in den verschiedenen Ländern trägt die Aktionsforschung dazu bei, durch die Erforschung der Alltagsprobleme des fremdsprachlichen Deutschunterrichts und die Kommunikation der entsprechenden Ergebnisse die DaF-Forschung insgesamt voranzutreiben.

Eine gewinnbringende Untersuchung des eigenen Unterrichts setzt aber bei der Lehrkraft eine Haltung voraus, die die eigene Lehrer*innen-Rolle nicht auf die reine Vermittlung von Wissen reduziert. Vielmehr wird erwartet, dass sich die Lehrkraft als Akteur*in der Unterrichtsentwicklung wahrnimmt, als Person, deren Rolle auch in der beständigen Optimierung und Weiterqualifizierung in der beruflichen Tätigkeit besteht. Dafür ist es entscheidend, dass Lehrende sich selbst als *reflective practitioners* (Schön 1983, 1987) betrachten, die durch Prozesse der Reflexion über die Handlung und Reflexion in der Handlung kontextsensitive Lösungen zur besseren Gestaltung des eigenen Unterrichts entwickeln. Die Fähigkeit zur Rollendistanz (Preyer 2012), d.h. zur kritischen Auseinandersetzung mit der eigenen Rolle, beinhaltet dabei eine entscheidende Komponente für einen erfolgreichen Aktionsforschungsprozess.

Für eine effiziente Handhabung der Forschungsinstrumente, mit denen die Daten während der Aktionsforschung erhoben und interpretiert werden, brauchen die Lehrerforschenden grundlegende Kenntnisse im Hinblick auf Forschungsmethodologie bzw. Forschungsmethoden. Aufgrund der Tatsache, dass manche DaF-Lehrkräfte beispielsweise in Kamerun entweder kein Studium absolviert haben oder keine Erfahrung mit dem Verfassen von wissenschaftlichen Abschlussarbeiten mitbringen (vgl. Kap. 4.1.2.1), kann es für manche Lehrkräfte ggf. nicht zumutbar sein, dass sie neben ihrer Lehrtätigkeit noch den Umgang mit Forschungsmethoden bzw. -instrumenten erlernen müssen.

Eine weitere Grenze der Aktionsforschung hängt mit der Überlastung von Lehrkräften zusammen. Vor allem das Unterrichten in großen bzw. riesigen Großgruppen (Loo 2007) führt häufig zu einer Überlastungssituation, sodass die Durchführung einer Aktionsforschung im Unterricht in diesem Rahmen eher als eine Zumutung erscheinen mag.

Auf der anderen Seite erscheint es bedeutsam, im Falle einer Aktionsforschung in Großgruppen den von Loo (2007; 2012) vorgeschlagenen Prinzipien[19] des Großgruppenunterrichts Rechnung zu tragen, wenn Interventionen geplant, beobachtet, durchgeführt werden und wenn darüber reflektiert wird.

7.2. Planung und Durchführung eines Aktionsforschungsprojekts in der Forschung an Lehrer*innen-Rolle im DaF-Unterricht

Die vorliegende Untersuchung basiert auf einem Aktionsforschungsprojekt, das in den Schuljahren 2015/2016 und 2016/2017 im Deutschunterricht an zwei Gymnasien in Kamerun durchgeführt wurde. In diesem Kapitel werden die Konzeption und Durchführung dieses Aktionsforschungsprojekts beschrieben und reflektiert.

7.2.1. Zur Rollenkonstellation im Aktionsforschungsprojekt

Bei der Durchführung des vorliegenden Aktionsforschungsprojekts haben zahlreiche Akteure zusammengearbeitet und unterschiedliche Rollen übernommen. Als Forscher war der Verfasser für die Planung, Durchführung und Evaluation des gesamten Forschungsprozesses verantwortlich. Die Planungsaufgabe bestand sowohl in der Festlegung des Erkenntnisinteresses und der Beantwortung forschungsmethodologischer Fragestellungen (Forschungsansatz, Forschungsmethoden sowie Ort, Zeitraum und Beteiligte der

---

19 Für den Fremdsprachenunterricht in Großgruppen schlägt Loo (2007; 2012) folgende methodische Prinzipien vor: Prinzip (1) der Schüler*innen-Aktivierung, (2) der Zusammenarbeit und (3) der Berücksichtigung und Nutzung der Vielfalt (vgl. Kap. 4.2.2).

Untersuchung, etc.) als auch in der Vorbereitung der jeweiligen Schritte im Forschungsprozess. Angesichts der Fragestellungen der vorliegenden Studie und vor allem des Anliegens, auf der Grundlage der Ermittlung der Vorstellungen von Lehrkräften über die eigene Rolle Maßnahmen zur Veränderung des DaF-Unterrichts zu entwerfen, konnte der Verfasser die Aktionsforschung im eigenen Unterricht nicht durchführen. Problematisch war in diesem Fall, dass seine theoretische Sensibilisierung zu diesem Thema die Forschungsergebnisse beeinflussen würde, was nicht erwünscht war. Außerdem war er daran interessiert, aus der Handlungssituation heraus Lösungen für die Verbesserung des DaF-Unterrichts zu entwickeln, was eine bestimmte Distanz zum Unterricht verlangt, die nur erreichbar ist, wenn der Forscher nicht gleichzeitig unterrichtet und den Lehr-Lern-Prozess beobachtet. Daher war er hier auf die Zusammenarbeit mit Kolleg*innen angewiesen, sodass der DaF-Unterricht in deren jeweiligen Klassen beobachtet und Befragungen mit den Unterrichtsakteuren durchgeführt werden konnten.

Während der Durchführung der Aktionsforschung verstand der Verfasser seine Rolle als eine begleitende und unterstützende zur Implementierung von Veränderungen in den Unterricht der teilnehmenden Lehrkräfte. Aus einer externen Perspektive heraus hat er den Deutschunterricht regelmäßig beobachtet, sich mit den Unterrichtsakteuren (Lehrpersonen und Lernenden) unterhalten, diese Letzteren auf bestimmte Aspekte des Unterrichts aufmerksam gemacht und sie auf dem Weg zur Entwicklung von Interventionsmaßnahmen unterstützt. Die Begleitung während des Verbesserungsprozesses des Unterrichts fand durch zahlreiche informelle Gespräche statt, die entweder vor oder nach dem Unterricht mit den betroffenen Lehrenden durchgeführt wurden und in denen die Implementierung von Veränderungsmaßnahmen analysiert und reflektiert wurden, um weitere Lösungsansätze und Handlungsalternativen zur Überwindung aufgetretener Herausforderungen und Schwierigkeiten zu entwickeln. Eine weitere Begleitung betraf die Schaffung von Austausch- und Lernanlässen durch die Organisation und Leitung von eintägigen Lehrer*innen-Fortbildungen, bei denen der Austausch mit Kolleg*innen aus unterschiedlichen Schulen stattfand und ein Input zur qualitativen Verbesserung des eigenen Unterrichts gegeben wurde (vgl. Kap. 7.2.2.1.4 und Kap. 7.2.2.2.3). Schlichtweg ging es um die Entwicklung, Durchführung und Reflexion von Handlungszyklen zur Unterstützung von Lehrenden in dem Veränderungsprozess des eigenen Deutschunterrichts.

Ein wesentlicher Aspekt der Rolle des Verfassers bestand in der Erhebung, Aufbereitung und Interpretation der Daten im ganzen Forschungsprozess. Als Interviewer bei den Lehrer*innen-Interviews und Moderator bei den

Gruppendiskussionen mit den Schüler*innen konnte er an mehreren Stellen durch Nachfragen auf bestimmte Aspekte fokussieren, die er für seinen Untersuchungsgegenstand für wichtig hielt (vgl. Kap. 7.2.2.1.2, Kap. 7.2.2.1.3 und Kap. 7.2.2.2.2). Die Entscheidungen darüber, wann welche Daten wie und wozu erhoben, aufbereitet und interpretiert wurden, traf der Verfasser allein während des Forschungsprozesses.

Als Forschungsteilnehmer*innen werden Lehrende bezeichnet, deren Deutschunterricht in den ausgewählten Klassen während des Forschungsprozesses beobachtet und von denen Daten erhoben wurden (vgl. Kap. 10.1). Im Mittelpunkt der Untersuchung steht die Frage, wie die Forschungsteilnehmenden (Lehrkräfte) die eigene Lehrer*innen-Rolle im jeweiligen Deutschunterricht verstehen und inwiefern diese Wahrnehmung den entsprechenden Lehr-Lern-Prozess beeinflusst. Dabei steht vor allem die Frage im Fokus, was an dem Lehrer*innen-Handeln verändert werden kann, um die Unterrichtsqualität zu optimieren. Die Forschungsteilnehmer*innen gelten primär als Informant*innen im Untersuchungsprozess. Zugleich stellen sie aber auch die Akteure der Unterrichtsentwicklung dar, denen die Aufgabe zukommt, den eigenen Deutschunterricht aktiv (mit-)gestalten. Dabei kommt den forschungsteilnehmenden Lehrer*innen[20] eine verantwortungsvolle Rolle zu, da sie sich bereit erklären, für eine Verbesserung des Lehr-Lern-Prozesses zu sorgen und mit Unterstützung des Forschers Interventionsmaßnahmen zu entwickeln, die sie souverän in die alltägliche Unterrichtsplanung einbeziehen und im Unterricht entsprechend selbstständig umsetzen.

Im Aktionsforschungsprozess gelten die forschungsbeteiligten Lehrenden – Frau Nemka, Frau Kouba, Frau Njemmack und Herr Fetba – als Forschungsteilnehmer*innen ersten Grades, da die Interventionen des Forschenden auf deren Ebene beschränkt ist: informelle Gespräche zur Besprechung des Veränderungsprozesses des Unterrichts, Lehrer*innen-Fortbildungen zur Reflexion über den Aktionsforschungsprozess und zum Empowerment für die nächsten Aktionsforschungszyklen. Als Forschungsteilnehmer*innen zweiten Grades werden die Schüler*innen bezeichnet, weil Interventionen auf deren Ebene nicht direkt vom Forscher selbst, sondern von den Forschungsteilnehmenden ersten Grades – nämlich deren Deutschlehrkräfte – geplant und durchgeführt wurden: Unterrichtsplanung und -leitung. Dabei übernahm der Verfasser als

---

20 Wenn in der vorliegenden Untersuchung von *Forschungsteilnehmenden* gesprochen wird, werden vor allem die vier Lehrkräfte gemeint, die sich am Aktionsforschungsprojekt beteiligt haben.

Forscher eine Beobachterrolle – bei der Durchführung von Unterrichtsbeobachtungen – und konnte nach dem Unterricht mit den betroffenen Lehrkräften über den Verlauf des Lehr-Lern-Prozesses reflektieren und Verbesserungsvorschläge für die nächsten Unterrichtssitzungen entwickeln. Während der Verfasser für die Planung und Durchführung des Forschungsprozesses insgesamt zuständig war, blieb die Verantwortlichkeit für die Planung und Durchführung des Unterrichts in den betroffenen Klassen bei den forschungsteilnehmenden Lehrkräften.

Die Beschreibung des durchgeführten Aktionsforschungsprojektes fokussiert zuerst die Planung und Durchführung der Interventionen des Forschers auf der Ebene der beteiligten Lehrpersonen. Beobachtet wird dabei die Implementierung dieser Interventionen durch die beteiligten Lehrenden im Unterricht. Zur Reflexion steht darüber hinaus der gesamte Prozess, das heißt, sowohl die Planung und Durchführung von Interventionen auf der Lehrer*innen-Ebene als auch die Implementierung dieser Veränderungsmaßnahmen durch die Lehrenden im Unterricht. Für die Zusammenarbeit der verschiedenen Akteure – Forscher, teilnehmende Lehrer*innen und Schüler*innen – lassen sich in der vorliegenden Aktionsforschung verschiedene Handlungsfelder unterscheiden.

7.2.1.1. *Zu den Handlungsfeldern*

In dem Aktionsforschungsprojekt, das der vorliegenden Untersuchung zugrunde liegt, finden die Entwicklung und Durchführung von Interventionen insgesamt auf drei unterschiedlichen Handlungsfeldern (A, B & C) statt (Siehe Abb. 10).

Das Handlungsfeld A betrifft die Interaktion zwischen den forschungsteilnehmenden Lehrenden und dem Forschenden. Auf dieser Ebene werden verbesserungswürdige Aspekte des Lehr-Lern-Prozesses beispielsweise in informellen Gesprächen besprochen und Veränderungsmaßnahmen entwickelt. Außerdem werden im Rahmen der Lehrer*innen-Fortbildungen Reflexionen über den eigenen Unterricht angeregt und (theoretisches) Wissen zur Erweiterung der Handlungsfähigkeit der Lehrkräfte vermittelt, indem zum Beispiel auf Themen wie Lehrer*innen-Rolle, Unterrichtsentwicklung, Wertschätzung in der Lehrer-Schüler-Interaktion oder (Lehrer*innen- und Schüler*innen-)Feedback eingegangen wird. Zum Handlungsfelder A gehören entsprechende durchgeführte Lehrer*innen-Interviews zu Beginn und zum Ende der beiden Teilstudien (vgl. Kap. 7.2.2.1.2 und Kap. 7.2.2.2.2).

Das Handlungsfeld B bezieht sich auf die Planung und Durchführung des Unterrichts, für die die forschungsteilnehmenden Lehrkräfte allein verantwortlich

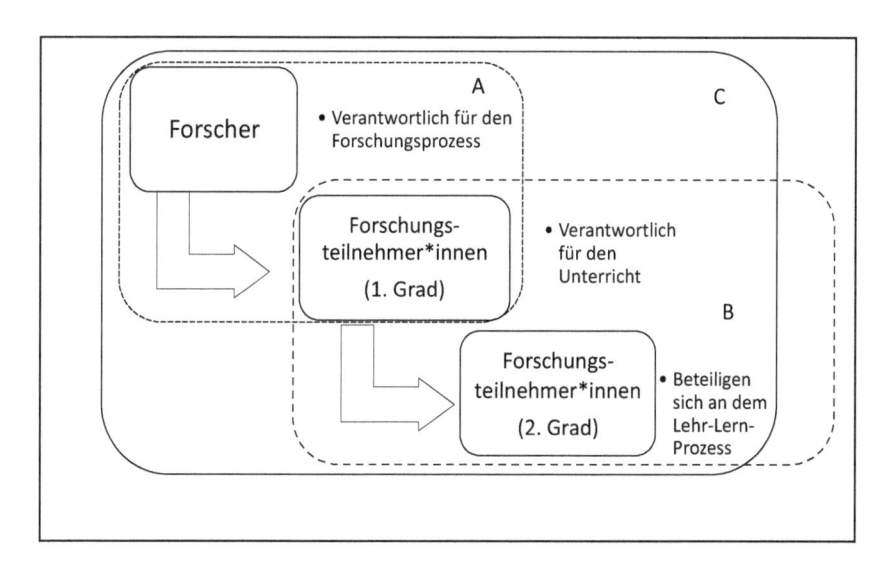

Abb. 10: Handlungsfelder in der Aktionsforschung

sind. Sie entscheiden nach eigenem Ermessen, welche Lerngegenstände im Fokus stehen und wie diese didaktisch und methodisch aufbereitet werden. Die Entscheidung darüber, ob und wie die auf dem Handlungsfeld A vorgeschlagenen Veränderungsmaßnahmen zur Anwendung kommen, obliegt den Lehrenden. Wesentliche Bestandteile des Handlungsfeldes B sind die Schüler*innen: Sie beteiligen sich in Form von Interaktionen mit der Lehrperson und mit anderen Lernenden sowie in der Auseinandersetzung mit den Lerninhalten. Auf dieser Ebene wird dem Lehr- und Unterrichtsplan entsprechend zweimal wöchentlich Deutsch gelehrt bzw. gelernt. Außerdem werden in diesen Zeiten Klassenarbeiten geschrieben und Schulprüfungen vorbereitet.

Das Handlungsfeld C findet zwischen der Lehrperson, den Lernenden und dem Forschenden statt. Es umfasst zum Teil die beiden vorigen Handlungsfelder[21] und beinhaltet sowohl die Lehrer-Forscher-Interaktion als auch weitere Interaktionsformen im Unterricht. Auf dieser Ebene finden die wöchentlichen

---

21 Zum Handlungsfeld C gehören u.a. alle Interaktionsformen, an denen der Forschende sowohl passiv, als auch aktiv beteiligt ist. Dazu gehören die Lehrer-Schüler-Interaktion und Schüler-Schüler-Interaktion während der beobachteten Unterrichtsstunden sowie die Forscher-Lehrer-Interaktion und die Forscher-Schüler-Interaktion. Interaktionen aus dem Handlungsfeld B, die in Abwesenheit der Forschenden

Unterrichtsbeobachtungen statt: Die Lehrperson und die Lernenden arbeiten in Anwesenheit des Forschenden an dem Lerngegenstand in der Deutschstunde; der Forscher beobachtet den ganzen Prozess, führt dabei Protokoll – macht Fotos und Videos, füllt Beobachtungsbögen aus – und mischt sich dabei nicht in die Unterrichtsaktivitäten ein. Auf der Grundlage der beobachteten Phänomene werden neue Interventionsmaßnahmen ins Auge gefasst und später auf dem Handlungsfeld A mit der Lehrperson zur Sprache gebracht und erwartungsgemäß auf dem Handlungsfeld B im Unterricht implementiert. Die einzige Interaktionsform zwischen dem Forschenden und den Lernenden findet auf dem Handlungsfeld C statt, indem Gruppendiskussionen mit ausgewählten Schüler*innen durchgeführt werden. Dabei geht es nicht darum, den Lernenden eine bestimmte Handlungsoption vorzuschlagen, sondern um die Analyse des Lehr-Lern-Prozesses aus der Schüler*innen-Perspektive.

Die Tatsache, dass die verschiedenen Schritte der Implementierung nicht von Beginn an ausgearbeitet werden konnten, erwies sich in diesem Aktionsforschungsprojekt als ausgesprochen positiv. Es ermöglichte eine gewisse Offenheit und Flexibilität bei der Handhabung der Forschungsinstrumente während der Aktionsforschung. Interventionsmaßnahmen konnten auf der Grundlage beobachteter Phänomene entwickelt werden, zugleich konnte der Komplexität des Unterrichtsgeschehens Rechnung getragen werden, indem weitere Faktoren ebenfalls berücksichtigt wurden, wie z.B. die Klassenstärke, die Persönlichkeitsmerkmale der Lehrkräfte, die Qualität der Lehrer-Schüler-Interaktion, die Unterrichtsatmosphäre. Anschließend konnten die Lehrenden nach eigenem Lehrstil und unter Berücksichtigung kontext- und unterrichtsimmanenter Faktoren – z.B. Großgruppe, mangelnde Motivation vieler Schüler*innen, mangelnde Lehrwerke, keine Einsatzmöglichkeiten multimedialer Ressourcen etc. (vgl. Kap. 4.1.) – die Verbesserungsvorschläge zur Anwendung bringen. Die Reflexion über die Implementierung – oder auch Nichtberücksichtigung – der Interventionsmaßnahmen[22] im Deutschunterricht führte zur Entwicklung neuer Handlungsoptionen, die wiederum den Lehrenden für die

---

stattfinden – z.B. bei jenen Unterrichtssitzungen, die vom Forschenden nicht beobachtet wurden – sind nicht Teil des Handlungsfeldes C.

22 Manche Interventionsmaßnahmen wurden vom Forschenden vorgeschlagen, manche andere entstanden aus der gemeinsamen Reflexion des Unterrichts in den informellen Gesprächen zwischen dem Forschenden und der Lehrperson. Weitere Interventionsmaßnahmen wurden von den Lehrkräften selbst entwickelt (vgl. Kap 11.1).

```
                          ┌─────────────┐   • Lehrperson und
                          │ Unterricht  │     Schüler*innen handeln im
                          └─────────────┘     Deutschunterricht
                                            • Reflexion-in-der-Handlung

• Lehrperson bereitet die                                      • Forscher beobachtet den
  nächste Unterrichtssitzung  ┌──────────────┐ ┌──────────────────┐  Unterricht;
  vor;                        │Unterrichts-  │ │Unterrichts-      │• Reflexion-in-der-
• Reflexion-über-die-Handlung │planung       │ │beobachtung       │  Handlung;
• Reflexion-für-die-Handlung  └──────────────┘ └──────────────────┘• Entwicklung neuer
• Nach Ermessen                                                      Handlungsoptionen
  berücksichtigt die
  Lehrperson die              ┌──────────────┐ • Forscher tauscht sich mit der
  Verbesserungsvorschläge     │Austausch mit │   Lehrperson über den
  (nicht)                     │der Lehrperson│   Unterricht aus;
                              └──────────────┘ • Reflexion-über-die-Handlung
                                               • Lehrperson bekommt
                                                 Verbesserungsvorschläge
                                               • Reflexion-für-die-Handlung
```

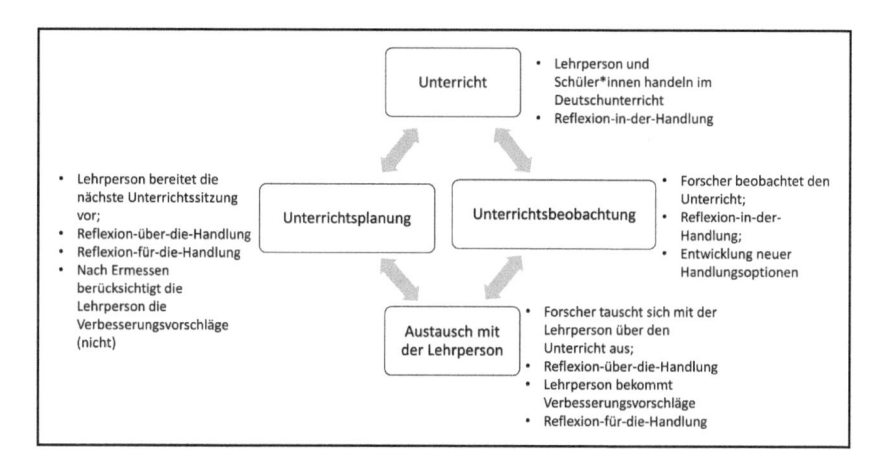

Abb. 11: Kreislauf von Aktion und Reflexion

nächsten Unterrichtssitzungen vorgeschlagen wurden. Daher kann das vorliegende Forschungsprojekt als Kreislauf von Aktion und Reflexion betrachtet werden.

7.2.1.2. *Zum Kreislauf von Aktion und Reflexion*

Im vorliegenden Aktionsforschungsprojekt, die wie bereits oben dargestellt als Kreislauf von Aktion und Reflexion (vgl. Abb. 11) anzusehen ist, lassen sich drei wesentliche Formen von Reflexionen unterscheiden: Reflexion-in-der-Handlung, Reflexion-über-die-Handlung (Schön 1983, 1987) und Reflexion-für-die-Handlung (Cowan 2006) (vgl. Kap. 2.1). In Anlehnung an Schön (1983) beschreiben Altrichter et al. (2018: 333–336) die Reflexion-in-der-Handlung als jene Reflexion, die „*im*[23] Handlungsverlauf" (S. 335–336) zur Lösung komplexer Probleme in der Handlungssituation geschieht und aus der „Ideen für das Handeln entwickelt werden" (S. 335).

Als Handlungssituation galt hier der konkrete DaF-Unterricht. Die Reflexion-in-der-Handlung (vgl. Kap. 2.1.2) bezog sich einerseits auf jene, die von der Lehrperson in den konkreten Unterrichtssituationen durchgeführt wurden und als Teil der *Aktionsprozesse* dem flexiblen und adaptiven Lehrer*innen-Handeln zugrunde lagen. Derartige Reflexion half der Lehrperson,

---

23 Hervorhebungen im Original.

in der Interaktion mit den Lernenden Diskrepanzen zwischen der Unterrichtsvorbereitung und der effektiven Unterrichtsdurchführung festzustellen, ihre eigene Handlungsstrategien anzupassen und durch die Neujustierung des eigenen Handelns das unterrichtliche Angebot an der effektiven Handlungssituation zu orientieren. Andererseits umfasste die Reflexion-in-der-Handlung – als Teil der *Forschungs*-Prozesse – auch die vom Forscher durchgeführte Reflexion während der Unterrichtsbeobachtung. Durch die Beobachtung der Lehrer-Schüler-Interaktion fielen dem Forscher bestimmte Phänomene auf, die beispielsweise mit der mehr oder weniger erfolgreichen Handhabung bestimmter Lehr-/Lernmethoden zusammenhingen. Dabei wurde der Forscher zum Nachdenken über mögliche alternative Handlungsstrategien angeregt, die in der Form von Memos im Beobachtungsprotokoll eingetragen wurden und bei späteren Gesprächen mit der Lehrperson thematisiert wurden (vgl. Abb. 11).

Hingegen bezog sich die Reflexion-über-die-Handlung auf solche, die „aus dem Handlungsfluss heraus[trat], sich von ihm [distanzierte], ihn [vergegenständlichte] (z.B. als „Daten") und sich auf diese vergegenständlichte Form der Handlung [richtete]" (Altrichter et al. 2018: 336; vgl. Kap. 2.1.2). Im vorliegenden Aktionsforschungsprojekt geschah die Reflexion-über-die-Handlung, wenn rückblickend über die bisherige Planung und Durchführung der Aktionsforschung reflektiert wurde, indem u.a. folgende Aspekte zur Diskussion gestellt wurden: die eingesetzten Erhebungsinstrumente, die Rollen des Forschenden und der Forschungsteilnehmenden, die Beziehungen zwischen dem Forschenden und den Forschungsteilnehmenden, die Gestaltung der Aktions- und Reflexionszyklen usw (vgl. Abb. 11). Derartige Reflexion fand hauptsächlich im Zeitraum zwischen den beiden Teilstudien (Mai – November 2016), zwischen den verschiedenen Sitzungen der Unterrichtsbeobachtung, bei den Lehrer*innen-Fortbildungen und nach der Teilstudie 2 (ab April 2017) statt.

Die Reflexion-für-die-Handlung bezog sich auf jene, die im Anschluss an die Reflexion-über-die-Handlung – besonders vor den jeweiligen Unterrichtssitzungen bzw. Beobachtungssitzungen – stattfand und die Implementierung der entwickelten Veränderungsmaßnahmen im Unterricht ins Auge fasste (vgl. Kap. 2.1.2). Der Gegenstand dieser Reflexion war die vorausschauende Auseinandersetzung mit der Frage, inwiefern die Maßnahmen zur Verbesserung des Unterrichts bzw. des Forschungsprozesses in die Gestaltung der nächsten Unterrichtsstunden bzw. der nächsten Forschungsschritte unter Berücksichtigung der Rahmenbedingungen (z.B. Gruppengröße, Ausstattung der Klassenräume), des Lernstandes der Schüler*innen sowie der Fähigkeiten und Persönlichkeitsmerkmale der Lehrperson einbezogen werden konnten (vgl. Abb. 11).

Auf der Grundlage seiner eigenen beruflichen Erfahrung und der aktuellen (fach- und allgemein-) didaktischen Diskussion zur Relevanz der Lehrpersonen im Bildungsprozess, welche die Veröffentlichung der Hattie-Studie auslöste, interessierte sich der Verfasser vor der Durchführung der empirischen Studien für die Frage danach, wie Lehrende ihre eigene Rolle im fremdsprachlichen Deutschunterricht verstehen und inwiefern DaF-Lehrkräfte zur Verbesserung der Qualität des Deutschlehrens und -lernens beitragen können. Die Vermutung, dass die Art und Weise, wie Lehrende ihre eigene Rolle im Deutschunterricht verstehen, für die Qualität des Unterrichts von großer Relevanz sein könnte, hat dazu bewogen, bei den Unterrichtsbeobachtungen auf die Lehrer-Schüler-Interaktion zu fokussieren und darauf aufbauend bei den Lehrer*innen-Interviews die Vorstellungen der Lehrenden zur eigenen Lehrer*innen-Rolle in den Blick zu nehmen. Eine weitere Konsequenz aus diesen Überlegungen war dann die Berücksichtigung der Schüler*innen-Perspektive, die durch Gruppendiskussionen verstärkt erkundet werden konnte.

Während der Unterrichtsbeobachtungen wurden alle Ideen aufgeschrieben, die dem Verfasser bei den beobachteten Phänomenen einfielen. Zur Durchführung der Reflexion-in-der-Handlung orientierte er sich dabei u.a. an folgenden Fragen: Was passiert gerade? Wer macht was und wie? Was ergibt sich daraus? Wie kommt es zu den aufgetretenen Folgen der beobachteten Phänomene? Was hätte man anders machen sollen, wie und warum? Was wäre für die Alternativhandlung vorauszusetzen? Was kann als Nächstes im Unterricht gemacht werden, damit das beobachtete Phänomen anders auftritt? Aus den entstandenen Memos wurden im weiteren Verlauf der Aktionsforschung Handlungsoptionen abgeleitet, die in informellen Gesprächen mit den Lehrenden besprochen und zur Implementierung vorgeschlagen wurden. In den Folgesitzungen des Unterrichts konnten die Lehrpersonen nach eigenem Ermessen den vorgeschlagenen Handlungsoptionen im Lehr-Lern-Prozess Rechnung tragen. Mit der Beobachtung der Folgesitzungen fing ein neuer Aktions- und Reflexionszyklus an (vgl. Abb. 11).

An dem folgenden Beispiel lässt sich die Durchführung der Interventionszyklen konkretisieren: Am 05.12.2016 wurde in der Terminale-Klasse das Thema Märchen besprochen. Nach der Auseinandersetzung mit dem Inhalt eines Textes aus dem Lehrbuch, den die Lehrperson an die Tafel schreiben ließ, meldeten sich einige Schüler*innen zu Wort und durften abwechselnd alle konjugierten Verben im Text markieren und deren Infinitivform erraten. Im Klassengespräch wurde dann abgefragt, was die markierten Verben gemeinsam haben und danach wurde die Aufmerksamkeit der Lernenden allmählich auf das Präteritum gelenkt. Dabei konnte beobachtet werden, dass nur augenscheinlich lernstärkere Lernende an der bisherigen Behandlung der Grammatik teilgenommen hatten, während die meisten Schüler*innen nicht aktiv waren und einen gelangweilten Eindruck machten.

Es war auffällig, dass weniger als 15 von den ca. 70 anwesenden Lernenden bei den verschiedenen Aktivitäten zur Besprechung der Grammatikstruktur mindestens einmal zu Wort gekommen waren. Die Frage, was man tun könnte, damit möglichst viele Schüler*innen aktiv am Unterricht teilnehmen, wurde zur Grundlage der Reflexion-in-der-Handlung und ließ die Vermutung anstellen, dass es vielleicht nötig wäre, dass Arbeitsformen ausgesucht werden, die die gleichzeitige Auseinandersetzung aller Lernenden mit dem Lerngegenstand ermöglichen. Aus diesen Gedanken ergab sich die Frage, ob es nicht besser gewesen wäre, wenn die Lernenden zuerst die Aufgabe allein gelöst, dann mit den Tischnachbar*innen besprochen hätten, bevor das Klassengespräch im Plenum stattgefunden hätte. In dem informellen Gespräch wurde der Lehrperson dieser Drei-Schritt-Ansatz vorgeschlagen. Erst bei der späteren Auswertung der Daten nach Abschluss der Teilstudie 2 wurden Begriffe wie „Schüler*innen-Aktivierung", „kooperative Lernmethoden" oder „Think-pair-share" aus der Fachliteratur retrospektiv verwendet, um auf den vorgeschlagenen Drei-Schritt-Ansatz zu verweisen.

7.2.2. Beschreibung der Teilstudien 1 und 2

Zur Erforschung der Vorstellungen von DaF-Lehrenden über die eigene Lehrer*innen-Rolle im Unterricht wurden zwei Teilstudien durchgeführt: Die erste fand im Schuljahr 2015/2016 am LKA-Gymnasium und die zweite im Schuljahr 2016/2017 am LSF-Gymnasium statt. In diesem Kapitel sollen die Organisation und Durchführung der beiden Teilstudien ausführlich beschrieben werden.

7.2.2.1. Zur Organisation und Durchführung der Teilstudie 1

Die Teilstudie 1 fand von Januar bis April 2016 am LKA-Gymnasium statt, an dem der Verfasser damals seit sieben Jahren als Deutschlehrer tätig war. Aus forschungspraktischen Gründen wurde diese Schule, die in einer ländlichen Gegend ca. 60 km von der kamerunischen Hauptstadt entfernt ist, für die Durchführung dieser Studie ausgewählt: Er stellte sich vor, Forschung und eigene Berufstätigkeit am gleichen Ort leicht miteinander verbinden zu können. Außerdem war eine Lehrperson als Forschungsteilnehmer leicht zu gewinnen und alle erforderlichen Genehmigungen zum Forschungsprojekt und den damit verknüpften Unterrichtsbeobachtungen konnten an jenem Gymnasium schnell bekommen werden. An diesem Forschungsteil beteiligten sich eine Lehrperson – Herr Fetba – sowie seine Schüler*innen der Seconde- (11. Klasse) und der

Terminale-Klasse (13. Klasse). Diese beiden Deutschklassen waren – wie alle anderen Klassen am LKA-Gymnasium – besonders klein und bestanden aus zehn bis zwanzig Lernenden, die insgesamt eine eher geringe Motivation für das Wahlpflichtfach Deutsch aufwiesen.

In den betroffenen Klassen fand der Deutschunterricht mittwochs und freitags statt und dauerte jeweils zwei Stunden. Die Klassenräume waren groß und ganz einfach eingerichtet: Es gab dort jeweils eine breite Tafel, breite Fenster, 21 bis 24 Schulbänke[24] für die Lernenden, aber keine Stromanlage (Stecker, Steckdosen, Glühbirnen), was den Einsatz multimedialer Ressourcen nicht ermöglichte. Die Schulbänke standen in drei Reihen hintereinander gegenüber der Tafel, sodass der Unterricht in den verschiedenen Fächern üblicherweise frontal war (vgl. Kap. 4.1). Die Teilstudie 1 kennzeichnete sich dadurch, dass sie den Beginn der empirischen Forschung ausmachte und Anlass zur Eingrenzung des Untersuchungsgegenstands und zur Erhebung der ersten Daten gab.

Ausgangspunkt dieser Teilstudie war die Schlussfolgerung aus der Hattie-Studie, dass „die Entwicklung der Fähigkeit zur kritischen Bewertung ('critical evaluation')" zu den wichtigsten Zielen der Bildung und des Schulbesuchs gehört und zur Förderung von Bürger*innen führt, „die über anspruchsvolle Ansichten und Veranlagungen verfügen, die in unserer komplexen Welt aktiv, kompetent, reflektiert und kritisch agieren" (Hattie 2014: 4). Grundlegend war die Vorannahme, dass die Fähigkeit kamerunischer DaF-Schüler*innen zur kritischen Bewertung gefördert werden könnte, wenn im Deutschunterricht regelmäßig ein konstruktives Lehrer*innen- und Schüler*innen-Feedback eingefordert werden würde. Angesichts der Erkenntnis, dass Feedback als „Entwicklungsinstrument" dient, das zur Entstehung einer „Kultur des gegenseitigen Vertrauens und Sichwohlfühlens" (Strahm 2008: 81) beiträgt und mit der Effektstärke $d = 0,75$ zu den obersten zehn Faktoren gehört, die die Lernleistung am wirksamsten beeinflussen (Hattie 2014: 132), wurde der Teilstudie 1 das Ziel zugrunde gelegt, ein Modell zur Didaktisierung mündlich realisierten Schüler*innen-Feedbacks im kamerunischen Deutschunterricht zu entwerfen.

Zur Erreichung dieses Ziels wurden folgende Maßnahmen geplant und durchgeführt: (a) Maßnahmen, mit denen eine Bestandsaufnahme der Gestaltung des DaF-Unterrichts in den betroffenen Deutschklassen gemacht werden konnte (Unterrichtsbeobachtungen, mündliche Schüler*innen- und Lehrer*innen-Befragungen); (b) Maßnahmen, die auf die Einführung von Veränderungen in den Unterricht abzielen (Lehrer*innen-Fortbildung).

---

24 Angesichts der niedrigen Schüler*innen-Zahl blieben viele Schulbänke nicht besetzt.

7.2.2.1.1. Unterrichtsbeobachtungen

Ziebell (2002) versteht unter Unterrichtsbeobachtung die „gezielte Beobachtung des Unterrichts ([…] aufgrund eines Fortbildungsinteresses) […] entweder anhand von Videomitschnitten von Unterricht oder bei Unterrichtshospitationen oder auch als Selbstbeobachtung" (S. 141). Nach dieser Definition lässt sich Unterrichtsbeobachtung durch folgende Merkmale kennzeichnen:

- *Beobachtung des Unterrichts*: Die Unterrichtsbeobachtung ist eine Feldbeobachtung, insofern als sie an dem Ort stattfindet, an dem sich der Unterricht üblicherweise abspielt (van Ophuysen et al. 2017: 36–37). Beobachtet wird keine künstlich inszenierte Situation, sondern eine oder mehrere Unterrichtsstunden aus dem Alltag: Es geht um die Beobachtung des Lehr-Lern-Prozesses in einem gegebenen Fach (z.B. Biologie-, Englisch-, Sport-, DaF-Unterricht etc.), während der im Stundenplan vorgegebenen Arbeitszeit, an einer bestimmten Institution (z.B. Grundschule, Gymnasium, Sprachschule etc.) und in einem gegebenen Raum (z.B. Klassenzimmer, Turnhalle, etc.). In der beobachteten Situation übernimmt mindestens eine beobachtete Person die Rolle des/der Unterrichtenden, während die anderen als Lernende auftreten. Ausgehend davon, dass Lehrende unter doppelter Kontingenz[25] im Unterricht handeln (Rothland 2013b: 26), kann nur die Beobachtung realer Unterrichtsstunden Einsicht in deren tatsächlichen Verlauf ermöglichen und eventuell zum Entwurf passender Verbesserungsmaßnahmen beitragen.
- *Gezielte Beobachtung*: Die Unterrichtsbeobachtung wird auf der Grundlage eines konkreten Beobachtungs- und Erkenntnisinteresses (Ziebell 2002: 139) durchgeführt und kann daher als wissenschaftliche Beobachtung (Ulber und Imhof 2014: 26–27) bezeichnet werden. Für die Beobachtung wird ein Fokus festgelegt, der auch bei der Auswertung und Interpretation der Beobachtungsergebnisse zu berücksichtigen ist (ebd.): z.B. das Lehrer*innen-Handeln, das Schüler*innen-Verhalten, die eingesetzten Techniken zur Fehlerkorrektur oder zur sozialen Aktivierung der Lernenden, die Hausaufgabenbesprechung, der Umgang mit Heterogenität etc. Zu selektieren sind bei der Unterrichtsbeobachtung sowohl die Inhalte, die mit der Fragestellung

---

25 Die Aussage, dass Lehrende unter doppelter Kontingenz handeln, bedeutet, dass zwei Ungewissheiten das Lehrer*innen-Handeln im Unterricht prägen: Einerseits wird Lernen aus konstruktivistischer Sicht als aktiver, individueller Prozess verstanden, der zwar von außen unterstützt, aber nicht direkt gesteuert werden kann. Andererseits sind Lehrende auf die Zusammenarbeit und die Mitwirkung der Schüler*innen im Unterricht angewiesen (Rothland 2013b: 26).

zusammenhängen (z.B. *Lehrer*innen-Handeln*), als auch die Dimensionen, die für Bearbeitung der Fragestellung relevant sind und nähere Auskunft über die betroffenen Inhalte geben, (z.b. Lehrer*innen-Handeln *in der Einstiegsphase des Unterrichts* oder *bei der Gruppenarbeit*) (Laatz 1993: 169-171).
- *Die Beobachtungsintention*: Der Unterrichtsbeobachtung liegen klare Absichten und Ziele zugrunde. Laut Ziebell (2002: 138) kann der Unterricht entweder zu Fortbildungs- und Beratungszwecken oder mit dem Ziel der Bewertung (Benotung) beobachtet werden. Im ersten Fall gilt die beobachtete Unterrichtsstunde als Grundlage für die professionelle Weiterentwicklung des Unterrichtenden bzw. des Beobachtenden. Im zweiten Fall findet die Unterrichtsbeobachtung im Rahmen eines Qualifikationsprozesses statt (z.B. Lehrer*innen-Ausbildung). Aber die Beobachtung kann auch primär dem Ziel der Datenerhebung für die Unterrichtsforschung dienen. Entsprechend der zugrunde liegenden Forschungsmethodologie ist auf bestimmte Merkmale der Beobachtung als Verfahren zur Datengewinnung in qualitativen bzw. quantitativen Forschungsparadigmen zu berücksichtigen (vgl. Diegmann 2013).
- *Dokumentation des Unterrichts*: Der Unterricht kann einerseits „vermittelt" beobachtet werden (van Ophuysen et al. 2017: 46-47), indem der Lehr-Lern-Prozess per Video aufgezeichnet und die Aufnahmen zu späteren Zeitpunkten abgespielt und besprochen werden. Dadurch können bestimmte Einzelheiten des Unterrichts dokumentiert werden, die sonst nicht aufgefallen wären. Aber für eine qualitätsvolle Beobachtung ist auf die Leistung der Aufnahmegeräte sowie deren Position im Klassenzimmer zu achten. Andererseits kann die/der Beobachtende während der beobachteten Unterrichtsstunde im Klassenzimmer präsent sein und das Geschehen manuell protokollieren. In diesem Fall ist zu klären, ob und inwiefern die/der Beobachtende an der Interaktion im Unterricht teilnimmt. Bei teilnehmenden Unterrichtsbeobachtungen kann der/die Beobachtende an den unterrichtlichen Aktivitäten teilnehmen, indem er/sie beispielsweise bestimmte Unterrichtssequenzen mitleitet oder ab und zu Schüler*innen-Gruppen bei manchen Aufgaben unterstützt. Zwar kann die aktive Beteiligung am Lehr-Lern-Prozess dazu beitragen, dass der/die Beobachtende das Vertrauen der Beobachteten schnell gewinnt, was zur Vermeidung von Reaktivität[26] (Flick

---

26 Die Reaktivität verweist auf die Rückwirkung des Vorgangs der Beobachtung auf das Beobachtete und geht davon aus, dass Menschen anders handeln, wenn sie dabei (von Fremden) beobachtet werden (vgl. Flick 2011a: 285; van Ophuysen et al. 2017: 30-33).

2011a: 285) führt. Aber durch eine solche Teilnahme kann viel mehr Einfluss auf das Verhalten der Beobachteten genommen werden, was sich negativ auf die Beobachtungsergebnisse auswirkt. Bei nicht teilnehmender Unterrichtsbeobachtung ist der/die Beobachtende zwar im Unterricht präsent, nimmt aber nicht am Lehr-Lern-Prozess teil. Dadurch kann sich der/die Beobachtende hauptsächlich auf die Protokollierung des Geschehens konzentrieren (van Ophuysen et al. 2017: 32). Außerdem wird Distanz zum beobachteten Geschehen (Flick 2011a: 283) ermöglicht, was für die Qualität der Beobachtung vorteilhaft sein kann.

- *Selbst- oder Fremdbeobachtung*: Von der Selbstbeobachtung ist laut Ziebell (2002: 140) die Rede, wenn eine Lehrperson ihr Verhalten entweder während ihres eigenen Unterrichts oder anhand von Videoaufzeichnungen selbst beobachtet und reflektiert. Aufgrund des Rollenstresses (Preyer 2012: 60), der mit einer gleichzeitigen Übernahme der Beobachter*innen- und Lehrer*innen-Rolle im Unterricht zusammenhängt, ist es üblich, dass jemand (z.B. Kolleg*in, Aus- bzw. Fortbilder*in, Prüfende*r etc.) eine weitere Person beim Unterrichten beobachtet, vor allem wenn keine Videoaufzeichnung durchgeführt wird. Dabei sind zudem bestimmte ethische Fragen zu berücksichtigen, wie z.B. das Prinzip der informierten Zustimmung der Beobachteten, das Prinzip der Integrität des Forschenden sowie das Prinzip der Vertraulichkeit und der Anonymisierung (ausführlich dazu: vgl. Kap. 8.3).

Für die vorliegende Untersuchung wurden zu Beginn der Teilstudie 1 nicht teilnehmende Beobachtungen des Deutschunterrichts in der Seconde- (11. Klasse) und Terminale-Klasse (13. Klasse) durchgeführt. Zur Beantwortung der Frage, wie die Lehrperson und die Lernenden miteinander im Unterricht umgehen, wurde die Lehrer-Schüler-Interaktion als Beobachtungsfokus festgelegt. Während des Unterrichts saß der Beobachtende ganz hinten im Raum, füllte einen Beobachtungsbogen mit offenen Fragen aus und nahm nicht am unterrichtlichen Lehr-Lern-Prozess teil. Im Kopfteil des Beobachtungsbogens wurden allgemeine Informationen zur Beobachtungssituation eingetragen (Datum, Schule, Klasse, Anzahl der Unterrichtsbeteiligten, Lehrperson, Beobachtungsperson und allgemeine Anmerkungen). Der Hauptteil des Beobachtungsbogens bestand aus fünf Spalten, in denen Informationen über den Verlauf der Unterrichtsstunde protokolliert wurden (Uhrzeit, Unterrichtsgegenstand, Lehrer*innen-Aktivität, Aktivität der Schüler*innen und Anmerkungen). Es konnte schriftlich festgehalten

Tab. 3: Merkmale durchgeführter Unterrichtsbeobachtungen. Die beschriebenen Merkmale gelten insgesamt für die Teilstudien 1 und 2.

Merkmale	Ausprägungen in der vorliegenden Studie
Beobachtungsorte	Feldbeobachtung an zwei Schulen in Kamerun • LKA-Gymnasium: Seconde- und Terminale-Klasse • LSF-Gymnasium: Troisième-, Seconde- und Terminale-Klasse
Beobachtungsinteresse	Lehrer-Schüler-Interaktion: Was tut die Lehrperson? Wie wirkt das Lehrer*innen-Handeln augenscheinlich auf die Lernenden ein? Was tun die Lernenden? Wie reagiert die Lehrperson auf das Verhalten der Lernenden?
Beobachtungsintention	• Einsicht in die Art und Weise, wie DaF-Lehrende und Lernende im DaF-Unterricht miteinander umgehen • Beobachtung als Grundlage für die Entwicklung von Maßnahmen zur Verbesserung des DaF-Unterrichts
Dokumentation der Beobachtung	• Unvermittelte Beobachtung: Der Beobachter ist im Raum präsent. • Manuelle Protokollierung: Beobachtungsbögen mit offenen Fragen werden während der Unterrichtsbeobachtung ausgefüllt; daraus werden später zeitnah Beobachtungsprotokolle verfasst. • Nichtteilnehmende Beobachtung: Der Beobachter sitzt im Klassenzimmer ganz hinten und nimmt nicht am Lehr-Lern-Prozess teil.
Beobachtender	Fremdbeobachtung: Der Forschende beobachte andere Lehrkräfte beim Unterrichten in ihren jeweiligen DaF-Klassen.

werden, wer was wann und wie im Unterricht tat. Im Anschluss daran wurde ein Beobachtungsprotokoll verfasst, in dem die wichtigsten Informationen zur beobachteten Unterrichtsstunde zusammengetragen wurden. Die Merkmale der durchgeführten Unterrichtsbeobachtungen sind in der Tabelle (Tab 3) zusammengetragen.

Zur Erfassung der subjektiven Sichtweisen der Unterrichtsakteure in Bezug auf die Ergebnisse der Unterrichtsbeobachtungen wurden offene Leitfadeninterviews der Lehrpersonen und Gruppendiskussionen mit den Lernenden durchgeführt.

7.2.2.1.2. Offene Leitfadeninterviews

Friebertshäuser und Langer (2013: 438) definieren ein Interview als „eine verabredete Zusammenkunft, in der Regel direkte Interaktion zwischen zwei

Personen, die sich auf der Basis vorab getroffener Vereinbarungen und damit festgelegter Rollenvorgaben als Interviewende und Befragte begegnen." Als „Form des verbalen Kommunizierens" (Honer 2011: 95) und „Interaktions- und Kommunikationssituation" (Helfferich 2019: 671) wird das Interview in der qualitativen Forschung eingesetzt, „um einen vorrangig deutenden und verstehenden Zugang zu *subjektiven Sichtweisen* von Personen zu erhalten" (Schmidt 2016a: 23, Hervorh. Im Original). Die Einbindung von Interviews in das Forschungsprojekt liegt dem Erkenntnisinteresse zugrunde, verbale Daten „zur *Rekonstruktion* von Wissen, Erfahrungen und Ereignissen aus der individuellen Perspektiven der Befragten" (ebd., Hervorh. Im Original) zu erheben.

Im Bereich Deutsch als Fremdsprache wird generell auf Interviews zur Bearbeitung jener Forschungsfragen zurückgegriffen, für die die Erhebung der subjektiven Sichtweise von Deutschlehrenden und -lernenden sowie anderen Akteuren (z.B. Fachdidaktiker*innen, Leiter*innen von Sprachabteilungen an ausländischen Institutionen etc.) über Prozesse und/oder Produkte des fremdsprachlichen Deutschunterrichts relevant sind. Der Auswahl einer bestimmten Interviewform liegen laut Helfferich (2019: 671–675) vier Grundprinzipien zugrunde: (1) die Art der Gestaltung der Kommunikationssituation, „in der interaktiv zwischen Interviewerin bzw. Interviewer und Befragten ein ‚Text' erzeugt wird, der nachfolgend Basis für die Auswertung ist" (Schmidt 2016a: 24); (2) der Grad an Offenheit, die den Äußerungsraum des Erforschten bestimmt; (3) der Grad an Strukturierung des Interviewgesprächs; und (4) die „Rollenausgestaltung im Interview" (ebd.).

Auf der Grundlage ihres Strukturierungsgrades unterscheiden Friebertshäuser und Langer (2013: 439–449) vorstrukturierende und offene Formen von Interviews. Als vorstrukturierende Befragung gelten jene Interviewformen, die als „Leitfadeninterview" (Hopf 1995; Loosen 2015) betrachtet werden und bei deren Durchführung auf einen Leitfaden – als „vorabformulierte, detaillierte Fragen" (Friebertshäuser und Langer 2013: 439), „Erzählaufforderungen" oder „Stimuli" wie z.B. ein Bild, eine Geschichte, eine Fallvignette, ein Film etc. (Helfferich 2019: 675) – zurückgegriffen wird. Zu den Leitfadeninterviews gehören u.a. fokussierte Interviews (Merton et al. 1990), problemzentrierte Interviews (Witzel 2000) und Experteninterviews (Meuser und Nagel 2009). Offene Formen der Befragung verweisen hingegen auf jene Interviewformen, die als „erzählgenerierende Interviews" bezeichnet werden und „die die Interviewten zu Erzählungen (ihres Alltags, ihrer Biografie oder spezifischer Erfahrungen) anregen wollen" (Friebertshäuser und Langer 2013: 440). Sie werden auch als „narrative Interviews" (Küsters

2006) betrachtet und u.a. zur Erhebung von „autobiographischen Erfahrungsausschnitten und Handlungsprozessen" (Schmidt 2016a: 25) sowie der subjektiven Theorie von Lehrenden (vgl. Caspari 2014) eingesetzt (vgl. Übersichten zu Interviewformen in Flick 2011a; Friebertshäuser und Langer 2013; Helfferich 2011; Kruse 2015; Lamneck 2010; Misoch 2019).

Im vorliegenden Forschungsprojekt wurde die Lehrkraft Herr Fetba insgesamt zu zwei unterschiedlichen Zeitpunkten interviewt: a) nach der Durchführung einer ersten nicht teilnehmenden Unterrichtsbeobachtung und b) nach der Lehrer*innen-Fortbildung (vgl. Kap. 7.2.2.1.4). Ziel des Interviews, das gleich zu Beginn dieses Forschungsteils durchgeführt wurde, bestand darin, den Befragten dazu anzuregen, seine subjektive Wahrnehmung der eigenen Rolle im Deutschunterricht darzulegen und dabei sowohl möglichst vielfältige Ausdrucksformen dieser Wahrnehmung als auch möglichst unterschiedliche Aspekte deren Auswirkungen auf die Lehrer-Schüler-Interaktion im Unterrichtsgeschehen anzusprechen. Mit der zweiten Befragung, die drei Monate später im Anschluss an eine Lehrer*innen-Fortbildung zum Thema „Lehrer*innen-Rolle im DaF-Unterricht" (vgl. Kap. 7.2.2.1.4) durchgeführt wurde, wurde anvisiert, die Relevanz der Fortbildung – als Inputphase in der Aktionsforschung – für eine eventuelle Veränderung der Wahrnehmung der Lehrer*innen-Rolle zu untersuchen. Im Mittelpunkt des Interviews standen die Fragen, welche Erkenntnisse des untersuchungsteilnehmenden Lehrers – Herrn Fetba – aus der Fortbildung bezüglich der Wahrnehmung seiner eigenen Lehrer*innen-Rolle gewonnen hat und ob/wie er sich vorstellt, das Gelernte im eigenen Unterricht einzubringen.

Um eine möglichst freie Äußerung des befragten Lehrenden – und anderen Forschungsteilnehmenden bei anderen Befragungen (vgl. Kap. 6.2.2.2.2) – zu ermöglichen und gleichzeitig die Besprechung möglichst relevanter Aspekte des untersuchten Problembereichs zu sichern, wurde auf *offene Leitfadeninterviews* (Przyborski & Wohlrab-Sahr 2014: 126–132) mit *problemzentrierten* Merkmalen (Witzel 2000) zurückgegriffen. Da zu dem Untersuchungsgegenstand nicht sehr viel Vorwissen vorlag und die Studie ausgesprochen explorativ angelegt war, hat sich der Verfasser für eine offene Interviewform entschieden, die es ermöglichte, dass die Befragten frei von ihren Rollenvorstellungen berichten, und der Forschende während des Interviews durch Nachfragen an bestimmten Stellen Einsicht in relevante Informationen gewinnen konnte.

Um möglichst viele Aspekte des untersuchten Problembereichs in den Interviews anzusprechen, wurde ein Interviewleitfaden in der Form von Stichpunkten entwickelt. Für die Interviews, die zu Beginn der Teilstudie durchgeführt wurden, bestand der Leitfaden aus folgenden Schlüsselbegriffen: Lehrer*innen-Rolle, Einstellung der Lehrperson zu den Lernenden, eingesetzte Lehr-/Lernmethoden, Feedback. Für das zweite Interview, das im März 2016 stattfand, gehörten folgende Stichpunkte zum inhaltlichen Leitfaden: Erkenntnisse aus der Fortbildung, Umgang mit gewonnenen Erkenntnissen; Umsetzung im Unterricht.

Der Interviewleitfaden diente dem Interviewenden zur Orientierung; er enthielt zentrale Aspekte zur Analyse der Wahrnehmung der eigenen Rollen der Lehrenden im kamerunischen Deutschunterricht: die Lehrer-Schüler-Beziehungen aus Sicht der Lehrperson, die Erwartungen an die Schüler*innen, der Umgang mit Problemen (z.B. Disziplinproblemen), weitere Einflussfaktoren (z.B. Gruppengröße), die üblicherweise eingesetzten Lehrmethoden. Um die Gefahr einer „Leitfadenbürokratie" (Hopf 1995) zu vermeiden und das Gespräch natürlich erscheinen zu lassen, wurde darauf verzichtet, den Leitfaden bei den Interviews als Fragenkatalog abzuarbeiten. Es wurde eher darauf geachtet, dass sich die Gespräche der Alltagskommunikation annähern, indem ohne Zugriff auf unterstützende Leitfadenkataloge frei kommuniziert wurde.

Wichtig für die Durchführung dieser Interviews war die Berücksichtigung folgender Gütekriterien (Przyborski und Wohlrab-Sahr 2014: 128–129):

- *Kriterium der Offenheit*: Es wurde vor allem zu Beginn der jeweiligen Interviews darauf geachtet, dass die Fragen möglichst offen gestellt werden, damit die Untersuchungsteilnehmer*innen verschiedene Aspekte des Problembereichs frei zur Sprache bringen (z.B. Wie verstehen Sie Ihre Rolle als Lehrer*in im Deutschunterricht?).
- *Kriterium der Spezifität*: Aus den Antworten der Lehrenden auf offene Fragen konnten weitere Fragen zu den Details oder zu weiterführenden Aspekten des eigenen Unterrichts entwickelt werden (z.B. Sie haben gesagt, dass… was heißt das denn konkret?).
- *Kriterium der Kontextualität und Relevanz*: Es wurde möglichst darauf geachtet, dass die gestellten Fragen Auskunft über die Rahmenbedingungen des Deutschunterrichts und deren Bedeutung für die Auffassung der Lehrer*innen-Rolle geben (z.B. Fragen zur Relevanz der Großgruppe für die Vorstellungen über die Lehrer*innen-Rolle).

Die Vertrautheit des Verfassers mit dem DaF-Lehren/-Lernen in Kamerun erwies sich in gewisser Hinsicht als negativ, da sie ihn in manchen Gesprächssituationen entweder von Nachfragen abhielt oder manchmal zur Neigung zu suggestiven Fragen führte, was sich während der Aufbereitung und

Interpretation der erhobenen Daten als ein Mangel herausstellte. Diese oben dargestellten Gütekriterien galten auch für die Durchführung der Gruppendiskussionen mit den Lernenden.

7.2.2.1.3. Problemzentrierte Gruppendiskussionen

Lamnek definiert die Gruppendiskussion als „ein Gespräch mehrerer Teilnehmer zu einem Thema, das der Diskussionsleiter benennt, und [das] dazu [dient], Informationen zu sammeln" (Lamnek 2010: 372). Es geht um eine „Erhebungsmethode" (Lamnek 2005: 27) zur Ermittlung von „Einstellungen, Meinungen, Verfahrensweisen, Normen, Wertmuster[n], Rollen, kulturelle[n] Regeln sowie Ideologien und Philosophien" (Kruse 2015: 196) durch die Interaktion zwischen den Zugehörigen einer gegebenen Gruppe. Als wichtiges Merkmal der Gruppendiskussion gilt laut Lamnek (2005: 55) die Tatsache, dass sich die Diskutanten (z.B. Lehrende, Lernende) dabei in face-to-face-Gesprächssituationen unter der Leitung eines Moderators bzw. einer Moderatorin über einen Gegenstand unterhalten, von dem sie alle betroffen sind (z.B. Unterricht).

In der qualitativen Forschungsperspektive wird mit dem Einsatz von Gruppendiskussionen die „Rekonstruktion subjektiver Sinngebungsprozesse und das Verständnis einer symbolischen Lebenswelt, welche das Alltagshandeln von Menschen prägt", angestrebt (Kühn und Koschel 2018: 52). Laut Kruse (2015: 196) kann die Einbindung von Gruppendiskussionsverfahren in ein Forschungsprojekt folgende gegenständliche Ziele verfolgen: 1) die Exploration von Meinungen und Einstellungen einzelner Gruppenmitglieder; 2) die Exploration von Meinungen und Einstellungen spezifischer Gruppen oder die Erforschung gruppenspezifischer Handlungs- und Verhaltensweisen; 3) die Ermittlung von gruppendynamischen Prozessen, die zur Herausbildung konsensualer Meinungen und Einstellungen führen sowie 4) die Erforschung von Motivationsstrukturen.

In der fremdsprachlichen Deutschunterrichtsforschung können Gruppendiskussionen zur „Untersuchung von Interaktionsgeschehen" (Kühn und Koschel 2018: 49) in Lehrer*innen- und/oder Schüler*innen-Gruppen eingesetzt werden. Dabei kann der Fokus entweder auf thematisch-inhaltlichen Aspekten – z.B. der Erforschung von Meinungen, Einstellungen, subjektiven Theorien von Deutschlehrenden und/oder Deutschlernenden zu bestimmten Aspekten des Lehr-Lern-Prozesses – oder auf „die kommunikativen Kontexte[n] und gruppeninteraktionellen Phänomene[n]" (Kruse 2015: 203) – z.B.

Erkundung kollektiver Orientierungsmuster von DaF-Lehrenden bzw. DaF-Lernenden – liegen.

Zur Ermittlung der Schüler*innen-Perspektive im Hinblick auf die Wirkung des Lehrer*innen-Handelns auf die Lernenden und die Prozessqualität des Unterrichts, wurden im vorliegenden Forschungsprojekt Gruppendiskussionen mit Schüler*innen aus den untersuchten Schulklassen durchgeführt. Im Vergleich zum Einzelinterview bietet der Einsatz dieser Erhebungsmethode den Vorteil, dass dadurch „ein breiteres Meinungsspektrum" (Lamnek 2005: 84) erfasst werden konnte. Außerdem wurde davon ausgegangen, dass die Erörterung bestimmter Fragen zur Lehrperson in Schüler*innen-Gruppen leichter fallen würde, was sich angesichts der eingangs vermuteten Angst vor der Lehrkraft als durchaus berechtigt erwies.

Kühn und Koschel (2018: 254–278) unterscheiden vier verschiedene Gruppendiskussionsansätze: a) die *themenzentrierte Gruppendiskussion*, die auf der Grundlage der Psychoanalyse und der themenzentrierten Interaktion zur Untersuchung des kollektiv Unbewussten und Alltagsbewusstseins eingesetzt wird; b) die *rekonstruktiv-dokumentarische Gruppendiskussion*, die auf der Wissenssoziologie von Karl Mannheim beruht und zur Rekonstruktion konjunktiver Erfahrungsräume und kollektiver Orientierungen dient; c) die *morphologische Gruppendiskussion*, die sich gleichzeitig auf die Psychoanalyse, die Gestalttheorie und Goethes Formenlehre bezieht und das Augenmerk auf die Rekonstruktion von Wirkungsräumen, also die Aufdeckung zentraler Spanungsfelder richtet; und d) die *problemzentrierte Gruppendiskussion*, die auf Grundannahmen der Grounded Theory und des Symbolischen Interaktionismus basiert und als Instrument zur gegenstandsbezogenen Theoriebildung für das Aufdecken und Erkennen von problembezogenen Zusammenhängen geeignet ist.

Die Bedeutung, die in der problemzentrierten Gruppendiskussion – anders als in den anderen Perspektiven – einerseits dem Leitfaden als wichtiges Forschungsinstrument – sowohl zum Einbringen des Vorwissens des*der Forscher*in als auch als Hilfestellung für problemzentrierte Nachfragen an die Teilnehmer*innen (vgl. Kühn und Koschel 2018: 270) – beigemessen wird, erklärt den Einsatz dieses Gruppendiskussionsansatzes zur Ermittlung von Meinungen und Einstellungen der Deutschlernenden zum Deutschunterricht im vorliegenden Forschungsprojekt. In der Teilstudie 1 wurde nach den ersten Sitzungen der Unterrichtsbeobachtungen in der Seconde- und Terminale-Klasse jeweils eine problemzentrierte Gruppendiskussion durchgeführt. Nicht die „individuelle[n] Einstellungsprofile" (ebd.: 43) der einzelnen Schüler*innen standen im Vordergrund, sondern der Versuch, durch den Austausch mit einer kleinen Gruppe von vier bis acht freiwilligen Lernenden dergleichen Schulklasse möglichst viele verschiedene Tendenzen unter den Lernenden zu erfassen. Mit den Gesprächen wurde also die Hoffnung gehegt, aus dem breiten Meinungsspektrum der Befragten ein umfassendes Bild dessen abzuleiten, wie das Lehrer*innen-Handeln wahrgenommen wurde und wie es sich auf die Lernenden und die Prozessqualität des Unterrichts aus der Schüler*innen-Perspektive heraus auswirkt. Deshalb wurde während der Datenauswertung auf die individuellen Meinungen und Aussagen einzelner Schüler*innen kein besonderes Augenmerk gerichtet, sondern der Fokus bezog sich vielmehr auf die Ermittlung der verschiedensten Facetten subjektiver Sichtweisen der gesamten Lernergruppen, das heißt der betroffenen Schulklassen (Seconde- und Terminale-Klasse am LKA Gymnasium).

Genauso wie bei der Lehrer*innen-Befragung wurden in der Vorbereitungsphase Stichpunkte notiert, die als Leitfaden für die Gruppendiskussionen dienen sollten, sodass möglichst viele Erkenntnisse gewonnen werden konnten, um der Frage nachzugehen, wie kamerunische Deutschlernende ihre Deutschlehrkräfte wahrnehmen und welche Konsequenzen sich beispielsweise für die Verhaltensweisen der Schüler*innen im Deutschunterricht daraus ergeben. Trotz der Bemühungen, die Lernenden zum Sprechen zu motivieren, schwiegen manche Diskutanten sehr oft, was auf die doppelte Rolle des Forschenden als Lehrperson und Moderator zurückgeführt werden kann. Festzustellen war auch die Tatsache, dass die befragten Schüler*innen erst nach zahlreichen Nachfragen des Moderators ausführliche Informationen zum untersuchten Problembereich zum Ausdruck bringen konnten. Die doppelte Rolle des Verfassers erwies sich auch als problematisch, insofern angesichts der langjährigen Zusammenarbeit mit der forschungsteilnehmenden Lehrperson schwierig war, auf bestimmte negative Aussagen der Lernenden über den DaF-Unterricht einzugehen, ohne die eigenen kollegialen Beziehungen zu belasten. Des Weiteren war die Gefahr der Rückführung bestimmter Aussagen auf einzelne Schüler*innen sehr groß. Daher wurde der Rahmen einer Lehrer*innen-Fortbildung genutzt, um verbesserungswürdige Aspekte des Unterrichts indirekt zur Diskussion zu stellen, ohne bestimmte Problematiken mit einer bestimmten Person zu verknüpfen.

*7.2.2.1.4. Lehrer*innen-Fortbildung*

Angestrebt war, die Reflexions- und Handlungskompetenz der beteiligten Lehrkräfte zu stärken, d.h. diese zur Reflexion und ggf. auch zu Veränderungen im Umgang mit den Lernenden und in der Gestaltung der Lehr-Lern-Prozesse anzuregen. Aufgrund der Herausforderung, in informellen Gesprächen mit der Lehrkraft sowohl den Austausch über den beruflichen Alltag als auch eine ausführliche Reflexion der Lehrer*innen-Rolle einzubinden, wurde ein Setting ausgewählt, das die Beteiligung von und den Austausch mit mehreren Lehrpersonen ermöglicht: eine eintägige Lehrer*innen-Fortbildung mit 35 Deutschlehrkräften zum Thema „Lehrer*innen-Rolle im DaF-Unterricht" – mit Unterstützung des Goethe-Instituts Kamerun.

Der Vorteil einer solchen Fortbildungsveranstaltung ist, dass sie einen geeigneten zeitlichen Rahmen für eine intensive Auseinandersetzung mit der Lehr*innen-Rolle im kamerunischen DaF-Unterricht bietet. Die Beteiligung zahlreicher Lehrkräfte ermöglicht einen ergiebigeren Austausch unter Kolleg*innen und die Berücksichtigung unterschiedlicher Perspektiven. Auf diese Weise erhielt die forschungsteilnehmende Lehrkraft neue Denkanstöße zur Lehrer*innen-Rolle und konnte diese in der Reflexion des eigenen Unterrichts und der subjektiven Vorstellungen zur eigenen Lehrer*innen-Rolle ebenfalls berücksichtigen.

Das Ziel dieser siebenstündigen Lehrer*innen-Fortbildung bestand darin, einerseits die 35 teilnehmenden Lehrkräfte aus unterschiedlichen Schulen Kameruns zur Reflexion über die Selbstwahrnehmung als Lehrperson anzuregen und andererseits Einsicht in einen selbst reflektierten Umgang mit der eigenen Lehrer*innen-Rolle im DaF-Unterricht zu ermöglichen. Von dem intensiven Austausch unter den beteiligten Lehrkräften und dem angebotenen Input war die Hoffnung gehegt, zur Veränderung der Wahrnehmung der eigenen Lehrer*innen-Rolle durch Herrn Fetba – den Forschungsteilnehmenden – beizutragen, was erwartungsgemäß zur Veränderung seines späteren Umgangs mit den Lernenden im Deutschunterricht führen sollte.

Auf der Grundlage von drei Paradigmen – Lerntheorien, didaktisch-methodischen Prinzipien und Unterrichtsmethoden – wurden Unterrichtssequenzen simuliert, Einblick in die Auswirkungen der zusammenhängenden Lehrer*innen-Handlungen und Verhaltensweisen auf die Lernenden genommen und die Reflexion über die Lehrer*innen-Rolle im kamerunischen DaF-Unterricht angeregt. Zur kritischen Reflexion einer eher autoritären Lehrer*innen-Rolle, zu der viele kamerunische Deutschlehrende neigen, wurde mit Blick auf Hatties Auffassung der Lehrenden als Teil der wirkungsvollsten Einflüsse beim Lernen (Hattie 2013: 280) die Berücksichtigung der Wertschätzung als Grundlage des Unterrichts vorgeschlagen und das regelmäßige Einfordern von konstruktivem Lehrer*innen- und Schüler*innen-Feedback ins Auge gefasst.

Nach der Lehrer*innen-Fortbildung wurde ein Leitfadeninterview (Interview FS1-FT3) mit dem forschungsteilnehmenden Lehrenden durchgeführt. Anvisiert wurde dabei, die Auswirkungen der Fortbildung – als Inputphase in der Aktionsforschung – auf die Auffassung der eigenen Lehrer*innen-Rolle zu erkunden. Im Mittelpunkt des Interviews stand die Frage, welche Erkenntnisse der untersuchungsteilnehmende Lehrer aus der Fortbildung gewonnen habe und ob/wie er sich vorstellen könnte, das Gelernte im eigenen Unterricht einzubringen. Damit die befragte Lehrperson Aussagen zum Untersuchungsgegenstand treffen konnte, wurden im Leitfaden dazu die folgenden Stichpunkte notiert: Erkenntnisse aus der Fortbildung, Umgang mit gewonnenen Erkenntnissen; Umsetzung im Unterricht.

Angesichts der positiven Einstellung zum konstruktiven Schüler*innen-Feedback, die die befragte Lehrperson während des Interviews zeigte und die sehr offensichtlich ihrer bisherigen Einstellung zur eigenen Lehrer*innen-Rolle im Unterricht deutlich widersprach, ließ sich nach der Interviewdurchführung die Frage stellen, ob die Aussagen der befragten Lehrkraft ihrer tatsächlichen Meinung entsprachen oder ob dabei nur Fortbildungsinhalte unreflektiert wiederholt wurden, um die Wertschätzung gegenüber dem Forschenden zu bestätigen. Daher wurde die Beobachtung einiger Unterrichtssitzungen nach den Osterferien im April 2016 durchgeführt.

7.2.2.1.5. Fazit zur Teilstudie 1

Zusammenfassend lässt sich feststellen, dass die Beteiligung der Lehrperson an einem siebenstündigen Workshop keine wesentliche Veränderung der Lehrer*innen-Haltung im Unterricht mit sich brachte. Außerdem hatte das Einfordern mündlich realisierten Schüler*innen-Feedbacks wider Erwarten nicht geholfen, Meinungen und Wünsche der Schüler*innen zu erhalten, um den Unterricht schülerorientiert gestalten zu können. Darüber hinaus war die Beteiligung einer einzigen Lehrperson an der Aktionsforschung nicht einwandfrei: Einerseits war die Grundlage jeglicher Vergleiche bezüglich der Durchführung der Interventionsmaßnahmen im Unterricht nicht gegeben, sodass nicht leicht zu beantworten war, ob Erfolge bzw. Misserfolge des Prozesses lediglich auf persönliche Merkmale der beteiligten Lehrperson zurückzuführen waren. Andererseits war die Weiterführung der Aktionsforschung von einer einzigen Lehrkraft abhängig, deren eventuelle Abwesenheit den ganzen Forschungsprozess beeinträchtigte. Ein weiterer Kritikpunkt betrifft die Klassengröße der Seconde- und Terminale-Klasse – jeweils weniger als 20 Schüler*innen –, was verglichen zu den meisten Schulklassen in Kamerun weit unter dem Durchschnittbereich liegt, da 40 bis 80 Schüler*innen pro Schulklasse hierzulande eher üblich sind.

Zur besseren Erfassung der Wahrnehmung der Lehrer*innen-Rolle durch die befragten Schüler*innen wurden die aufgezeichneten Gruppendiskussionen nach Abschluss der Teilstudie 1 transkribiert und analysiert. Aus der Auswertung dieser Daten ergaben sich mehrfach Hinweise dafür, dass die Lehrer*innen-Haltung negative Auswirkungen auf die Schüler*innen-Haltung im Unterricht hatte (vgl. Toumi Njeugue 2019: 435–436). Die Wahrnehmung der Lehrperson als angsteinflößende und frustrationserzeugende Autorität, die mit dem regelmäßigen Einsatz drakonischer, zu strenger und erniedrigender Strafen (vgl. Kap. 10.2.2.1) zusammenhing, führte zum Vertrauensverlust in der Lehrer-Schüler-Interaktion und zur passiven Schüler*innen-Haltung im Unterricht. Daraus ergab sich, dass in einem ersten Schritt zunächst dringlich an der Schaffung einer konstruktiven Lernatmosphäre und damit auch einer guten Vertrauensbasis zwischen dem Lehrenden und den Lernenden im Unterricht gearbeitet werden müsste, wenn nachhaltige Veränderungen in den Unterricht eingeführt werden sollen (ebd.).

Grundlage für die Planung einer zweiten Teilstudie war die Berücksichtigung der Erkenntnisse aus der Empirie: (a) die Durchführung der Aktionsforschung an einer Schule mit größeren Lerngruppen (mindestens 50 Schüler*innen pro Klasse), damit den üblichen Rahmenbedingungen zahlreicher kamerunischer Deutschklassen Rechnung getragen werden konnte; (b) die Beteiligung verschiedener Lehrkräfte, sodass der Ausstieg einer von ihnen den weiteren Verlauf der Studie nicht erheblich beeinträchtigen würde und zwischen den Fällen verglichen werden konnte; (c) die Planung und Durchführung einer Lehrer*innen-Fortbildungsreihe mit mehreren Sitzungen zur gleichen Thematik mit einer gegebenen Lehrer*innen-Gruppe, um eine fortlaufende Betreuung und Beratung forschungsteilnehmender Lehrkräfte bei der Entwicklung und Implementierung von Interventionsmaßnahmen gewährleiste zu können; (d) die Inanspruchnahme der Unterstützung eines zweiten Referenten/einer zweiten Referentin bei der Planung und Durchführung der Fortbildungsreihen, damit der Austausch mit Dritten über die Konzeption der Fortbildungsinhalte möglich werden und der Forschende während der Workshops auch von Zeit zu Zeit die Perspektive wechseln und die Beobachter*innen-Rolle übernehmen konnte; (e) die regelmäßige Durchführung nicht teilnehmender Unterrichtsbeobachtung in den betroffenen Schulklassen für die Begleitung des kleinschrittigen Veränderungsprozesses des Unterrichts; (f) die Entwicklung von Veränderungsmaßnahmen zum Aufbau des Vertrauens in der Lehrer-Schüler-Interaktion, damit die Lernenden angstfrei ihre Meinung zur Verbesserung des Deutschunterrichts zum Ausdruck bringen konnten; (g) die Befragung der Unterrichtsbeteiligten zu Beginn und am Ende der Teilstudie, um auf der

Grundlagen erhobener Daten Aussagen zum Mehrwert der implementierten Veränderungsmaßnahmen treffen zu können.

7.2.2.2. Zur Organisation und Durchführung der Teilstudie 2

Das zweite Teil des vorliegenden Aktionsforschungsprojekts wurde von November 2016 bis März 2017 am LSF-Gymnasium durchgeführt. Aufgrund bestehender Kontakte zu einer Lehrperson vor Ort und der üblichen Gruppengröße in den dortigen Klassen – über 60 Schüler*innen pro Klasse – wurde diese Schule für die Durchführung der Teilstudie 2 ausgewählt. Die Absicht, am LSF-Gymnasium die erste Sitzung einer vom Goethe-Institut Kamerun unterstützten Fortbildungsreihe für Deutschlehrende zu organisieren, wurde genutzt, um sich einen Zugang zum Forschungsfeld zu verschaffen und die Erlaubnis der Schulleitung für die Durchführung der Aktionsforschung zu sichern.

Ausgangspunkt dieses Forschungsteils war die als Schlussfolgerung aus den bisherigen Untersuchungen gezogene Vermutung, dass schlechte Lehrer-Schüler-Beziehungen einer aktiven Teilhabe der Lernenden an der Gestaltung und Durchführung des DaF-Unterrichts im Wege stehen. Als weiterer Ansatzpunkt galt die Erkenntnis aus der Hattie-Studie, dass die Lehrer-Schüler-Beziehung mit einer Effektstärke von $d = 0,72$ zu den lernwirksamsten Faktoren gehört (Hattie 2014: 276). Es wurde von vornherein angenommen, dass durch die Förderung einer positiver Lehrer-Schüler-Beziehung – als „condition sine qua non" für den Lernerfolg (Hattie & Zierer 2019: 84) betrachtet – Bedingungen für einen vertrauensvollen Umgang miteinander und damit auch das Einfordern von Schüler*innen-Feedback geschaffen werden können. Für die Konzeption und Implementierung von Interventionen im Deutschunterricht wurde davon ausgegangen, dass die Veränderung einiger Aspekte des Lehrer*innen-Verhaltens aufgrund der „Lehrer-Schüler-Hierarchie" (Edmondson 1995: 176) positive Auswirkungen auf die Qualität der Lehrer-Schüler-Beziehung und des DaF-Unterrichts haben könnte. Deshalb wurde ein dreischichtiges Handlungsfeld entworfen, in dem durch die Einflussnahme des Forschenden auf die Lehrperson Veränderungen in der Lehrer-Schüler-Interaktion zu erwarten waren (vgl. Kap. 7.2.1.1).

Zentral für die Teilstudie 2 war einerseits der Versuch, die personen- bzw. lernenden-zentrierten Haltungen und Handlungen der Lehrperson gegenüber der Lernenden (Hattie 2013: 143) zur Verbesserung des Vertrauensgrades zwischen Lehrenden und Lernenden zu fördern.

Anderseits sollte durch den Entwurf und die Implementierung von Interventionen in den betroffenen Deutschklassen ein didaktisches Modell zur

Förderung mündlich realisierten Schüler*innen-Feedbacks im kamerunischen DaF-Unterricht entwickelt werden. Als Modell für die Didaktisierung der Interventionen wurde das Vierfaktorenmodell der Themenzentrierten Interaktion (TZI) gewählt (vgl. Kap. 3.2.1.2).

Die Erkenntnis aus der Teilstudie 1, dass der Vertrauensverlust zwischen den Unterrichtsbeteiligten auf die schlechte Qualität der Lehrer-Schüler-Beziehung zurückzuführen ist und mit der angsteinflößenden, frustrationserregenden Lehrer*innen-Haltung zusammenhängt (vgl. Toumi Njeugue 2019: 435–436), wurde auch als Zeichen dafür betrachtet, dass der*die einzelne Schüler*in, der Lerngegenstand sowie die Interaktionen zwischen den Unterrichtsbeteiligten von der Lehrperson nicht als gleichwertige Faktoren angesehen wurden. Aufgrund des ständigen Strebens nach einer dynamischen Balance zwischen dem Individuum (Lehrperson, jede*r Lernende), der Interaktion unter den verschiedenen Unterrichtsbeteiligten, dem Lerngegenstand sowie dem Umfeld des Deutschunterrichts wurde das Vier-Faktoren-Modell der TZI (vgl. Abb. 6) als geeignetes Modell angesehen, auf dessen Grundlage vertrauensfördernde, wertschätze Interventionen entwickelt und durchgeführt werden können.

7.2.2.2.1. Zu den Unterrichtsbeobachtungen

An der Teilstudie 2 beteiligten sich drei Lehrerinnen – Frau Nemka, Frau Kouba und Frau Njemmack – und die Schüler*innen ihrer jeweiligen Deutschklassen – Troisième- (10. Klasse), Seconde- (11. Klasse) und Terminale-Klasse (13. Klasse). Der Auswahl der drei Untersuchungspartnerinnen lag lediglich die Übereinstimmung der jeweiligen Stundenpläne zugrunde. Ähnlich wie am LKA-Gymnasium waren die Klassenräume am LSF-Gymnasium sehr groß und stets gleich eingerichtet: In jedem Raum gab es vorne eine breite Tafel, an der Seite eine Fensterfront und im Raum 30 bis 40 Schulbänke, die hier in vier Reihen hintereinander der Tafel gegenüberstanden und für den Frontalunterricht vorgesehen waren (vgl. Kap. 4.1.3)

Nach der Vorstellung des Forschenden wurde beim ersten Erscheinen in den jeweiligen Klassen sein Anliegen dargestellt, zur Verbesserung des Deutschunterrichts beizutragen. Die Absicht, den Deutschunterricht wöchentlich einmal zu beobachten und zu Forschungszwecken Gespräche mit den Lehrenden und einigen Lernenden zu führen und aufzunehmen, wurde angekündigt. Den Unterrichtsbeteiligten – Lehrerrinnen und Schüler*innen – wurde verdeutlicht, dass mit den erhobenen Daten streng vertraulich umgegangen werde, sodass vor allem die Lernenden keine Angst vor eventuellen Konsequenzen ihrer Handlungen und Aussagen haben mussten. Abschließend bat der Forschende um die

Erlaubnis, im Laufe des Projekts Fotos und Videos aufnehmen zu dürfen und setzte sich auf eine Schulbank ganz hinten im Raum. Aufgrund seiner Absicht, den Lehr-Lern-Prozess möglichst wenig zu beeinflussen, blieb er während des ganzen Unterrichts an seinem Platz sitzen, führte Protokolle und machte einige Fotos und Videos. Der Fokus seiner Beobachtungen richtete sich insbesondere auf die Gestaltung der Interaktionen einerseits zwischen dem Lehrenden und den Lernenden, andererseits zwischen den Lernenden. Welche Themen oder Grammatikstrukturen im Unterricht besprochen wurden, war für ihn weniger relevant als der kommunikative Umgang miteinander in der Behandlung dieser Inhalte (vgl. Kap. 7.2.2.1.1).

Vom 28. November 2016 bis zum 25. März 2017 wurden montags Beobachtungen des Deutschunterrichts in der Troisième- (10. Klasse), Seconde- (11. Klasse) und Terminale-Klasse (13. Klasse) durchgeführt. Nur an Feier- und Prüfungstagen sowie an den Tagen, an denen aufgrund der Abwesenheit der Lehrperson eine Vertretung unterrichtet hat, fiel die Beobachtung aus. Aus Zeitgründen konnte jeweils nur eine der zwei wöchentlichen Unterrichtssitzungen beobachtet werden. Die Überlappungen der Unterrichtszeiten in den drei Klassen[27] beeinträchtigte die Durchführung der Unterrichtsbeobachtungen in allen drei beteiligten Klassen jede Woche.

7.2.2.2.2. Zur Befragung der Lernenden und Lehrenden

Damit Lernende sich dazu äußern, wie sie ihre Rolle im Unterricht wahrnehmen und was sie an der Durchführung des Unterrichts für lernförderlich bzw. lernhinderlich halten, wurde in jeder Klasse am 28.11. bzw. am 12.12.2016 jeweils eine problemzentrierte Gruppendiskussion (vgl. Kap. 7.2.2.1.3) mit fünf bis sieben freiwilligen Schüler*innen durchgeführt. Die Befragungen fanden generell unmittelbar nach der ersten Beobachtungssitzung entweder abseits auf dem Schulhof oder in einem geschlossenen Raum ohne die Beteiligung der jeweiligen Lehrkräfte statt. Während des Gesprächs standen oder saßen alle Beteiligten im Kreis, das Aufnahmegerät stand offen in der Mitte. Zum Abbau der Schüler*innen-Ängste wurde zu Beginn jeder Gruppendiskussion auf die Vertraulichkeit der Daten hingewiesen. Eine zweite problemzentrierte Gruppendiskussion wurde mit freiwilligen Schüler*innen der jeweiligen Schulklassen Ende März 2017 nach der letzten beobachteten Unterrichtssitzung

---

27 In der Terminale-Klasse fand der Deutschunterricht in der zweiten und dritten Stunde, in der Troisième-Klasse in der dritten und vierten Stunde und in der Seconde-Klasse in der vierten und fünften Stunde statt.

durchgeführt. Damit war das Ziel verbunden, mit den befragten Lernenden über die Durchführung der Interventionen zu reflektieren und deren Perspektive zur Implementierung von Veränderungen im DaF-Unterricht zu erfahren.

In Bezug auf die Befragung der Lehrenden wurde nach spätestens zwei Beobachtungssitzungen (November – Dezember 2016) ein offenes Leitfadeninterview (vgl. Kap. 7.2.2.1.2) mit jeder Lehrperson durchgeführt. Dabei konnten die Befragten auf ihre Vorstellungen zur eigenen Lehrer*innen-Rolle im Deutschunterricht eingehen und sich zu bestimmten anonymisierten Aussagen der Lernenden äußern. Erst nach dieser Befragungsphase wurde jeder Lehrperson eine Rückmeldung zu den beobachteten Unterrichtsstunden in informellen Gesprächen gegeben. Dabei wurde sowohl auf eigene Beobachtungen des Verfassers Bezug genommen als auch darauf, was die Lernenden in den jeweiligen Gruppendiskussionen erwähnt hatten. So wurde zusammen mit den Lehrenden über Möglichkeiten zur Verbesserung des Unterrichts diskutiert. Die Gespräche waren so organisiert, dass die Lehrenden Anregungen bekamen, um die in den Unterricht einzuführenden Innovationen später selbstständig festzulegen.

Im Alltag war aufgrund der überlappenden Stundenpläne ein gemeinsames Treffen mit den drei forschungsteilnehmenden Lehrerinnen zum Austausch über die jeweiligen Erfahrungen im Deutschunterricht nicht möglich. Daher erwies sich der Rahmen einer Fortbildungsreihe zum Thema „**Lehrer*innen-Rolle und Unterrichtsentwicklung: Aktionsforschung im kamerunischen DaF-Unterricht**" als geeignet für die Implementierung einiger Veränderungsmaßnahmen auf der Ebene der Lehrenden. Um über die Durchführung der Interventionen mit den Lehrenden zu reflektieren, fand eine zweite Phase der Lehrer*innen-Befragung am Ende des Aktionsforschungsprojektes statt.

7.2.2.2.3. Zur Lehrer*innen-Fortbildungsreihe

Im Zeitraum von Januar bis März 2017 wurde eine Fortbildungsreihe bestehend aus drei Sitzungen – mit je einem Monat Abstand – zum Thema „**Lehrer*innen-Rolle und Unterrichtsentwicklung: Aktionsforschung im kamerunischen DaF-Unterricht**" am LSF-Gymnasium (Sitzung 1) und am Goethe-Institut Yaoundé (Sitzungen 2 und 3) organisiert.

Daran haben sich 35 Deutschlehrende aus unterschiedlichen Schulen Kameruns – einschließlich die drei forschungsteilnehmenden Lehrer*innen der Teilstudie 2 – beteiligt. Ziel war, einerseits einen Austausch über die Relevanz von Praxiserkundungsprojekten im Deutschunterricht anzuregen und andererseits die Lehrenden zum Entwurf eines Mini-Aktionsforschungsprojekts im eigenen Unterricht zu motivieren sowie ihnen bei der Durchführung hilfreich zur Seite zu stehen. Sowohl durch die eingesetzten Methoden als auch durch die Fortbildungsinhalte wurde die Hoffnung gehegt, dass die beteiligten Lehrkräfte durch den reflektierten Umgang mit der eigenen Lehrer*innen-Rolle Anregungen zur Durchführung von Interventionen im eigenen Unterricht erhalten. Insbesondere für die forschungsteilnehmenden Lehrpersonen sollte die Fortbildungsreihe als Anlass zum Austausch über die eingeleitete Veränderung der Lehr-Lern-Prozesse sowie zum Erwerb wichtiger Kenntnisse zur Planung und Durchführung von Innovationen im Deutschunterricht genutzt werden.

Während der ersten Fortbildungssitzung am LSF-Gymnasium wurde nach einer einführenden Sequenz zur Besprechung organisatorischer Angelegenheiten und zur Vorbereitung der ersten Gruppenarbeiten Zeit und Raum für Unterrichtsbeobachtungen geschaffen: Die am LSF-Gymnasium tätigen Lehrkräfte wurden bei einem einstündigen Deutschunterricht in ihren jeweiligen Schulklassen von jeweils einer Lehrer*innen-Gruppe – bestehend aus drei bis fünf Deutschlehrenden aus anderen Schulen – beobachtet. Dabei sollte zu dem zuvor in der Beobachtergruppe festgelegten Beobachtungsfokus Protokoll geführt werden, welche in einem späteren Auswertungsgespräch besprochen wurden. Dazu wurden zuerst von den beobachtenden Kolleg*innen und in Abwesenheit der beobachteten Lehrkraft, lernförderliche und lernhinderliche Aspekte der beobachteten Unterrichtsstunde zusammengetragen und anschließend allen Fortbildungsbeteiligten in der Großgruppe präsentiert. Für die Fortbildung sollten die parallel organisierten Unterrichtsbeobachtungen zur Legitimation der Durchführung von Praxiserkundungsprojekten als Instrument der Unterrichtsentwicklung beitragen, indem die beobachteten Erkenntnisse und Herausforderungen aus der Unterrichtspraxis zum Ausgangspunkt eines weiteren Aktionsforschungsprojekts gemacht werden sollte. Neben einer überblicksartigen Einführung in die Aktionsforschung wurde der Planungsphase große Aufmerksamkeit geschenkt. Die Fortbildung endete mit einer Praxisphase, in der die teilnehmenden Lehrkräfte ihr eigenes Aktionsforschungsprojekt planen konnten, das sie im Anschluss und als Transfer in ihrem eigenen Unterricht durchführen sollten.

In der zweiten Fortbildungssitzung wurde nach einer interaktiven Wiederholung der Erkenntnisse aus der ersten Sitzung besonders auf die Aktions-, Beobachtungs- und Reflexionsphase der Aktionsforschung fokussiert. Mit den Teilnehmenden wurde die Relevanz der Beteiligung der Schüler*innen an der Unterrichtsentwicklung kritisch diskutiert und Überlegungen zu Instrumenten zur Erfassung der Schüler*innen-Meinungen angestellt. Anschließend wurde auf die Notwendigkeit wertschätzender Lehrer*innen-Haltung im Unterricht eingegangen und einige Methoden zur Auswertung der erhobenen

Daten vorgeschlagen. Die Hauptziele dieser Sitzung bestanden darin, die Lehrenden a) bei der Durchführung eines eigenen Aktionsforschungsprozesses zu unterstützen, b) zum Einfordern von Schüler*innen-Feedback anzuregen und c) auf den Stellenwert lernförderlicher, wertschätzender Lehrer*innen-Haltung aufmerksam zu machen.

Die dritte Fortbildungssitzung war der Präsentation der Ergebnisse der durchgeführten Aktionsforschungsprojekte gewidmet. Nach einer kurzen Wiederholungsphase der vorigen Sitzungen haben die Teilnehmenden die eigenen Aktionsforschungsprojekte präsentiert, evaluiert und Rückmeldungen von Kolleg*innen bekommen. Anschließend wurde der Stellenwert der Aktionsforschung im kamerunischen Deutschunterricht zur Debatte gestellt und insbesondere die Relevanz von Schüler*innen-Rückmeldungen an die Lehrperson diskutiert. Abschließend wurde auf die Bedeutung der kooperativen Lernmethoden eingegangen, auf die regelmäßig in den verschiedenen Sitzungen der Fortbildung zurückgegriffen wurde, und die Sitzung endete mit einem Feedback zur Fortbildungsreihe insgesamt.

7.2.2.2.4. Zur Durchführung der Interventionen

Dieses Kapitel widmet sich der ausführlichen Beschreibung der einzelnen Aktions- und Reflexionszyklen, die sich retrospektiv in der Teilstudie 2 rekonstruieren lassen und bei denen Daten zur Untersuchung der Vorstellungen von kamerunischen DaF-Lehrenden zur eigenen Lehrer*innen-Rolle und der Auswirkungen des Lehrer*innen-Handelns auf die Schüler*innen und die Prozessqualität des Unterrichts erhoben worden sind. Grundsätzlich umfasst jeder Aktions- und Reflexionszyklus eine Planungs-, Aktions-, Beobachtungs- und Reflexionsphase, die die einzelnen Handlungsschritte ausmachen, zum Teil in der Aktionsforschung parallel verlaufen sind und zum Zweck der Übersichtlichkeit schrittweise dargestellt werden (vgl. Abb. 12). Um die Übersichtlichkeit im Hinblick auf die Durchführung der Aktions- und Reflexionszyklen zu gewährleisten, werden auch u.a. alle Lösungsvorschläge, die im Aktionsfluss intuitiv entwickelt wurden und beispielsweise erst während der späteren Reflexion-über-die-Handlung unter Berücksichtigung der Fachliteratur benannt werden konnten, nicht gesondert beschrieben, sondern sofort an den jeweiligen Erscheinungsstellen mit den entsprechenden Fachbegriffen aufgegriffen.

Die Abbildung (Abb. 12) fasst die verschiedenen Handlungsschritte in der Teilstudie 2 zusammen. Gemäß dem zugrunde liegenden Ziel lassen sich in diesem Forschungsteil drei Aktions- und Reflexionszyklen retrospektiv rekonstruieren.

Handlungsschema

1 nichtteilnehmende Unterrichtsbeobachtung	8 nichtteilnehmende Unterrichtsbeobachtung	9 Lehrer*innen-Fortbildung (Sitzung 2)	
2 Lehrer*innen- und Schüler*innen-Befragung (offenes Leitfadeninterview, Gruppendiskussionen)	7 informelle Gespräche mit den einzelnen Lehrenden	10 nichtteilnehmende Unterrichtsbeobachtung	15 Gruppeninterview (2 Lehrpersonen)
3 informelle Gespräche mit den einzelnen Lehrenden	6 nichtteilnehmende Unterrichtsbeobachtung	11 informelle Gespräche mit den einzelnen Lehrenden	14 Lehrer*innen-Fortbildung (Sitzung 3)
4 nichtteilnehmende Unterrichtsbeobachtung	5 Lehrer*innen-Fortbildung (Sitzung 1)	12 nichtteilnehmende Unterrichtsbeobachtung	13 Schüler*innen-Befragung (Gruppendiskussion), Offenes Leitfadeninterview (1 Lehrperson)

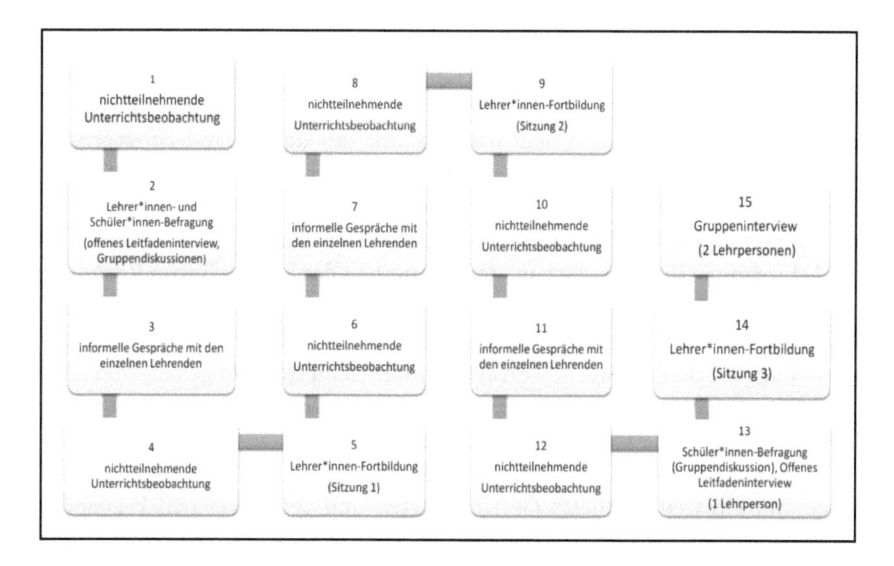

Abb. 12: Handlungsschema in der Teilstudie 2

Aktions- und Reflexionszyklus 1:

Diesem Aktions- und Reflexionszyklus liegt das Ziel zugrunde, das Vertrauen zwischen den Lehrenden und Lernenden im Unterricht aufzubauen (vgl. Laucken 2001). In der Planungsphase wurden die durchgeführten Schüler*innen- und Lehrer*innen-Befragungen mit den jeweiligen Lehrkräften in informellen Gesprächen unter vier Augen nachbereitet (vgl. Abb. 12, Handlungsschritt 3): Dabei wurden die Lehrenden von einigen Aussagen, die ihre jeweiligen Schüler*innen bei der Gruppendiskussion über positive und verbesserungswürdige Aspekte des Deutschunterrichts getroffen hatten, in Kenntnis gesetzt. Zum Schutz der Lernenden wurde darauf geachtet, dass die Lehrkräfte nicht zuordnen konnten, wer von den Befragten etwas zum Ausdruck gebracht hatte. Anschließend wurde den jeweiligen Lehrenden als Wunsch der befragten Lernenden nahegelegt, dass mehr Vertrauen durch einen transparenteren Umgang mit Strafen und einen wertschätzenden Umgang miteinander aufgebaut werden soll. Allerdings wurde den Lehrenden an dieser Stelle nicht vorgeschlagen, wie sie diese Veränderungen durchführen sollten, sodass jede Lehrkraft nach eigenem Ermessen entscheiden konnte, ob und inwiefern sie den vorgeschlagenen Interventionen beim Unterrichten Rechnung trägt und ggf. eigene Veränderungsmaßnahmen initiiert.

In den nächsten beobachteten Stunden haben die drei Lehrerinnen in ihren jeweiligen Schulklassen Aufklärungsgespräche mit den Lernenden geführt und neue, konsensuelle Umgangsregeln besprochen, auf die von nun an Rücksicht genommen werden sollte. Dabei wurde zuerst auf den Veränderungsprozess hingewiesen, der mit den Unterrichtsbeobachtungen und den durchgeführten Gruppendiskussionen mit einigen Lernenden angefangen hatte und von dem eine Verbesserung des Deutschunterrichts zu erwarten war. Danach erklärten die Lehrerinnen ihre Bereitschaft, den Wünschen der Schüler*innen Rechnung zu tragen und einiges am Unterricht zu verändern. Die Schüler*innen wurden dazu aufgefordert, einen Strafkatalog vorzuschlagen, der von nun an als einzige Grundlage für den Einsatz von Strafen im Deutschunterricht gelten sollte. Aus dem Gespräch ergab sich das Versprechen der Lehrerinnen, die Vorschläge der Lernenden im Alltag in Betracht zu ziehen.

Im Laufe des Unterrichts war zu beobachten, dass die drei Lehrpersonen insgesamt ein freundlicheres Gesicht zeigten und gegenüber den Lernenden viel geduldiger waren. In bestimmten Unterrichtssituationen, in denen früher direkt auf drakonische Strafen oder demütigende Beschimpfungen zurückgegriffen wurde, reagierten die Lehrpersonen mit mehr Toleranz. Dennoch kam es manchmal zu Situationen, in denen Lehrende vorübergehend eine eher angsteinflößende Haltung zeigten. Zwar wurde die Stimmung im Unterricht besser, aber der Deutschunterricht war in den drei Klassen immer noch sehr lehrerzentriert, die Schüler*innen waren meistens passiv und es gab sehr viel Einzelarbeit und Klassengespräche, was zur Folge hatte, dass die meisten Schüler*innen angesichts der Gruppengrößen keine Gelegenheit hatten, zu Wort zu kommen.

Aktions- und Reflexionszyklus 2:
Dieser Aktions- und Reflexionszyklus zielte darauf ab, die Schüler*innen-Beteiligung am Lehr-Lern-Prozess zu fördern. Ein weiterer Aspekt der ersten informellen Gespräche (vgl. Abb. 12 Handlungsschritt 3) bestand darin, die Aufmerksamkeit der Lehrerinnen auf die lehrerzentrierte Unterrichtsgestaltung zu lenken. Angesichts mangelnder Handlungen diesbezüglich während der darauffolgenden Unterrichtssitzungen wurden kooperative Arbeitsmethoden während der ersten Sitzung der Lehrer*innen-Fortbildungsreihe (vgl. Abb. 12, Handlungsschritt 5) fortlaufend eingesetzt und dann wurde über deren Relevanz reflektiert. Dabei wurden zahlreiche Aktivitäten als Partner- und Gruppenarbeiten nach der Think-Pair-Share-Methode bearbeitet (vgl. Kap. 3.2.2). Damit war das Ziel verbunden, diesen Ansatz mit den Lehrenden in konkreten Fortbildungssituationen zu üben, um eine spätere Anwendung

im Unterricht zu erleichtern. Der Mehrwert dieser Methode besteht darin, dass alle Lernenden in der ersten Phase (Einzelarbeit) Zeit bekommen, um sich mit der Lernaufgabe auseinanderzusetzen und sich erst in der zweiten Phase (Partnerarbeit) mit einem*er Mitschüler*in über die Aufgabe austauschen und einander unterstützen. Dabei befassen sich die Lernenden aktiv mit dem Lerngegenstand und bleiben nicht mehr nur passiv, wie es früher der Fall war.

In den darauffolgenden Unterrichtsitzungen wurde insgesamt festgestellt, dass der Deutschunterricht nach wie vor lehrerzentriert war und die Think-Pair-Share-Methode kaum zum Einsatz kam. In den späteren informellen Gesprächen (vgl. Abb. 12, Handlungsschritt 7) wurde die Angst der Lehrerinnen vor dem Chaos thematisiert, das das gleichzeitige Sprechen von 60 bis 72 Schüler*innen nach sich ziehen würde. Außerdem gab es auf der Seite der Lehrenden eine Unsicherheit, welche Aufgaben nach dieser Methode bearbeitet werden können. An dieser Stelle wurden die DaF-Lehrkräfte ermuntert, kooperative Methoden möglichst oft einzusetzen, indem auf Beispielsituationen in den beobachteten Unterrichtssitzungen hingewiesen wurde, in denen der Einsatz der Think-Pair-Share-Methode besonders geeignet und hilfreich für die Lernenden gewesen wäre. Anschließend wurde auch diskutiert, wie das befürchte Chaos vermieden werden könnte, indem bei den Austauschphasen die Lernenden zum Murmeln aufgefordert werden und wie Lernende untereinander darauf achten sollten, dass sie sich daran halten.

Genau wie in der Lehrer*innen-Fortbildung, in der die Rollenkarten von Paul Matthies' (2013)[28] für die Arbeit in Kleingruppen eine Grundlage bildeten, wurde den Lehrerinnen vorgeschlagen, in Gruppenarbeitsphasen Rollen bzw. Aufgaben unter den Lernenden zu verteilten, sodass jede*r Teilnehmende einen eigenen Verantwortungsbereich übernimmt: Ein*e *Aufgabenmanager*in* (verantwortlich dafür, dass sich die Gruppe auf die Aufgabe konzentriert und sich nicht ablenken lässt), ein*e *Bote*in* (dessen/deren Auftrag darin besteht, die Lehrperson bei Fragen anzusprechen), ein*e *Zeit-Manager*in* (verantwortlich dafür, die Zeit in den Blick zu nehmen, damit die Gruppe pünktlich fertig wird), ein*e *Material-* oder *Wörterbuchmanager*in* (zuständig dafür, unbekannte Wörter im Wörterbuch nachzuschlagen), ein*e *Lautstärkewächter*in* (mit dem Auftrag, darauf zu achten, dass in der Gruppe gemurmelt wird) und ein*e *Gruppensprecher*in* (als Ansprechperson für die Präsentation der Ergebnisse der Gruppenarbeit).

---

28 http://paul-matthies.de/Schule/ (am 10.01.2017)

Für die Folgesitzungen wurde vereinbart, dass die Lehrenden in mindestens einer Unterrichtssequenz eine Partner- und/oder Gruppenarbeit durchführen und dabei die Think-Pair-Share-Methode einsetzen sollten, was auch unterschiedlich durchgeführt wurde. Wie von den Lehrenden befürchtet, nahmen die Erklärung der Methode sowie die Klärung der Rollen bzw. Aufgaben in den Gruppen sehr viel Zeit in Anspruch, aber dies war im Nachhinein gewinnbringend, da vor allem in der Terminale-Klasse bei späteren Gruppenarbeiten viele Lernende sich selbstständig die Aufgaben in der Gruppe aufteilten, ohne auf die Aufforderung der Lehrperson zu warten. Die Besprechung der Think-Pair-Share-Methode erfolgte in vielen Unterrichtssitzungen, bei denen während des Einsatzes jeweils unterschiedliche Aspekte der Methode fokussiert wurden, damit die Lernenden sowohl deren Sinnhaftigkeit verstehen als auch deren Ablauf in den einzelnen Schritten entsprechend vollziehen konnten. Generell war es bei der Einführung der Gruppenarbeiten zunächst relativ laut. Aber dank der Einbindung der Lernenden in die Beachtung der Lautstärke – durch die Aufgaben der Lautstärkenwächter*innen – legte sich dieses Problem schnell wieder.

Festzustellen war, dass die Lernenden immer aktiver im Lehr-Lern-Prozess wurden. Aber trotz der offenkundig verbesserten Vertrauenslage zwischen den Unterrichtsbeteiligten gab es keine Situationen, in denen die Lernenden der Lehrperson Rückmeldungen zu den eingeführten Veränderungen im Unterricht gaben und somit zur Verbesserung des Interventionsprozesses hätten beitragen können.

Aktions- und Reflexionszyklus 3:
Im Mittelpunkt dieses Aktions- und Reflexionszyklus stand das Einfordern vom mündlich realisierten Schüler*innen-Feedback im Deutschunterricht. Bei der zweiten Sitzung der Lehrer*innen-Fortbildung (vgl. Abb. 12, Handlungsschritt 9) wurde der Durchführung von Feedback neben einer vertieften Förderung einerseits der aktiven Partizipation der Beteiligten und andererseits eines reflektierten wertschätzenden Umgangs miteinander besondere Aufmerksamkeit geschenkt. Zuerst wurde die Relevanz eines konstruktiven Feedbacks bzw. Schüler*innen-Feedbacks im Deutschunterricht zur Diskussion gestellt und im Anschluss an mehrere Seminaraktivitäten das konkrete Feedbackgeben und -nehmen geübt. Es ging darum, unter Berücksichtigung zentraler TZI-Regeln (vgl. Tab 2) den beteiligten Lehrenden Rückmeldungen zu geben und/oder von ihnen ein Feedback einzufordern: a) Jeder spricht für sich und nicht für die anderen; b) jede Meinung zählt; c) Störungen haben Vorrang; d) Wenn der eine spricht, hören die anderen zu (vgl. Kap. 3.2.1). Um eine Ablenkung vom Fortbildungsthema zu vermeiden, wurde der Begriff TZI an dieser Stelle nicht

weiter mit den Teilnehmenden thematisiert, es wurde jedoch im entsprechenden Seminarhandout auf weitere Literatur dazu verwiesen.

Nach der zweiten Fortbildungssitzung wurde die Förderung der Schüler*innen-Aktivität sowie der Vertrauensbildung und Wertschätzung zwischen den Unterrichtsbeteiligten (vgl. Abb. 12, Handlungsschritte 10–12) weiter vertieft. Darüber hinaus ging es im weiteren Verlauf um die schrittweise Implementierung eines mündlichen Schüler*innen-Feedbacks zur jeweiligen Lehrperson. Dabei wurden zentrale Aspekte des Feedback-Gebens berücksichtigt. Ausgehend von der Einstellung, dass das Feedback „nur" als Ausdruck der Meinung oder der Sichtweise des Feedbackgebers zu betrachten ist, sollte bei der Feedbackarbeit darauf geachtet werden, dass es auch als solches wahrgenommen wird. Neben dem Gebrauch der sprachlichen Mittel, die auf die Subjektivität des Feedbackgebers hinweisen (z.B. Nutzen der Ich-Perspektive), sollte der Anforderung Rechnung getragen werden, nicht nur Verbesserungswürdiges und Störungen, sondern auch und vor allem positive Aspekte zu thematisieren. Dafür wurden einige Redemittel vorgeschlagen, damit es den Lernenden einfacher fällt, Feedback sowohl über lernförderliche als auch über lernhinderliche Sachverhalte zu formulieren. Dabei konnten zugleich die der jeweiligen Redemittel zugrunde liegenden Grammatikstrukturen wiederholt und geübt werden. Auf diese Weise erfolgten zunächst die Einführung und das Training dieser Redemittel, bevor die Lernenden dazu aufgefordert wurden, ein mündliches Feedback zu geben.

Zur Formulierung positiven Schüler*innen-Feedbacks wurde u.a. auf folgende Redemittel zurückgegriffen: *„Ich habe es gut/sehr interessant/super/klasse/sehr schön gefunden, dass ..."*; *„Ich habe mich (darüber) gefreut, dass ..."*; *„Es hat mir gut gefallen, dass ..."*. *„Sie haben/du hast ... Darüber habe ich mich gefreut"*. Für Feedback zu lernhinderlichen und damit zu verbesserungswürdigen Aspekten wurden u.a. folgende Redemittel verwendet: *„Ich habe es nicht so gut/nicht interessant gefunden, dass ..."*; *„Ich habe es langweilig gefunden, dass ..."*; *„Mir hat gefehlt, dass ..."*; *„Ich wünsche mir, dass Sie/wir beim nächsten Mal ..."*; *„Es hat mich gestört, dass ..."*. Damit konnte das Perfekt (z.B.: *„ich* **habe** *... gefunden"*), dass-Sätze (z.B. *„Ich habe mich gefreut,* **dass Sie bei der Textarbeit sehr freundlich waren"*), Reflexivpronomen (z.B.: *„Ich habe* **mich** *gefreut"*), die Rektion der Verben (z.B.: „es hat **mir** gefallen, dass..."); Antonyme (z.B.: *„interessant – langweilig"*) u.a. geübt und trainiert werden.

Die Feedbackarbeit wurde nicht als eigenständige Unterrichtssequenz betrachtet, sondern als Weiterführung einer üblichen Unterrichtssequenz (z.B. Einstiegssequenz, Besprechung der Hausaufgabe, Textarbeit, Grammatiksequenz, etc.). Es wurde davon ausgegangen, dass eine Reflexionsphase, in der die Schüler*innen ihr Feedback geben können, dem*r Feedbacknehmer*in (d.h. der Lehrperson) einen konkreten Anlass zur Verbesserung der Gestaltung der besprochenen Unterrichtssequenz bieten. Um möglichst konkrete Handlungsalternativen entwickeln zu können, bezog sich das Feedback der Schüler*innen niemals auf eine ganze Stunde, sondern jeweils auf eine bestimmte Unterrichtsphase. Daher sollte die Lehrperson in jeder Unterrichtsstunde festlegen, zu welcher Unterrichtssequenz Schüler*innen-Feedback einzufordern waren.

Kurz zum Vorgehen aus Sicht der Schüler*innen: Im Anschluss an die Behandlung der betroffenen Unterrichtssequenz erfolgte das Schüler*innen-Feedback nach dem Prinzip „Think-Pair-Share". Zuerst sollte jeder Lernende in Einzelarbeit ein Feedback zu einem vorgegebenen Aspekt des Unterrichts für sich notieren. In Gruppen von vier bis sechs Schüler*innen wurden anschließend die notierten Rückmeldungen jedes einzelnen Gruppenmitglieds besprochen. Die Gruppe hatte den Auftrag, sich nach der Besprechung der jeweiligen Einzelsätze auf einen Feedbacksatz zu einigen, der an die Lehrperson adressiert werden sollte. Die Feedbackarbeit in Gruppen hatte den Vorteil, dass die Lernenden einander sprachlich unterstützen konnten. Außerdem übernahm die ganze Gruppe die Verantwortung für das Feedback, sodass eventuell Sorgen, die Lehrperson zu verletzen, reduziert wurden.

Die Klassenräume waren frontal eingerichtet und bestanden aus jeweils vier Reihen à acht bis zehn Schulbänken, auf denen zwei oder drei Schüler*innen saßen (vgl. Kap. 4.1.3). Bei der Gruppenarbeit bestand jede Gruppe aus den Lernenden von zwei Nachbarschulbänken. Bei der Feedbackarbeit bekam jede Reihe einen gemeinsamen Auftrag, der in vier bis fünf Kleingruppen behandelt werden sollte. Der Auftrag A bestand darin, das Feedback in Bezug auf die Aufgabe zu formulieren (z.B.: *„Wie hast du die Aufgabe gefunden?"*; *„Was hat dir bei der Aufgabe (nicht) gut gefallen?"*; *„Was hast du bei der Aufgabe gut/interessant/kompliziert gefunden?"*). Der Auftrag B bezog sich auf die Lehrperson (z.B.: *„Wie hast du das Verhalten/die Haltung der Lehrperson bei der Behandlung/Korrektur der Aufgabe gefunden?"*; *„Hast du die Formulierung der Arbeitsanweisung klar/deutlich gefunden?"*). Der Auftrag C nahm die Lernenden in den Blick (z.B.: *„Wie hast du das Verhalten/die Haltung der Lernenden gefunden?"*; *Was hat dich an dem Verhalten der Mitschüler*innen während der Aufgabe gefreut/gestört?"*). Der Auftrag D sollte Verbesserungsmöglichkeiten in Erwägung ziehen (z.B.: *„Was sollte man deiner Meinung nach beim nächsten Mal bei einer solchen Aufgabe anders machen?"*; *„Was könnte man noch besser machen, damit du beim nächsten Mal völlig zufrieden bist?"*).

In den ersten Phasen der Feedbackarbeit wurde die Ausgangssprache (Französisch) genutzt, um den Feedbackbegriff zu erklären, aber auch um

Erwartungen an die Feedbackarbeit zur Sprache zu bringen. Dieser Schritt zielte darauf ab, die Lernenden mit dem Feedbackbegriff vertraut zu machen und dabei zugleich Sprachbarrieren zu überwinden. Es sei erinnert, dass die Schüler*innen nie vorher gelernt hatten, in einem institutionellen Rahmen konstruktives Feedback zu geben oder zu nehmen. Es wurden also Beispiele von Feedbacksätzen auf Französisch besprochen, sodass die Lehrperson die sich allmählich entwickelnde Geschicklichkeit der Lerner*innen feststellen konnte. Erst danach wurde die Feedbackarbeit mithilfe der zuvor gelernten Redemittel im Deutschen trainiert und durchgeführt. Damit gelang zugleich eine Verknüpfung von sowohl sprachlichen als auch kommunikationsbezogenen Lernzielen. Auf der sprachlichen Ebene stand der intendierte korrekte Gebrauch der jeweils eingeführten sprachlichen Mittel im Vordergrund, was an der Korrektheit der Satzstrukturen der Lernenden festgestellt werden konnte. Auf der Kommunikationsebene sollte die Feedbackarbeit dazu beitragen, dass Lernende bestimmte kommunikative Ziele erreichen, indem sie ihre Meinung äußern oder einen Vorschlag formulieren. Als Indikator dafür konnte man sich auf den Inhalt der im Feedbacksatz beinhalteten Information beziehen.

Die Präsentation der Feedbackarbeit fand generell im Plenum statt. In der Terminale-Klasse ließ die Lehrperson die jeweiligen Gruppensprecher*innen abwechselnd zu Wort kommen, um die Ergebnisse des Austauschs in ihrer Gruppe vorzulesen. Die Tatsache, dass der Feedbacksatz bei der Gruppenarbeit schriftlich dokumentiert werden sollte, basiert auf der Annahme, dass Fehler in den geschriebenen Sätzen leichter korrigiert werden können. Aufgrund des niedrigen Sprachniveaus vieler Schüler*innen lassen sich Fragen zur Satzstruktur in geschriebenen Sätzen leichter besprechen als in mündlich gesprochenen Sätzen. Schließlich ist das Vorlesen des Feedbacksatzes auch zeitlich effektiv, da angesichts der Klassenstärke mit insgesamt mehr als zehn Gruppen zu rechnen war. Bei jedem Schüler*innen-Feedback sollte sich die Lehrperson bedanken und ggf. Nachfragen stellen, falls das Schüler*innen-Feedback ihr zu allgemein ausfiel. Die Lernenden durften Rückfragen der Lehrperson (oder von Mitschüler*innen) auf Französisch beantworten, da es hier besonders wichtig war, dass die Meinungen der Lernenden barrierefrei zum Ausdruck gebracht werden konnten.

In der Seconde- und Troisième-Klasse hatten sich die Lehrenden für eine andere Präsentationsform entschieden: Die Lehrenden ließen die verschiedenen Gruppensprecher*innen gleichzeitig an die Tafel gehen und ihre Feedbacksätze zuerst in eine Tafelecke anschreiben und dann abwechselnd vorlesen. Die übersichtliche Darstellung der Sätze an der Tafel ermöglichte es, dass sich andere Lernende an der Überprüfung der sprachlichen Korrektheit beteiligten.

Außerdem förderte dieser Ansatz mehr Bewegung im Unterricht, da einige Lerner*innen an die Tafel gehen konnten, entweder um die Feedbacksätze ihrer Gruppe zu schreiben oder um Fehler in den geschriebenen Sätzen zu verbessern. Die Einbindung der Mitschüler*innen in der Fehlerkorrektur förderte die Kooperation unter den Lernenden, da sie dadurch die Erkenntnis gewannen, dass sie nicht nur von der Lehrperson lernen können, sondern durchaus auch von Peers. Auffällig war, dass der Fokus bei dieser Präsentationsform der Feedbackarbeit auf den sprachlichen Aspekten der Feedbacksätze lag, was nicht der Fall in der Terminale-Klasse war.

7.2.2.2.5. Fazit zur Teilstudie 2
Die Durchführung der Teilstudie 2 am LSF-Gymnasium war ein wesentlicher Schritt in der Konzeption, Durchführung und Evaluation von Veränderungsmaßnahmen zur Verbesserung des DaF-Unterrichts. Dabei wurden nicht nur wertvolle Erkenntnisse über die Einführung von Interventionen im Großgruppenunterricht erworben, sondern auch zahlreiche Daten erhoben – Lehrer*innen-Interviews und Gruppendiskussionen mit Schüler*innen jeweils zu Beginn und am Ende der Teilstudie 2 – zur Untersuchung der Art und Weise, wie sich DaF-Lehrende die eigene Lehrer*innen-Rolle vorstellen und wie sich das Lehrer*innen-Handeln auf die Lernenden und die Prozessqualität des Großgruppenunterrichts auswirkt.

Die Tatsache, dass der Verfasser nicht am LSF-Gymnasium tätig war, erwies sich für die Trennung der Forscher- und Lehrer*innen-Rolle als besonders positiv. An seine Anwesenheit im Deutschunterricht war die klare Erwartung gehegt, dass er weder Unterrichtssequenzen leitet noch Vertretungsstunden übernimmt, sondern dass er den Lehr-Lern-Prozess in den beteiligten Schulklassen beobachten, sich mit den jeweiligen Akteuren des Deutschunterrichts (Lehrenden und Lernenden) austauschen und aus einer externen Perspektive heraus zur Entwicklung von Verbesserungsmaßnahmen beitragen konnte. Über das eigentliche Forschungsthema wurde den Forschungsteilnehmenden möglichst wenige Informationen mitgeteilt, um zu vermeiden, dass die Forschungsteilnehmenden ihr Verhalten im Unterricht und ihre Aussagen bei den Befragungen an die Erwartungen des Forschenden anpassen.

Die Unterrichtsbeobachtungen fanden nur einmal wöchentlich statt. Offen bleibt die Frage, ob die anderen wöchentlichen Unterrichtssitzungen, zu denen der Verfasser aus Zeitgründen nicht kommen konnte, anders verliefen als diejenigen, die er beobachten konnte. Es ist durchaus nicht ausgeschlossen, dass bestimmte Handlungen und Verhaltensweisen während der beobachteten

Sitzungen vermieden bzw. vorgeführt wurden, um den Erwartungen des Forschenden zu entsprechen. Daher wäre es besser gewesen, alle Unterrichtssitzungen in dem ganzen Zeitraum der Teilstudie 2 in den betroffenen Klassen zu beobachten.

Es war aus Zeitgründen nicht möglich, sich regelmäßig mit den drei beteiligten Lehrerinnen im geschlossenen Kreis auszutauschen und über die Durchführung der Aktionsforschung in den jeweiligen Klassen zu reflektieren. Aber da die Erfahrungen in den verschiedenen Klassen unterschiedlich waren, wurde insofern eine stärkere individuelle Auseinandersetzung mit den erlebten Herausforderungen gefördert. Nichtsdestotrotz ist davon auszugehen, dass ein regelmäßiger Austausch unter den drei Lehrerinnen für den Verlauf der Teilstudie 2 ein großer Vorteil gewesen wäre, da die Besprechung der jeweiligen Erfahrungen, die Berücksichtigung unterschiedlicher Perspektiven und die damit zusammenhängende, gegenseitige Beratung den einzelnen Lehrenden sicherlich hilfreich gewesen wären.

Die Teilstudie 2 hat von November 2016 bis März 2017 angedauert. Zwar konnten während dieses Zeitraums viele Unterrichtssitzungen beobachtet und dabei zahlreiche Daten zur Behandlung des Untersuchungsgegenstands erhoben werden. Aber für die Entwicklung, Implementierung und Evaluation von Veränderungsmaßnahmen wäre ein längerer Forschungszeitraum gewinnbringender gewesen. Im Grunde konnten in den drei Klassen zwar einige Veränderungen im Deutschunterricht eingeführt werden, aber es wäre nötig gewesen, mehr Zeit zu haben, um an weiteren Unterrichtssitzungen bestimmte eingeführte Veränderungen zu festigen, zumal Gewohnheiten sich nicht so schnell verändern lassen. Für eine derartige Untersuchung, in der die Veränderung des Lehrer*innen-Handelns im Mittelpunkt steht, wäre die Durchführung der Aktionsforschung für ein ganzes Schuljahr absolut wünschenswert. Allerdings setzt ein solches Forschungsprojekt, in dem der Deutschunterricht in verschiedenen Klassen über einen längeren Zeitraum begleitet wird, bestimmte zeitliche und materielle Ressourcen voraus, die unter den jetzigen Umständen leider nicht vorhanden waren.

Die Tatsache, dass dieses Aktionsforschungsprojekt nicht im eigenen Unterricht des Verfassers durchgeführt werden konnte, erwies sich als positiv. Einerseits ist die Einbindung mehrerer Deutschlehrkräfte und Deutschschüler*innen als eine große Bereicherung anzusehen, da dadurch unterschiedliche Erfahrungen und Perspektiven in die Forschung eingebracht werden konnten. Andererseits konnte vor allem bei den verschiedenen Lehrer*innen-Fortbildungen, die zum Empowerment der beteiligten Lehrenden im Forschungsprozess organisiert wurden, wertvolle Erkenntnisse über den Einsatz der Aktionsforschung als Methode zur Weiterentwicklung des kamerunischen DaF-Unterrichts gewonnen werden. Eine bemerkenswerte Besonderheit dieses Aktionsforschungsprojekts ist die besondere Rollenkonstellation, die mit der kollegialen Einbindung einer Gruppe von Deutschlehrkräften einhergeht.

7.2.3. Reflexion zur Durchführung der Aktionsforschung

Der Durchführung des vorliegenden Aktionsforschungsprojekts lag das Ziel zugrunde, Innovationen im kamerunischen Deutschunterricht zu implementieren. Durch die Veränderung bestimmter Aspekte des Lehrer*innen-Handelns sollte die aktive Teilhabe der Lernenden an der Gestaltung und Durchführung des Lehr-Lern-Prozesses befördert, zugleich sollte damit ein Modell zur Didaktisierung mündlich realisierten Schüler*innen-Feedbacks konzipiert und realisiert werden. Auf der Grundlage zentraler Erkenntnisse aus der Hattie-Studie einerseits in Bezug auf die „Entwicklung der Fähigkeit zur kritischen Bewertung (‚critical evaluation')" als eines der wichtigsten Ziele der Bildung und des Schulbesuchs (Hattie 2014: 4) und andererseits hinsichtlich der Relevanz von Feedback für den Lernerfolg (Hattie 2013: 206–211) wurde angestrebt, durch das Einführen von mündlichem Schüler*innen-Feedback zur Verbesserung der Qualität des kamerunischen DaF-Unterrichts beizutragen. Die Untersuchung der Art und Weise, wie sich Lehrende die eigene Lehrer*innen-Rolle im DaF-Unterricht vorstellen, und die Ermittlung der Auswirkungen dieser Rollenvorstellungen auf das Deutschlehren bzw. -lernen sollten dabei unterstützen, Einsicht in die verbesserungswürdigen Aspekte des Unterrichts sowie in die einzuführenden Veränderungsmaßnahmen zu gewinnen.

Die Durchführung der eingangs geplanten empirischen Studie – als Teilstudie 1 bezeichnet –, bei der in zwei Schulklassen der Deutschunterricht am LKA-Gymnasium beobachtet und die Unterrichtsakteure (Lehrperson und jeweils eine Gruppe von vier bis acht Lernenden) mündlich befragt wurden, ließ zwar Einblick darin gewinnen, wie die Lehrperson ihre eigene Rolle im DaF-Unterricht verstand und wie die Lehrkraft von den Lernenden wahrgenommen wurde. Aber dabei konnten Interventionsmaßnahmen weder entwickelt noch im Unterricht implementiert werden, sodass die dem vorliegenden Forschungsprojekt zugrunde liegenden Fragestellungen damit noch nicht zufriedenstellend bearbeitet werden konnten. Daraus ergab sich die Notwendigkeit der Durchführung einer weiterführenden empirischen Studie, die als Teilstudie 2 betrachtet wurde und den beobachteten Mängeln der Teilstudie 1 Rechnung tragen sollte. Dass sich der Schwerpunkt der Untersuchung während des Untersuchungsprozesses verschoben hat, erklärt die Unterschiede, die der Konzeption und Durchführung der Teilstudien 1 und 2 ausmachen.

Als Stärke der Teilstudie 2 gelten u.a.: 1) Die Beteiligung von drei Deutschlehrenden und deren jeweiligen Deutschklassen am Aktionsforschungsprojekt, was einen Vergleich unter den verschiedenen Fällen und die Einsicht in die personenübergreifenden Merkmale in der Durchführung der Aktionsforschung ermöglicht; 2) die Durchführung der Aktionsforschung in Schulklassen mit mehr als 60 Schüler*innen, was verglichen mit den Gruppengrößen an vielen kamerunischen Schulen eher im Durchschnittsbereich liegt; 3) die regelmäßige Beobachtung des Deutschunterrichts in den betroffenen Deutschklassen, was einen Einblick in zahlreiche Phänomene ermöglicht, die den Lehr-Lern-Prozess beeinflussen; 4) die Begleitung des Veränderungsprozesses durch die Durchführung von drei Sitzungen einer Lehrer*innen-Fortbildungsreihe, bei der die beteiligten Lehrpersonen mit Kollegen*innen über Unterrichtserfahrungen austauschen und neues theoretisches Wissen über den Veränderungsprozess des eigenen Unterrichts erwerben konnten; 5) die regelmäßigen informellen Gespräche, bei denen die beteiligten Lehrpersonen unter vier Augen Rückmeldungen über den eigenen Unterricht bekommen und in der Entwicklung von Veränderungsmaßnahmen unterstützt werden konnten; 6) die Befragung der jeweiligen Unterrichtsbeteiligten, bei denen u.a. Einblick in die Wahrnehmung der Lehrer*innen-Rolle und deren Auswirkungen auf den Lehr-Lern-Prozess gewonnen werden konnte; und 7) die Trennung zwischen der Forscher- und Lehrer*innen-Rolle durch die Durchführung des Aktionsforschungsprojekts an einer Schule, in der der Verfasser nicht als Lehrer tätig war, was einerseits die Beeinflussung des Forschungsfeldes durch explizite Eingriffe in den Unterrichtsalltag deutlich verringerte, andererseits sich für die Durchführung des Aktionsforschungsprojekts als äußerst wichtig herausstellte.

Auch wenn der Untersuchungszeitraum mit rund vier Monaten relativ kurz war und die durchgeführten Interviews und Gruppendiskussionen nur in der Pause stattfanden und folglich nicht sehr lang waren (ca. 15 bis 33 Minuten), konnten in beiden Studienteilen des Aktionsforschungsprojekts unter Berücksichtigung bestimmter Gütekriterien wichtige Daten erhoben werden, deren Aufbereitung und Auswertung wesentliche Erkenntnisse über den Untersuchungsgegenstand ermöglichten.

8. Gütekriterien

Die vorliegende Untersuchung lässt sich als qualitative Aktionsforschung im Bereich Deutsch als Fremdsprache verstehen. Im Grunde wird durch die Untersuchung der Fragen, wie Lehrende die eigene Lehrer*innen-Rolle im fremdsprachlichen Deutschunterricht verstehen und wie sich diese Rollenvorstellung auf das Lehren und Lernen auswirkt, der Fokus auf die Relevanz der Lehrkraft als einer der wichtigsten Einflussfaktoren für qualitativ nachhaltige Lehr-Lern-Prozesse gelegt, um in einer entsprechenden Analyse dazu weitere gewinnbringende Erkenntnisse zu erhalten. Zur Generierung von Hypothesen bezüglich der Relevanz der Rollenvorstellungen von DaF-Lehrpersonen für ein erfolgreiches Lehren und Lernen des Deutschen als Fremdsprache wird auf Instrumente der qualitativen Forschung zurückgegriffen, d.h. auf Methoden der qualitativen Datenerhebung und -interpretation.

In diesem Kapitel soll erläutert werden, inwiefern die Gütekriterien bei der Durchführung der vorliegenden Studie berücksichtigt wurden. Angesichts der methodologischen Verortung der vorliegenden Untersuchung als qualitative Forschung und Aktionsforschung soll zuerst diskutiert werden, welche bzw. inwiefern Gütekriterien der qualitativen Forschung im Forschungsprozess berücksichtigt wurden (Kap. 8.1). Danach soll herausgearbeitet werden, wie mit Gütekriterien der Aktionsforschung im Entwurf und während der Implementierung von Veränderungen im DaF-Unterricht umgegangen wurde (Kap. 8.2).

8.1. Zu den Gütekriterien in der qualitativen Forschung

Die Frage, welche Qualitätskriterien der Bewertung qualitativer Forschungsansätze zugrunde liegen sollen, wird kontrovers diskutiert. In der Debatte geht es dabei u.a. um die folgende Problematik: Können „klassische" Gütekriterien (vgl. z.B. Flick 2005; 2010; 2014a) der Validität, Objektivität und Reliabilität, die in der quantitativen Forschung als „akzeptiert" (Flick 2010: 395) angesehen werden, auf qualitative Studien übertragen werden? Können für die unterschiedlichen Ansätze qualitativer Forschung einheitliche Kriterien entwickelt werden, die beispielsweise sowohl für ethnomethodologische, hermeneutische, diskurs- und konversationsanalytische als auch für Ground-Theory-Untersuchungen zur Anwendung kommen?

Angesichts der unterschiedlichen „Grundannahmen" (Steinke 2017: 322) und dem unterschiedlichen „Wirklichkeitsverständnis" (Flick 2014a: 413) von qualitativer und quantitativer Forschung stößt die Übertragung standardisierter Kriterien auf die qualitative Forschung auf allgemeine Ablehnung (z.B. Flick 2010: 397; Steinke 1999: 204; Steinke 2017: 322). Vielmehr werden entweder deren Reformulierung (vgl. Miles und Huberman 1994) oder die Entwicklung von „methodenangemessenen Gütekriterien" (Flick 2014a: 413) für qualitative Forschungsansätze vorgeschlagen (vgl. Bohnsack 2005; Steinke 1999; 2017; Strübing et al. 2018). Es wird jedoch vielen vorgeschlagenen Kriterienkatalogen vorgeworfen, dass sie erstens „in sich begrenzt stimmig sind" und andererseits sich „nicht unbedingt von dem Kontext, in dem sie entwickelt wurden, auf andere methodische Herangehensweisen oder Anwendungsfelder übertragbar" (Flick 2010: 405) zeigen. Daher wird als Voraussetzung für die Akzeptanz methodenangemessener Gütekriterien angenommen, „dass sie auf jede Form qualitativer Forschung angewendet werden können bzw. für jeden Ansatz qualitativer Forschung akzeptabel sind" (ebd.).

Gerade diesem Anspruch wollen Strübing, Hirschauer, Ayaß, Krähnke und Scheffer (2018) durch „den Versuch zu einer Explikation allgemeiner Gütekriterien für die qualitative Sozialforschung" (S. 85) gerecht werden. Grundlage ihres Kriterienkatalogs ist die „iterativzyklische *Prozesslogik*"(ebd.), die allen qualitativen Forschungsansätzen zugrunde liege (Strübing 2014: 49). Grundlegend für die Qualität einer Forschung seien sowohl die Qualität der „Relationierung" (Strübing et al.: 2018: 85) der entsprechenden empirischen, methodischen und theoretischen Dimensionen als auch die damit zusammenhängende, systematische Gewinnung neuer Erkenntnisse über den Untersuchungsgegenstand. Dementsprechend sei bei der Bewertung einer qualitativen Forschung auf folgende allgemeine Gütekriterien zu achten: „*Gegenstandsangemessenheit*", „*empirische Sättigung*", „*theoretische Durchdringung*", „*textuelle Performanz*" und „*Originalität*" der Studie.

Die *Gegenstandsangemessenheit* verweist „im Sinne eines Basiskriteriums" auf „eine Weise der Herstellung des Forschungsgegenstandes, die das empirische Feld ernst nimmt, sich aber zugleich von ihm distanziert und es durch theoretisches Denken unter Spannung setzt" (ebd.). Als „operative Konsequenz" (ebd., S. 86) charakteristischer Offenheit qualitativer Forschung besteht das Gütekriterium der Gegenstandsangemessenheit aus „den Anforderungen multipler Passungsverhältnisse und fortgesetzter Justierung sowie einem Primat des Empirischen vor der Methodizität" (ebd., S. 88). Bestimmend für die Qualität einer Studie sei, wie einerseits deren theoretische Grundlage, Fragestellung, empirischer Fall, Datentyp und eingesetzte Untersuchungsmethoden zueinanderpassen und andererseits im Forschungsprozess fortwährend einander angepasst werden. Dieses Kriterium betrachtet Steinke (2017: 326) als „Indikation des Forschungsgegenstands".

Das Gütekriterium der *empirischen Sättigung* oder „empirische[n] Verankerung" (ebd., 328–329) bezieht sich auf die „Datengeleitetheit der Theoriebildung" (Schmelter 2014: 42) in der durchgeführten qualitativen Untersuchung. Mit dem Gütekriterium der *theoretischen Durchdringung* wird auf die „Qualität der Theoriebezüge" verwiesen, das heißt darauf, „wie gekonnt sie dazu genutzt werden, sich den Untersuchungsgegenstand forschend verfügbar zu machen und damit für das Fach herzustellen" (Strübing et al. 2018: 91). Das Gütekriterium der *textuellen Performanz* bezieht sich darauf, wie nachvollziehbar die Forschungsergebnisse beispielsweise durch eine ausführliche „Dokumentation des Forschungsprozesses" (Steinke 2017: 324) für die Leser*innen dargestellt werden. Das fünfte und letzte Gütekriterium nach Strübing et al (2018) besteht in dem Anspruch auf *Originalität* im Sinne eines Erkenntnisgewinns und entspricht der „Relevanz" der durchgeführten Untersuchung (Steinke 1999: 241).

Für die vorliegende Studie wurde auf dem Forschungsfeld der von Strübing et al. (2018) vorgeschlagenen allgemeinen Kriterien qualitativer Forschung Rechnung getragen. Aufgrund der gelungenen Relation der theoretischen, methodischen und empirischen Dimensionen der Untersuchung von Vorstellungen von DaF-Lehrenden über die eigene Lehr*innen-Rolle und der Auswirkungen dieser Rollenvorstellungen auf die Lernenden sowie auf die Prozessqualität des kamerunischen DaF-Unterrichts, welcher eine besondere Relevanz beigemessen wird, wurde dem Gütekriterium der „*Gegenstandsangemessenheit*" (Strübing et al. 2018: 86) besondere Aufmerksamkeit geschenkt.

Ein grundlegendes Merkmal der Gegenstandsangemessenheit betrifft das Streben nach einer *Abstimmung verschiedener Aspekte der Forschung zum Untersuchungsgegenstand*. Schwerpunkt der vorliegenden Studie ist die Auseinandersetzung mit der Lehrer*innen-Rolle und deren Auswirkungen auf das Lehren und Lernen im kamerunischen Deutschunterricht. Als Grundannahme gilt Folgendes: Die Art und Weise, wie Deutschlehrende die eigene Rolle im Unterricht verstehen, hat einen Einfluss darauf, wie sie mit den Lernenden umgehen; die Art und Weise, wie das Handeln und die Verhaltensweisen der Lehrperson von den Lernenden interpretiert werden, wird deren Einstellung zum Deutschunterricht und zur Deutschlehrkraft bestimmen, was sich erheblich auf die Motivation und den Lernzuwachs im Deutschunterricht auswirken würde. Um herauszufinden, wie die eigene Lehrer*innen-Rolle von den forschungsteilnehmenden Lehrkräften wahrgenommen wird, wurde eine offene Befragung der betroffenen Lehrpersonen durchgeführt. Durch die Gruppendiskussionen mit ausgewählten Lernenden aus den jeweiligen DaF-Klassen konnte zudem die Schüler*innen-Perspektive erfasst werden. Dazu kamen noch regelmäßige Beobachtungen des Deutschunterrichts in den betroffenen Schulklassen, sodass die Gestaltung der Lehrer-Schüler-Interaktion in realen Unterrichtssituationen erfasst und eventuelle Diskrepanzen zwischen den Aussagen der Befragten und deren Handeln in der Realität identifiziert werden konnten.

Eine weitere Vorannahme dieser Studie beinhaltet, dass einerseits das Lehrer*innen-Handeln damit zusammenhängt, wie die DaF-Lehrkräfte die eigene Lehrer*innen-Rolle verstehen, und dass andererseits die Veränderung zentraler Aspekte dieses Lehrer*innen-Handelns einen Einfluss auf die Prozessqualität und die Wirksamkeit des Deutschunterrichts hat. Daher bestand die Zielsetzung darin, auf der Grundlage der Beobachtungen, der Aussagen von Lehrenden und Lernenden bei den mündlichen Befragungen und eine entsprechende Analyse und Reflexion die Lehrkräfte dabei zu begleiten, Veränderungen im Umgang mit den Lernenden und in der Gestaltung des DaF-Unterrichts vorzunehmen. Angesichts des explorativen Charakters der Studie wurde auf den Forschungsansatz der Aktionsforschung zurückgegriffen, da sie die Entwicklung und Implementierung von Veränderungen durch die im Unterricht Handelnden (Lehrer*innen und Schüler*innen) in einem iterativen Prozess ermöglicht. Die Aktionsforschung bietet den Vorteil, dass neue Ideen zur Verbesserung des Unterrichts in einem „Kreislauf von Reflexion und Aktion" (Altrichter et al. 2018: 14) entwickelt und in der Praxis erprobt werden können. Die Reflexion über den Verlauf dieser Praxis führt zur Entwicklung neuer „Aktionsideen und Handlungsstrategien" (ebd.).

Aufgrund der großen Diskrepanzen bezüglich der Gruppengröße in kamerunischen Schulen fand die Teilstudie 1 im Kleingruppenunterricht und die Teilstudie 2 im Großgruppenunterricht statt. Die Berücksichtigung dieses Kriteriums basiert auf der Annahme, dass großgruppenbezogene Faktoren eine besondere Herausforderung für die Lehrkraft darstellen (vgl. Loo 2012) und den Umgang mit den Lernenden in besonderer Weise prägen, sodass das Lehrer*innen-Handeln den Lernenden gegenüber im Groß- und Kleingruppenunterricht grundsätzlich unterschiedlich sein soll (vgl. Kap. 4.2). Aufgrund der tendenziell steigenden Schüler*innen-Zahl an kamerunischen Schulen (vgl. Auswärtiges Amt 2015) wurde ein besonderer Akzent auf die Entwicklung und die Implementierung von Interventionen im Großgruppenunterricht gelegt. Damit wird die Hoffnung gehegt, auf der Grundlage empirischer Forschung am Großgruppenunterricht in verschiedenen DaF-Klassen an einem kamerunischen Gymnasium und dem Qualitätskriterium der *empirischen Sättigung* entsprechend zur Weiterentwicklung der Großgruppendidaktik beizutragen.

Zur Interpretation der erhobenen Daten wurde auf das kategorienbasierte Verfahren der konstruktivistischen Grounded Theory (Charmaz 2014) zurückgegriffen. Dieses Verfahren ist für jene Untersuchungen – wie die vorliegende – geeignet, zu denen bisher sehr wenig Wissen vorliegt und Erkenntnisse explorierend zu gewinnen sind. Bisher wurde noch keine Studie zur professionellen Lehrkompetenz kamerunischer DaF-Lehrkräfte durchgeführt, auf die bei der Entwicklung von Analysekategorien Rücksicht zu nehmen wäre. Unerforscht bleibt bisher auch, inwiefern qualitätsvoller DaF-Unterricht an kamerunischen Gymnasien – unter Berücksichtigung der dortigen Rahmenbedingungen – stattfinden kann. Des Weiteren ist die Auseinandersetzung mit Lehrer*innen-Handlungen im DaF-Unterricht zentral für die vorliegende Studie, da im Kern untersucht wird, inwiefern die Vorstellungen der Lehrenden über die eigene Lehrer*innen-Rolle dem eigenen Handeln im Unterricht bewusst zugrunde liegt, sowie inwiefern dieses Lehrer*innen-Handeln auch das Schüler*innen-Handeln beeinflusst. Die konstruktivistische Grounded Theory – zumindest in den initialen Phasen des Kodierens – interessiert sich für Handlungen in den Daten und fokussiert die Perspektive der Forschungsteilnehmenden (ausführlich zur konstruktivistischen Grounded Theory, vgl. Kap. 9.2). Aufgrund der Absicht, forschungsteilnehmende Lehrkräfte beim Optimierungsprozess des eigenen DaF-Unterrichts zu unterstützen, ist die Berücksichtigung der individuellen Perspektiven dieser Lehrkräfte bei der Dateninterpretation sinnvoll. Aus diesen Gründen erweist sich das Auswertungsverfahren der konstruktivistischen Grounded Theory als geeignet für die Interpretation der in der Aktionsforschung erhobenen Daten.

Im Hinblick auf eine gelungene Passung des Untersuchungsgegenstands spielt das entsprechende theoretische Fundament der Forschungsarbeit eine zentrale Rolle. Die Auseinandersetzung mit den Vorstellungen von DaF-Lehrenden über die eigene Lehrer*innen-Rolle im DaF-Unterricht einerseits und den Auswirkungen dieser Rollenvorstellungen auf die Schüler*innen und die Prozessqualität des Deutschunterrichts andererseits entspricht der Auffassung des Fremdsprachenlehrens als Faktorenkomplex (Edmondson und House 2011: 24–27). Als Grundlage dieser Untersuchung gelten die Auffassung von Lehrkräften als reflektierte Praktiker*innen (Schön 1983, 1987), Erkenntnisse aus der Hattie-Studie zur Relevanz von Lehrpersonen im Unterricht (Hattie 2013; 2014), das Konzept des lebendigen Lernens der Themenzentrierte Interaktion (TZI) und das Angebot-Nutzungs-Modell der Wirkungsweise des Unterrichts (Helmke 2015a: 71). Durch die Berücksichtigung dieser theoretischen Konzepte wird dem Gütekriterium der *theoretischen Durchdringung* in der vorliegenden Studie Rechnung getragen.

Hatties quantitative Synthese von Metaanalysen geht der Frage nach, welche Faktoren den Schulerfolg am stärksten beeinflussen. Über eine Rangordnung der 138 bzw. 150 lernwirksamsten Faktoren hinaus gelangt Hattie zur Schlussfolgerung, dass Lehrpersonen „die wichtigsten Akteure im Bildungsprozess" (Hattie 2014: 24.) sind. Auch wenn keine Metaanalyse zum Unterricht in Afrika in Hatties Studie[29] auftaucht, liefert diese Untersuchung wichtige Erkenntnisse, die als Anhaltspunkte für bisher vergleichsweise wenig beforschten Lehren und Lernen im afrikanischen Kontext gelten. Im Mittelpunkt der vorliegenden Studie steht die Untersuchung des Faktorenbereichs „Lehrperson", indem sich mit der Lehrer*innen-Rolle im fremdsprachlichen Deutschunterricht befasst wird. Der Versuch, die Qualität des Unterrichts durch die Implementierung von Veränderungen auf der Ebene der Lehrperson im Rahmen einer Aktionsforschung zu optimieren, basiert auf der Erkenntnis aus der Hattie-Studie, dass effektive Verbesserungen des Unterrichts mit der Veränderung der Geisteshaltungen von Lehrenden beginnen sollen (ebd.: 25–26; 170–194).

Eine weitere theoretische Grundlage für diese Aktionsforschung ist die Auffassung von Lehrenden als reflektierte Praktiker*innen (Schön 1983, 1987; vgl. Kap. 2.1), von denen erwartet wird, dass sie sich mit der Weiterentwicklung des eigenen Unterrichts immer wieder auseinandersetzen. Da eine nachhaltige Veränderung des Unterrichts aus Sicht des Verfassers mit der Verbesserung der Art und Weise, wie Lehrende und Lernende miteinander umgehen, zusammenhängt, gilt das Vier-Faktoren-Modell der Themenzentrierte Interaktion (TZI) als wichtige theoretische Grundlage für einen humanisierenden Unterricht (vgl. Kap. 3.2).

Helmkes Angebot-Nutzungs-Modell betrachtet den Unterricht, und damit alles, was die Lehrperson tut, als „Angebot" an, dessen „Nutzung" u.a. davon abhängt, wie dieses Angebot von den Lernenden wahrgenommen wird (vgl. Kap. 2.3.3). Um ein umfassenderes Bild von der Relevanz der Lehrer*innen-Rolle für die Unterrichtsdurchführung im internationalen Kontext zu erhalten, widmet sich die vorliegende Studie der Auseinandersetzung mit der Interpretation des Lehrer*innen-Handelns durch die Lernenden im kamerunischen DaF-Unterricht.

Neben einer Abstimmung der Forschungsfragen, Forschungsmethoden und untersuchten Fälle zum Untersuchungsgegenstand gelten *die fortlaufenden Justierungen im Laufe des ganzen Forschungsprozesses* als ein weiterer Aspekt

---

29 Grundlage für die Hattie-Studie sind Metaanalysen, die sich mit Schule in Europa, Amerika, Australien befassen.

der Berücksichtigung des Gütekriteriums der Gegenstandsangemessenheit auf dem Forschungsfeld. Ausgangspunkt der vorliegenden Studie ist das Anliegen, die Lehrer*innen-Rolle im fremdsprachlichen Deutschunterricht zu untersuchen. Die Fokussierung auf die Vorstellungen von DaF-Lehrkräften zur eigenen Lehrer*innen-Rolle ergibt sich aus der Empirie: Die Durchführung der Gruppendiskussionen mit Lernenden und der Leitfadeninterviews mit einer Lehrperson in der Teilstudie 1 sowie die Analyse erhobener Daten haben Einsicht in große Diskrepanzen zwischen der Art und Weise ermöglicht, wie die befragte Lehrperson die eigene Rolle im Deutschunterricht definierte und wie diese Lehrperson von den befragten Schüler*innen betrachtet wurde. Die Auseinandersetzung mit diesen Unstimmigkeiten hat den Fokus der Studie verlegt: Während es in dem ursprünglichen Vorhaben darum ging, ein Konzept für die Einführung mündlich realisierten Schüler*innen-Feedbacks für den kamerunischen Deutschunterricht zu entwickeln, veränderte sich die Zielsetzung der Studie im laufenden Prozess und rückte die Untersuchung der Vorstellungen von DaF-Lehrenden zur eigenen Lehrer*innen-Rolle und die Auswirkungen dieser Rollenvorstellungen auf die Lernenden und die Prozessqualität des DaF-Unterrichts in den Mittelpunkt.

Ein weiterer Aspekt wichtiger Justierungen betrifft die Auswahl der Forschungsteilnehmenden. Die Schwierigkeit, während der empirischen Forschung die Forscher*innen- von der Lehrer*innen-Rolle zu unterscheiden, hat zur Planung und Durchführung der Teilstudie 2 geführt. Ein erhebliches Problem, das mit der Untersuchung des Deutschunterrichts an einer Schule zusammenhängt, in der der Forschende selbst als Deutschlehrer tätig ist, liegt in der Wahrnehmung der doppelten Forscher*innen- und Lehrer*innen-Rolle durch die Forschungsteilnehmer*innen. Aufgrund regelmäßiger Vertretungsstunden, die bei Abwesenheit von Lehrkräften übernommen werden mussten, konnte der Forschende sehr oft keine nicht teilnehmende Unterrichtsbeobachtungen in den betroffenen Klassen durchführen. Trotz einer guten Bindung zu den Lernenden war in den Gruppendiskussionen eine gewisse Angst vor eventuellen Konsequenzen eines nichtvertraulichen Umgangs mit negativen Aussagen zur Lehrperson zu spüren. Um eine scharfe Trennung zwischen der Lehrer*innen- und Forscher*innen-Rolle zu vollziehen und durch die Einbindung mehrerer Lehrpersonen eine bessere Vergleichsbasis der erhobenen Daten zu schaffen, wurde die Teilstudie 2 in drei Deutschklassen an einem anderen Gymnasium durchgeführt, an dem der Forschende keine Unterrichtspflicht hatte und insofern die Durchführung der Untersuchung aus einer externen Perspektive heraus möglich war.

Die Durchführung der Teilstudie 2 in drei Deutschklassen, die zweimalige Befragung der teilnehmenden Lehrenden und Lernenden jeweils mit ca. drei Monaten Abstand, die wöchentlichen Unterrichtsbeobachtungen in den betroffenen Deutschklassen sowie die Organisation und Durchführung von drei Sitzungen einer Lehrer*innen-Fortbildungsreihe dienten der Berücksichtigung des Gütekriteriums der *empirischen Sättigung* auf dem Forschungsfeld. Durch den regelmäßigen Unterrichtsbesuch konnte das Vertrauen der Lehrperson und Lernenden allmählich gewonnen werden, sodass deren Verhalten im Unterricht immer natürlicher wurde. Durch das Ausfüllen offener Beobachtungsbögen konnten Geschehnisse sowie eigene Ideen, Meinungen und Gedanken dazu zeitgleich schriftlich festgehalten werden, was als Grundlage für das Verfassen eines Beobachtungsprotokolls für die Sitzung und die Entwicklung neuer Veränderungsmaßnahmen während der Aktionsforschung galt. Die Zeile-für-Zeile-Kodierung des transkribierten Korpus führt zur ausführlichen Einsicht in das Datenmaterial und trägt auch somit zur empirischen Sättigung bei.

Dem Gütekriterium der *textuellen Performanz* wird in der vorliegenden Untersuchung Rechnung getragen, insofern zur intersubjektiven Nachvollziehbarkeit der Forschungsergebnisse offengelegt wird, wie die einzelnen Schritte des Forschungsprozesses durchgeführt wurden: Datenerhebung, -aufbereitung und -interpretation, Entwicklung und Implementierung von Interventionsmaßnahmen im Unterricht. Auch wenn viele Aktivitäten in Wirklichkeit parallel stattgefunden haben, wurde beim Verfassen der Arbeit versucht, die jeweiligen Schritte des Vorgehens nacheinander darzustellen, damit sie für die Leserschaft leicht nachvollziehbar werden. Beispielsweise fanden die Datenerhebung und die Entwicklung bzw. Implementierung von Veränderungen im Unterricht zwar mitunter zeitgleich statt, aber im Forschungsbericht stehen sie in unterschiedlichen Kapiteln. Die Trennung der verschiedenen Handlungsfelder und die Klärung der jeweiligen Rollen des Forschenden, der forschungsteilnehmenden Lehrenden und der Schüler*innen in diesen Handlungsfeldern helfen zur besseren Einsicht in die Organisation der Aktionsforschung. Darüber hinaus wurde ausführlich beschrieben, wie die erhobenen Daten mit dem kategorienbasierten Verfahren der konstruktivistischen Grounded Theory (Charmaz 2014) interpretiert wurden (vgl. Kap. 9.2.3). Die Offenlegung wichtiger Hintergrundinformationen über den kamerunischen DaF-Unterricht (vgl. Kap. 4) dient der besseren Einordnung der Forschungsergebnisse sowie der Erläuterung von entsprechenden Entscheidungen im Aktionsforschungsprozess.

Das Gütekriterium der *Originalität* ergibt sich zuerst aus der Auswahl des Untersuchungsgegenstandes der vorliegenden Studie. Bisher wurde noch keine Untersuchung zur Lehrer*innen-Rolle im kamerunischen DaF-Unterricht durchgeführt. Angesichts der Relevanz der Lehrperson im Bildungsprozess (vgl. Hattie 2013, 2014) wird hier davon ausgegangen, dass Lehrende an den beobachteten Problemen im kamerunischen DaF-Unterricht mitverantwortlich sind, was der üblichen Neigung von DaF-Lehrkräften widerspricht, die schlechten Leistungen vieler Schüler*innen im Fach Deutsch auf deren fehlende Motivation und Leistungsbereitschaft zurückzuführen. Durch diese Untersuchung können Erkenntnisse gewonnen werden, die darauf aufmerksam machen, dass ein reflektierter Umgang mit der Lehrer*innen-Rolle sowohl bei der Lehrer*innen-Ausbildung als auch bei der Fortbildung tätiger DaF-Lehrkräfte notwendig ist.

Des Weiteren bezieht sich die Originalität der vorliegenden Untersuchung auch auf den ausgewählten Forschungsansatz. Anstatt Empfehlungen für die Verbesserung des DaF-Unterrichts aus der Auseinandersetzung mit den Vorstellungen von Lehrenden über die eigene Rolle abzuleiten, wurde ein Aktionsforschungsprojekt durchgeführt, bei dem Maßnahmen zur Veränderung der Prozessqualität der Lehr-Lern-Prozesse allmählich aus der Praxis heraus entwickelt wurden. Unter Berücksichtigung kontextbezogener Faktoren konnten Erkenntnisse gewonnen werden, die zwar nicht stellvertretend für den kamerunischen DaF-Unterricht sind, aber grundsätzlich dennoch wertvolle Hinweise für zukünftige repräsentative Forschungen zur Weiterentwicklung des DaF-Unterrichts in Kamerun liefern können.

Eine weitere Originalität der vorliegenden Studie hängt mit der Zielsetzung zusammen, d.h. mit der Entwicklung eines didaktischen Modells zur Implementierung von mündlich realisiertem Schüler*innen-Feedback im kamerunischen DaF-Unterricht zusammen. Erfahrungsgemäß ist es üblich, dass die Rolle der kamerunischen Schüler*innen im Unterricht auf den reinen Wissenserwerb beschränkt ist. Auch wenn die aktuellsten Lehrpläne für den kamerunischen DaF-Unterricht die aktive Teilhabe der Lernenden an der Gestaltung und Durchführung des Unterrichts vorschreiben (vgl. MINEDUC 2014a; 2019, 2020), liegt bisher keine Studie vor, die zum einen die Herausforderungen einer konsequenten Schüler*innen-Orientierung im kamerunischen DaF-Unterricht analysiert, zum anderen entsprechende Vorschläge zur Implementierung im kamerunischen DaF-Unterricht unterbreitet. Zwar appellieren diese neuen Lehrpläne an die Veränderung der Geisteshaltungen, Vorstellungen und Überzeugungen von Lehrkräften, damit sie die Auffassung ihrer Rolle im Unterricht verändern und sich nicht mehr als Wissensvermittler*innen und alleinige

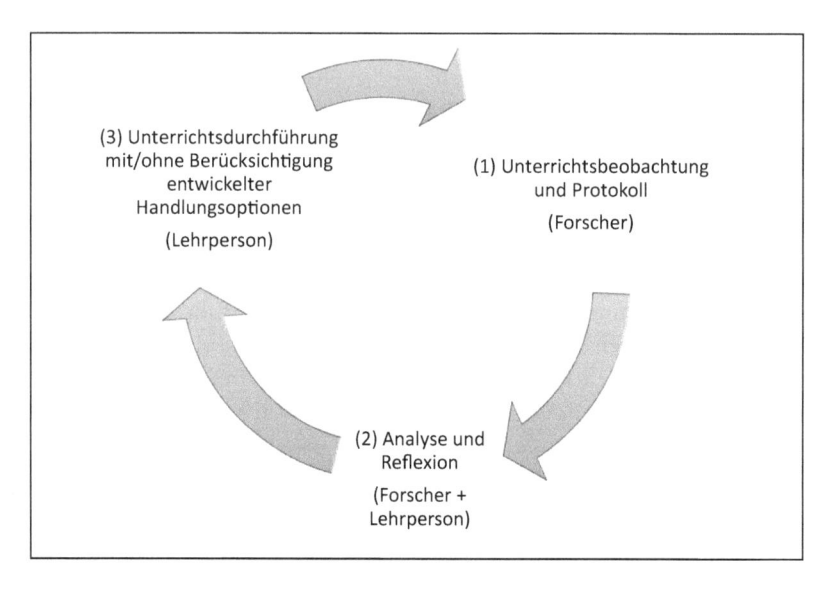

(3) Unterrichtsdurchführung mit/ohne Berücksichtigung entwickelter Handlungsoptionen
(Lehrperson)

(1) Unterrichtsbeobachtung und Protokoll
(Forscher)

(2) Analyse und Reflexion
(Forscher + Lehrperson)

Abb. 13: Iterativ-zyklischer Prozess der Implementierung von Veränderungen im Unterricht

Richtungsweisende im DaF-Unterricht wahrnehmen, sondern als eine Art Hilfestellung für die Lernenden bei deren Kompetenzentwicklung (MINESEC 2019). Im Hinblick auf die Umsetzung in die Praxis ergibt sich dabei jedoch ein großes Spannungsfeld, sodass die vorliegende Aktionsforschung angesichts ihres Erkenntnisinteresse und ihrer Ergebnisse daher als bahnbrechende Innovation gelten kann.

8.2. Zu den Gütekriterien der Aktionsforschung

In der vorliegenden Untersuchung wurde den von Altrichter et al. (2018: 103–111) vorgeschlagenen Gütekriterien der Aktionsforschung Rechnung getragen, d.h. den *„erkenntnistheoretischen oder epistemologischen"*, *„pragmatischen"* und *„ethischen"* Kriterien.

Die Sicherung der *epistemologischen* Kriterien erfolgt „durch die Hinzuziehung alternativer Perspektiven und durch Erprobung in der Praxis" (ebd.: 104). Um eine breitere und differenziertere empirische Grundlage für die Theoriegenerierung zu schaffen, hat das vorliegende Aktionsforschungsprojekt zwei Schuljahre (2015/2016 und 2016/2017) angedauert und an zwei unterschiedlichen Schulen (LKA- und LSF-Gymnasium), in verschiedenen Deutschklassen

(1 Troisième-, 2 Seconde- und 2 Terminale-Klassen) stattgefunden. Daran beteiligen sich insgesamt 4 Lehrpersonen (Frau Nemka, Frau Kouba, Frau Njemmack und Herr Fetba) und zahlreiche Schüler*innen mit unterschiedlichen Erfahrungen mit dem schulischen DaF-Unterricht – sie lernen nämlich Deutsch seit zwei bis fünf Jahren (ausführlich zu den Forschungsteilnehmenden: vgl. Kap. 10.1). Durch die Einbindung verschiedener Lehrkräfte und deren Schüler*innen konnten unterschiedliche Perspektiven berücksichtigt werden.

Die Erprobung in der Praxis ist ein wesentlicher Bestandteil der Studie. Zu Beginn der empirischen Forschung wurden die jeweiligen Lehrpersonen und Lernenden nach den ersten Unterrichtsbeobachtungen in den beteiligten Schulklassen zu mündlichen Befragungen (Leitfadeninterviews bzw. Gruppendiskussionen) eingeladen, bei denen u.a. Fragen besprochen wurden, die sich zum Teil aus den zuvor durchgeführten Unterrichtsbeobachtungen ergaben. Durch eine Übersicht der Beobachtungsprotokolle und der aufgezeichneten Interviews bzw. Gruppendiskussionen konnte ein Einblick in die Einstellungen der Unterrichtsbeteiligten zum Deutschunterricht gewonnen und erste Hypothesen zu den beobachteten Lehrer-Schüler-Interaktionen aufgestellt werden. Daraus wurden bestimmte Handlungsoptionen entwickeln, die in den nächsten Unterrichtssitzungen erprobt wurden. Während der Teilstudie 2 lag ein iterativ-zyklischer Prozess der Implementierung von Veränderungen in den betroffenen Schulklassen zugrunde (vgl., Abb. 13): (1) *Unterrichtsbeobachtung*: In den drei beteiligten Schulklassen wurde vom 28.11.2016 bis zum 22.03.2017 der Deutschunterricht montags beobachtet. (2) *Analyse und Reflexion*: In informellen Gesprächen konnte der Verfasser seine Rückmeldungen zum Unterricht geben und gemeinsam mit der Lehrperson neue Handlungsoptionen entwickeln; (3) *Unterrichtsdurchführung*: Bei den nächsten Unterrichtssitzungen konnten die Lehrpersonen die vorgeschlagenen Handlungsoptionen berücksichtigen – oder auch nicht.

Die Organisation von drei Sitzungen einer Lehrer*innen-Fortbildungsreihe (im Januar, Februar und März 2017) zielte darauf ab, einen Austauschrahmen mit Deutschlehrenden zu schaffen, damit auf der Grundlage gegebener Inputs einerseits Reflexion über den eigenen Unterricht angestoßen, und andererseits Empowerment für die Entwicklung und Implementierung von Veränderungen im eigenen Unterricht ermöglicht werden. Darüber hinaus wurde dabei die Erwartung gehegt, dass Raum und Zeit für die Entwicklung konkreter Innovationsmaßnahmen für die darauffolgende Unterrichtspraxis in den jeweiligen Schulklassen geschaffen werden.

Ein wichtiges Kriterium bei der Konzeption und Implementierung von Veränderungsmaßnahmen betraf die Verträglichkeit mit der Praxis, was

Altrichter et al. (2018: 107–108) als *„pragmatische Kriterien"* der Aktionsforschung ansehen. Aufgrund möglicher Schwierigkeiten, die mit der Einführung einiger Fachbegriffe wie TZI, TZI-Postulate, TZI-Axiome oder TZI-Regeln zusammenhängen und deren Verstehen bzw. Umsetzung künstlich erschweren würden, wurde auf deren Verwendung auf dem Forschungsfeld verzichtet. Es wurde eher auf Kompensationsstrategien zurückgegriffen, mit denen Phänomene beschrieben wurden, ohne entsprechende Fachbegriffe zu verwenden. Bei der Förderung des Schüler*innen-Feedbacks wurde beispielsweise darauf geachtet, dass jede*r Schüler*in „per ich" spricht und damit seine/ihre persönliche Meinung äußert. In der Realität ging es sowohl um das TZI-Postulat der Chairperson als auch um die Umsetzung folgender TZI-Regeln: a) „Jeder spricht für sich und nicht für die anderen", b) „Jede Meinung zählt" (vgl. Kap. 3.2).

Um die Implementierung von Veränderungen mit dem Unterricht „praktisch und zeitökonomisch verträglich" (Altrichter et al. 2018: 107) zu gestalten, wurde darauf verzichtet, sich mit der Auswahl und dem Umfang des behandelten Lerngegenstands in den jeweiligen Schulklassen auf dem Forschungsfeld auseinanderzusetzen, weder mit den Lehrpersonen noch mit den Lernenden. Stattdessen richtete sich der Fokus auf die folgenden Wie-Fragen: Wie geht die Lehrperson mit den Lernenden im DaF-Unterricht um? Wie wird die Lehrer-Schüler-Interaktion gestaltet? Wie wird die Lehrperson von den Lernenden wahrgenommen? Bei der Durchführung des Aktionsforschungsprojekts wurde also eher der Frage nachgegangen, wie der Umgang miteinander das Lehren bzw. Lernen des Deutschen als Fremdsprache fördert bzw. hindert und welche Verbesserungsmöglichkeiten vorgenommen werden können. Folglich wurden bei den informellen Austauschsequenzen mit den Lehrenden lediglich allgemeine methodische Vorschläge thematisiert, deren (Nicht-)Einbeziehung in den Unterrichtsverlauf voll und ganz im Ermessen der Lehrperson stand. Es wurde danach gestrebt, dass die beteiligten Lehrkräfte beim Unterrichten der regulären Schulcurricula die entsprechenden Veränderungen nicht inhaltlich, sondern vor allem im Umgang mit den Lernenden vornehmen, ohne dass die Bearbeitung des Lehrplans in irgendeiner Weise beeinträchtigt wird.

Die Tatsache, dass die Kontrolle über die Forschung den Beteiligten überlassen wurde, entspricht den *ethischen Gütekriterien* der Aktionsforschung (Altrichter et al. 2018: 108–111). An den Gruppendiskussionen nahmen nur freiwillige Schüler*innen teil, denen der Sinn und Zweck der Audioaufnahme erklärt und denen die Möglichkeit gegeben wurde, jederzeit die Teilnahme abzusagen. Um die Vertraulichkeit zu gewährleisten, fanden die Gruppendiskussionen bzw. Leitfadeninterviews im „geschützten Raum" ohne Beteiligung externer Personen statt. Außerdem wurde Sorge getragen, dass die Lehrkräfte weder an den Schüler*innen-Befragungen beteiligt waren noch Zugang zu den aufgezeichneten Gesprächen mit den Lernenden hatten. Es wurde explizit darauf hingewiesen, dass keine Informationen weitergegeben werden, die zu einer Zuordnung zu einer Schülerin bzw. zu einem Schüler führen konnten. Bei der Transkription wurden die Namen der beteiligten Personen (Lehrpersonen und Lernenden) und deren Schule durch Pseudonyme ersetzt.

Ein weiterer Aspekt der ethischen Kriterien betrifft den Umgang mit Vertraulichkeit. Vertrauliche Informationen der beteiligten Deutschlehrkräfte wurden den anderen Forschungsbeteiligten nicht weitergegeben. Die Vorliebe für den informellen Austausch „unter vier Augen" mit den Lehrenden vor und/ oder nach den verschiedenen Unterrichtsbeobachtungen hängt mit der notwendigen Beachtung der Vertraulichkeit zusammen. Die Tatsache, dass die Umsetzung von Veränderungsmöglichkeiten im Ermessen der Lehrpersonen lag, entspricht dem ethischen Prinzip der „Aushandlung" (ebd.: 109). Darüber hinaus wurde zu Beginn jeder Befragung die Einwilligung der Beteiligten eingeholt und nach Ende des Interviews wurden die aufgezeichneten Gespräche stückweise gehört und erneut um die Einwilligung für die Verwendung der Daten zum Zweck der Forschung gebeten.

8.3. Zur Forschungsethik

In den letzten zwanzig Jahren haben zahlreiche Skandale um Plagiatsaffären, Datenfälschungen in der Forschung (vgl. Viebrock 2015: 13–14) und Untersuchungen an Menschen auf der Grundlage verwerflicher moralischer Grundsätze (vgl. Unger 2014b: 16) in den Medien und im öffentlichen Diskurs Aufsehen erregt. Angesichts der Notwendigkeit der „Achtung des Menschen vor dem Menschen" (Schnell und Dunger 2018: 18) wird vehement gefordert, forschungsethische Fragen in der Wissenschaft zu reflektieren. Eine Umfrage unter Nachwuchsforschenden in der Fremdsprachenforschung zeigt, dass über die Hälfte (52 %) der 107 Befragten ihre Kenntnisse bezüglich des Themas Forschungsethik als mittelmäßig ausgeprägt einschätzen, ein Drittel (33 %) als niedrig und nur sehr wenige als hoch bzw. nicht vorhanden (Viebrock 2015).

Laut Schnell und Dunger (2018) befasst sich die Forschungsethik mit der Frage, „welche ethisch relevanten Einflüsse die Intervention eines Forschers den Menschen zumuten könnte, mit oder an denen der Forscher forscht und wie ein Forscher die ethisch relevanten Einflüsse seiner Forschungsdurchführung antizipieren und evaluieren kann" (S. 140). Diese Frage kann unter mindestens zwei Gesichtspunkten beantwortet werden: Einerseits kann man sich dafür interessieren, wie Forschende grundsätzlich im Kontext Wissenschaft und Forschung handeln sollen (*philosophische Dimension*); andererseits können alltäglichere Entscheidungsnotwendigkeiten fokussiert werden, indem beispielsweise den Fragen nachgegangen wird, welches Verhalten in der direkten Begegnung mit Forschungsteilnehmenden angemessen ist, wie mit unterschiedlichen Interessenslagen umgegangen werden soll oder ob wissenschaftliche Ansprüche an das Forschungsdesign oder an die Qualität der Daten mit den Bedürfnissen der Forschungspartner*innen einher gehen (*pragmatische Dimension*) (Viebrock 2015: 58).

Der Begriff der Forschungsethik verweist einerseits auf die Beziehungen zwischen dem Forschenden und den Forschungsteilnehmenden, andererseits auf den Umgang mit Informationen und den Schutz der Daten (Unger 2014b: 18). Der Aspekt der Forschungsbeziehungen bezieht sich auf den Zugang zum Forschungsfeld, auf die Gewinnung der Forschungspartner*innen und den Umgang mit ihnen vor, während und nach dem Forschungsprozess. Es geht auch hier um die Freiräume bzw. Handlungsspielräume, die den Forschungsteilnehmenden gewährt werden, etwa die Fragen, (1) ob sie freiwillig am Forschungsprozess teilnehmen und ihre Teilnahme jede Zeit abbrechen können, ohne dass sie mit negativen Konsequenzen zu rechnen haben; (2) welche Handlungen von den Beteiligten am Forschungsprozess erwartet werden und ob sie frei entscheiden können, dies zu tun oder nicht zu tun. Der Aspekt des Umgangs mit Informationen hängt einerseits damit zusammen, welche Informationen die Forschungsteilnehmenden über das Forschungsanliegen, das geplante Forschungsprojekt und die anvisierten Forschungsziele erhalten sollen. Anderseits bezieht sich der Umgang mit Informationen darauf, mit welchen Methoden, wofür, welche Informationen aus dem beruflichen Alltag bzw. Privatleben der Forschungsteilnehmenden gesammelt werden. Der Aspekt des Datenschutzes thematisiert die Sammlung, Speicherung und Verarbeitung erhobener Daten – nämlich schriftliche Aufzeichnungen, Tonbandmitschnitte, Videoaufnahmen, ausgefüllte Fragebögen, Verlaufskurven und andere Fixierungen von Bild, Wort und Schrift (Schnell und Dunger 2018: 139).

Von den Forschenden wird erwartet, dass sie sich in allen Phasen des Forschungsprozesses – Festlegung des Forschungsdesigns, Datenerhebung, -aufbereitung, -interpretation bzw. -analyse und Publikation der Forschungsergebnisse – mit forschungsethischen Fragen auseinandersetzen, da diese als immanente Bestandteile der empirischen Forschungspraxis angesehen werden (Unger 2014b: 16). Die Frage, welche ethischen Regeln im Forschungsprozess zu beachten sind, wird international und in verschiedenen Disziplinen unterschiedlich beantwortet, da dies stark vom Selbstverständnis der Disziplinen, ihrem Erkenntnisinteresse und den fachtypischen Forschungsmethoden abhängt (Viebrock 2015: 105). Im deutschsprachigen Raum wurden in manchen Disziplinen – z.b. in der Soziologie, der Psychologie, den Erziehungswissenschaften – Richtlinien erlassen, in denen festgelegt wurde, welche ethischen Regeln Forschende in den betroffenen Disziplinen bindend beachten müssen (Viebrock 2015: 87–98). Auch wenn ein solches Regelwerk, das generell als Ethik-Kodex bezeichnet wird, bisher (noch) nicht für die Fremdsprachenforschung erarbeitet wurde (ebd.), soll bei der Forschung am DaF-Unterricht bestimmten ethischen Prinzipien Rechnung getragen werden.

Angesichts der Fragestellungen der vorliegenden Untersuchung wurde auf einige forschungsethische Grundsätze des Ethik-Kodex der Soziolog*innen (Unger 2014b: 20) Rücksicht genommen. Der Grund dafür ist, dass die vorliegende Studie aus einer soziologischen Perspektive als Auseinandersetzung mit dem sozialen Feld „Unterricht" betrachtet werden kann, in der gefragt wird, wie einige Akteure dieses sozialen Feldes die eigene Rolle verstehen und inwiefern ihr damit zusammenhängendes Handeln sowohl weitere soziale Akteure als auch die Qualität des Unterrichts beeinflusst. Das erste berücksichtigte Prinzip ist das *Prinzip der Integrität des Forschenden*. Es geht um die Vermeidung von Fälschungen im Hinblick auf die Daten, deren Aufbereitung und Interpretation sowie die Veröffentlichung der Forschungsergebnisse. Während des ganzen Forschungsprozesses war sicherzustellen, dass das Datenmaterial effektiv das ist, was zu den angegebenen Zeiten und an den angegebenen Orten erhoben wurde. Bei der Transkription wurde darauf geachtet, dass die verschriftlichten Worte genau dem entsprechen, was während der Datenerhebung tatsächlich aufgezeichnet wurde. Bei der Dateninterpretation wurde sichergestellt, dass die konstruierten Kodes und Kategorien genau das ausdrücken, was die Forschungsteilnehmenden aus Sicht des Interpreten zum Ausdruck gebracht haben. Daher wurde das Datenmaterial einer beschreibungsorientierten und einer interpretationsorientierten Datenauswertung unterzogen, sodass Interpretationsabweichungen festgestellt und überprüft werden konnten (vgl. Kap. 9.2.3.2).

Der zweite berücksichtigte forschungsethische Grundsatz betrifft das *Prinzip des informierten Einverständnisses*. Die Untersuchung wurde in Kamerun durchgeführt und die dort geltenden Regeln im Hinblick auf die informierte Zustimmung der Forschungsteilnehmenden sind nicht klar definiert. Bisher wurde noch kein einheitliches forschungsethisches Regelwerk für die Forschung in Kamerun erarbeitet und veröffentlicht. Erfahrungsgemäß ist bei der Forschung am schulischen Unterricht in Kamerun ein informiertes Einverständnis der Schulleitung und/oder gegebenenfalls von den Schulbehörden einzuholen. Weitere Akteure – Lehrende und Lernende – können ihre

Zustimmung auch mündlich mitteilen. Darüber hinaus ist die informierte Zustimmung der Eltern, deren minderjährigen Kinder an einem Forschungsprojekt an kamerunischen Schulen teilnehmen, bisher nicht erforderlich. Entsprechend dieser erfahrungsbasierten Regeln wurden die Schulleiter*innen der beiden Gymnasien zu Beginn der beiden Teilstudien schriftlich über das Forschungsanliegen informiert. Die forschungsteilnehmenden Lehrenden und deren Schüler*innen wurden zu Beginn der ersten Beobachtungssitzungen des DaF-Unterrichts über das Forschungsprojekt informiert, danach wurde ihre Zustimmung für die Beteiligung eingeholt.

Diese Situation ist aber kritisch zu reflektieren. Wenn die informierte Zustimmung von der Schulleitung gegeben wird, kann die designierte Lehrperson den Empfehlungen der Vorgesetzten nur stattgeben. Es ist ebenfalls schwer denkbar, dass ein*e Schüler*in seine/ihre Beteiligung am Forschungsprozess absagt, wenn die Schulleitung und die Lehrperson die Durchführung der Studie in der Klasse erlaubt haben. Jedenfalls kann der/die Lernende zumindest frei bestimmen, ob er/sie an Befragungen teilnehmen will oder nicht. Daher wurde bei der Datenerhebung darauf geachtet, Schüler*innen nur auf freiwilliger Basis zu den Gesprächen einzuladen. Dadurch, dass der Wunsch am Anfang der Forschung geäußert wurde, aus einer externen Perspektive heraus die jeweiligen Lehrkräfte bei der Verbesserung der Unterrichtsqualität in ihren DaF-Klassen zu unterstützen, wurde das Interesse der Lehrenden und deren freiwillige Beteiligung am Forschungsprozess gefördert. Die *Freiwilligkeit der Teilnahme* entspricht dem dritten forschungsethischen Prinzip der vorliegenden Studie.

Weitere forschungsethische Grundsätze, die in der vorliegenden Studie berücksichtigt wurden, bestehen in der *Vertraulichkeit* und der *Anonymisierung* (vgl. Kap. 8.2). Bei der Transkription wurden die Namen der beteiligten Personen (Lehrkräfte und Lernende) und deren Schulen durch Pseudonyme ersetzt. Trotz der Angabe der für die Dateninterpretation wichtigen Hintergrundinformationen wurde nach Rücksprache mit den forschungsteilnehmenden Lehrkräften darauf verzichtet, die Klassenstufen zu anonymisieren. Angesichts des zeitlichen Abstands zwischen der Datenerhebung und der Veröffentlichung der Forschungsergebnisse lassen sich vermutlich die entsprechenden Daten der Studie kaum auf einzelne Lehrkräfte zurückführen.

Die Tatsache, dass die Umsetzung von Veränderungsmöglichkeiten im Ermessen der Lehrpersonen stand, entspricht dem ethischen *Prinzip der „Aushandlung"* der Aktionsforschung (Altrichter et al. 2018: 109: vgl. Kap. 8.2). Angesichts des qualitativen Forschungsdesigns wurde der forschungsethische Grundsatz der Objektivität nicht berücksichtigt. Qualitative Forschung zielt per se nicht auf eine objektive Auseinandersetzung mit dem Untersuchungsgegenstand, sondern auf eine intersubjektiv nachvollziehbare Interpretation der subjektiven Sichtweisen der Forschungsteilnehmenden (vgl. z.B. Crocker 2009; Dörnyei 2007; Flick et al. 2017).

9. Zur Aufbereitung und Interpretation der Daten

9.1. Zur Datenaufbereitung

Im Forschungsprozess besteht der nächste bedeutsame Schritt nach der Datenerhebung in der Datenaufbereitung, die in der qualitativen Forschung auf die Transkription mündlich erhobener Daten verweist. Der Begriff „Transkription" bezeichnet die Verschriftlichung audiovisuell aufgezeichneter Daten, sei es (a) wissenschaftlich induzierte soziale Prozesse, wie etwa Interviews, Gruppendiskussionen oder (b) „natürlich" ablaufende soziale Prozesse, wie beispielsweise Unterrichtssequenzen (Knoblauch 2011: 159). Bei der Transkription wird das Gesprochene in die Schriftsprache übertragen (Fuß und Karbach 2014: 15) unter Zuhilfenahme „alphabetischer Schriftsätze und anderer, auf kommunikatives Verhalten verweisender Symbole" (Dittmar 2009: 52) mit dem Ziel, Audio-/Video-Daten „in eine Form zu überführen, die eine zeitlich entlastete sowie methodisch systematische und umfassende Auswertungsarbeit ermöglicht" (Kruse 2015: 341).

Je nachdem, wie umfassend das Transkript erstellt wird, unterscheiden Fuß und Karbach drei Transkriptionsarten: a) *zusammenfassende Transkriptionen*, die beispielsweise in der Marktforschung durchgeführt werden und bei denen ohne Berücksichtigung sprachlicher Eigenheiten oder interaktiver Aspekte die Gesprächssituation auf die zentralen Gesprächsinhalte reduziert werden; b) *journalistische Transkriptionen*, die auf eine leserfreundliche Wiedergabe eines Interviews oder eines Gruppengesprächs zielt und bei denen umgangssprachliche Ausdrucksweise nach den gängigen orthografischen und grammatikalischen Regeln ins Hochdeutsche übersetzt werden; und c) *wissenschaftliche Transkriptionen*, die gegenüber der beiden anderen auf viel mehr Details eingeht und bei denen durch die wortgetreue Wiedergabe sämtlicher Inhalte eines Interviews oder einer Gruppendiskussion der dramaturgische Aufbau einer Gesprächssituation sichtbar gemacht wird (Fuß und Karbach 2014: 16–18).

Im nachfolgenden Kapitel soll die wissenschaftliche Transkription – als „Tránskription" bezeichnet – näher erläutert werden, bevor deren Durchführung im vorliegenden Forschungsprojekt beschrieben wird.

9.1.1. Transkription als Konstruktion des Datenmaterials

Als „zentrale Ausgangsbasis der wissenschaftlichen Analyse" (Fuß und Karbach 2014: 15) sollen Transkripte Auskunft nicht nur über die „wortsemantische", d.h. „lexikalische" Dimension geben, sondern auch über „*performative* Aspekte" des Textes (insbesondere Prosodie und Melodie, Interpunktion, paraverbale Merkmale) (Kruse 2015: 343). Vor allem die Verschriftlichung performativer Aspekte gesprochener Texte ist subjektiv: Ob die Aussage eines Sprechers bzw. einer Sprecherin als laut, schnell oder betont angesehen wird, hängt meistens davon ab, wie die/der Transkribierende diese Aussagen wahrnimmt. Darüber, welche paraverbalen Merkmale im Transkript Beachtung finden, entscheidet die/der Transkribierende je nach ihrem/seinem Wahrnehmungsvermögen und dem Feinheitsgrad der Transkription.

Durch die Selektion der zu transkribierenden relevanten Gesprächscharakteristika führt die Transkription zu einem erheblichen Informationsverlust (Fuß und Karbach 2014: 25–26). Daher ist Kruse der Meinung, dass Transkripte „keine objektive Abbildung der verbalen Primärdaten" sind, sondern Konstruktionen, die „nur einen Bruchteil der relevanten Informationen wiedergeben" können (Kruse 2015: 346).

9.1.2. Zur Durchführung der Transkriptionsarbeit

Nach der Befragung der Lehrenden und Lernenden während der Teilstudien 1 und 2 wurden die aufgezeichneten Leitfadeninterviews und Gruppendiskussionen mithilfe der Transkriptionssoftware EXMARaLDA transkribiert.

EXMARaLDA ist eine Software für das computergestützte Arbeiten mit mündlichen Korpora und besteht aus einem Transkriptions- und Annotationseditor, einem Tool zum Verwalten von Korpora und einem Such- und Analysewerkzeug[30]. Die Entscheidung für den Einsatz von EXMARaLDA liegt nicht nur an den auf der EXMARaLDA-Webseite[31] angegebenen Vorteilen – d.h. u.a. die zeitalignierte Transkription von Audio- oder Videodaten, die systematische Dokumentation der Korpora durch Metadaten, die flexible Annotation nach frei wählbaren Analysekategorien, computergestützte Recherche in Transkriptions-, Annotations und Metadaten und die flexible Ausgabe von Transkriptdaten in verschiedenen Formen und Formaten – sondern auch an der Benutzerfreundlichkeit des Programms. Die Tatsache, dass die Aussagen

---

30 https://exmaralda.org/de (15.08.2019)
31 Ebd.

von jedem*er Sprecher*in in eine endlose Transkriptionsspur eingetragen und neue Spuren leicht eingefügt, bewegt oder gelöscht werden konnten, waren für die Durchführung der Transkriptionsarbeit hilfreich. Darüber hinaus erwies sich die integrierte Bildschirmtastatur mit zahlreichen Symbolen verschiedener Transkriptionssysteme als besonders vorteilhaft für die alltägliche Benutzung von EXMARaLDA.

Für die effektive Durchführung der Transkriptionsarbeit wurde das Gesprächsanalytisches Transkriptionssystem 2 (GAT 2) ausgewählt. Es ist eine 2009 aktualisierte Fassung des 1998 veröffentlichten Transkriptionssystems GAT (vgl. Selting et al. 1998), das von einer Gruppe berühmter Linguist*innen zur „Vereinheitlichung der Transkriptionssysteme" im deutschsprachigen Raum (Selting et al. 2009: 354) erarbeitet wurde. Der Entwicklung des GAT 2 – sowie des GAT 1 – liegen folgende Kriterien zugrunde, die dessen Verwendung attraktiv machen: a) Ausbaubarkeit und Verfeinerbarkeit der Notation, b) Lesbarkeit des Transkripts, c) Eindeutigkeit, d) Ikonizität, e) Relevanz und f) Formbezogene Parametrisierung (Selting et al. 2009: 356–357).

Für die Auswahl und Verwendung von GAT 2 zur Erstellung von Basistranskripten (Selting et al. 2009: 369–377) im vorliegenden Forschungsprojekt wurden die von Kruse (2015) formulierten fünf moderaten Grundregeln berücksichtigt: 1) Es wurde versucht mit GAT 2 all das, was man hört und wie man es hört, zu verschriftlichen, d.h., ohne die konkreten Verschriftlichungen in die Formen der Standard- und Schriftsprache zu transformieren; 2) Versalien wurden ausschließlich zum Ausdruck der Akzentuierung verwendet, bei der Transkription mit GAT 2 wurde alles kleingeschrieben; 3) Betonung und Pausen wurden für die gesamte Transkription als konstitutiv betrachtet und daher immer im Transkript vermerkt, aber manche prosodischen Merkmale – wie z.B. die Tonhöhebewegung am Ende von Intonationsphrasen – wurden in der Transkription nicht berücksichtigt, da deren Relevanz für die Dateninterpretation zur Untersuchung der Vorstellungen von DaF-Lehrkräften über die eigene Lehrer*innen-Rolle im DaF-Unterricht nach Ansicht des Forschenden eher gering ist; 4) die Wahrnehmung der Transkripte als Konstruktionen führt zum Verzicht auf den Einsatz unnötiger Notationen – wie z.B. jene zur Erstellung von Feintranskripten (Selting et al. 2009: 377–382); und 5) der Diskursverlauf bzw. die Gesprächsorganisation wurde so klar wie möglich transkribiert, da die Markierung des sequenziellen Diskursverlaufs für die Hervorhebung der beziehungsförmigen Dimension sozialen Sinns bedeutsam ist (Kruse 2015: 350–353).

9.1.3. Zur Übersetzung der Transkripte

Fast alle Interviews und Gruppendiskussionen wurden im Französischen durchgeführt – da dies die gemeinsame Ausgangssprache aller Befragten ist. Deshalb mussten die Transkripte ins Deutsche übersetzt werden, was mit einem erheblichen zusätzlichen Zeitaufwand einhergeht. Problematisch war dabei die Übersetzung zahlreicher umgangssprachlicher Formulierungen, die zwar in Kamerun gängig sind und mehrfach vor allem von den befragten Schüler*innen verwendet wurden, die aber oft stark von der Standardsprache abweichten und daher nicht leicht zu übersetzen waren. Es wurde also darauf geachtet, dass der Sinn der Ausgangsaussage in der deutschen Übersetzung erkennbar ist und es wurde auf eine eins-zu-eins-Übersetzung verzichtet. Daher lässt sich die Übersetzung explizit als Ergebnis einer Interpretation der Originalaussagen der Befragten wahrnehmen. Außerdem wurde nicht darauf geachtet, dass die übersetzten Aussagen in der Übersetzungsspur Wort-für-Wort unter der Originalaussage stehen, da dies angesichts der Unterschiede z.B. bezüglich der Verbstellung im Französischen und im Deutschen in vielen Situationen nicht realisierbar ist. Vielmehr wurden die Transkripte segmentweise übersetzt, sodass die Übersetzung immer unter dem entsprechenden Segment im Transkript steht.

Im folgenden Beispiel verwendet der befragte Schüler eine Wortkonstruktion, die im Französischen nicht existiert: „il est conseillé à un professeur d'être un peu plus SOUple avec les éleves; (--)donc (1.3) ne PAS ne PAS: (--) avoir des signes (--) de **DICtation**" (FS1-SC, Zeile 73–75). Das Wort „*dictation*" existiert nicht und lässt sich im verwendeten Kontext als „dictature" (Diktatur) erschließen, daher die Übersetzung „es ist empfohlen dass der lehrer nachsichtig mit den schüler*innen ist also kein zeichen der diktatur aufweist".

Um die Validität der Übersetzung zu gewährleisten, wurde die Unterstützung einiger DaF- und Germanistik-Doktoranden aus Kamerun in Anspruch genommen, die sowohl der deutschen Sprache als auch des kamerunischen Französisch mächtig sind. Dank ihrer Unterstützung beim Korrekturlesen der Transkripte in den beiden Sprachen konnten an manchen Stellen die Übersetzungen verbessert werden.

Da die Übersetzung nur dazu dient, den Inhalt des Transkripts für deutschsprachige Leser*innen verständlich zu machen, wurde auf die Transkription prosodischer Phänomene wie Pausen und Betonungen verzichtet. Für die Dateninterpretation wurde ausschließlich mit der Originalfassung der Transkripte im Französischen gearbeitet und an mehreren Stellen sogar auf die

Originalaudiodatei zurückgegriffen, da Transkripte „fehleranfällig" sind und „keine objektive Datenbasis" bilden (Kruse 2015: 347).

9.2. Zur Dateninterpretation

Für die Interpretation der durchgeführten Gruppendiskussionen und Interviews wurde auf das kategorienbasierte Verfahren der konstruktivistischen Grounded Theory (KGT) nach Kathy Charmaz (2014) zurückgegriffen. Angesichts des stark explorativen Charakters der vorliegenden Forschung und aufgrund fehlender vorgegebener Analysekategorien erwies sich die Grounded Theory als besonders geeignet für die Entwicklung einer „gegenstandsverankerten Theorie" (Strauss und Corbin 1996: 8) zu den Vorstellungen von DaF-Lehrenden über die eigene Lehrer*innen-Rolle und die Auswirkungen dieser Rollenvorstellungen auf die Lernbereitschaft der Schüler*innen und die Prozessqualität des kamerunischen DaF-Unterrichts.

Vor der Beschreibung des Prozesses der Dateninterpretation in der vorliegenden Studie sollen die wichtigsten Merkmale der Grounded Theory und der konstruktivistischen Grounded Theory überblicksartig dargestellt werden.

9.2.1. Zu den wichtigsten Merkmalen der Grounded Theory

Der Begriff *Grounded Theory* (GT) ist doppeldeutig und verweist einerseits auf einen Prozess, d.h. ein „problemlösendes Forschungshandeln" (Strübing 2018b: 124), bei dem eine „systematische Entwicklung von Theorien" (Strauss und Corbin 1996: 39) „aus den Daten heraus" (Kubik 2016: 247) angestrebt wird. Andererseits wird das Ergebnis dieses Prozesses ebenfalls als Grounded Theory bezeichnet, d.h. „die dabei hervorgebrachten Objektivationen, also die gegenstandsbezogenen Theorien" (Strübing 2018b: 124).

Im Sinne des Forschungsprozesses lässt sich die Grounded Theory zugleich als eine „qualitative Forschungsmethode bzw. Methodologie" (Strauss und Corbin 1996: 8), ein Forschungsansatz („*research approach*") (Thornberg und Charmaz 2014: 153), „eine bestimmte Art des Forschens" (Kubik 2016: 247) ein „Forschungsstil" (Mey und Mruck 2011 22; Strübing 2014: 10; 2018a: 28) oder auch als „eine Auswertungstechnik" (Bortz und Döring 2006: 332) verstehen. Als *Forschungsstil* verweist die Grounded Theory darauf, dass damit „ein Arbeitsprozessmodell vorgeschlagen und legitimiert wird, das unterschiedliche Arbeitsschritte zeitlich parallel integriert, zugleich aber auf strikte Regeln des Vorgehens verzichtet, um kreative Problemlösungen im Forschungsprozess anzuregen" (Strübing 2018a: 49).

Dieses Arbeitsprozessmodell basiert auf der Grundannahme, dass „die Generierung von Grounded Theory ein Weg ist, zu einer Theorie zu gelangen, die Zwecke erfüllt, die sie sich selbst gesetzt hat" (Glaser und Strauss 2008: 13). Als wesentliche Merkmale gelten „die Parallelisierung der Arbeitsschritte und die Sequenzierung des Samplings" (Strübing 2018b: 125). Explizit wird darauf verzichtet, die Datenerhebung, die Datenanalyse und die Theoriebildung im Forschungsprozess nacheinander durchzuführen. Diese drei Arbeitsschritte finden eher als „iterativ-zyklisches Prozessmodell" (Strübing 2014: 29) parallel statt, sodass die Analyse gleich nach der Erhebung der ersten Daten beginnen kann und deren Ergebnisse als Grundlage wichtiger Entscheidungen bezüglich der Organisation der weiteren Datenerhebungen, der Auswahl der zu untersuchenden Fälle sowie der Festlegung der Schwerpunkte des weiteren Verlaufs des Forschungsprozesses (Glaser und Strauss 2008) dienen. Diese „prozessorientierte Steuerung der Erhebung empirischer Daten, die situativ auf den jeweiligen fortlaufenden Stand des Kodierens reagiert" (Equit und Hohage 2016: 12), wird als theoretisches Sampling (vgl. Strauss und Corbin 1996: 148–165; Glaser und Strauss 2008: 53–83; Strübing 2014: 29–32; 2018a: 38–42) bezeichnet. In der Grounded Theory liegt das theoretische Sampling der Planung und Durchführung der jeweiligen Arbeitsschritte zugrunde, begleitet sukzessiv den Projektverlauf, sodass die Auswahlkriterien jeweils aus der entstehenden Theorie bezogen werden können (Strübing 2018b: 129–131). Daher definieren Thornberg und Charmaz (2014: 153) die Grounded Theory als „a research approach in which data collection and analysis take place simultaneously. Each part informs the other, in order to construct theories of the phenomenon under study".

Als „Auswertungstechnik zur Entwicklung [...] von Theorien" propagiert die Grounded Theory „ein vorurteilsfreies, induktives und offenes Herangehen an Texte" (Bortz und Döring 2006: 332). Im Mittelpunkt dieses mehrstufigen Auswertungsverfahrens steht laut Glaser und Strauss (2008) das „Kodieren", dessen Leitidee die Methode des ständigen Vergleichens der Daten miteinander ist (Strübing 2014: 14–15; vgl. Holton 2010). Dadurch werden die untersuchten Fälle „vorsichtig präzisiert, abstrahiert und kontextualisiert", sodass Einsicht auf dahinterstehende Gemeinsamkeiten und Unterschiede gewonnen wird, die „die Konstruktion des Sachverhalts und seine Bedeutung erkennen lassen und so eine Antwort auf die Forschungsfrage ermöglichen" (Kotz 2018: 58–59).

Ein wesentlicher Aspekt der Grounded Theory Methodology (Equit und Hohage 2016) ist das Schreiben von Memos im Laufe des ganzen Forschungsprozesses (Glaser und Strauss 2008: 113–114; Strauss und Corbin 1996: 169–192). Es geht um „schriftliche Analyseprotokolle, die sich auf das Ausarbeiten der Theorie beziehen" (Strauss und Corbin 1996: 169) und „auf die Unterstützung von Prozessen der Datenanalyse im Verlauf des Kodierens" (Strübing 2014: 33) zielt. Memos werden nicht nur als „eine Form fortlaufender Ergebnissicherung" betrachtet, sondern auch als fortgesetzte Dokumentation der Entscheidungsprozesse, welche eine wesentliche Entlastung für die weitere Arbeit bildet und im Prozess der Theoriebildung zur Systematisierung und zu konkreten Entscheidungen anleitet (Strübing 2018b: 139–140).

In Anlehnung an Mey und Mruck (2011) unterscheiden Reichertz und Wilz (2016) fünf Varianten der Grounded Theory, die in deren internationale Praxis auch als unterschiedliche Phasen der Entwicklung angesehen werden: (1) Die *induktiv orientierte* Grounded Theory von Barney Glaser und Anselm Strauss, die die Emergenz von Konzepten und Theorien aus den Daten anstrebt, dabei allerdings die Einbindung des theoretischen Vorwissens der Forschenden ausschließt (vgl. Glaser und Strauss 1998; Glaser 2002)[32]; (2) die *klassische* Grounded Theory von Anselm Strauss, deren Wurzeln im amerikanischen Pragmatismus (Peirce, Dewey, Mead) liegen und „die in einer zirkulären, durch ständigen Vergleich angestoßenen Hin- und Herbewegung zwischen Theorieaneignung, Datensammlung und Datenauswertung Schritt für Schritt zu Konzepten und Theorien" gelangt (Reichertz und Wilz 2016: 50; vgl. Strauss 1991)[33]; (3) die *codeorientierte* Grounded Theory von Anselm Strauss und Juliet Corbin, deren Herzstück in der Verdichtung und Kategorisierung von Daten mithilfe von Kodes und Kodierfamilien bestehen (vgl. Corbin und Strauss 1990; Strauss und Corbin 1996; Corbin und Strauss 2008)[34]; (4) die *konstruktivistische* Grounded Theory von Kathy Charmaz, die einerseits „das induktionistische Vorgehen der früheren Grounded Theory" (Reichertz und Wilz 2016: 51) infrage stellt und andererseits die prominente Rolle des/der Forschenden in der analytischen Arbeit betont (Strübing 2014: 98–99; vgl. Charmaz 2014); (5) die postmoderne, *situativistische* Grounded Theory von Adele Clarke, „die explizit nicht nur Menschen, sondern auch Artefakte, Praktiken und Diskurse in den Blick nehmen" (Reichertz und Wilz 2016: 51; vgl. Clarke 2003)[35].

Für die Interpretation der Daten, die in der vorliegenden Studie erhoben wurden, wurde auf die konstruktivistische Grounded Theory nach Charmaz (2014) zurückgegriffen. Bevor auf die Gründe für diese Auswahl eingegangen wird (vgl. Kap. 9.2.2.2), sollen wichtige Merkmale der KGT dargestellt werden.

---

32 Zit. nach Reichertz und Wilz (2016).
33 Zit. nach Reichertz und Wilz (ebd.).
34 Zit. nach Reichertz und Wilz (ebd.).
35 Zit. nach Reichertz und Wilz (ebd.).

9.2.2. Zur konstruktivistischen Grounded Theory

Charmaz (2011: 184) betrachtet die konstruktivistische Grounded Theory (KGT) als „eine zeitgenössische Revision der klassischen Grounded Theory Methodology von Glaser und Strauss (vgl. Glaser und Strauss 1967; Glaser 1978)." Die KGT übernimmt den induktiven, komparativen, emergenten und offenen Ansatz der klassischen Version von Glaser und Strauss (1967) und bezieht zur Entwicklung und Verfeinerung der Kategorien die iterative Logik der Abduktion mit ein, die Strauss bereits früh in seiner Lehre betonte (Charmaz 2011: 191; 2014: 12–13).

Aus einem Vergleich zwischen den Grundannahmen objektivistischer und konstruktivistischer Grounded Theory ergeben sich zahlreiche Unterschiede, die sich auf die Schwerpunktsetzungen der beiden Ansätze in der Durchführung der Datenanalyse auswirken. Laut Charmaz (2011: 192–196; 2014: 236) geht die objektivistische Grounded Theory von der Entdeckung von Daten in der Außenwelt durch neutrale, aber sachkundige Beobachter*innen aus sowie davon, dass Konzeptualisierungen aus der Datenanalyse entspringen. Sie zielt auf die Entwicklung von Verallgemeinerungen, die über deren historischen und situativen Entstehungskontext hinausgehen. Ein weiteres Ziel objektivistischer Grounded Theory besteht in dem Streben nach der Entwicklung einer Theorie, die zu den empirischen Daten passt, die modifiziert werden kann und die letztendlich eine hohe Relevanz für die Untersuchungsteilnehmenden besitzt. Daraus ergibt sich die Wahrnehmung der Datenanalyse als ein objektiver Prozess, bei dem durch den kontinuierlichen Vergleich von Daten mit Daten, Daten mit Kategorien und Kategorien mit Kategorien Verallgemeinerungen abstrahiert werden können. Dabei wird den analytischen Kategorien und der „Stimme" der Forschenden ein besonderes Augenmerk gewidmet. Zur objektivistischen Grounded Theory zählt Charmaz die früheren Ansätze der GT, nämlich von Glaser und Strauss (1967) sowie Strauss und Corbin (1996).

Im Gegensatz dazu ist für die konstruktivistische Grounded Theory laut Charmaz (2011: 192–196; 2014: 236) die Annahme multipler Wirklichkeiten und multipler Perspektiven auf die Wirklichkeit grundlegend, die mit der Wahrnehmung der Daten als gemeinsame Konstruktion von Forschenden und Forschungsteilnehmenden durch Interaktion verknüpft ist: „My approach explicitly assumes that any theoretical rendering offers an *interpretive* portrayal of the studied world, not an exact picture of it. Research participants' implicit meanings, experiential views – and researchers' finished grounded theories – are constructions of reality." (Charmaz 2014: 17; Hervorh. im Original). Da diese Konstruktionen wiederum von den beteiligten Akteur*innen abhängig sind, werden die Repräsentation von Daten sowie deren Analyse als problematisch, relativistisch, situational und unvollständig angesehen (ebd., S. 236). Die Einsicht, dass Verallgemeinerungen eher unvollständig und von deren Entstehungskontext und -zusammenhängen abhängig sind, liegt dem Streben der KGT nach einem interpretativen Verständnis empirischer Phänomene im Rahmen einer Theorie zugrunde, die sich als glaubwürdig, originär, resonant und nützlich erweist und sich zugleich relativ zu einem historischen Zeitpunkt befindet (ebd.). Aufgrund der Relativität und Bedingtheit der Daten wird der Einfluss der Subjektivität auf die Datenerhebung und -interpretation anerkannt und die Berücksichtigung von Wertvorstellungen, Standpunkten, Positionen, Umständen und Interaktionen gefördert, die für die Analyse relevant sind (ebd.). Dabei werden die Sichtweisen und „Stimmen" der Untersuchungsteilnehmenden identifiziert und als integraler Bestandteil der Analyse dargestellt. Den Unterschied zwischen objektivistischer und konstruktivistischer Grounded Theory fasst Charmaz wie folgt zusammen:

> Glaser and Strauss talk about discovering theory as emerge from data separate from the scientific observer. Neither data nor theories are discovered either as given in the data or the analysis. Rather, we are part of the world we study, the data we collect, and the analyses we produce. We *construct* our grounded theories through our past and present involvements and interactions with people, perspectives, and research practices. (Charmaz 2014: 17)

4.2.2.1. Zur Erläuterung der Auswertungstechnik der KGT

Wie in allen anderen Varianten der Grounded Theory ist das Kodieren das „Herzstück" (Strauss und Corbin 1996: 39) der KGT und „der zentrale Prozess, durch den aus den Daten Theorien entwickelt werden" (ebd.). Unter dem Begriff *Kodieren* sind „Vorgehensweisen" zu verstehen, „durch die die Daten aufgebrochen, konzeptualisiert und auf neue Art zusammengesetzt werden" (ebd.). Es geht darum, dass Daten zuerst segmentiert, die entstandenen Datensegmente dann benannt, anschließend sinngemäß bestimmten Kategorien zugeordnet und interpretiert werden: „In grounded theory coding, we take segment of data apart, name them in concise terms, and propose an analytic handle to develop abstract ideas for interpreting each segment of data" (Charmaz 2014: 113). Beim Kodieren wird herausgearbeitet, worum es eigentlich in den Daten geht und welche Bedeutungen den verschiedenen Aspekten des Datenmaterials zugeschrieben werden: „Through coding, you define what is happening in the data and begin to grapple with what it means" (ebd.). Durch das Kodieren entsteht allmählich das Gerüst der Datenanalyse, was aufgrund ständiger Hin- und

Herbewegungen zwischen den Daten, den konstruierten Kodes und Kategorien zur Theorieentwicklung führt: „It [coding] shapes an analytic frame from which you build the analysis" (ebd.; vgl. auch Kelle 2007).

Die KGT unterscheidet drei wesentliche Formen des Kodierens, die generell nicht linear stattfinden, aber zur Übersicht nacheinander dargestellt werden: (1) das initiale Kodieren („*initial coding*"), (2) das fokussierte Kodieren („*focused coding*") und (3) das theoretische Kodieren („*theoretical coding*") (Thornberg und Charmaz 2014; Charmaz 2014).

9.2.2.1.1. Das initiale Kodieren („initial coding")

Die initiale Phase des Kodierens („*initial coding*") besteht darin, dass das Datenmaterial Wort für Wort („word-by-word coding"), Zeile für Zeile („line-by-line coding") oder als Textsegmente („incident-with-incident coding) gelesen und aufgebrochen wird. Daraus werden einzelne Kodes so offen konstruiert, dass keine theoretische Interpretationsmöglichkeit ausgeschlossen wird: „During initial coding, the goal is to remain open to all possible theoretical directions indicated by your reading of the data" (Charmaz 2014: 114). Das initiale Kodieren entspricht der Phase des offenen Kodierens in den früheren Ansätzen der GT nach Strauss (vgl. z.B. Strauss und Corbin 1996: 43–55) oder nach Glaser (vgl. z.B. Urquhart 2013: 45).

Um die subjektiven Sichtweisen der Untersuchungsteilnehmenden näher darzustellen, werden bei der initialen Kodierphase nicht Themen, sondern Handlungen in den Daten kodiert: „Coding for actions reduces tendencies to code for types of people. Coding people as type leads you to focus on individuals rather than what is happening in the data" (Charmaz 2014: 116). Es geht darum, dass „*enacted processes*" (Charmarz 2014: 245), d.h. Handlungen, die in den Daten stattfinden, identifiziert, miteinander verglichen und benannt werden. Für die Formulierung von initialen Kodes empfiehlt Charmaz, sprachliche Formen zu verwenden, die Handlungen zum Ausdruck bringen, wie beispielsweise das *gerund* im Englischen, bestehend aus der Verform mit dem Suffix -*ing* (z.B. „avoiding attention", „becoming sad", „giving up future orientation") (Thornberg und Charmaz 2014: 158; vgl. Charmaz 2014: 116 – 117).

Das Kodieren von Handlungen („*Coding-for-action*") zwingt den Forschenden dazu, im Kodierprozess den Blick auf die Perspektive der Untersuchungsteilnehmenden zu richten (Charmaz 2014: 121). Anders als das Kodieren von Themen, bei dem laut Charmaz die Gefahr besteht, dass die Dateninterpretation deskriptiv und oberflächlich bleibt (S. 246), soll das Kodieren von Handlungen die Identifizierung von Beziehungen zwischen den verschiedenen

Datensegmenten und somit die Theoriekonstruktion erleichtern: „Studying a process fosters your effort to construct theory because you define and conceptualize relationships between experiences and events" (ebd., S. 245).

Durch die offene Konstruktion von Kodes wird die Grundlage dafür geschaffen, dass Beziehungen zwischen impliziten Prozessen und Strukturen in den Daten sichtbar werden. Durch diese Form des Kodierens wird der Forschende dazu gezwungen, das untersuchte Phänomen aus unterschiedlichen Perspektiven heraus zu beobachten und dabei neue Interpretationswege einzuschlagen, die denen der Untersuchungsteilnehmenden nicht zwangsläufig entsprechen: „Coding forces you to think about the material in new ways that may differ from your research participants' interpretations" (ebd.). Aus dem initialen Kodieren entstehen zahlreiche einzelne Kodes, die aufgrund deren offener Formulierung verschiedene Interpretationswege ermöglichen und beim fokussierten Kodieren weiter bearbeitet werden.

9.2.2.1.2. Das fokussierte Kodieren („focused coding")

Im nächsten Analyseschritt werden größere Datenmenge bzw. Datensegmente sortiert, synthetisiert oder konzeptualisiert, indem durch einen ständigen Vergleich bestehender Kodes bestimmte theoretische Richtungen eingeschlagen werden. Dabei werden jene initialen Kodes, die im Datenmaterial häufiger erscheinen und/oder aus Sicht der Interpreten für die zu konstruierende Theorie bedeutungsvoller sind, sortiert und Beziehungen unter ihnen herausgearbeitet. Diese Form des Kodierens wird in der KGT als fokussiertes Kodieren („*focused coding*") bezeichnet: „Focused coding means using the most significant and/or frequent earlier codes to sift through and analyze large amount of data" (Charmaz 2014: 138). Beim fokussierten Kodieren werden initiale Kodes miteinander und mit den Daten verglichen, um die aufgestellten Hypothesen zum untersuchten Phänomen infrage zu stellen und zu überprüfen.

Die fokussierte Auseinandersetzung mit den Handlungen, Interaktionen und Perspektiven aus dem Datenmaterial trägt dazu bei, Entscheidungen darüber zu fällen, welche Kodes am besten das zum Ausdruck bringen, was in den Daten geschieht und zu vorläufigen konzeptuellen Kategorien benannt werden sollen: „when conducting focused coding, grounded theorist explore and decide which codes best capture what they see happening in the data, and raise these codes up to tentative *conceptual* categories" (Thornberg und Charmaz 2014: 159; Hervorh. im Original).

Zur Generierung und Verfeinerung von Kategorien lassen sich kontinuierlich Vergleiche auf verschiedenen Ebenen durchführen:

To generate and refine categories, researchers have to make many constant comparisons such as: (1) comparing and grouping codes, and comparing codes with emerging categories; (2) comparing different incidents (e.g. social situations, actions, social processes, or interaction pattern); (3) comparing data from the same or similar phenomenon, action or process in different situations and contexts (Thornberg and Charmaz, 2012: 50); (4) comparing different people (their beliefs, situations, actions, accounts or experiences); (5) comparing data from the same individuals at different points in time; (6) comparing specific data with the criteria for the category; and (7) comparing categories in the analysis with other categories (Charmaz, 2003: 101) (ebd.).

Im Analyseprozess werden also sowohl Kodes und Kategorien als auch Vorkommnisse in den Daten (Handlungen, Interaktionen, Handlungsträger), sowie Daten und Datensegmente miteinander und untereinander verglichen.

9.2.2.1.3. Das theoretische Kodieren („theoretical coding")

Während der beiden beschriebenen Kodierprozesse – initiales und fokussiertes Kodieren – werden empirische Kodes und Kategorien datengeleitet konstruiert, indem Daten untereinander, Daten und Kodes sowie Kodes und Kodes kontinuierlich miteinander verglichen werden. Das theoretische Kodieren, das Charmaz aus Glasers induktiv geleiteter Variante der Grounded Theory entnommen hat, setzt sich mit den vorläufigen konzeptuellen Kategorien auseinander, die aus dem fokussierten Kodieren entstanden sind. Unter Einbindung externer Kategorien, Konzepte und Theorien aus verschiedenen Disziplinen werden theoretische Kodes gebildet, mit denen aus den Daten und den fokussierten Kodes eine eigene Theorie aufgestellt wird (Charmaz 2014: 150–151).

Während des „Bottom-up"-Kodierprozesses der Grounded Theory (Urquhart 2013: 38) können Glaser (1978) zufolge zwei Kodetypen aus den Daten gebildet werden: (1) *materiale* oder *empirische Kodes* („substantive codes") und (2) *theoretische Kodes* („theoretical codes"). Materiale Kodes verweisen auf jene, die grundsätzlich beim offenen und fokussierten Kodieren gebildet werden und mit denen Datensegmente benannt und konzeptualisiert werden. Unter theoretischen Kodes lassen sich hingegen jene Kodes verstehen, mit denen Beziehungen zwischen den einzelnen materialen Kodes zum Zweck der Theoriebildung konzeptualisiert werden (Urquhart 2013: 107). Dementsprechend wird das theoretische Kodieren definiert als „the process of relating categories and the process of theorising about those relationships." (ebd.).

Die Herstellung von Beziehungen zwischen den verschiedenen Kodes, die beim offenen Kodieren konstruiert und beim fokussierten Kodieren als vorläufige Kategorien („tentative categories") (Charmaz 2014: 140) entstanden sind, gilt als ein wesentlicher Schritt hin zur Erzählung einer kohärenten analytischen Geschichte (ebd., S. 150). Dabei empfiehlt Glaser (1978), auf seine vorgeschlagenen „Kodierfamilien" Rücksicht zu nehmen, mit denen der theoretische Horizont der Forschenden erweitert werden soll (Strübing 2014: 71). Es geht um „eine Liste soziologischer Basiskonzepte" (ebd.), die anders als das von Strauss und Corbin (1996) vorgeschlagene Kodierparadigma[36] „eine deutlich größere Bandbreite an Konfigurationen, Mustern und Dimensionen ab[bildet], innerhalb derer die Forschenden dann die ihren Daten angemessensten auswählen und nutzen sollen" (ebd., S. 72).

Trotz der Hilfestellung, die der Einsatz eines Kodierparadigmas oder theoretischer Kodes aus vorgegebenen Kodierfamilien leisten könnte, rät die KGT ausdrücklich von deren Übernahme und Anwendung in der Datenanalyse ab, da sie die Gefahr bergen, die Dateninterpretation in eine vorgedachte theoretische Richtung zu drängen (Thornberg und Charmaz 2014: 160; Charmaz 2014: 155). Für die Herstellung von Beziehungen zwischen den vorläufigen Kategorien und zur Entwicklung einer zusammenhängenden Theorie wird eher empfohlen, durch einen ständigen Vergleich der Erkenntnisse aus den theoretischen Kodes mit den Daten und den konstruierten Kodes und Kategorien abduktiv[37] zu verfahren (Thornberg und Charmaz 2014: 161).

9.2.2.1.4. Zum Stellenwert der Memos

Für die KGT - genauso wie für die anderen Ansätze der Grounded Theory - spielen Memos eine sehr wichtige Rolle. Memos sind „Analyseprotokolle, die sich auf das Ausarbeiten der Theorie beziehen" (Strauss und Corbin 1996: 169). Es geht um „variabel gestaltbare Notizen und Texte" (Equit und Hohage 2016: 14), die Forschende während des Forschungsprozesses - während der Datenerhebung und/oder Dateninterpretation - immer wieder verfassen und

---

36 Das Kodierparadigma ist laut Strübing (2014: 25) „ein Vorschlag zur Anleitung und Systematisierung" des axialen Kodierens, bei dem „um die Achse" einer Kategorie bzw. eines Konzepts herum kodiert werden soll: Die Auseinandersetzung mit einem gegebenen Phänomen in den Daten hängt mit der Herausarbeitung dessen (1) ursächlicher Bedingungen, (2) Kontext, (3) intervenierenden Bedingungen, (4) Handlungs- und interaktionalen Strategien, und (5) Konsequenzen (vgl. Strauss und Corbin 1996: 78–85; Strübing 2014: 24–28) zusammen.
37 „Die Abduktion „schlussfolgert" also aus einer bekannten Größe (= Resultat) auf zwei unbekannte (= Regel und Fall). Die Abduktion ist ein mentaler Prozess, ein geistiger Akt, ein gedanklicher Sprung, der das zusammenbringt, von dem man nie dachte, dass es zusammengehört" (Reichertz 2011: 286; ausführlich dazu, vgl. z.B. Reichertz 2011, 2013).

die insbesondere ihre „konzeptionelle[n] Reflexionen" (ebd.) über „Handlungen, Vorfälle, Ereignisse und Geschehnisse" (Strauss und Corbin 1996: 175) beinhalten. Während wir unsere Daten erheben, transkribieren oder kodieren, fallen uns bestimmte Gedanken ein, die Zusammenhänge zwischen zwei oder mehreren Konzepten/Ereignissen/Handlungen herstellen, unsere Aufmerksamkeit auf gegebene Phänomene lenken oder Fragen hervorrufen und uns schrittweise auf den Weg hin zur Theorieentwicklung führen.

Charmaz betrachtet das Schreiben von Memos als eine äußerst wichtige Methode in der Grounded Theory, weil es den Forschenden schon in früheren Phasen des Forschungsprozesses zur Interpretation der Daten und Kodes bewegt: „Memo-writing constitutes a crucial method in grounded Theory because it prompts you to analyze your data and codes early in the research process" (Charmaz 2014: 162). Durch Memos halten die Forschenden alles fest, was ihnen einfällt, wenn sie über ihre Daten nachdenken: „Memos give you a space and place for making comparisons between data and data, data and codes, codes of data and other codes, codes and category, and category and concept and for articulating conjectures about these comparisons" (ebd., S. 163).

Schon in der Phase der Datenerhebung können uns neue Ideen einfallen, die beispielsweise auf Lücken in dem bisherigen Forschungsprozess aufmerksam machen und zum Neujustieren der Forschungsinstrumente bzw. -schwerpunkte führen. Daher schreibt Charmaz (ebd., S. 168): „Memo can guide, direct, and *commit* the researcher to actions as well as examine our research participants' actions" (Hervorh. im Original). In allen Formen des Kodierens, vom initialen über das fokussierte bis hin zum theoretischen Kodieren, können Memos in Form von Kommentaren, Tabellen oder Abbildungen zu einzelnen Daten, Datensegmenten und Kodes verfasst werden. Damit werden Zusammenhänge zwischen Daten, Textstellen, Kodes und Kategorien hergestellt: „Memo-writing encourages you to stop, focus, take your codes and data apart, compare them, and define links between them" (ebd., S. 164). Mithilfe der verfassten Memos kann festgestellt werden, welche hierarchischen Beziehungen zwischen den verschiedenen Kategorien bestehen: „Through memo-writing, you distinguish between major and minor categories and delineate how they are related" (ebd., S. 182). Memos gelten daher als einzelne Puzzleteile der zu entwickelnden Theorien, die im Forschungsprozess allmählich entstehen und eine wichtige Rolle im Prozess der Theorieentwicklung spielen.

9.2.2.2. Zur Auswahl der Auswertungstechnik der KGT

Trotz einiger Kritikpunkte, die vor allem von den Vertreter*innen der anderen Varianten der Grounded Theory Methodologie formuliert wurden, liefert die KGT zahlreiche Anknüpfungspunkte für das vorliegende Aktionsforschungsprojekt. Aufgrund des positivistisch geprägten Strebens der Glaser'schen Schule nach der Bildung einer abstrakten, kontextfreien und generalisierbaren Theorie lehnt Glaser den Stellenwert, der in der KGT der subjektiven Erfahrung der Forschenden und der Forschungsteilnehmenden beigemessen wird, ab. Insofern positioniert er sich damit auch gegen die konstruktivistisch orientierte Annahme einer multiplen sozialen Realität und die entsprechende Einsicht, die Ergebnisse einer mithilfe der Grounded Theory durchgeführten Studie lediglich als Interpretationsmöglichkeit unter Berücksichtigung kontingenter Kontextfaktoren anzusehen (Hohage 2016: 121). Aus der Sicht des Forschenden ist dieser „naive Induktionismus" (Strübing 2018b: 123) bzw. „narrow empiricism" (Charmaz 2014: 13), der Glasers erkenntnistheoretischen Positionen zugrunde liegt und auf der Annahme einer externen objektiven Realität sowie eines passiven, neutralen Beobachtenden fußt, jedoch nicht vertretbar.

Eine Grundannahme qualitativer Forschung ist laut Dörnyei (2007) die Auffassung, dass menschliches Verhalten auf Bedeutungen basiert, die Menschen den Situationen im Alltagsleben zuschreiben. Die Untersuchung dieses menschlichen Verhaltens wird Crocker (2009) zufolge von der eigenen Biografie, den Fähigkeiten und Wahrnehmungen der/des Forschenden beeinflusst, da er/sie im Forschungsprozess definitiv Entscheidungen darüber fällt, wann welche Daten wo erhoben werden. Während der Datenanalyse entscheidet der/die Forschende auch, welche Datensegmente als Kode betrachtet, und wie diese Letzteren benannt werden sollen. Die bewusste Erläuterung der subjektiven Wertevorstellungen, Perspektiven und biografischen Grundzüge des/der Forschenden, die seinen/ihren Blick auf die erhobenen Daten, die Forschungsteilnehmenden sowie den untersuchten Gegenstand prägen, ermöglicht eine bessere Einsicht in den Prozess der Dateninterpretation, der zurecht als Konstruktionsprozess angesehen werden soll. Folglich lassen sich die Forschungsergebnisse als mögliche Interpretation der Daten und die konstruierte Grounded Theory als situationsbedingte Auffassung des untersuchten Gegenstands festhalten.

Einen weiteren Anreiz zur Auswahl der KGT als Auswertungsverfahren bietet die hohe Flexibilität und Prozessoffenheit, die sich als charakteristische Merkmale der KGT erweisen. Anders als andere Varianten der Grounded Theory, die rigide methodologische Regelwerke zur Durchführung einer

Grounded Theory Studie vorschlagen, wird in den KGT-Schriften ausdrücklich auf die Erwartung einer flexiblen und prozessoffenen Anwendung hingewiesen: „Constructivist grounded theory highlights the flexibility of the method and resists mechanical applications of it" (Charmaz 2014: 13; vgl. auch Thornberg und Charmaz 2014: 154). Für die vorliegende Studie, die in erster Linie als Aktionsforschung anzusehen ist, bietet das flexible Auswertungsverfahren der KGT viele Vorteile. Im Kern richtet sich der Fokus im Forschungsprozess auf die Entwicklung und die Implementierung von Veränderungsmaßnahmen zur Verbesserung des Deutschunterrichts in den beteiligten Deutschklassen. Dabei werden Momentaufnahmen der subjektiven Sichtweisen der Unterrichtsbeteiligten festgehalten und mithilfe der kategorienbasierten Verfahren der KGT analysiert. Die flexible Handhabung dieser Instrumente der Datenauswertung ermöglicht einen effektiven Einsatz im Rahmen des vorliegenden Aktionsforschungsprojekts. Angesichts der besonderen Rolle, die die Handlungen in der Aktionsforschung spielen, erweist sich das systematische Kodieren von Handlungen („*coding for actions*") der KGT als passgenau für die Auswertung der erhobenen Daten in der vorliegenden Studie.

9.2.3. Zur Durchführung der Dateninterpretation

Dieses Kapitel widmet sich der Beschreibung des Prozesses der Datenauswertung in der vorliegenden Studie. Es geht um die ausführliche Darstellung der Art und Weise, wie die Konstruktivistische Grounded Theory eingesetzt wurde und inwiefern die einzelnen Arbeitsschritte den Interpretationsprozess gekennzeichnet haben. Vor der Darstellung des Datenauswertungsprozesses sollen wichtige Aspekte zur Subjektivität des Forschenden dargestellt werden.

9.2.3.1. Zu den subjektiven Merkmalen des Forschenden

Die KGT legt besonderen Wert auf die Offenlegung subjektiver Merkmale der Forschenden, deren Beteiligung den Forschungsprozess prägt. Für den Einsatz des Verfassers in der vorliegenden Studie ist auf seine langjährige Erfahrung als aktiver Akteur des kamerunischen DaF-Unterrichts hinzuweisen. Aufgrund seiner Sozialisation und Beschulung in Kamerun bringt er Wissen hinsichtlich der Organisation und Struktur des kamerunischen Schulsystems mit. Der Insider-Blick in die Handlungsfelder „Schule" und „Unterricht", der mit seiner Tätigkeit als ausgebildeter DaF-Lehrer an einem kamerunischen Gymnasium zusammenhängt, erleichtert die Einsicht in die Lehrer*innen- und Schüler*innen-Perspektiven im Forschungsprozess.

Die Fortbildung des Verfassers zum Multiplikator für Deutsch als Fremdsprachsprache war Anlass zur Auseinandersetzung mit wichtigen theoretischen Konzepten, wie z.B. zum (Schüler*innen-)Feedback und zur Themenzentrierten Interaktion (TZI), auf die während seiner Lehrer*innen-Ausbildung in Kamerun nie eingegangen wurde. Darauf folgten einerseits die regelmäßige Erarbeitung der Umgangsregeln auf der Grundlage der TZI in seinen Deutschklassen sowie die allmähliche Einführung einer Feedbacksequenz in seinen DaF-Unterricht, die den DaF-Lernenden vor allem in der Erwachsenenbildung die Möglichkeit eröffnete, auf der Grundlage der TZI-Regeln (vgl. Kap. 3.2) mündliches Feedback an Mitschüler*innen vor allem bei Schüler*innen-Präsentationen zu geben. Über die Jahre hinweg entwickelten sich bestimmte routinierte Verhaltensweisen, die sein alltägliches Handeln im DaF-Unterricht prägen und zum Teil intuitiv in den Forschungsprozess einbezogen wurden.

Der Insider-Blick in die Lehrer*innen-Perspektive wurde durch die neunjährige Tätigkeit des Verfassers als Gymnasiallehrer, darunter fünf Jahre als Multiplikator für Deutsch als Fremdsprache intensiviert. Im Auftrag des Goethe-Instituts in Kamerun hat er zahlreiche Lehrer*innen-Fortbildungen an verschiedenen Standorten in Kamerun organisiert und durchgeführt. Dabei konnte er durch den Erfahrungsaustausch mit zahlreichen Deutschlehrenden aus verschiedenen Schulen des Landes Einblick in die Probleme des kamerunischen Deutschunterrichts gewinnen und seine Aufmerksamkeit auf die Lehrer*innen-Rolle im DaF-Unterricht richten. Der Einfluss seines Insider-Blicks auf den Prozess der Dateninterpretation spielt dabei sicherlich eine entscheidende Rolle. Einerseits ist davon auszugehen, dass die Erfahrung mit dem Unterricht in den dortigen Rahmenbedingungen eine sinngemäße Interpretation der Handlungen, Aussagen, Deutungen und Verhaltensweisen der Forschungsteilnehmenden im Forschungsprozess erleichtert. Andererseits ist auch nicht auszuschließen, dass dieser Insider-Blick dazu beigetragen hat, dass der Forschende im Interpretationsprozess seine Aufmerksamkeit auf bestimmte Vorkommnisse in den Daten richtete und möglicherweise andere weniger beachtete.

9.2.3.2. Zum methodischen Vorgehen der Dateninterpretation

Nach der Aufbereitung der aufgezeichneten mündlichen Befragungen wurden die erhobenen Daten dem kategorienbasierten Verfahren der konstruktivistischen Grounded Theory (Charmaz 2014) mit Unterstützung durch die Computer-Aided Qualitative Data Analysis Software (CAQDAS) ATLAS.ti unterzogen. Der Einsatz dieser Software hängt mit dem Vorteil zusammen, dass sie zahlreiche Funktionalitäten bietet, mit denen der Analyseprozess erleichtert werden kann: Mit ATLAS.ti lassen sich schnell (1) das Datenmaterial sortieren und strukturieren; (2) Kodes, Textstellen und Schlüsselbegriffe unkompliziert wiederfinden; (3) Elemente eines Projekts in Form von Netzwerksansichten visualisieren und (4) komplexere Abfragen stellen, sowie (5) das Material auf verschiedenste Weise betrachten (Friese 2018: 280; vgl. ausführlich Friese 2019). Außerdem ist das Besondere an ATLAS.ti, dass sich diese Software aufgrund der Zitatebene viel besser für einen Grounded Theory-Ansatz eignet als andere CAQDAS (Friese 2018: 277). Allerdings stellt dieser Einsatz den Forschenden vor große Herausforderungen, da ATLAS.ti – genauso wie andere CAQDAS – keine Antwort darauf gibt, wie die vorgeschlagenen Programmfunktionen und Werkzeuge tatsächlich im Analyseprozess genutzt werden sollen, was zum Fazit führte, dass die Software uns das eigene Denken nicht abnehmen kann (Friese 2018: 305).

Die Auswertung des erhobenen Datenmaterials bestand hauptsächlich aus zwei Phasen, die retrospektiv als (1) *beschreibungs-* und (2) *interpretationsorientierte* Datenauswertung bezeichnet werden können.

9.2.3.2.1. Die beschreibungsorientierte Datenauswertung

Aus forschungspraktischen Gründen wurde auf flexible Weise mit den Auswertungstechniken der KGT umgegangen. Die erste Phase der Datenanalyse – als *beschreibungsorientierte Datenauswertung* bezeichnet – bestand darin, sich intensiv mit dem Datenmaterial auseinanderzusetzen, um dessen Inhalte zur Kenntnis zu nehmen. Die Leitfrage dabei war: Was genau steht in den erhobenen Interviews und Gruppendiskussionen? Dabei ging es um die ausführliche Beschreibung der Handlungen im Datenmaterial und der Darstellung der entsprechenden Zusammenhänge zwischen den einzelnen Daten, möglichst ohne Einbindung externer Kategorien aus der Fachliteratur. Die absolute Konzentration auf das konkrete Datenmaterial erweist sich als hilfreich, um bereits sehr früh im Auswertungsprozess festzustellen, ob die erhobenen Daten zur Beantwortung der eingangs gestellten Fragestellungen geeignet sind oder inwiefern Anpassungen vorzunehmen sind.

Angesichts des Qualitätskriteriums der Gegenstandsangemessenheit (Strübing et al. 2018; vgl. Kap. 8.1), das in der qualitativen Forschung zu beachten ist, hilft diese Phase der Datenauswertung, möglicherweise die Fragestellungen an die Inhalte der erhobenen Daten anzupassen. Problematisch an dem Aktionsforschungsprojekt, bei dem der Unterricht mehrere Monate in mehreren Klassen begleitet wird, ist die Einmaligkeit der Datenerhebung. Es ist nicht möglich, während der Phase der Datengewinnung gleichzeitig die Planung und Beobachtung der Interventionen im Unterricht zu gestalten, Interviews und Gruppendiskussionen durchzuführen und die erhobenen Daten zu transkribieren und zu interpretieren. Da die Zusammensetzung eines Klassenverbands höchstens für ein Schuljahr gilt und die Durchführung der Aktionsforschung zeitlich begrenzt ist – in diesem Fall von November 2016 bis März 2017 –, fanden die Transkription und ausführliche Interpretation der Daten erst nach dem Abschluss der Aktionsforschung statt. Daher war eine Nachjustierung der Datengewinnung mithilfe des theoretischen Samplings (vgl. Strübing 2014) nicht mehr möglich. Allerdings war die aus der Sicht des Forschenden notwendige Anpassung der Fragestellungen an die erhobenen Daten in Form einer Neujustierung hier dennoch möglich.

In der beschreibungsorientierten Datenauswertung galt die Beantwortung der Fragestellungen nicht die erste Priorität. Vielmehr wurde das Augenmerk darauf gerichtet, die erhobenen Daten durch die Herausfindung von Kodes und Kategorien aufzubrechen sowie aufgrund deren Zusammenhänge eine beschreibende, analytische Geschichte zu konstruieren. Zugleich war eine Kompetenzentwicklung des Forschenden im Umgang mit dem Auswertungsverfahren der KGT unter Berücksichtigung der Software ATLAS.ti ebenfalls angestrebt. So konnten Entscheidungen in Bezug auf die Umsetzung theoretischen Wissens zur KGT und ATLAS.ti allmählich schneller getroffen werden. Die beschreibungsorientierte Datenauswertung ist daher als Interpretationstraining anzusehen, weil dabei festzustellen ist, ob die verwendeten Verfahren – z.B. beim Kodieren – zur effektiven Erreichung der anvisierten Ziele helfen oder ob Anpassungen vorzunehmen sind. Des Weiteren hilft die Exploration des Datenmaterials, präzise Schwerpunkte in der späteren Literaturauswertung zu setzen.

Angesichts der zugrunde liegenden Absichten der beschreibungsorientierten Datenauswertung bestand die Arbeit lediglich in dem initialen und fokussierten Kodieren des Datenmaterials.

9.2.3.2.1.1. Zur Durchführung des initialen Kodierens

Der Einstieg in die Datenauswertung begann mit dem Hochladen der Transkripte, die im angelegten ATLAS.ti-Projekt als „Dokumente" erscheinen. Da die Durchführung einer softwaregestützten Analyse nicht selbsterklärend ist und eine methodologisch-methodische Übersetzung notwendig ist (Friese 2018: 305), hat sich der Forschende zur Umsetzung der KGT im computergestützten Rahmen im Analyseprozess auf das NCT-Modell *(Notice – Collect – Think)*

(Friese 2019: 108–122) bezogen. Der erste Schritt bestand im „Taggen" der Dokumente: Es ging darum, das hochgeladene Dokument Zeile für Zeile zu lesen, interessante Textstellen zu markieren (*Notice*), ihnen einen Begriff zuzuweisen (*Collect*) und anschließend sich sowohl über die markierten Datensegmente als auch über die Benennungen eigene Reflexionen anzustellen (*Think*) (Friese 2018: 282–283).

Die erste große Herausforderung lag in der Handhabung der verschiedenen Funktionalitäten der Software ATLAS.ti. Das Benutzerhandbuch und die verschiedenen online-zugänglichen Lernvideos zu ATLAS.ti waren zwar sehr hilfreich, aber ermöglichten oft keine umfassende Einsicht in die konkrete Benutzung der Software zur Datenauswertung im Rahmen der Grounded Theory. Zwar konnten die angebotenen Hilfeleistungen zur Software beispielsweise Informationen darüber liefern, wie „Kodes", „Kodegruppen", „Memos", „Kommentare", „Netzwerke", „Dokumentgruppen", „Memogruppen", „Netzwerkgruppen", „Kode-Links" oder „Hyperlinks" in ATLAS.ti generiert werden können. Aber es wurde nicht darauf eingegangen, was unter den jeweiligen Werkzeugen zu verstehen ist und worauf das in der Grounded Theory-Vokabular verweist.

Angesichts der hohen Komplexität wurde in Anlehnung an Friese (2018, 2019) eine bestimmte Verwendung der wichtigsten Softwarefunktionen festgelegt (Siehe Tab. 4). Eine weitere große Herausforderung bezog sich auf die Bestimmung der Kodes. Charmaz (2014) empfiehlt, Handlungen in den Daten zu identifizieren bzw. die Daten als Handlungen zu kodieren: „Look closely at actions and, to the extend possible, code data *as* actions" (Charmaz 2014: 116; Hervorh. im Original). Es geht um die Identifikation und Benennung von Handlungen, die in den Daten stattfinden und über die Forschungsteilnehmenden in den Befragungen berichten (ebd., S. 245). Um die Perspektive der Forschungsteilnehmenden beim Kodieren zu fokussieren und somit den Erwartungen von Charmaz (2014: 116–117) gerecht zu werden, wurde entschieden, auch die Handlungen, die beim Erzählen während der aufgezeichneten Interviews und Gruppendiskussionen durchgeführt werden, zu berücksichtigen.

Das initiale Kodieren bestand also zuerst darin, alle Transkripte in ATLAS.ti hochzuladen und jedes Dokument Zeile-für-Zeile zu lesen, Textsegmente zu markieren und zu benennen. Anschließend erfolgte eine intensive Reflexion zur Benennung der formulierten Kodes. Damit keine Idee verloren geht, erwies es sich als hilfreich, dass mehrere Kodes zu einem markierten Textsegment formuliert wurden. Der Fokus auf die Handlungen in dem Datenmaterial erleichterte den Blick auf die Forschungsteilnehmenden,

Tab. 4: Softwarefunktionen in ATLAS.ti und deren Verwendung in der KGT

Softwarenfunktionen in ATLAS.ti	Verwendung in der KGT
Zitat	• Markierte Textstelle in einem Dokument
Kodes	• Benennungen der markierten Stellen Kategorien
Kodegruppen	• Kategorien • Kodes, die beim fokussierten Kodieren konstruiert wurden • Inhaltlich verwandte Kodes aus demselben Dokument • Inhaltlich verwandte Kodes über einzelne Dokumente hinweg
Netzwerke	• Visualisierungen von Beziehungen zwischen den einzelnen Kodes • Visualisierungen von Beziehungen zwischen den Kodes einer gegebenen Kodegruppe • Visualisierungen von Beziehungen unter den Kodegruppen
Kodekommentare	• Memos zu den entsprechenden Kodes
Memos	• Memos zu den Dokumenten • Memos zum Kodierprozess
Dokument	• Transkript eines Datensatzes
Dokumentengruppe	• Verschiedene Dokumente zum DaF-Unterricht in einer bestimmten DaF-Klasse • Transkripte der Lehrer*innen- und Schüler*innen-Befragung einer bestimmten Deutschklasse

um zu analysieren, ob beim Sprechen gerade etwas u.a. kritisiert, begründet, beschrieben, vorgeschlagen, missbilligt wird; ob über etwas spekuliert, informiert wird; oder ob Argumente für bzw. gegen etwas angegeben, Vor- und Nachteile von etwas benannt, Wünsche geäußert werden. So konnten weiterführende Fragen gestellt werden: z.B., was wird gerade begründet bzw. kritisiert? Welche Begründungen bzw. Kritiken werden ausgesprochen? In welchem Verhältnis stehen die Begründungen bzw. Kritikpunkte zueinander? Durch die Beantwortung derartiger Fragen beim Kodieren des Datenmaterials ließen sich Zusammenhänge zwischen den einzelnen Kodes herstellen.

Die nächste Herausforderung bezog sich auf die Benennung der Kodes im Kodierprozess. In den Nachschlagewerken zur KGT wird empfohlen,

Abb. 14: Bildschirmaufnahme eines Dokuments mit einigen Kodes (Auszug 1).

beim Kodieren den Blick auf die Handlungen zu richten und die Kodes kurz und bündig zu fassen (Charmaz 2014: 120). Wie aber Handlungen benannt werden sollen, wird in der Fachliteratur zur KGT bedauerlicherweise nicht thematisiert. Aus dem Vergleich zwischen dem Kodieren eines Themas und einer Handlung ergibt sich auf der sprachlichen Ebene, dass das Besondere am Kodieren von Handlungen darin besteht, dass dabei im Englischen auf das Verb in „ing"-Form zurückgegriffen wird (Charmaz 2014: 122–123). Da aber die deutsche Sprache keine vergleichbare grammatische Struktur bietet, zeigte sich der Forscher in der Anfangsphase der Analyse sehr offen und achtete weniger auf die Formulierung der Kodes als vielmehr auf deren Identifizierung im Datenmaterial. Daher waren manche Kodes mit Substantiven als Themen formuliert, andere mithilfe des substantivierten Verbs als Handlungen (vgl. Tab 14).

Im Folgenden soll an einem Beispiel veranschaulicht werden, wie die beschreibende Phase der Datenauswertung durchgeführt wurde. In einem ersten Schritt wird das Dokument gelesen und offen kodiert. Dabei werden Textstellen markiert und benannt, wobei der Forschende alle entsprechenden Assoziationen schriftlich festhält. Auf der Bildschirmaufnahme (Abb. 14) lässt sich erkennen, dass zur markierten Textstelle drei vorläufige Kodes eingegeben wurden: „*Einstellung der Schüler zur Lehrerrolle*", „*Folge der Strafe: Passivität der Schüler*innen*" und „*Wahrnehmen der Lehrperson als Diktator: Lehrer* *erzeugt Ärger bei den Lernenden"*. Es ist festzustellen, dass an dieser Stelle nicht darauf bestanden wurde, dass die eingegebenen Kodenamen aus einem Verb bestehen und Handlungen signalisieren. In manchen Fällen sieht der Einsatz von substantivierten Verben aus der Sicht des Forschenden zu künstlich aus. Insofern erfolgte eine Priorisierung im Hinblick auf das Festhalten der Ideen und Gedanken des Forschenden, die entsprechend nicht immer nur kurz und bündig in Kodenamen gefasst, sondern möglichst ausführlich fixiert wurden.

Beim weiteren Lesen der markierten Textstelle entstanden beim Forschenden noch weitere Gedanken, die als offenes Memo unter dem Titel „Lehrperson als angsteinflößende Autorität" niedergeschrieben und dem Zitat hinzugefügt wurden (vgl. Tab. 5). In diesem Memo wurde alles eingetragen, was dem Verfasser beim Kodieren der markierten Textstelle einfiel: vorläufige Erklärungen, Fragen, Vermutungen etc. Die Aussage, dass es nicht selbstverständlich ist, dass die Lernenden zu Wort kommen, wenn manche Lehrkräfte im Unterricht sind, hängt mit der Frage zusammen, ob/inwiefern Lehrende zum Schweigen der Lernenden beitragen können. Unter den möglichen Erklärungen bestand auch die Vermutung, dass die Schüler*innen möglicherweise Angst vor Strafen haben. Zur Begründung dieser Vermutung wird auf Erkenntnisse aus dem Kodieren anderer Dokumente bzw. den beobachteten Unterrichtsstunden Bezug genommen.

Aus dem Kodieren des Leitfadeninterviews mit dem betroffenen Lehrenden ergibt sich, dass die Lehrperson die Lehrer*innen-Rolle als zentral im Unterricht betrachtet, weil die Lernenden aufgrund der mangelnden Bedeutung des Deutschunterrichts für den eigenen Lebensalltag unmotiviert und wenig leistungsbereit seien. Die Darstellung der Lehrkraft als alleinige Organisatorin und alleinige Richtungsweisende im Lehr-Lern-Prozess legt die Vermutung nahe, dass den Lernenden eine passive Rolle zugeteilt wird. Auf der Grundlage dieses Vorwissens und der Tatsache, dass die Lernenden in der beobachteten Unterrichtsstunde äußerst passiv waren, wird in diesem Memo festgehalten, dass der Lehrende die Schüler*innen nicht oft zu Wort kommen lässt. Beim Kodieren der Gruppendiskussion, die mit den Lernenden der Terminale-Klasse durchgeführt wurde, wurde auf den regelmäßigen Einsatz körperlicher und nichtkörperlicher Strafen hingewiesen, die nach Aussagen der Schüler*innen oft willkürlich und nicht angemessen vollzogen werden. Die Lehrperson wird demnach als zu streng dargestellt. Daher ist es aus Forschersicht denkbar, dass die Angst vor der Strafe dazu beitragen könnte, dass die Schüler*innen nicht gerne im Unterricht zu Wort kommen. Diese Erläuterungen erklären den Titel des Memos: „Lehrperson als angsteinflößende Autorität".

Tab. 5: Beispiel von Memo: Lehrer*in als angsteinflößende Autorität

Memo: Lehrerperson als angsteinflößende Autorität
Ein SuS meint, dass es nicht leicht ist, zu Wort zu kommen, wenn manche Lehrer da sind ("Prendre la parole n'est pas une chose évidente"): Da kann man sich wohl fragen: - Warum kann der Schüler nicht zu Wort kommen? Darf er das nicht? - Hat er Angst vor der LP? - Will die LP nicht, dass SuS zu Wort kommen? - Läuft der SuS die Gefahr, bei falschen Antworten bestraft zu werden? - Läuft der SuS die Gefahr, von den Mitschülern ausgelacht zu werden, wenn er Fehler macht? - ... Es muss herausgefunden werden, **warum** manche Schüler nicht zu Wort kommen. <u>Vermutung:</u> **Angst vor Strafe** Die LP ist vielleicht sehr streng und toleriert manche Fehler nicht. Das führt dazu, dass Schüler Angst vor Strafen haben? Dazu kommt die Lehrereinstellung zur Lehrer- und Schülerrolle: Zentrale Lehrerrolle. Aufgrund seiner Überzeugung, dass von SuS nicht gelernt werden kann, lässt er oft die SuS nicht zu Wort kommen.

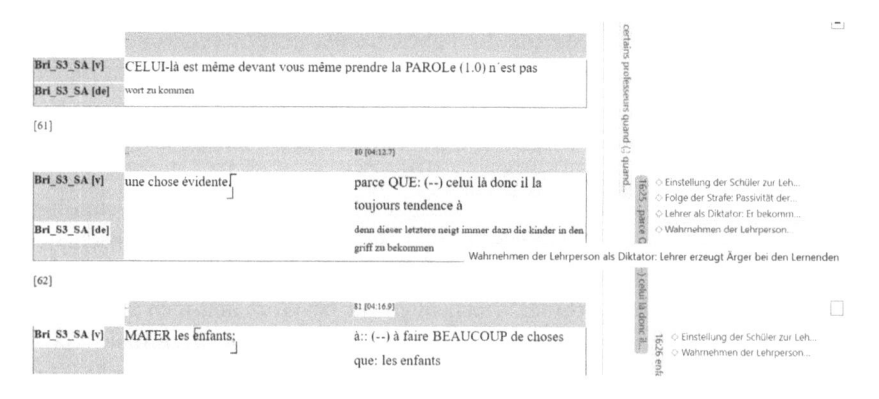

Abb. 15: Bildschirmaufnahme eines Dokuments mit einigen Kodes (Auszug 2)

Nach dem Festhalten dieses Memos, in dem die ersten analytischen Gedanken eingetragen wurden, wurde das Dokument weitergelesen, um andere Textstellen zu markieren, zu benennen und um eventuell weitere Memos zu ergänzen. Dabei wurde darauf geachtet, ob andere Textstellen in dem vorliegenden Dokument die eigene Vermutung über die Lehrperson als angsteinflößende Autorität veranschaulichen, erläutern oder widerlegen.

In der markierten Textstelle (Abb. 15) begründet der sprechende Schüler, warum es manchen Lernenden in der Anwesenheit der Lehrperson nicht leichtfällt, zu Wort zu kommen: Es wird dem Lehrenden vorgeworfen, dass er ständig die Lernenden unterdrückt („il a toujours tendence à MATER les enfants", Z. 61–62). Der Begriff „mater" (= in den Griff bekommen, Z. 62) verweist auf eine symbolische Gewalt, die das Lehrer*innen-Handeln im Unterricht kennzeichnet und bei der die Schüler*innen die Opferrolle und die Lehrperson die Täterrolle einnehmen. Mit dem Begriff „toujours" (= immer, Z.61) wird betont, dass diese Gewalt kein isoliertes, punktuelles Erlebnis ist, sondern die Lehrer-Schüler-Interaktion im Alltag prägt. Daher wird diese Textstelle u.a. als „Wahrnehmen der Lehrperson als Diktator" benannt. An dieser Stelle lassen sich mehrere Fragen stellen, die für eine eventuelle Bestätigung bzw. Widerlegung des Musters einer Lehrperson als Diktator relevant wären: Wie geht die Lehrperson ganz konkret mit den Lernenden um? Welche Handlungen der Lehrperson werden als Unterdrückung angesehen? Wie stehen die Lernenden zum Lehrer*innen-Handeln bzw. zur Lehrer*innen-Haltung im Unterricht? Welcher Handlungsspielraum steht den Lernenden zur Verfügung? Etc.

Im weiteren Verlauf des Kodierungsprozesses – vor allem beim fokussierten Kodieren – wurde versucht, eine Antwort auf diese Fragen zu finden.

9.2.3.2.1.2. Zur Durchführung des fokussierten Kodierens

Das fokussierte Kodieren bestand darin, die Beziehungen zwischen den verschiedenen Kodes herauszuarbeiten und Kategorien zu bilden. Es ging darum, die verschiedenen Kodes, die aus dem offenen Kodieren der verschiedenen Daten zum DaF-Unterricht in einer bestimmten DaF-Klasse (Lehrer*innen- und Schüler*innen-Befragungen) entstanden sind, miteinander zu vergleichen und gezielte analytische Richtungen einzuschlagen. In ATLAS.ti bestand der erste Schritt darin, Kodegruppen zu bilden. Dabei wurden zuerst die Benennungen der jeweiligen Kodes und die damit verbundenen Textstellen überprüft. Gegebenenfalls wurden die Kodebezeichnungen angepasst, indem folgende Handlungen durchgeführt wurden: a) In manchen Situationen wurden zwei oder mehrere Kodes zu einem neuen, umfassenderen Kode zusammengeführt; b) in manchen anderen Situationen wurde ein Kode gesplittet, sodass daraus mehrere Kodes konstruiert wurden; c) in weiteren Situationen wurde lediglich die Benennung eines Kodes umgeändert, um einen spezifischen Inhalt besser

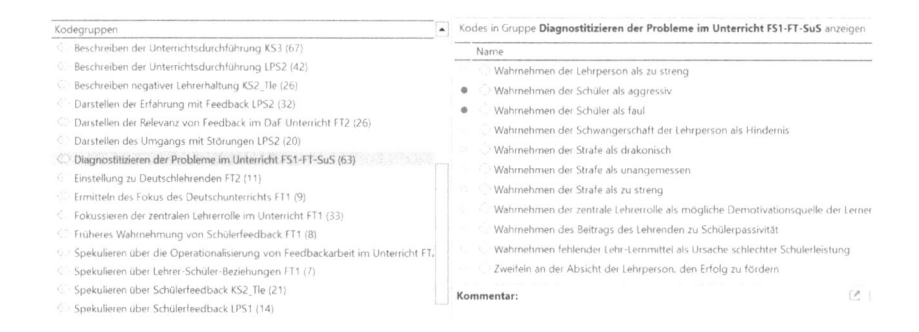

Abb. 16: Kodegruppe (Beispiele)

zum Ausdruck zu bringen. Anschließend wurden Kategorien[38] konstruiert, indem die bestehenden Kodes je nach deren Inhalt sortiert wurden.

In Bezug auf das oben angeführte Beispiel (vgl. Abb. 15) wurde eine Kategorie (Kodegruppe) gebildet, in der alles, was aus Sicht der Schüler*innen und der Lehrperson als Problem im Unterricht dargestellt wurde, zusammengetragen wurde. Die vorläufige Kodegruppe „Diagnostizieren der Probleme im Unterricht FS1-FT-SuS" umfasste insgesamt 63 Kodes aus der Kodierung der Gruppendiskussion mit den Lernenden der Seconde- und Terminale-Klasse am LKA-Gymnasium und des Leitfadeninterviews mit deren Lehrkraft. Diese Zusammenführung der Kodes erwies sich als hilfreich für eine entsprechende Kategorisierung der unterschiedlichen Probleme und Herausforderungen im Deutschunterricht. Allerdings sagte die entstandene Kodegruppe nichts darüber aus, wie die verschiedenen Kodes miteinander in Beziehung stehen.

Der zweite Schritt des fokussierten Kodierens bestand in der Herausarbeitung der verschiedenen Beziehungen zwischen den einzelnen Kodes innerhalb einer gegebenen Kodegruppe (vgl. Abb. 16). Durch den ständigen Vergleich der Kodes sowie der Datensegmente aus den verschiedenen entsprechenden kodierten Dokumenten miteinander und mit den damit verbundenen Kodes konnte herausgefunden werden, welche Kodes beispielsweise zu Kategorien benannt werden konnten und inwiefern andere Kodes damit in Beziehung standen. Der Relations-Manager in ATLAS.ti bietet die Möglichkeit,

---

[38] In ATLAS.ti werden Kategorien als Kodegruppen bezeichnet (vgl. Tab. 4)

u.a. Kode-Kode-Relationen zu erstellen und sie automatisch abzurufen, wenn Kodes in Beziehung miteinander gesetzt werden.

Aus der Visualisierung der Kodegruppe „Diagnostizieren der Probleme im Unterricht FS1-FT-SuS" ergab sich, dass der Deutschunterricht am LKA-Gymnasium von zahlreichen Problemen unterschiedlicher Natur geprägt war: *lehrerbedingte Probleme* (d.h. Probleme, die mit der Lehrer*innen-Haltung bzw. dem Lehrer*innen-Handeln im Unterricht zusammenhängen), *schülerimmanente Probleme* (Probleme, die auf die Lernenden zurückgeführt werden) und *andere Probleme* (Probleme, die z.B. mit dem Lerngegenstand oder auch der Unterrichtssituation einhergehen).

Die Abbildung (Abb. 17) zeigt ein Netzwerk zu den lehrerbezogenen Problemen im Deutschunterricht am LKA-Gymnasium. Daraus geht hervor, dass die Lehrperson als angsteinflößend, frustrationserzeugend und demotivierend wahrgenommen wird. Die Tatsache, dass der Lehrende im Deutschunterricht regelmäßig Strafen einsetzt, die von den Lernenden zum Teil als ungerecht, willkürlich, drakonisch, demütigend und zu streng angesehen werden, führt zu einem Verlust an Motivation und Lernbereitschaft im Fach Deutsch sowie zur Entwicklung einer negativen Einstellung gegenüber dem Deutschunterricht und dem Deutschlehrenden. Daraus entsteht ein Kreislauf der Demotivation, in dem die ständige Angst vor frustrationserzeugenden, drakonischen und willkürlichen Strafen die Lernenden davon abschreckt, sich aktiv am Lehr-Lern-Prozess zu beteiligen, sodass daraus folglich häufig schlechte Leistungen in Prüfungen und Klassenarbeiten resultieren. Die schlechten Leistungen wirken wiederum demotivierend auf die Lehrperson, weil sie diese auf die mangelnde Motivation und Leistungsbereitschaft der Lernenden zurückführt, auf die die Lehrperson schließlich wieder durch eine entsprechend noch strengere Haltung im Deutschunterricht entgegenwirken will.

Zusammenfassend hatte die beschreibungsorientierte Phase der Datenauswertung den Vorteil, dass sie Einblick in die erhobenen Daten ermöglicht und maßgeblich auf die Dateninterpretation vorbereitet hat. Dabei wurden Kodes und Kategorien aus den Daten konstruiert; danach wurden Beziehungen zwischen den gebildeten Kodes und Kategorien hergestellt, sodass eine Einsicht in die Inhalte des zur Verfügung stehenden Datenmaterials gewonnen werden konnte. Durch die Kenntnis des Datenmaterials einschließlich möglicher Leerstellen konnten die Fragestellungen der Untersuchung so angepasst werden, dass sie anhand der erhobenen Daten beantwortet werden konnten. Diese Phase ermöglichte ebenfalls eine routinierte Handhabung der Analysesoftware ATLAS.ti im Analyseprozess. Zwar war

230 Zur Aufbereitung und Interpretation der Daten

Abb. 17: Netzwerk zur Kategorie „Lehrerbezogene Probleme im DaF-Unterricht"

Zur Dateninterpretation 231

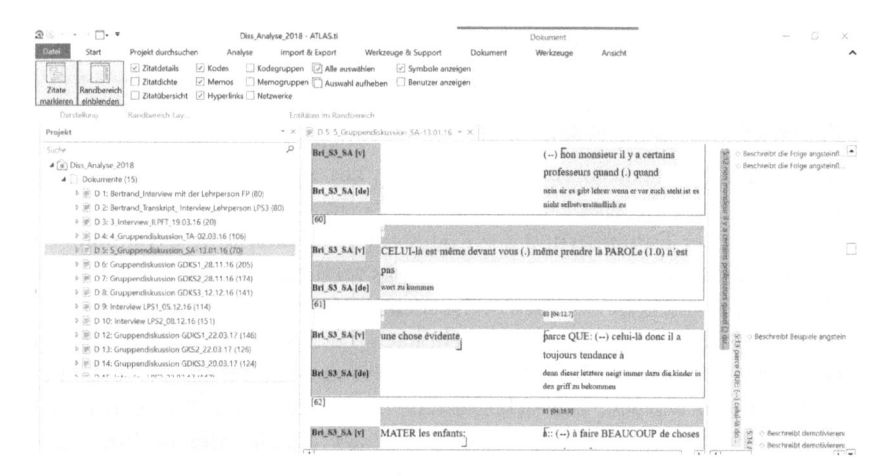

Abb. 18: Bildschirmaufnahme des initialen Kodierens

die Durchführung der beschreibungsorientierten Datenauswertung sehr zeit- und energieaufwendig, aber die dabei herausgearbeiteten analytischen Geschichten haben die weiteren Schritte der Datenauswertung erleichtert, da dies als Orientierungspunkt für die Auswahl und den Umgang mit der Fachliteratur während der interpretationsorientierten Phase der Datenauswertung diente.

9.2.3.2.2. Die interpretationsorientierte Datenauswertung

Die zweite und letzte Phase der Datenauswertung widmete sich der Interpretation der erhobenen Daten zum Zweck der Theoriekonstruktion und der Beantwortung der dem Forschungsprozess zugrunde liegenden Fragestellungen. Auf der Grundlage der vorläufigen analytischen Geschichten. Aus der beschreibungsorientierten Phase der Datenauswertung wurde die einschlägige Fachliteratur zur Kenntnis genommen und das Datenmaterial neu kodiert. Dabei wurde ein neues Projekt in ATLAS.ti angelegt, das daraufhin dem initialen, fokussierten und theoretischen Kodieren unterzogen wurde.

9.2.3.2.2.1. Zur Durchführung des initialen und fokussierten Kodierens

Zu Beginn der interpretationsorientierten Datenauswertung wurden im neu angelegten ATLAS.ti-Projekt die Transkripte aller erhobenen Daten hochgeladen, die erneut von null an kodiert wurden. Angesichts der inzwischen entwickelten Kompetenzen bezüglich der Handhabung der Software ATLAS.ti wurde angestrebt, sich mit jedem einzelnen Transkript Zeile für Zeile auseinanderzusetzen und dabei Kodes zu entwickeln, die sich als passgenau zu den Daten zeigten. Da die beschreibungsorientierte Phase der Datenanalyse einen ersten Überblick in die Daten ermöglicht hatte, wurde durch die Reflexion zu den bisherigen Verfahren eine Verbesserung des Kodierungsprozesses anvisiert.

Bezüglich der Formulierung der Kodes zur Bezeichnung von Handlungen wurde auf die Form des substantivierten Verbs verzichtet, weil sie aus Forschersicht einer natürlichen Ausdrucksweise nicht entsprach. Es wurde zudem festgestellt, dass sich zahlreiche Kodes nicht nach dieser Form formulieren ließen und daher in der ersten Phase der Datenanalyse nicht als Handlung zum Ausdruck gebracht wurden. Um sicherzustellen, dass Handlungen in den Daten kodiert wurden, wurde die grundlegende Frage gestellt, was der*die Sprecher*in gerade tut. Als Antwort galt, dass er/sie gerade etwas *beschreibt, erklärt, darstellt* etc. So wurden die Kodebenennungen mit einem Handlungsverb im Präsens (3. Person Singular) eingeführt, wie z.B. „*Beschreibt die Folgen angsteinflößender Lehrerhaltung*", „*Nennt Beispiele von Strafen*", „*Erzählt von einer Erfahrung im Deutschunterricht*", „*Beschreibt Beispiele angsteinflößender Lehrerhaltung*", etc. (vgl. Abb. 18).

Während der ersten Phase der Datenanalyse wurde festgestellt, dass die bisherige Benennung von Kodes den Nachteil hatte, dass sie oft zu kurz und wenig informativ waren, sodass zu manchen Datensegmenten zahlreiche Kodes konstruiert werden mussten, deren Zusammengehörigkeit aber in der späteren Auseinandersetzung mit Kodegruppen nicht mehr sichtbar war und daher übersehen werden konnte (vgl. Abb. 14). Damit die Zusammengehörigkeit der Kodes leicht erkennbar blieb und verwandte Kodes nicht übersehen werden konnten, wurde ein Benennungssystem entwickelt, nach dem jeder Kode prinzipiell aus zwei Teilen besteht: einer *Handlung* und einem *Handlungsattribut*; die beiden Teile werden von einem Doppelpunkt voneinander getrennt. Die *Handlung* beschreibt das, was der*die Sprecher*in gerade tut, indem er/sie die markierte Äußerung formuliert. In der markierten Textstelle (Abb. 18) wird die Folge angsteinflößender Lehrer*innen-Haltung beschrieben. Das *Handlungsattribut* ergänzt die durchgeführte Handlung, indem es beispielsweise nahelegt, wie die beschriebene Handlung durchgeführt wird oder welche konkrete Information der*die Sprecher*in zum Ausdruck bringt (vgl. Abb. 19).

Der Einsatz dieses Benennungssystems zwingt den Forschenden dazu, beim Kodieren Beziehungen zwischen den einzelnen Handlungen in den Daten herzustellen und diese entsprechend zu markieren. Dadurch können die verschiedenen Aspekte einer gegebenen Handlung bereits beim Kodieren identifiziert

Zur Dateninterpretation 233

```
Beschreibt die Folge angsteinflößender Lehrerhaltung:   Schüler kommen nicht zu Wort im Unterricht
                    ↘                                     ↗
                   Handlung                        Handlungsattribut
                    ↗                                     ↘
Beschreibt die Folge angsteinflößender Lehrerhaltung:   Einschüchterung der Lernenden
```

Abb. 19: Benennungssystem der Kodes

und als solche benannt werden. Ein weiterer Vorteil dieses Benennungssystems besteht darin, dass es das fokussierte Kodieren erleichtert, da dadurch verwandte Kodes schnell erkannt und zusammengetragen werden können.

Der Prozess des initialen und des fokussierten Kodierens wurde ähnlich wie bei der beschreibungsorientierten Phase in der Datenauswertung durchgeführt. Beim initialen Kodieren ging es darum, Datensegmente zu benennen und dabei Memos und Kommentare zu schreiben, die sich entweder auf einzelne Datensegmente, Kodes oder Dokumente bezogen (vgl. Kap. 9.2.3.2.1.1). Das Herausfinden der Beziehungen zwischen den einzelnen Kodes und der Bildung von Kernkategorien bildeten den Gegenstand des fokussierten Kodierens. Dabei wurden durch den ständigen Vergleich von Datensegmenten mit Kodes, von Kodes mit Kodes sowie von Memos mit Kodes und den Datensegmenten die Relationen zwischen den verschiedenen Kodes analysiert (vgl. Kap. 9.2.3.2.1.2). Aus dieser erneuten Auseinandersetzung mit dem Datenmaterial wurden die in der früheren Phase der Datenauswertung konstruierten Beziehungen zwischen den Kodes und Kategorien überprüft und gegebenenfalls ergänzt. Aus diesem Grund wurde darauf verzichtet, neue Netzwerke in ATLAS.ti zu konstruieren, weil dies sehr zeitaufwendig gewesen wäre und sich grundsätzlich von denen der beschreibungsorientierten Datenauswertung nicht unterschieden hätte. Stattdessen wurden die Beziehungen zwischen den Kodes stichwortartig in der Microsoft-Software OneNote visualisiert (vgl. Abb. 20).

In der Abbildung (Abb. 20) wird die Kategorie „Wahrnehmung der Lehrperson durch die Lernenden am LKA-Gymnasium" veranschaulicht. Aus der Konstruktion von Relationen zwischen den verschiedenen Kodes dieser Kodegruppe wurde das Fazit gezogen, dass die Lehrperson als Demotivationsfaktor wahrgenommen wurde. Diese Schlussfolgerung basiert einerseits darauf, dass die Lehrperson aus der Perspektive der Schüler*innen als angsteinflößende und frustrationserregende Autorität für die Demotivation der Lernenden im Deutschunterricht verantwortlich gemacht wird. Andererseits ist die

```
Wahrnehmung der Lehrperson als Demotivationsfaktor im Unterricht:
• LP als demotivierender Unterrichtender
    ○ Lehrperson als angsteinflößende und frustrationserregende Autorität
    ○ Lehrperson als Träger langweiligen Unterrichts
• Fehlende Grundlage für ernste Kommunikation im Unterricht
    ○ Selbstwahrnehmung der Lehrperson als "autoritärer Vater"
        ▪ Einseitige Kommunikationsrichtung
        ▪ Wahrnehmung von Schülerkritik als Respektlosigkeit
        ▪ Fehlender wertschätzender Umgang mit den Lernenden
    ○ Wahrnehmung der Lehrperson als frustrationserregende, angsteinflößende Autorität
        ▪ Angst vor stigmatisierende Beschimpfungen
        ▪ Angst vor demütigende Strafen
    ○ Keine Akzeptanz für Schülerrückmeldung auf der Schulebene
        ▪ Mögliche Beschwerde der Lehrenden bei der Schulleitung
        ▪ Möglicher Tadel bzw. mögliche Strafen durch die Schulverwaltung
        → Mangelnde Sicherheitsgefühl der Lernenden
        → Rebellische Schülerhaltung bzw. Schülerverhalten
• Wirkung mangelnder Kommunikationsmöglichkeiten im Unterricht
    ○ Lückenhafte (voreingenommene) Wahrnehmung der Lernenden durch die Lehrperson
        ▪ Schülerverhalten als aggressiv interpretiert
        ▪ Schlechte Noten als Zeichen der Faulheit
        ▪ Demotivation als Folge mangelnden Nutzen der deutschen Sprache für die Lernenden
        ▪ Lernende als alleinige Verantwortungstragende für deren Versagen im Deutschunterricht
        ▪ Überzeugung von der Wirksamkeit einer strengen Lehrerhaltung
        ▪ Demotivationsartige Lehrerverhalten: Unterricht nach Belieben,
        ▪ Keine Kommunikation über die Relevanz der Fokussetzung des Unterrichts auf thematische Aspekte
    ○ Negative Einstellung der Lernenden zum Lehrenden und mangelndes motiviertes Handeln im Deutschunterricht
        ▪ Wahrnehmung der Lehrperson als böse
        ▪ Wahrnehmung der Lehrperson als nicht erfolgsorientiert
        ▪ Verweigerung aktiver Beteiligung am Unterricht
    ○ Verschlechterung der Qualität der Lehrer-Schüler-Beziehungen
```

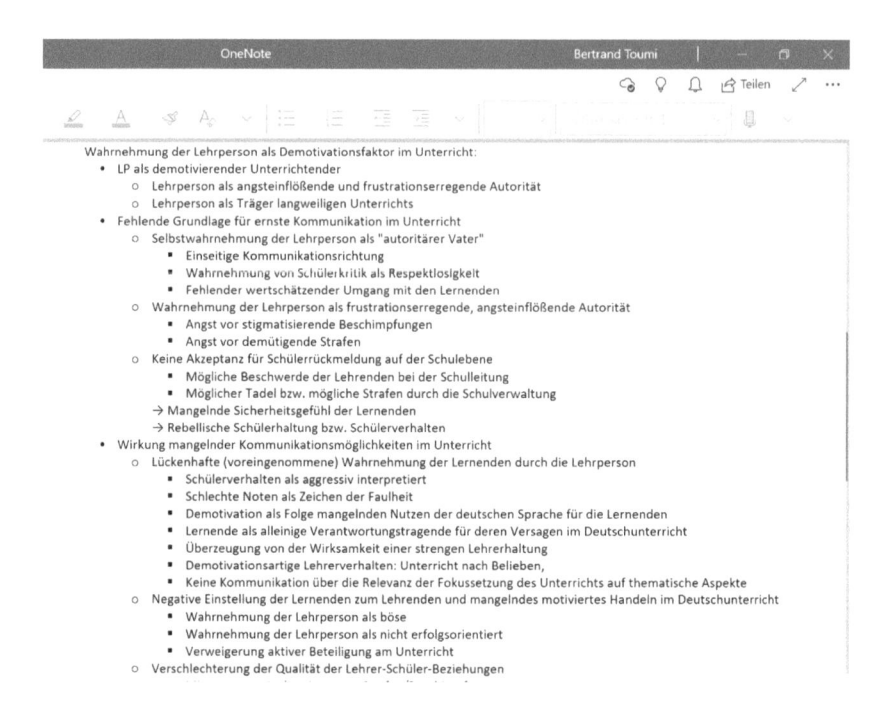

Abb. 20: Visualisierung der Beziehungen zwischen den Kodes

Grundlage für eine ernste, angstfreie Kommunikation zwischen den Unterrichtsbeteiligten nicht vorhanden, was u.a. zur Verschlechterung der Qualität der Lehrer-Schüler-Beziehungen im Unterricht führt.

Die stichwortartige Visualisierung der Relationen zwischen den Kodes anhand der Microsoft-Software OneNote bietet den Vorteil, einen ausführlichen Ausdruck der Gedanken zu ermöglichen. Da die Möglichkeit besteht, eine unendliche Anzahl an Notizbüchern, Abschnitten und Seiten zu erzeugen, können zu einer gegebenen Kategorie zahlreiche Visualisierungsmöglichkeiten ausprobiert werden, bis eine zufriedenstellende Fassung entsteht. Außerdem ermöglichen die Aufzählungszeichen (●, ■, ○, →, etc.) eine besser strukturierte Darstellung der Gedanken. Während des theoretischen Kodierens wurden lediglich zusätzliche Seiten in den bereits existierenden Dokumentabschnitten hinzugefügt, was den Überblick über die im Analyseprozess entworfenen Ideen, Texte und Gedanken erleichterte.

9.2.3.2.2.2. Zur Durchführung des theoretischen Kodierens
Angesichts der Fragestellungen, die der vorliegenden Forschungsarbeit zugrunde liegen, erfolgte in der Vorbereitung auf das theoretische Kodieren eine Auseinandersetzung mit der entsprechenden Fachliteratur zur Lehrer*innen-Rolle im Unterricht. Erwähnenswert sei hier die Hattie-Studie, die sich als Metastudie mit den lernwirksamsten Faktoren im Unterricht befasst und zum Fazit gelangt, dass die Lehrperson zu einem der wichtigsten Faktoren im Unterricht zählt. Als Grundlage zur Optimierung der Qualität der Lehrer-Schüler-Interaktion und zum Entwurf eines didaktischen Modells zur Implementierung mündlich realisierten Schüler*innen-Feedbacks im DaF-Unterricht diente das Kommunikationsmodell der Themenzentrierten Interaktion (TZI). Des Weiteren erfolgte eine Auseinandersetzung mit der Fachliteratur zur Unterrichtsqualität und zur Unterrichtsentwicklung.

Der Entwicklung theoretischer Kodes wurde das Vier-Faktoren-Modell der TZI zugrunde gelegt. Eine wichtige Erkenntnis aus den bisherigen Schritten der Datenanalyse deutet darauf hin, dass die Einstellung der Lernenden zum Deutschunterricht und zur Deutschlehrperson mit der Qualität der Lehrer-Schüler-Beziehungen zusammenhängt. Laut Hattie (2014: 276) gehört die Lehrer-Schüler-Beziehung mit einer Effektstärke von 0,72 zu den lernwirksamsten Faktoren (Platz 12). Zur Untersuchung dieser Lehrer-Schüler-Beziehungen wurden auf der Grundlage der TZI folgende Fragen zur vertiefenden Analyse gestellt: Wie werden das Wohlbefinden und die aktive Beteiligung des Einzelnen (Lehrenden und Lernenden) im Unterricht gefördert? Wie wird dem Einzelnen und der ganzen Gruppe Wertschätzung entgegengebracht? Wie wird im Unterricht miteinander kommuniziert? Wie gehen Lehrende und Lernende im Deutschunterricht miteinander um? Wie wird der Lerngegenstand im Unterricht bearbeitet?

Zur Beantwortung dieser Fragen wurden in einem ersten Schritt folgende theoretische Kodes entwickelt (vgl. Tab. 6):

Zur Interpretation der analysierten Daten wurden unter Berücksichtigung konstruierter theoretischer Kodes die beim fokussierten Kodieren entwickelten vorläufigen Kategorien sowie die ihnen zugrunde liegenden offenen Kodes und Datensegmente miteinander verglichen, um herauszufinden, inwiefern die jeweiligen Faktoren des TZI-Strukturmodells mit den Vorstellungen von Lehrkräften über die eigene Lehrer*innen-Rolle und den Auswirkungen dieser Vorstellungen auf die Lernenden im DaF-Unterricht zusammenhängen. Daraus wurde sichtbar, auf welchen konkreten Ebenen des Unterrichts angesetzt

Tab. 6: Schritt 1 des theoretischen Kodierens (Konstruktion theoretischer Kodes aus dem Vier-Faktoren-Modell der TZI)

Ebenen des Vier-Faktoren-Modell der TZI	Leitfragen	Theoretischer Kode	Anmerkung
ICH	Wie werden das Wohlbefinden und die aktive Beteiligung des Einzelnen (Lehrenden und Lernenden) im Unterricht gefördert?	Rücksicht auf das Wohlbefinden, die Gefühle des Einzelnen Aktive Beteiligung des Einzelnen	
	Wie wird dem Einzelnen Wertschätzung entgegengebracht?	Wertschätzung	
WIR	Wie wird im Unterricht miteinander kommuniziert?	Offenheit	
	Wie gehen Lehrende und Lernende im Deutschunterricht miteinander um?	Respekt, Wertschätzung Vertrauen	
	Wie beteiligen sich die Unterrichtsbeteiligten an Unterrichtsprozessen?	Freiwilligkeit	
ES	Wie wird der Lerngegenstand im Unterricht bearbeitet?	Lernförderlich, motivierend Adressatenorientiertheit, teilnahmefördernd	

werden kann, wenn Veränderungen im Lehr-Lern-Prozess implementiert werden sollen.

Um herauszufinden, inwiefern sich die Vorstellungen der Lehrenden zur eigenen Lehrer*innen-Rolle auf die Prozessqualität des Unterrichts auswirken, wurde theoretische Kodes auf der Grundlage von Merkmalen zur Unterrichtsqualität aus der entsprechenden Fachliteratur entwickelt: Klassenführung, konstruktive Unterstützung und Schüler*innen-Aktivierung. Die folgende Tabelle enthält eine Übersicht der Qualitätsmerkmale guten Unterrichts mit einer Zuordnung zu den Leitfragen und den jeweiligen theoretischen Kodes,

Tab. 7: *Konstruktion theoretischer Kodes zur Untersuchung der Unterrichtsqualität*

Qualitätsmerkmale	Leitfrage	Theoretische Kodes	Anmerkungen
Klassenführung	Wie lässt sich die Klassenführung aus den Aussagen der Befragten interpretieren?	Umgang mit Störungen	
		Rituale (lern- und konzentrationsförderlich)	
		Umgangsregeln	
Konstruktive Unterstützung	Wie wird der Lehr-Lern-Prozess auf der motivationalen und emotionalen Ebene unterstützt?	Wertschätzung	
		Lehrer-Schüler-Beziehung	
		Fehlerkultur	
		Feedbackkultur	
Schüler*innen-Aktivierung	Wie wird die aktive Teilhabe der Lernenden am Lehr-Lern-Prozess gefördert?	Aktivität der Schüler*innen im Unterricht	
		Soziale Aktivierung (durch Sozialformen)	
		Teilhabe an der Unterrichtsgestaltung (Schüler*innen-Feedback)	

anhand derer Informationen über die Qualität des DaF-Unterrichts in den Daten herausgearbeitet wurden (vgl. Tab. 7).

Im zweiten Schritt wurden die Ausprägungen der jeweiligen konstruierten theoretischen Kodes im Datenmaterial zu jedem untersuchten Datensatz – in OneNote-Tabellen – herausgearbeitet. Aus den Problembereichen, die in den Daten hervorgehoben wurden, wurden wichtige Handlungsoptionen zur Verbesserung des Unterrichts abgeleitet.

Als Beispiel wurde beim theoretischen Kodieren des DaF-Unterrichts am LKA-Gymnasium in der Abbildung (Abb. 21) in Bezug auf den theoretischen Kode „*Rücksicht auf das Wohlbefinden des Einzelnen*" herausgefunden, dass das Wohlbefinden und die Gefühle der Lernenden im Deutschunterricht missachtet werden, da die Lehrperson in bestimmten Unterrichtssituationen stigmatisierende Beschimpfungen und demütigende Strafen einsetzt. Da diese Maßnahmen als Reaktion auf erlebte Störungen aufseiten der Lehrperson entstehen, dürften sie als Mittel wahrgenommen werden, mit denen das Wohlbefinden der Lehrenden wiederhergestellt werden soll. Aber aufgrund der negativen Auswirkungen dieser Einschüchterungsmaßnahmen auf die Schüler*innen ist anzunehmen, dass die Gefühle und das emotionale Wohlbefinden der Lernenden

Ebenen	Theoretische Kodes	Ausprägungen	Kommentare	Abgeleitete Handlungsoptionen
Strukturmodell: ICH	Rücksicht auf Wohlbefinden, die Gefühle des Einzelnen	• Die eingesetzten stigmatisierenden Beschimpfungen und demütigenden Strafen nehmen keine Rücksicht auf das emotionale Wohlbefinden der Lernenden • Die Einschüchterung der Lernenden trägt dem emotionalen Wohlbefinden der Lernenden kaum Rechnung • Der Einsatz von Strafen und Beschimpfungen können als Vergeltungsmaßnahme bei Störungen des Wohlbefindens des Lehrenden angesehen werden	• Der Lehrende nutzt seine Macht aus, um sein Wohlbefinden im Unterricht zu befriedigen • Der Lehrende scheint kaum Rücksicht auf das emotionale Wohlbefinden der Lernenden zu nehmen	Wie könnte das Wohlbefinden der jeweiligen Unterrichtsbeteiligten gefördert werden? Wie kann man jedem/jeder Unterrichtteilnehmenden zeigen, dass er/sie im Lernprozess wichtig ist? Förderung der Wertschätzung Förderung der Selbstreflexion
	Förderung aktiver Beteiligung des Einzelnen	• Der Unterricht ist lehrerzentriert • Es gibt keine kooperativen Lernmethoden (Partner- und Gruppenarbeit) • Es gibt keine schüleraktivierenden Aufgaben (Projektunterricht) • Die Lernenden werden in die Rolle des Wissensempfängers gedrängt	Es scheint, dass die aktive Beteiligung der Lernenden am Lehr-Lern-Prozess nicht gefördert wird	Wie können die Lernenden dazu gebracht werden, sich aktiver am Lehr-Lern-Prozess zu beteiligen? Förderung der Eigenverantwortung der Lernenden Förderung des Vertrauens Förderung der Schüleraktivierung

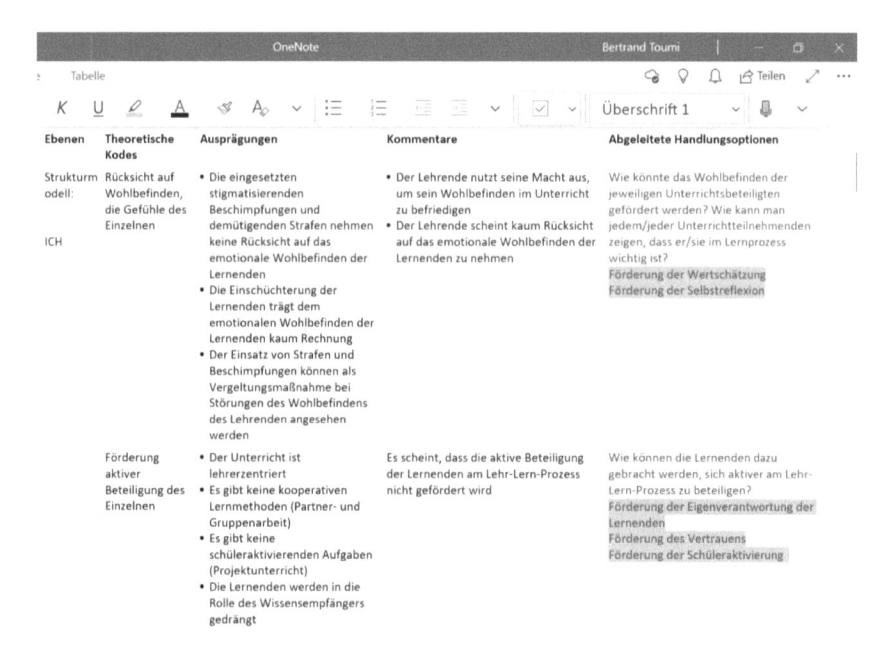

Abb. 21: Schritt 2 des theoretischen Kodierens (Herausfindung der Ausprägungen theoretischer Kodes)

verletzt werden. Aus dieser Situation lässt sich die Vermutung ableiten, dass eine wertschätzende und selbst reflektierte Haltung der Lehrenden dazu beitragen könnte, dass sowohl das emotionale Wohlbefinden der Lernenden als das der Lehrperson im Alltag Berücksichtigung finden kann.

Im nächsten Schritt des theoretischen Kodierens wurden die herausgefundenen Ausprägungen in Relation miteinander gesetzt, um eine analytische Geschichte zu konstruieren und die dem Forschungsprozess grundlegenden Fragestellungen zu beantworten (vgl. Abb. 22). Dabei wurden in OneNote-Tabellen aus den Hinweisen zu den Ausprägungen einzelner theoretischer Kodes entsprechende Schlussfolgerungen gezogen und Kommentare bzw. Handlungsoptionen zur Verbesserung des Deutschunterrichts ergänzt.

Wenn man auf der Grundlage der verschiedenen theoretischen Kodes beispielsweise das Datenmaterial zum DaF-Unterricht am LKA-Gymnasium kodiert und die Ausprägungen zu den jeweiligen Ebenen des Vier-Faktorenmodells der TZI zusammenbringt, dann lassen sich u.a. Hinweise dafür finden, dass den Lernenden keine Wertschätzung entgegengebracht

Zur Dateninterpretation

Fragestellung:
- Wie wird die Lehrerrolle von den Lehrenden und Lernenden im Deutschunterricht (Fall 1) wahrgenommen und welche Konsequenzen ergeben sich daraus?

Ebenen	Ausprägungen/Beschreibungen	Fazit	Kommentare/Handlungsoptionen
TZI-Strukturmodell	• Hinweise dafür, dass das emotionale Wohlbefinden der Lernenden kaum berücksichtigt wird • Hinweise dafür, dass die Lehrperson ihre Machtposition ausnutzt, um ihr emotionales Wohlbefinden zu befriedigen • Hinweise dafür, dass die aktive Beteiligung der Lernenden nicht gefördert wird • Hinweise dafür, dass den Lernenden keine Wertschätzung entgegengebracht wird • Hinweise dafür, dass die Lehrer-Schüler-Interaktion durch die Lehrperson dominiert wird, die die Lernenden bevormundet • Hinweise dafür, dass die Lehrer-Schüler-Kommunikation durch die angsteinflößende Lehrerhaltung gehemmt wird • Hinweise dafür, dass die Lernenden und Lehrperson nicht liebevoll miteinander umgehen • Hinweise dafür, dass die Lehrer-Schüler-Beziehung nicht herzlich ist • Hinweise dafür, dass die Lehrperson zwar Verständnis für den Status des Deutschunterrichts als Wahlpflichtfach und die damit zusammenhängende geringe Motivation der Lernenden hat, aber wenig	• Die Lehrperson wird als Diktator angesehen • Die Lernenden fühlen sich unterdrückt • Die Lernenden finden den Unterricht langweilig • Die Lernenden haben eine negative Einstellung zum Deutschlehrenden und zum Deutschunterricht • Die Lernenden fühlen sich nicht ernst genommen • Die Angst vor Strafen schreckt die Lernenden davor ab, Feedback zu geben und ihre eigene Meinungen zu äußern • Die Lust am Deutschlernen wird verdorben • Die Lernenden nehmen nicht gern am Deutschunterricht teil	• Die Vernachlässigung des emotionalen Wohlbefindens der Lernenden geht mit dem Umgang mit Störungen einher • Die fehlende Förderung der aktiven Beteiligung der Lernenden geht mit dem Postulat des Lehrenden als "Chairperson für alle" einher • Notwendigkeit der Förderung der Wertschätzung im Unterricht • Förderung des Feedbacks (Lehrer- und Schülerfeedback) • Förderung vertrauenerweckenden Unterrichtsklimas • Förderung lernförderlicher Unterrichtsgestaltung • Förderung der Eigenverantwortung, der Eigenständigkeit der Lernenden Wie können diese Handlungsoptionen konkret durchgeführt werden?

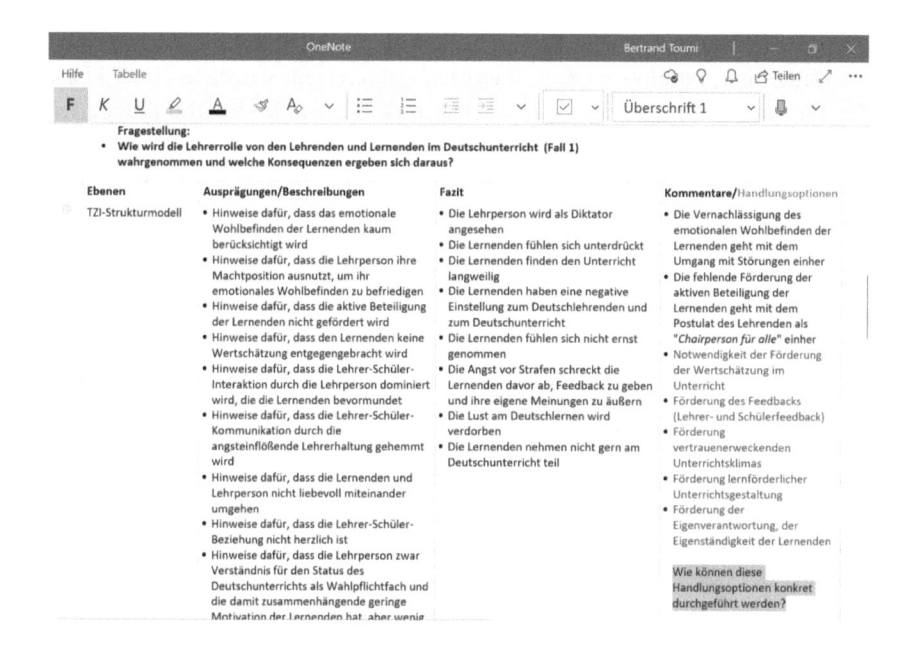

Abb. 22: Schritt 3 des theoretischen Kodierens (Relationen zwischen den theoretischen Kodes zur Beantwortung der Fragestellungen)

und die Lehrer-Schüler-Kommunikation durch eine angsteinflößende Lehrer*innen-Haltung deutlich gehemmt wird. Außerdem gibt es Hinweise, dass die Lehrperson die aktive Beteiligung der Lernenden und deren emotionales Wohlbefinden im Unterricht nicht fördert. Daraus ergeben sich u.a. die Wahrnehmung der Lehrperson als ein „Diktator" und eine negative Einstellung der Lernenden zum Deutschunterricht, was zur Folge hat, dass die Lernenden die Lust am Deutschlernen verlieren. Um dieser Situation entgegenzuwirken und Verbesserungen in den Unterricht einzuführen, wäre die Förderung eines vertrauenserweckenden Unterrichtsklimas ein erster sinnvoller Schritt.

9.2.3.2.3. *Zusammenfassung zur Datenauswertung*

Zusammenfassend lässt sich festhalten, dass die beiden Schritte der Datenauswertung einander ergänzt und maßgeblich zur Qualität der Forschungsergebnisse beigetragen haben. Die beschreibungsorientierte Datenauswertung diente einerseits als Training beim Umgang mit der Software ATLAS.ti und in der Umsetzung des Auswertungsverfahrens der KGT. Dabei konnten aus

Forschersicht umfangreiche Kompetenzen im Hinblick auf die Technik und die Dateninterpretation entwickelt werden. Andererseits wurde in dieser Phase der Datenauswertung Einblick in die Daten gewonnen, Kodes und Kategorien gebildet und Relationen zwischen ihnen hergestellt. Dies hat maßgeblich dazu beigetragen, einen ersten Entwurf der analytischen Geschichte in den Daten zu erhalten, der als Orientierungspunkt für weiterführende Entscheidungen im Forschungsprozess diente und gleichzeitig entscheidend zur Sicherung des Qualitätsmerkmals der Gegenstandsangemessenheit (Strübing et al. 2018) beigetragen hat. Außerdem bildete die Reflexion dieser Phase der Datenauswertung die Grundlage für die nächsten Arbeitsschritte.

Die zweite Phase der Datenauswertung – die interpretationsorientierte Datenauswertung – zielte auf die Dateninterpretation zur Beantwortung der Fragestellungen und Forschungsfragen. Sie bestand aus den Phasen des initialen, fokussierten und theoretischen Kodierens. Mit der Durchführung dieser zweiten Auswertungsphase war die Absicht verknüpft, den bisherigen Prozess der Dateninterpretation zu überprüfen und zu validieren. Zur Sicherung der Qualität der Datenauswertung sollte gewährleistet werden, dass das Verfahren der KGT in der Auswertung aller Daten einheitlich umgesetzt wurde. Darüber hinaus sollte sichergestellt werden, dass die Interpretation derselben Datensätze zu unterschiedlichen Zeitpunkten im Forschungsprozess zu ähnlichen Ergebnissen führt. Schließlich fand eine Überprüfung der Daten im Hinblick auf die zu analysierenden Informationen aus dem vorliegenden Datenmaterial statt, hier ging es also um die Sicherstellung der Intensität der Dateninterpretation, was Strübing et al. (2018: 88–90) dem Qualitätsmerkmal der empirischen Sättigung zuordnen.

Trotz des enormen Zeitaufwands, der mit der Durchführung der beiden Phasen der Datenauswertung zusammenhing, bietet dieser Ansatz – der zum Teil vom in der herkömmlichen KGT-Literatur beschriebenen Auswertungsverfahren abweicht – den großen Vorteil, dass sich beim Kodieren in der zweiten Auswertungsphase Fehler und Mängel der ersten Phase identifizieren und verbessern lassen. Aufgrund des Vergleichs der Ergebnisse der beiden Auswertungsphasen lässt sich herausfinden, ob und aus welchen Gründen möglicherweise Abweichungen bestehen. Dies trägt letztendlich ebenfalls zur Sicherung einer besseren Qualität der Dateninterpretation bei.

10. Forschungsergebnisse zu den Vorstellungen von Lehrkräften über die Lehrer*innen-Rolle

In diesem Kapitel werden die Ergebnisse der Auseinandersetzung mit der ersten Fragestellung dargestellt und diskutiert: Wie stellen sich die Lehrkräfte ihre eigene Rolle im kamerunischen Deutschunterricht vor und welche Auswirkungen ergeben sich daraus? Nach einer kurzen Beschreibung der Forschungsteilnehmenden (Kap. 10.1) werden. Für jede untersuchte Lehrkraft – dem Erkenntnisinteresse der vorliegenden Studie entsprechend – zuerst die Ergebnisse der Datenanalyse hinsichtlich der Ermittlung der Vorstellungen der jeweiligen an der Forschung beteiligten Lehrpersonen über ihre eigene Rolle im Deutschunterricht präsentiert (Kap. 10.2.1, Kap. 10.3.1, Kap. 10.4.1, Kap. 10.5.1). Dann werden die Auswirkungen dieser Vorstellungen auf die Lernenden und die Prozessqualität des Unterrichts herausgearbeitet (Kap. 10.2.2, Kap. 10.3.2, Kap. 10.4.2, Kap. 10.5.2). Dabei wird auf die Qualitätsmerkmale der effektiven Klassenführung, der konstruktiven Unterstützung und der Schüler*innen-Aktivierung fokussiert. Abschließend werden die Forschungsergebnisse vergleichend betrachtet, wobei auf Gemeinsamkeiten und Unterschiede eingegangen wird (Kap. 10.6).

10.1. Zu den Forschungsteilnehmenden

Die vorliegende Studie besteht aus zwei Teilstudien, und daran haben sich insgesamt vier DaF-Lehrkräfte beteiligt.

10.1.1. Forschungsteilnehmer der Teilstudie 1

Die Teilstudie 1 fand im Schuljahr 2015/2016 am LKA-Gymnasium statt und daran beteiligte sich **Herr Fetba**, der damals in der Seconde- (11. Klasse) und der Terminale-Klasse (13. Klasse) Deutsch unterrichtete. Die Lehrperson Herr Fetba war zum Zeitpunkt der Datenerhebung (2016) ca. 45 Jahre alt und seit ca. 15 Jahren Gymnasiallehrer für Deutsch. In den letzten vier Jahren hatte er regelmäßig an Fortbildungsseminaren des Goethe-Instituts Kamerun und an Aktivitäten des regionalen Verbands der Deutschlehrenden teilgenommen. 2014 hat er sich an einer vom Goethe-Institut geförderten Lehrer*innen-Fortbildung in Deutschland beteiligt. Er hat sich freiwillig bereit erklärt, an diesem Forschungsprojekt teilzunehmen. Bei den Unterrichtsbeobachtungen wurde festgestellt, dass der Unterricht in seinen beiden Klassen (Seconde- und Terminale-Klasse) frontal war und sehr stark durch die Lehrperson gesteuert wurde. Herr Fetba wurde zweimal interviewt (vgl. Kap. 7.2.2.1.2): das erste Mal nach der Beobachtung der ersten Unterrichtsstunden im Januar 2016 und das zweite Mal nach der Beteiligung an einer Lehrer*innen-Fortbildung zum Thema „Lehrer*innen-Rolle im kamerunischen Deutschunterricht" am 19. März 2016 (vgl. Kap. 7.2.2.1.4).

In der Seconde-Klasse sind insgesamt 10 Schüler*innen und in der Terminale-Klasse insgesamt 15 Lernende. Der DaF-Unterricht findet in den beiden Klassen zweimal wöchentlich statt: mittwochs und donnerstags. Mit einer Gruppe von 6 Schüler*innen der Seconde- bzw. der Terminale-Klasse wurde jeweils eine Gruppendiskussion durchgeführt.

10.1.2. Forschungsteilnehmer der Teilstudie 2

Auf der Grundlage von Vermutungen, die sich aus der Durchführung der Teilstudie 1 ergaben (vgl. Kap. 7.2.2.1.5), wurde die Teilstudie 2 im Schuljahr 2016/2017 am LSF-Gymnasium geplant. Daran beteiligten sich (1) Frau Nemka – DaF-Lehrerin in der Seconde-Klasse (11. Klasse) – (2) Frau Kouba – DaF-Lehrerin in der Terminale-Klasse (13. Klasse) – und (3) Frau Njemmack – DaF-Lehrerin in der Troisième-Klasse (10. Klasse). Zur Beantwortung der Frage, wie sich diese Lehrkräfte die eigene Lehrer*innen-Rolle im DaF-Unterricht vorstellen und welche Konsequenzen sich daraus ergeben, wurde jeweils ein leitfadengestütztes Interview mit ihnen und eine Gruppendiskussion mit einigen ihrer Lernenden durchgeführt (vgl. Kap. 7.2.2.2.2). Die Reihenfolge der Darstellung der Forschungsergebnisse entspricht der der Datenerhebung, d.h. der Durchführung der Leitfadeninterviews mit den teilnehmenden Lehrpersonen.

10.1.2.1. Frau Nemka

Frau Nemka war zurzeit der Datenerhebung (Schuljahr 2016/2017) ca. 37 Jahre alt und seit zehn Jahren Gymnasiallehrerin und unterrichtete Deutsch in der Seconde-Klasse am LSF-Gymnasium. Seit etwa zwei Jahren beteiligte sie sich oft an Fortbildungsseminaren des Goethe-Instituts Kamerun, was in den früheren Dienstjahren aus Familiengründen nicht möglich war. Sie ist ausgebildete DaF-Lehrkraft. Als der Verfasser von der Schulleiterin die Erlaubnis erhielt, die Untersuchung am LSF-Gymnasium durchzuführen, wurde er über die Stundenpläne der sieben DaF-Lehrkräfte der Schule informiert. So wurde mit jenen Lehrenden, die montags Deutschunterricht hatten, Kontakt aufgenommen.

Mit ihnen wurde über den Wunsch des Forschenden gesprochen, den Lehr-Lern-Prozess ein paar Monate lang in ihrer Klasse zu begleiten und dabei mit den Unterrichtsbeteiligten mündliche Befragungen durchzuführen. Ohne zu zögern, gab Frau Nemka ihre Einwilligung, an diesem Forschungsprojekt teilzunehmen. Nach der Beobachtung der ersten Unterrichtsstunde durften sechs freiwilligen Schüler*innen der Seconde-Klasse an einer Gruppendiskussion teilnehmen. Die zweite Gruppendiskussion fand nach der letzten Beobachtungssitzung am 22.03.2017 statt. Insgesamt gab es 60 Lernende in der Seconde-Klasse. Die zweite Befragung von Frau Nemka fand nach der dritten Sitzung der Fortbildungsreihe in der Form eines Gruppeninterviews statt, an dem sich auch Frau Njemmack beteiligte.

10.1.2.2. Frau Kouba

Frau Kouba und der Verfasser kannten sich zurzeit der Datenerhebung schon seit mehr als 16 Jahren aus der Universität. Sie war seine Kontaktperson in der Schule und führte ihn zur Schulleitung sowie zu ihren Kolleg*innen. Insgesamt war Frau Kouba damals ca. 43 Jahre alt und seit 12 Jahren DaF-Lehrerin. Seit ein paar Jahren nahm sie regelmäßig an Lehrer*innen-Fortbildungen am Goethe-Institut Kamerun teil: Sie hatte sich als einzige Lehrkraft der Teilstudie 2 an der Fortbildung beteiligt, die am 19. März 2016 zum Thema „Lehrer*innen-Rolle im kamerunischen DaF-Unterricht" im Rahmen der Teilstudie 1 am Goethe-Institut Kamerun organisiert wurde. Sie hatte sich auch drei Jahre zuvor zum letzten Mal an einer Lehrer*innen-Fortbildung in Deutschland beteiligt. In der Terminale-Klasse gab es insgesamt 71 Schüler*innen. Jeweils nach der ersten und letzten Beobachtungssitzung des DaF-Unterrichts in der Terminale-Klasse wurden einerseits Interviews mit Frau Kouba, andererseits Gruppendiskussionen mit 6 bis 8 freiwilligen Lernenden durchgeführt.

10.1.2.3. Frau Njemmack

Frau Njemmack war die jüngste der drei Forschungsteilnehmenden (unter 30 Jahren alt) und unterrichtete Deutsch erst seit drei Jahren. Genauso wie Frau Nemka erfuhr sie von dem Forschungsprojekt erst nach der offiziellen Einwilligung der Schulleitung. Sie hatte sich bisher noch nie an einem Lehrer*innen-Fortbildungsangebot des Goethe-Instituts Kamerun beteiligt. Schon beim ersten Kontakt, bei dem von der geplanten Fortbildungsreihe gesprochen wurde, wirkte sie besonders begeistert. Nach der Beobachtung der ersten Unterrichtsstunde in ihrer Klasse ließ sie sich freiwillig interviewen. In der Woche danach durfte eine Gruppe von sieben Schüler*innen der Troisième-Klasse an einer

Gruppendiskussion teilnehmen. Die zweite Befragung der Lernenden fand nach der letzten Sitzung der Unterrichtsbeobachtung in der Troisème-Klasse statt (20.03.2017). Gemeinsam mit Frau Nemka wurde Frau Njemmack nach der letzten Sitzung der Fortbildungsreihe zu einem Gruppeninterview eingeladen, bei dem rückblickend über den durchgeführten Aktionsforschungsprozess reflektiert wurde.

Die folgenden Kapitel widmen sich der Frage, wie sich die vier Lehrkräfte die eigene Lehrer*innen-Rolle im DaF-Unterricht vorstellen und welche Konsequenzen sich daraus ergeben – für die Lernenden und für die Prozessqualität des DaF-Unterrichts.

10.2. Forschungsergebnisse zu den Vorstellungen von Herrn Fetba über die eigene Rolle im DaF-Unterricht (Teilstudie 1)

Das erste Interview (FS1-FT1) wurde am 9. Januar 2016 in der Pause im Schulhof – am LKA-Gymnasium – geführt. Darauf folgte ein informelles Gespräch (FS1-FT2), bei dem Herr Fetba auf bestimmte Interviewfragen noch weiter einging und das daher mit seiner Genehmigung aufgenommen wurde. Am 20 .März 2016 wurde ein weiteres Interview in einem Raum am Goethe-Institut Kamerun durchgeführt. Zwischen den beiden leitfadengestützten Interviews sowie auch nach der letzten Befragung wurden noch zwei Sitzungen des Deutschunterrichts in den beiden Klassen beobachtet. Die Analyse der beiden Interviews bildet die Grundlage für die Untersuchung der Frage nach den Vorstellungen dieser Lehrkraft über die eigene Lehrer*innen-Rolle im Deutschunterricht.

10.2.1. Vorstellungen von Herrn Fetba über die eigene Rolle im DaF-Unterricht

Aus der Analyse dieser drei mündlichen Befragungen ergibt sich, dass die Lehrperson Herr Fetba die eigene Rolle vor allem als *Fachmann* und als *Autorität* versteht.

10.2.1.1. „der lehrer ist derJEnige (-) der: (-) ALLES organisiert"

Aus den mündlichen Befragungen ist eine Selbstwahrnehmung von Herrn Fetba als „Vater" zu entnehmen. Er versteht sich als „Vater" für seine Lernenden: Für ihn ist es äußerst wichtig, „dass der lehrer sich als der VATER der schüler FÜHLT" (FS1-FT1, Z. 80). Mit dem Bild des Vaters verbindet er einerseits die Vorstellung eines Lehrenden, der „immer da sein [soll]" (ebd., Z. 84), um seinen Schüler*innen beim Lernen zu „folgen" (ebd., Z. 86), und andererseits, dass die Letzteren ihm ebenfalls „folgen" (ebd., Z. 86) können. Darunter ist zu verstehen, dass die kontinuierliche Anwesenheit des „Vaters" wichtig ist, um eventuell Lernschwierigkeiten bei den Lernenden festzustellen und gegebenenfalls Hilfe anzubieten. Die Lehrperson wird hier angesehen als eine Art *Hilfestellung* für die Lernenden im Lehr-Lern-Prozess. Aber dass dem Lehrenden – und nicht dem Lerngegenstand – gefolgt werden soll, zeigt die zentrale Rolle, die laut Herrn Fetba dem Lehrenden im Unterricht zukommt.

Andererseits verkörpert der „Vater" bei Herrn Fetba *das Familienoberhaupt*, das allein die Verantwortung für das Wohl der „Familie" trägt. Auf den Unterricht übertragen versteht sich Herr Fetba als *alleiniger Organisator* des Lehr-Lern-Prozesses: „der lehrer ist derJEnige (-) der: (-) ALLES organisiert" (FS1-FT1, Z. 19–20). Damit ist gemeint, dass der Lehrende alle relevanten Entscheidungen zur Gestaltung und Durchführung des Unterrichts allein trifft. Die Lernenden, die in diesem Fall als „*Kinder*" wahrgenommen werden, dürfen dem Lehrer im Unterricht weder widersprechen noch eigene Meinungen und Vorschläge zum Ausdruck bringen, wenn sie nicht danach gefragt worden sind: „wenn der papa (-) a gesagt hat (-) dann bleibt es dabei" (FS1-FT3, Z. 20). Aus dieser Aussage wird das Muster eines Lehrenden als *autoritärer Vater* erkennbar, der seine Klasse fest im Griff hat und daher – wie bei den Unterrichtsbeobachtungen festgestellt wurde – die Unterrichtsdurchführung stark steuert. Er betrachtet sich demnach als *alleinigen Richtungsweisenden*: „er [der Lehrer] ist derjenige DER die (---) äh: RICHtung (-) der WEIß ganz genau wohin er seine (-) lerner (-) öh hinführen möchte" (ebd., Z. 20–22).

Zur Begründung dieser Selbstwahrnehmung als *alleiniger Entscheidungsträger* im Unterricht verweist Herr Fetba auf eine kulturell geprägte Wertvorstellung: „[…] als afrikaner […] du weißt in: (-) unserer kultur öh: (--) haben die äl (-) die: (--) die ÄLTEREN immer recht" (ebd., Z. 17–18). Durch diese Aussage wird hervorgehoben, dass ältere Menschen in der „afrikanischen Kultur" über mehr symbolisches Kapital (vgl. Bourdieu 2016) verfügen, das sich aus ihrer langjährigen Lebenserfahrung ergibt: Sie besitzen sehr viel Weltwissen, das den jüngeren Menschen weitergegeben werden soll. In diesem Lernprozess symbolisieren ältere Menschen die Weisheit und gelten als „Allwissende". Hingegen werden jüngere Menschen als unerfahren und lernbedürftig wahrgenommen. Aus dieser Perspektive wäre es überheblich, wenn sie die Aussagen, Meinungen und Vorschläge ihrer Lehrenden infrage stellen würden. Der Gebrauch des Possessivpronomens „unser" signalisiert die Zugehörigkeit der Lernenden und der Lehrperson zur gleichen „Kultur" und deren Bekenntnis zu gemeinsamen

Tab. 8: Dichotomisches Bild der Unterrichtsbeteiligten

Lehrperson	Schüler*innen
Erfahren	Unerfahren
Allwissend	Wissensbedürftig
Wissensvermittler*in	Wissensempfänger*innen
alleinige*r Organisator*in und Richtungsweisende*r	widerspruchslos Folgende
Verantwortungsträger*in	unreife Adressaten des Lehr-Lern-Prozesses

kulturell bedingten „Denk-, Wahrnehmungs-, Bewertungs- und Handlungsdispositionen" (Hillebrandt 2012, S. 443). Die Lehrperson wird in diesem Sinne als *Fachfrau/Fachmann* angesehen, die/der in ihrem/seinem Schulfach mehr Wissen als die Lernenden besitzt und die/der daher nicht kritisiert oder der/dem nicht widersprochen werden darf.

Aus den vorigen Betrachtungen lässt sich ein dichotomisches Bild der Unterrichtsbeteiligten bei Herrn Fetba feststellen: Einerseits wird der Lehrende als *erfahren* und *allwissend* dargestellt, während die Schüler*innen als *unerfahren* und *wissensbedürftig* betrachtet werden (vgl. Tab. 8). Daraus wird das Muster einer trennscharfen Rollenvorstellung und einer einseitigen Lernrichtung im Unterricht ersichtlich: Der Lehrer erscheint als *Wissensvermittler*, die Lernenden als *Wissensempfänger*, der Lehrer als *alleiniger Organisator* und *Richtungsweisender*, die Lernenden als *widerspruchslos Folgende*, der Lehrer als *Verantwortungsträger*, die Lernenden als *unreife Adressaten des Lehr-Lern-Prozesses*. In der Lehrer-Schüler-Interaktion wird dann von den Lernenden eine Haltung erwartet, die diesen grundlegenden Vorannahmen Rechnung trägt.

10.2.1.2. „diese schüler sie: haben keine LUST [...] zum LERNEN"
(FS1-FT2, Z. 1–3)

Während der Unterrichtsbeobachtungen konnte festgestellt werden, dass einerseits der Sprechanteil der Lehrperson ausgesprochen hoch war und andererseits weder Partner- noch Gruppenarbeit durchgeführt wurde. Außerdem konnte beobachtet werden, dass die Lehrer-Schüler-Interaktion hauptsächlich nach dem folgenden Schema ablief: (1) Lehrerfragen, (2) Schüler*innen-Antworten, (3) Lehrerkorrektur und (4) Festlegung der Lösung an der Tafel. Aus einer solchen Interaktionsgestaltung können folgende Erwartungen des Lehrenden an die Lernenden abgeleitet werden: (a) der Lehrperson im Unterricht aufmerksam zuhören, (b) auf Lehrerfragen reagieren, (c) die festgehaltene

Korrektur aufschreiben, (d) sich den Lernstoff merken, (e) (Haus-)Aufgaben richtig machen und (f) Deutschprüfungen erfolgreich ablegen. Einer solchen Unterrichtsdurchführung liegt ein Verständnis vom Unterricht als Prozess der Wissensvermittlung zugrunde, bei dem wissensbedürftige Lernende von einer erfahrenen und belehrenden Lehrkraft Wissen erwerben, das unhinterfragt reproduziert werden soll.

Herrn Fetba zufolge ist daher die schlechte Leistung der Lernenden bei Prüfungen zu bedauern: „die Noten sind IMMER schlecht" (FS1-FT2, Z. 9). Er geht davon aus, dass er durch seine Unterrichtsführung den Lernenden einen erfolgsfördernden Rahmen bietet: „dabei arbeiten wir wie in:: (---) wie in einer:: (-) kleinen FAMILIE" (FS1-FT1, Z. 50). Der Gebrauch des Familienbildes verweist auf eine vertrauensvolle Arbeitsatmosphäre, die aus seiner Sicht den Deutschunterricht in seinen Klassen kennzeichnet und die für eine Erfolg versprechende Unterrichtsdurchführung sorgt: „wir sind immer DA: (---) um ein TISCH; (--)wir: (-) kennen UNS (--) und_öh dabei geht es darum dass (--) die SCHÜLER äh: die (-) zentrale rolle übernehmen […] der lehrer kennt (-) […] JEDEN (…) JEDER kennt (---) seinen MITschüler (--) und seinen lehrer" (FS1-FT1, Z. 51–55).

Das Bild der Arbeit „um ein TISCH" (ebd., Z. 51) und die Betonung der Tatsache, dass sich die Unterrichtsbeteiligten sehr gut kennen, verweisen auf die Vorstellung von Herrn Fetba, dass Gespräche und Interaktionen einerseits unter den Lernenden und andererseits zwischen den Lernenden und der Lehrperson im Deutschunterricht auf Augenhöhe stattfinden. Diese Auffassung widerspricht aber dem dichotomischen Bild der Unterrichtsbeteiligten (vgl. Tab. 8), nach dem Herr Fetba einerseits die Lehrkraft als Wissensvermittler, alleinigen Organisator des Lehr-Lern-Prozesses und alleinigen Verantwortungsträger, andererseits die Schüler*innen als Wissensempfänger, widerspruchsfreie Mitbegleiter und unreife Adressaten des Lehr-Lern-Prozesses ansieht (vgl. Kap. 10.2.1.1).

Des Weiteren wird durch das Bild der Arbeit „um ein TISCH" die Ansicht vertreten, dass die Lernenden dabei keine Angst vor dem Lehrenden hätten und mit ihm über ihre Wünsche und Lernschwierigkeiten sprechen dürften. Deshalb pflege Herr Fetba seine Beziehungen zu seinen Schüler*innen, „damit SICH die schüler als (-) die FREUNDE des (-) LEHrer fühln" (ebd., 79–80), d.h. ihm Vertrauen schenken und mit ihm angstfrei eigene Meinungen, Wünsche und Sorgen thematisieren können. Darüber hinaus kenne die Lehrperson jeden Lernenden sehr gut und wisse ganz genau, worin seine Stärken, Schwächen und Bedürfnisse im Fach Deutsch liegen, dies würde bei der Unterrichtsgestaltung beachtet. Aus diesen Erläuterungen wird das Muster einer Vorstellung der

Lehrer*innen-Rolle als *Förderer der Schülerindividualität* – „teacher as facilitator" (Mann et al. 1970) – und als *autoritärer Vater* erkennbar, der für eine *vertrauensvolle Unterrichtsatmosphäre* sorgt. Diese beiden Rollenauffassungen widersprechen jedoch einander insofern, als der „autoritäre Vater" als jemand dargestellt wird, der in der Rolle des Wissensvermittlers und des alleinigen Richtungsweisenden im Lehr-Lern-Prozess allein bestimmt, was wann wie im Unterricht bearbeitet wird.

Die schlechten Leistungen der Lernenden werden demnach nicht auf die Lehrperson zurückgeführt, sondern auf die Lernenden selbst: „diese schüler sie: haben keine LUST [...] zum LERNEN" (FS1-FT2, Z. 1–3). Es wird den Lernenden vorgeworfen, dass sie so faul seien, dass manche nach mehreren Jahren Deutschunterricht nicht mal richtig lesen können: „zum beispiel nehmen wir die schüler der: ABSCHLUSSklasse[39]. (-) sie lernen deutsch seit der QUATRIEME-Klasse. (-) und bis jetzt haben sie PRObleme einen Text (-) RICHTIG zu lesen" (ebd., Z 14–16). Herr Fetba reflektiert nicht darüber, ob und wie die angesprochenen Lernenden der Terminale-Klasse in den vier vorigen Klassen das Lesen im Deutschunterricht gelernt und geübt haben. Es wird weniger darüber nachgedacht, welche Methoden im Unterricht eingesetzt wurden, um das Lesen bei den Lernenden zu fördern. Außer Acht wird auch gelassen, welche Verantwortung die Deutschlehrkräfte, die in den letzten vier Jahren diese Schüler*innen Deutsch gelehrt haben, für die schlechte Lesekompetenz der Lernenden tragen. Dadurch, dass die schlechte Leistung der Lernenden auf deren Faulheit und mangelnde Motivation zurückgeführt wird, wird der Eindruck vermittelt, dass die Lernenden willentlich darauf verzichtet hätten, fleißig zu sein.

Laut Herrn Fetba hätten die Lernenden keine Lust zum Lernen, weil sie gar nicht motiviert seien: „das ist (-) so zu sagen eine frage der MOtivation" (ebd., Z. 9–10). Weil Deutsch an kamerunischen Gymnasien als Wahlpflichtfach gelernt wird, fehle es den Lernenden an motivierenden Beweggründen, sich für Deutsch zu interessieren: „es gibt (-) KEINE motivation (-) sie wissen (--) es gibt für sie gibt es keine DIREKTE resonanz. (---) öh: dessen WAS sie hier ler:nen in ihr LEben" (ebd., Z. 17–18). Hier wird die Frage nach dem Sinn und Zweck des Deutschunterrichts für kamerunische Schüler*innen aufgeworfen. Herrn Fetba zufolge ist Deutsch für den Alltag der Lernenden gar nicht relevant: Aufgrund finanzieller und prozeduraler Hindernisse ist die Perspektive eines Aufenthalts

---

[39] Die Abschlussklasse (Terminale-Klasse bzw. 13. Klasse) ist die fünfte Deutschklasse im kamerunischen Bildungssystem.

in deutschsprachigen Ländern so unwahrscheinlich wie die Aussicht, Deutsch für eine zukünftige berufliche Tätigkeit zu gebrauchen.

Die Passivität der Lernenden, die während der Unterrichtsbeobachtungen aufgefallen ist, führt Herr Fetba auf die Lernenden selbst zurück: Aufgrund ihrer Faulheit würden die Schüler*innen die angebotenen Ressourcen nicht nutzen, um sich am Lehr-Lern-Prozess aktiv zu beteiligen. Demnach werden die Lernenden als *nicht motivierte Unterrichtsbeteiligte* wahrgenommen. Die Motivation wird hier verstanden als etwas, was die Lernenden in den Unterricht mitbringen sollen, um Lernerfolg zu erzielen. Sie hänge damit zusammen, welche Rolle das Gelernte für den Lebensalltag der Lernenden spielt: Je größer die Wahrscheinlichkeit sei, dass das Gelernte für das jetzige oder zukünftige Leben der Lernenden relevant wird, desto größer sei ihre Motivation im Unterricht. In diesem Sinne genüge es, dass die Schüler*innen darüber Bescheid wissen, wozu sie die Inhalte eines bestimmten Unterrichtsfachs – zum Beispiel Biologie oder Englisch – im Alltag brauchen, um an diesem Unterricht motiviert teilnehmen. Ein solcher Ansatz übersieht einerseits, inwiefern die Art der Gestaltung des Lehr-Lern-Prozesses zur Förderung dieser Motivation beiträgt. Welche Rolle das Lehrer*innen-Handeln und dessen Interpretation durch die Lernenden für die Schüler*innen-Motivation spielt, wird andererseits zu Unrecht unterschätzt.

10.2.1.3. NUR der lehrer hat den (--) SCHLÜSsel dabei (FS1-FT2, Z. 19)

Nach Aussagen von Herrn Fetba müsse sich der Deutschlehrende im Alltag der Herausforderung stellen, nicht motivierte junge Menschen Deutsch zu lehren. Da diese Letzteren nicht mal wissen, wozu sie Deutsch lernen, geben sie sich auch keine Mühe, Erfolg zu haben. Außerdem sei ihre Haltung im Unterricht gar nicht lernförderlich: „äh sie sind ZU aggressiv (-) ich weiß nicht WARUM" (ebd., Z. 3). Nach eigener Angabe bemühe sich Herr Fetba regelmäßig darum, eine vertrauensvolle Lernatmosphäre zu schaffen und den Unterricht möglichst gut zu organisieren. Bedauerlicherweise sei jedoch festzustellen, dass die Lernenden kein Interesse an Deutsch zeigen. Das hat laut Herrn Fetba zur Folge, dass ihre Leistungen immer schlecht seien.

In diesem Kontext komme es für eine erfolgreiche Unterrichtsdurchführung lediglich auf die Lehrperson an, denn „NUR der lehrer hat den (--) SCHLÜSsel dabei" (ebd., Z. 19). Demnach kommt es dem Lehrenden zu, die Lernenden für den Deutschunterricht zu begeistern: „der LEHRER muss (-) sie MOtivieren" (ebd., Z. 5). Zur Förderung der Motivation seiner Schüler*innen gibt Herr Fetba an, auf unterschiedliche Strategien zurückzugreifen. Zuerst versuche er, dass sich die Lernenden im Unterricht wohlfühlen und sich gern aktiv an den unterrichtlichen Interaktionen beteiligen, indem sie „wie in einer:: (-) kleinen FAMILIE" (FS1-FT1, Z. 50) auf Augenhöhe „um ein TISCH" (ebd., Z. 51) arbeiten. Aber wegen der beobachteten großen Passivität der Lernenden bringt diese Maßnahme anscheinend keine zufriedenstellenden Ergebnisse mit sich, was angesichts des oben beschriebenen dichotomischen Bildes der Unterrichtsbeteiligten (vgl. Kap. 9.2.1.1) nicht überraschend ist.

Um die Schüler*innen zu motivieren, leiste Herr Fetba dann Überzeugungsarbeit im Unterricht, indem er in Gesprächen mit den Lernenden die Relevanz des Deutschlernens im Alltag thematisiert: „der lehrer (-) muss IHNEN (--) zeigen dass (1.0) das das LERNEN wichtig ist […] damit sie:: (-) PROGRESSIV verstehen (--)dass sie: (-) also (-) öh wirklich lernen sollen" (FS1-FT2, Z. 5–8). Durch das Aufzeigen der Vorteile der deutschen Sprache wird die Hoffnung gehegt, dass die Schüler*innen die Bedeutung des Deutschlernens zur Kenntnis nehmen und dann allmählich Interesse für den Deutschunterricht entwickeln. Angesichts der Stellung der deutschen Sprache als Wahlpflichtfach ist eine eigenständige Motivation vieler Schüler*innen für den Deutschunterricht augenscheinlich nicht vorhanden: „die schüler wissen nicht (-) IMMER was sie (-) mit der gelernten deutschen SPRAche anfangen werden. (-) das ist EIN großes problem" (FS1-FT2, Z. 49–51).

Um dieses Problem zu überwinden und die Lernenden für den Deutschunterricht zu motivieren, sieht Herr Fetba eine Fokussierung auf thematische Aspekte des Lehrplans als förderlich für das nachhaltige Lernen und die Steigerung des Interesses am Deutschlernen an: „deshalb (-) öh wenn wir (-) so arbeiten (1.0) konzentriere ich mich AUF (--) öh: (1.7) auf thematische aspekte" (ebd., Z. 51–52). Es gehe darum, der Auseinandersetzung mit Lehrwerksthemen im Hinblick auf die Lernumgebung der Lernenden besondere Aufmerksamkeit zu schenken und dabei herauszuarbeiten, inwiefern die besprochenen Themen (wie zum Beispiel Medien, Generationskonflikte, Freizeit, Sport, etc.) mit dem Alltag der Schüler*innen zusammenhängen. In dieser Hinsicht ziele der Deutschunterricht auf nachhaltiges Lernen ab, indem lebensrelevante Themen behandelt werden, die zum besseren Verstehen und zur besseren Bewältigung alltäglicher Realitäten der Lernenden beitragen: „wenn wir DIESE aspekte in der klasse berühren (-) dann also wissen sie Okay der deutschunterricht (.) BRINGT uns etwas (-) was UNS (-) im leben (--) helfen kann" (ebd., Z. 60–62).

Hingegen sei eine Beschränkung auf Sprachstrukturen (Wortschatz und Grammatik) aus Sicht von Herrn Fetba nicht motivierend, da das Gelernte in diesem Fall schnell in Vergessenheit gerate: „wenn wir uns auf die: (-) deklination beschränken (--) öh: (--) geht es NICHT. (-) DENN (-) öh […] nach da offiziellen prüfung (--) brauchen sie keine deklination MEHR" (ebd., Z. 64–66). Zwar werden bei den Deutschprüfungen Aufgaben gegeben, deren Behandlung fundierte grammatische Kenntnisse sowie die Vertrautheit mit einem bestimmten Vokabular voraussetzen. Aber angesichts der äußerst eingeschränkten Kommunikationsmöglichkeiten in der Zielsprache im Alltag können die gelernten Wortschatz- und Grammatikstrukturen außerhalb des Deutschunterrichts kaum Anwendung finden, was viele Schüler*innen nicht zum Lernen anregt. Daher trage ein solcher Ansatz, der den Schwerpunkt des Lehr-Lern-Prozesses auf die Besprechung der Grammatik und des Wortschatzes der deutschen Sprache setzt und der Auseinandersetzung mit alltagsbezogenen Inhalten kaum Rechnung trägt, zweifelsohne zur Demotivation der Lernenden und zur Infragestellung der Relevanz des Deutschunterrichts bei.

Aus den voranstehenden Analysen ergibt sich das Muster einer Motivationsförderung im fremdsprachlichen Deutschunterricht durch die Fokussierung auf alltagsrelevante, thematische Aspekte, mit denen sich die Lernenden leicht identifizieren könnten. Dieser Ansatz soll einerseits Themen und Inhalte im Unterricht behandeln, die für den Alltag der Lerner relevant und ihnen vertraut sind. Die Besprechung dieser thematischen Aspekte fördert andererseits die Berücksichtigung der Perspektive der Lernenden im Unterricht, da Letzteren die Gelegenheit offensteht, sich zu alltagsrelevanten Themen zu äußern. Da Herr Fetba sich als alleiniger Organisator und alleiniger Entscheidungsträger im Deutschunterricht versteht, wird angesichts der Lehrer-Schüler-Hierarchie (Edmondson 1995: 176–177) den Lernenden jede Möglichkeit genommen, auf Augenhöhe am Lehr-Lern-Prozess beteiligt zu sein. Demzufolge werden den Lernenden kaum Austauschmöglichkeiten bei der Besprechung der alltagsbezogenen Inhalte angeboten, da weder Partner- noch Gruppenarbeit durchgeführt werden. Außerdem fördern die beobachteten Lehrerfragen-Schülerantworten-Sequenzen die Miteinbeziehung lernschwächerer Schüler*innen nicht, da sich Letztere bei Lehrerfragen aus einer eventuellen Angst vor dem „autoritären Vater" und den eventuellen Konsequenzen einer falschen Antwort nur ungern melden (vgl. Kap 10.2.2.1.2). Daraus ergibt sich die Schlussfolgerung von Herrn Fetba, dass die Lernenden immer faul und nicht motiviert seien, obwohl er regelmäßig versuche, durch den Fokus auf alltagsbezogene Inhalte deren Interesse für den Lerngegenstand zu steigern.

10.2.1.4. "er [der Lehrer] gibt (-) RATschläge (-) er kann auch öh: (-) STRAfen (1.0) geben" (FS1-FT2, Z. 22–23)

Eine weitere soziale Identität, die sich der befragte Lehrende im fremdsprachlichen Deutschunterricht zuschreibt, ist die des *Beraters*: „er beRÄT [...] er gibt (-) RATschläge" (FS1-FT2, Z. 22). Aus der Selbstwahrnehmung als „Vater" und „alleiniger Richtungsweisender" kommt es dem Lehrenden zu, durch Ratschläge im Lehr-Lern-Prozess den Lernenden den „richtigen Weg" zum Erfolg zu zeigen. Da die Schüler*innen nach der Rollenvorstellung von Herrn Fetba a priori nicht wissen, wo sie „hingeführ[t]" (FS1-FT1, Z. 22) werden, sind sie auf die Ratschläge der Lehrperson angewiesen. Als „autoritärer Vater", also als *formale Autorität* (Mann et al. 1970), fühlt sich der Lehrende zum Einsatz bestimmter Strafen im Deutschunterricht berechtigt: „er kann auch öh: (-) STRAfen (1.0) geben bestrafen [...] NUR im sinne von (1.2) verBESserung (-) der LAge" (FS1-FT2, Z. 22–24). Auch wenn die üblichen Strafmaßnahmen und deren Einsatzbedingungen im Datenmaterial nicht erläutert wurden, werden sie von der Lehrperson als *Hilfsinstrumente zur Förderung des Erfolgs* der Lernenden dargestellt.

Aus diesen Betrachtungen kann geschlussfolgert werden, dass sich der Lehrende in seiner paternalistischen Rollenvorstellung als *Vater* betrachtet, der sich allein für die Organisation, Durchführung und Evaluation des Lehr-Lern-Prozesses verantwortlich fühlt. Angesichts der zahlreichen Schwierigkeiten, die sich einerseits aus den Rahmenbedingungen des Deutschunterrichts als Wahlpflichtfach und andererseits aus der wahren oder vermuteten Faulheit der Lernenden ergeben, lässt sich aus den Aussagen von Herrn Fetba das Muster einer Wahrnehmung der Lehrtätigkeit als *Herkulesaufgabe* entnehmen. Zur Erreichung der Lehrziele übernimmt der Lehrende die sozialen Identitäten sowohl des *Motivierenden* und *Ratgebenden* als auch die des *Bestrafenden*. Diese Rollenvorstellung beruht auf der Selbstwahrnehmung der Lehrperson (a) als *Instrukteur* bzw. *Fachmann*, von dem die Lernenden Wissen erwerben sollen (und nicht umgekehrt), (b) als *alleiniger Organisator* und *Richtungsweisender* im Lehr-Lern-Prozess, (c) als *autoritärer Vater*, der im Unterricht allein für den Erfolg der Lernenden sorgt, und sich daher zum Einsatz bestimmter Strafmaßnahmen berechtigt fühlt. Dieses Selbstbild des Lehrenden hat zweifelsohne Wirkungen auf die Prozessqualität des Unterrichts und die Verhaltensweisen der Lernenden.

10.2.2. Auswirkungen der Rollenvorstellungen von Herrn Fetba auf die eigene Rolle im DaF-Unterricht

Zur Erfassung der Auswirkungen der Rollenvorstellungen von Herrn Fetba auf die Prozessqualität des Unterrichts und auf die Lernenden wurde nach den ersten Sitzungen der Unterrichtsbeobachtungen in der Seconde- und Terminale-Klasse – am 13.01.2016 bzw. am 15.01.2016 – jeweils eine Gruppendiskussion mit fünf bzw. vier freiwilligen Teilnehmer*innen durchgeführt. Die befragten Schüler*innen lernten damals Deutsch seit mindestens drei Jahren: Manche waren neu am LKA-Gymnasium und hatten in den vorigen Jahren eine andere Schule besucht; manche anderen kannten Herrn Fetba aus einer früheren Klasse. In den beiden Lerngruppen unterrichtete Herr Fetba Deutsch seit dem Anfang des Schuljahres – das heißt seit September 2015. Die Tatsache, dass der Moderator der Gruppendiskussionen ebenfalls Deutschlehrer war, führte allerdings zu einer starken asymmetrischen Gesprächskonstellation, sodass manche Teilnehmer*innen während der Gruppendiskussion schüchtern waren und nur zurückhaltend ihre Meinung zu der Lehrperson Herrn Fetba äußerten.

10.2.2.1. Auswirkungen auf die Lernenden

Aus der Analyse der Schüler*innen-Befragungen (FS1-SC und FS1-TL) wurde erkennbar, dass die Art und Weise, wie Herr Fetba seine Rolle als Lehrperson verstand und mit den Lernenden umging, einen erheblichen Einfluss darauf hatte, wie er von den Lernenden wahrgenommen wurde und wie die Lernenden sich am Lehr-Lern-Prozess beteiligten.

10.2.2.1.1. Wahrnehmen der Lehrperson als frustrationserzeugende Autorität

Aus der Auseinandersetzung mit den Schüler*innen-Befragungen der Teilstudie 1 ergibt sich das Muster einer *frustrationserzeugenden Lehrperson*: „monsieur il y a certains professeurs [...] celui-là donc il a toujours tendance à MATER les enfants"[40] (FS1-SC, Z. 59–62). Es wird dem Lehrenden die ständige Neigung vorgeworfen, die Lernenden gewaltsam in den Griff zu bekommen und somit deren Recht auf körperliche und psychische Unversehrtheit zu verletzen. Die Selbstwahrnehmung des Lehrenden als alleinigen Organisator und alleinigen Richtungsweisenden im Lehr-Lern-Prozess ruft bestimmte Haltungen und

---

40 Monsieur, es gibt beispielsweise solche Lehrpersonen [...] diese Letztere neigt immer dazu, die Kinder in den Griff zu bekommen.

Verhaltensweisen hervor, die eine negative Einstellung der Lernenden zur Lehrperson mit sich bringen. Die beobachtete passive Schüler*innen-Rolle hängt damit zusammen, dass einerseits die Meinungen und Wünsche der Lernenden kaum Beachtung finden, und dass andererseits kooperative Austauschmöglichkeiten unter den Lernern im lehrerzentrierten Unterricht nicht genutzt werden. Gleichzeitig wird von den Schüler*innen absoluter Respekt vor der Lehrperson erwartet, ohne dass diese Lernenden immer wertschätzend behandelt würden.

In manchen Unterrichtssituationen ist es üblich, dass Lernende beschimpft und erniedrigt werden: „le PROfesseur a LANCÉ: donc il a dit il a DIT à: (-) l'un de nos camarades qu'il était un DIABLE [...] il a dit du BIST ein TEUfel"[41] (ebd., Z. 88–90). Mit dem Begriff „Teufel" wird auf etwas äußerst Negatives und Bösartiges verwiesen, das für seine Umgebung eine große Gefahr darstellt. Die Betrachtung eines Lerners als Teufel lässt ahnen, dass dieser Letztere im Unterricht etwas getan bzw. gesagt hat, was aus Sicht der Lehrperson als unbeschreiblich gemein erscheint. Mit einer solchen Beschimpfung bringt der Lehrende seine ausgesprochene Missbilligung einer Verhaltensweise, einer Haltung oder einer Aussage des adressierten Lernenden zum Ausdruck. Dem Schüler die Identität des Teufels im Unterricht zu verpassen, heißt, dass nicht der begangene Fehler bzw. die vorgeworfene Verhaltensweise, Haltung oder Aussage verurteilt wird, sondern die Person des betroffenen Schülers selbst. Anstatt auf der Sachebene zu bleiben, bei der erwartungsgemäß der Fokus auf das thematisierte Problem zu setzen wäre und daher dessen Verbesserung in Betracht zu ziehen wäre, werden die beleidigenden Worte des Lehrenden – „du BIST ein TEUfel" (ebd., Z. 90) – auf eine persönliche Ebene übertragen, was frustrierend und erniedrigend wirken könnte. An dieser Stelle kann beobachtet werden, dass der betroffene Lernende als Individuum nicht mit Respekt behandelt wird und sich folglich verletzt fühlen kann.

Ein anderes Beispiel frustrationserzeugender Lehrerhaltung ergibt sich aus den zahlreichen Stigmatisierungen, die weibliche Unterrichtsbeteiligte im Alltag erleiden. Es kommt oft vor, dass Beschimpfungen auf Körperteile der Mädchen bezogen werden: „on a eu un autre professeur-là il passait le (-) il passait le TEMPS à nous insulter, (-) il nous disait comment on porte les grumiers"[42] (FS1-TL, Z. 25–26). Die Anspielung auf „große Brüste" der Schülerinnen zeigt, dass

---

41 Der Lehrer hat einem unserer Klassenkameraden auf Deutsch gesagt, dass er ein Teufel sei. Er hat also gesagt, dass du ein Teufel bist.
42 Wir hatten dann einen anderen Lehrer. Er beschimpfte uns ständig. Er machte die ganze Zeit Anspielungen auf unsere großen Brüste.

der Lehrende seine Beleidigungen auf eine persönliche Ebene überträgt, was als Übergriff wahrgenommen werden kann und im Unterrichtskontext absolut fehl am Platz ist. Ähnliche sexistische Kommentare hängen mit dem ständigen Vergleich der Schülerinnen mit Freudenmädchen zusammen: „il s'adresse souvent particulièrement aux filles; il dit ce que dieu vous a DONNÉ là (--) ce sur q ce sur quoi vous êtes ASSISES là (.) ce n'est pas une BOUTIQUE"[43] (FS1-SC, Z. 226–227) ; oder noch „parfois même il INDEXE une fille, [il te pose la question de saVOIR combien est-ce que tu as travaillé cette NUIT.]"[44] (ebd., Z. 229–231). Es mag legitim sein, Jugendliche für Prostitution, Frühschwangerschaften und Geschlechtskrankheiten zu sensibilisieren, aber eine explizite Wahrnehmung einzelner Menschen als Prostituierte ist im Unterricht äußerst verletzend und damit überschreitet der Lehrende seine Amtsbefugnisse.

Die Tatsache, dass Lernende wiederholt durch solche stigmatisierenden Beschimpfungen misshandelt werden, hat unausweichlich Auswirkungen auf ihre eigene Haltung und Einstellung zum Unterricht. Die regelmäßigen Beleidigungen durch die Lehrperson verderben den Lernenden die Lust auf den Deutschunterricht: „en seconde (-) on avait un professeur […] il nous FRUStrait TROP, quand il entre en classe il passe le temps à insulter les ÉLÈVES […] donc ça ne donnait pas envie d'assister (-) au cours"[45] (FS1-TL, Z. 11–13). Wenn die Schüler*innen nur ungern an dem Deutschunterricht teilnehmen, dann ist zu erwarten, dass sie sich zum Lernen nicht motiviert fühlen. Die Angst vor einer eventuellen frustrationserzeugenden Beschimpfung hält dann manche Lernenden davon ab, sich aktiv am Lehr-Lern-Prozess zu beteiligen, was zweifelsohne zu schlechten Leistungen im Fach Deutsch führt und in den späteren Klassen das Lernen schwieriger macht: „je (.) JE suis TRÈS faible en allemand. [pourqoui] parce que je n'ai pas eu de bonne base"[46] (ebd., Z. 4–5). Da in den früheren Klassen u.a. aufgrund einer frustrationserzeugenden, demotivierenden Lehrer*innen-Haltung nicht gelernt wurde, fehlen später Grundlagenkenntnisse, die für die Behandlung des Lerngegenstands vorausgesetzt werden. Darauf

---

43 Er sagt ihnen, dass das, was Gott ihnen geschenkt hat, das worauf sie sitzen, ist kein „Laden".
44 Manchmal spricht er ein Mädchen an. Er fragt dich, wie viel du heute Nacht verdient hast.
45 In der Seconde-Klasse hatten wir einen Lehrer […] er frustrierte uns sehr, wenn er das Klassenzimmer betritt, beschimpfte er ständig die Schüler*innen […]das verdarb uns die Lust am Kurs.
46 Was mich angeht, ist mein Niveau sehr schlecht in Deutsch [warum] weil ich schlechte Grundlagen hatte.

folgt die extreme Schwierigkeit, mit dem Unterricht Schritt zu halten und eine negative Selbsteinschätzung vieler Schüler*innen im Fach Deutsch.

10.2.2.1.2. Wahrnehmung der Lehrperson als angsteinflößende Autorität

Wie der Analyse der Schüler*innen-Befragungen zu entnehmen ist, hängt ein weiterer ausschlaggebender Aspekt mit dem Muster der Wahrnehmung der Lehrperson als *angsteinflößende Autorität* zusammen. Die Angst ergibt sich daraus, dass der Lehrende oft zu streng wirkt: „notre professeur s'est éNERvé (-) EUH: […] et il lui a demandé (---) de SORTIR (1.0) d'aller faire une corvée de DEUX heures (-) et de RAMENER ses parents par la suite (--) pour le FOUETTER (-) devant tout le monde"[47] (FS1-SC, Z. 92–96). Nachdem ein Lernender im unpassendsten Moment im Unterricht gelacht hat, ärgert sich der Lehrende heftig und kündigt eine drakonische Strafe gegen den betroffenen Lernenden an: Dieser Lernende soll (a) unverzüglich das Klassenzimmer verlassen, dann soll er (b) eine zweistündige Zwangsarbeit in der Schule leisten, das heißt zum Beispiel die Schultoiletten, Klassen- oder Büroräume putzen, bevor er später (c) seine Eltern in die Schule kommen lässt und (d) in der Öffentlichkeit geschlagen wird.

Auf eine Störung mit einer solchen Lawine von Strafmaßnahmen zu reagieren, erweist sich im Unterricht als maßlos streng und nicht motivierend. Im Schulalltag sorgt die Schulverwaltung – insbesondere der „Surveillant Général"[48] – für die Durchführung der verhängten Prügelstrafe; meistens wird dem Lernenden die Möglichkeit nicht angeboten, entweder seine Unschuld zu beweisen oder sich schuldig zu bekennen: „on l'a FOUETTÉ […] à la surveillance générale"[49] (ebd., Z. 102). Dass sich der Lehrende bei der Bestrafung augenscheinlich auf keine Schulordnung bezieht, lässt an Willkür denken, sodass eine gleiche Behandlung aller Lernenden nur schwer vorstellbar ist: „LUI on l'a fouetté je ne [sais pas pour]QUOI on m'a épargné"[50] (ebd., Z. 100–101). Für die Lernenden ist es erschreckend und angsteinflößend, wenn ihnen in bestimmten Situationen körperliche Schmerzen in der Schule zugefügt werden. Außerdem ist es herabwürdigend und frustrierend, vor Freunden und Mitschüler*innen in

---

47 Unser Lehrer hat sich geärgert […] und er hat von ihm verlangt, das Klassenzimmer zu verlassen, eine zweistündige Zwangsarbeit zu leisten und seine Eltern kommen zu lassen, um ihn vor allen Leuten mit der Peitsche zu schlagen.
48 Der Surveillant Général gehört zur Schulverwaltung und ist für die Disziplin in der Schule zuständig (vgl. Kap. 4.1.3).
49 Er wurde vom Surveillant Général geschlagen.
50 Er wurde geschlagen. Ich weiß nicht, warum ich verschont wurde.

der Öffentlichkeit geschlagen zu werden, was das Selbstwertgefühl der betroffenen Lernenden verletzen könnte. In diesem Fall ist in der Regel die Folge, dass diese Schüler*innen nur ungern am Unterricht teilnehmen und eine negative Einstellung zur Lehrperson entwickeln: „même si je VOULAIS (-) comprendre (--) psst avec ce genre de geste (--) je serais toujours (1.0) menacé. donc QUAND je VOIS mon professeur là (---) je:: (-) je serais toujours froid"[51] (ebd., Z. 97–99).

Zwar ist es untersagt, dass Schüler*innen an kamerunischen Schulen geschlagen werden, aber das wird oft nicht eingehalten. Obwohl es gesetzlich nicht zugelassen ist, Gewalt in der Schule anzuwenden, wird durch die fortlaufende Nichtbeachtung dieses Verbots die Verbindlichkeit verabschiedeter Gesetze in den Augen der Lernenden infrage gestellt. Die respektlose Haltung der Lehrenden – und der Schulverwaltung – gegenüber solchen gesetzlichen Vorschriften vermittelt den Eindruck, dass manche Leute über dem Gesetz stehen. Daraus kann oft das Gefühl ungerechter Behandlung durch Lehrkräfte entstehen. Dass außerdem weder den Lernenden noch deren Erziehungsberechtigten die Möglichkeit gegeben wird, gegen verkündete Strafen Einspruch zu erheben, verstärkt das Muster eines *allmächtigen Lehrenden* im Unterricht.

Die Darstellung des *Lehrenden als allmächtige Autorität* beruht auf dessen Selbstwahrnehmung als alleinigem Organisator und alleinigem Richtungsweisenden im Unterricht. Die Lehrperson scheint sich über den Umgang mit ihren Lernenden nicht rechenschaftspflichtig zu fühlen und kann daher ohne Rücksicht auf die gesetzlichen Vorschriften nach Belieben Strafen verkünden, die dann von der Schulverwaltung weder überprüft noch infrage gestellt werden. Die Gefahr, für das ganze Jahr vom Deutschunterricht ausgeschlossen zu werden, wirkt abschreckend bei vielen Schüler*innen, die sich im Alltag den Entscheidungen der Lehrperson resigniert unterziehen und sich scheuen, eigene Meinungen zur Wahrnehmung des Lehrenden und des Unterrichts zu äußern: „J'AI déjà eu cette idée un jour (--) mais […] j'avais peur (.) je me disais peut-être que […] SI je lui dis quelque chose il va peut-être m'exclure. ou il va me mettre dehors jusqu'en fin d'année"[52] (FS1-TL, Z. 182–185). Die beobachtete passive Haltung der Lernenden könnte also auch interpretiert werden als Ausdruck der Angst vor eventuellen Strafen im Unterricht.

---

51 Auch wenn ich verstehen wollte, würde ich mich wegen solchen Strafen immer bedroht fühlen.
52 Ich bin einmal auf diese Idee gekommen aber […] ich [hatte] Angst, ich sagte mir, wenn ich ihm das vielleicht sage […] schmeißt er mich bis zum Ende des Schuljahres raus.

An dieser Stelle kann festgehalten werden, dass Angst ein wichtiger Faktor im kamerunischen Deutschunterricht ist. Sie entsteht einerseits daraus, dass die Schüler*innen sehr oft erniedrigende und frustrationserzeugende Beschimpfungen sowie drakonische, augenscheinlich willkürliche und herabwürdigende Strafen im Unterricht erleiden. Andererseits hängt die Angst vor Bestrafungen und Beleidigungen damit zusammen, dass eine wertschätzende und gerechte Behandlung der Kinder und Jugendlichen nicht gefördert wird, weil Einspruchsmöglichkeiten gegen verhängte Strafen in der Praxis nur in seltenen Fällen genutzt werden. An der Haltung und Verhaltensweise der Lehrkraft wird das Muster einer Selbstwahrnehmung als *allmächtige Autorität* erkannt, die nach Belieben, mit Unterstützung der Schulverwaltung und ohne Rücksicht auf gesetzliche Vorschriften das Recht der Lernenden auf körperliche und psychische Unversehrtheit mit Füßen tritt. Die Tatsache, dass in diesem Kontext weder Meinungen noch Vorschläge der Lernenden zu einer besseren Gestaltung des Lehr-Lern-Prozesses zugelassen werden, führt unausweichlich zur Langeweile und Demotivation im Deutschunterricht: „il Y A de fois le DONC (--) tout le monde a envie de DORMIR [...] le cours devient ENnuyeux (-) DONC rester mêm à l'école devient un PRObleme"[53] (FS1-SC, Z. 166–168).

10.2.2.2. Auswirkungen auf die Prozessqualität des Unterrichts

Die Auswirkungen der Lehrer*innen-Vorstellungen auf die Prozessqualität des Unterrichts wurde hinsichtlich folgender Qualitätsmerkmale untersucht: (1) Klassenführung (transparente Umgangsregeln, lern- und konzentrationsförderliche Rituale, Nutzung der Unterrichtszeit fürs Lernen und effizienter Umgang mit Störungen); (2) konstruktive Unterstützung (Unterrichtsklima – Qualität der Lehrer-Schüler-Beziehung, Wertschätzung – Feedback- und Fehlerkultur) und (3) Schüler*innen-Aktivierung (eingesetzte Sozialformen, Schüler*innen-Feedback an die Lehrperson) (vgl. Kap. 3.1.3 und Kap. 3.2.2).

10.2.2.2.1. Zum Qualitätsmerkmal der Klassenführung

In den Daten wird erkennbar, dass es nicht genug Transparenz in der Gestaltung des Unterrichts gibt. Der erste Aspekt betrifft die Lernziele, über die nicht transparent kommuniziert wird. Da Deutsch ein Wahlpflichtfach in Kamerun ist und viele Schüler*innen an der Relevanz dieses Schulfachs zweifeln, ist Herr Fetba davon überzeugt, dass die Auseinandersetzung mit Themen, die Bezug

---

53 Im Unterricht kommt es manchmal vor, dass jeder schläfrig wird [...] Der Unterricht wird langweilig und es ist lästig, in der Schule zu bleiben.

zum Lebensalltag der Lernenden haben, motivierend wäre: „bei thematischen aspekten (--) beGREIFT der LERNER (-) öh: die bedeutung des DEUTSCHunterrichts" (FS1-LPA2, Z. 53–54). Außerdem könnten sich die Lernenden dadurch mit ihrem eigenen Alltag befassen, was langfristig vorteilhaft ist, weil Erkenntnisse daraus lebenslang hilfreich sein können: „auch wenn sie KEINE schüler […] öh nicht mehr sind […] aber auch wenn sie (1.1) kein DEUTSCHlehrer werdn (---) werden sie IMMER im:: (1.5) im gedächtnis haben dass wir (--) öh solche aspekte (-) wie sie sie haben (-) intressante themen" (ebd., Z. 66–70). Damit begründet Herr Fetba die Tatsache, dass er den Fokus seines Unterrichts auf die Bearbeitung von Themen legt und nicht auf Grammatik und Wortschatz, die aus seiner Sicht sehr schnell in Vergessenheit geraten.

Bei der Schüler*innen-Befragung wurde auf mangelnde Kommunikation über die Lernziele hingewiesen. An dem Deutschunterricht wird kritisiert, dass sehr viel an Themen und sehr wenig an Grammatik und Wortschatz gearbeitet wird: „jusqu'en terminal ici (-) °h moi je trouve que le cours MANque de GRAMmaire (--) de vocabuLAIRE donc on passe le temps sur les THÈMES (-) du livre. (--) on ne (--) on n'éLARGIT pas"[54] (FS1-TL, Z. 14–16). Diese Schülerin ist der Meinung, dass der Fokus auf Grammatik und Wortschatz lernförderlicher wäre. Wenn die Lehrperson die Gründe für die Priorisierung der Bearbeitung von Themen transparent im Unterricht zur Diskussion stellen würde, würden die Lernenden über den Sinn und Zweck dieser Priorisierung besser Bescheid wissen und sich entsprechend besser einbringen können. Sie hätten auch die Möglichkeit, der Lehrkraft ihren Wunsch nach mehr Grammatik und Wortschatz mitzuteilen. Sie würden auch den Wunsch äußern, sich bei der Bearbeitung der Themen nicht nur auf Texte im Lehrwerk zu beschränken, sondern auch den Zusammenhang zum eigenen Lebensalltag mehr in den Vordergrund zu rücken, was momentan nicht der Fall sei: „on ne sort pas du thème lors du cours on ne sort pas du thème […] on se focalise sur les mots du texte on ne sort pas de là"[55] (ebd., Z. 16–19).

Angesichts der Wissenslücke, die mit fehlenden Grundkenntnissen aus den früheren Klassen zusammenhängt, wünschen sich manche Lerner eine intensivere Hinwendung zu sprachstrukturellen Aspekten im Deutschunterricht. Mit

---

54 Bis in der Terminale-Klasse hier finde ich, dass es im Kurs sehr wenig Grammatik und Wortschatz gibt. Wir befassen uns ständig mit den Themen aus dem Lehrwerk. Wir schauen nicht über den Tellerrand hinaus.
55 Im Kurs sind wir nicht über dem Thema hinausgegangen. Wir konzentrieren uns nur auf manche Wörter..

der Wiederholung bestimmter grundlegender Grammatikstrukturen hegen diese Schüler*innen die Hoffnung auf den Aufbau sprachlicher Grundlagen zur Besprechung der im Lehrplan des Jahrgangs vorgeschlagenen Themen. Ohne Rücksicht auf die Lernschwierigkeiten der Unterrichtsbeteiligten würde stattdessen der Fokus auf die Behandlung der Lehrwerksinhalte gesetzt. Folglich entsteht bei den Lernenden das Gefühl, dass die Erreichung des symbolischen Ziels, alle Lehrwerkskapitel behandelt zu haben, für die Lehrkraft relevanter sei als die Verbesserung der Leistungen der Lernenden.

Durch die transparente Kommunikation über die Lernziele wüssten die Lernenden besser, welche Erwartungen die Lehrperson an den Deutschunterricht hegt: „mais le p (.) véritable poblème qui se pose c'est que MÊME lors des épreuves je ne sais pas EXACtement ce qu'on attend de moi. (-) même lorsqu'on finit de faire (-) une notion (---) je ne sais pas ce que le professeur veut REELEment ce qu'il attend réelement de moi"[56] (ebd., Z. 133–136). Weder bei Prüfungen noch im Unterricht weiß diese Schülerin, was von ihr erwartet wird. Diese Situation erschwert das Lernen und begründet ihre schlechte Leistung im Fach Deutsch. Wenn es den Lernenden nicht klar ist, welche Erwartungen mit Aktivitäten im Unterricht oder mit bestimmten Aufgabestellungen bei Tests verknüpft sind, kann es schwierig sein, sich in angemessener Weise zu verhalten bzw. auf Prüfungen vorzubereiten.

Ein anderer Aspekt der mangelnden Transparenz betrifft den Umgang mit Regeln. Nach Aussagen der Lernenden ist festzustellen, dass sie nicht genau wissen, in welcher Situation auf welche Strafe zurückgegriffen wird. Alles scheint von der Laune und dem Willen der Lehrperson abzuhängen, was den Eindruck vermittelt, dass Herr Fetba wie ein *Diktator* handelt (vgl. Kapitel 10.2.2.1). Man hätte erwartet, dass sich die Lehrperson bei Störungen des Unterrichts durch die Lernenden auf ein Regelwerk bezieht, das allen bekannt ist und in dem festgeschrieben ist, unter welchen Umständen welche Strafe anzuwenden ist und wo die Grenzen des Handlungsspielraums der Lehrenden liegen. Ein markantes Beispiel ist der Einsatz drakonischer Strafen, die aus Sicht der Lernenden nicht angemessen sind, wenn zum Beispiel nach einer Störung des Unterrichts durch ein Lachen der betroffene Schüler zuerst aus dem Klassenraum verwiesen, dann vom „Surveillant Général" geschlagen wird, bevor seine Eltern in der Schule vorsprechen müssen (FS1-SC, Z. 92–96). Diese Lawine von Strafen kann als Einschüchterungsmaßnahme interpretiert werden, die die Lernenden von

---

56 Aber das Hauptproblem ist auch bei Prüfungen. Ich weiß nicht, was von mir am Ende des Unterrichts verlangt wird. Ich weiß nicht, was die Lehrperson wirklich erwartet.

zukünftigen Störungen abhalten sollen. Ein anderes Beispiel dafür, dass Herr Fetba sich an keine klaren, verbindlichen Regeln hält, die der Lehrer-Schüler-Interaktion zugrunde liegen und von allen Unterrichtsbeteiligten beachten werden sollten, ist, dass die Lernenden demütigenden, stigmatisierenden Beschimpfungen ausgesetzt sind (vgl. Kap. 10.2.2.1.1.1). Sich bei der Schulverwaltung zu beschweren oder der Lehrperson eine Rückmeldung über die eigene Meinung zu den Beschimpfungen zu geben, würde aus Sicht der Lernenden eher mehr schaden als helfen (vgl. Kap. 10.2.2.1.1.2).

Ein zusätzlicher Grund, weshalb die Führung der beiden Schulklassen als problematisch angesehen wird, bezieht sich auf die Nutzung der Unterrichtszeit. Aus Sicht der Lernenden gibt es oft Zeitverschwendung, sodass sie am Ende des Unterrichts das Gefühl haben, nichts Wichtiges gelernt zu haben:

> quand nous faisons souvent COURS avec notre professeur d'alleMAND [...] peut-être, (1.3) il peut FAIRE que BON: (--) il veut nous expliquer quelque chose [...] une une autre idée lui VIENT dans la tête; (--) nous allons d'abord INTERrompre le COURS (--) et des FOIS même on se retrouve (-) en train de FINIR (--) les deux heures SANS rien faire pratiquement; > (--) qui concerne le cours.[57] (FS1-SC, Z. 182–190)

Es wird der Lehrperson vorgeworfen, oft die Bearbeitung des Lerngegenstandes zugunsten nebensächlicher Angelegenheiten zu unterbrechen, sodass der Lernprozess gestört wird. Es kommt beispielsweise vor, dass der Lehrende lange entweder über Afrika spricht – „l'heure passe il commence à nous raconter la vie d'afrique"[58] (FS1-TL, Z. 64–65) – oder über alltägliche Probleme, die nichts mit dem Lernstoff zu tun haben – „on va s'aTARder sur les mêmes problèmes chaque jour"[59] (ebd., Z. 67–68). Dies führt zur Demotivation der Lernenden: „je crois que c'est peut-être ce qui m'a (--) ce qui a fait en sorte que je commence (--) à DÉTESTER l'allemand"[60] (ebd., Z.68–69).

Die Tatsache, dass die Lehrperson als angsteinflößende und frustrationserzeugende Autorität aufgrund mangelnder transparenter, verbindlicher Regeln angesehen wird, hat einen Einfluss auf die Qualität der Lehrer-Schüler-Beziehung, also auf die konstruktive Unterstützung der Lernenden.

---

57 Unser Lehrer betritt zuerst das Klassenzimmer, grüßt und erklärt uns Dinge. Manchmal möchte er uns etwas erklären, währenddessen fällt ihm etwas ein und unterbricht den Unterricht. Es kommt sogar vor, dass die zwei Stunden vorbei sind, ohne dass wir wirklich etwas Konkretes besprochen haben.
58 So vergeht die Zeit. Er erzählt uns vom Leben Afrikas.
59 Jedem halten uns die gleichen Probleme auf.
60 Ich glaube, das ist wahrscheinlich der Grund, warum ich angefangen habe, Deutsch zu hassen.

10.2.2.2.2. Konstruktive Unterstützung

Das Qualitätsmerkmal der konstruktiven Unterstützung bezieht sich einerseits auf das Unterrichtsklima – die Qualität der Lehrer-Schüler-Beziehung, die Wertschätzung – und andererseits auf die Feedback- und Fehlerkultur. Wie bereits in den vorangehenden Kapiteln herausgearbeitet, gibt es in den Daten verschiedene Hinweise auf ein schlechtes Unterrichtsklima: Einerseits ist die Lehrer-Schüler-Beziehung durch Misstrauen und Anschuldigungen geprägt, andererseits lässt sich der Umgang zwischen Herrn Fetba und seinen Lernenden als nicht wertschätzend interpretieren. Im Grunde werden schlechte Noten bei Deutschtests und -prüfungen auf die Faulheit, die mangelnde Motivation und die Aggressivität der Lernenden zurückgeführt (vgl. Kap. 10.2.1.2). Um den Fleiß und mehr Schüler*innen-Erfolg im Fach Deutsch zu fördern, greift Herr Fetba auf zahlreiche Maßnahmen zurück: (1) Fokussierung auf alltagsrelevante, thematische Aspekte, mit denen sich die Lernenden leicht identifizieren können (vgl. Kap. 10.2.1.3); (2) der gelegentliche Einsatz von Strafmaßnahmen und die Übernahme der Rolle des Radgebenden (vgl. Kap. 10.2.1.4). Die eingesetzten Strafen werden jedoch von den Lernenden oft als willkürlich, zu streng und nicht angemessen angesehen, sodass Herr Fetba als frustrationserzeugende und angsteinflößende Autorität erscheint (vgl. Kap. 10.2.2.1). Des Weiteren ist es nicht wertschätzend, wenn die Lernenden stigmatisierenden Beschimpfungen und erniedrigenden Strafen im Schulalltag ausgesetzt sind (vgl. ebd.).

Im Datenmaterial sind Beispiele zu finden, die darauf hindeuten, dass mit Fehlern und Feedback im DaF-Unterricht nicht konstruktiv umgegangen wird. Eine Schülerin beschwert sich, dass auf Schüler*innen-Fragen – beispielsweise, wenn jemand etwas nicht richtig verstanden hat und weitere Erklärungen benötigt – die Lehrperson mit stigmatisierenden Beschimpfungen reagiert: „si PEUT-être quelqu'un n'a pas COMPRIS quelque chose> (-) quand on posait le PROblème il passait le temps à nous raconter notre vie (-) notre vie intime et ça nous frustrait trop si bien que même si on avait les PROblèmes on ne pouvait pas (--) POSER ces problèmes"[61] (FS1-TL, Z. 42–46). Eine solche Reaktion der Lehrperson verursacht bei den Lernenden Frustrationen und führt dazu, dass sie sich nicht gern aktiv am Lehr-Lern-Prozess beteiligen. Es hält die Lernenden auch davon ab, der Lehrkraft Rückmeldungen über den Unterricht zu

---

61 Wenn jemand vielleicht etwas nicht gut verstanden hat, oder eine Frage stellte, ging der Lehrende auf unser Privatleben ein. Das war so frustrierend, dass wir aufhörten, Fragen zu stellen.

geben und – wie bereits erwähnt – eigene Wünsche zum Ausdruck zu bringen. Auch wenn manche Schüler*innen ihrem Deutschlehrer gern Feedback geben würden, ist die Angst vor Konsequenzen sehr groß (vgl. Kap. 10.2.2.1.2).

Aus Sicht der Lernenden ist Herr Fetba böse, da sie ständig – wie bereits erläutert – willkürlichen Strafen und demütigenden Beschimpfungen ausgesetzt sind: „il est tellement méchant"[62] (FS1-TL, Z. 182). Diese Situation ruft ständige Angst und Frustration hervor, die dazu beitragen, dass manche Schüler*innen nicht gern im Unterricht zu Wort kommen, auch wenn sie dazu aufgefordert werden (vgl. Kap. 10.2.2.1). Eine andere Konsequenz dieser Situation ist, dass die wahre Absicht des Lehrenden, den Lernerfolg bei den Lernenden zu erzielen, in Zweifel gezogen wird: „on a eu un autre professeur-là [...] il ne nous PARLAIT pas de l'école il ne voulait PAS nous amener à l (.) à COMPRENDRE [...] pour LUI c'était les notes [...] qui l'intéressaient [...] il passait le temps à nous insulter"[63] (ebd., 25–30). Es wird dem Lehrenden vorgeworfen, sich mehr für die Noten der Schüler*innen als für die Förderung des Lernzuwachses im Deutschunterricht zu interessieren. Die Tatsache, dass einerseits bei dem Lehrenden signifikante Bemühungen zur Unterstützung der Lernenden beim Deutschlernen bemängelt werden (ebd., Z. 27–28) und dass andererseits mit Beschimpfungen auf schlechte Noten reagiert wird, wirkt demotivierend auf die Schüler*innen.

Nach Aussagen der befragten Schüler*innen ist die ständige Angst vor Frustrationen und Erniedrigungen sehr groß und wirkt als Grund für Demotivation und Passivität im Unterricht. Bei den Beobachtungen einiger Unterrichtsstunden im April 2016, bei denen Herr Fetba nach seiner Beteiligung an der Lehrer*innen-Fortbildung zum Thema „Lehrer*innen-Rolle im DaF-Unterricht" die Lernenden zum mündlichen Feedback aufgefordert hat, wurde festgestellt, dass die Schüler*innen nur zögerlich den Unterricht lobten. Festzustellen war, dass sich keine Rückmeldung auf verbesserungswürdige Aspekte des Unterrichts bezog. Ganz im Gegenteil gingen die Schüler*innen in ihrem Feedback nur auf jene Aspekte des Lehr-Lern-Prozesses ein, die aus ihrer Sicht positiv waren. Folglich ist zu vermuten, dass das Unterrichtsklima vertrauensvoll sein sollte, bevor zu mündlichem Schüler*innen-Feedback im DaF-Unterricht aufgefordert wird. Dafür wäre es vermutlich wichtig, dass die Lehrperson durch

---

62 Er ist sehr böse.
63 Wir hatten dann einen anderen Lehrer [...] Er wollte uns nicht dazu bringen, zu lernen. Noten waren das Wichtigste für ihn. Er beleidigte uns ständig, wenn wir schlechte Noten hatten.

ihren Umgang mit Lernenden und ihre Handlungen im Unterricht nicht mehr als angsteinflößende und frustrationserzeugende Autorität angesehen wird. Außerdem wäre es auch sinnvoll, dass die Lernenden aktiv am Lehr-Lern-Prozess teilnehmen.

10.2.2.2.3. Schüler*innen-Aktivierung

Nach Aussagen von Herrn Fetba ist die Schüler*innen-Orientierung ein wichtiges Ziel des Deutschunterrichts: „dabei geht es darum dass (--) die SCHÜLER äh: die (-) zentrale rolle übernehmen. (1.1) ja denn/wenn sie fühlen sich (--) äh. (1:0) beTROFfen" (FS1-LPA1, Z. 52–53). Um die Lernenden mit den Inhalten des DaF-Unterrichts im Kontext eines Wahlpflichtfachs zu interessieren und deren aktive Beteiligung am Lehr-Lern-Prozess zu fördern, wird die Bearbeitung der Themen im Lehrwerk im Zusammenhang mit dem Lebensalltag der Lernenden zuungunsten der Grammatik und des Wortschatzes fokussiert. Dabei wird laut Herrn Fetba vor allem im Plenum gearbeitet; manche Aufgaben werden als Partnerarbeit, aber nie als Gruppenarbeit behandelt: „also (-) öh gruppenarBEIT (-) das GEHT nicht vielmehr (-) das ist PARTNERarbeit (---) partnerarbeit und PLEnum" (ebd., Z. 55–56). Herr Fetba vertritt den Standpunkt, dass Gruppenarbeit für kleine Gruppen wie seine damaligen beiden Schulklassen[64] nicht geeignet wäre.

Während der beobachteten Unterrichtsstunden kam aber keine Situation vor, wo die Schüler*innen Aufgaben kooperativ bearbeiteten – weder mit einer Partnerin/einem Partner noch mit anderen Lernenden in Gruppen zusammen. Es wurde vor allem frontal gearbeitet; in manchen Sequenzen waren die Schüler*innen aufgefordert, auf die Fragen der Lehrperson einzugehen. Nach Angaben der Lernenden wird ihre aktive Beteiligung am Lehr-Lern-Prozess nicht gefördert: „quand le professeur vient en classe il f (-) il FLANQUE seulement le thème au tableau […] il ne nous donne pas de DEVOIRS […] ça fait bizarre"[65] (FS1-TL, Z. 103–108). Für die Lernenden ist es seltsam, dass die zu behandelnden Themen an die Tafel „geschmissen" werden und keine weiterführenden Aufgaben gegeben werden, die die aktive Beschäftigung mit dem Lerngegenstand fördern würden. Der Einsatz schüleraktivierender Arbeits- und Übungsformen wäre hilfreich, damit die Erwartungen der Lernenden an den Deutschunterricht Berücksichtigung finden: „j'attends qu'un professeur me

---

64 In der Seconde-Klasse gab es 10 Schüler*innen und in der Terminale-Klasse 15.
65 Wenn die Lehrperson in den Klassenraum kommt, schmeißt er nur das Thema an die Tafel […] er gibt uns keine Hausaufgaben […] das ist seltsam.

demande de s'EXPRIMER [...] mais QUAND [...] ce n'est QUE le cours nous sommes cloitrés seulement (-) au niveau du cours vraiment le vocabulaire est [...] faible"⁶⁶ (ebd., Z. 166–174). Wünschenswert wäre aus Sicht der Lernenden, dass die Entwicklung ihrer kommunikativen Kompetenz im Deutschunterricht Beachtung findet. Dafür wäre es aber wichtig, den Lehr-Lern-Prozess so zu gestalten, dass die Schüler*innen aktiv an der Wissenskonstruktion beteiligt sind.

Auf der Grundlage der Unterrichtsbeobachtungen und der Aussagen der Lernenden kann festgehalten werden, dass die Bemühungen von Herrn Fetba, die aktive Beteiligung seiner Lernenden am Lehr-Lern-Prozess zu fördern, verbesserungsbedürftig sind. Vermutlich wäre es sinnvoll, im Alltag des Unterrichtsgeschehens schüleraktivierende Arbeits- und Übungsformen regelmäßiger (und systematischer) in den Unterricht zu integrieren.

10.2.3. Zusammenfassung der Erkenntnisse zu den Vorstellungen von Herrn Fetba über die eigene Lehrer*innen-Rolle im DaF-Unterricht

Zusammenfassend lässt sich sagen, dass ein dichotomisches Bild der Unterrichtsbeteiligten (vgl. Tab. 8) die Rollenvorstellungen von Herrn Fetba prägt. Er versteht seine Rolle hauptsächlich als die des *Fachmanns* und der *Autorität* im Unterricht: Er betrachtet sich als Wissensvermittler, alleinigen Organisator des Lehr-Lern-Prozesses, alleinigen Richtungsweisenden und alleiniger Verantwortungsträger (vgl. Kap. 10.2.1.1). Dabei erscheinen die Lernenden als Wissensempfänger, widerspruchslose Mitbegleiter und unreife Adressaten des Lehr-Lern-Prozesses. Des Weiteren hält Herr Fetba die Schüler*innen für faul, aggressiv und nicht motiviert, was aus seiner Sicht die Gründe für die schlechten Noten bei Deutschtests und -prüfungen sind (vgl. Kap. 10.2.1.2).

Um dieser Situation entgegenzuwirken und sowohl die Motivation der Lernenden als auch deren Fleiß im Fach Deutsch zu fördern, greift die Lehrperson auf bestimmte Maßnahmen zurück, die jedoch nicht zu zufriedenstellenden Ergebnissen führen (vgl. Kap. 10.2.1.3 und Kap. 10.2.1.4): Einerseits kommt es oft vor, dass Strafen und Beschimpfungen eingesetzt werden, um die Lernenden einzuschüchtern und deren Fleiß zu fördern. Aber daraus ergibt sich eher eine Wahrnehmung der Lehrperson als angsteinflößende, frustrationserzeugende

---

66 Kurzum erwarte ich, dass eine Lehrperson mich dazu bringt, mich auszudrücken [...] aber wenn man [...] nur im Klassenzimmer sitzen bleibt, verbessert sich der Wortschatz nicht.

Autorität und folglich als Demotivationsfaktor (vgl. Kap. 10.2.2.1). Andererseits versucht die Lehrperson, den Fokus des Fremdsprachenlernens nicht auf sprachstrukturelle Aspekte – Grammatik, Wortschatz – zu legen, sondern auf die Auseinandersetzung mit Themen, die mit dem Lebensalltag der Schüler*innen zusammenhängen. Angesichts der Selbstwahrnehmung der Lehrperson als alleinigem Wissensvermittler und alleinigem Richtungsweisenden ermöglichen die eingesetzten lehrerzentrierten Lehrmethoden die aktive Beteiligung der Schüler*innen an der Bearbeitung dieser Themen nicht, was eher dazu führt, dass der DaF-Unterricht als langweilig angesehen wird. Die schlechten Leistungen der Lernenden bei Deutschprüfungen und das augenscheinliche Scheitern der eingesetzten Maßnahmen zur Förderung des Fleißes und der Motivation der Schüler*innen führen zur Frustration der Lehrperson.

Abschließend ist festzustellen, dass die Rollenvorstellungen von Herrn Fetba und seine damit zusammenhängende Haltung und Verhaltensweise Auswirkungen auf die Qualität des Unterrichts haben (vgl. Kap. 10.2.2.2). Zuerst ist aus dem regelmäßigen Einsatz von körperlichen und nichtkörperlichen Strafen zu schließen, dass der Umgang miteinander nicht auf Transparenz beruht, da die eingesetzten Strafen von den Lernenden oft als willkürlich, zu streng und nicht angemessen angesehen werden. Daraus ist abzuleiten, dass die Klassenführung nicht effektiv ist (vgl. Kap. 10.2.2.2.1). Dann ist bezüglich der konstruktiven Unterstützung auf der emotionalen und motivationalen Ebene festzustellen, dass das Klassenklima schlecht ist und der Umgang mit Fehlern und Feedback nicht konstruktiv ist (vgl. Kap. 10.2.2.2.2). Außerdem wird die aktive Beteiligung der Lernenden an der Gestaltung und Durchführung des Lehr-Lern-Prozesses nicht gefördert (vgl. Kap. 10.2.2.2.3).

10.3. Forschungsergebnisse zu den Vorstellungen von Frau Nemka über die eigene Lehrer*innen-Rolle im DaF-Unterricht (Teilstudie 2)

In der Seconde-Klasse fand der Deutschunterricht montags und mittwochs jeweils nach dem Sportunterricht statt. Beobachtet wurden aus Zeitgründen nur die Montagsstunden. In dieser Klasse gab es insgesamt 60 Schüler*innen und sie saßen – wie in den anderen Klassen des LSF-Gymnasiums – à zwei oder drei auf hintereinander in vier Reihen stehenden Schulbänken. Gegenüber den Lernenden hing an der Wand eine breite schwarze Tafel, auf der mit Kreide geschrieben wurde. Angesicht der Klassenstärke war eine Umstellung der Schulbänke während des Unterrichts nicht möglich.

10.3.1. Vorstellungen von Frau Nemka über die eigene Lehrer*innen-Rolle im DaF-Unterricht

Ein paar Tage nach der ersten Unterrichtsbeobachtung in der Seconde-Klasse und der Gruppendiskussion mit einigen Lernenden dieser Klasse wurde ein Leitfadeninterview (FS2-LP1A) mit der Lehrperson Frau Nemka durchgeführt. Es sollte dazu dienen, ihre Vorstellungen über die eigene Rolle im DaF-Unterricht in Erfahrung zu bringen. Während dieses Gesprächs wurden mehrmals Fragen gestellt, die sich entweder auf die Erkenntnisse aus der Schüler*innen-Befragung oder auf die Beobachtungen im Unterricht bezogen. Als Leitfaden dienten nur ein paar Stichpunkte (vgl. Kap. 7.2.2.2.2): Die gestellten Fragen ergaben sich generell aus den Aussagen der Befragten und wurden so formuliert, dass sie keine Hinweise auf die Identität der Schüler*innen lieferten, die sich zu bestimmten Handlungen und über die Haltung der Lehrperson beschwert hatten. Um Irritationen zu vermeiden, wurde während des Interviews ebenfalls darauf verzichtet, bei Aussagen der Lehrenden auf Unterschiede zu der Perspektive der Schüler*innen hinzuweisen.

10.3.1.1. Vorstellung der eigenen Lehrer*innen-Rolle als Fachfrau

Aus der Analyse des Leitfadeninterviews ergibt sich, dass Frau Nemka ihre Rolle im Unterricht hauptsächlich mit der Wissensvermittlung in Verbindung bringt: „QUAND je suis en classe [...] *[je dois]* leur transmettre (--) peut-être ce que je sais"[67] (FS2-LP1A, Z. 10–11). Sie positioniert sich als diejenige, die Wissen in den Unterricht mitbringt und dafür sorgt, dass etwas gelernt wird.

Dieses Rollenverständnis von Frau Nemka beruht auf der Zielvorstellung, dass den Schüler*innen möglichst viel Lernstoff vermittelt werden soll, damit sie einerseits (1) ihre jetzige Leistung verbessern – „ce que j'attends d'eux [...] c'est qu'ils améliorent leur travail"[68] (ebd., Z. 242–243) – und (2) Grundwissen zur Überwindung zukünftiger Herausforderungen in den höheren Klassen erwerben – „qu'ils (-) mettent vraiment le sousbassement pour euh (--) °h les CLASSES supérieures"[69], (ebd., Z. 243–244). Anderseits wird mit der Wissensvermittlung die Hoffnung auf einen zügigen Erfolg bei zertifizierenden Prüfungen – nämlich die Probatoire- und Abiturprüfung[70] – in den höheren

---

67 Im Unterricht [...] muss [ich] ihnen beibringen, was ich vielleicht kann.
68 Von den Schüler*innen erwarte ich, dass sie ihre Leistung verbessern.
69 Dass das nötige Grundwissen für höhere Klassenstufen erworben wird.
70 Die Probatoire-Prüfung wird in der Première-Klasse (12. Klasse) und die Abiturprüfung in der Terminale-Klasse (13. Klasse) gemacht. Beide Prüfungen sind

Klassen gehegt: „euh ce que j'attends d'eux [...] c'est (--) RÉUSSIR les examens officiels en une seule année c'est-à- dire que [...] sans trainer dans une classe"[71] (ebd., Z. 242–255). Diese Auffassung setzt die Grundannahme voraus, dass der Erfolg bei Prüfungen das oberste Lernziel sei und in erster Linie von der Quantität der erworbenen Lerninhalte abhänge. Zur Erreichung dieses Ziels ist es wichtig, dass die Lernenden möglichst viel Wissen erwerben, was die Wahrnehmung der eigenen Rolle als *Fachfrau* (Mann et al. 1970), d.h. als *Wissensvermittlerin* begründet.

Die Wahrnehmung des Erfolgs bei Nationalprüfungen als oberstes Ziel des DaF-Unterrichts hängt mit der Priorisierung bestimmter fleißfördernder Haltungen und Einstellungen im Unterrichtsalltag zusammen. Aus Sicht der Lehrperson gilt eine optimale quantitative Lehrstoffbesprechung als der effektivste Weg zur Förderung des Lernerfolgs. Daher wird der größte Wert auf die vollständige Behandlung des Lehrplans gelegt: „lorsqu'on vient avec un programme il FAUT absolument le (-)le terminer"[72] (ebd., Z. 228–229). Diese Einstellung nimmt wenig Rücksicht auf die Lerngeschwindigkeit, die Lernschwierigkeiten und die Lernbereitschaft der Lernenden. Damit wird der Fokus des Lehr-Lern-Prozesses nicht auf die Schüler*innen und deren Wohlergehen im Unterricht gesetzt, sondern auf den Lerngegenstand.

In diesem Fall ist von der Lehrperson nicht zu erwarten, dass die Lehrinhalte an den Lernstand der Lernenden und die eventuelle Heterogenität der Lerngruppe angepasst werden. Im Gegenteil ist eher damit zu rechnen, dass sich die jeweiligen Lernenden Mühe geben, um mit dem Unterrichtstempo Schritt zu halten. Dass manche Schüler*innen dies aber nicht schaffen, wird auf deren Faulheit und fehlende Motivation zurückgeführt. Vonseiten der Lehrperson werden die Auswirkungen der eigenen Handlungen und Haltungen auf die Motivation der Lernenden nicht infrage gestellt. Wer also im Unterricht nicht aufmerksam ist oder den Unterricht schwänzt, wird als nicht motiviert katalogisiert: „ceux qui ne sont pas motivés [...] TRÈS souvent [...] ils sont absents de la classe [...] en classe (--) généralement c'est des élèves qui font AUTRES choses

---

Nationalprüfungen: Deren Organisation, Durchführung, Korrektur und die Veröffentlichung deren Ergebnisse werden zentral durch das kamerunische Erziehungsministerium gesteuert.
71 Von den Schüler*innen erwarte ich, dass sie [...] die offiziellen Prüfungen das erste Mal bestehen,[...] ohne eine Klasse wiederholen zu müssen.
72 Es ist wichtig, den vorbereiteten Lernstoff im Unterricht durchzuarbeiten.

pendant que::: (---) euh pendant que nous faisons cours"[73] (ebd., Z. 108–113). Zur Förderung der Motivation ist aus Sicht von Frau Nemka wichtig, ihre Rolle als *Autorität* geltend zu machen.

10.3.1.2. Vorstellung der eigenen Lehrer*innen-Rolle als Autorität

Frau Nemka versteht ihre Rolle als *alleinige Verantwortungtragende* im Unterricht: „QUAND je suis en classe (1.3) j'ai la pleine responsabilité des élèves"[74] (ebd., Z. 10–11). Frau Nemka fühlt sich für die Organisation, Durchführung und Evaluation des Lehr-Lern-Prozesses allein verantwortlich. Damit das Lernen effektiv stattfindet, muss die Lehrperson mit Blick auf den vorgeschlagenen Lehrplan allein bestimmen, (a) welche Lehrinhalte thematisiert werden sollen, (b) welche Methoden für die Besprechung der Lehrinhalte geeignet sind, (c) welche Lernziele dem Lehr-Lern-Prozess zugrunde liegen, (d) welche Umgangsregeln sich die Lernenden unterwerfen sollen, (e) welche Motivationsstrategien eingesetzt werden sollen sowie (f) welche Rollen die jeweiligen Unterrichtsbeteiligten dabei übernehmen sollen.

Um das vorgenommene Hauptziel zu erreichen, die Schüler*innen effektiv auf dem Weg zum Erfolg bei zukünftigen Prüfungen zu begleiten, muss Frau Nemka in ihrer Rolle als *Autorität* dafür sorgen, dass Disziplin im Unterricht herrscht. Um ihrer Verantwortung für den guten Verlauf des Lehr-Lern-Prozesses und den Erfolg der Lernenden gerecht zu werden (ebd., Z. 10–11), trifft sie regelmäßig notwendige Maßnahmen, damit einerseits die Störenden zur Vernunft gelangen („c'est MÊME ça notre travail (.) remettre ceux: qui s'écartent du droit chemin"[75], ebd., Z. 16–17) und andererseits disziplinierte Schüler*innen ihr Verhalten beibehalten („ou alors (-) °hh euh faire en sorte que ceux qui (--) s'y trouvent déjà continuent dans:= dans la même lancée"[76], ebd., Z. 17–18). Dafür wird üblicherweise auf zahlreiche körperliche und nicht körperliche Strafen zurückgegriffen, deren Einsatz aus Sicht von Frau Nemka in bestimmten Situationen unentbehrlich ist und zur Verbesserung des Lehr-Lern-Prozesses

---

73 Diejenigen die nicht motiviert sind [...] sehr oft [...] kommen sie nicht zum Unterricht und [...] befassen sie sich während des Unterrichts mit etwas anderem als dem Lerngegenstand.
74 Im Unterricht bin ich total verantwortlich für die Schüler*innen.
75 Darin besteht eigentlich unsere Aufgabe. Diejenigen, die sich von dem richtigen Weg entfernen, zurückgewinnen.
76 Darauf achten, dass diejenigen, die sich auf dem richtigen Weg befinden, dort bleiben und weitermachen.

beitragen soll: „donc par moment on est obligé de:: de passer par là aussi pour que l'ordre revienne un peu en classe"[77] (ebd., Z. 52–53).

Nach Angaben von Frau Nemka dienen manche Strafmaßnahmen zuerst zur Abschreckung der Lernenden vor Störungen oder unerwünschtem Schüler*innen-Verhalten. Das ist beispielsweise der Fall, wenn bei nicht gemachten Hausaufgaben nach mehreren Warnungen Strafen verkündet werden: „les devoirs non faits par exemple un travail à faire à la maison qui revient sans être fait; (1.0) pour une première fois on avertit […] on GRONDE on se = se met en colère mais lorsqu'il y a une prochaine fois […] là on est obligé de punir"[78] (ebd., Z. 63–67). Mit der Bestrafung der Lernenden wird einerseits die Missbilligung der Faulheit oder der Schüler*innen-Haltung bzw. -Handlungen zum Ausdruck gebracht. Andererseits erhofft sich Frau Nemka dadurch, dass faule und unmotivierte Schüler*innen zumindest aus Angst vor eventuellen Strafmaßnahmen Hausaufgaben künftig ernst nehmen oder den Unterricht nicht mehr stören.

Bei Störungen durch beispielsweise Nebengespräche unter den Lernenden oder offensichtlich nicht ernste Antworten auf Fragen der Lehrperson im Unterricht werden Strafen als Instrumente zum Ausdruck der Lehrer*in-Autorität eingesetzt: „lorsqu'on pose par exemple une question et qu'un enfant (--) DONNE une réponse […] sa réponse n'a CARRÉment rien à voir (--) avec ce que nous faisons; quand (-) on SENT que c'est: c'est le désordre (--) on doit le punir"[79] (ebd., Z. 53–57). In dieser Situation dienen die verkündeten Strafmaßnahmen nicht nur zur Abschreckung der Lernenden vor Störungen, sondern auch als Zeichen, dass die Lehrende die Autorität im Unterricht vertritt und die Umgangsregeln im Lehr-Lern-Prozess bestimmt.

Schließlich werden Strafen eingesetzt, um das Lernen zu fördern. Eine solche Situation erlebt man, wenn Schüler*innen auf die Lehrer*innen-Anweisungen nicht hören und folglich im Zusammenhang mit dem Unterrichtsthema entweder einen Aufsatz schreiben („parfois je proPOse une production (d'écrire/

---

77 Manchmal muss man auf solche Strafen zurückgreifen, damit es wieder Ordnung im Unterricht gibt.
78 Wenn die Hausaufgaben nicht gemacht sind, werden die Schüler*innen zuerst ermahnt. Man schimpft und ärgert sich, aber wenn es ein zweites Mal […] gibt, muss man auf Strafen zurückgreifen.
79 Wenn man zum Beispiel eine Frage stellt und ein Kind eine Antwort vorschlägt […] aber wenn seine Antwort gar nichts damit zu tun hat mit was wir gerade besprechen, wenn man das Gefühl hat, dass es um Störung geht, muss man dieses Kind bestrafen.

écrite) c'est-à-dire un aufsatz (.) sur sur le thème en cours"[80], ebd., Z. 49–50) oder eine Zeichnung anfertigen und darauf Gegenstände auf Deutsch benennen müssen („je dis tu fais un dessin et puis (-) tu CHERCHES quand même à savoir comment on appelle TELLE ou telle partie de ton dessin [...] ils cherchent et ils mettent en allemand"[81], ebd., Z. 342–345). In diesem Fall spricht Frau Nemka von „Strafen mit mehr pädagogischem Ertrag" („des puinitions un peu plus (-) pédagiques"[82], Z. 70). Dabei wird von den Bestraften erwartet, dass sie beispielsweise bei der Behandlung einer Extra-Aufgabe (eine Zeichnung anfertigen und Gegenstände benennen oder einen Aufsatz schreiben) u.a. ihren Wortschatz bereichern.

10.3.1.3. Vorstellung der eigenen Rolle als Ratgebende

Frau Fetba versteht ihre Rolle im DaF-Unterricht als *Ratgeberin*: „[*mon rôle c'est*] aussi (--) leur do =(leur) fournir des des conseils"[83] (ebd., Z. 10). Damit kann sie den Lernenden helfen, Probleme beim Deutschlernen zu überwinden: „c'était un garçon [...] il n'avait JAMAIS fait allemand [...] alors il me demandait COMMENT est-ce qu'il pouvait faire pour rattraper un peu le niveau"[84] (ebd., Z. 142–154).

In manchen Situationen wird auf Ratschläge zurückgegriffen, um Disziplinprobleme zu überwinden. Damit verbindet Frau Nemka die Hoffnung, dass jene Schüler*innen, die den Unterricht stören oder ihre Hausaufgaben vernachlässigen, Einsicht in die Relevanz des Fleißes bzw. der Disziplin beim Lernen gewinnen: „[*pour les remettre donc sur le droit chemin*] c'est beaucoup de CONSEILS que nous donnons; c'est beaucoup de SUIVI euh: dans = dans le travail scolaire;"[85] (ebd., Z. 19–22). Anschließend kommt es auch vor, dass Frau Nemka zu Rat gezogen wird, wenn manche Schüler*innen mit Problemen in den anderen Fächern konfrontiert sind: „il y en a qui se rapprochent euh (-) de moi pour me dire madame [...] voilà on a des problèmes en TELLE matière [...] on ne

---

80 Oft müssen sie eine schriftliche Textproduktion, das heißt, einen Aufsatz zum aktuellen Unterrichtsthema verfassen.
81 Ich verlange, dass sie Gegenstände auf ihren Zeichnungen im Deutschen benennen.
82 Strafen mit mehr pädagogischem Ertrag.
83 Ich muss ihnen auch Ratschläge geben.
84 Es war ein junger [...] er hatte bisher nie Deutsch gelernt [...] er wollte also wissen, was er tun könnte, um zu lernen, was er bisher verpasst hatte.
85 Wir geben ihnen viele Ratschläge, wir beaufsichtigen ihre Schulleistungen intensiv.

comprend pas ci ou ça"[86] (ebd., Z. 101–104). Damit erweist sich Frau Nemka als besonders hilfsbereit.

Mit der Darstellung der eigenen Rolle als *Fachfrau*, als *Autorität* und als *Ratgebende* werden die verschiedenen Facetten der Selbstbeschreibung als *Ersatzmutter für die Lernenden* zum Ausdruck gebracht: „euh::: en CLASS:: e je suis un peu COMme:: (1.5) le SUBS = le le SUBstitut des: des parents pour les élèves"[87] (ebd., Z. 8–9). Es geht um eine „Ersatzmutter", die an dem Erfolg der Lernenden sehr interessiert ist und im Unterricht fleißig und hilfsbereit, aber auch streng und autoritär ist, was zweifelsohne erhebliche Auswirkungen auf die Lernenden und die Prozessqualität des Unterrichts hat.

10.3.2. Auswirkungen der Vorstellungen von Frau Nemka über die eigene Rolle im DaF-Unterricht

Grundlage für die Ermittlung der Auswirkungen, die sich aus den Vorstellungen von Frau Nemka über die eigene Rolle ergeben, ist einerseits die Beobachtung einiger Unterrichtsstunden in der Seconde-Klasse und andererseits – vor allem – die Analyse der Gruppendiskussion, die am 28.11.2016 mit einer Gruppe von sechs freiwilligen Schüler*innen der Seconde-Klasse durchgeführt wurde. Im Folgenden sollen die Auswirkungen zuerst auf die Lernenden (Kapitel 10.3.2.1) und dann auf die Prozessqualität des Unterrichts (Kapitel 10.3.2.2) herausgearbeitet werden.

10.3.2.1. Auswirkungen auf die Lernenden

In der Seconde-Klasse wurde am 28.11.2016 die erste Unterrichtsbeobachtung durchgeführt. Unmittelbar danach wurden sechs freiwillige Lernende[88] während der Mittagspause zu einer Gruppendiskussion (FS2-SDA) eingeladen, die hinter geschlossener Tür in einem Büroraum in der Schule stattgefunden hat. Die Teilnehmenden standen im Kreis um den Moderator herum, der ständig das Aufnahmegerät auf dem Arm offenhielt. Alle Schüler*innen waren über die Aufzeichnung des Gesprächs zu Forschungszwecken informiert. Zu Beginn der

---

86 Manche kommen auf mich zu, um mir zu sagen, dass [...] sie mit diesem oder jenem Fach Probleme haben[...] sie verstehen dies oder das im Unterricht nicht.
87 Im Unterricht spiele ich die Rolle derjenigen, die für die Schüler*innen die Eltern ersetzt.
88 An der Gruppendiskussion haben drei Mädchen und drei Jungen der Seconde-Klasse freiwillig teilgenommen. Sie sind zwischen 15 und 20 Jahren alt und lernen Deutsch seit einem bis vier Jahren.

offenen Befragung wurden die Lernenden darum gebeten, auf der Grundlage einiger Fragen über die Durchführung des Deutschunterrichts in ihrer Klasse zu reflektieren, damit Verbesserungsmaßnahmen getroffen werden können. Aufgrund der Asymmetrie zwischen den Befragten und dem Moderator, der zugleich Lehrer ist und erst an jenem Tag zum ersten Mal zum Deutschunterricht in der Seconde-Klasse gekommen war, war damit zu rechnen, dass die Befragten sich zurückhaltend benehmen. Um ihr Vertrauen zu gewinnen, sorgte der Moderator für eine freundliche und entspannte Gesprächsatmosphäre und versprach ihnen, die Daten anonym und vertraulich auszuwerten und die Identität der Gesprächsbeteiligten zu schützen.

Aus der Analyse dieser Gruppendiskussion ist zu entnehmen, dass die Art und Weise, wie die Lehrperson mit den Lernenden umgeht, Auswirkungen darauf hat, wie die Lehrerin und der DaF-Unterricht betrachtet werden. An vielen Stellen in der Gruppendiskussion FS2-SDA erweist sich die Lehrer*innen-Haltung als frustrationserzeugend und angsteinflößend. Während die Lehrperson den Einsatz von Strafen als wichtiges Hilfsmittel zur Förderung des Lehr-Lern-Prozesses ansieht, wird dies von den Lernenden als demotivierend und ärgerlich betrachtet: „QUAND on fait comme ça MOI ça ne me donne plus le (--) le la[l'envie d'étudier] encore l'allemand (-) ça m'éNERve même plutôt"[89] (FS2-SDA, Z. 54–55). Bei nicht gemachten Hausaufgaben ist es üblich, dass die betroffenen Schüler*innen bestraft werden, indem ihre Klausurergebnisse um zwei Punkte abgesenkt werden, was bei zahlreichen Lernenden zu schlechteren Noten in den Zeugnissen führt. Da die Leistung der meisten Deutschlernenden schlecht ist, wirkt die Gefahr des Verlustes einiger Punkte bei Klassenarbeiten eher negativ. Auch wenn die Lehrende durch eine solche Strafe die Lernenden davon abschrecken will, Hausaufgaben zu vernachlässigen, ergibt sich aus den Aussagen der befragten Lernenden, dass diese Maßnahme eher zur Demotivation beiträgt.

Bei der Unterrichtsdurchführung in Großgruppen erweisen sich Disziplinprobleme als große Herausforderung für die Lehrperson. Aufgrund regelmäßiger Störungen zum Beispiel durch Nebengespräche unter den Lernenden wird in der Seconde-Klasse am LSF-Gymnasium auf verschiedene Strafmaßnahmen zurückgegriffen, um die Schüler*innen zu disziplinieren. In der Gruppendiskussion FS2-SDA werden diese Bestrafungen aufgelistet: Es kommt oft vor, dass bei Disziplinproblemen (1) sich die Lernenden auf dem Boden rollen müssen („il Y A (-) souvent le prof te dit de (-) te rouler au sol"[90], ebd., Z. 71–72), (2) zwei

---

89 Wenn man so tut, verliere ich die Lust, Deutsch zu lernen. Das ist ärgerlich.
90 Oft fordert dich die Lehrerin auf, dich auf dem Boden zu rollen.

Stunden lang auf dem Boden liegen bleiben müssen („OU tu te couches au sol pendant DEUX heures"[91], ebd., Z. 76–77) (3) sich auf den Boden setzen müssen („MÊME (.) s'assoire"[92], ebd., Z. 91), (4) sich auf den Boden knien müssen („se mettre à genou il y a quelqu'un qui était qui est éga qui s'est également à genou"[93], ebd., Z. 90) oder (5) dass sie geschlagen werden („souvent on vous FOUETTE"[94], ebd., Z. 79).

Für die Lernenden erscheinen diese körperlichen Strafen als herabwürdigend, nicht angemessen und zum Teil rechtswidrig. Es ist äußerst demütigend, wenn man sich auf den staubigen Boden des Klassenzimmers setzt, kniet oder legt. Über die körperlichen Schmerzen hinaus, die sich daraus ableiten, wird man üblicherweise von Mitschüler*innen ausgelacht. Außerdem können bei Allergien gegen Staub Gesundheitsprobleme hervorgerufen werden. Der Einsatz solcher drakonischen Strafen zielt auf die Abschreckung der Lernenden vor Unterrichtsstörungen und führt zur Wahrnehmung der Lehrenden als *angsteinflößende Autorität*. Im Allgemeinen wird auf diese Strafen zurückgegriffen, (a) wenn Schüler*innen im Unterricht Nebengespräche führen („[ça arrive] QUAND:: peut-être vous êtes en train de (-)BAVARDER"[95], Z. 74–75), (b) wenn sie im Unterricht eingeschlafen sind („[ou de] dormir"[96], ebd., Z. 75) oder (c) wenn sie im Unterricht Witze machen, während die Lehrperson etwas Wichtiges erklärt („[quand tu es quand tu lances un mot] et elle a elle suit […] quand le professeur peut-être:: [eu:: h] (-) concentré à faire cours"[97], ebd., Z. 92–97).

Zwar ist der Einsatz jeglicher Gewalt gegenüber Kindern und Jugendlichen in Bildungseinrichtungen verboten, aber am LSF-Gymnasium werden die Schüler*innen regelmäßig geschlagen. Der übliche Einsatz dieser körperlichen und demütigenden Strafe an kamerunischen Schulen beruht fälschlicherweise auf der Annahme, dass Disziplinprobleme durch Abschreckung gelöst werden können. Zwar kann dadurch kurzfristig eine Situation bewältigt werden, aber langfristig erweist sich eine solche gewaltsame Bestrafung als nicht wirksam, da sie den betroffenen Lernenden grundsätzlich nicht hilft, über die Angst vor

---

91 oder zwei Stunden lang liegst du auf dem Boden.
92 sich sogar auf den Boden setzen.
93 Jemand hat sich heute im Unterricht auf den Boden gekniet.
94 man wird geschlagen.
95 Das kommt vor, wenn ihr zum Beispiel im Unterricht Nebengespräche führt.
96 oder ihr schlaft.
97 Wenn du einen Witz erzählst und sie hört dich […] wenn die Lehrerin im Unterricht konzentriert ist.

körperlichen Schmerzen hinaus den Stellenwert der erwünschten Verhaltensweisen zur Kenntnis zu nehmen. Aufgrund des institutionalisierten Verstoßes gegen gesetzliche Vorschriften, der mit der Missachtung der Rechtswidrigkeit der Gewaltanwendung durch Lehrende und Schulverwaltungen zusammenhängt, trägt der Einsatz dieser Strafen zum Verlust der Glaubwürdigkeit von Bildungsarbeit bei.

Der häufige Einsatz drakonischer Strafen führt bei den Lernenden zu einer Protesthaltung: „donc le FAIT d'être encore TROP stricte là [...] nous pousse à dever à devenir PLUS rebelle [...] PLUS elle nous rend la dure pst la vie: DURE [...] PLUS on devient aussi:: (-) DUR [envers elle OUI]"[98] (ebd. Z. 241–246). Als Protest gegen die Behandlung durch Frau Nemka wird den Befragten zufolge absichtlich auf bestimmte Verhaltensweisen zurückgegriffen, die sehr oft der Verkündung von Strafen zugrunde liegen: (a) im Unterricht einschlafen („on décide peut-être de DORMIR"[99], ebd., Z. 248–249), oder (b) das Klassenzimmer ohne Erlaubnis verlassen („je vais aller peut-être lui demander la permission. (--) si elle ne me demande pas de sortir moi je vais m'arranger à sortir"[100], ebd., Z. 250–252). An diesen Beispielen wird die Wirkungslosigkeit der Abschreckung durch strenge, körperliche Strafmaßnahmen zur nachhaltigen Überwindung disziplinarer Probleme offensichtlich. Vielmehr führen die Strafen zur Zuspitzung der Vertrauenskrise zwischen der Lehrenden und den Lernenden, was letztendlich die Demotivation der Unterrichtsbeteiligten mit sich bringt und eine Erfolg versprechende Unterrichtsdurchführung beeinträchtigt.

10.3.2.2. Auswirkungen auf die Prozessqualität des Unterrichts

Die in der vorliegenden Studie untersuchten Qualitätsmerkmale des Unterrichts beziehen sich auf (1) die Klassenführung (Kap. 10.3.2.2.1), (2) die konstruktive Unterstützung (Kap. 10.3.2.2.2) und (3) die Schüler*innen-Aktivierung (Kap. 10.3.2.2.3).

10.3.2.2.1. Qualitätsmerkmal der Klassenführung

Aus der Analyse des Lehrer*in-Interviews FS2-LP1A und der Gruppendiskussion FS2-SDA geht hervor, dass unterschiedliche Strafen eingesetzt werden, um Störungen zu bekämpfen oder ihnen vorzubeugen. Es gibt keine

---

98 Die Tatsache, dass sie noch zu streng ist, [...] führt uns dazu, rebellischer zu werden [...] je mehr sie uns das Leben schwer macht, [...] desto dickköpfiger werden wir.
99 Wir fangen an, zu schlafen.
100 Ich frage nach der Erlaubnis, hinauszugehen.

Hinweise darauf, dass mit den Strafen transparent umgegangen wird. Auch wenn erfahrungsgemäß bestimmte Strafen öfter in manchen Situationen – wie zum Beispiel bei ungemachten Hausaufgaben oder Störungen des Unterrichts – vorkommen, entscheidet die Lehrperson generell nach Belieben, wann welche Strafe verhängt wird. In der Praxis hält sich Frau Nemka an kein verbindliches Regelwerk, in dem ein Strafenkatalog aufgelistet ist und dessen Umsetzungsbedingungen beschrieben sind. Um Störungen vorzubeugen, wird nicht nur auf Einschüchterungsmaßnahmen wie Strafen, sondern auch auf Ratschläge zurückgegriffen.

Den Daten ist zu entnehmen, dass Frau Nemka die Lernzeit effektiv zum Unterrichten nutzt. Aufgrund ihrer Überzeugung, dass eine extensive Bearbeitung des Lehrplans eine gute Voraussetzung für den Lernerfolg sei, hält es Frau Nemka für wichtig, bei jeder Unterrichtssitzung den vorbereiteten Lernstoff vollständig zu bearbeiten: „lorsqu'on vient avec un programme il FAUT absolument le (-)le terminer"[101] (FS2-LP1A, Z. 228–229). Manchmal kommt es vor, dass der Unterricht länger als die im Stundenplan geplante Arbeitszeit andauert, was die Lernenden als übertrieben ansehen: „elle a DEUX heures […] MAIS elle (-) <<f> elle prend même [CINQ heures […] quand elle arrive elle met un programme au tableau que TANT qu'on ne finit pas on ne (-) rentre pas"[102] (FS2-SDA, Z. 185–190). In dieser Situation betrachten viele Schüler*innen den Deutschunterricht als eine Qual.

Den ständigen Fokus auf die Bearbeitung des Lerngegenstandes finden die Lernenden zwar nicht negativ, aber sie kritisieren die Tatsache, dass es dabei keine motivationsfördernde Rituale gibt. Es gibt keine konzentrationsfördernde Entspannungssequenzen, bei denen beispielsweise kurze lustige Witze erzählt werden: „il n'y a pas de BLAGUE il [n'y a] RIEN de (-) DONC on ne SORT [jamais un peu du] cours"[103] (ebd., Z. 161–164). Daraus ergibt sich, dass der Unterricht langweilig wird: „le cours à un certain niveau ça devient ennuyeux"[104] (ebd., Z. 160), „son COURS n'est pas relaxe c'est ennuyant"[105] (ebd.,

---

101 Es ist wichtig, den vorbereiteten Lernstoff im Unterricht durchzuarbeiten.
102 Sie hat zwei Stunden […] aber sie bleibt sogar fünf Stunden […] zu Beginn des Unterrichts kündigt sie ein Programm an, das wir unbedingt bewältigen müssen, bevor wir nach Hause gehen.
103 Es gibt keinen Witz, es gibt nichts, was uns zum Lachen bringen darf. Man muss im Unterricht immer konzentriert bleiben.
104 Der Unterricht wird manchmal langweilig.
105 Der Deutschunterricht ist langweilig.

Z. 397). Folglich ist es üblich, dass viele Schüler*innen während des Unterrichts einschlafen, was drakonische Strafen hervorruft.

Zur Aufmunterung der Lernenden und zur Entspannung der Unterrichtsatmosphäre lässt Frau Nemka oft Lieder im Unterricht singen: „il nous arrive de temps en temps de les faire rire par des petits jeux par des petits chants"[106] (FS2-LP1A, Z. 85–86). Aber da der Deutschunterricht mittwochs am Nachmittag stattfindet und generell viel länger als im Stundenplan vorgesehen dauert, kommt oft das Singen nicht gut an, da die Lernenden müde und hungrig sind: „c'est surtout le MERcredi comme c'est dans l'après-midi là. quand elle entre tout (.) les gens sont fatigués elle ELLE est obligée de donner un chant même le chant-là même (-) la voix ne ne"[107] (FS2-SDA, Z. 313–315).

Während der Unterrichtsbeobachtungen wurden kaum Unterrichtssequenzen festgestellt, in denen Aktivitäten zur Förderung des sozialen Wohlbefindens der Lernenden durchgeführt wurden, wie beispielsweise Sprachspiele oder Entspannungs- und Bewegungsübungen. Der Mehrwert solcher Aktivitäten besteht darin, dass sie für kurze Abwechselung vom starren Unterrichtsverlauf und vom Leistungsdruck sorgen, damit das Deutschlernen Spaß macht. Ganz im Gegenteil wird von den Lernenden der Seconde-Klasse im Deutschunterricht verlangt, die ganze Zeit sitzen zu bleiben und der Lehrerin aufmerksam zuzuhören, was für viele Jugendliche das Deutschlernen unausstehlich macht: „quand on demande la permission elle refuse"[108] (ebd., Z. 252–253); „on est [toujours dans le cours et c'est pour ça que les] gens [DORMENT (-) les gens sont fatigués oui.]"[109] (ebd., Z. 163–164).

Angesichts der mangelnden Transparenz im Umgang mit Strafen und der fehlenden konzentrations- und entspannungsfördernden Rituale, die für kurze Abwechslung vom starren Unterrichtsverlauf sorgen würden, wird deutlich, dass die Klassenführung in dem DaF-Unterricht in der Seconde-Klasse nicht qualitätvoll ist.

---

106 Es kommt ab und zu vor, dass ich sie durch kleine Spiele und Lieder zum lachen bringe.
107 Vor allem Mittwochs, da der Unterricht nachmittags stattfindet. Wenn sie das Klassenzimmer betritt, sind alle Leute müde. Sie muss uns dann singen lassen, aber das hilft auch nicht sehr, da unsere Stimme unsere Müdigkeit ausdrückt.
108 Ein anderes Problem betrifft die Erlaubnis, hinauszugehen. Wenn man danach fragt, lehnt sie ab.
109 Wir müssen ständig konzentriert bleiben, daher werden viele Menschen schläfrig. Sie sind müde.

10.3.2.2.2. Qualitätsmerkmal der konstruktiven Unterstützung

In der Gruppendiskussion FS2-SDA wurde sehr viel Kritik an der Qualität der Lehrer-Schüler-Kommunikation vorgebracht. Nach Aussagen der Befragten fühlen sich die Lernenden im Allgemeinen nicht wertgeschätzt, wenn sie von der Lehrperson angesprochen werden. In verschiedenen Unterrichtssituationen wurde beobachtet, dass Lehrer*in-Anweisungen im Befehlston gegeben werden, was aus Sicht vieler Unterrichtsbeteiligter sehr unfreundlich und verächtlich wirkt: „peut-être c'est sa manière même de parler même [...] elle imPOSE"[110] (ebd., Z. 358–372).

Ein solches Anredeverhalten beruht auf der Selbstbetrachtung der Lehrperson als *alleinige Richtungsweisende* und kann als Ausdruck ihrer Autorität im Unterricht begriffen werden. In dieser Situation wird das Muster der Unilateralität der Lehrer-Schüler-Kommunikation ersichtlich, bei der Lernende Lehrer*innen-Befehle bekommen, ohne dass sie zur Durchführung des Unterrichts eigene Sichtweise einbringen können. Nach Angaben der Befragten werden Meinungsäußerungen der Lernenden oft als Respektlosigkeit verstanden und bestraft. Das Gefühl, ständig verachtet zu werden und sich nicht ausdrücken zu dürfen, trägt zur Radikalisierung der Lernenden bei sowie zur Demotivation im Deutschunterricht: „je suis obligé de rester (-) dans mon COIN (-) ne rien dire. (-) [puisque] quand je vais peut-être LEVER le doigt (-) elle va très mal prendre la chose"[111] (ebd., Z. 342–344).

Ein anderer Aspekt der Lehrer-Schüler-Kommunikation betrifft Rückmeldungen der Lehrperson an die Lernenden. Den Befragten zufolge ist die Reaktion der Lehrenden auf Schüler*innen-Antworten nicht motivierend, insofern als die Bemühungen der Lernenden keine Anerkennung finden. Es ist üblich, dass die Lernenden bei falschen Antworten auf Lehrer*in-Fragen von Mitschüler*innen ausgelacht werden. Daraus ergibt sich, dass viele Schüler*innen aus Angst vor Demütigung im Unterricht passiv bleiben und sich nicht gern an unterrichtlichen Interaktionen beteiligen: „QUAND un élève donne une réponse [...] quand tu (-) dis NON si c'est FAUX (-) même toi qui connais MÊME (-) tu tu auras peur même de lever le doigt tu vas rester assis et regarder"[112] (Z. 215–220). Nach Aussagen der Befragten würde eine motivierende

---

110 Das Problem liegt auch daran, wie sie uns anspricht [...] sie gibt Befehle.
111 Ich muss dann ruhig bleiben und nur zuschauen, denn falls ich mich melde, wird sie meine Worte falsch interpretieren.
112 Wenn die Antwort eines Lernenden nicht total richtig [...] wenn du nein sagst, wenn es falsch ist, hast du Angst, dich zu melden; du bleibst sitzen und schaust nur zu.

Lehrer*in-Haltung auch lernschwächere Lernende dazu anregen, sich öfter im Unterricht zu Wort zu melden, was sich positiv auf deren Leistung auswirken könnte: „MAIS quand elle t'encourage même si tu ne connais pas tu vas aussi lever et participer ça va te permettre de mieux comprendre"[113] (ebd., Z. 223–225). Genauso demotivierend ist die Reaktion vieler Lernenden auf die Fehler ihrer Mitschüler*innen: „quand tu rattes [...] on se et on te se moque de toi."[114] (ebd. 233–235).

Die fehlende Wertschätzung wird in der Gruppendiskussion auch mit der Nichtbeachtung der Unterrichtszeiten in Verbindung gebracht. Es wird der Lehrenden vorgeworfen, dass der Unterricht mittwochs[115] ohne Rücksicht auf die Wünsche der Schüler*innen länger dauert als im Stundenplan vorgesehen. Viel ärgerlicher sei nach Angaben der Befragten die Tatsache, dass die Dauer des Unterrichts jedes Mal aufgrund mangelnder Kommunikation für die Lernenden nicht absehbar ist. Für die Lernenden lässt sich diese ungewünschte Verlängerung des Unterrichts trotz deren heimlicher Opposition als Zeichen interpretieren, dass die Vermittlung von möglichst viel Lerngegenstand der Lehrenden wichtiger ist als das Wohlbefinden der Unterrichtsbeteiligten. Die Tatsache, dass die Schüler*innen ohne Mittagspause insgesamt drei bis vier Stunden an einem Deutschunterricht teilnehmen müssen, der aus ihrer Sicht langweilig ist, wird als demotivierend angesehen: „quand on reste comme ça j'ai sou (-) j'ai TRÈS faim même [...] je ne peux pas refléCHIR (.) je veux même DORMIR: (.) je TRANSPIRE (.) j'ai l'hypoglycémie (-)"[116] (ebd., Z. 196–198). Aus Angst vor Strafen ist es unter diesen Umständen nicht möglich, der Lehrerin gegenüber die eigene Meinung zu äußern und eventuelle Vorschläge zu machen.

Frau Nemka ist sich jedoch des Stellenwerts einer guten Lehrer-Schüler-Beziehung im Lehr-Lern-Prozess bewusst: Einerseits steht sie den Lernenden als *Ratgeberin* hilfreich zur Seite; andererseits wird durch Lieder angestrebt, das Unterrichtsklima zu entspannen. Aber die Angst vor Strafe trägt zu einer negativen Einstellung gegenüber der Lehrperson bei. Der Lehrperson wird vorgeworfen, dass sie zu streng sei: „elle est radicale [...] elle est STRICTE (--)

---

113 Aber wenn sie dich ermuntert, hast du Lust, aktiv zu sein und zu sprechen. So kannst du besser verstehen.
114 Wenn deine Antwort falsch ist, [...]machen sich die Mitschüler*innen lustig über dich.
115 In Kamerun fällt generell der Unterricht am Mittwochnachmittag aus.
116 Wenn man so lange in der Schule bleiben muss, bleibe ich in der Klasse. Ich kann nicht denken, ich möchte sogar schlafen, ich schwitze, ich verspüre Hypoglykämie.

monsieur elle n'aime PAS:: trop blaguer avec des élèves"[117] (ebd., Z. 156–158). Außerdem sind die Lernenden einer drakonischen Strafe ausgesetzt, wenn sie zur Auflockerung des Unterrichtsklimas lustige Worte in den Unterricht einbringen: „on ne rit pas à son cours. euhe (-) tu vas te coucher au sol"[118] (ebd., Z. 284–285). Daraus ergibt sich, dass die Lehrer-Schüler-Beziehung aus Sicht der Lernenden schlecht ist.

Die oben beschriebenen Betrachtungen führen zur Einsicht, dass viele Lernende kein Gefallen am Deutschunterricht finden, den sie als vergeudete Zeit oder als „Zeit zum Schlafen" betrachten: „QUAND moi je rentre de la pause[119] moi je dis à mes camarades gars (-) il est temps pour moi de dormir"[120] (ebd., Z. 332–333). Eine weitere Folge ist, dass manche Schüler*innen im Deutschunterricht sehr viel Lärm machen, um gegen die Unterrichtsdurchführung zu protestieren: „le problème MÊME (-) c'est le bavardage […] il y a d'autres cours les élèves on est CALME (---) le cours de physique […] de (-) mathématique […] français […] la majorité des cours même […] TOUS les autres cours sont relaxes"[121] (ebd., Z. 322–331). Da der Unterricht in den anderen Fächern (Physik, Mathematik, Französisch etc.) entspannter zu sein scheint und die Lernenden insgesamt ruhiger zu sein scheinen, kann vermutet werden, dass die auffälligen Disziplinprobleme im Deutschunterricht an der strengen Lehrer*in-Haltung und der langweiligen Unterrichtsdurchführung liegen.

Abschließend ist festzustellen, dass die Lernenden nicht konstruktiv unterstützt werden, insofern als das Klassenklima in der Seconde-Klasse nicht lernförderlich ist. Grund dafür ist, dass Frau Nemka nicht wertschätzend mit den Lernenden umgeht, was die Qualität der Lehrer-Schüler-Beziehung negativ beeinflusst. Da die Lernenden oft bei Fehlern von Mitschüler*innen ausgelacht werden, kann gefolgert werden, dass mit Fehlern und Feedback im DaF-Unterricht nicht konstruktiv umgegangen wird.

---

117 Sie ist radikal, das heißt, sie mag keine Witze, sie ist streng, Monsieur.
118 Man darf nicht in ihrem Unterricht lachen, dann wirst du dich auf den Boden legen.
119 Montags findet der Deutschunterricht unmittelbar nach der Pause statt.
120 Wenn ich aus der Pause zurückkomme, sage ich meinen Mitschüler*innen, dass es nun Zeit zum Schlafen ist.
121 Das Hauptproblem ist, dass die Schüler*innen zu viele Nebengespräche im Unterricht führen […] in manchen Unterrichten sind wir alle ruhig, wie im Physikunterricht […] in den meisten Fächern […] bei allen anderen Fächern ist der Unterricht entspannt.

10.3.2.2.3. Qualitätsmerkmal der Schüler*innen-Aktivierung

Frau Nemka wird der äußerst niedrige Sprechanteil der Lernenden im Deutschunterricht vorgeworfen: „L'ALLEMAND [...] c'est le seul cours où les élèves ne parlent pas [...] elle *[Frau Nemka]* ne nous donne même pas cette chance peut-être de (-) S'EXPRIMER"[122] (ebd., Z. 330–336). Es wird von positiven Effekten aktiver Beteiligung der Schüler*innen am Lehr-Lern-Prozess ausgegangen. Die aktive Beschäftigung mit dem Lerngegenstand bietet den Lernenden Übungsmöglichkeiten an, die zur Offenlegung eigener Lernschwierigkeiten beitragen und Wege für die Suche nach Verbesserungsmöglichkeiten öffnen. Daher wird sehr scharfe Kritik an der Passivität der Schüler*innen und den damit zusammenhängenden fehlenden Übungsanlässen vorgebracht: „nous: qui éprouvons peut-être des difficultés monsieur (---) nous allons donc:: comment est-ce qu'on va découvrir nos difficultés monsieur"[123] (ebd. 337–338).

Eine Auswirkung der Vorstellung über die eigene Rolle als Fachfrau ist, dass Frau Nemka ständig unter Zeitdruck steht und auf zeitraubende Aktivitäten und Arbeitsformen im Unterricht verzichten muss: „BON comme je l'ai dit tanTÔT (-) le lunDI (--) vraiment le temps est assez LIMITÉ pour nous le lundi"[124] (FS2-LP1A, Z. 227–228). Angesichts der Gruppengröße (60 Schüler*innen) ist laut Frau Nemka die Gefahr groß, bei Partner- und Gruppenarbeit viel Zeit zu verschwenden. Bei den Unterrichtsbeobachtungen wurde keine Unterrichtssituation festgestellt, in der kooperative Lernmethoden eingesetzt wurden. Vielmehr bestand die Lehrer-Schüler-Interaktion meistens aus (a) Lehrer*in-Fragen, (b) Schüler*innen-Antwort nach Wortmeldung, (c) Lehrer*in-Korrektur und (d) Festlegung der Antwort an der Tafel. Wegen der Klassenstärke wurde folglich beobachtet, dass zahlreiche Schüler*innen während der zweistündigen Unterrichtssitzung keine Sprechanlässe bekamen. Um im Unterricht Zeitverlust zu vermeiden, wurde eher von den Lernenden erwartet, dass sie manche Hausaufgaben zu zweit oder in Kleingruppen zu dritt außerhalb des Unterrichts machen, ohne dass die Aufgabenstellungen kooperative Arbeitsformen voraussetzen: „j'avais demandé qu'ils euh (--) qu'ils préparent le

---

122 Der Deutschunterricht [...] das ist der einzige Unterricht, wo die Schüler*innen nicht sprechen dürfen [...] die Deutschlehrerin gibt uns keine Gelegenheit, in ihrem Unterricht zu sprechen.
123 Wir haben viele Probleme im Fach Deutsch. Wie können wir dann diese Probleme feststellen, Monsieur?
124 Also wie ich eben gesagt habe, stehen wir montags unter großem Zeitdruck.

TEXTE-là à la maison (---) e:: t (--) JUSTEment (--) ils devaient se mettre à deux ou trois pour trava pour préparer le texte"[125] (ebd., Z. 215–217).

Aus den Unterrichtsbeobachtungen geht hervor, dass der Unterricht lehrerzentriert war, und dass die Lehrperson meistens so leise sprach, dass sie von den Lernenden der hinteren Reihen akustisch nicht verstanden werden konnte. Abschließend ist zu schlussfolgern, dass die aktive Beteiligung der Schüler*innen an der Gestaltung und Durchführung des DaF-Unterrichts nicht gefördert wurde.

10.3.3. Zusammenfassung der Erkenntnisse zu den Vorstellungen von Frau Nemka über die eigene Lehrer*innen-Rolle im DaF-Unterricht

Zusammenfassend lässt sich sagen, dass Frau Nemka die eigene Lehrer*innen-Rolle im DaF-Unterricht vor allem als *Fachfrau* und *Autorität* versteht (vgl. Kap. 10.3.1). Aus der Auswertung eines Leitfadeninterviews, das mit ihr durchgeführt wurde, ist zu entnehmen, dass sie sich als *Wissensvermittlerin, alleinige Organisatorin des Lehr-Lern-Prozesses, alleinige Richtungsweisende* und *alleinige Entscheidungstragende* im Unterricht betrachtet. Aus ihrer Sicht besteht ihre Aufgabe vornehmlich als DaF-Lehrkraft darin, die Lernenden, die hauptsächlich als Wissensempfänger*innen wahrgenommen werden, auf eine erfolgreiche Teilnahme an Nationalprüfungen vorzubereiten. Daraus ergibt sich das Streben nach der Bearbeitung von möglichst viel Lernstoff, was in den vorangehenden Kapiteln als extensive Stoffbearbeitung bezeichnet wird. Zur Erreichung dieses Ziels werden zahlreiche Maßnahmen getroffen: (1) Das Unterrichtstempo orientiert sich an den zu bearbeitenden Lerngegenständen und nicht an dem Lerntempo der Lernenden; (2) es wird regelmäßig auf körperliche und nicht körperliche Strafen zurückgegriffen; (3) auf kooperative Lernmethoden wird generell verzichtet, da dabei aus Sicht der Lehrperson wertvolle Arbeitszeit verloren gehen kann; und (4) Frau Nemka übernimmt oft die Rolle der Ratgebenden, die die Schüler*innen mit Ratschlägen im Lehr-Lern-Prozess unterstützt.

Nach Angaben der Lernenden wird Frau Nemka jedoch als *angsteinflößende, frustrationserzeugende* und *demotivierende Autorität* angesehen (vgl. Kap. 10.3.2). Ferner wird der Deutschunterricht als langweilig empfunden und viele Schüler*innen finden keinen Gefallen daran, Deutsch zu lernen. Es

---

[125] Das ist im letzten Unterricht nicht vorgekommen, weil sie zu Hause die Texte vorbereiten sollten, meinen Anweisungen folgen und zu zweit oder zu dritt an dem Text arbeiten.

ist festzustellen, dass der regelmäßige Einsatz von Strafmaßnahmen bei vielen Lernenden zu einer Protesthaltung führt, sodass sie immer mehr Verhaltensweisen übernehmen, über die sich die Lehrperson immer mehr ärgert und folglich weitere Strafen einsetzt. Da die Lehrperson nach Belieben entscheidet, wann welche Strafe zu verhängen ist, wird deutlich, dass der Umgang miteinander nicht transparent gestaltet wird, was eine effektive Klassenführung beeinträchtigt (vgl. Kap. 10.3.2.2.2.1). Darüber hinaus weist das Datenmaterial auf eine schlechte Qualität der Lehrer-Schüler-Beziehung, auf mangelnde Wertschätzung im Umgang mit den Lernenden hin, sowie darauf, dass manche Schüler*innen oft von ihren Mitschüler*innen ausgelacht werden, wenn sie beispielsweise bei der Beantwortung von Fragen der Lehrperson Fehler begehen. Daher ist der Schluss zu ziehen, dass die Lernenden im DaF-Unterricht nicht konstruktiv unterstützt werden (vgl. Kap. 10.3.2.2.2.2). Angesichts der Tatsache, dass die aktive Teilnahme der Lernenden an der Gestaltung und Durchführung des Unterrichts gefördert werden sollte, ist festzuhalten, dass dem Qualitätsmerkmal der Schüler*innen-Aktivierung keine Rechnung getragen wird (vgl. Kap. 10.3.2.2.2.3).

10.4. Forschungsergebnisse zu den Vorstellungen von Frau Kouba über die eigene Lehrer*innen-Rolle im DaF-Unterricht

In der Terminale-Klasse findet der Deutschunterricht montags und mittwochs statt. Aus Zeitgründen konnten nur die Montagssitzungen beobachtet werden. Das Klassenzimmer war frontal eingerichtet und es gibt insgesamt 71 Schüler*innen in dieser Klasse. Frau Kouba ist dort DaF-Lehrerin.

10.4.1. Vorstellungen von Frau Kouba über die eigene Lehrer*innen-Rolle im DaF-Unterricht

Zur Erfassung der Rollenvorstellungen der Lehrperson Frau Kouba wurde sie nach der zweiten Sitzung der Unterrichtsbeobachtung in der Terminale-Klasse (13. Klasse) zu einem Leitfadeninterview eingeladen, bei dem ab und zu sowohl auf die Gruppendiskussion mit den Lernenden dieser Klasse als auch auf die Beobachtungen im Unterricht hingewiesen wurde. Auf der Grundlage zuvor notierter Stichpunkte,[126] die als Leitfaden für das Gespräch galten, wurden

---

126 Als Leitfaden wurden folgende Stichworte notiert: Erfahrung in der Lehrtätigkeit, Rollenvorstellungen (Lehrer*innen-Rolle, Schüler*innen-Rolle),

Fragen möglichst offen formuliert, damit die Befragte von ihrer Erfahrung mit dem Deutschunterricht möglichst frei erzählen konnte. Die beiden Gesprächsbeteiligten – der Interviewer und die Interviewte – schwankten während des Interviews zwischen dem Duzen und dem Siezen. In der Auseinandersetzung mit der Transkription des Leitfadeninterviews wird die Entwicklung der Rollenvorstellungen der Lehrperson im Laufe ihrer zwölfjährigen Lehrtätigkeit deutlich.

10.4.1.1. Frühere Selbstwahrnehmung als Fachfrau

Aus dem Leitfadeninterview FS2-LPS2B geht hervor, dass Frau Kouba zu Beginn ihrer Lehrtätigkeit ganz andere Rollenvorstellungen hatte als heute. Sie betrachtete sich im Deutschunterricht als *Fachfrau*, als „*allwissende Lehrerin*", deren Rolle lediglich darin bestand, Wissen zu vermitteln: „[quand je] commençais (--) j'étais l'enseignante qui sait TOUT […] qui maîtrise TOUT (-) qui fait TOUT (-) qui guide qui oriente"[127] (FS2-LPS2B, Z. 14–15). Sie verstand den Lehr-Lern-Prozess als instruktiven Top-Down-Prozess, der von oben durch die Lehrperson gesteuert wird und bei dem die Lernenden nur die Rolle *passiver Wissensrezipienten* übernehmen. In dieser Hinsicht verstand sie sich als *Instrukteurin*, die die Lernenden in der deutschen Sprache unterweisen sollte und dabei als *alleinige Richtungsweisende* für die Organisation des Lehrens und Lernens zuständig war. In dieser Hinsicht wurde den eventuellen Wünschen der Schüler*innen keinerlei Rechnung getragen und jegliche Nichtbeachtung der Lehrer*innen-Anweisungen wurde als Infragestellung der Lehrer*innen-Autorität wahrgenommen, was zu negativen Konsequenzen für die betroffenen Lernenden führte.

Nach Aussagen von Frau Kouba basiert diese Rollenvorstellung auf Erwartungen, die sie, wie andere kamerunische Lehrende auch, sehr oft an sich selbst stellte: „très souvent nous-mêmes enseignants nous avons beaucoup de complexes. (--) on veut toujours être vu comme […] les allwissender. (--) DONC ceux qui savent (-) qui connaissent TOUT qui maîtrisent TOUT"[128] (ebd., Z. 169–173). Die Gründe für eine solche Neigung, als *Allwissende* und *alleinige*

Lehrer-Schüler-Beziehung, Erwartungen, Großgruppenunterricht, Erfahrung mit Schüler*innen-Feedback.
127 Zu Beginn meiner Karriere betrachtete ich mich als allwissende Lehrerin, die also alles weiß, die alles tut, die führt, die steuert.
128 Lehrpersonen haben sehr oft Komplexe. Sie stellen uns immer als allwissend dar […] das heißt, als diejenigen, die alles wissen, alles beherrschen.

Richtungsweisende angesehen zu werden, könnten in einem kulturell bedingten Lehrer*innen-Bild liegen, nach dem von Lehrenden in der kamerunischen Gesellschaft erwartet wird, als *Experte* für das gelehrte Fach zu fungieren, was bestimmte Rollenerwartungen der Unterrichtsbeteiligten von vornherein festlegt: Während der Lehrende als *Wissende*r* und *Wissensvermittler*in* wahrgenommen wird, treten die Lernenden als *passive Wissensrezipienten* auf. So gesehen lässt sich die Selbstwahrnehmung der Lehrperson als Allwissende wie ein Legitimations- und Durchsetzungsmittel interpretieren.

Im Unterricht wurde der Auseinandersetzung mit sprachstrukturellen Aspekten wie Grammatik und Wortschatz besondere Aufmerksamkeit geschenkt, weil die Förderung der kommunikativen Kompetenz bei den Lernenden und deren erfolgreichen Beteiligung an Prüfungen anvisiert wurden („j'ai cru vraiment au départ que c'était une histoire de GRAMMAIRE de vocabuLAIRE"[129], ebd., Z. 79–80). Es wurde davon ausgegangen, dass die Beherrschung der grammatischen Strukturen und des Wortschatzes der deutschen Sprache die Schüler*innen motivieren sollte, in der Fremdsprache zu kommunizieren, was aber nach Angaben von Frau Kouba überraschenderweise nicht der Fall war: „je pensais que (-) faire le cours d'allemand (-) euh: (-) on se limiterait (---) à:: (-) CHERCHER à ce que l'enfant s'exprime [en allemand]"[130] (ebd., Z. 56–58). Ganz im Gegenteil sei der Unterricht leider so langweilig gewesen, dass alle Unterrichtsbeteiligten keinen Gefallen am Deutschlehren bzw. Deutschlernen fanden und die Lehrer-Schüler-Beziehung wegen entstandenen Spannungen sehr belastet war: „quand on se limite même seulement à la grammaire au vocabulaire-là (.) c'est TRÈS ennuyeux"[131] [...] „quand c'était vraiment ennuyeux. (-) non seulement eux-mêmes (-) ils sont MAL à l'aise (-) vous aussi vous êtes mal à l'aise"[132]. Ein solcher Unterrichtsansatz war lehrerzentriert und aufgrund der passiven Schüler*innen-Rolle wurde den Lernenden kaum eine Möglichkeit zum kreativen, selbstständigen Umgang mit der Sprache angeboten.

Aus der autoritären Lehrer*innen-Rolle ergab sich, dass sich die Lernenden ständig vor der Lehrperson fürchten. Grundlage dieser Angst ist die Erfahrung

---

129 Ich war früher davon überzeugt, dass es um Grammatik und Wortschatz ging.
130 Ich war davon überzeugt, dass es ausreichend wäre, die Lernenden dazu zu bringen, sich auszudrücken.
131 Wenn sie sich nur auf die Grammatik und den Wortschatz beschränkt, ist es sehr langweilig (ebd., Z. 82)
132 Wenn es langweilig ist, fühlen sich nicht nur die Lernenden nicht wohl, sondern auch sie selbst (ebd., Z. 96–98).

der Lernenden, dass die Lehrperson im Unterricht wie eine „*allmächtige Autorität*" auftritt, die zugleich als *Prüfende* und *alleinige Organisatorin des Lehr-Lern-Prozesses* Strafen mit schwerwiegenden Konsequenzen für die betroffenen Lernenden verhängen kann: „pour les enfants la crainte de l'enseignant (1.7) existe toujours hein. (--)et PUIS (--) euh peut-être pensent-ils que (--) s'ils disent quelque CHOSE que l'enseignant trouve déplacée ils risquent une grosse PUNITION"[133] (ebd., Z. 146–149). Angesichts der einerseits fehlenden gesetzlichen Regelung der Lehrer-Schüler-Beziehung sowie der mangelnden Kodifizierung zugelassener Strafen bzw. Strafsituationen, und andererseits nicht existierender Einspruchsmöglichkeiten für die Schüler*innen oder deren Erziehungsberechtigten ist die Abschreckung durch einen willkürlichen Umgang mit herabwürdigenden Strafen keine Seltenheit. In dieser Situation konnten früher keine Schüler*innen-Rückmeldungen an die Lehrperson Frau Kouba erwartet werden. Nach Angaben von Frau Kouba hegte sie im unterrichtlichen Alltag die Befürchtung, dass Rückmeldungen entweder von den Lernenden missbraucht werden oder ein unangenehmes, kritisierendes Feedback ermöglichen: „je me DISAIS (-) que:: […] accorder cette permission aux enfants (-) de PARLER (-) ils peuvent (--) euh PROFITER et pour vous DIRE n'importe quoi […] BREF j'avais peur de de d'affronter certaines VÉRITÉS"[134] (ebd., Z. 141–144).

Zusammenfassend ergibt sich aus den obenstehenden Beobachtungen das Muster einer Selbstwahrnehmung der Lehrenden als *autoritäre Allwissende*, die im täglichen Unterricht ihre eigene Rolle als *alleinige Richtungsweisende* und *alleinige Organisatorin* des Lehr-Lern-Prozesses verstand. Die Selbstwahrnehmung als *Expertin* für den Deutschunterricht machte aus den Lernenden *passive Wissensrezipienten*, deren Handlungen im Alltag durch die Angst vor der Lehrperson geprägt waren.

Aber in den letzten Jahren hat sich Frau Kouba an zahlreichen Lehrer*innen-Fortbildungen am Goethe-Institut Kamerun und in Deutschland beteiligt, was zur Reflexion über ihre eigene Haltung im Unterricht angeregt und zu einer allmählichen Veränderung ihrer Selbstwahrnehmung beigetragen hat.

---

133 Die Schüler*innen haben immer noch Angst vor der Lehrperson und vielleicht denken sie, dass ihnen eine schlimme Strafe droht, wenn sie etwas sagen, was die Lehrperson nicht gut findet.
134 Ich dachte, dass die Schüler*innen von dieser Situation profitieren können, um den Unterricht zu stören […] ich hatte Angst, die Wahrheit zu erfahren.

10.4.1.2. Aktuelle Selbstwahrnehmung als liebevolle Mutter

Bei der Analyse des Transkriptes des Leitfadeninterviews FS2-LPS2B lässt sich – bei der jetzigen Selbstwahrnehmung der Lehrperson – das Muster einer „*liebevollen Mutter*" erkennen: „je leur dis (--) vous savez (-) je suis <<en chantant> votre mère"[135] (FS2-LPS2B, Z. 109). In der kamerunischen Gesellschaft gilt die Bezeichnung *Mutter* generell als wertschätzende, respektvolle Anredeform für Menschen, die fürsorglich, vertrauensvoll, verantwortungsbewusst und hilfsbereit sind. Auf den Unterricht übertragen wird mit der Selbstwahrnehmung der Lehrperson Frau Kouba als „Mutter" darauf verwiesen, dass sie für das Wohlbefinden der Lernenden im Unterricht sorgt, sich für deren Erfolg einsetzt und deren Vertrauen genießt: „je dis je suis votre MÈRE (--) mon souci c'est que: (---) on fasse bien. parce que je voudrais votre réussite"[136] (ebd., Z. 111–112). Im täglichen Unterricht spielt sie die „Mutterrolle", indem sie als *Ratgebende* den Lernenden viele Ratschläge gibt und sie zur Arbeit motiviert.

Diese Rollenvorstellung von Frau Kouba basiert auf einem positiven Menschenbild und einer Wahrnehmung des Unterrichtens als Prozess des gegenseitigen Gebens und Nehmens sowie auf der Einsicht in die Relevanz des lebenslangen Lernens. Sie geht davon aus, dass die Lernenden talentiert sind und dass sie als Lehrperson von ihnen vieles lernen kann: „au travers des enfants on peut aussi APPRENDRE beaucoup de CHOSES [...] on peut apPRENDRE même BEAUCOUP d'eux"[137] (ebd., Z. 174–178). Durch gelegentliches Einfordern anonymen, schriftlichen Schüler*innen-Feedbacks habe sie bisher viel über den eigenen Unterricht erfahren, was zur Infragestellung der eigenen Haltung und folglich zur Einsicht in die Verbesserungsmöglichkeiten des Lehr-Lern-Prozesses geführt hat. Aber aufgrund des zeitlichen Aufwands, der mit der Auswertung der Feedbackbögen aller 71 Lernenden der Terminale-Klasse zusammenhängt, hat Frau Kouba seit dem Anfang dieses Schuljahres noch keine schriftlichen Rückmeldungen von ihren Lernenden eingeholt: „cette année je n'ai pas encore: (-) conçu les FICHES"[138] (ebd., Z. 130–131).

Zur Förderung der sozialen Kompetenz ihrer Schüler*innen werden im Anschluss an die Behandlung der jeweiligen Themen des Lehrplans kleine Projekte durchgeführt, bei denen sich Lernende in Gruppen mit den betroffenen Themen im Zusammenhang mit ihrem Alltag auseinandersetzen und

---

135 Ich sage ihnen, ich sei deren Mutter.
136 Ich sage, dass ich ihre Mutterbin, mein Wunsch ist, dass wir gut arbeiten.
137 Wir können von den Kindern vieles lernen.
138 Dieses Jahr habe ich noch keine Feedbackbögen konzipiert.

die Ergebnisse ihrer Arbeit im Unterricht präsentieren: „on fait (-) parfois des des petits PROJETS [...] où [...] ils organisent des CHOSES eux-mêmes ils EXPOSENT [...] chaque groupe nous présente quelque chose [...] PREND des initiatives"[139] (ebd., Z. 26–35). Nach Angaben von Frau Kouba tragen solche Gruppenarbeiten zur Förderung von lebensrelevanten Werten wie beispielsweise dem gegenseitigen Respekt und der Toleranz bei, weil die Schüler*innen dabei lernen, miteinander zu kooperieren und die Meinungen der anderen anzunehmen: „quand vous les mettez en groupes (1.3) ils apprennent à se supporter (-) ils apprennent à s'accepter: à accepter l'opinion des AUTRES"[140] (ebd., Z. 61–62).

Außerdem wird durch die Durchführung dieser Projekte die Kreativität, die Selbstständigkeit und das Verantwortungsbewusstsein der Lernenden gefördert. Als Beispiel wird das Beispielprojekt zum Thema „Umwelt" erwähnt, bei dem die verschiedenen Schüler*innen-Gruppen eine Aktion zum Umweltschutz am LSF-Gymnasium organisiert haben: Während manche Schüler*innen Mülleimer und Besen für Klassenräume besorgt haben, pflanzten andere Lernende Bäume und Blumen in dem Schulgelände, was der Lehrperson zufolge beeindruckend war: „il y avait vraiment des groupes (-) QUI: (-) ont impressionNÉ (-) qui ont fait de petits jarDINS [...] il y en A qui ont acheté des BALAIS [...] des p SEAUX-poubelles (-) pour les salles de CLASSE",[141] (ebd., Z. 47–51). Angesichts des überwiegend frontalen Charakters des Unterrichts sind solche Aktionen an kamerunischen Gymnasien eine Seltenheit.

Aufgrund der geografischen Entfernung Kameruns zu deutschsprachigen Ländern und der großen Unwahrscheinlichkeit, dass die Lernenden in ihrer beruflichen Zukunft Deutsch brauchen oder Kommunikationssituationen mit Muttersprachler*innen erleben, setzt Frau Kouba den Fokus ihres Unterrichts nicht mehr auf sprachstrukturelle Aspekte wie Grammatik und Wortschatz. Für viel wichtiger hält sie nun die Förderung aktiver Beschäftigung der Lernenden mit alltagsrelevanten Problemen, was aus ihrer Sicht zum nachhaltigen Lernen beitragen kann: „j'ai compris aujourd'hui que (--) on peut avoir

---

139 Wir machen ab und zu Projektunterricht [...] dabei müssen sie selbst aktiv sein, einiges organisieren und ausstellen [...] jede Gruppe muss etwas präsentieren, tun, Initiativen ergreifen.

140 Bei Gruppenarbeit lernen die Schüler*innen einander zu dulden, einander zu akzeptieren, die Meinungen der anderen anzunehmen.

141 Manche Gruppen haben eine beeindruckende Arbeit gemacht. Sie haben kleine Schulgärten gemacht [...] manche haben Besen für Klassenräume gekauft [...] sowie Mülleimer für Klassenräume.

fait l'allemand (.) mais au TRAVERS de l'allemand apprendre autre chose pour la VIE"[142] (ebd., Z. 58–60). In diesem Kontext erscheint die Vermittlung der Grammatik und des Wortschatzes nicht als Hauptaktivität des Unterrichts, sondern als Instrument zur Auseinandersetzung mit den behandelten Inhalten. Aus der Durchführung der oben erwähnten Kleinprojekte, bei denen die aktive Beteiligung der Lernenden gefördert wird, ergibt sich das Muster einer Selbstwahrnehmung der Lehrperson als „*Facilitator*", als *Moderatorin* oder als *Koordinatorin des Lehr-Lern-Prozesses*, was spürbare Auswirkungen auf die Lernenden und die Unterrichtsdurchführung hat.

10.4.2. Auswirkungen der Vorstellungen von Frau Kouba über die eigene Lehrer*innen-Rolle im DaF-Unterricht

Nach der ersten Beobachtungssitzung in der Terminale-Klasse wurden sieben freiwillige Lernende zu einer Gruppendiskussion (FS2-TNA) eingeladen, die während der Pause in einem Büroraum in der Schule stattfand. Dabei saßen die Beteiligten im Kreis um den Moderator herum, der das Aufnahmegerät offen auf dem Arm hielt. Alle waren informiert, dass das Gespräch zu Forschungszwecken aufgezeichnet werden sollte. Während dieser mündlichen Befragung wurden ständig Vergleiche zwischen dem damaligen Deutschunterricht in der Terminale-Klasse und dem in den früheren Gymnasialklassen angestellt. Die Analyse dieser Gruppendiskussion gilt als Grundlage für die Ermittlung der Art und Weise, wie sich die Vorstellungen von Frau Kouba über die eigene Lehrer*innen-Rolle auf die Lernenden im Lehr-Lern-Prozess auswirkte.

10.4.2.1. Auswirkungen auf die Lernenden

Die Untersuchung des Leifadeninterviews FS2-LPS2B, hat eine Veränderung der Art und Weise aufgezeigt, wie sich Frau Kouba die eigene Rolle im DaF-Unterricht vorstellt. Dementsprechend haben sich die Auswirkungen ihres Handelns auf die Lernenden verändert. Im Folgenden sollen zuerst die Auswirkungen der früheren Selbstwahrnehmung als Allwissende erläutert werden, bevor auf die Auswirkungen der Selbstbeschreibung als *Koordinatorin des Lehr-Lern-Prozesses* eingegangen werden. In der Gruppendiskussion wurde Frau Kouba zwar nicht ausdrücklich in Zusammenhang mit der Wahrnehmung der Lehrperson als Allwissende gebracht. Aber die von den Lernenden erwähnten

---

142 Aber heutzutage bin ich zur Einsicht gelangen, dass man im Deutschunterricht etwas anderes für das Leben lernen könnte.

Merkmale der allwissenden Lehrperson entsprechen denen der früheren Selbstwahrnehmung von Frau Kouba. Außerdem haben die Schüler*innen der Terminale-Klasse das fünfte Jahr Deutsch als Fremdsprache an kamerunischen Gymnasien, was nicht ausschließt, dass Frau Kouba mitgedacht wurde, als von DaF-Lehrkräften in den früheren DaF-Klassen gesprochen wurde. Genau diese Annahme liegt der Auswertung der Schüler*innen-Aussagen zur allwissenden Lehrkraft zugrunde.

10.4.2.1.1. Auswirkungen aus der Vorstellung über die Lehrer*innen-Rolle als Allwissende

Aus der Analyse des Transkripts der Gruppendiskussion FS2-TNA ergibt sich, dass die Betrachtung der eigenen Lehrer*innen-Rolle als Allwissende mit dem Muster einer Wahrnehmung der DaF-Lehrerin als *demotivierende Wissensvermittlerin* zusammenhängt. Ein erster Grund für die Demotivation besteht in der Art der Gestaltung des Lehr-Lern-Prozesses. Mit Blick auf die Erfahrungen der Lernenden in den früheren Klassen, in welchen die DaF-Lehrkräfte wie Frau Kouba ihre eigene Rolle als Allwissende erkennbar machten, wird die Neigung zur Beschränkung des DaF-Unterrichts auf das Abschreiben der Lehrwerksinhalte kritisiert: „quand elle ARRIVE; (-) elle prend le LIVRE elle vous fait seulement copier le LIVRE [...] on ne comprenais pas OÙ on allait"[143] (FS2-TNA, Z. 83–85). Die Reduzierung des Deutschunterrichts auf die Grammatik, den Wortschatz und die Lehrwerktexte, in denen meistens das Alltagsleben in deutschsprachigen Ländern thematisiert wird und mit denen sich kamerunische Schüler*innen nicht identifizieren können, stellt für die Lernenden eine große Herausforderung dar. Aufgrund fehlenden Bezugs zur näheren Umgebung der Lernenden lässt sich der Nutzen des Deutschlernens infrage stellen. Angesichts der passiven Schüler*innen-Rolle, die sich aus fehlenden Anlässen zur Anwendung erworbener sprachstruktureller Kenntnisse ergeben, erwies sich der Deutschunterricht als demotivierend und langweilig: „je ne m'intéressais pas trop. (-) donc peut-être quand elle faisait cours moi je faisais ou je DORMAIS (-) ou je faisais AUTRE chose"[144] (ebd., Z. 67–68).

Ein weiterer Grund für die Demotivation der Schüler*innen im DaF-Unterricht mit der Lehrkraft als Allwissende ist die frustrationserzeugende

---

143 Sie ließ uns die ganze Zeit nur vom Lehrbuch abschreiben [...] wir wussten nicht, wohin sie wollte.
144 Ich interessierte mich wirklich nicht dafür, also wenn sie unterrichtete, schlief ich oder beschäftigte mich mit etwas anderem.

Lehrerhaltung. Manchen Lehrpersonen wird vorgeworfen, dass sich Lernschwächere regelmäßig ausgegrenzt fühlen und Opfer diskriminierender Rückmeldungen von der Lehrperson sind. Den Befragten zufolge ist der Unterricht bei solchen Lehrenden ausschließlich an lernstärkere Schüler*innen adressiert, denen ein höherer Wert zugeschrieben wird, während andere Lernende als dumm und faul angesehen und in die unterrichtlichen Interaktionen nicht mit eingezogen werden: „les autres professeurs peut-être s'il y en a ceux qui travaillent tellement BIEN c'est seulement avec EUX qu'ils travaillent. (-) les autres ce sont les CANCRES ils sont BÊTES (-) DONC ils vous FRUSTRENT"[145] (ebd., Z. 165–168). Daraus ergeben sich Frustrationen, Desinteresse für den Deutschunterricht und Vorurteile gegenüber der deutschen Sprache: Deutsch sei eine äußerst schwere Sprache; der Erfolg beim Deutschlernen hänge nicht mit dem Fleiß zusammen, sonders er sei ausschließlich ein Gottesgeschenk: „l'allemand vient de dieu"[146] (ebd., Z. 311).

Ein zusätzlicher Aspekt der Lehrer*innen-Haltung, der sich nach Angaben der Beteiligten an der Gruppendiskussion FS2-TNA negativ auf das Deutschlernen auswirkt, betrifft den autoritären, distanzierten Umgang mit den Lernenden. Es wird kritisiert, dass manche Lehrpersonen so streng sind, dass es generell im Unterricht keine Entspannungssequenzen gibt, bei denen Aktivitäten zur Förderung des Wohlbefindens der Schüler*innen durchgeführt werden können. Vielmehr wird ein Unterrichtsklima gepflegt, in dem jegliche Fragen bzw. Wunschäußerungen der Lernenden als respektlos wahrgenommen werden und schlechte Konsequenzen für die betroffenen Schüler*innen mit sich bringen: „d'autres professeurs [...] ne LAISSENT pas la possibilité aux élèves de de les aborder"[147] (ebd., Z. 261–263). Eine solche Haltung schafft Angst, Distanz und Misstrauen bei den Lernenden sowie eine Abneigung gegenüber dem Deutschlernen.

Den oben beschriebenen Aspekten langweiligen Deutschunterrichts und dem Muster der Wahrnehmung früherer Deutschlehrpersonen als *demotivierende Wissensvermittler*innen* entspricht eine Selbstwahrnehmung der Schüler*innen als *passive Wissensrezipienten*. Aber angesichts unterschiedlicher Erfahrungen, die seit dem Anfang des damaligen Schuljahres im

---

145 Die anderen Lehrenden arbeiten vor allem nur mit lernstärkeren Schülern. die anderen werden als faul angesehen und sind folglich frustriert.
146 Deutsch ist ein Gottesgeschenk.
147 Andere Lehrende [...] lassen die Schüler*innen nicht näher an sie herantreten.

Deutschunterricht gemacht wurden, werden in den Aussagen der Beteiligten an der Gruppendiskussion FS2-TNA auch positivere Rollenvorstellungen deutlich.

10.4.2.1.2. Auswirkungen aus der Vorstellung über die Lehrer*innen-Rolle als Facilitator

Bei allen Beteiligten an der Gruppendiskussion FS2-TNA besteht Konsens über eine allgemein positive Einstellung zum damaligen Deutschunterricht in der Terminale-Klasse. Im Zusammenhang mit der Vorstellung der eigenen Lehrer*innen-Rolle als *Facilitator* wird bei Frau Kouba die Freude am Lehren festgestellt, die sich positiv auf die Motivation der Lernenden auswirkt. Während dieser mündlichen Befragung wurde mehrfach auf den „praktischen Ansatz" hingewiesen, der den Lehr-Lern-Prozess bei Frau Kouba prägt. Anders als in den vorigen Klassen, wo sich Lehrende auf die Lehrwerksinhalte beschränkten und sich hauptsächlich mit Grammatik und Wortschatz beschäftigten, legt Frau Kouba einen großen Wert auf die Auseinandersetzung mit Lehrwerksthemen. Dabei wird der Bezug zum Alltagsleben der Lernenden in den Vordergrund gerückt und es werden Arbeitsmethoden eingesetzt, die die Förderung aller Schüler*innen anstreben, was das Interesse am Deutschunterricht steigert.

Für die befragten Lernenden ist die übliche entspannte Unterrichtsatmosphäre ein weiterer Grund für eine positive Einstellung zum Deutschunterricht. Im Gegensatz zu manchen vorigen Lehrenden, die beim Deutschlehren möglichst viel Wissen vermitteln wollten und daher Entspannungsaktivitäten als Zeitverschwendung betrachteten, wird bei Frau Kouba sehr oft im Unterricht gesungen. Dadurch wird für Abwechslung gesorgt, indem die Monotonie des Unterrichts durchbrochen wird und die Lernenden in Stimmung gebracht werden: „je trouve (--) bon le cours d'allemand intéressant comme on a fait aujoud °h accompagné à chaque fois de petites (-) CHANSONS, (--) ce ça vous ÉVEILLE (-) pas seulement faire allemand"[148] (ebd., Z. 206–208). Zur Entspannung der Unterrichtsatmosphäre greift Frau Kouba auch auf Witze zurück, die den Befragten zufolge den Wissenserwerb erleichtern, Spaß am Deutschlernen fördern und zum wachsenden Interesse an Deutsch beitragen: „madame kouba (-) c'est elle qui m'a amené (--) aussi à comprendre l'allemand […] parce que

---

148 Ich finde den Deutschunterricht interessant, wie es heute der Fall war. Es wird oft gesungen. Das ist entspannend und es wird nicht nur Deutsch unterrichtet.

elle euh elle des fois elle nous AMÈNE (-) à comprendre à travers des histoires qu'elle nous raCONTE elle nous anime"[149] (ebd., Z. 26–29).

Die Begeisterung der Schüler*innen für den Deutschunterricht hängt auch damit zusammen, dass sich die Lehrperson nicht auf die Wissensvermittlung beschränkt, sondern auch regelmäßig als *Beratende* auftritt. Einerseits beziehen sich ihre Ratschläge auf Lern- und Arbeitsmethoden, die den Lernenden den Zugang zum Lernstoff erleichtern und zur Verbesserung ihrer Leistungen beitragen: „elle nous donne des conseils en même temps. (--) pour pouvoir mieux comprendre la CHOSE"[150] (ebd. Z. 54–55). Andererseits wird bei Disziplinproblemen ein Austausch mit den betroffenen Lernenden bevorzugt und nicht sofort auf frustrationserzeugende Strafen zurückgegriffen, wie es der Fall bei vielen anderen Lehrpersonen ist. Anschließend werden der ganzen Gruppe Ratschläge gegeben, die über den unterrichtlichen Rahmen hinausgehen und auf die Entstehung erfolgsfördernder Haltungen und Verhaltensweisen bei den Lernenden abzielen „elle arrive des fois de nous gronder mais elle nous amène encore à par avec des conseils tout ça tout ça"[151] […] „elle nous MONTRE que le la manière de se comporter dans <<en chantant> la VIE»"[152]. Aufgrund dieser Ratschläge wird Frau Kouba mit einer *älteren Schwester* verglichen, die ihre Lebenserfahrungen mit jüngeren Menschen teilt und ihnen den richtigen Weg im Leben weist.

10.4.2.2. Auswirkungen auf die Prozessqualität des Unterrichts

Auch hier wird zuerst auf das Qualitätsmerkmal der Klassenführung (Kap. 10.4.2.2.1), dann der konstruktiven Unterstützung (Kap. 10.4.2.2.2) und abschließend der Schüler*innen-Aktivierung (Kap. 10.4.2.2.3) eingegangen.

10.4.2.2.1. Qualitätsmerkmal der Klassenführung

Aus den früheren Vorstellungen über ihre eigene Rolle als *Allwissende* ergeben sich Auswirkungen auf die Klassenführung. Nach eigener Aussage fühlte

---

149 Mit der neuen Lehrerin, Frau Kouba, habe ich geschafft, Deutsch zu […] denn manchmal bringt sie uns zu verstehen, durch lustige Geschichten, die sie uns erzählt. Sie bringt Stimmung in den Unterricht.
150 Sie gibt uns viele Ratschläge, damit wir besser Deutsch verstehen.
151 Sie schimpft oft mit uns, aber sie ermuntert uns noch unter anderem mit ihren Ratschlägen (ebd., Z. 73–75).
152 Sie zeigt uns <<singend> wie man sich in der Gesellschaft benehmen soll> (ebd., Z. 204–205).

sich Frau Kouba als *alleinige Verantwortungstragende* im Lehr-Lern-Prozess, die sowohl für die Wissensvermittlung als auch für die Disziplin im Unterricht sorgte (vgl. Kap. 10.4.1.1): „j'étais l'enseignante qui sait TOUT [...] qui maîtrise TOUT (-) qui fait TOUT (-) qui guide qui oriente;"[153] (FS2-TNA, Z. 14–15). Als alleinige Richtungsweisende bestimmte sie auch allein über alles, und daher gab es keine Transparenz im Umgang mit Störungen im Unterricht. Die Neigung, alles unter Kontrolle zu haben und als Allwissende zu erscheinen, führte dazu, dass sich die Lernenden und die Lehrperson im Unterricht langweilten. So ist davon auszugehen, dass die Art und Weise, wie die Lehrkraft mit Lernenden umging, weder lern- noch konzentrationsförderlich war. Eine angeblich allwissende Lehrperson ist nach Angaben von Frau Kouba ständig in der Defensive und neigt dazu, auf abschreckende Maßnahmen wie Frustrationen und Erniedrigungen der Lernenden zurückzugreifen, um Respekt zu erzwingen. Dies führt zweifelsohne zu ständiger Angst vor der Lehrperson und zur Demotivation im DaF-Unterricht (vgl. Kap. 10.4.2.1.1).

Seitdem Frau Kouba bei Lehrer*innen-Fortbildungen die Relevanz der Reflexion über die eigene Haltung im Unterricht erkannt hat, findet sie immer mehr Gefallen am Unterrichten: „avec euh:: les formations que je fais (--) je crois que: (--) je m'épanouis aussi: d'avanTAGE"[154] (ebd., Z. 274–275). Das liegt daran, dass ihr der Druck, in jeder unterrichtlichen Situation als Allwissende aufzutreten, abgenommen wurde, sodass sie einen besonderen Wert auf die wertschätzende Kommunikation mit den Schüler*innen legt. Dem Einsatz demütigender und frustrationserzeugender Strafen und Beschimpfungen hat Frau Kouba den Rücken gekehrt zugunsten einer Haltung, die beispielsweise bei Disziplinproblemen den Austausch mit den Lernenden favorisiert (vgl. Kap. 10.4.1.2).

Angesichts der Klassengröße erscheinen Störungen unterschiedlicher Natur als Hauptprobleme, mit denen Frau Kouba im DaF-Unterricht konfrontiert ist. Anstatt sofort auf Einschüchterungsmaßnahmen zurückzugreifen, legt sie besonderen Wert darauf, den Lernenden durch intensivere Aufmerksamkeit auf Störer das Problem bewusst zu machen: „j'ai une habitude maintenant c'est que je <<:-)>je m'intéresse> (1.6) BEAUCOUP à: (-) ces foyers de bavardage-là [...] quand je fais COURS (-) c'est: ceux-là qui bavardent beaucoup: (-) je: je me

---

153 Zu Beginn meiner Karriere betrachtete ich mich als allwissende Lehrerin [...] die alles weiß, die alles tut, die führt, steuert.
154 Dank der Fortbildungen, an denen ich mich beteilige, kann ich mich immer mehr entfalten.

<<singend> mets à les interroger: (-) je vais regader leurs CAHIERS"[155] (ebd., 248–251). Um Störungen im Unterricht vorbeugend entgegenzuwirken, spricht sie mit den Lernenden, die Nebengespräche im Unterricht führen, lässt sie auch im Lehr-Lern-Prozess zu Wort kommen, kontrolliert ihre Hefte und versucht, die Ursache der Störungen zu erkunden. Erst wenn die Störungen nach diesen beschriebenen Maßnahmen nicht aufhören, wendet sich Frau Kouba an die zuständigen Mitglieder der Schulverwaltung, die weitere disziplinarische Maßnahmen treffen: „QUAND j'arrive déjà à la punition c'est que l'enfant a VRAIMENT exagéré. (1.3) ET:: les puinitions (.) très souvent qu'est-ce que je fais (.) je (--) fais PART aux membres de l'administration; (-) on prend l'enfant"[156] (ebd., 182–185). In einem weiteren Schritt führt sie ein Nachbereitungsgespräch mit den betroffenen Lernenden, damit diese effektiv aus ihren Fehlern und deren Konsequenzen lernen und sich künftig besser benehmen: „APRÈS la punition j'essaie toujours de rencontrer euh l'ÉLÈVE que j'ai (-) eu à punir. (---) QUAND tout est déjà CALME quoi […] pour qu'on en PARLE"[157] (ebd., 185–187).

Diese Strategie kommt sehr gut bei Lernenden an. Strafe wird nicht wie ein Damoklesschwert benutzt, das bei jeglichen Störungen zum Einsatz kommt. Generell werden Strafen verhängt, wenn alle anderen Versuche, Disziplin zu fördern, im Unterricht gescheitert sind. In diesem Fall kann die Lehrperson nicht dafür verantwortlich gemacht werden, dass jemand eine bestimmte Strafe bekommt, da dies nicht von Frau Kouba bestimmt wird, sondern von den zuständigen Personen in der Schulverwaltung (*Surveillant Général*). Aus dem Einsatz dieser Strategie ergibt sich die Steigerung der Motivation für den DaF-Unterricht: „je peux dire que je trouve déjà le cours. d'allemand INTÉRESSANT; madame kouba m'a amené à aimer l'allemand"[158] (FS2-TNA, Z. 298–299).

Angesichts der oben beschriebenen Beobachtungen kann hier von einer effektiven Klassenführung gesprochen werden.

---

155 Ich muss zugeben, dass ich mich nun üblicherweise sehr für Störungsherde im Unterricht interessiere. Also denjenigen, die meinen Unterricht stören, schenke ich besondere Aufmerksamkeit. Ich stelle ihnen Fragen, ich kontrolliere ihre Hefte.
156 Wenn ich auf die Strafe zurückgreife, muss man verstehen, dass das Kind wirklich übertrieben hat und informiere die Schulverwaltung. Sie bestrafen das Kind.
157 Nach der Strafe unterhalte ich mich immer mit dem betroffenen Schüler, wenn alles wieder in Ordnung ist.
158 Zum Schluss kann ich sagen, dass ich den Deutschunterricht schon interessant finde. Frau Kouba hat mich dazu gebracht, Deutsch zu mögen.

10.4.2.2.2. Qualitätsmerkmal der konstruktiven Unterstützung

Zu Beginn ihrer Karriere betrachtete Frau Kouba ihre Rolle im DaF-Unterricht als *Allwissende*. Der regelmäßige Einsatz von Einschüchterungsmaßnahmen vergiftete die Qualität ihrer Beziehungen zu den Lernenden. Dies lag daran, dass viele Schüler*innen ständig Angst vor der Lehrperson hatten und nicht die Möglichkeit bekamen, eigene Meinungen und Wünsche in die Unterrichtsgestaltung einzubringen (vgl. Kap. 10.4.1.1).

Aber durch die Selbstwahrnehmung als *Facilitator* sorgt Frau Kouba für ein besseres Arbeitsklima und eine positive Fehler- und Feedbackkultur. Nach Angaben der Schüler*innen ergibt sich die positive Einstellung zum Deutschunterricht auch aus der Wertschätzung, die Frau Kouba im Alltag ihren Lernenden entgegenbringt. Im Grunde wird wertgeschätzt, dass Frau Kouba nicht unterschiedlich mit den Lernenden umgeht, sondern sowohl Lernstärkere als auch Lernschwächere in die unterrichtlichen Interaktionen miteinbezieht. Das verstärkt das Selbstwertgefühl der Unterrichtsbeteiligten, baut ihre Angst vor der Lehrperson ab und fördert ihre Motivation für den DaF-Unterricht und ihren Fleiß beim Deutschlernen: „elle VALORISE tout le monde […] LÀ on se sent bien parce que (-) °h nous sommes nous-mêmes CAPABLES de (-) produire certaines oeuvres par nous-mêmes sans qu'on ne nous FORCE"[159] (ebd., Z. 168–171).

In den letzten Jahren hat Frau Kouba bei Lehrer*innen-Fortbildung die Relevanz konstruktiven Feedbacks kennengelernt (vgl. Kap. 10.4.1.2). Damit die Lerngelegenheiten an die Wünsche und Bedürfnisse der Lernenden angepasst werden, holt sie oft Schüler*innen-Feedback über den DaF-Unterricht ein: „à un CERTAIN moment de l'année (--) je prends une pause où je leur demande (-) vraiment vous PENSEZ qu'on peut faire comment pour amé améliorer"[160] (FS2-LPS2B, Z. 112–114). Dadurch können die Lernenden anonym schreiben, was im DaF-Unterricht gut/nicht gut läuft und was verbessert werden könnte. So konnte Frau Kouba im Jahr zuvor viele Rückmeldungen bekommen, zum Beispiel, dass sie sich im DaF-Unterricht nur für Lernstärkere interessierte und den Lernschwächeren weniger Aufmerksamkeit schenkte: „par exemple l'année dernière (---) un élève ou une élève […] avait DIT; vraiment madame kouba (--)

---

159 Sie geht eher wertschätzend mit allen Lernenden um und ich bin der Meinung, dass wir uns dann gut fühlen, weil wir manches allein schaffen, ohne dass wir dazu gezwungen werden.

160 Irgendwann im Laufe des Schuljahres mache ich eine kleine Pause und Frage nach ihren Meinungen dazu, wie man verbessern könnte.

moi je ce qui me dérange (-) c'est que vous vous intéressez plus (.) à [...] ceux qui comprennent mieux l'allemand"[161] (ebd., Z. 119–122). Solche Rückmeldungen haben Frau Kouba zur Reflexion über ihre eigene Rolle und ihr eigenes Handeln im Unterricht angeregt und zur Verbesserung der eigenen Leistung als Lehrperson beigetragen: „et ça (.) ça m'a: (1.5) ça m'a fait <<:-)> changer.> [...] d'attitude"[162] (ebd., Z. 123–124).

Durch die Einsicht in die positiven Effekte vom Schüler*innen-Feedback und die damit zusammenhängende Berücksichtigung der Rückmeldungen der Lernenden zur Verbesserung des Unterrichts, wurde nach Aussagen von Frau Kouba mehr Vertrauen zwischen den jeweiligen Unterrichtsbeteiligten aufgebaut. Das hat zur Verbesserung der Lehrer-Schüler-Beziehung sowie der allgemeinen Unterrichtsatmosphäre geführt.

Damit Vertrauen in der Lehrer-Schüler-Beziehung präsent ist, lässt sich Frau Kouba als „*Mutter*" bezeichnen: „je dis je suis votre MÈRE"[163] (vgl. Kap. 10.4.1.2). Außerdem lässt sie die Schüler*innen verstehen, dass sie auf deren Zusammenarbeit und Mitwirkung angewiesen ist, damit das Ziel, Erfolg beim Lernen zu haben, erreicht werden kann. In der Lehrer-Schüler-Interaktion verzichtet sie auf Haltungen und Handlungen, die zu Frustrationen und Angst bei den Lernenden führen könnten. Sie versucht auch die aktive Beteiligung der Schüler*innen und deren Motivation zu fördern. Auch wenn die Angst vor der Lehrkraft immer präsent ist, wird sie in ihrer Rolle als „Mutter" von den Lernenden anerkannt: „euh si vous avez constaté ils vont m'appeler par exemple la mère <<en chantant> des enFANTS;>"[164] (ebd., Z. 110–111).

Zum Schluss ist festzuhalten, dass das Klassenklima in der Terminale-Klasse von den Unterrichtsbeteiligten positiv eingeschätzt wird. Dies liegt daran, dass sich die Lernenden von der Lehrperson wertgeschätzt fühlen, und dass die Qualität der Lehrer-Schüler-Beziehung insgesamt gut ist. Auch wenn ein Schüler*innen-Feedback nicht regelmäßig eingeholt wird, betrachtet Frau Kouba Feedback als Instrument zur Weiterentwicklung und zur Verbesserung der eigenen Leistung. Daher kann gefolgert werden, dass die Lernenden in der Terminale-Klasse konstruktiv unterstützt werden.

---

161 Zum Beispiel eine Schülerin oder ein Schüler [...] dass sie sich mehr für lernstärkere Schüler*innen interessieren, für diejenigen, die Deutsch besser verstehen.
162 Und das hat mich dazu gebracht [...] meine Haltung zu verändern.
163 Ich sage, ich bin eure Mutter (ebd., Z. 111).
164 Wenn Sie vielleicht beobachtet haben, werde ich Mutter genannt.

10.4.2.2.3. Qualitätsmerkmal der Schüler*innen-Aktivierung

In ihrer früheren Rollenvorstellung als Allwissende förderte Frau Kouba keine aktive Beteiligung der Lernenden am Lehr-Lern-Prozess. Sie fühlte sich nämlich für alles verantwortlich (vgl. Kap. 10.4.1.1). Aufgrund der reproduktiven Unterrichtsausrichtung – es ging nämlich vor allem um Grammatik- und Wortschatzvermittlung – und mangelnder schüleraktivierender Methoden wurde der Lehr-Lern-Prozess sowohl für die Lehrperson als auch für die Lernenden langweilig und demotivierend (vgl. ebd.).

In der Vorstellung der eigenen Lehrer*innen-Rolle als *Facilitator* wird ein besonderer Wert auf die aktive Beteiligung der Lernenden am Lehr-Lern-Prozess gelegt. Nach Angaben der Lernenden setzt sich Frau Kouba zum Ziel, dem Lehrplan entsprechend den DaF-Unterricht „kompetenzorientiert" zu gestalten: „elle avait adopté (--) la nouvelle approche pédagogique l'approche par compétence"[165] (FS2-TNA, Z. 173–174). Dabei beschränkt sie sich weder auf Grammatik und Wortschatz noch auf das Lehrwerk: „elle ne fait pas (-) SEULEMENT le cours"[166] (ebd., Z. 174–175) bzw. „vous ne faites pas seulement allemand allemand allemand"[167] (ebd., Z. 39–40). Vielmehr werden bei jedem im Lehrplan vorgeschriebenen Thema nach der Behandlung der Lehrbuchinhalte Kleinprojekte durchgeführt (vgl. Kap. 10.4.1.2). Dabei wird einerseits selbstständiges Arbeiten gefördert und andererseits der Lebensbezug des Gelernten fokussiert: „elle dit (-) les élèves eux-mêmes (-) ne doivent pas SEULEMENT faire la THÉORIE […] elle se base beaucoup plus SUR la pratique"[168] (ebd., Z. 161–163). Durch Projekt- und Gruppenarbeit werden die Lernenden dazu aufgefordert, die im Lehrwerk erworbenen Kenntnisse im Zusammenhang mit ihrem Lebensraum zur Debatte zu stellen und eventuell konkrete Handlungen durchzuführen: „elle rapproche (-) CE qu'on fait (-) en classe […] À l'environnement que nous sommes et à la société"[169] (ebd., Z. 195–196). Daraus ergibt sich, dass die Lernenden den Lerngegenstand und dessen Relevanz

---

165 Sie hat sich für den neuen Unterrichtsansatz entschieden, nämlich den kompetenzorientierten Unterricht.
166 Sie beschränkt sich nicht nur auf die Wissensvermittlung.
167 Es wird nicht immer nur Deutsch, Deutsch, Deutsch gelernt.
168 Frau Kouba erwartet, dass sich die Lernenden nicht nur auf die Theorie beschränken […] für sie spielen praktische Aktivitäten eine wichtigere Rolle.
169 Sie baut also eine Brücke zwischen einerseits dem Lehrplan, das heißt, was wir im Unterricht lernen und anderseits der Gesellschaft, in der wir leben.

besser verstehen: „c'est en faisant cela qu'on avait même COMPRIS (-) pourquoi umwelt euh (-) dans notre (.) programme"[170] (ebd., Z. 180–182).

Die regelmäßige Durchführung von Kleinprojekten, bei denen die Lernenden in Gruppen aktiv arbeiten und sich konstruktiv mit Problemen aus ihrer unmittelbaren Umgebung beschäftigen, hat die Motivation der Schüler*innen für den Deutschunterricht gesteigert: „quand on inTÈGRE les activités pratiques-là (--) même ceux qui sont FAIBLES en allemand [...] font les EFFORTS (-) de maîtriser ce qui était: (-) qui paraissait très très compliqué là"[171] (FS2-LPS2B, Z. 82–85). Auch wenn Gruppenarbeit ausschließlich im Rahmen dieser Kleinprojekte außerhalb des Klassenzimmers und bisher wegen der großen Anzahl der eingeschriebenen Lernenden in der Terminale-Klasse noch nicht im laufenden Unterricht eingesetzt wird, trägt sie – Frau Kouba zufolge – zur Verbesserung der sozialen Kompetenz der Schüler*innen bei. Die Förderung der Schüler*innen-Aktivität, deren Kreativität und Verantwortungsbewusstsein, die mit der Durchführung von Kleinprojekten zusammenhängt, hat zur Folge, dass das steigende Interesse für Deutsch und die Entstehung einer positiven Einstellung zum Deutschunterricht bei den Lernenden kontinuierlich spürbarer werden. Mit Blick auf die damalige entspannte Unterrichtsatmosphäre und den spürbaren Spaß der Lehrenden und Lernenden am Deutschunterricht führt Frau Kouba ihre früheren Rollenvorstellungen auf die Unkenntnis zurück: „je dois avouer que c'était <<en chantant> l'ignorance>"[172] (ebd., Z. 76).

Zusammenfassend lässt sich sagen, dass die aktive Beteiligung der Lernenden an der Unterrichtsdurchführung gefördert wird. Es ist jedoch festzustellen, dass Frau Kouba zwar über die Bedeutung kooperativer Lernmethoden für den DaF-Unterricht Bescheid weiß, sich aber nicht in der Lage fühlt, sie im Großgruppenunterricht konkret umzusetzen. Des Weiteren würde Frau Kouba sehr gern die Lernenden in die Mitgestaltung des DaF-Unterrichts miteinbeziehen, indem sie von ihnen Rückmeldungen einfordert. Aber angesichts der Klassenstärke ist der Aufwand für die Vorbereitung, Durchführung und Auswertung von Feedbackbögen sehr groß.

---

170 Durch praktische Aktivitäten haben wir dann den Stellenwert des Themas Umwelt in unserem Lehrplan begriffen.
171 Wenn man auf praktische Aktivitäten zurückgreift, bemerkt man, dass auch lernschwächere Schüler*innen [...] sich dann bemühen, das zu lernen, was zu schwierig aussah.
172 Ich muss zugeben, dass es an Unkenntnis lag.

10.4.3. Zusammenfassung der Erkenntnisse zu den Vorstellungen von Frau Kouba über die eigene Lehrer*innen-Rolle im DaF-Unterricht

Zum Schluss soll festgehalten werden, dass sich die Vorstellungen von Frau Kouba über die eigene Lehrer*innen-Rolle im DaF-Unterricht entwickelt haben. Früher betrachtete sie sich als *Fachfrau* und *Autorität* im Unterricht, d.h., als *Allwissende*, *Wissensvermittlerin, alleinige Organisatorin, alleinige Richtungsweisende* und *alleinige Verantwortungstragende* im Lehr-Lern-Prozess (vgl. Kap. 10.4.1.1). Dabei wurden die Lernenden als passive Wissensempfänger*innen wahrgenommen. Aber angesichts der Reaktionen der Lernenden auf die Verhaltensweisen der Lehrperson im DaF-Unterricht war Frau Kouba mit der eigenen Leistung unzufrieden und folglich ständig frustriert. Die Beteiligung an Lehrer*innen-Fortbildungsangeboten hat zur Selbstreflexion über die eigenen Rollenvorstellungen angeregt: Anders als früher betrachtet sich Frau Kouba aktuell als „*Mutter*", die sich für das Wohlbefinden der Schüler*innen einsetzt (vgl. Kap. 10.4.1.2). Aus der Auswertung ihrer mündlichen Befragung ergibt sich das Muster einer Selbstwahrnehmung der Lehrperson als „*Facilitator*", als *Moderatorin* oder als *Koordinatorin des Lehr-Lern-Prozesses*. Dabei wird sie von den Lernenden als *liebevolle Mutter* und *hilfsbereite ältere Schwester* angesehen. Daraus, wie Frau Kouba mit ihnen im DaF-Unterricht umgeht, ist eine Selbstwahrnehmung der Schüler*innen als *wertgeschätzte, aktive Mitgestalter* des Unterrichts abzuleiten (vgl. Kap. 10.4.2.1.2).

Insgesamt ist festzustellen, dass die Veränderung der Rollenvorstellungen von Frau Kouba die Prozessqualität des Unterrichts positiv beeinflusst hat. Aus der Tatsache, dass mit Strafen mehr oder weniger transparent umgegangen wird, und dass Bemühungen zur Vorbeugung von Störungen im DaF-Unterricht unternommen werden, lässt sich folgern, dass die Klassenführung in der Terminale-Klasse effektiv ist (vgl. Kap. 10.4.2.2.1). Außerdem herrscht bei den befragten Unterrichtsbeteiligten Konsens darüber, dass das Klassenklima im DaF-Unterricht lernförderlich ist. Das hängt damit zusammen, dass die Lehrer-Schüler-Beziehung insgesamt als gut betrachtet und den Lernenden im Alltag Wertschätzung entgegengebracht wird. Darüber hinaus hat die Lehrperson eine positive Einstellung zum Schüler*innen-Feedback, auch wenn dies aufgrund des großen Aufwands nicht regelmäßig eingefordert wird. Daher ist zu schlussfolgern, dass dem Merkmal der konstruktiven Unterstützung Rechnung getragen wird (vgl. Kap. 10.4.2.2.2). Was die Schüler*innen-Aktivierung angeht, ist sich Frau Kouba zwar dessen bewusst, dass die Lernenden aktiv in die Gestaltung und Durchführung des DaF-Unterrichts eingebunden werden sollten. Aber es fehlt ihr noch an praktischem Knowhow, wie dies im Großgruppenunterricht durchgeführt werden könnte (vgl. Kap. 10.4.2.2.3).

Frau Kouba geht von der schwierigen praktischen Umsetzung ihrer aktuellen Rollenvorstellungen im Unterricht aus. Sie zieht das Fazit, dass die Lernenden immer noch Angst vor ihr sowie vor eventuellen Strafen haben, obwohl sie sich in ihrem Umgang mit den Schüler*innen darum bemüht, ihnen Vertrauen einzuflößen. Aus ihrer Sicht hängt dies damit zusammen, dass sich die Erfahrung der Lernenden im Laufe ihrer Sozialisation durchgesetzt hat, dass man sich aufgrund der ständigen Gefahr drakonischer Strafen vor der Lehrkraft im Schulkontext fürchten muss.

10.5. Forschungsergebnisse zu den Vorstellungen von Frau Njemmack über die eigene Lehrer*innen-Rolle im DaF-Unterricht

Die Troisième-Klasse (10. Klasse) ist der zweite Jahrgang im kamerunischen Schulsystem, in welchem Deutsch als Fremdsprache gelernt wird und bereitet auf den Abschluss der Sekundarstufe I vor, nämlich die zentral durch das Erziehungsministerium organisierte BEPC-Prüfung. Am LSF-Gymnasium gibt es insgesamt vier Troisième-Klassen, darunter zwei mit Deutsch bzw. Spanisch als Wahlpflichtfach. In der vorliegenden Arbeit verweist die Bezeichnung „Troisième-Klasse" auf jene Troisième-Deutschklasse, in der die Untersuchung durchgeführt wurde und die insgesamt 72 Schüler*innen im Alter zwischen 13 und 17 Jahren hatte. Der Deutschunterricht fand montags und freitags statt. Aus Zeitgründen konnten nur die Doppelstunden am Montag beobachtet werden, welche jeweils in der dritten und vierten Unterrichtsstunde stattfanden und durch eine fünfzehnminutige Pause getrennt waren. In dieser Toisième-Klasse ist Frau Njemmack DaF-Lehrerin.

10.5.1. Vorstellungen von Frau Njemmack über die eigene Lehrer*innen-Rolle im DaF-Unterricht

Gleich nach der ersten Unterrichtsbeobachtung in der Troisième-Klasse wurde ein Leitfadeninterview (FS2-LPS3C) mit der Lehrperson Frau Njemmack durchgeführt. Anders als bei den anderen Lehrpersonen, deren Befragung erst nach der Gruppendiskussion mit ihren jeweiligen Schüler*innen stattfand, musste die Lehrperson Frau Njemmack gleich nach der ersten Unterrichtsbeobachtung befragt werden. Das lag daran, dass eine Klassenarbeit nach der Deutschstunde im Französischunterricht vorgesehen war, sodass die Lernenden an jenem Tag nicht zu einer Befragung eingeladen werden konnten. Auf Wunsch der Befragten fand das Interview auf Deutsch statt, was oberflächlichen Besprechung mancher Punkte führte.

10.5.1.1. „äh ich BIN: die: (.) erleichterin"

Auf die Frage, wie Frau Njemmack ihre Rolle im DaF-Unterricht versteht, antwortet sie, dass sie sich als *Facilitator* beschreibt: „ich begleite nur (--) die: die schülerin die schüler; das bedeutet ich äh ich BIN: die: (.) erleichterin [...] ich helfe den ich helfe den schülern (--) bei: bei der arbeit" (FS2-LPS3C, Z. 15–17). Sie versteht sich als *Hilfestellung* für die Lernenden und verweist mit dem Begriff „erleichterin" auf ihre Bereitschaft, den Lernenden im Lehr-Lern-Prozess hilfreich zur Seite zu stehen: „ich erleichte nur äh: die arbeit. (--) [ich gebe] (--) eine übung [...] die schüler machen die übung. wenn sie NICHT verstandn haben (--) DANN (-) erkläre ich (-) noch einmal. (--) und wenn es öh (-) FEHLER an (-) wenn es fehler gibt. korrigiere ich" (ebd., Z. 22–25). Sie spielt also auf ihre Bereitschaft an, (a) den Lernenden den Lernstoff im lehrerzentrierten Lernsetting auf verständliche Art und Weise nahezubringen, (b) den Schüler*innen bei Problemen während des Umgangs mit dem Lernstoff Hilfe zu leisten, (c) die Fehler der Lernenden im Lehr-Lern-Prozess zu verbessern, und (d) durch eine intensive Auseinandersetzung mit dem Lehrplan den Unterrichtsbeteiligten Unterstützung für die Erreichung des Erfolgs bei Klassenarbeiten und Prüfungen zu geben. Darüber hinaus geht es auch um die Fehlerkorrektur im Unterricht.

Die Selbstbezeichnung als „erleichterin" entspricht auch der Rolle der *Fachfrau*, d.h., der *Wissensvermittlerin,* da Frau Njemmack einerseits besonderen Wert auf die Vermittlung des Wissens legt, das zum Erfolg bei der BEPC-Prüfung führen soll. Andererseits wünscht sie sich aber, dass sich die Lernenden im täglichen Unterricht auf Interaktionen mit der Lehrperson einlassen: „ich möchte gern dass die schüler (--) MIT (--) mit mir INTERagieren [...] DASS (--) die schüler auch (-) GUTE note [...] ha:ben" (ebd., Z. 175–179). Die gewünschte Interaktion mit der Lehrperson verweist darauf, dass die Lernenden regelmäßig auf die Lehrer*in-Fragen eingehen und angstfrei ihre Sorgen in Bezug auf den behandelten Lernstoff thematisieren sollen. In der Rolle der *Fachfrau* kommt Frau Njemmack die Aufgabe zu, möglichst viel Wissen zu vermitteln, damit die Lernenden Erfolg bei der nationalen BEPC-Prüfung haben. Das erklärt die Tatsache, dass das Unterrichtstempo oft beschleunigt wird: „um ziel zu: erreichen braucht man (1.0) ich öh: (--) ein bisschen schneller [...] denn sie: (-) sollen am ende des jahres eine prüfung schreiben" (ebd., Z. 55–57). Daraus ist die Wahrnehmung der Lernenden als Wissensempfänger*innen abzuleiten.

10.5.1.2. „ich kontrolliere (-) IMMER die hausaufgaben"

Das Streben nach der Verbesserung der Schüler*innen-Leistungen ist aus Sicht der Lehrperson die Grundlage der Gestaltung des Deutschunterrichts. Zuerst wird auf die Auseinandersetzung mit dem Lerngegenstand fokussiert, indem versucht wird, Zeitverschwendung zu vermeiden. Der Rolle der *Autorität* entsprechend werden Hausaufgaben zu Beginn jeder Unterrichtssitzung in den jeweiligen Heften aller 72 Schüler*innen der Troisième-Klasse systematisch kontrolliert und dabei Fragen zum Umgang mit den jeweiligen Übungen gestellt, was angesichts der Klassenstärke sehr viel Zeit in Anspruch nimmt: „am anfang des unterrichts […] nehme ich (--) immer ZEIT. (--) ich kontrolliere (-) IMMER die hausaufgaben […] sie sind fünfundsechzig. (--) ich kontrolliere und ich sage (-) WARUM haben sie DAS (-) geschrieben […] und das nimmt auch (--) VIEL zeit" (ebd., Z. 89–92). Dadurch kann Frau Njemmack feststellen, welche Schüler*innen fleißig sind, welche vermutlich die Hausaufgaben bei Mitschüler*innen abgeschrieben haben und welche Lernenden faul sind. Im Anschluss daran werden körperliche und nicht körperliche Strafen angekündigt, wenn die Hausaufgaben nur zum Teil bzw. gar nicht gemacht worden sind oder wenn jemand im Verdacht steht, bei Mitschüler*innen die Lösungen abgeschrieben zu haben. Mit der systematischen Hausaufgabenkontrolle wird angestrebt, dass die Schüler*innen der Troisième-Klasse fleißiger arbeiten.

Der Einsatz von Strafen gilt als Abschreckungsmittel, damit sich die Schüler*innen effektiv mit dem Lernen befassen. Nach Angaben von Frau Njemmack ist es üblich, dass sie auf körperliche Strafen zurückgreift, um Disziplinprobleme zu bekämpfen oder Fleiß bei den Lernenden zu fördern: Als Beispiel gibt sie an, dass Schüler*innen (a) sich auf den schmutzigen Boden des Klassenzimmers setzen oder knien, (b) eine Zeit lang stehen bleiben müssen. Solche Maßnahmen sind demütigend für die Lernenden, aber damit wird die Hoffnung verbunden, dass sich die Lernenden viel aktiver am Unterricht beteiligen werden. Diese Strafen werden sofort aufgehoben, wenn die betroffenen Schüler*innen im weiteren Verlauf des Unterrichts aktiv am Lehr-Lern-Prozess teilnehmen, indem sie sich zu Wort melden und auf mindestens eine Frage der Lehrerin eingehen: „sie SOLLEN […] auf eine frage antWORten; (-) UM (--) an ihre stelle […] zurückzugehen" (ebd., Z. 155–156).

10.5.1.3. „ich bin auch ihre SCHWESter. (.) ihre FREUNdin"

Eine Analyse des Transkripts des Leitfadeninterviews FS2-LPS3C deutet auf eine Selbstwahrnehmung von Frau Njemmack als „*Schwester*" bzw. „*Freundin*" für die Schüler*innen hin: „ich bin HIER (-) ihr deutschlehrerin […] aber ich bin auch ihre SCHWESter. (.) ihre FREUNdin" (ebd., Z. 122–124). Die Verwendung des Bildes der „*Schwester*" bzw. „*Freundin*" kann auf den relativ geringen Altersunterschied zwischen den Lernenden und der Lehrenden zurückgeführt werden[173]. Mit dieser Bezeichnung wird darauf angespielt, dass sich Frau Njemmack als vertrauensvolle und hilfsbereite Ansprechperson für die Schüler*innen darstellt. Frau Njemmack zeigt großes Interesse daran, dass die Lernenden aktiv am Lehr-Lern-Prozess teilnehmen und stellt sich auch als *Beraterin* dar:

> ich HABE (-) im laufe der: (--) im laufe des (-) unterrRICHT [FEST]gestellt dass […] diese schüler sprechen hn in FACT öh (-) sprechen NICHT. (-) [im lau] im laufen der stunde. […] UND (-) ich (--) ich habe ihnen gestellt (-) was ist denn LOS. haben sie ein (-) ein (-) besstimmtes (-) problem, […] und (-) sie haben (-) JA gesagt. (-) daNACH (-) nach der stunde (-) ich hab also mit diesen (---) mit diesen schüler SCHÜLERN (-) gesprochen (ebd., Z. 127–133).

Als Beraterin unterstützt Frau Njemmack ihre Schüler*innen nicht nur während der Unterrichtsstunden, sondern auch danach.

Aus den oben beschriebenen Beobachtungen ergibt sich das Muster der Selbstwahrnehmung der Lehrperson als *erfolgsfördernde, autoritäre „Schwester"*, deren Haltung und Handlungen tief greifende Auswirkungen auf die Lernenden und die Unterrichtsdurchführung aufweisen.

10.5.2. Auswirkungen der Vorstellungen von Frau Njemmack über die eigene Lehrer*innen-Rolle im DaF-Unterricht

Eine Woche nach der Befragung von Frau Njemmack wurde eine Gruppendiskussion (FS2-TSB) durchgeführt, an der sich insgesamt sechs freiwillige Schüler*innen der Troisième-Klasse beteiligt haben. Um ein möglichst umfassendes Meinungsbild der ganzen Gruppe zu erfassen, wurde bei der Auswahl der Beteiligten – wie in den anderen DaF-Klassen – darauf geachtet, dass (a) sowohl Mädchen als auch Jungen, (b) Schüler*innen aus allen vier Reihen der Sitzbänke im Klassenraum sowie (c) vorne und hinten sitzende Lernende vertreten waren. Angesichts der Tatsache, dass der Moderator nicht über die üblichen Leistungen der jeweiligen Schüler*innen im Fach Deutsch Bescheid

---

[173] Frau Njemmack ist unter 30 und die Lernenden zwischen 13 und 17 Jahren alt.

wusste, wurde nicht berücksichtigt, ob die befragten Lernenden lernschwächer oder eher lernstärker waren. Er hoffte, durch diese Befragung Einblicke in die Auswirkungen des Lehrer*innen-Handels auf die DaF-Lernenden sowie den DaF-Unterricht in der Troisième-Klasse zu gewinnen.

10.5.2.1. Auswirkungen auf die Lernenden

10.5.2.1.1. Wahrnehmung der Lehrperson als angsteinflößende Autorität

Aus der Analyse der Gruppendiskussion FS2-TSB ergibt sich, dass die Art und Weise, wie sich Frau Njemmack ihre Rolle im DaF-Unterricht vorstellt und sich dementsprechend verhält, die Lernenden und ihre Motivation erheblich beeinflusst. Der regelmäßige Einsatz von Strafen zur Förderung des Fleißes und der Disziplin führt zur Wahrnehmung der Lehrperson als *angsteinflößende Autorität*. An verschiedenen Stellen in dem Transkript wird auf die ständige Angst der Lernenden im Deutschunterricht hingewiesen: „monsieur on a peur"[174] (FS2-TSB, Z. 138–139); „[…] ça NOUS: (-) fait peur"[175] (ebd., Z. 144); „monsieur j'avais peur"[176] (ebd., Z. 196–197); „ça nous fait. (--) ça nous fait PEUR"[177] (ebd., Z. 212).

Nach Angaben der Befragten ergibt sich die Angst zuerst daraus, dass die Lehrperson zu streng sei: „elle ne tolère même pas"[178] (ebd., Z. 145–146); „elle est SÉVÈRE"[179] (ebd., Z. 149). Generell wird bei der regelmäßigen Kontrolle der Hausaufgaben zu Beginn jeder Unterrichtssitzung kein Auge zugedrückt, wenn Übungen nicht vollständig gemacht worden sind. Angesichts des erforderlichen Arbeitsvolumens in den verschiedenen Fächern ist es für manche Schüler*innen nicht verständlich, dass sie genauso streng bestraft werden, wenn die Hausaufgaben im Fach Deutsch nicht fertig gemacht wurden, wie wenn keine einzige Übung gemacht ist. In der Gruppendiskussion wird auch kein Verständnis dafür aufgebracht, dass Lernende strenge Strafen bekommen, wenn sie beispielsweise aufgrund sprachlicher Barrieren auf Fragen der Lehrperson im Unterricht nicht eingehen können. Folglich ist den Aussagen der Befragten zu entnehmen, dass die Lehrperson den Defiziten größere Beachtung schenkt und die Anstrengungen der Lernenden nicht wertschätzt, was bei vielen

---

174 Monsieur, wir haben Angst.
175 Wenn man sieht, wie sie auf solche Strafen zurückgreift, haben wir Angst.
176 Monsieur, ich hatte Angst.
177 Das beängstigt uns.
178 Sie toleriert es nicht.
179 Sie ist also sehr streng.

Schüler*innen die Gemüter erregt: „elle pouvait aussi comprendre que: (--) c'est (.) j'ai COMmencé j'étais sur le toi MAIS (-) j'avais manque d'idées"[180] (ebd., Z. 193-194).

Eine weitere Quelle der Angst besteht in der Qualität der eingesetzten Strafen, die in vielen Fällen als willkürlich, zu streng und unangemessen angesehen werden. Nach Aussagen der Schüler*innen werden sie oft dazu aufgefordert, sich auf den schmutzigen Boden des Klassenzimmers zu knien. Eine Schülerin beschwert sich darüber, dass sie einmal knien musste, nur weil sie bei der Beantwortung einer Frage der Lehrerin ins Stocken geraten war: „dernièrement: (-) elle m'a demandé de venir me mettre à genou parce qu'elle m'a posé une QUESTION (-) j'ai commencé à répondre j'étais CALÉE"[181] (ebd., Z. 190-191). Eine andere herabwürdigende Strafe, auf die Frau Njemmack regelmäßig in der Troisième-Klasse zurückgreift, besteht darin, die Lernenden eine Zeit lang vor der Klasse „Kohl pflanzen" zu lassen, das heißt, dass die Schüler*innen mit dem rechten Zeigefinger den Boden berühren, während das linke Bein nach hinten hochgehoben werden muss: „elle vous PUNIT ou elle vous demande de planter les choux devant"[182] (ebd., Z. 169-170). Eine solche quälende Stellung ist sehr unangenehm und erniedrigend für die betroffenen Lernenden.

Außer den körperlichen Strafen sind vorübergehende Unterrichtsverweise üblich. Den Schüler*innen zufolge kommt es sehr oft vor, dass ihre Mitschüler*innen das Klassenzimmer verlassen müssen, wenn das Benehmen der Lernenden aus Sicht der Lehrerin als respektlos oder als Störung angesehen wird. In der Gruppendiskussion wurden einige Beispielsituationen erwähnt, in denen diese Strafmaßnahmen eingesetzt wurden: (i) ein Schüler sei neulich vom Unterricht ausgeschlossen worden, weil er sich der Lehrerin gegenüber respektlos verhalten habe: „monsieur la dernière fois un élève lui avait (---) MAL parlé elle a mis l'élève dehors"[183] (ebd., Z. 140-141); (ii) ein anderer Schüler habe plötzlich den Klassenraum verlassen müssen, weil er der Lehrerin einen Vorschlag zur Verbesserung der Leistungen der Lernenden habe machen wollen: „j'avais une IDÉE. (...) j'ai levé le doigt elle a joss que (-) euh elle

---

180 Sie konnte auch verstehen, dass mir keine weiteren Ideen eingefallen waren.
181 Neulich musste ich auf den Boden knien, da ich auf ihre Frage nicht antworten konnte, ich konnte meinen Satz nicht aussprechen, ich wusste nicht weiter .
182 Sie bestraft uns und wir müssen beispielsweise vorne Kohle pflanzen.
183 Monsieur, letztes Mal wurde sie von einem Schüler beleidigt und sie hat den Schüler hinausgeworfen.

a DIT (--) <<:-)>elle a dit: de ne pas parler.> (1.5) et elle m'a mis dehors"[184] (ebd., Z. 234–235); (iii) es sei üblich, dass man rausgeschmissen wird, wenn man ohne offensichtlichen Grund lacht und die Lehrperson sich gestört fühlt: „quand elle fait cours. et qu'elle vous surprend en train de RIRE. (-) elle pose la question vous ne répondez pas là elle vous met dehors"[185] (ebd., Z. 175–177).

In manchen Fällen wird den betroffenen Lernenden die Teilnahme an einer oder zwei Folgesitzungen des Deutschunterrichts verboten: „mets-toi DEHORS (-) tu ne reviens pas vendredi jusqu'à lundi"[186], (ebd., Z. 165–166). Wer aber außerhalb der Unterrichtszeiten von dem „Surveillant Général" in den Fluren erwischt wird, dem droht eine strenge Strafe: Einerseits kann man beispielsweise dazu aufgefordert werden, trotz großer Hitze[187] Abfälle auf dem Schulhof einzusammeln oder Büroräume der Verwaltung zu putzen. Folglich kann es vorkommen, dass man mehrere Unterrichtsstunden verpasst, wenn die Strafe nicht vollständig durchgeführt worden ist und der „Surveillant Général" den Strafzustand nicht aufgehoben hat. Anderseits kann man geschlagen werden, was nicht nur den Betroffenen Schmerzen zufügt, sondern auch als demütigend betrachtet wird. Mit diesen herabwürdigenden und oft gewaltsamen Strafen soll erreicht werden, die Lernenden vom disziplinlosen Verhalten in der Schule abzubringen.

Bei nicht gemachten Hausaufgaben sorgt Frau Njemmack manchmal dafür, dass die Erziehungsberechtigten darüber informiert werden. Sie werden oft zu einem Gespräch mit der Deutschlehrerin eingeladen und über das disziplinlose Verhalten ihrer Kinder informiert: „on donne même parfois les convocations (--) pour ses devoirs […] elle convoque ton parent"[188] (ebd., Z. 148–150). Für viele Schüler*innen ist es unangenehm, dass ihre Eltern über ihr Benehmen in der Schule Bescheid wissen, weil das zusätzliche Strafen im Familienkreis hervorrufen kann.

---

184 Ich hatte die Idee, mich zu melden und sie hat mir verboten, weiter zu sprechen. Sie hat mich hinausgeworfen.
185 Falls du während ihres Unterrichts beim Lachen ertappt wirst, stellt sie dir eine Frage. Wenn du nicht antworten kannst, wirst du vom Unterricht hinausgeworfen.
186 Du musst das Klassenzimmer verlassen, du darfst am Freitag und am Montag nicht kommen.
187 Temperaturen über 30° C sind keine Seltenheit in der Trockenzeit in der kamerunischen Hauptstadt und Umgebung.
188 Manchmal lässt sie wegen ihrer Hausaufgaben unsere Eltern in die Schule kommen […] sie lässt deine Eltern in die Schule kommen.

10.5.2.1.2. Zur mäßigen Wirksamkeit der Einschüchterung

Dass die Lehrperson als *angsteinflößende, einschüchternde Autorität* angesehen wird, beeinflusst das Benehmen und die Motivation der Lernenden im Deutschunterricht. Aus den Aussagen der Beteiligten an der Gruppendiskussion ist zu schließen, dass manche Schüler*innen aus Angst vor eventuellen Strafen auf die Deutschlehrerin hören und sich diszipliniert im Deutschunterricht benehmen: „pendant son cours moi je ne BAVARDE pas souvent"[189] (ebd., Z. 187). Aber die Wirksamkeit dieser strengen Strafen scheint sehr beschränkt zu sein. Die Tatsache, dass viele Lernende ihre Hausaufgaben nicht zu Hause machen, sondern nur Lösungen bei Mitschüler*innen abschreiben[190], zeigt, dass die Strafen nicht bewirken, dass die Deutschlernenden die Relevanz der Hausaufgaben bzw. aktiver Auseinandersetzung mit dem Lernstoff verstehen. Das führt dazu, dass kostspielige Zeit für die Kontrolle der Übungen bei einer so großen Lerngruppe verschwendet wird.

Während der Unterrichtsbesuche konnte festgestellt werden, dass es im Deutschunterricht in der Troisième-Klasse relativ viel Lärm gab. Angesichts der Bemühungen der Lehrperson, durch den Einsatz drakonischer Strafen ihre Kursteilnehmer*innen zu disziplinieren, konnte beobachtet werden, dass vor allem Schüler*innen aus den letzten Sitzreihen leise Nebengespräche mit ihren Nachbarn führten, was letztendlich aufgrund der Klassenstärke zu einem riesigen Stimmengewirr führte. Dieses Problem wird in der Schüler*innen-Befragung als eines der wichtigsten Lernhindernisse in der Troisième-Klasse bezeichnet: „il y a souvent des fois (--) le professeur PARLE il n'entend même pas ce qu'il (-) dit [...] [parce que les] gens bavarde souvent"[191] (ebd., Z. 261–264). Für die Beteiligten an der Gruppendiskussion gibt es Schüler*innen, die sehr gern den Unterricht stören: „[oui le bavardage] les (-) [les élèves] qui TROUBLENT les autres [...] ceux qui sont seulement uniquement là pour faire le des pour faire le DESORDRE"[192] (ebd., Z. 266–268). Daraus folgt, dass die zahlreichen Abschreckungsmaßnahmen der Lehrerin kaum Wirkung auf die Lernenden haben.

Die ständige Angst vor der Strafe, die die Lehrer-Schüler-Beziehung im Deutschunterricht prägt, ermöglicht es nicht, dass die Lernenden mit Frau

---

189 In ihrem Unterricht führe ich keine Nebengespräche.
190 Siehe beispielsweise FS2-TSB, Z. 153–156.
191 Manchmal spricht die Lehrerin und kann ihre eigene Stimme nicht hören [...] denn es gibt oft zu viel Lärm.
192 Die Lernenden, die die anderen stören [...] diejenigen, die die ganze Zeit nur stören.

Njemmack eigene Probleme thematisieren. An verschiedenen Stellen in der Gruppendiskussion wurde auf die Erwartung der Lernenden hingewiesen, dass die Lehrperson Probleme und Schwierigkeiten der Schüler*innen selbst herausfindet und zufriedenstellende Lösungen anbietet.

10.5.2.2. Auswirkungen auf die Prozessqualität des Unterrichts

Die Vorstellung der eigenen Lehrerrolle als „*Schwester*", „*Erleichterin*" und *Beratende* hat einen Einfluss auf die Prozessqualität des DaF-Unterrichts in der Troisième-Klasse. Im Folgenden wird auf die Qualitätsmerkmale der Klassenführung (Kap. 10.5.2.2.1), der konstruktiven Unterstützung (Kap. 10.5.2.2.2) und der Schüleraktivierung (Kap. 10.5.2.2.3) eingegangen.

10.5.2.2.1. Qualitätsmerkmal der Klassenführung

In der Troisième-Klasse greift Frau Njemmack regelmäßig auf verschiedene Strafen zurück, um Disziplin bzw. die aktive Beteiligung der Lernenden am Lehr-Lern-Prozess zu fördern. Dabei ist hervorzuheben, dass sich die Lehrperson auf keinen transparent vorliegenden Strafenkatalog bezieht, der die Umsetzung von Strafen auflistet. Diese Situation führt dazu, dass manche Strafen von den Lernenden als willkürlich, nicht angemessen und ungerecht angesehen werden, was eine ständige Angst sowie eine Passivität vieler Schüler*innen im Unterricht zur Folge hat. Daher ist es nicht überraschend, dass den Bemühungen der Lehrperson, durch geleitete Klassengespräche und Fragen an die Lernenden die Schüler*innen-Aktivität im Deutschunterricht zu fördern, sehr oft bedauerlicherweise Schweigen entgegengebracht wird: „ich habe an (--) einige schüler einige frage (--) öh gestellt [...] diese schüler stehen einfach auf und sie sagen (-) NICHTS [...] öh vier SCHÜler (ebd., Z. 107–110).

Für viele Schüler*innen ist es motivierend, dass die Lehrperson im DaF-Unterricht grundsätzlich Deutsch spricht: „[lorsqu'elle] PARLE allemand ça donne le goût de: (--) de: (--) FAIRE les efforts" (ebd., Z. 72–73). Die Tatsache, dass Frau Njemmack meistens Deutsch im Unterricht spricht, kann als lernförderliches Ritual angesehen werden, da dies das Interesse vieler Schüler*innen am Deutschsprechen weckt, sodass sie ihre Lehrperson als Vorbild ansehen, dem sie nacheifern wollen: „l'envie de faire les efforts (1.5) pour parler comme elle"[193] (ebd., Z. 73–74). Aber die Tatsache, dass manche Schüler*innen viele Wörter nicht verstehen, wenn die Lehrperson im Unterricht Deutsch spricht,

---

193 Wir wollen uns bemühen, um so gut wie sie zu sprechen.

verdirbt deren Interesse am Deutschlernen: „elle fait BIEN cours mais le seul problème c'est que (-) elle n'explique pas souvent (-) TOUS les mots difficiles. (-) et on arrive pas à comprendre"[194] (ebd., Z. 80–82). Da viele Lernende keine eigenen Arbeitsmaterialien besitzen (Lehrwerk, Wörterbücher), sind sie ständig auf die Hilfe der Lehrerin angewiesen, um alle Wörter zu verstehen: „le défaut vient au niveau du parents c'est pas tout le monde qui a le les livres"[195] (ebd., Z. 27–28). Dieser Mangel an Arbeitsmaterialien ist ein wichtiger Hemmfaktor, weil er die Lernenden daran hindert, außerhalb des Unterrichts den gelernten Lerngegenstand weiter zu trainieren: „c'est aussi ça qui fait en sorte que: (-) SI (-) même si tu COMPRENDS le cours si tu n'as pas le livre pour t'améliorer tu es toujours (-) CALÉ"[196] (ebd., Z. 28–30). Daraus folgt, dass manche Hausaufgaben nicht gemacht werden können, da sie aufgrund zahlreicher unbekannter Wörter nicht verständlich sind: „QUAND elle donne les devoirs on ne comprend pas"[197] (ebd., Z. 34); „quand elle (.) donne même un devoir que pour aller traduire un TEXTE (--) on a pas les dictionnaires"[198] (ebd., Z. 64–65). Für die Schüler*innen ist es aber schade, dass die Lehrperson diese Rahmenbedingungen vieler Schüler*innen bei der Hausaufgabenkontrolle nicht berücksichtigt.

Motivierend ist auch die Art und Weise, wie Frau Njemmack unterrichtet: „notre professeur a (-) d'allemand explique bien le cours"[199] (ebd., Z. 26). Der Ausdruck „*expliquer le cours*" (wortwörtlich übersetzt: „den Unterricht erklären") kann unterschiedlich verstanden werden. Zuerst kann er im engeren Sinne darauf verweisen, wie der Lernstoff dargeboten wird. In diesem Fall möchte man zur Sprache bringen, dass die Lehrperson zum Beispiel nicht nur Inhalte aus dem Lehrwerk abschreiben lässt, sondern eher passende Strategien einsetzt, damit der Lerngegenstand bei den Lernenden leichter und gut ankommt. Das, was in der Gruppendiskussion an den eingesetzten Lehrmethoden geschätzt wird, ist die regelmäßige Auseinandersetzung mit Anwendungsübungen im Unterricht, was nicht nur das Lernen erleichtert, sondern auch die aktive Beteiligung der Lernenden fördert: „quand on fait le cours on fait

---

194 Sie unterrichtet gut, aber das einzige Problem ist, dass sie nicht alle unbekannten Wörter erklärt, somit können wir nicht alles verstehen.
195 Das Problem liegt an den Eltern, denn nicht alle Lernenden besitzen ein Lehrbuch.
196 Auch wenn du im Unterricht gut verstehst, kannst du dich nicht verbessern. Ohne Lehrbuch weißt du nicht weiter.
197 Wenn wir Hausaufgaben bekommen, können wir sie nicht verstehen.
198 Wenn sie uns dazu auffordert, zu Hause einen Text zu übersetzen, haben wir keine Wörterbücher.
199 Unsere Deutschlehrerin unterrichtet gut.

(-) beaucoup des exercices [...] donc l'exercice d'application"[200] (ebd., Z. 78–79). Außerdem gibt die Lehrerin am Ende jeder Unterrichtssitzung viele Hausaufgaben: „elle donne toujours les devoirs. (--) à la fin"[201] (ebd., Z. 27).

Im weitesten Sinne könnte der Ausdruck *„expliquer le cours"* mit dem Verb „*enseigner*" („unterrichten") synonymisch verwendet werden: „elle fait le cours BIEN. (-) elle explique BIEN"[202] (ebd., Z. 77–78). In dieser Situation handelt es sich nicht nur um die eingesetzten Lehrmethoden, sondern auch um die Gestaltung des Lehr-Lern-Prozesses und der Lehrer-Schüler-Interaktion. Manchen Lernenden fehlt jedoch, dass die Lehr-Lernziele nicht transparent genug sind, sodass sie oft nicht wissen, was von ihnen erwartet wird: „mais il y a les fois qu'elle ne donne pas BIEN cours on ne (-) comprend pas bien (-) l'objectif du cours"[203] (ebd., Z. 33–34). Wenn die Schüler*innen nicht wahrnehmen können, welche Lernziele im Unterricht erreicht werden sollen, ziehen sie den Schluss, dass nicht gut unterrichtet wird („BIEN donner cours [...] expliquer certains mots"[204], Z. 35–36).

Abschließend ist festzuhalten, dass mit Strafen nicht transparent umgegangen wird. Zur Vorbeugung von Störungen wird auf Einschüchterungsmaßnahmen zurückgegriffen, was zur Demotivation vieler Schüler*innen führt. Die Tatsache, dass die Lehrperson hauptsächlich Deutsch im Unterricht spricht, gilt für viele Lernende als lernförderlich, auch wenn manche Schüler*innen nur sehr wenig Deutsch können und viel Unterstützung der Lehrkraft bedürfen.

10.5.2.2.2. Qualitätsmerkmal der konstruktiven Unterstützung

Eine Analyse der Gruppendiskussion FS2-TSB deutet darauf hin, dass das Klassenklima in der Troisième-Klasse nicht lernförderlich ist. Einerseits hängt das damit zusammen, dass die Lehrer-Schüler-Beziehung insgesamt nicht positiv ist, insofern als die Unterrichtsbeteiligten einander nicht vertrauen. Durch den regelmäßigen Einsatz von Strafen will Frau Njemmack die Lernenden zum Fleiß motivieren und von der Störung des Lehr-Lern-Prozesses abschrecken (vgl. Kap. 10.5.1.2). Diese Strafen werden jedoch als willkürlich, zu streng und oft ungerecht von den Schüler*innen wahrgenommen, sodass sie Frau Njemmack

---

200 Im Unterricht machen wir viele Übungen [...] also Anwendungsübungen.
201 Sie gibt immer Hausaufgaben am Ende des Unterrichts.
202 Sie unterrichtet gut, sie erklärt gut.
203 Aber manchmal unterrichtet sie nicht gut und wir können die Lernziele nicht gut verstehen.
204 Gut unterrichten [...] einige Wörter erklären.

als angsteinflößende Autorität betrachten. (vgl. Kap. 10.5.1.2). Andererseits gilt der Einsatz demütigender und frustrationserzeugender Strafen als nicht wertschätzend. Folglich schweigen viele Lernende, wenn sie dazu aufgefordert sind, auf die Fragen der Lehrperson einzugehen.

> ich habe an (--) einige schüler einige frage (--) öh gestellt […] im unterricht […] und sie ha diese schüler stehen einfach auf und sie sagen (-) NICHTS. (1.2) vier stunden. (-) öh vier SCHÜler NACH dieser bemerkung. [habe] ich also (-) °h öh die frage (--) gestellt. WAS ist denn (-) los:. (--)bin ich SEHR: (-) öh: bin ich str bin ich sehr STENG? (1.2) warum sind sie frustriert. […] die schüler DIE: (1.2) öh: öh an die ich diese frage gestellt habe haben (-) NICHTS. (--) […] sie haben angst FAlsche […] antworten zu GEben (FS2-LPS3C, Z. 107–116).

Aufgrund der Erkenntnis, dass manche Schüler*innen bestraft werden, wenn sie bei der Beantwortung der Fragen der Lehrperson ins Stocken geraten (vgl. Kap. 10.5.2.1.1), ist festzuhalten, dass die Lernenden oft negative Erfahrungen mit Fehlern im DaF-Unterricht machen. Daher ist der Schluss zu ziehen, dass die Lernenden auf emotionaler und motivationaler Ebene im DaF-Unterricht nicht konstruktiv unterstützt werden.

*10.5.2.2.3. Qualitätsmerkmal der Schüler*innen-Aktivierung*

Frau Njemmack ist an der aktiven Beteiligung der Lernenden am Lehr-Lern-Prozess sehr interessiert und bemüht sich in ihrer Interaktion mit ihnen, dies zu fördern (vgl. Kap. 10.5.1.1): „wenn in (-) in die klasse herein komm (1.3) (1.3) möchte ich (--) DASS: (---) die schüler an meinem unterricht (-) teilnehmen […] ich möchte gern dass die schüler (--) MIT (--) mit mir INTERagieren" (ebd., Z. 171–175). Sie versucht durch Frage-Antwort-Sequenzen, die Lernenden zum Sprechen zu bringen. Sie erwartet Fragen von den Schüler*innen zum Lerngegenstand: „im unterricht aktiv sein bedeutet (-) hm:: (1.2) öh: (-) auf FRAGEN (-) antworten; (---) FRAGEN (-) stellen; (--) ja;" (ebd., Z. 180–182). Mit der regelmäßigen Kontrolle der Hausaufgaben wird angestrebt, die Lernenden dazu anzuregen, sich mit dem Lernstoff aktiv zu beschäftigen (vgl. Kap. 10.5.1.2).

Was die Sozialformen angeht, hält Frau Njemmack kooperative Lernmethoden für Zeitverschwendung und verzichtet systematisch darauf: „MEINES erachtens hm: parnerarbeit nehmen immer viel ZEIT.[…] in anspruch" (ebd., Z. 49–50). Es kommt oft vor, dass die Lernenden mit ihren Tischnachbarn das Buch teilen oder bestimmte Aufgaben gemeinsam erledigen. Aber dies hängt damit zusammen, dass viele Schüler*innen keine eigenen Lehrwerke besitzen und auf die Mitbenutzung der Arbeitsmaterialien anderer Schüler*innen im Klassenzimmer angewiesen sind: „in mein klasse [haben] die schü haben alle schüler (-) NICHT (-) die: die bücher.[...] techbuch textbücher und: (---) und: (-) LEHR [...] arbeitshefte. [...] sie wissen schon dass sie IMMER (---) öh: zwei im GRUPPPE (---) arbeiten sollen" (ebd., Z. 33–36).

Des Weiteren fördert Frau Njemmack seit einiger Zeit Peer-Learning außerhalb der Unterrichtszeiten. Angesichts der schlechten Leistungen zahlreicher Schüler*innen bei der Klassenarbeit ließ sie Lernstärkere und Lernschwächere zusammen lernen: „elle a aussi une stratégie (--) le plus fort c'était le men euh (-) le plus fort en allemand c'était le mentor (--) et: le mentor avait son disciple [...] [celui qui est fort en allemand.][...] aident ceux qui sont (-) faibles en allemand"[205] (FS2-TSB, Z. 118–122). Mit dieser Strategie ist die Hoffnung verbunden, dass die Lernenden mit- und voneinander lernen und dabei einander unterstützen, ihre jeweiligen Leistungen im Fach Deutsch zu verbessern.

Zum Schluss ist festzuhalten, dass Frau Njemmack an der aktiven Mitwirkung der Lernenden bei der Gestaltung und Durchführung des DaF-Unterrichts interessiert ist. Aber es fällt ihr schwer, dies im unterrichtlichen Alltag umzusetzen. Mit Blick auf die Aussagen, die die Lernenden in der Gruppendiskussion getroffen haben, verhindert die Wahrnehmung der Lehrperson als angsteinflößende Autorität die aktive Beteiligung der Lernenden am Lehr-Lern-Prozess in der Troisième-Klasse.

10.5.3. Zusammenfassung der Erkenntnisse zu den Vorstellungen von Frau Njemmack über die eigene Lehrer*innen-Rolle im DaF-Unterricht

Zusammenfassend lässt sich festhalten, dass Frau Njemmack ihre eigene Lehrer*innen-Rolle vor allem als „*Erleichterin*", als *Autorität* sowie als „*Schwester*" bzw. „*Freundin*" versteht (vgl. Kap. 10.5.1). Aber die Auseinandersetzung mit ihren Aussagen während des Leitfadeninterviews FS2-LPS3C legt nahe, dass Frau Njemmack vor allem die Rolle der *Fachfrau* und der *Autorität* übernimmt: Die Selbstwahrnehmung als *Wissensvermittlerin* geht mit der Auffassung der Schüler*innen als Wissensempfänger*innen einher. Sie wünscht sich zwar, dass die Lernenden aktiver am Lehr-Lern-Prozess teilnehmen, aber der regelmäßige Einsatz von Strafen, die aus Sicht der Lernenden oft als willkürlich, zu streng und nicht angemessen erscheinen, wirkt eher demotivierend (vgl. Kap. 10.5.2.1). Auch wenn sich Frau Njemmack als *Facilitator* beschreibt (vgl.

---

[205] Sie hat auch eine Strategie: Wer bessere Noten im Fach Deutsch hatte, war der Mentor und der Mentor hatte seinen Mentee [...] diejenigen, die Deutsch besser können [...] helfen denjenigen, die im Fach Deutsch schlechter sind.

Kap. 10.5.1.1), wird sie von ihren Lernenden eher als *angsteinflößende, frustrationserzeugende* und *demotivierende Autorität* angesehen (vgl. Kap. 10.5.2.1).

Nach Angaben der Lernenden ist Frau Njemmack unberechenbar im Umgang mit Strafen, da sie nach Belieben entscheidet, wann welche Strafen zu verhängen sind (vgl. ebd.). Auch wenn das Ritual, im Deutschunterricht viel mehr Deutsch als die Ausgangssprache – hier: Französisch – zu sprechen, von vielen Schüler*innen positiv betrachtet wird, wird die Klassenführung durch die mangelnde Transparenz hinsichtlich der Disziplinarmaßnahmen beeinträchtigt (vgl. Kap. 10.5.2.2.1). Auf das Qualitätsmerkmal der konstruktiven Unterstützung wird im DaF-Unterricht wenig Wert gelegt, insofern als das Klassenklima schlecht ist: Einerseits verdirbt der regelmäßige Einsatz drakonischer Strafen die Qualität der Lehrer-Schüler-Beziehung; anderseits gilt der Umgang mit den Lernenden als nicht wertschätzend (vgl. Kap. 10.5.2.2.2). In Bezug auf das Qualitätsmerkmal der Schüler*innen-Aktivierung ist festzustellen, dass viele Schüler*innen sich nicht aktiv an der Gestaltung und Durchführung des DaF-Unterrichts beteiligen. Ferner kommen kooperationsfördernde Lehrmethoden nie zum Einsatz. Trotz der anscheinend positiven Einstellung von Frau Njemmack zum Schüler*innen-Feedback gelingt es ihr bisher nicht, Rückmeldungen von ihren Lernenden einzuholen (vgl. Kap. 10.5.2.2.1).

10.6. Vergleichende Betrachtung der Forschungsergebnisse zu den Vorstellungen der vier DaF-Lehrpersonen über ihre Lehrer*innen-Rolle im DaF-Unterricht

In diesem Kapitel werden die Forschungsergebnisse zu den Vorstellungen der vier DaF-Lehrkräfte über ihre eigene Lehrer*innen-Rolle im DaF-Unterricht vergleichend betrachtet. Dabei werden sowohl Gemeinsamkeiten als auch Unterschiede herausgearbeitet. Zuerst sollen die Vorstellungen der Lehrpersonen über die eigene Lehrer*innen-Rolle (Kap. 10.6.1) und dann die Auswirkungen des Lehrer*innen-Handelns auf die Lernenden und die Prozessqualität des Unterrichts verglichen werden (Kap. 10.6.2).

10.6.1. Vergleichende Betrachtung der Vorstellungen der vier DaF-Lehrkräfte über die eigene Lehrer*innen-Rolle im DaF-Unterricht

Aus einer vergleichenden Analyse der Art und Weise, wie sich die vier DaF-Lehrkräfte die eigene Lehrer*innen-Rolle im DaF-Unterricht vorstellen, ergeben sich zahlreiche Gemeinsamkeiten und einige Unterschiede. Es ist festzustellen, dass das Handeln der Lehrenden von bestimmten Primärrollenbildern geprägt ist, die von den Lernenden wahrgenommen werden und deren Beziehung zu der jeweiligen DaF-Lehrperson stark beeinflussen. Die Sekundärrollenbilder kommen vor allem in den Befragungen der Lehrenden zur Sprache, werden jedoch von den Lernenden bzw. bei Unterrichtsbeobachtungen nicht bestätigt.

10.6.1.1. Rollenvorstellung als Fachperson und Autorität

Die erste dominierende Rollenvorstellung der DaF-Lehrkräfte besteht in der Steuerung des Lehr-Lern-Prozesses, d.h. in der Bearbeitung des Lerngegenstands. Dem Deutschunterricht liegt eine Prüfungsorientierung zugrunde, nach der die effektive Vorbereitung der Lernenden auf Deutschtests und nationale Abschlussprüfungen Priorität hat. Demnach werden im DaF-Unterricht prüfungsrelevante Inhalte – z.B. Grammatik und Wortschatz – häufiger behandelt und eine extensive Bearbeitung des Lehrplans wird anvisiert. Es ist zu beobachten, dass die Lehrenden ihre Rolle in diesem Prozess als *Wissensvermittler*in* ansehen, d.h. als *Fachmann* bzw. *Fachfrau* für die deutsche Sprache. Bei der Wissensvermittlung betrachtet sich die DaF-Lehrkraft als *alleinige Richtungsweisende* und als *alleinige Organisatorin* des Lehr-Lern-Prozesses. Sie bestimmt allein, was im Unterricht gemacht wird, welche Regeln der Lehrer-Schüler-Interaktion zugrunde liegen und wie im Unterricht zu arbeiten ist.

Diese Lehrenden stehen häufig unter Zeitdruck und betrachten Gruppen- und Partnerarbeit als zeitraubend. Außerdem werden Misserfolge bzw. schlechte Noten bei Deutschtests auf die Faulheit und die mangelnde Motivation der Lernenden zurückgeführt. Störungen durch Nebengespräche sind in einigen Fällen üblich; sehr oft sind die Lehrenden den Lernenden gegenüber voreingenommen, sodass Letztere häufiger der Störung bzw. Respektlosigkeit verdächtigt werden, wenn sie der DaF-Lehrkraft im Lehr-Lern-Prozess eine Frage stellen, auf Fragen der Lehrperson auf Französisch antworten oder eine eigene Meinung zum Unterricht äußern wollen. Das erklärt den regelmäßigen Einsatz von verschiedenen –körperlichen und nicht körperlichen – Strafen, zur Abschreckung bzw. zur Motivierung der Lernenden. In diesem Fall verstehen die DaF-Lehrenden ihre eigene Rolle als *Autorität*, die für Ordnung und Disziplin im Unterricht sorgen soll.

Bei den vier DaF-Lehrkräften, die sich an der vorliegenden Studie beteiligt haben, ist diese Rollenvorstellung mit spezifischen Ausprägungen erkennbar. Herr Fetba ist sich dessen bewusst, dass die Prioritätssetzung des DaF-Unterrichts auf die Grammatik- und Wortschatzvermittlung problematisch ist. Da Deutsch in Kamerun als Wahlpflichtfach gelernt und viele Schüler*innen in ihrem ganzen Leben niemals vom Wissen über die deutsche Grammatik Gebrauch machen werden, plädiert Herr Fetba für die Fokussierung auf Themen, die Bezug zum Alltagsleben der Lernenden haben. Es wird jedoch von den Lernenden kritisiert, dass Herr Fetba nicht über die Auseinandersetzung mit dem Lehrwerk hinausgeht, den Unterricht frontal gestaltet und die aktive Beteiligung der Schüler*innen am Lehr-Lern-Prozess nicht fördert. Herr Fetba versteht seine Rolle also als *Fachmann* – d.h. als Wissensvermittler, alleiniger Organisator des Lehr-Lern-Prozesses, alleiniger Richtungsweisender und alleiniger Verantwortungsträger – und auch als *Autorität*. Er greift regelmäßig auf drakonische Strafen zurück, um seine Lernenden zum Lernen zu bewegen und sie von Störungen abzuhalten. Außerdem ist es üblich, dass er stigmatisierende Schimpfwörter verwendet, wenn er sich über die Schüler*innen ärgert.

Frau Nemka verzichtet auf Beschimpfungen, aber in ihrer Rolle als *Autorität* setzt sie sehr oft körperliche und nicht körperliche Strafen im Lehr-Lern-Prozess ein. Ihr Hauptanliegen besteht darin, dass die Lernenden mit Erfolg an nationalen Prüfungen teilnehmen. Daher ist sie sehr fleißig und fühlt sich verpflichtet, möglichst viel Lernstoff in jeder Unterrichtsstunde zu bearbeiten. Sie versteht ihre Rolle hauptsächlich als Wissensvermittlerin, alleinige Richtungsweisende und alleinige Organisatorin des Lehr-Lern-Prozesses. Aufgrund des ständigen Zeitdrucks gibt es weder Partner- noch Gruppenarbeit, sondern nur Einzelarbeit und Arbeit im Plenum.

Auch Frau Njemmack fühlt sehr viel Zeitdruck in ihrem beruflichen Alltag und verzichtet daher auf kooperative Lernmethoden, die aus ihrer Sicht zeitraubend sind. Sie versteht ihre Rolle zwar als „*Unterstützerin*" – d.h. als *Facilitator* – und steht den Lernenden im Umgang mit dem Lerngegenstand bei. Aber genauso wie bei Frau Nemka besteht ihr Hauptanliegen darin, die Lernenden auf die erfolgreiche Teilnahme an nationalen Prüfungen vorzubereiten, sodass der Fokus des Unterrichts auf die Auseinandersetzung mit prüfungsrelevanten Inhalten – d.h. Grammatik und Wortschatz – gelegt wird. Sie legt besonderen Wert darauf, dass die Schüler*innen fleißig sind, indem sie ihre Hausaufgaben selbstständig machen und mit der Lehrperson während des Unterrichts interagieren. Aus der Analyse der erhobenen Daten ergibt sich, dass die Rollenvorstellung als *Fachfrau* – also als Wissensvermittlerin, als alleinige Richtungsweisende und Organisatorin des Lehr-Lern-Prozesses – und als *Autorität* das Handeln von Frau Njemmack im Unterricht dominierend prägt.

Im Gegensatz zu den anderen drei DaF-Lehrkräften weist Frau Kouba auf eine Veränderung ihrer Vorstellungen über die eigene Lehrer*innen-Rolle im DaF-Unterricht hin. Zu Beginn ihrer Karriere betrachtete sie sich als *Allwissende*, die für die Wissensvermittlung zuständig war und sich hauptsächlich mit Grammatik und Wortschatz im Unterricht beschäftigte. Des Weiteren sah sie sich als alleinige Richtungsweisende, alleinige Organisatorin des Lehr-Lern-Prozesses an und griff logischerweise regelmäßig auf drakonische Strafen zurück, um die Lernenden vor Störungen des Lehr-Lern-Prozesses und Faulheit abzuhalten. Daraus ergab sich, dass der Unterricht für sie und die Lernenden langweilig war. Nach der Beteiligung an Lehrer*innen-Fortbildungen wurde sie zur Reflexion über die eigene Rolle als DaF-Lehrerin angeregt, und sie gelangt zur Einsicht, dass ihr bisheriges Handeln negative Auswirkungen auf den Lehr-Lern-Prozess hatte. Daraus ergab sich eine allmähliche Veränderung der Vorstellung über die eigene Lehrer*innen-Rolle hin zum *Facilitator*.

10.6.1.2. Rollenvorstellung als Facilitator

Eine andere dominierende Rollenvorstellung der DaF-Lehrkräfte ist die eines Begleiters des Lehr-Lern-Prozesses. Dem DaF-Unterricht wird nicht primär das Ziel des Erfolgs bei Prüfungen zugrunde gelegt, sondern der Entwicklung von Kompetenzen im Zusammenhang mit dem Lebensalltag der Lernenden. Ausgehend von der geografischen Entfernung zu deutschsprachigen Ländern und der Tatsache, dass Kamerun nicht zu den beliebtesten Reisezielen deutschsprachiger Touristen gehört, ist die Chance äußerst gering, dass Deutsch für die berufliche Zukunft vieler Schüler*innen in Kamerun irgendeine Rolle spielt. Daher sind viele Lerner nicht motiviert, das Wahlpflichtfach Deutsch zu lernen. Wenn Themen aus dem Deutschlehrwerk – z.B. Familie, Umwelt, Freizeit, Ernährung, Gesundheit, Sport, etc. – zur Auseinandersetzung mit dem eigenen Alltag anregen, kann Deutsch für die Lernenden einen bestimmten Lebensbezug vorweisen.

Die Lehrperson, die sich ihre eigene Rolle als *Facilitator* vorstellt, begleitet die Schüler*innen auf diesem Lernweg, bei dem sie sich mit ihrem eigenen Alltag befassen. Die Grammatik und der Wortschatz gelten nun nicht als Selbstzweck, sondern als Mittel, um dieses Ziel der Alltagsorientierung zu erreichen. Dafür ist es wichtig, die aktive Beteiligung der Schüler*innen am Lehr-Lern-Prozess zu fördern, indem u.a. zu jedem Thema Miniprojekte durchgeführt werden. Damit das Interesse der Lernenden am Deutschlernen größer wird, ist von der DaF-Lehrkraft zu erwarten, dass sie sich weder als alleinige Entscheidungstragende, alleinige Richtungsweisende oder als alleinige Organisatorin des Lehr-Lern-Prozesses ansieht. Ganz im Gegenteil ist erforderlich, dass einerseits der Stimme der Lernenden Rechnung getragen wird; und dass andererseits deren Wünschen und Meinungen Wertschätzung entgegengebracht wird. Das setzt aber voraus, dass ein vertrauensvolles Lern- und Arbeitsklima geschaffen wird und Strafen nicht als Damoklesschwert zur Abschreckung der Lernenden eingesetzt werden. Dabei fungiert die DaF-Lehrkraft als Hilfestellung, die durch Ratschläge und unterschiedliche Unterstützungsformen die Lernenden auf dem Lernweg begleiten. Da die vollständige Bearbeitung des Lehrplans nicht die erste Priorität hat, sondern die Förderung des Lernens bzw. die Entwicklung bestimmter Kompetenzen, orientiert sich der Lernprozess an den Lernfortschritten der Lernenden. In diesem Fall ist der Erfolg nicht direkt an den Leistungen bei Prüfungen zu messen, sondern daran, wie im alltäglichen Unterricht Spaß beim Lernen gefördert wird, was erwartungsgemäß langfristig zum Erfolg bei Prüfungen führen könnte. Angestrebt wird das lebendige Fremdsprachenlernen.

Bei einigen DaF-Lehrkräften, die sich an dem vorliegenden Forschungsprojekt beteiligt haben, sind mehr oder weniger einige Aspekte der Rollenvorstellung als *Facilitator* zu finden. Wie bereits erwähnt, nimmt sich Herr Fetba vor, im DaF-Unterricht auf die Bearbeitung von Themen zu fokussieren. Aber da er die eigene Lehrer*innen-Rolle hauptsächlich als alleinigen Richtungsweisenden, alleinigen Entscheidungsträger und alleinigen Organisator des Lehr-Lern-Prozesses versteht, findet die Stimme der Lernenden in seinem Unterricht keine Beachtung. Außerdem verhindert der regelmäßige Einsatz drakonischer, willkürlicher Strafen die Entstehung eines vertrauensvollen Arbeitsklimas, in dem Lernende eine eigene Meinung und eigene Wünsche frei zum Ausdruck bringen würden. Auch wenn sich Herr Fetba als *Berater* und *Vater* beschreibt, lässt sich an seinem Handeln im Unterricht ein *autoritärer „Vater"* erkennen, der den Lernenden Angst einflößt und somit das Lernen behindert.

Frau Nemka und Frau Njemmack stellen sich die eigene Lehrer*innen-Rolle im DaF-Unterricht als *Beraterinnen* vor, da sie die Lernenden mit zahlreichen Ratschlägen im Lehr-Lern-Prozess unterstützen. Bei Frau Njemmack ist sogar die Selbstdarstellung als *Facilitator* („*Unterstützerin*") und *ältere Schwester* festzustellen, der die Schüler*innen vertrauen sollen. Aber genauso wie Herr Fetba sind die beiden Lehrerinnen im Umgang mit der Strafe unberechenbar, sodass die Lernenden ständig Angst haben und eine eigene Meinung nicht frei äußern können. Der DaF-Unterricht ist bei Frau Nemka und Frau Njemmack – genauso wie bei Herrn Fetba – von einem Mangel an Vertrauen geprägt, die dem wertschätzenden Umgang miteinander im Wege steht.

Die einzige Lehrkraft, die mehrere Merkmale der Lehrperson als *Facilitator* vorweist, ist Frau Kouba. Seit der Teilnahme an Fortbildungen, bei denen sie zur Selbstreflexion über die eigene Lehrer*innen-Rolle angeregt wurde, verzichtet sie auf den Einsatz von Strafen als Einschüchterungsmaßnahme. Sie fördert den Dialog mit den Lernenden; durch die gelegentliche Durchführung von Projektunterricht fördert sie die aktive Auseinandersetzung der Lernenden mit ihrem Alltag, was in der Schüler*innen-Befragung als „praktischer Unterrichtsansatz" bezeichnet wurde. Es herrscht ein deutlich besseres, vertrauensvolleres Unterrichtsklima als im DaF-Unterricht bei den drei anderen Lehrkräften, sodass ihre Schüler*innen bereit sind, der Lehrperson Feedback über den Lehr-Lern-Prozess zu geben. Bisher ist festzustellen, dass die Klassenstärke dem Einfordern von Schüler*innen-Feedback sowie dem Einsatz kooperativer Lernmethoden im Wege steht.

10.6.2. Vergleichende Betrachtung der Auswirkungen der Vorstellungen der vier DaF-Lehrkräfte über die eigene Lehrer*innen-Rolle im DaF-Unterricht

In diesem Kapitel werden die Auswirkungen der Vorstellungen der vier DaF-Lehrkräften über die eigene Lehrer*innen-Rolle im DaF-Unterricht untersucht. Dabei sollen die Auswirkungen einerseits auf die Lernenden (Kap. 10.6.2.1) und andererseits auf die Prozessqualität des DaF-Unterrichts herausgearbeitet werden (Kap. 10.6.2.2).

10.6.2.1. Vergleichende Betrachtung der Auswirkungen auf die Lernenden

Aus dem Vorstellungsmuster der eigenen Lehrer*innen-Rolle als *Fachperson* und *Autorität* ergibt sich eine Wahrnehmung der DaF-Lehrkraft als *angsteinflößende, frustrationserzeugende Autorität* durch die Lernenden. Dies lässt sich damit erklären, dass Lehrkräfte, denen die vollständige Bearbeitung des Lerngegenstands am wichtigsten erscheint, dazu neigen, die Lernenden der Faulheit zu bezichtigen. Sie greifen auf Abschreckungsmaßnahmen zurück, um Disziplin im Unterricht zu fördern und die Lernenden zum fleißigen Lernen zu motivieren. Die eingesetzten Strafen werden oft von den Lernenden als willkürlich, nicht angemessen und zu streng angesehen, sodass dies eher demotivierend wirkt. Es ist auch üblich, dass manche Schüler*innen in dieser Situation rebellieren und Verhaltensweisen übernehmen, die darauf abzielen, die Lehrkraft noch mehr zu ärgern. Darauf folgt, dass die Lehrperson noch strenger wird und immer mehr Strafen einsetzt, was weiterhin zur Demotivation der Lernenden führt, sodass hier von einem Kreislauf der Demotivation der Lernenden und Lehrenden (vgl. Abb. 23) gesprochen werden kann.

Im Gegensatz dazu werden DaF-Lehrkräfte, die sich ihre Rolle hauptsächlich als *Facilitator* vorstellen und in der Lehrer-Schüler-Interaktion den Lernenden Wertschätzung entgegenbringen, von den Lernenden positiv angesehen.

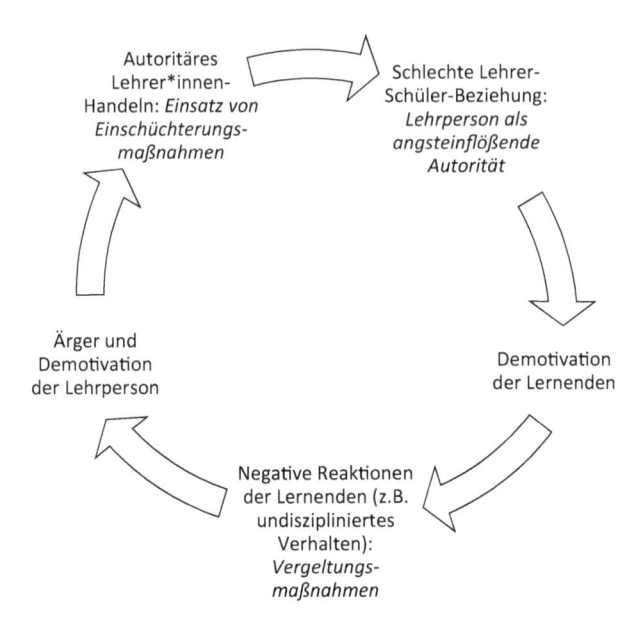

Abb. 23: Kreislauf der Demotivation von Lehrenden und Lernenden im Unterricht (eigene Darstellung auf der Grundlage von Petillon 1986: 166)

Diese Schüler*innen beteiligen sich gern am Lehr-Lern-Prozess und schenken der Lehrperson Vertrauen, was eine lernförderliche Zusammenarbeit mit sich bringt. Aus Sicht der Lernenden ist der Unterricht interessanter und sie achten freiwillig darauf, die Lehrperson nicht zu ärgern. Den Lernenden macht der DaF-Unterricht mehr Spaß, sodass sie eine positive Einstellung zum Deutschunterricht entwickeln.

Durch die Analyse der Befragungen, die mit einigen Lernenden aus den DaF-Klassen der an dem Forschungsprojekt beteiligten DaF-Lehrkräfte durchgeführt wurden, lässt sich feststellen, wie sich die Rollenvorstellungen ihrer Lehrperson jeweils auf sie auswirken. Da bei Herrn Fetba, Frau Nemka und Frau Njemmack das Rollenvorstellungsmuster als *Fachperson* und *Autorität* dominant ist, flößen sie Angst bei ihren Lernenden ein. Herr Fetba wird sogar als *Diktator* bezeichnet (vgl. Kap. 10.2.2.1). Insgesamt sind die Lernenden, die bei diesen drei DaF-Lehrkräften Deutschlernen, mit der Lehrperson und mit dem DaF-Unterricht unzufrieden. Bei den Unterrichtsbeobachtungen konnte festgestellt werden, dass die Schüler*innen bei Herrn Fetba im Unterricht sehr ruhig waren, was vermutlich daran liegt, dass die Klassen sehr klein waren und man leicht ertappt werden würde, wenn man stören würde. Aber bei Frau Nemka und Frau Njemmack, wo die Gruppen viel größer waren, war es relativ laut im Unterricht; trotz der Gefahr drakonischer Strafe führten viele Schüler*innen Nebengespräche im Unterricht. Im Gegensatz dazu war der Unterricht bei Frau Kouba trotz der großen Lerngruppe relativ ruhig. Es wurde auch beobachtet, dass sich mehr Schüler*innen zu Wort meldeten, sodass sie insgesamt motivierter wirkten.

10.6.2.2. Vergleichende Betrachtung der Auswirkungen auf die Prozessqualität des Unterrichts

Um die Auswirkungen der Rollenvorstellungen auf die Prozessqualität des Unterrichts vergleichend darzustellen, soll auf die Qualitätsmerkmale der Klassenführung (vgl. Kap. 10.6.2.2.1), der konstruktiven Unterstützung (vgl. Kap. 10.6.2.2.2) und der Schüler*innen-Aktivierung (vgl. Kap. 10.6.2.2.3) eingegangen sein.

10.6.2.2.1. Vergleichende Betrachtung der Klassenführung

Insgesamt lässt sich die Klassenführung im DaF-Unterricht, deren Lehrkraft sich die eigene Lehrer*innen-Rolle vornehmlich als *Fachmann* bzw. *Fachfrau* und *Autorität* vorstellt, negativ bewerten. Lehrende, die sich als alleinige Richtungsweisende, alleinige Entscheidungstragende und alleinige Organisatoren des Lehr-Lern-Prozesses betrachten, bestimmen generell allein, wann welche Strafe zum Einsatz kommt. Außerdem gewinnen die Schüler*innen den Eindruck, dass die eingesetzten Strafen willkürlich, ungerecht, nicht angemessen und zu streng sind. Ein solcher Einsatz von Einschüchterungsmaßnahmen ermöglicht keinen effizienten Umgang mit Störungen, da – wie bereits erwähnt – die Gefahr der Entstehung eines Kreislaufs der Demotivation groß ist. Dazu kommt, dass das ständige Streben nach der vollständigen Bearbeitung des Lehrplans ein beschleunigtes Arbeitstempo mit sich bringt, sodass manche Schüler*innen mit dem Lerntempo nicht Schritt halten können.

Wenn aber DaF-Lehrende ihre eigene Rolle hauptsächlich als *Facilitator* ansehen, gehen sie transparenter mit Störungen um. Dafür wäre zu wünschen, dass die Umgangsregeln mit den Lernenden transparent besprochen werden, sodass jeder genau weiß, was auf einen zukommt, wenn man bestimmte Handlungen im Lehr-Lern-Prozess durchführt und wie man dies eventuell vermeiden könnte. Es ist davon auszugehen, dass Störungen auch vorgebeugt werden könnten, wenn man genau im Unterricht besprechen würde, was als Störung gilt und was nicht.

Bei den vier forschungsteilnehmenden DaF-Lehrkräften gibt es hinsichtlich der Klassenführung einige Gemeinsamkeiten und kleine Unterschiede. Gemeinsam ist an den DaF-Lehrenden, die sich die eigene Rolle vornehmlich als Fachperson und Autorität vorstellen, dass es keine transparenten Umgangsregeln gibt. Anders als Herr Fetba, der aus Sicht der Lernenden oft die Unterrichtszeit nicht zum Lernen einsetzt, fühlen sich Frau Nemka und Frau Njemmack ständig unter Zeitdruck und achten darauf, in ihren Unterrichtsstunden möglichst viel Lerngegenstand zu bearbeiten. Frau Njemmack investiert auch viel Zeit für die Kontrolle der Hausaufgaben. Diese Zeit könnte für das Lernen eingesetzt werden, wenn es mehr Vertrauen im Unterricht gäbe und die Lernenden ihre Hausaufgaben freiwillig machen würden. Das scheint aber momentan nicht der Fall zu sein. Frau Kouba sorgt ihrerseits für mehr Transparenz im Umgang mit Störungen. Es ist den Lernenden bekannt, dass Strafen verkündet werden, wenn man mit Störungen übertrieben hat. Allerdings wurden die Umgangsregeln nicht transparent besprochen, sodass jedem Lernenden nicht hundertprozentig klar ist, was als Störung gilt und was nicht. Die ritualisierte Durchführung von Mini-Projekten am Ende jedes Lehrwerkskapitels wirkt in der Terminale-Klasse genauso lernförderlich wie die Tatsache, dass die Lehrkraft in der Troisième-Klasse im Unterricht grundsätzlich Deutsch spricht.

10.6.2.2.2. *Vergleichende Betrachtung der konstruktiven Unterstützung*

Während der vorliegenden Studie wurde festgestellt, dass die Beziehungen von Herrn Fetba, Frau Nemka und Frau Njemmack zu ihren jeweiligen Lernenden schlecht waren. Es gab bei diesen drei Lehrenden Vertrauensprobleme: Einerseits neigten sie dazu, ihre Lernenden der Störungen und der Faulheit zu bezichtigen. Andererseits führten transparenzlose Umgangsregeln dazu, dass die Lernenden ständig Angst vor Strafen hatten. Da der Umgang miteinander nicht als wertschätzend anzusehen war, war das Unterrichtsklima nicht lernförderlich. Bei Frau Nemka wurde festgestellt, dass man oft bei falschen Antworten auf Lehrer*innen-Fragen von Mitschüler*innen ausgelacht wurde. Die Bereitschaft dieser Schüler*innen, ihren DaF-Lehrpersonen eine Rückmeldung im Lehr-Lern-Prozess zu machen war sehr gering. Im Gegensatz dazu hatte Frau Kouba bessere Beziehungen zu ihren Lernenden. Das Klassenklima war aufgrund der bestehenden Vertrauensbasis besser. Die Lehrperson ist sich der Relevanz von Schüler*innen-Feedback bewusst und hat schon Erfahrung mit schriftlichen Rückmeldungen. Die Vorbereitung, Durchführung und

Aufbereitung von Schüler*innen-Rückmeldungen an die Lehrperson erweisen sich jedoch angesichts der Klassenstärke als schwierig.

Daraus lässt sich folgern, dass das Klassenklima nicht lernförderlich ist, wenn sich die Lehrenden die eigene Lehrer*innen-Rolle vornehmlich als *Fachmann* bzw. *Fachfrau* und *Autorität* vorstellen. Das hängt einerseits damit zusammen, dass der regelmäßige Einsatz drakonischer Strafen wie ein Damoklesschwert wirkt, sodass sich viele Lernenden ständig bedroht fühlen. Während manche Schüler*innen resigniert in dieser Situation möglichst ruhig im Unterricht bleiben, rebellieren andere Lernende, indem sie durch ihre Verhaltensweisen die Lehrkraft ärgern. Man kann also sagen, dass die Qualität der Lehrer-Schüler-Beziehung schlechter wird. Andererseits wirkt die Qualität der eingesetzten Strafen als nicht wertschätzend. Außerdem machen die Lernenden in jenen DaF-Klassen, wo sich die Lehrkräfte die eigene Lehrer*innen-Rolle als Autorität vorstellen, negative Erfahrungen mit Feedback und Fehlern, da manche Fehler drakonische Strafen hervorrufen und Rückmeldungen von Lernenden über den Lehr-Lern-Prozess augenscheinlich nicht willkommen sind. Aber vieles spricht dafür, dass Lehrende, die die eigene Rolle hauptsächlich als *Facilitator* ansehen, für mehr Vertrauen im Unterricht sorgen. Sie habe lernförderlichere Beziehung zu ihren Lernenden und sind im Umgang mit Fehlern toleranter, weil sie alle Anstrengungen der Lernenden zu schätzen wissen.

10.6.2.2.3. Vergleichende Untersuchung der Schüler*innen-Aktivierung

Was die Schüler*innen-Aktivierung angeht, wird erwartungsgemäß die aktive Beteiligung der Lernenden am Lehr-Lern-Prozess nicht gefördert, wenn die Lehrperson sich die eigene Lehrer*innen-Rolle hauptsächlich als alleinige Richtungsweisende und alleinige Organisator des Lehr-Lern-Prozesses vorstellt. Die Tatsache, dass die Lehrkraft im Umgang mit Strafen unberechenbar ist, schreckt manche Schüler*innen davon ab, sich im Unterricht zu Wort zu melden oder auf die Fragen der Lehrkraft einzugehen. Bei Lehrenden, die sich vornehmlich als *Facilitator* ansehen, ist zu erwarten, dass die Lernenden dazu gebracht werden, im Unterricht aktiver zu sein.

In der vorliegenden Studie wurde festgestellt, dass die Schüler*innen bei Herrn Fetba, Frau Nemka und Frau Kouba meistens passiv waren. Als Herr Fetba nach der Beteiligung an einer Fortbildung Rückmeldungen von seinen Lernenden einforderte, blieben die Lernenden lieber passiv und es wurde trotz Aufforderung der Lehrkraft auf keine verbesserungswürdigen Aspekte des Unterrichts eingegangen. Eine ähnliche Situation erlebte Frau Njemmack, als sie ihre Lernenden dazu aufforderte, ihr eine Rückmeldung über ihr eigenes

Handeln zu geben. Da blieben die Lernenden stumm, was aus Sicht der Lehrkraft überraschend war. Aber Frau Njemmack hat sich vorgenommen, Peer-Learning in ihren Unterricht einzuführen und hofft dabei, dass die Lernenden einander unterstützen und ihre Leistung verbessern. Frau Kouba lässt sehr oft Miniprojekte in ihrem Unterricht durchführen. Dabei befassen sich die Lernenden mit unterschiedlichen Themen in Gruppen und haben die Möglichkeit, kreativ und selbstständig zu lernen. Die Ergebnisse der Gruppenarbeit werden dann im Unterricht präsentiert. Diese Arbeitsweise wissen die Lernenden sehr zu schätzen. Aber bei allen diesen Lehrkräften ist zu beobachten, dass kooperative Lernmethoden, die bei der Bearbeitung des Lernstoffs die aktive Beteiligung möglichst vieler Lernenden ermöglichen würde, nicht zum Einsatz kommen. Das liegt daran, dass die Lehrenden damit eine große Gefahr des Kontroll- und Zeitverlustes verbinden.

10.7. Zusammenfassung

In diesem Kapitel wurden die Forschungsergebnisse zu der ersten Fragestellung vergleichend dargestellt: Wie stellen sich DaF-Lehrkräfte in Kamerun die eigene Lehrer*innen-Rolle vor und welche Konsequenzen ergeben sich daraus? Bei der Analyse der erhobenen Daten haben sich zwei Vorstellungsmuster gezeigt, die das Handeln der vier DaF-Lehrende prägt: (1) einerseits die Selbstbezeichnung als *Fachmann bzw. Fachfrau* und *Autorität*, (2) die Selbstwahrnehmung als *Facilitator*. DaF-Lehrpersonen, die sich ihre eigene Lehrer*innen-Rolle vornehmlich als Fachperson und Autorität vorstellen, fokussieren auf die Wissensvermittlung im DaF-Unterricht und betrachten sich als alleinige Richtungsweisende, alleinige Entscheidungstragende und alleinige Organisatoren des Lehr-Lern-Prozesses. Diese Lehrkräfte – Herr Fetba, Frau Nemka und Frau Njemmack – neigen dazu, ihre Schüler*innen der Faulheit zu beschuldigen und à priori der Störung des Unterrichts zu verdächtigen. Das führt zum Einsatz von Einschüchterungsmaßnahmen, die sowohl Faulheit als auch Störungen unterbinden sollen. Aber aus Sicht der Lernenden sind die eingesetzten Strafen drakonisch, willkürlich, nicht angemessen und zu streng, sodass sie ihre DaF-Lehrende als angsteinflößende, frustrationserzeugende Autorität wahrnehmen. Darüber hinaus hat die Auswertung der Daten gezeigt, dass die Klassenführung in den Klassen jener Lehrpersonen nicht lernförderlich war, da mit Umgangsregeln nicht transparent umgegangen wird. In Bezug auf das Qualitätskriterium der konstruktiven Unterstützung wurde festgestellt, dass die Qualität der Lehrer-Schüler-Beziehung aufgrund des vorherrschenden Mangels an Vertrauen nicht gut war; außerdem wurde den Lernenden wenig

Wertschätzung entgegengebracht und die Feedback- und Fehlerkultur war nicht positiv. Abschließend wurde festgestellt, dass die Schüler*innen-Aktivierung nicht gefördert wurde. Unter diesen Umständen war die Einstellung der Schüler*innen zum Deutschunterricht und zum DaF-Lehrenden negativ: Da das Lehrer*innen-Handeln als demotivierend und der DaF-Unterricht als langweilig angesehen wurde, gaben einige Schüler*innen an, dagegen zu rebellieren, indem sie durch das Einschlafen im Unterricht oder Nebengespräche die Lehrperson ärgerten, was zu härteren Strafen und der damit zusammenhängenden Demotivation der Lernenden führte. So entstand ein Kreislauf der Demotivation (vgl. Abb. 23).

Wenn Lehrkräfte die eigene Lehrer*innen-Rolle hauptsächlich als *Facilitator* ansehen, setzen sie den Fokus auf die Begleitung des Lehr-Lern-Prozesses. Sie betrachten sich weder als Allwissende, alleinige Richtungsweisende noch als alleinige Entscheidungstragende, sondern fördern die Beteiligung der Lernenden an der Gestaltung des Lehr-Lern-Prozesses. Grundlage dieser Rollenvorstellung ist eine wertschätzende Sicht auf die Schüler*innen, die zum Verzicht auf unberechenbaren Umgang mit Strafen sowie zur Schaffung eines vertrauensvollen Unterrichtsklimas führt. In einem solchen DaF-Unterricht machen Lernende positive Erfahrungen mit dem Lernen, was sich positiv auf ihre Motivation auswirkt. DaF-Lehrkräfte, die sich die eigene Lehrer*innen-Rolle als *Facilitator* vorstellen, bringen Voraussetzungen für lebendiges Fremdsprachenlernen mit: Einerseits ist die Klassenführung effektiver, da der Umgang mit Störungen transparenter ist und bestimmte Rituale im Unterricht lernförderlich sind. Andererseits werden die Lernenden konstruktiv unterstützt, indem für eine positive Lehrer-Schüler-Beziehung sowie für positive Feedback- und Fehlerkultur gesorgt wird. Darüber hinaus wird die aktive Mitarbeit der Lernenden im Lehr-Lern-Prozess gefördert. Von den forschungsbeteiligten Lehrkräften konnte vor allem bei Frau Kouba eine solche Rollenvorstellung beobachtet werden. Auch wenn in ihrem Unterricht bisher keine kooperativen Methoden zum Einsatz kamen und Umgangsregeln nicht transparent besprochen wurden, ist die Vertrauensbasis groß, sodass die Lernenden zuversichtlich sind, dass Lernen in ihrem DaF-Unterricht gefördert wird.

Zur Verbesserung der Qualität des DaF-Unterrichts ist davon auszugehen, dass DaF-Lehrende durch Selbst- und Fremdreflexion dazu angeregt werden sollten, sich als *Facilitator* anzusehen und die Durchführung lebendigen Fremdsprachenlernens zu fördern. Das setzt voraus, dass mehr Transparenz im Umgang miteinander gefördert und eine gute Vertrauensbasis geschaffen wird. Außerdem sollte daran gearbeitet werden, dass die Lernenden aktiver an der Gestaltung des Unterrichts teilnehmen, indem sie einerseits ihre eigenen

Meinungen und ihre Wünsche in den Unterricht einbringen und andererseits im unterrichtlichen Alltag Aufgaben kooperativ bearbeiten. Im Rahmen der vorliegenden Studie wurde ein Aktionsforschungsprojekt durchgeführt, bei dem die Implementierung von Veränderungen im DaF-Unterricht anvisiert war. Im nächsten Kapitel werden die Ergebnisse dieses Prozesses dargestellt und diskutiert.

11. Forschungsergebnisse zu den Interventionen im DaF-Unterricht

Dieses Kapitel widmet sich der Auseinandersetzung mit der 2. Fragestellung der vorliegenden Studie: Inwiefern können wichtige Aspekte des Lehrer*innen-Handelns verändert werden und wie kann dies zur nachhaltigen Verbesserung der Prozessqualität des DaF-Unterrichts in Kamerun beitragen? Während der Teilstudie 2 wurden – nach den Befragungen der Lehrer*innen und Schüler*innen zu den Vorstellungen von DaF-Lehrkräften über die eigene Lehrer*innen-Rolle im DaF-Unterricht – Veränderungsmaßnahmen allmählich entwickelt und in den Unterricht implementiert. Im Nachfolgenden soll zuerst beschrieben werden, wie die jeweiligen DaF-Lehrkräfte der Teilstudie 2 – Frau Nemka, Frau Kouba und Frau Njemmack – den Veränderungsprozess in ihren jeweiligen Klassen durchgeführt haben (Kap. 11.1). Dann sollen die Ergebnisse dieses Implementierungsprozesses im Hinblick auf die Qualitätsmerkmale der Klassenführung, der konstruktiven Unterstützung und der Schüler*innen-Aktivierung herausgearbeitet werden (Kap. 11.2). Abschließend werden die erzielten Forschungsergebnisse vergleichend betrachtet (Kap. 11.3).

11.1. Zur Durchführung der Interventionen in den beteiligten DaF-Klassen

Bevor die Forschungsergebnisse dargestellt werden, soll darauf eingegangen werden, wie Frau Nemka den Veränderungsprozess in der Seconde-Klasse implementiert hat.

11.1.1. Zur Durchführung der Interventionen in der Seconde-Klasse

Im Kapitel 7.2.2.2.4 wurde der Verlauf des Implementierungsprozesses dargestellt. Dabei wurden einerseits das Handlungsschema und andererseits die drei Aktions- und Reflexionszyklen der Teilstudie 2 ausführlich beschrieben. Ohne Anspruch darauf, die Inhalte des Kapitels 7.2.2.2.4 zu wiederholen, soll hier lediglich darauf eingegangen werden, wie Frau Nemka Veränderungen im DaF-Unterricht in der Seconde-Klasse durchgeführt hat.

Die ersten Schritte des Aktionsforschungsprojektes in der Seconde-Klasse bestanden in (1) der Beobachtung einer Sitzung des DaF-Unterrichts, (2) der Durchführung einer Gruppendiskussion mit 6 Schüler*innen und (3) der Durchführung eines Leitfadeninterviews mit Frau Nemka. Diese drei

Aktivitäten ermöglichten es, Einblick in den DaF-Unterricht in der Seconde-Klasse am LSF-Gymnasium zu gewinnen. Daraus geht hervor, (a) dass der Unterricht lehrerzentriert war, (b) dass sich die Lehrperson als alleinige Richtungsweisende, alleinige Entscheidungstragende betrachtete und (c) demnach regelmäßig drakonische Strafen einsetzte, (d) dass manche Schüler*innen mit der Lehrkraft und mit dem DaF-Unterricht unzufrieden waren, (f) dass viele Lernende nicht motiviert waren und dass die Lehrer-Schüler-Beziehung insgesamt schlecht war. Für eine nachhaltige Verbesserung der Prozessqualität des DaF-Unterrichts sollte eine akzeptable Vertrauensbasis geschaffen werden.

Im Rahmen des Aktions- und Reflexionszyklus 1 (vgl. Abb. 12) wurde Frau Nemka beim ersten informellen Gespräch mit dem Verfasser von diesen Erkenntnissen sowie von positiven Aspekten ihres Unterrichts in Kenntnis gesetzt. Es wurde auf die Notwendigkeit hingewiesen, mehr Vertrauen zwischen den verschiedenen Unterrichtsbeteiligten zu schaffen. Dafür war es nötig, dass Frau Nemka einerseits ihren Umgang mit den Lernenden revidiert und eine vertrauensfördernde Haltung einnimmt, andererseits die aktive Beteiligung der Lernenden im Lehr-Lern-Prozess fördert.

In den weiteren Unterrichtsstunden nahm sich Frau Nemka vor, die Umgangsregeln mit den Lernenden gemeinsam offen zu besprechen und dabei Strafen sowie deren Umsetzungsbedingungen kooperativ festzuhalten. Sie sprach ihren Wunsch aus, das Wohlbefinden aller Schüler*innen im DaF-Unterricht zu fördern und dass sie daher auf die ehrliche, aktive Zusammenarbeit aller Unterrichtsbeteiligten angewiesen sei. Anschließend versprach sie, von nun an ihrem Handeln die festgelegten Umgangsregeln zugrunde zu legen.

Bei der nächsten Unterrichtsbeobachtung, die am 13.02.2017 – drei Wochen nach der ersten Sitzung der Fortbildungsreihe – stattfand, konnten einige Veränderungen festgestellt werden: (1) die Lehrperson hatte ein freundlicheres Gesicht; (2) es gab gelegentlich auch Partner- und Gruppenarbeit; (3) bei Störungen wurde nicht sofort eine drakonische Strafe verkündet; (4) bei Gruppenarbeiten bekam jedes Gruppenmitglied eine besondere Rolle – den Erfahrungen der Lehr*innen-Fortbildungsreihen entsprechend – zugeteilt; (5) die Lehrkraft wirkte entspannter als bei der ersten Unterrichtsbeobachtung; aber (7) auch, wenn die Lehrperson etwas geduldiger geworden war, war festzustellen, dass die Arbeitszeit für Gruppenarbeit zu knapp war; (8) die Organisation der Gruppenarbeit war sehr zeitaufwendig; (9) es wurden auch Situationen beobachtet, in denen die Lehrperson genauso unberechenbar reagierte wie bei der ersten Beobachtungssitzung; (10) trotz der gelegentlichen Durchführung der Gruppenarbeit waren viele Schüler*innen die meiste Zeit passiv während des Unterrichts; (11) es gab relativ viel Lärm im Raum; (12) die Schüler*innen-Aktivität wurde auch dadurch gefördert, dass immer mehr Schüler*innen beispielsweise zur Bewältigung von Aufgaben zum Schreiben von Sätzen/Wörtern an die Tafel geschickt wurden, was früher fast immer nur von der Lehrkraft durchgeführt wurde; (13) bei manchen Aufgaben, die als Partnerarbeit durchgeführt wurden, konnte an den Handlungen vieler Schüler*innen erkannt werden, dass diese Aufgaben zunächst am besten in einer Einzelarbeitsphase hätten gemacht werden sollen, bevor sie mit den Tischnachbar*innen besprochen wurden; und (14) die Lehrperson ließ auch die Schüler*innen in Gruppen über den Unterrichtsverlauf reflektieren.

Insgesamt wurde erkennbar, dass einige Erkenntnisse aus der ersten Sitzung der Fortbildungsreihe in den Unterricht eingebracht wurden: wie zum Beispiel die Durchführung von Gruppen- und Partnerarbeit, die kooperative Besprechung der Umgangsregeln, die Zurückhaltung gegenüber Störungen sowie die Relevanz der Ermittlung von Störungsursachen. In einem informellen Gespräch, das nach dem Unterricht stattfand, wurde darüber ausgetauscht, was aus der Perspektive des Moderators und der Lehrperson heraus gelungen war und was eventuell noch verbessert werden könnte. An dieser Stelle wurde eine Verbesserung der Gruppen- und Partnerarbeit in Aussicht gestellt sowie eine weitere Förderung des Vertrauens im Unterricht.

Die nächste Unterrichtsbeobachtung fand zwei Tage nach der zweiten Sitzung der Fortbildungsreihe statt. Aufgrund einer Befragung, die mit einigen Schüler*innen aus einer anderen DaF-Klasse gemacht wurde, aber später aufgrund der schlechten Hörqualität leider in die vorliegende Studie nicht mit einbezogen werden konnte, wurde nur die Hälfte der Unterrichtszeit (eine Stunde) beobachtet. Dabei wurde Folgendes festgestellt: (1) Es wurde eine Grammatikstruktur bearbeitet; vor der Besprechung einer Aufgabe mit den Tischnachbar*innen bekamen die Schüler*innen etwas Zeit zum Nachdenken, was dem Verfasser bei den früheren Unterrichtsbeobachtungen noch nie aufgefallen war; (2) es wurden auch öfter Schüler*innen an die Tafel geschickt, um eine Antwort auf die Fragen der Lehrperson (Wörter/Sätze) zu schreiben; (3) zwar nahmen immer mehr Schüler*innen an der Bearbeitung des Lernstoffs aktiv teil, aber viele Schüler*innen aus den hinteren Reihen führten immer noch Nebengespräche mit Tischnachbarn/Tischnachbarinnen; (4) die Lehrperson ließ die Schüler*innen am Ende der Unterrichtsstunde in Gruppen Rückmeldungen über den Unterricht besprechen, bevor jeweils ein Lerner aus jeder Gruppe vor der Klasse die Ergebnisse der Gruppenarbeit auf Französisch präsentierte.

Die letzte Unterrichtsbeobachtung fand drei Tage vor der dritten und abschließenden Sitzung der Fortbildungsreihe statt. Aufgrund der Durchführung einer Gruppendiskussion mit den Schüler*innen einer anderen DaF-Klasse konnte nur die letzte Stunde des Unterrichts miterlebt werden. Auch bei dieser Sitzung wurde eine Grammatikstruktur besprochen. Es wurde Folgendes festgestellt: (1) die Lehrperson ließ mehrere Schüler*innen zum Schreiben von Antworten an die Tafel gehen; (2) Als Anwendungsübung schrieb die Lehrperson fünf Sätze an die Tafel und bot den Lernenden an, sich intensiv mit nur einem einzigen Satz zu befassen; (3) es wurde zuerst Zeit zur individuellen Auseinandersetzung mit der Aufgabe gegeben, bevor später in der Korrekturphase Lernende abwechselnd an die Tafel geschickt wurden – bei Fehlern wurden sie von einem*er Mitschüler*in abgelöst; (4) es gab insgesamt sehr viel Lärm im Raum; (5) bei der Feedbackphase arbeiteten die Schüler*innen in Gruppen (auf Französisch) und konzentrierten sich nur auf die Rückmeldung über jeweils nur einen einzigen Aspekt – Feedback über (i) die Aufgabe, (ii) die Verhaltensweise der Lehrperson während der Übung; (iii) die Verhaltensweise der Schüler*innen während der Übung; und (iv) alles, was an der Art des Umgangs mit der Aufgabe noch verändert werden sollte. Am Ende wurden die Ergebnisse der Feedbackgruppen präsentiert.

Nach der letzten Unterrichtsbeobachtung wurde eine Gruppendiskussion mit einer Gruppe von sieben freiwilligen Schüler*innen der Seconde-Klasse durchgeführt, bei der rückblickend über den Aktionsforschungsprozess gesprochen wurde. Die Interpretation dieser Gruppendiskussion dient als Grundlage zur Beantwortung der Frage zu den Auswirkungen des Implementierungsprozesses im DaF-Unterricht.

11.1.2. Zur Durchführung der Interventionen in der Terminale-Klasse

Als Ergänzung zum Kapitel 7.2.2.2.4 soll hier auf der Grundlage der Beobachtungsprotokolle der Implementierungsprozess von Veränderungen in der Terminale-Klasse beschrieben werden. In dieser Klasse waren die ersten Schritte des Aktionsforschungsprojekts wie folgt konzipiert: (a) Erste Unterrichtsbeobachtung, (b) Gruppendiskussion mit den Lernenden, (c) zweite Unterrichtsbeobachtung und (d) leitfadengestütztes Interview mit der Lehrperson (Frau Kouba). Daraus ergaben sich folgende Erkenntnisse: (1) die Arbeitsatmosphäre war insgesamt freundlich und entspannt; (2) die Stimmung war lebhaft und während der beobachteten Unterrichtsstunden wurde sehr viel gelacht; (3) viele Schüler*innen sind gelegentlich an die Tafel gegangen, um beispielsweise einen Lösungssatz bzw. ein Lösungswort zu schreiben; (4) es gab keine besonderen Störungen im Unterricht; (5) die Lehrperson und die Lernenden gingen respektvoll miteinander um; aber (6) viele Schüler*innen waren während des

Unterrichts passiv und haben die ganze Zeit nur das Tafelbild abgeschrieben; (7) es gab keine Situation, in der die Lehrperson Rückmeldungen von den Lernenden eingefordert hat; (8) zur körperlichen Aktivierung der Lernenden ließ die Lehrperson Lieder im Unterricht singen.

Trotz des insgesamt positiven Eindrucks war es besorgniserregend, dass die meisten Schüler*innen während des ganzen Unterrichts an der Bearbeitung des Lernstoffs nicht teilgenommen haben, da sie die ganze Zeit entweder nur das Tafelbild abgeschrieben oder auch nur mitgelacht haben. Zentral für die Verbesserung des DaF-Unterrichts in der Terminale-Klasse war die Frage nach der Förderung aktiver Auseinandersetzung aller Schüler*innen mit dem Lerngegenstand. Damit alle Lernenden gleichzeitig bei der Bearbeitung des Lerngegenstands aktiv mitmachen, vermutete der Verfasser, dass kooperative Lernmethoden hilfreich sein könnten. Aber angesichts der großen Klassenfrequenz (insgesamt 71 Schüler*innen) war die Frage offen, welche kooperativen Lernmethoden für die Arbeit mit so großen Gruppen angebracht waren. Beim ersten informellen Gespräch bekam die Lehrkraft Rückmeldungen über den Unterricht und ihre Aufmerksamkeit wurde auf die Passivität der meisten Schüler*innen gelenkt. Es wurde über die Möglichkeit des Einsatzes der Think-Pair-Share-Methode diskutiert sowie die Notwendigkeit, bei Gruppenarbeiten Rollen zu klären. Aufgrund der Beobachtung, dass der Unterricht lehrerzentriert war und die Wünsche bzw. Meinungen der Schüler*innen bezüglich der Gestaltung des Lehr-Lern-Prozesses nicht abgefragt war, wurde Frau Kouba auf die Notwendigkeit der Förderung von mehr Vertrauen im Unterricht hingewiesen.

Bei der nächsten Beobachtungssitzung wurde festgestellt, dass die Arbeitsatmosphäre viel besser war. Es gab Sequenzen, bei denen die Think-Pair-Share-Methode zum Einsatz gekommen ist. Es war sehr zeitaufwendig, den Lernenden die Methode zu erklären. Bei der Gruppenarbeit wurden Rollen unter den Lernenden verteilt: (1) Moderator*in (er/sie war für die Leitung der Gruppenarbeit in der Gruppe zuständig), (2) Zeitwächter*in (er/sie achtete auf das Zeitmanagement in der Gruppe), (3) Protokollant*in (er/sie machte Notizen für die Gruppe), (4) Lautstärkewächter*in (er/sie war dafür verantwortlich, dass es in der Gruppe nicht zu laut wurde), (5) Gruppensprecher*in (er/sie sollte die Ergebnisse der Gruppe präsentieren) und (6) Materialbeauftragte*r (sie/er war dafür zuständig, unbekannte Wörter im Wörterbuch nachzuschlagen oder dafür ein Wörterbuch von einer anderen Gruppe auszuleihen und dann nach Gebrauch zurückzugeben). Während der Gruppenarbeit wurde die Relevanz der Zeitwächter*innen festgestellt, da sie ihre Mitschüler*innen zum Murmeln aufforderten, während sich die Lehrperson der Unterstützung einzelner Gruppen widmen konnte. In der Präsentationsphase von Ergebnissen der Gruppenarbeit wurde festgestellt, dass manche Gruppen noch weitergearbeitet haben, obwohl einige Gruppen ihre Ergebnisse bereits präsentierten, sodass es oft zu laut im Unterricht wurde. Nach dem Unterricht wurde im informellen Gespräch über den Unterrichtsverlauf reflektiert und es wurden Verbesserungsvorschläge bezüglich der Präsentation der Ergebnisse nach der Durchführung der Gruppenarbeit gemacht. Außerdem wurde der Wunsch geäußert, dass die Lernenden in der Gruppe ihre Rückmeldungen über den Unterricht besprechen.

Drei Wochen nach der ersten Sitzung der Lehrer*innen-Fortbildung fand die nächste Unterrichtsbeobachtung in der Terminale-Klasse statt. Dabei wurde Folgendes festgestellt: (1) Die Think-Pair-Share-Methode kam mehrmals während des Unterrichts zum Einsatz; (2) dadurch, dass bei Lehrer*innen-Fragen den Lernenden Zeit für eine individuelle Auseinandersetzung mit der Lernaufgabe gegeben wurde und darauf eine Phase des Austauschs mit den Tischnachbar*innen folgte, konnten alle Schüler*innen im Unterricht aktiv sein; (3) zwar gab es oft Lärm bei der Durchführung von Gruppenarbeit, aber die Präsentation fand in einer ruhigeren Atmosphäre statt, da die Lehrperson darauf bestand, dass alle Schüler*innen den Sprechenden ihre volle Aufmerksamkeit widmeten; (4) die Lernenden waren augenscheinlich sehr zufrieden mit dem DaF-Unterricht; (5) kurz vor dem Ende des Unterrichts forderte die Lehrperson die Schüler*innen dazu auf, jeweils zwei Dinge, über die sie sich im Unterricht gefreut haben, in der Gruppe im Französischen zu besprechen, sowie jeweils einen Wunsch für den nächsten Unterricht zu formulieren. Bei der Präsentation der Gruppenarbeitsergebnisse nannten die verschiedenen Gruppen folgende positive Aspekte: (a) sie freuten sich über die aktive Mitarbeit aller Schüler*innen, (b) sie hatten mehr Spaß im Unterricht, (c) den Unterricht fanden sie motivierend, (d) durch die Arbeit in Gruppen konnten sie ihre Mitschüler*innen besser kennenlernen, (e) sie freuten sich sehr darüber, dass sie nicht mehr nur allein, sondern mit den Tischnachbar*innen zusammenarbeiten durften. Es wurde der Wunsch nach besserem Umgang mit der Zeit sowie nach mehr Ruhe geäußert, da es aus Sicht der Schüler*innen manchmal sehr viel Lärm im Unterricht gab.

Nach der zweiten Sitzung der Lehrer*innen-Fortbildungsreihe wurde eine weitere Sitzung des DaF-Unterrichts in der Terminale-Klasse beobachtet. Dabei wurde nach der Verbesserung der Klassenarbeit und den Notenbesprechungen an einem Text im Lehrwerk gearbeitet. Folgendes wurde festgestellt: (1) es wurde mehrmals nach der Think-Pair-Share-Methode gearbeitet; (2) die aktive Mitarbeit der Lernenden wurde gefördert; (3) einige Aufgaben wurden in der

Gruppe gelöst; (4) bei der Gruppenarbeit wurde darauf geachtet, dass jeder Schüler/jede Schülerin eine Rolle übernimmt; (5) viele Gruppen haben sich augenscheinlich intensiv mit der Lernaufgabe auseinandergesetzt; (7) bevor die Lehrperson von den Lernenden Rückmeldungen über den Unterricht einforderte, wurden Redemittel zum Ausdruck einer persönlicher Meinung im Deutschen besprochen (z.B. *ich finde den heutigen Unterricht interessant/langweilig, ich finde x gut/schlecht etc.; der heutige Unterricht war super/fantastisch/wunderbar/herrlich*); (8) dann sollten die Lernenden die Redemittel üben, indem sie eigene Beispielsätze bildeten, in denen sie eigene Rückmeldungen über den heutigen Unterricht formulierten. Zwar wurde der Fokus dabei auf die korrekte Verwendung der Redemittel gesetzt, aber dadurch haben die Lernenden der Lehrperson Feedback über den Unterricht gegeben.

Während des informellen Gesprächs, das Frau Kouba und der Verfasser nach dem Unterricht geführt haben, wurde das Einfordern von mündlichem Schüler*innen-Feedback fokussiert. Angesichts der Beobachtung, dass sich viele Rückmeldungen der Lernenden bisher auf den ganzen Unterricht beziehen und aus unserer Sicht etwas oberflächlich waren, wurden der Lehrperson folgende Aspekte vorgeschlagen: (a) es wäre gut, mündliches Schüler*innen-Feedback nicht zum ganzen Unterricht zu geben, sondern auf eine vorgegebene Unterrichtssequenz zu begrenzen; so kann konkreter genannt werden, was an der Durchführung einer bestimmten Sequenz (Textarbeit, Besprechung der Hausaufgaben, Grammatiksequenz, etc.) gut war bzw. was verbessert werden sollte; (b) es wäre sinnvoll Feedback auf die folgenden Ebenen zu beziehen: Auf (1) die Aufgabe, (2) die Lehrperson, (3) die Lernenden und (4) auf offene Verbesserungsvorschläge. In Bezug auf die Aufgabe ist abzufragen, wie die Lernenden die Aufgabe gefunden haben und was beispielsweise an deren Formulierung bzw. Länge verbessert werden könnte. Die Ebene der Lehrperson bezieht sich darauf, wie die Lernenden den Umgang der Lehrkraft mit der Aufgabe gefunden haben. Dazu gehören die Klarheit der Arbeitsanweisungen und die Verhaltensweise der Lehrkraft während der Bearbeitung der Aufgabe. Was die Ebene der Lernenden angeht, sollten die Lernenden über sich selbst und ihre Mitschüler*innen während der Bearbeitung der Aufgabe reflektieren. Die vierte Ebene betrifft offene Verbesserungsmöglichkeiten des Unterrichts, d.h. weitere auffällige Aspekte des Unterrichts, die aus Sicht der Lernenden noch verbessert werden sollten. Anschließend wurde der Lehrperson vorgeschlagen, dass sich jede Gruppe beim Einfordern des Schüler*innen-Feedbacks lediglich mit einer einzigen Feedbackebene befasst.

Die letzte beobachtete Unterrichtssitzung fand vier Wochen später statt. Im Mittelpunkt des Unterrichts stand der Abschluss eines Schüler*innen-Projekts zum Thema Menschenrechte. Jede Gruppe beschäftigte sich mit einem einzelnen Aspekt des Themas. Während der Bearbeitungsphase durften die Lernenden frei entscheiden, ob sie im Klassenzimmer bleiben oder draußen arbeiten wollten. Diese Zeit haben viele Gruppen genutzt, um die Präsentation ihrer Projektergebnisse vorzubereiten. Nach der Ergebnispräsentation wurde ein mündliches Schüler*innen-Feedback eingefordert. Wie es seit einiger Zeit in der Terminale-Klasse üblich geworden war, haben sich die Lernenden von jeweils zwei Nachbartischen zu einer Gruppe zusammengesetzt. Jede Gruppe hat sich mit einer Feedbackebene beschäftigt. Es wurde darauf hingewiesen, dass jede Gruppe mindestens eine positive Rückmeldung und mindestens ein Feedback zu einem verbesserungswürdigen Aspekt des Unterrichts machen sollte. Die Schüler*innen haben in der Gruppe ihre Rückmeldungen unter der Leitung der Gruppenmoderator*innen besprochen; dabei haben die jeweiligen Protokollant*innen Notizen für die Gruppe gemacht, die Zeitwächter*innen auf das Zeitmanagement geachtet, während Lautstärkewächter*innen dafür sorgen mussten, dass in den jeweiligen Gruppen nicht zu laut gesprochen wurde. Später haben die Gruppensprecher*innen die Ergebnisse der Gruppe vor der Klasse vorgelesen. Es wurde nicht erkennbar, welches Feedback von welchem*er einzelnen Schüler*in gekommen war, da dies als Ergebnisse einer Gruppenarbeit angesehen wurde. Die Lernende haben zuerst auf Deutsch die geschriebenen Sätze vorgelesen und weitere Rückfragen der Lehrperson im Französischen beantwortet. Frau Kouba hat sich jedes Mal für die Rückmeldungen bedankt und die ganze Klasse ermutigend in die Hände klatschen lassen.

Nach dem Unterricht wurden acht freiwillige Schüler*innen der Terminale-Klasse zu einer Gruppendiskussion eingeladen, bei der darüber zu reflektieren war, wie die Lernenden die Implementierung von Veränderungen im DaF-Unterricht wahrgenommen haben.

11.1.3. Zur Durchführung der Interventionen in der Troisième-Klasse

Zur Ergänzung dessen, was im Kapitel 7.2.2.2.4 geschrieben wurde, soll hier die Implementierung von Veränderungen in der Troisième-Klasse fokussiert werden. Die ersten Schritte des Aktionsforschungsprozesses bestanden in der Beobachtung einer Unterrichtssitzung, der Befragung der DaF-Lehrkraft Frau Njemmack sowie der Durchführung einer Gruppendiskussion mit sieben ausgewählten Lernenden. Daraus geht Folgendes hervor: (1) Es gab relativ viel Lärm im Unterricht; (2) das Interaktionsschema bestand generell aus Lehrer*in-Frage – Schüler*innen-Antwort – Lehrer*in-Rückmeldung; (3) es gab weder Partner-, noch Gruppenarbeit im Unterricht; (4) der Unterricht war lehrerzentriert; (5) nach einer Anwendungsübung zu einer Grammatikstruktur ließ die Lehrperson nur fünf von den über 60 anwesenden Lernenden ihre Sätze vorlesen; (6) viele Schüler*innen haben im Unterricht keine Sprechanlässe bekommen; (7) es gab keine Anlässe, wo die Lernenden der Lehrperson eine Rückmeldung gegeben haben. Aus diesen Beobachtungen entstand die Frage, inwiefern möglichst viele Schüler*innen zum Sprechen im Unterricht angeregt werden könnten. Mir hat dabei besonders gefehlt, dass die Lehrperson bei der Besprechung einer Grammatikstruktur nur sehr wenige Schüler*innen ihre Sätze vorlesen ließ, obwohl die ganze Klasse die Übung gemacht hatte. Daher entstand der Gedanke, ob es nicht besser wäre, dass die Lehrperson in einer solchen Situation den Lernenden eine Korrekturhilfe anbietet, damit sie in Paaren bzw. in kleinen Gruppen ihre Sätze gegenseitig vorlesen und besprechen können.

Während des informellen Gesprächs mit der Lehrperson wurden sowohl positive Rückmeldungen gegeben als auch die Aufmerksamkeit auf verbesserungswürdige Aspekte des Unterrichts gelenkt. Da die Lernenden die Angst vor drakonischen Strafen angesprochen hatten, wurde mit Frau Njemmack darüber diskutiert, inwiefern Vertrauen im Unterricht gefördert werden könnte. Es wurde auf die Notwendigkeit eingegangen, die Eigenverantwortung der Lernenden zu stärken und auf die angsteinflößende Haltung der Lehrperson zu verzichten. Außerdem wurde der Vorschlag gemacht, durch den Einsatz der Think-Pair-Share-Methode die aktive Beteiligung der Schüler*innen an der Bearbeitung des Lerngegenstands zu fördern.

Bei der nächsten Unterrichtsbeobachtungssitzung wurde festgestellt, dass es relativ viel Lärm im Unterricht gab. Zur Besprechung der Frage, welche Vorsätze die Schüler*innen für das Jahr 2017 gefasst hatten, ließ die Lehrperson die Lernenden sich zuerst mit ihren jeweiligen Tischnachbarn*innen austauschen und gemeinsam mindestens einen Satz schreiben. Dann wurden größere Gruppen mit Lernenden von zwei Nachbartischen gebildet, die die Ergebnisse der vorherigen Tischgespräche besprochen haben. Anschließend wurden einige Schüler*innen abwechselnd an die Tafel geschickt, damit sie die vorgelesenen Ergebnisse der Gruppenarbeit anschreiben. Zum Schluss korrigierte die Lehrperson Fehler in den Sätzen der Schüler*innen an der Tafel. Augenscheinlich war die Methode neu für die Lernenden; es hat viel Zeit in Anspruch genommen, die Arbeitsschritte zu erklären. Dabei musste die Lehrperson viele Verständnisfragen klären. Insgesamt schienen die Lernenden fröhlicher zu sein. Während unseres informellen Gesprächs wurde über den Unterricht reflektiert und Verbesserungsmöglichkeiten bei der Umsetzung der Think-Pair-Share-Methode zur Diskussion gestellt.

Vier Wochen nach der ersten Sitzung der Lehrer*innen-Fortbildungsreihe wurde eine nächste Beobachtung des DaF-Unterrichts in der Troisième-Klasse durchgeführt. Nach einer kurzen Klassenarbeit zur Wiederholung einer Grammatikstruktur wurde an einem Text im Lehrwerk gearbeitet. Zuerst mussten die Lernenden den Text für sich still lesen und dabei eine Aufgabe zum Text lösen, um sich dann mit dem*er Tischnachbar*in darüber auszutauschen. In einem weiteren Schritt ließ die Lehrperson einige Schüler*innen satzweise und abwechselnd den Text vorlesen und dabei verbesserte sie Aussprachefehler. Anschließend ließ Frau Njemmack ihre Sätze vorlesen, die sie an die Tafel aufschrieb; die Lehrperson ließ die ganze Klasse Fehler in den Sätzen herausfinden und gemeinsam verbessern. In einem weiteren Schritt wurde eine Gruppenarbeit zum Textinhalt durchgeführt. Dabei achtete die Lehrperson darauf, dass Rollen in der Gruppe geklärt wurden. Später wurden die Ergebnisse der Gruppenarbeit im Plenum präsentiert. Insgesamt war es sehr laut während der Gruppenarbeit. Bemerkenswert war, dass die Lernenden immer aktiver am Lehr-Lern-Prozess teilnahmen. Augenscheinlich war die Arbeitsatmosphäre besser geworden. Es wurde während unseres informellen Gesprächs darüber reflektiert, wie die Eigenverantwortung der Lernenden zur Bekämpfung des Lärms vor allem während der Gruppenarbeit gestärkt werden kann. Es wurde der Lehrperson auch vorgeschlagen, von den Lernenden mündliche Rückmeldungen über den Unterricht einzufordern.

Nach der zweiten Sitzung der Lehrer*innen-Fortbildungsreihe wurde der DaF-Unterricht in der Troisième-Klasse erneut beobachtet. Zu Beginn des Unterrichts kontrollierte Frau Njemmack die Hausaufgaben bei allen Lernenden. Insgesamt hatten sieben Schüler*innen keine Hausaufgaben gemacht und die Lehrperson forderte den Klassensprecher auf, deren Namen für eine spätere Strafe aufzuschreiben. Darauf folgte eine kurze Klassenarbeit zur Wiederholung einer Grammatikstruktur. Bei der Korrektur dieser kurzen Klassenarbeit meldeten sich die Schüler*innen und die Lehrperson entschied, wer zu Wort kommen durfte. Im weiteren Verlauf des Unterrichts wurde eine Grammatikhausaufgabe korrigiert: Frau Njemmack ließ einige Schüler*innen an die Tafel gehen, damit sie ihre Sätze anschreiben. Gleich danach verbesserte die Lehrkraft Fehler in diesen Sätzen. Später wurde eine Gruppenarbeit durchgeführt. Dabei wies die Lehrperson noch auf die Rollenklärung in den jeweiligen Gruppen hin. In der Präsentationsphase der Ergebnisse der Gruppenarbeit ließ die Lehrperson abwechselnd ein paar Schüler*innen an die Tafel gehen, damit sie die passende Lösung anschreiben, die dann mündlich von der Lehrkraft kommentiert wurde. Augenscheinlich waren viele Schüler*innen fleißig und es fiel auf, dass die Lernenden mit dem Deutschunterricht zufriedener waren. Während unseres informellen Gesprächs begründete Frau Njemmack die Tatsache, dass bisher keine Rückmeldung von den Lernenden zum Unterricht eingefordert wurde, mit dem Zeitmangel, da sie gegen Ende des Unterrichts unter Zeitdruck steht und lieber den vorbereiteten Lerngegenstand zu Ende führen möchte. Es wurde der Vorschlag gemacht, das Schüler*innen-Feedback eventuell auf eine gegebene Unterrichtssequenz in der ersten Unterrichtshälfte zu beziehen, um den Zeitdruck am Ende des Unterrichts zu vermeiden.

Die letzte beobachtete Unterrichtssitzung fand am 20.03.2017 statt. Es gab zu Beginn der Unterrichtsstunde keine Hausaufgabenkontrolle, wie es in dieser Klasse bisher üblich war. Vor der Arbeit an einem Text im Lehrwerk ließ die Lehrperson die Lernenden anhand von W-Fragen zum Thema des Kapitels in der Gruppe eigene Vermutungen anstellen. Dann wurden die Ergebnisse der Gruppenarbeit von den jeweiligen Gruppensprecher*innen im Plenum präsentiert und von Frau Njemmack kommentiert. In einem weiteren Schritt tauschten sich die Lernenden mit ihren Tischnachbar*innen über die Bilder auf der Einstiegsseite des Kapitels im Lehrwerk. Nach der Besprechung im Plenum wurde an einem Text gearbeitet. Dabei behandelten die Lernenden in Gruppen Fragen zum Text.

Es gab am Ende des Kurses eine lange Feedbacksequenz auf Französisch: Dabei befasste sich ein Viertel der Schüler*innen mit Feedback zu der Aufgabe, ein zweites Viertes mit Feedback zu der Lehrperson, das dritte Viertel mit Feedback zu den Lernenden und das vierte Viertel mit Verbesserungswünschen für den DaF-Unterricht. Die Lehrperson gab den Arbeitsauftrag mündlich und musste viele Verständnisfragen der Lernenden klären. An die Tafel schrieb die Lehrperson einige Redemittel für das Feedbackgeben auf: „*J'ai apprécié le fait que ...*" („*mir hat gefallen, dass...*"), „*nous avons apprécié le fait que ...*" („*uns hat gefallen, dass ...*"), „*J'ai beaucoup aimé le fait que ...*" („*ich habe es super gefunden, dass ...*"), „*je souhaiterais que la prochaine fois ...*" („*ich wünsche mir für das nächste Mal, dass ...*"). Dann besprachen die Schüler*innen in Vierergruppen jeweils ihre Rückmeldungen. In der Präsentationsphase ließ Frau Njemmack alle Gruppensprecher*innen nacheinander aufstehen und ihre Rückmeldungen zum Ausdruck bringen.

Aus diesen Rückmeldungen war zu entnehmen, dass sich das Schüler*innen-Feedback sowohl auf positive als auch auf verbesserungswürdige Aspekte des Unterrichts bezog. Daran konnte erkannt werden, dass es mehr Vertrauen zwischen der Lehrperson und den Lernenden gab. Die Feedbacksequenz nutzte die Lehrperson als Anlass, um den Lernenden zu erklären, warum sie oft streng ist und im Unterricht auf Disziplin besteht. Am Ende der Unterrichtssitzung wurde eine Gruppendiskussion mit sechs freiwilligen Lernenden der Troisième-Klasse durchgeführt.

11.1.4. Zusammenfassung der Durchführung von Interventionen im DaF-Unterricht

Zusammenfassend gab es zwar kleine Unterschiede in der Implementierung der Veränderungen in den drei DaF-Klassen, aber insgesamt lässt sich ein gemeinsames Ablaufschema der Interventionen rekonstruieren (vgl. Abb. 24). Dies liegt einerseits daran, dass die Ausgangslagen in den jeweiligen Klassen unterschiedlich waren. Andererseits sind Unterschiede auch auf die Gestaltungsfreiheit im Unterricht der forschungsteilnehmenden Lehrkräfte zurückzuführen. Auch wenn Erfahrungen aus den Unterrichtsbeobachtungen in den drei DaF-Klassen dem Entwurf von Verbesserungsmaßnahmen zugrunde lagen, die in den informellen Gesprächen mit den Lehrenden zur Sprache kamen, war die Einbeziehung dieser Maßnahmen in den Unterricht der freien Entscheidung der Lehrpersonen überlassen. Anders als in der Terminale-Klasse, wo es zu Beginn der Untersuchung schon großes Vertrauen zwischen Frau Kouba und ihren Lernenden gab, musste in der Seconde- und Troisième-Klasse, wo die Lehrpersonen die eigene Rolle als alleinige Entscheidungstragende, alleinige Richtungsweisende und alleinige Organisatoren des Lehr-Lern-Prozess betrachteten, zuerst viel an der Vertrauensbasis in der Lehrer-Schüler-Beziehung gearbeitet werden. Ziel dieses Schrittes war, dass die Lernenden ihre DaF-Lehrkräfte nicht mehr als angsteinflößende Autorität ansehen.

Um Vertrauen zu schaffen, besprachen zuerst die Lehrenden mit den Lernenden gemeinsam Umgangsregeln und legten diese den Interaktionen im Unterricht zugrunde. Dabei wurde transparent festgehalten, wann welche Strafen verhängt werden sollten. Dann verzichteten Frau Nemka und Frau Njemmack im Alltag auf drakonische Strafen, sodass die Lernenden Situationen erlebt haben, wo die vorgeschlagenen Umgangsregeln beachtet wurden und Strafen nur unter den besprochenen Umständen zum Einsatz kamen. Anschließend führten die Lehrenden viel mehr Metagespräche über den Lehr-Lern-Prozess, in denen sie ihre Absicht noch deutlicher erklärten, die Qualität des DaF-Unterrichts zu verbessern und dafür auf die Zusammenarbeit mit den Lernenden angewiesen seien. Darauf folgte eine allmähliche Verbesserung der Lehrer-Schüler-Beziehung.

Im nächsten Schritt wurde besonderer Wert auf die Förderung aktiver Beteiligung der Lernenden am Unterricht gelegt, indem neben Einzelarbeit

Beobachtungen
- Lehrerzentrierter Unterricht
- Offensichtliches Desinteresse vieler Schüler*innen

Vertrauen schaffen
- Klare Umgangsregeln
- Verzicht auf angsteinflößenden und frustrationserzeugende Haltungen und Handlungen
- Empathie
- Positive zwischenmenschliche Beziehungen

Schüler*innen-Aktivierung
- Kooperative Lernmethoden:
  - Partner- und Gruppenarbeit
  - Think-Pair-Share-Methode

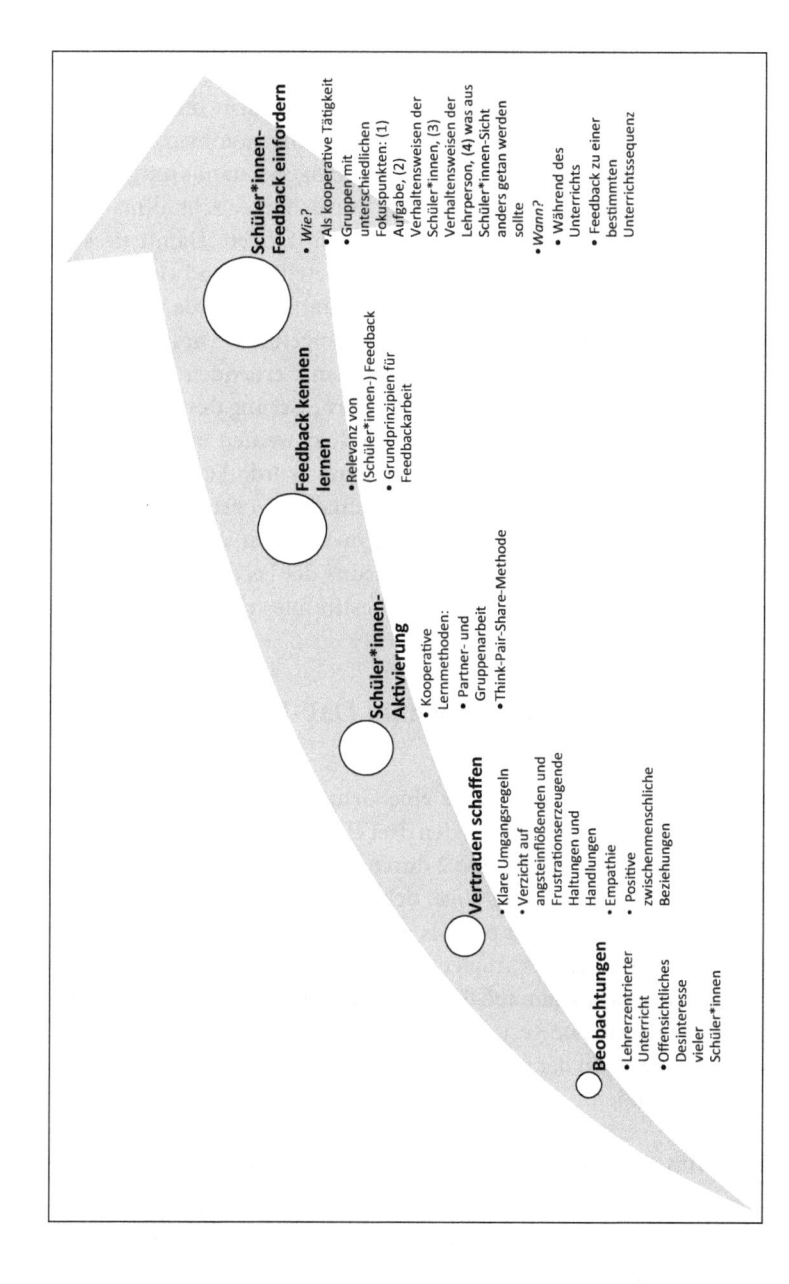

Feedback kennen lernen
- Relevanz von (Schüler*innen-) Feedback
- Grundprinzipien für Feedbackarbeit

Schüler*innen-Feedback einfordern
- *Wie?*
  - Als kooperative Tätigkeit
  - Gruppen mit unterschiedlichen Fokuspunkten: (1) Aufgabe, (2) Verhaltensweisen der Schüler*innen, (3) Verhaltensweisen der Lehrperson, (4) was aus Schüler*innen-Sicht anders getan werden sollte
- *Wann?*
  - Während des Unterrichts
  - Feedback zu einer bestimmten Unterrichtssequenz

Abb. 24: Rekonstruktion der Interventionsreihenfolge

und Klassengesprächen auch kooperative Lernmethoden – Think-Pair-Share-Methode, Partner- und Gruppenarbeit – zu neuen Ritualen im DaF-Unterricht gemacht wurden. Zwar war die Erklärung dieser Methoden sehr zeitaufwendig und es gab bei Partner- und Gruppenarbeit relativ viel Lärm im Unterricht, aber dies wurde generell positiv von den Lernenden angenommen. Dadurch, dass die Lernenden aktiv bei der Bearbeitung des Lerngegenstands mitgemacht haben, veränderte sich deren Einstellung zum Deutschunterricht allmählich, sodass sie immer mehr Gefallen am DaF-Unterricht fanden. Damit sie sich aktiv an der Gestaltung des Lehr-Lern-Prozesses beteiligen und eigene Meinungen sowie Wünsche Berücksichtigung finden konnten, wurde ein mündliches Schüler*innen-Feedback in den Unterricht eingeführt. Dies setzte aber einen wichtigen Arbeitsschritt voraus, in dem den Lernenden u.a. erklärt wurde, was Feedback bedeutet, inwiefern es zur Verbesserung des Lehrens und Lernens beitragen kann und wie Feedback formuliert werden muss, damit es die gewünschten Effekte erreichen kann. Erst dann wurde Feedback in den jeweiligen Klassen eingefordert. Je nach den sprachlichen Voraussetzungen der Lernenden wurde die Feedbackarbeit in der gemeinsamen Ausgangssprache durchgeführt – hier Französisch. Die Durchführung der Feedbackarbeit in der Fremdsprache wurde auch als Anlass genutzt, bestimmte sprachliche Strukturen zu üben bzw. anzuwenden.

11.2. Ergebnisse der Interventionen im DaF-Unterricht (Teilstudie 2)

Am Ende der Interventionsstudie wurde eine Gruppendiskussion mit jeweils einer Gruppe von 6 bis 8 Lernenden aus den drei DaF-Klassen sowie Interviews mit den drei Lehrkräften der Teilstudie 2 durchgeführt. Ziel dieser Befragungen war, über die Interventionen im Unterricht zu reflektieren, indem sowohl aus der Perspektive der Schüler*innen als auch der Lehrenden heraus rückblickend die Wahrnehmung des Implementierungsprozesses sowie die Einschätzung seiner Auswirkungen auf die Lernenden bzw. die Prozessqualität des Unterrichts zur Diskussion gestellt wurden. Grundlage für das vorliegende Kapitel ist die Interpretation der mündlichen abschließenden Befragungen von Lehrenden und Lernenden.

11.2.1. Ergebnisse der Interventionen aus Sicht der Lehrenden

Während der ganzen Interventionsstudie wurden informelle Gespräche mit jeder beteiligten Lehrkraft unter vier Augen geführt, sodass die individuellen

Situationen in den jeweiligen Klassen besprochen und passende Verbesserungsvorschläge gemacht werden konnten. Damit die Lehrenden sich über ihre jeweiligen Erfahrungen austauschen und gemeinsam über den Aktionsforschungsprozess reflektieren konnten, wurde ein Gruppeninterview mit den drei DaF-Lehrenden geplant. Aufgrund der Schwierigkeit, einen gemeinsamen Termin zu finden, wurden einerseits ein Interview mit Frau Kouba, andererseits ein Gruppeninterview mit Frau Nemka und Frau Njemmack durchgeführt.

Zentral für den Reflexionsprozess war der Rückblick auf den Weg bis hin zum Einfordern eines mündlichen Schüler*innen-Feedbacks. Dies lässt sich dadurch begründen, dass die erste Voraussetzung für eine effektive Feedbackarbeit die Schaffung eines vertrauensvollen Klassenklimas darstellt, in dem die Schüler*innen keine Angst vor negativen Konsequenzen ihrer Rückmeldungen über verbesserungswürdige Aspekte des Unterrichts an die Lehrperson haben. Dafür ist aber wichtig, dass mit Störungen transparent umgegangen wird und dass lern- und konzentrationsförderliche Rituale zum Unterrichtsalltag gehören – das entspricht der Beachtung des Qualitätskriteriums der Klassenführung. Die Entstehung eines vertrauensvollen Arbeitsklimas hängt auch damit zusammen, dass einerseits miteinander wertschätzend umgegangen wird und andererseits Fehler und Feedback als Lernanlässe im Unterricht gelten – dies entspricht dem Qualitätsmerkmal der konstruktiven Unterstützung. Abschließend ist mündliches Schüler*innen-Feedback ein Indikator für Schüler*innen-Aktivierung, insofern als die Lernenden dadurch ihren Sprechanteil im Unterricht erhöhen und ihre Wünsche, Vorschläge bzw. Eindrücke in die Mitgestaltung des Lehr-Lern-Prozesses einbringen.

Im Folgenden sollen zuerst die Ergebnisse der Interventionsstudie aus Sicht von Frau Nemka und Frau Njemmack dargestellt werden (Kap. 11.2.1.1), bevor die Perspektive von Frau Kouba zur Sprache gebracht wird (Kap. 11.2.1.2).

11.2.1.1. Ergebnisse der Interventionen aus Sicht von Frau Nemka und Frau Njemmack

Die Perspektive von Frau Nemka und Frau Njemmack wurde in einem Gruppeninterview (FS2-LP13E) erfasst, das gleich nach der dritten Sitzung der Fortbildungsreihe (vgl. Kap. 7.2.2.3) durchgeführt wurde. Eine Analyse des Transkripts dieses Interviews ermöglicht Einblicke in die Art und Weise, wie Frau Nemka und Frau Njemmack die Interventionsstudie und deren Auswirkungen wahrgenommen haben.

11.2.1.1.1. Interventionsstudie als Reflexionsprozess

Das Aktionsforschungsprojekt setzte sich zum Ziel, die beteiligten Lehrkräfte dazu zu bringen, Probleme im eigenen DaF-Unterricht zu identifizieren und ihnen entgegenzuwirken. Neben den Unterrichtsbeobachtungen und den darauf folgenden informellen Gesprächen, bei denen den beteiligten Lehrenden einerseits Rückmeldungen über den eigenen Unterricht und andererseits Verbesserungsvorschläge gemacht wurden, galt die Durchführung einer dreiteiligen Lehrer*innen-Fortbildungsreihe – mit jeweils einem Monat Abstand – als Anlass, um einerseits Input in den Verbesserungsprozess einzubringen und andersseits Erfahrungsaustausch mit DaF-Lehrkräften aus verschiedenen Schulen zu ermöglichen (vgl. Kap. 7.2.2.3). Aus Sicht von Frau Nemka und Frau Njemmack hat die Beteiligung an diesem Forschungsprozess und insbesondere an den drei Sitzungen der Lehrer*innen-Fortbildungsreihe zur Selbstreflexion angeregt. Es ging einerseits um einen Prozess der Reflexion-über-die-Handlung, insofern als sie die beteiligten Lehrenden nach eigenen Angaben dazu gebracht hat, über den eigenen Unterricht zu reflektieren. Dabei konnte Einsicht in verschiedene Probleme gewonnen werden, die den Lehrpersonen bisher nicht bekannt waren, jedoch im Alltag dem Lernen erheblich im Wege standen. Daher sagt Frau Nemka Folgendes: „j'ai BEAUCOUP appris durant (---) euh ces séminaires (-) ces différents séminaires; (---) euh:: (1.2) ça m'a permis (-) euh moi-même de (.) me remettre en QUESTION; (-) de revoir un peu ma méTHODE (--) euh: (--) quotidienne dans: dans la salle de CLASSE"[206] (FS2-LP13E, Z. 4–7).

Der Rückblick auf die eigene Haltung, die eigenen Verhaltensweisen und die eingesetzten Lehr-Lern-Methoden sowie auf die eigene Beziehung zu den Lernenden hat die Möglichkeit eröffnet, dass die Lehrenden Veränderungen in der eigenen Praxis vornehmen. Durch die lehrreichen Aktivitäten der Fortbildungsreihe haben die Lehrenden ihr Rollenverständnis im Hinblick auf die Weiterentwicklung des Unterrichts erweitert. Ein Hauptanliegen dieses Interventionsprozesses bestand darin, die DaF-Lehrkräfte dabei zu unterstützen, bei der Steuerung des Lehr-Lern-Prozesses lern- und konzentrationshemmende Aspekte zu identifizieren und sich ihrer Überwindung bewusst zu widmen. Aufgrund der früheren Beobachtung, dass der regelmäßige Einsatz von Einschüchterungsmaßnahmen zu einer schlechteren Lehrer-Schüler-Beziehung

---

[206] Ich habe während dieser verschiedenen Fortbildungssitzungen vieles gelernt. Dadurch habe ich mich infrage stellen können. Ich konnte auch über meine alltäglichen Unterrichtsmethoden reflektieren.

führte, wurde während des Aktionsforschungsprozesses danach gestrebt, dass sich Lehrende für eine nachhaltige Auseinandersetzung mit lern- und erfolgshemmenden Faktoren im Unterricht einsetzen. Die Tatsache, dass die Lehrpersonen früher nicht lernförderlich mit Problemen im Lehr-Lern-Prozess umgehen konnten, trug nach Angaben von Frau Nemka zu deren Demotivation bei: „avant ce séminaire (-) on pouvait (-) certes dé IDENTIFIER des problèmes dans la classe; (--)MAIS:: (-) ne pas savoir COMMENT arriver à: (--) combattre ces problèmes à résoudre ces problèmes (--) euh euh pouvait en quelque sorte (-) DÉCOURAGER l'enseignant; (-)le: déMOTIVER"[207] (ebd., Z. 68–71).

Der durch das Aktionsforschungsprojekt ausgelöste Reflexionsprozess – als Reflexion-in-der-Handlung – hat zum allmählichen Entwurf von Maßnahmen geführt, die im Kreislauf von Aktion und Reflexion im Unterricht implementiert wurden (vgl. Kap. 7.2.1.2). Die Förderung aktiver Beteiligung der Lernenden durch die Durchführung kooperativer Lernmethoden hat zur Entlastung der Lehrkräfte geführt – was Frau Njemmack wie folgt formuliert: „DONC j'ai gagné moi je: (-) je ne bavarde plus trop en salle de classe"[208] (ebd., Z. 17–18). Mit der früheren Vorstellung der eigenen Lehrer*innen-Rolle als Fachfrau und Autorität, die für die Organisation des Lehr-Lern-Prozesses allein zuständig war, fungierte die DaF-Lehrkraft als die einzige Ansprechperson für das Lernen und die Disziplin im Unterricht, was angesichts der großen Klassenfrequenz eine riesige Belastung darstellte. Aber durch die regelmäßige Durchführung von Partner- und Gruppenarbeiten haben beide Lehrkräfte gelernt, die Lernenden als Ressource für das Lernen zu nutzen. Durch den Austausch mit Peers konnten die Schüler*innen nämlich einander unterstützen und miteinander bestimmte Fragen zum behandelten Lerngegenstand klären, die sonst an die Lehrperson gerichtet wurden. Die Tatsache, dass die Lernenden bei der Gruppenarbeit im Allgemeinen bestimmte Rollen übernahmen und jemand insbesondere dafür zuständig war, darauf zu achten, dass die Mitglieder seiner Gruppe nicht zu laut sprachen, zeigte, dass die Lehrperson einen Teil ihrer bisherigen Tätigkeit hinsichtlich der Disziplinförderung an die Lernenden delegiert hatte. Daraus ergibt sich aus Sicht von Frau Njemmack sowohl eine bessere Leistung der Lernenden im Fach Deutsch als auch eine bessere Einstellung der Unterrichtsbeteiligten zum DaF-Unterricht: „les résultats sont

---

207 Vor dieser Fortbildungsreihe konnten Probleme zwar im Unterricht identifiziert werden, aber es konnte für die Lehrperson demotivierend wirken, nicht zu wissen, wie diese Probleme überwunden werden könnten.
208 Also was ich mitnehme, ist, dass ich nicht mehr zu viel im Unterricht spreche.

vraiment satisfaisants. (-) même les élèves disent eux-mêmes que (--) euh nous avons amélioré: (-) le cours. le cours est est (-) est plus RELAXE"[209] (ebd., Z. 15–17).

Die Erfahrungen, die die DaF-Lehrenden im Rahmen des Aktionsforschungsprojekts gemacht haben, führten zur Veränderung ihrer Vorstellungen über die eigene Lehrer*innen-Rolle. Früher betrachteten sich Frau Njemmack und Frau Nemka nämlich als die einzigen Personen im Klassenraum, die bestimmten, wann was wie stattfindet. Sie verstanden ihre Rolle als die der Allwissenden, die den Lernenden das nötige Wissen zur Verfügung stellen sollen, damit sie mit Erfolg an Prüfungen teilnehmen. Daraus folgte, dass der Fokus auf der Bearbeitung des Lerngegenstands – also des ES im TZI-Dreieck – lag, zuungunsten der Individuen, die am Lehr-Lern-Prozess beteiligt sind. Der mit dem Aktionsforschungsprojekt entstandene Reflexionsprozess – als Reflexion-für-die-Handlung – hat dazu geführt, personenbezogene Faktoren im TZI-Dreieck in den Vordergrund zu rücken. Dabei haben sich die Lehrkräfte den folgenden Fragen gewidmet: Wie kann der Lehr-Lern-Prozess so gestaltet werden, dass jeder einzelne Lernende sich wertgeschätzt fühlt und an der Bearbeitung des Lernstoffs aktiver teilnimmt? Wie können die Lerngelegenheiten so geschaffen werden, dass die Lernenden gern miteinander und voneinander lernen. So wurden Veränderungen sowohl an dem Umgang mit den Lernenden als auch an der Bearbeitung des Lerngegenstands vorgenommen. Daraus folgt eine Veränderung der Art und Weise, wie die Lehrperson ihre Rolle im DaF-Unterricht versteht: von der *Allwissenden* hin zur *Lernbegleitenden*, von der *alleinigen Richtungsweisenden* hin zur *Betreuenden* – also von der *Fachperson* und *Autorität* hin zum *Facilitator*. Diese Veränderung der Rollenvorstellung drückt Frau Njemmack wie folgt aus: „j'ai GAGNÉ: (-) et les élèves aussi de leur côté ils ont aussi trop gagné puis que ils travaillent: (-) d'avantage je suis juste là pour: (--) GUIDER(-) comme guide"[210] (ebd., Z. 18–20).

11.2.1.1.2. Auswirkungen der Interventionsstudie auf die Lernenden

Durch das letztgenannte Beispiel fasst Frau Njemmack die Interventionsstudie als besonders gewinnbringend für die Lehrperson und für die Lernenden auf. Der Kreislauf von Aktion und Reflexion, bei dem Interventionsmaßnahmen

---

209 Die Ergebnisse sind wirklich zufriedenstellend. Auch die Lernenden sagen, dass der Unterricht sich verbessert hat, der Unterricht ist entspannter.
210 Ich und die Schüler*innen haben vieles voneinander mitgenommen. Sie sind fleißiger. Meine Rollte besteht nur darin, ihren Weg zu steuern.

zur Verbesserung des DaF-Unterrichts entworfen und implementiert wurden, hat sich positiv auf die Förderung der Schüler*innen-Motivation ausgewirkt. Laut Frau Nemka hat das Aktionsforschungsprojekt dazu beigetragen, dass das Interesse ihrer Lernenden am Deutschlernen geweckt wird: „[ça m'a permis] de: (-) MIEUX (-) motiver (-) euh: les élèves afin qu'ils s'intéRESSENT (--) de plus en PLUS à la chose qui est la langue allemand"[211] (ebd., Frau Nemka, Z. 7–9). Motivierend ist einerseits die Tatsache, dass die Lehrperson ihren Sprechanteil reduziert hat, indem sie den Lernenden einen Teil ihrer Verantwortung für das Lernen und die Disziplin – wie bereits beschrieben (vgl. Kap. 11.2.1.1.1) – anvertraut hat. Durch die Förderung des Austauschs mit Peers können viele lernschwächere Schüler*innen im DaF-Unterricht sprechen, was früher angesichts der damaligen Struktur der Lehrer-Schüler-Interaktion – d.h. (1) Lehrer*innen-Frage, (2) Schüler*innen-Antwort und (3) Lehrer*innen-Korrektur – nicht möglich war. Viele Lernende mussten die ganze Zeit nur zuhören und das Tafelbild abschreiben, was vielen sehr schwerfiel und zu drakonischen Strafen führte. Durch Partner- und Gruppenarbeit wird also dem Bedürfnis der Lernenden nach dem Sprechen im Unterricht Rechnung getragen.

Andererseits ist es auch motivierend, dass die Lernenden den Unterricht mitgestalten dürfen, indem nach ihren Meinungen und Wünschen gefragt wird. Das Einfordern mündlichen Schüler*innen-Feedbacks bietet den Lernenden die Möglichkeit, nicht mehr nur als Opfer der Entscheidungen von anderen Menschen zu erscheinen – die Lernenden dürfen nämlich weder das Lehrwerk, die Unterrichtszeit, die Lerninhalte noch den Stundenplan, die Lehrpersonen und die Klassenräume mitbestimmen. Aber durch das Schüler*innen-Feedback dürfen die Lernenden mitentscheiden, wie die Lerngelegenheiten zu gestalten sind, damit sie ihren Erwartungen am besten entsprechen. Dadurch können die Schüler*innen die Lehrkraft auf lernförderliche bzw. lernhemmende Aspekte des Unterrichts aufmerksam machen, sodass bessere Lernleistungen erzielt werden und die Unterrichtsbeteiligten mehr Spaß am DaF-Unterricht haben: „[le feedback des apprenants à l'enseignant est] TRÈS important pour leur performance; TRÈS important pour l'amélioration de la pratique du cours même; (--) bref TRÈS important même pour euh (--) pour l'é l'épanouissement (--) de:: (--) des différents actants dans la classe"[212] (Frau Nemka, ebd. Z. 131–134).

---

211 [dadurch konnte ich] meine Schüler*innen besser motivieren, damit sie sich immer mehr für die deutsche Sprache interessieren.
212 Schülerfeedback an die Lehrperson ist sehr wichtig für ihre Leistung, für die Verbesserung des Unterrichts, kurzum sehr wichtig für die Entspannung der verschiedenen Unterrichtsbeteiligten.

Motivierend ist zuletzt auch die Tatsache, dass das Einfordern mündlichen Schüler*innen-Feedbacks zur Förderung des Vertrauens im Unterricht führt. Dadurch, dass die Lernenden durch ihre Rückmeldung dem Lehrenden helfen, ihre Lehrmethoden an die Bedürfnisse der Schüler*innen anzupassen, wird das Vertrauen der Lehrkraft in die Richtigkeit dieses Schüler*inen-Feedbacks zum Ausdruck gebracht:

> celui qui fait le feedback (-) il: les élèves lui DONNENT (-) ou lui DISENT les manquements. (-) et ces manquements-là ça ça PERMET (-) à l'enseignant d'améliorer (-) la méthode de cours. (--) et: ça donne aussi PLUS de confiance à l'élève il sait que s'il y a un problème il peut se rapprocher (--) °h de l'enseignant; (--) et l'enseignant pourra également: l'aider à résoudre ce problème. donc ça crée aussi (--) °h ce climat de euh: (-) de CONFIANCE (.) il y a un climat de confiance qui règne entre (1.1) APPRENANTS et: enseiGNANT[213] (Frau Njemmack, ebd., Z. 42–48).

Die Erfahrung, dass ihre Meinungen und Wünsche Beachtung finden und keine negativen Konsequenzen für sie – z.b. Strafe – hervorrufen, führt die Lernenden dazu, der Lehrkraft Vertrauen zu schenken. Durch die Entstehung eines vertrauensvollen Arbeitsklimas können sich die Schüler*innen bei Problemen im Lehr-Lern-Prozess viel leichter an die DaF-Lehrkraft wenden, was sich positiv auf die Motivation der Schüler*innen und deren Fleiß im DaF-Unterricht auswirken kann.

Durch das entstandene Vertrauen kann ein besserer Dialog zwischen der Lehrperson und den Lernenden gefördert werden. Aus Sicht von Frau Njemmack können Rückmeldungen der Lernenden über verbesserungswürdige Aspekte des Unterrichts zum Austausch über den Unterricht anregen sowie darüber, welche Motive bestimmten Verhaltensweisen der Lehrperson zugrunde liegen. Dadurch können die Schüler*innen Einsicht in die Erwartungen ihrer Lehrerin gewinnen und entsprechende Handlungen durchführen. Das kann also dazu beitragen, gegenseitige Vorurteile zu vermeiden, was aber nicht möglich ist, wenn sich die Lehrperson als alleinige Entscheidungstragende wahrnimmt:

> je dirais que (-) lorsque le: feedback est mündlich. (--) ça fait que s'il y a une incompréhension. (--) l'enseignant pourra directement s'expliquer. (---) euh: si par exemple on dit que MADAME je vous ai trouvé (---) un dit par exemple que MADAME (-) je

---

213 Wer Feredback gibt, hilft der Lehrperson, ihre Unterrichtsmethoden zu verbessern. Der Lernende gewinnt mehr Vertrauen, weil er nun weiß, dass er die Lehrperson bei Problemen ansprechen kann und ihm auch geholfen wird. Dadurch entsteht auch ein vertrauensvolles Klima zwischen der Lehrperson und den Lernenden.

vous ai trouvé un peu trop sévère aujourd'hui. MADAME je vous ai fait (-) je vous ai trouvé comme ça là où j'ai trouvé que le cours n'était pas (-)l'enseignant dans ce: (-) là l'enseignant pourra un peu s'expiquer j'étais sûrement sévère parce que (--) vous n'avez pas fait le devoir; si vous faites le devoir régulièrement (-) ça va faire à ce que je sois d'avantage joYEUSE quand je suis en salle[214] (ebd., 101–109).

Auf der anderen Seite fördert mündliches Schüler*innen-Feedback Multiperspektivität im Unterricht. Aus den erlebten Erfahrungen sagt Frau Nemka, dass unterschiedliche Auffassungen einer erlebten Unterrichtssituation zum Ausdruck kommen, wenn Lernende die Möglichkeit erhalten, das zur Sprache zu bringen, was sie von einer Aufgabe oder von einer Verhaltensweise der Lehrenden bzw. der Lernenden halten:

> moi je dirais aussi que (--) °h en faisant le feedback (.) oralement (-) ça permet à d'autres euh (-) c'est-à-dire que à d'autres euh élèves (--) de: (-) de partager le point de vue (-) de celui qui le dit [...] donc je me dis en le faisant (-) oralement (-) ça permet donc à d'autres également ceux qui ça (-) ça permet les (-) les échanges; (--) ils échangent et puis (--) chacun donne son point de VUE par rapport à TELLE ou telle chose[215] (Frau Njemmack, ebd. Z. 111–123).

Davon ausgehend können die Schüler*innen besser lernen, mit Meinungsunterschieden umzugehen, sodass sie bestimmte lebensrelevante Kompetenzen wie Toleranz und Empathiefähigkeit entwickeln.

11.2.1.1.3. Auswirkungen der Interventionsstudie auf die Unterrichtsqualität

Im Gruppeninterview FS2-LP13E wurde an vielen Stellen auf positive Auswirkungen der Interventionsstudie auf die Unterrichtsqualität hingewiesen. Durch die Implementierung von Veränderungsmaßnahmen wurde die konstruktive Unterstützung der Lernenden gefördert. Das erkennt man zunächst an der Schaffung eines vertrauensvollen Unterrichtsklimas, das mit der Verbesserung der Lehrer-Schüler-Beziehung zusammenhängt. Die Tatsache, dass die Lernenden der Lehrperson sagen dürfen, wie ihnen der DaF-Unterricht gefallen hat

---

214 Ich würde sagen, wenn es bei mündlichem Feedback ein Missverständnis gibt und die Lehrperson als zu streng wahrgenommen wird, oder falls ein Lernender die Aktionen des Lehrers falsch interpretiert hat, kann die Lehrperson ihren Standpunkt einfach erklären. .
215 Ich würde auch sagen, dass durch mündliches Feedback andere Lernenden von der Meinung des Feedbackgebenden erfahren könnten [...] also meiner Meinung nach ermöglicht mündliches Feedback Austausch unter den Lernenden. Jeder kann dann seine Meinung zu dieser oder jener Situation äußern.

und was aus ihrer Sicht noch verbessert werden muss, beruht auf der Wertschätzung der Schüler*innen und deren Meinungen, deren Gefühle bzw. der jeweiligen Person. Die Lernenden werden dabei als vertrauenswürdige Menschen angesehen, denen das Recht auf eigenständige Meinungen und Gefühle zugebilligt wird. Der Verzicht seitens der Lehrkraft auf Abschreckungsmaßnahmen – wie drakonische Strafen – und die Rücksicht auf die Rückmeldungen der Lernenden im Veränderungsprozess des DaF-Unterrichts tragen dazu bei, dass die Lernenden immer weniger Angst im Lehr-Lern-Prozess haben:

> certains ont PEUR (-) de réagir de: (--) de répondre se disant que peut-être en disant telle chose (--) euh on pourra être [...] mais lorsqu'ils le font (-) euh oralement devant tout le monde; (-)et qu'à la fin ils ne reçoivent (--) ni: critique euh ni: punition; (--) ils se sentent de plus en plus LIBRES; ils ils ils ils ont de plus en plus en confiance en eux (-) euh euh en eux; et: (-) MÊME (--) euh euh ils savent qu'ils peuvent dire quelqe chose (--) sans: sans toutefois être punis[216] (Frau Nemka, ebd., Z. 92–101).

Dadurch, dass weder Abmahnungen noch Strafen auf ihre Rückmeldungen an die Lehrperson folgen, tragen diese aus Sicht von Frau Nemka zur Vergrößerung des Selbstvertrauens der Lernenden sowie deren Vertrauen zur Lehrperson bei. Daraus entsteht das Gefühl der Geborgenheit im Unterricht, das in die Entwicklung einer positiven Lehrer-Schüler-Beziehung mündet.

Die konstruktive Unterstützung lässt sich auch an den positiven Erfahrungen mit Feedback und Fehlern erkennen, die mit der Implementierung der Verbesserungsmaßnahmen im DaF-Unterricht zusammenhängen. Die Tatsache, dass die Lehrkraft Schüler*innen-Feedback einfordert, beruht auf einer Wahrnehmung positiver Effekte des Feedbacks: „Feedback an die Lehrperson hilft, das Lernen sichtbar zu machen" (Hattie 2013: 206), d.h. das Lehren und Lernen miteinander zu synchronisieren und wirksam werden zu lassen (ebd.). Dass die Lernenden ihrer Lehrkraft mitteilen dürfen, was im Lehr-Lern-Prozess gut funktioniert und was noch verbessert werden soll, zeigt ebenfalls die Bereitschaft der Lehrperson, aus eigenen Fehlern – d.h. aus eigenen missglückten Handlungen – zu lernen und somit sowohl sich als Lehrkraft als auch die eigene Leistung im DaF-Unterricht zu verbessern: „donc ça te permet un peu

---

216 Manche haben Angst, zu Wort zu kommen, weil sie sich vor Strafen fürchten, die sich aus ihren Aussagen ergeben könnten [...] wenn Feedback mündlich vor der ganzen Klasse gegeben wird und wenn darauf weder Kritik, noch Strafen folgen, fühlen sie sich immer erleichtert. Sie haben immer mehr Selbstvertrauen und dann wissen sie, dass sie freier sprechen können.

de te remettre en question et de t'améliorer"[217] (Frau Njemmack, FS2-LP13E, Z. 57–58). In Bezug auf das Qualitätsmerkmal der Klassenführung erscheint der Verzicht auf angsteinflößende und frustrationserzeugende Lehrer*innen-Handlungen als ein Zeichen der Förderung lern- und konzentrationsförderlicher Rituale im DaF-Unterricht. Die ständige Angst vor Strafen, über die sich die Lernenden der Seconde- und Troisième-Klasse vor der Durchführung des Aktionsforschungsprojekts ständig beschwerten, wirkte sich negativ auf deren Motivation und deren Fleiß im DaF-Unterricht aus (vgl. Kap. 10.3.2 und 10.5.2). Was das Qualitätskriterium der Schüler*innen-Aktivierung angeht, hat der Einsatz von Gruppen- und Partnerarbeit dazu beigetragen, dass sich die Lernenden aktiver mit dem Lerngegenstand auseinandersetzen. Wie bereits ausführlich dargestellt, hilft das Einfordern mündlichen Schüler*innen-Feedbacks an die Lehrperson auch der Förderung aktiver Beteiligung der Lernenden an der Mitgestaltung des Lehr-Lern-Prozesses.

11.2.1.1.4. Zusammenfassung der Interventionsergebnisse aus Sicht von Frau Nemka und Frau Njemmack

Zusammenfassend lässt sich festhalten, dass Frau Nemka und Frau Njemmack die Durchführung der Interventionsstudie in der Seconde- bzw. Troisième-Klasse als Reflexionsprozess bezeichnen (vgl. Kap. 11.2.1.1.1). Einerseits haben der Entwurf und die Implementierung von Verbesserungsmaßnahmen die beiden Lehrkräfte dazu angeregt, über den eigenen DaF-Unterricht zu reflektieren. Dabei wurde die Einsicht in zahlreiche positive und verbesserungswürdige Aspekte des eigenen Handelns ermöglicht, sowie in verschiedene Probleme, die im Alltag den guten Verlauf des Lehr-Lern-Prozesses beeinträchtigten. Somit ging es um einen Prozess der Reflexion-über-die-Handlung (vgl. Kap. 2.1.2). Andererseits wurden Interventionsmaßnahmen im Kreislauf von Aktion und Reflexion entworfen, im DaF-Unterricht ausprobiert und anschließend wurde darüber reflektiert. Daher lässt sich die Interventionsstudie nach Angaben der beiden Lehrenden als Prozess der Reflexion-in-der-Handlung bezeichnen. Im Vordergrund stand die Frage, wie der Umgang miteinander im DaF-Unterricht wertschätzender gestaltet und inwiefern die aktive Beteiligung der Lernenden am Lehr-Lern-Prozess gefördert werden könnte. In einem Prozess der Reflexion-für-die-Handlung konnte herausgefunden werden, was an der

---

217 Also dadurch kannst du dich infrage stellen und dich verbessern.

eigenen Haltung bzw. an den eigenen Verhaltensweisen im Unterricht zu fördern bzw. zu verändern ist.

Insgesamt geben die beiden Lehrpersonen an, dass sich etwas an ihren Vorstellungen über die eigene Lehrer*innenrolle im DaF-Unterricht geändert hat: Von nun an ist der Fokus des Deutschlernens nicht mehr nur auf die Auseinandersetzung mit dem Lerngegenstand zu setzen; sie halten es für wichtig, das Wohlbefinden der einzelnen Unterrichtsbeteiligten – Lehrperson und Schüler*innen – sowie die harmonische Zusammenarbeit in der Gruppe nicht aus den Augen zu verlieren. Mit den Begriffen der TZI heißt dies, dass das ICH (jeder Einzelne Unterrichtsbeteiligte) und das WIR (die Gruppe) genauso wichtig, wie das ES (Lerngegenstand) anzusehen sind (vgl. Kap. 3.2.1). Ihre Rolle bestehe dann nicht nur darin, Wissen zu vermitteln, sondern auch den Lehr-Lern-Prozess zu begleiten, indem sie ständig auf die Herstellung einer Balance zwischen den verschiedenen Faktoren – ICH, ES, WIR – im DaF-Unterricht achten.

Laut Frau Nemka und Frau Njemmack hat die Implementierung von Interventionen dazu beigetragen, dass die Schüler*innen motivierter am DaF-Unterricht teilnehmen (vgl. Kap. 11.2.1.1.2). Die Steigerung dieser Motivation hängt aus Sicht der beiden Lehrkräfte mit (1) der Förderung aktiver Beteiligung der Lernende am Unterricht durch die Einführung kooperativer Lernmethoden, (2) die Förderung aktiver Mitwirkung der Lernenden an der Gestaltung des Lehr-Lern-Prozesses durch das regelmäßige Einfordern vom mündlichen Schüler*innen-Feedback, sowie (3) die ihnen entgegengebrachte Wertschätzung durch die Lehrperson zusammen. Ferner ist nach Angaben der beiden Lehrkräfte festzustellen, dass die Implementierung von Interventionsmaßnahmen die Prozessqualität des Unterrichts positiv beeinflusst hat (vgl. Kap. 11.2.1.1.3): (a) Die konstruktive Unterstützung der Lernenden wurde durch die Entstehung eines lernförderlichen Unterrichtsklimas gefördert sowie durch die positiven Erfahrungen der Lernenden mit Feedback bzw. Schüler*innen-Feedback; (b) der Verzicht auf eine angsteinflößende und frustrationserzeugende Haltung der Lehrenden hat zur effektiven Klassenführung beigetragen; und (c) durch den Einsatz kooperativer Lernmethoden und das Einfordern von Schüler*innen-Feedback wurde dem Qualitätsmerkmal der Schüler*innen-Aktivierung Rechnung getragen.

11.2.1.2. Ergebnisse der Interventionen aus Sicht von Frau Kouba

Am Ende der letzten Unterrichtsbeobachtung in der Terminale-Klasse wurde ein leitfadengestütztes Interview (FS2-LP2F) mit Frau Kouba durchgeführt.

11.2.1.2.1. Interventionsstudie als Wendepunkt im beruflichen Leben

Aus dem Aktionsforschungsprojekt zieht Frau Kouba das Fazit, dass die Interventionsstudie ein Wendepunkt in ihrem beruflichen Leben darstellt: „ce travail (-) m'a BEAUCOUP d'une manière personnelle vraiment (--) beaucoup AIDÉE et:: (-) je crois que je ne vais plus m (--) ((rire)) m'en séparer (--) de cette (-) manière de FAIRE (-) non seulement les (-) le travail en GROUPES (-) euh aussi le feedback"[218] (FS2-LP2F, Z. 203–207). Sie spielt dabei auf Veränderungen an, die sie in den letzten Monaten in ihren DaF-Unterricht eingeführt hat.

Zuerst erwähnt Frau Kouba Erneuerungen in Bezug auf die Unterrichtsmethoden. Früher war sie voreingenommen gegenüber Gruppenarbeit, da sie dies im Großgruppenunterricht nicht für möglich hielt: „j'avoue qu'AVANT votre arrivée (--) je ne pensais pas que c'était possible vraiment de travailler en GROUPE. (--) je: savais que:: (-) les travaux en groupe existaient mais (--) ce n'était pas trop mon affaire"[219] (ebd., Z. 41–44). Ihr fehlte vor allem Wissen darüber, wie im Großgruppenunterricht Gruppenarbeit gemacht werden könnte. Deshalb ließ sie Lernende Miniprojekte in Gruppen außerhalb des Klassenzimmers vorbereiten und durchführen, sodass nur die Ergebnispräsentation im Unterricht stattfand. Bei so einer Vorgehensweise konnte vermieden werden, dass sich die Unsicherheit der Lehrkraft bezüglich der Handhabung der Gruppenarbeit auf den Lehr-Lern-Prozess negativ auswirkt.

Aufgrund der Unterstützung, die ihr während der Interventionsstudie angeboten wurde, konnte Frau Kouba allmählich ihre Unterrichtsmethoden ändern, indem sie immer öfter Aufgaben als Gruppenarbeit bearbeiten ließ. Hilfreich dabei waren einerseits die informellen Gespräche, bei denen gemeinsam mit dem Verfasser über den Unterricht reflektiert wurde und Vorschläge zur Verbesserung des Lehr-Lern-Prozesses gemacht wurden. In diesem Zusammenhang nahm Frau Kouba zahlreiche Hinweise zur effektiven Durchführung einer Gruppenarbeit im Großgruppenunterricht zur Kenntnis, die sie

---

218 Diese Arbeit hat mir auf einer persönlichen Ebene viel geholfen und ich glaube, ich werde diese Arbeitsmethoden nicht mehr loslassen. Das heißt, nicht nur Gruppenarbeit, sondern auch Feedback.

219 Ich muss von vornherein zugeben, dass ich vor ihrer Ankunft nicht dachte, dass Gruppenarbeit möglich war. Ich wusste, dass Gruppenarbeit existierte, aber das war nichts für mich.

Schritt für Schritt im DaF-Unterricht ausprobiert hat: (1) die klare Darstellung des Arbeitsauftrags, (2) die Rollenklärung in den jeweiligen Gruppen, (3) die Miteinbeziehung der Lernenden in der Beachtung der Disziplin während der Gruppenarbeit sowie (4) die Wertschätzung der Gruppenergebnisse und der Leistung der einzelnen Lernenden. Andererseits konnte Frau Kouba bei den drei Sitzungen der Lehrer*innen-Fortbildungsreihe als Teilnehmerin miterleben, wie diese Hinweise in der konkreten Handlungssituation effektiv zur Anwendung kommen. Diese Hilfestellung hat dazu geführt, dass Frau Kouba allmählich ihre Unterrichtsmethoden veränderte: „quand vous êtes arrivés:: (---) vous nous avez fait des SUGGESTIONS; j'ai commencé à travailler: (-) en GROUPE avec les élèves (--) BREF à former des GROUPES"[220] (ebd., Z. 44–46).

Die regelmäßige Durchführung von Gruppenarbeit hat sich erheblich auf die Zufriedenheit der Unterrichtsbeteiligten mit dem DaF-Unterricht ausgewirkt. Frau Kouba betrachtet dies als große Entlastung: „je veux dire je gagne BEAUCOUP (--) déjà MOI-MÊME (--) je travaille: (--) de moins en moins je veux dire en CLASSE. (--) je ne suis plus là <<ton chantant>à CRIER> (--) à vouloir TOUT faire à la fois"[221] (ebd., Z. 64–67). Angesichts der Klassengröße fühlt sie sich dadurch entlastet, dass die Lernenden miteinander arbeiten, bestimmte Fragen gemeinsam klären und dabei auch auf die Disziplin achten. Es kostete die Lehrperson nämlich viel Energie, den Lernenden im Großgruppenunterricht – hier sind insgesamt 71 Schüler*innen – den Lernstoff nahezubringen, auf die Fragen bzw. Beschwerden der Lernenden einzugehen und für diszipliniertes Arbeiten zu sorgen. Bei der Gruppenarbeit konnte der Sprechanteil der Lehrperson signifikant reduziert werden, indem den Lernenden in angemessener Weise Zeit für die Bearbeitung der Aufgabe in der Gruppe sowie zur Ergebnispräsentation gewährt wurde. Während die Lernenden miteinander arbeiteten, konnte sich die Lehrperson der Unterstützung einzelner Teilnehmenden bzw. einer ganzen Gruppe widmen, indem sie inhaltsbezogene bzw. arbeitsorganisatorische Fragen klärte und eventuell Rückmeldungen zu den Arbeitsprozessen gab.

Die zweite wichtige Veränderung, die Frau Kouba im Laufe ihrer Beteiligung am Aktionsforschungsprojekt in ihren DaF-Unterricht eingeführt hat, betrifft das mündliche Schüler*innen-Feedback. Frau Kouba stellte fest, dass

---

220 Nach ihrer Ankunft haben sie uns Vorschläge gemacht. Ich habe angefangen, Gruppenarbeit in meinem Unterricht zu integrieren.
221 Ich würde sagen, dass ich vieles mitnehme, denn ich, persönlich, arbeite immer weniger im Unterricht. Ich muss nicht mehr den Schüler*innen hinterher schreien, ich muss nicht mehr alles allein erledigen.

die Qualität der geschaffenen Lerngelegenheiten immer besser wurde, weil die Lernenden dazu aufgefordert wurden, der Lehrperson kurz vor dem Ende des Unterrichts Rückmeldungen über den Verlauf des Lehr-Lern-Prozesses – als Reflexion-über-die-Handlung – zu geben und dabei Aspekte des Unterrichts zu identifizieren, die ihnen entweder als lernförderlich oder verbesserungswürdig aufgefallen sind: „je pense que PLUS le temps PASSE (-) plus euh il y a des CHOSES qui s'améliorent; surtout avec ce FEEDBACK parce que: (-) chaque fois maintenant apès le COURS (--) il y a:: (-) on fait le feedBACK"[222] (ebd., Z. 9–12).

Bei Schüler*innen-Feedbacksequenzen, die generell vor dem Ende der Unterrichtssitzung stattfanden, wurde Kritik an dem Zeitmanagement im Unterricht geübt: Die Lernenden hatten nämlich die DaF-Lehrende darauf aufmerksam gemacht, dass die vorgegebenen Zeitangaben bei Gruppenarbeiten oft verlängert wurden, was den Eindruck vermittelte, dass viel Zeit, die zum Lernen eingesetzt werden könnte, verloren ging: „les enFANTS: avaient évoqué le:: (--) problème de TEMPS. (--) c'est-à-dire (-) on disait par exemple (-) TELLLE activité dure QUINZE minutes (--) et cela n'était pas respecté"[223] (ebd., Z. 17–19). Nach dieser Rückmeldung hat Frau Kouba angefangen, viel mehr auf eine effiziente Zeitnutzung im Unterricht zu achten: „ils (-) avaient évoqué cela et: (-) depuis qu'ils l'ont fait j'ai commencé vraiment à veiller sur le TEMPS (-) sur la gestion du TEMPS"[224] (ebd., Z. 19–21).

Ein weiterer Kritikpunkt der Lernenden bezog sich auf die Klarheit der Arbeitsanweisungen. Aus Sicht der Schüler*innen war es oft schwierig, manche Übungen und Aufgaben im DaF-Unterricht bzw. bei Deutschklassenarbeiten richtig zu verstehen, weil die Arbeitsanweisungen bzw. Arbeitsaufträge nicht verständlich formuliert wurden: „il y avait aussi un problème de de de de (-) de de de de (-) de de de CONSIGNES qui n'étaient pas TOUJOURS très CLAIRES"[225] (ebd., Z. 21–23). Diese Rückmeldung hat Frau Kouba dazu gebracht, die Art und Weise, wie sie ihre Arbeitsaufträge bzw. Arbeitsanweisungen formuliert, zu überdenken und darauf zu achten, dass diese verständlich sind und auch verstanden worden sind: „maintenant je m'ASSURE. (--) que: vraiment

---

[222] Ich glaube, je mehr die Zeit vergeht, desto besser werden manche Dinge, vor allem mit diesem Feedback, weil wir nun jedes Mal nach dem Unterricht Feedback geben.
[223] Die Kinder hatten Probleme mit der Zeit erwähnt, das heißt, die Zeitangabe wurde nicht beachtet, wenn zum Beispiel fünfzehn Minuten für eine Aktivität angegeben wurde, wurde es nicht eingehalten.
[224] Seitdem das erwähnt wurde, achte ich mehr auf das Zeitmanagement.
[225] Es gab auch ein Problem mit den Arbeitsanweisungen, die nicht immer eindeutig formuliert wurden.

(--) euh: ils ont COMPRIS. (-) les consignes. (--) de de (-) du DEVOIR (-) de l'exerCICE"[226] (ebd., Z. 23-25).

Diese Beispiele zeigen, dass das Schüler*innen-Feedback als Grundlage für eine Reflexion-für-die-Handlung fungiert, weil es einerseits dem Entwurf von Maßnahmen zugrunde liegt, die zur Verbesserung des DaF-Unterrichts in der Terminale-Klasse dienen und andererseits Frau Kouba auf Wünsche und Meinungen der Lernenden bei der Unterrichtsvorbereitung Rücksicht nimmt, damit ihr Unterricht schülerorientiert gestaltet wird: „ça nous perMET de reVOIR euh la planifiCATION (-) du cours proCHAIN"[227] (ebd., Z. 12-13); „j'avoue que ce feedBACK (--) m'aide moi-même (---) dans la planification (-) dans la PRÉPARATION de mes cours"[228] (ebd., Z. 28-29). Besonders hilfreich erscheint die Tatsache, dass sich die Lernenden bei der Schüler*innen-Feedbacksequenz in der Terminale-Klasse nur auf einen bestimmten Aspekt beschränken. In der Gruppenarbeit, die möglichst nach der Think-Pair-Share-Methode durchgeführt wurde, besprachen die Schüler*innen ihr Feedback in der Gruppe und jede Gruppe bekam den Auftrag, sich auf nur einen der folgenden Aspekte des Unterrichts zu beschränken: (1) die Lernaufgabe, (2) das Lehrer*innen-Verhalten während der Aufgabenbewältigung, (3) das Schüler*innen-Verhalten während der Arbeitsphase sowie (4) andere verbesserungswürdige Aspekte des Unterrichts (vgl. Kap. 11.1.2). Frau Kouba sieht den Vorteil dieses fokussierten Schüler*innen-Feedbacks darin, dass es ein größeres Potenzial besitzt, dass konkretere Aspekte des Lehr-Lern-Prozesses angesprochen werden, und dass daraus leichter abzuleiten ist, wo Veränderungsarbeit ansetzen könnte – was aber nicht der Fall ist, wenn bei der Feedbackarbeit keine Fokusbestimmung der jeweiligen Arbeitsgruppen stattfindet:

> vous savez quand on dit de faire le FEEBACK (-) euh:: (--) d'une manière gloBALE. (--) il y a des CHOSES: (---) que vous allez peut-être: (1.5) NÉGLIGER (---) qui sont pour autant importantes. (--) mais maintenant quand on les:: (--) divise en groupes; (--) on donne à chaque groupe (---) une tâche bien PRÉCISE. (--) on demande de (-) se CONCENTRER sur (--) quelque chose de précis. (-) je crois que (-) c'est encore mieux (--) pour:: (--) pour l'ENSEMBLE[229] (ebd., Z. 117-123).

---

226 Nun vergewissere ich mich, dass die Arbeitsanweisungen wirklich verstanden wurden.
227 Das hilft uns, die Planung des kommenden Unterrichts anzupassen.
228 Ich muss zugeben, dass dieses Feedback mir bei der Planung, bei der Vorbereitung meiner Lehrveranstaltungen hilft.
229 Wenn von ihnen erwartet wird, ganz global Feedback zu geben, werden sie bestimmt einige Aspekte vernachlässigen, die jedoch relevant sind, aber wenn die Aufträge aufgeteilt werden, bekommt jede Gruppe einen besonderen Auftrag. Jede Gruppe

Angesichts der zahlreichen Vorteile, die mit der Durchführung der Gruppenarbeit und dem regelmäßigen Einfordern vom Schüler*innen-Feedback in der Terminale-Klasse zusammenhängen, kann sich Frau Kouba nicht mehr vorstellen, anders zu unterrichten. Deshalb fasst sie diese Interventionsstudie als Wendepunkt in ihrem beruflichen Leben auf (vgl. ebd., Z. 203–207). Sie empfiehlt den anderen DaF-Lehrenden nachdrücklich die Einführung dieser Innovationen in den eigenen Unterricht. Aber sie setzt für die erfolgreiche Schüler*innen-Feedbackarbeit – vor allem, wenn dies mündlich realisiert wird – eine entsprechende Vorstellung der Lehrkraft über die eigene Rolle im DaF-Unterricht voraus. Es ist wichtig, dass sich die Lehrkraft dabei nicht als Allwissende betrachtet, deren Rolle hauptsächlich in der Wissensvermittlung besteht. Es ist eher bedeutsam, dass sich die Lehrperson als Begleiter*in des Lehr-Lern-Prozesses versteht, der/die nicht vollkommen ist und daher aus den eigenen Fehlern lernen will, um die eigene Leistung im Unterricht zu verbessern; von der Lehrkraft wird ebenfalls eine vertrauenerweckende und wertschätzende Haltung gegenüber den Lernenden erwartet, damit sich die Schüler*innen ohne Angst vor negativen Konsequenzen respektvoll auf Rückmeldungen über gelungene bzw. verbesserungswürdige Aspekte des Unterrichts einlassen: „LÀ ça dépend déjà de la relation:: (--) ÉLÈVES (-) enseignant. (1.1) vraiment: (-) euh quand la relaTION (--) n'est pas aussi:: (--) BONNE que ça […] l'enfant peut avoir PEUR (-) de dire certaines choses: (-) DIRECTEMENT à l'enseignant"[230] (ebd., Z. 168–173).

Frau Kouba findet es aber schade, dass viele DaF-Lehrkräfte in Kamerun von einer solchen Rollenvorstellung meilenweit entfernt sind, da sie aufgrund der Art und Weise, wie sie mit den Lernenden umgehen, generell Angst einflößen und daher die Grundvoraussetzungen für ein mündliches Schüler*innen-Feedback nicht erfüllen, da dies auf Wertschätzung und vertrauensvoller Lehrer-Schüler-Beziehung beruht: „chez nous (-) au cameroun (--) par exemple (--) le le l'enseignant est toujours: (-) celui-là qui est CRAINT des élèves. (--) c'est le MAÎTRE. (--) mais avec le feedback (--) c'est une autre FAÇON de FAIRE (--) euh une autre façon d'ESTIMER même l'élève"[231] (ebd., Z. 186–189).

---

    soll sich auf einen bestimmten Aspekt konzentrieren. Ich glaube, dass es so besser ist für die ganze Klasse.
230 Es kommt vor allem auf die Lehrer-Schüler-Beziehung an, wenn sie nicht so gut ist […] könnte der Lernende Angst davor haben, der Lehrperson manches direkt mitzuteilen.
231 Meiner Meinung nach wird die Lehrperson bei uns in Kamerun wahrgenommen als jemand, vor dem sich die Lernenden fürchten. Aber mit Feedback haben wir eine

11.2.1.2.2. Auswirkungen der Interventionen auf die Lernenden

Aus Sicht von Frau Kouba hat sich die Implementierung von Veränderungen in der Terminale-Klasse sehr positiv auf die Lernenden ausgewirkt. Dank der regelmäßigen Durchführung von Gruppenarbeit sind die Schüler*innen viel aktiver im Unterricht geworden, da diese Methoden es ermöglicht, dass sich alle Lernenden gleichzeitig mit dem Lerngegenstand auseinandersetzen. Die Tatsache, dass jedem dabei eine Rolle gegeben bzw. eine Aufgabe anvertraut wird, hat den Vorteil, dass sich jeder im Unterricht für etwas verantwortlich fühlt und sich daher Mühe gibt, etwas zu leisten:

> TOUT le monde (-) a (-) désormais la possibilité de de de participer au cours. (--) parce QUE (-) on ne forme pas seulement le GROUPE. (--) le groupe est formé mais maintenant CHACUN (-) reçoit un RÔLE bien déterminé dans le groupe. (--) ça fait que (-) il VEILLE à accomplir sa TÂCHE. (--) ce qui fait que TOUT le monde participe (--) il y a moins d'égarement[232] (ebd., Z. 48–52).

Frau Kouba schaut rückblickend auf ihren Unterricht vor Beginn der Aktionsforschung und stellt fest, dass viele Schüler*innen sich früher oft gelangweilt haben, weil sie während der ganzen Unterrichtsstunde nicht zu Wort kommen konnten und sich kaum mit dem Lerngegenstand befassten. Ihre Rolle beschränkte sich nämlich darauf, das Tafelbild abzuschreiben, Aufgaben zu machen und eventuell mitzulachen, wenn etwas Lustiges vorkam. Angesichts der Klassengröße war es nicht möglich, dass alle Schüler*innen „drangenommen" werden, um Lehrer*innen-Fragen zu beantworten. Aber die Tatsache, dass die Lernenden dank der eingeführten Interventionsmaßnahmen aktiver geworden sind, trägt dazu bei, dass sie immer mehr Spaß am DaF-Unterricht haben: „ils sont PLUS épanouis (-) en travaillant en groupe"[233] (ebd., Z. 47); „ils vont vous dire de moins en moins que le cours était ennuYEUX. (--) parce que TOUT le monde était (-) actif. tout le monde avait quelque chose à FAIRE"[234] (ebd., Z. 52–54). Daraus ergibt sich, dass sich Frau Kouba immer mehr über

---

neue Handlungsmöglichkeit, eine andere Methode, den Lernenden Wertschätzung entgegenzubringen.
232 Alle Lernenden können nunmehr im Unterricht aktiv sein, weil es nicht nur um Gruppenbildung geht. Jedes Gruppenmitglied bekommt eine bestimmte Rolle, die während der Gruppenarbeit übernommen werden soll. Dadurch wird achtet, dass jeder seinen Auftrag erfüllt, alle sind aktiv, somit verliert man weniger.
233 Die Lernenden haben mehr Spaß, wenn sie Gruppenarbeit machen.
234 Es gibt immer weniger Beschwerden darüber, dass der Unterricht langweilig war, weil alle Leute aktiv waren. Jeder hatte einen Auftrag zu erledigen.

den DaF-Unterricht freut: „ET:: (1.2) ça: ça me fait beaucoup de BIEN"[235] (ebd., Z. 54–55).

Die Zufriedenheit der Lernenden mit dem DaF-Unterricht ergibt sich auch daraus, dass sie seit einiger Zeit der Lehrperson ihre Meinung zum Lehr-Lern-Prozess sowie ihre Verbesserungswünsche mitteilen dürfen. Aufgrund ihrer guten Beziehung zu den Lernenden gab es ab und zu Situationen, wo Frau Kouba nach der Meinung ihrer Schüler*innen fragte. Aber dies wurde nicht systematisch als Bestandteil des Unterrichts geplant und durchgeführt, da das gelegentliche Einfordern von Schüler*innen-Rückmeldungen eher instinktmäßig aus der Handlungssituation heraus stattfand: „déjà: aVANT (--) j'étais déjà PROCHE de mes élèves:: mais c'était: (-) comment je vais dire de façon NATURELLE instinctive; ça n'avait rien à voir avec la SCIENCE"[236] (ebd., Z. 142–144).

Die informellen Gespräche mit dem Verfasser sowie die Beteiligung von Frau Kouba an den drei Sitzungen der Lehrer*innen-Fortbildungsreihe wurden als Anlässe genutzt, um die Relevanz des Schüler*innen-Feedbacks im DaF-Unterricht zur Diskussion zu stellen und Strategien, die Schüler*innen-Feedbackarbeit – insbesondere deren mündliche Realisierung – im Großgruppenunterricht ermöglichen, zu entwickeln, zu üben sowie im eigenen Unterricht auszuprobieren: (1) die Schaffung eines vertrauensvollen Unterrichtsklimas; (2) der regelmäßige Einsatz kooperativer Lernmethoden; (3) die Besprechung der Relevanz von Feedback und die Auseinandersetzung mit Regeln für konstruktives Feedback, (4) das allmähliche Einfordern von Schüler*innen-Feedback in der Muttersprache mithilfe kooperativer Lernmethoden; und (5) das Einfordern von Schüler*innen-Feedback in der Fremdsprache (vgl. Abb. 24). Durch den Aktionsforschungsprozess hat Frau Kouba die Bedeutung von Schüler*innen-Feedback für bessere Lehrer*innen- und Schüler*innen-Leistungen im DaF-Unterricht begriffen und hat dann das Einfordern von Schüler*innen-Rückmeldungen zum festen Bestandteil ihres Unterrichts gemacht: „c'est maintenant que je comprends QUE: (--) la science même (-) euh: peut:: (-) m'exiger CELA (-) pour: les meilleurs résultats (--) dans mon cours"[237] (ebd., Z. 144–146).

Nach Angaben von Frau Kouba ermöglicht Schüler*innen-Feedback, dass die Lernenden ihre Probleme im Unterricht sichtbar machen, indem sie ihrer

---

235 Und das macht mir viel Spaß.
236 Ich war früher schon meinen Lernenden nah, aber das war, wie kann ich das ausdrücken, einfach natürlich spontan, das hatte nichts mit der Wissenschaft zu tun.
237 Erst nun verstehe ich, dass die Wissenschaft von mir sowas erwarten könnte, damit bessere Ergebnisse erzielt werden.

Lehrperson mitteilen, was ihr Lernen fördert bzw. hemmt sowie was aus ihrer Sicht helfen könnte, damit sie besser lernen. Dadurch weiß die Lehrkraft besser darüber Bescheid, wie die Lerngelegenheiten so geschaffen und gesteuert werden können, dass die Erwartungen und Wünschen der Schüler*innen berücksichtigt werden und mehr Freude am Deutschlernen gefördert wird, was mittel- und langfristig in bessere Leistungen der Lernenden mündet: „VRAIMENT avec les feedbacks on SAIT (1.3) ce que:: les uns et les autres VEULENT. (1.2) pour qu'ils apprennent [...] MIEUX"[238] (ebd., Z. 34–35).

11.2.1.2.3. Auswirkungen der Interventionen auf die Unterrichtsqualität

An vielen Stellen im Leitfadeninterview (FS2-LP2F) gibt es Hinweise darauf, dass die Durchführung der Interventionsstudie zur Verbesserung der Unterrichtsqualität in der Terminale-Klasse beigetragen hat. In Bezug auf die konstruktive Unterstützung ist festzustellen, dass die Qualität der Lehrer-Schüler-Beziehung viel besser geworden ist. Schon zu Beginn der Interventionsstudie haben die Schüler*innen bei der Gruppendiskussion auf das vertrauensvolle Arbeitsklima im DaF-Unterricht und die Wertschätzung hingewiesen, die ihnen Frau Kouba entgegenbrachte (vgl. Kap. 10.4.2.1). Damals hatten die Lernenden zwar ihre Bereitschaft ausgesprochen, der Lehrperson Rückmeldungen zu geben, wenn danach gefragt wird. Aber viele hatten Angst vor eventuellen negativen Konsequenzen, wenn sie der Lehrperson mitteilen würden, dass ihnen bestimmte Aspekte des Unterrichts gefehlt haben. Die Erfahrung, einerseits in Gruppen zu arbeiten, regelmäßig über den DaF-Unterricht reflektieren zu dürfen und der Lehrperson Feedback über die Lernaufgabe, das Verhalten der Lehrkraft und der Mitschüler*innen zu geben sowie Verbesserungswünsche zum Ausdruck zu bringen, und andererseits dass sich die Lehrende für diese Rückmeldungen bedankt und bei der Gestaltung des Unterrichts Rücksicht darauf nimmt, hat eher zur Auflockerung des Klassenklimas und zur Annäherung von Lehrenden und Lernenden geführt. Daraus ergab sich, dass die Schüler*innen ihrer DaF-Lehrkraft mehr Vertrauen schenken: „ce feedBACK (--) permet qu'il y ait: (-) une BONNE ambiance. (---) dans la salle de classe. (--) et:: (-) vraiment nous RAPPROCHE. (--) je veux dire euh l'enseignante que je suis. (--) euh (--) de mes ÉLÈVES"[239] (ebd., Z. 29–32).

---

238 Mit dem Feedback wissen wir, was sich die Unterrichtsbeteiligten wünschen, um besser zu lernen.
239 Dieses Feedback trägt zur Entstehung einer guten Stimmung im Unterricht bei und das bringt uns wirklich näher.

Dadurch, dass Schüler*innen-Feedback begrüßt wird, signalisiert Frau Kouba eine positive Fehler- und Feedbackkultur, insofern als dem Einfordern von Feedback die Annahme zugrunde liegt, dass Fehler zum menschlichen Alltag gehören und dass daraus gelernt werden kann, um den jetzigen und zukünftigen Herausforderungen im Lehr-Lern-Prozess besser gewachsen zu sein: „nous savons désormais que CHACUN (-) peut faire des erreurs et qu'on PEUT y remédier"[240] (ebd., Z. 61). Schüler*innen-Feedback wird hier als ein gutes Instrument aufgefasst, mit dem die Lernenden die Lehrkraft einerseits auf ihre Fehler im Lehr-Lern-Prozess aufmerksam machen und andererseits zur Fortführung bestimmter Arbeitsweisen ermuntern. Auf dieser Grundlage werden die Lernenden konstruktiv unterstützt, sodass Lernen effektiv stattfindet: „l'apprentissage également (---) euh se FAIT dans de bonnes conditions"[241] (ebd., Z. 33).

Das Einfordern von Schüler*innen-Feedback und die regelmäßige Durchführung von Gruppenarbeit gelten aus Sicht von Frau Kouba als zwei Methoden, mit denen die Schüler*innen-Aktivierung in der Terminale-Klasse gefördert werden. Dadurch können sich die Lernenden nicht nur viel öfter mit dem Lernstoff befassen und somit ihren Sprechanteil erhöhen, sondern auch mitbestimmen, was bzw. wie im Unterricht gelernt wird. Die effektive Klassenführung bezieht sich darauf, dass die Gruppenarbeit und das Einfordern von Schüler*innen-Feedback lern- und konzentrationsförderlich durchgeführt werden, weil dabei darauf geachtet wird, dass sie nicht zur Frustration der Unterrichtsbeteiligten führen. Dies erkennt man an der Art und Weise, wie Frau Kouba über die positiven Auswirkungen der implementierten Veränderungen auf sie selber, auf die Lernenden und auf die Unterrichtsqualität in der Terminale-Klasse berichtet.

11.2.1.2.4. *Zusammenfassung der Interventionsergebnisse aus Sicht von Frau Kouba*

Zum Schluss ist festzuhalten, dass Frau Kouba die Durchführung der Interventionsstudie als Wendepunkt in ihrem beruflichen Leben ansieht (vgl. Kap. 11.2.1.2.1). Sie freut sich besonders darüber, dass sie dabei unterstützt wurde, Partner- und Gruppenarbeit im Großgruppenunterricht effektiv durchzuführen. Dies hat dazu beigetragen, dass die Lernenden und die Lehrperson

---

240 Nun wissen wir alle, dass sich jeder irren kann und dass das überwunden werden kann.
241 Das Lernen findet in guten Umständen statt.

selbst mehr Spaß am Deutschunterricht haben (vgl. Kap. 11.2.1.2.2). Des Weiteren ist Frau Kouba damit zufrieden, konstruktive Rückmeldungen von ihren Lernenden zu bekommen und davon ausgehend Einsicht in verbesserungswürdige Aspekte ihres Unterrichtens zu gewinnen. Durch das Einfordern vom mündlichen Schüler*innen-Feedback konnte Frau Kouba zur Reflexion über den eigenen Unterricht, das eigene Handeln und die eigene Rollenvorstellung angeregt werden. Angesichts der zahlreichen Vorteile, die mit der Ausübung der Lehrer*innen-Rolle als Begleiter*in des Lehr-Lern-Prozess – also als *Facilitator* – zusammenhängt, bedauert Frau Kouba, dass die meisten kamerunischen DaF-Lehrkräfte die eigene Rolle als Allwissende und alleinige Richtungsweisende verstehen, was das effektive Lernen in vielerlei Hinsicht beeinträchtigt (vgl. Kap. 11.2.1.2.1).

Aus Sicht von Frau Kouba hat die Implementierung der Interventionsmaßnahmen nicht nur die Motivation der Lernenden gefördert, sondern auch die Prozessqualität des DaF-Unterrichts verbessert (vgl. Kap. 11.2.1.2.3): (1) die bessere Lehrer-Schüler-Beziehung und die positiven Erfahrungen mit Feedback sind Beweise für eine konstruktivere Unterstützung der Lernenden auf emotionaler und motivationaler Ebene im DaF-Unterricht; (2) dadurch, dass einerseits Gruppenarbeit eingesetzt und andererseits Schüler*innen-Feedback regelmäßig eingefordert werden, wird die aktive Beteiligung der Lernenden an der Durchführung und Gestaltung des Lehr-Lern-Prozesses gefördert; (3) dem Qualitätsmerkmal der Klassenführung wird dadurch Beachtung geschenkt, dass diese Maßnahmen zur Förderung der Schüler*innen-Aktivierung – Gruppenarbeit und Schüler*innen-Feedback – als lern- und konzentrationsförderliche Rituale im DaF-Unterricht fungieren und zur Vermeidung von Frustrationen der Unterrichtsbeteiligten beitragen.

11.2.2. Ergebnisse der Interventionen aus Sicht der Lernenden

Am Ende der letzten Unterrichtsbeobachtungen wurden Gruppendiskussionen mit Gruppen von 6 bis 8 freiwilligen Lernenden aus den jeweiligen drei DaF-Klassen durchgeführt. Dabei wurde rückblickend darauf eingegangen, inwieweit ihnen die verschiedenen Interventionen der letzten Monate im DaF-Unterricht aufgefallen sind. Im Folgenden sollen die jeweiligen Perspektiven der drei Schüler*innen-Gruppen dargestellt werden.

11.2.2.1. Ergebnisse der Interventionen aus Sicht der Schüler*innen der Seconde-Klasse

Während der letzten Unterrichtsbeobachtung in der Seconde-Klasse hatte die Lehrperson von den Lernenden ein mündliches Schüler*innen-Feedback eingefordert. Am Ende der Stunde wurde eine Gruppendiskussion (FS2-SCE) mit sechs freiwilligen Lernenden auf dem Schulhof durchgeführt. Eine Analyse des Transkripts dieser mündlichen Befragung ermöglicht Einsicht darüber, wie die eingeführten Maßnahmen zur Verbesserung des DaF-Unterrichts von den Lernenden wahrgenommen wurden.

11.2.2.1.1. Wahrnehmung der Lehrperson als liebevolle Mutter

Die Auseinandersetzung mit den Aussagen der Lernenden, die sich an der Gruppendiskussion FS2-SCE beteiligt haben, zeigt eine Veränderung der Art und Weise, wie sie ihre DaF-Lehrerin wahrnehmen. Rückblickend werden Aussagen getroffen, die auf eine negative Einstellung zu Frau Nemka und dem DaF-Unterricht hinweisen. Zuerst wird nämlich der Lehrerin vorgeworfen, dass sie generell so leise sprach, dass sie nicht von allen Lernenden verstanden werden konnte: „elle parlait à BASSE voix parce que (-) quand elle PARLAIT les autres élèves PARLAIENT aussi. c'est pour ça qu'elle parlait à (--) BASSE voix"[242] (FS2-SCE, Z. 184–186). Einige führen die Tatsache, dass Frau Nemka leise sprach, darauf zurück, dass die Lernenden generell Nebengespräche führten oder auf Tischen trommelten, was den Lehr-Lern-Prozess störte. Als Reaktion darauf hätte sich die Lehrerin entschieden, sich auf jene Schüler*innen zu konzentrieren, die vorne im Klassenraum saßen und aufmerksam waren. Damit verband die Deutschlehrerin die Hoffnung, dass sich die Lernenden den negativen Auswirkungen der Störungen bewusst werden und ruhiger im Unterricht bleiben: „[QUAND elle faisait son cours il y avait] TROP de bruit TROP [de DÉSORDRE.] c'est pour ça qu'elle p elle décidait (-) elle préférait PARLER (-) à BASSE voix. ceux qui ont compris comprennent. ceux qui sont attentifs (--) vont comprendre"[243] (ebd., Z. 187–190). Daraus ergibt sich der Vorwurf, dass sich Frau Nemka nur für lernstärkere Lernende interessierte und den lernschwächeren keine Aufmerksamkeit schenkte. Aber andere Schüler*innen betrachteten die regelmäßigen Störungen des Lehr-Lern-Prozesses durch ihre

---

242 Sie sprach sehr leise, denn einige Mitschüler*innen haben laute Nebengespräche.
243 [im Deutschunterricht gab es] zu viel Lärm [zu viele Störungen] deshalb hat sie die Entscheidung getroffen, lieber leise zu sprechen, damit aufmerksame Schüler*innen verstehen können.

Mitschüler*innen als Reaktion der Lernenden darauf, dass die Lehrperson zu leise sprach und sie nichts verstehen konnten. Sie fühlten sich von bestimmten Aktivitäten im Unterricht ausgegrenzt und hofften darauf, durch Nebengespräche die Aufmerksamkeit der DaF-Lehrerin auf dieses Problem zu lenken: „il est hors de question que (-) le professeur parle doucement"[244] (ebd., Z. 192–193).

Diese Situation zeigt, dass es Kommunikationsprobleme zwischen den DaF-Lehrenden und den Lernenden gab. Auch wenn aus der heutigen Perspektive heraus Konsens darüber herrscht, dass das leise Sprechen der Lehrkraft und die Nebengespräche der Lernenden als Störungen wahrgenommen wurden und den Lehr-Lern-Prozess belasteten, war es den Unterrichtsbeteiligten nicht gelungen, sich darüber auszutauschen und Lösungen zu finden. In dieser Situation entstanden gegenseitige Vorurteile: Weil die Lehrperson manche Schüler*innen als faul und zu Störungen geneigt betrachtete, konzentrierte sie sich auf jene Lernenden, die Interesse am Deutschlernen zeigten. Gleichzeitig zweifelten manche Schüler*innen an der wahren Absicht der Lehrkraft, ihnen beim erfolgreichen Deutschlernen zu helfen. Daraus ergibt sich, dass der Deutschunterricht als sehr langweilig angesehen wurde: „avant le cours était TELLEMENT mort. [il y avait seulement les] exercices comme ça on PLAQUE au tableau on: (-) [fait et c'est tout.]"[245] (ebd., Z. 182–183).

Aus Sicht der befragten Lernenden hat sich die Lehrperson geändert und wird demnach anders wahrgenommen. Die erste beobachtete Veränderung betrifft den Umgang mit den Lernenden: Nach Angaben der Schüler*innen hat Frau Nemka ein freundlicheres Gesicht beim Lehren und nimmt Rücksicht auf alle Lernenden: „elle considère tout le monde"[246] (ebd., Z. 197–198); „elle communique en SOURIANT"[247] (ebd., Z. 254). Die Tatsache, dass Frau Nemka im Unterricht lächelt, wirkt sich positiv auf die Lernenden aus, weil sie dadurch feststellen, dass ihre Lehrerin am Lehr-Lern-Prozess Gefallen findet und am Lernen interessiert ist.

Die zweite beobachtete Veränderung bezieht sich auf die Lehr-Lern-Methoden: Anders als früher, wo die Interaktionen im Unterricht vor allem nur aus (1) Lehrer*in-Fragen – (2) Schüler*innen-Antwort – (3) Lehrer*in-Korrektur bestanden, wird immer mehr gefördert, dass die Lernenden Aufgaben mit

---

244 Es ist inakzeptabel, dass die Lehrperson leise spricht.
245 Früher war der Unterricht so langweilig [es gab nur] Übungen, die an die Tafel geschmissen wurden [und das war alles].
246 Sie nimmt Rücksicht auf alle Leute.
247 Sie lächelt beim Sprechen.

dem*er Tischnachbar*in oder in Gruppen bearbeiten: „maintenant on travaille (--) [à deux] en patrenariat"[248] (ebd., Z. 21-22). Dadurch wird die aktive Beteiligung aller Lernenden an der Bearbeitung des Lernstoffs gefördert: „et cela fait en ce ça permet [...] que: tout le monde puisse participer"[249] (ebd., Z. 22-23); „tout le monde participe"[250] (ebd., Z. 199). Auch wenn es manchen Schüler*innen aufgrund ihrer defizitären Wortschatz- und Grammatikkenntnisse schwerfällt, den Lerngegenstand zu verstehen, ist festzustellen, dass sich die meisten mehr Mühe beim Deutschlernen geben: „oui même comme tout le monde ne comprend pas"[251] (ebd., Z. 24); „[la majorité] la majorité essaie [...] malgré quelques petits problèmes"[252] (ebd., Z. 197-199). Dadurch, dass die aktive Beteiligung aller Schüler*innen am Lehr-Lern-Prozess gefördert wird, verbessert sich die Einstellungen der Lernenden zum Deutschunterricht: „et cela fait en ce ça permet que le cours avance normalement"[253] (ebd., Z. 22-23); „c'est mieux qu'avant"[254] (ebd., Z. 197).

Die dritte festgestellte Veränderung hängt damit zusammen, dass das Schüler*innen-Feedback im DaF-Unterricht eingefordert wird. Die Lernenden fühlen sich wertgeschätzt und freuen sich darüber, dass sie der Lehrerin sagen dürfen, was ihnen am Deutschunterricht gefällt und was aus ihrer Sicht verbessert werden soll. Sie geben an, dass sie durch ihre Rückmeldungen dazu beitragen, dass die Lehrperson ihre eigene Leistung verbessert und sich somit auch die Qualität des DaF-Unterrichts in der Seconde-Klasse verbessert: „ça PERMET aussi que l'enseignant s'améliore [...] l'enseignant doit connaître où sont ses failles. (---)tout le monde n'est pas positif"[255] (ebd., Z. 61-62). Aus Sicht der Schüler*innen ist ein Feedback besonders wichtig, damit der Unterricht an die Bedürfnisse der Lernenden angepasst und qualitätvoll wird: „QUAND elle nous demande de dire ce qui dérange là (--) c'est pour qu'ELLE (-) sache comment (--) APRÈS (-) elle pourra (---) continuer à améliorer son COURS"[256] (ebd., Z. 63-65).

---

248 Nun arbeiten wir zu zweit mit dem*r Partner*in.
249 Das führt dazu, dass der Unterricht normal vorangeht.
250 Alle sind aktiv im Unterricht.
251 Auch wenn nicht alle Leute Deutsch verstehen.
252 Die Mehrheit versucht [...] trotz einiger Probleme.
253 Das führt dazu, dass der Unterricht normal vorangeht.
254 Es ist besser als früher.
255 Es hilft auch der Lehrerin, sich zu verbessern [...] die Lehrende muss wissen, worin ihre Schwächen liegen. Alle Menschen haben Schwächen.
256 Wenn sie uns dazu auffordert, ihr zu sagen, was im Unterricht nicht gut läuft, möchte sie wissen, wie sie dann ihren Unterricht verbessern könnte.

An der Beobachtung, dass der Lehrperson Rückmeldungen gegeben werden können, die zu keinerlei negativen Konsequenzen führen, erkennen die Lernenden, dass sich die Lehrperson für ihren Erfolg interessiert. Außerdem freuen sich die Lernenden darüber, dass ihre Verbesserungswünsche Berücksichtigung finden, sodass der Deutschunterricht immer schülerorientierter gestaltet wird. Sie geben an, keine Angst zu haben, wenn sie auf verbesserungswürdige Aspekte des Unterrichts eingehen, weil sie Frau Nemka als *liebevolle Mutter* ansehen, die sich intensiv für das Wohlbefinden und den Erfolg der Lernenden einsetzt: „[je n'ai] pas peur […] monsieur parce (--) en plus d'être notre professeur nous la voyons aussi comme une MÈRE […] donc (-) on sait qu'elle ne va pas: (-) nous TUER nous manger"[257] (ebd., Z. 122–125).

Aus dieser Situation ergibt sich, dass die Lernenden immer mehr Empathie für die Lehrperson empfinden: Anders als früher, wo Probleme im Lehr-Lern-Prozess ganz allgemein auf die Lehrperson zurückgeführt wurden, ist nun festzustellen, dass viele Lernenden ihre Mitschüler*innen dafür verantwortlich machen, dass sie Schwierigkeiten beim Deutschlernen haben. Es wird ihnen nämlich vorgeworfen, faul zu sein und keinen Willen zum Lernen zu zeigen: „[mais c'est parce] que ils ne s'y METTENT même pas […] [ils n'ont pas la volonté] si tu n'as pas la [volonté de faire] [quelque chose comment tu vas] [COM[PRENDRE.]]"[258] (ebd., Z. 152–154). Angesichts der Bemühungen der Lehrkraft, durch eine lernförderliche Haltung, schüleraktivierende Methoden und das Einfordern mündlich realisierten Schüler*innen-Feedbacks die Lerngelegenheiten qualitätsvoll zu gestalten, ist die mangelnde Motivation mancher Schüler*innen aus Sicht der Befragten anderswo zu suchen als bei der Lehrkraft.

11.2.2.1.2. *Auswirkungen der Interventionen auf die Prozessqualität des Unterrichts*

Aus der Analyse des Transkripts der Gruppendiskussion FS2-SCE ergibt sich, dass sich die Interventionen aus Sicht der Lernenden positiv auf die Prozessqualität des DaF-Unterrichts in der Seconde-Klasse ausgewirkt haben. In Bezug auf die Klassenführung halten die befragten Schüler*innen einige neu eingeführten Rituale für lern- und konzentrationsförderlich. Gedacht wird

---

257 [ich habe] keine Angst, Monsieur, denn sie ist zwar unsere Lehrerin, aber wir betrachten sie auch als eine Mutter.

258 Aber es liegt daran, dass sie sich keine Mühe geben, sie haben keine Lust […] wenn du etwas nicht tun willst, wie kannst du es dann verstehen?

dabei zuerst an die freundlichere Art der Lehrperson, mit den Lernenden zu kommunizieren. Früher flößte die Lehrperson Angst ein, weil sie z.B. im Unterricht selten lächelte. Einige Schüler*innen finden es schade, dass in der letzten beobachteten Unterrichtstunde eine im Unterricht schlafende Schülerin mit Gewalt geweckt wurde, indem die Lehrerin sie mit einem Buch auf den Kopf geschlagen hat: „la violence que (-) le professeur a effectuée (-) °h envers notre camarade ne nous a pas plu [...] elle a (-) reveillé notre (-) camarade avec (-) UN COUP sur (-) l'oreille [...] avec le livre (-) et c'était un peu BRUSQUE (-) violent"[259] (ebd., Z. 7–10). Diese Situation zeigt, dass die Lehrperson im Umgang mit Störungen und Strafen immer noch unberechenbar ist. Trotzdem ist festzustellen, dass solche Situationen normalerweise nicht mehr vorkommen, sodass viele Schüler*innen angeben, keine Angst zu haben, der Lehrperson Feedback über verbesserungswürdige Aspekte des Unterrichts zu geben.

Ebenso lern- und konzentrationsförderlich ist die Tatsache, dass die aktive Beteiligung aller Schüler*innen an der Bearbeitung des Lernstoffs gefördert wird, indem kooperative Lernmethoden regelmäßig eingesetzt und Schüler*innen-Rückmeldungen ab und zu eingefordert werden. Dadurch langweilen sich die Lernenden einerseits weniger im Unterricht und anderseits können sie mit der Lehrperson über den Unterrichtsverlauf besser kommunizieren. So können erlebte Frustrationen und Probleme zur Sprache gebracht werden und werden nicht mehr verdrängt, wie es früher der Fall war. Eine solche Situation zeigte sich beispielsweise in der letzten beobachteten Unterrichtsstunde, als die Schülerin, die im Laufe des Unterrichts gewaltsam geweckt wurde, der Lehrerin mitteilte, dass sie den Unterricht schlecht gefunden hat: „celle qui s'est levée par EXEMPLE celle qui s'est levée pour dire que le j'ai trouvé le cours de grammaire mauvais (--) elle s'est assise. (-)parce que le professeur l'a (-) reveillée brusquement"[260] (ebd., Z. 94–96). Solche Rückmeldungen ermöglichen eine Aufarbeitung der unterschiedlichen Gefühle, die die Lernenden im DaF-Unterricht miterleben, was langfristig zum Abbau von Vorurteilen, die früher noch die Lehrer-Schüler-Beziehung prägten, führt.

Was die konstruktive Unterstützung angeht, wird auf positive Erfahrungen mit Fehlern und Feedback hingewiesen. Nach Angaben der Lernenden zielt der

---

259 Die gewaltsame Handlung der Lehrperson gegenüber unserer Mitschülerin hat uns nicht gefallen [...] sie hat unsere Mitschülerin geweckt, indem sie sie aufs Ohr geschlagen hat [...] sie hat sie mit dem Buch geschlagen, das war etwas hart.
260 Diese Schülerin, die aufgestanden ist, um zu sagen, dass sie den Grammatikunterricht schlecht gefunden hat wurde von der Lehrerin brutal aufgeweckt.

Ausdruck von Feedback darauf ab, der Lehrkraft darüber Bescheid zu geben, was gut bzw. schlecht im Unterricht läuft. Es wird davon ausgegangen, dass die Lehrende aus eigenen Fehlern lernen kann bzw. soll, damit sie sich in der Leitung des Lehr-Lern-Prozesses verbessert. Die Tatsache, dass einerseits den Verbesserungswünschen bei der Gestaltung des Unterrichts Rechnung getragen wird und andererseits die Lernenden wegen der Rückmeldungen keine Strafe bekommen, führt zur Verbesserung der Lehrer-Schüler-Beziehung. Dass die Schüler*innen dazu aufgefordert werden, sich aktiv in den Lehr-Lern-Prozess einzubringen, betrachten sie als ein Zeichen dafür, dass ihnen Wertschätzung entgegengebracht wird. Gerade die Erfahrung, dass bestimmte drakonische Strafen, die früher zum unterrichtlichen Alltag gehörten, seit einiger Zeit immer seltener vorkommen, trägt zur Entspannung des Unterrichtsklimas bei.

Wie bereits erwähnt, kommt das Qualitätsmerkmal der Schüler*innen-Aktivierung durch das Einfordern von Schüler*innen-Feedback und den Einsatz kooperativer Methoden zustande. Die Analyse zeigt eindeutig, dass die Durchführung der Aktionsforschung zur Verbesserung der Prozessqualität des Unterrichts beigetragen hat.

*11.2.2.1.3. Zusammenfassung der Interventionsergebnisse aus Sicht der Schüler*innen der Seconde-Klasse*

Zusammenfassend lässt sich sagen, dass den Schüler*innen der Seconde-Klasse zahlreiche Veränderungen im DaF-Unterricht aufgefallen sind (vgl. Kap. 11.2.2.1.1). Zuerst betreffen die Veränderungen die Haltung der DaF-Lehrerin: Aus Sicht der Lernenden ist Frau Nemka freundlicher, geduldiger und bringt allen Lernenden Wertschätzung entgegen, was früher nicht der Fall war. Außerdem beziehen sich weitere Veränderungen auf die Gestaltung des Lehr-Lern-Prozesses: (1) Viele Aufgaben werden als Partner- bzw. Gruppenarbeit behandelt; (2) die Schüler*innen dürfen der Lehrperson manchmal mündliche Rückmeldungen geben und somit ihre Perspektive über die Gestaltung des DaF-Unterrichts zum Ausdruck bringen. Die Implementierung dieser Interventionsmaßnahmen hat dazu beigetragen, dass die Lernenden eine bessere Einstellung zum DaF-Unterricht haben und sich immer engagierter an den unterrichtlichen Aktivitäten beteiligen. Des Weiteren wird Frau Nemka nicht mehr als angsteinflößende und frustrationserzeugende Autorität wahrgenommen, sondern als *liebevolle Mutter*, die Vertrauen einflößt und zum Deutschlernen motiviert.

Nach Angaben der Lernenden hat die Durchführung der Interventionsstudie zur Verbesserung der Prozessqualität des DaF-Unterrichts in der

Seconde-Klasse beigetragen (vgl. Kap. 11.2.2.1.2). Das Qualitätskriterium der Schüler*innen-Aktivierung wird dadurch beachtet, dass die aktive Beteiligung der Lernenden an der Gestaltung und Durchführung des Lehr-Lern-Prozesses einerseits durch den regelmäßigen Einsatz von Partner- und Gruppenarbeit, andererseits durch das Einfordern vom mündlichen Schüler*innen-Feedback gefördert wird. Diese beiden Innovationen sind für die Lernenden lern- und konzentrationsförderlich und tragen somit zur effektiven Klassenführung bei. Auch wenn die Lehrperson immer mehr versucht, mit Störungen transparenter umzugehen, kommt es doch noch recht oft vor, dass Frau Nemka Strafen verhängt, die aus Sicht der Lernenden ungerecht, willkürlich oder nicht angemessen sind. Dem Kriterium der konstruktiven Unterstützung wird dadurch Rechnung getragen, dass das Klassenklima lernförderlicher geworden ist: Die Lernenden fühlen sich viel mehr wertgeschätzt als früher und sie finden, dass sich die Qualität der Lehrer-Schüler-Beziehung verbessert hat. Ferner machen sie seit einiger Zeit positive Erfahrungen mit Feedback im DaF-Unterricht.

11.2.2.2. Ergebnisse der Interventionen aus Sicht der Schüler*innen der Terminale-Klasse

Nach der letzten Unterrichtsbeobachtung, bei der in der Terminale-Klasse ein Miniprojekt zum Thema „Menschenrechte" durchgeführt und präsentiert sowie ein mündliches Schüler*innen-Feedback eingefordert wurde, wurden acht freiwillige Schüler*innen zu einer Gruppendiskussion (FS2-TLE) eingeladen. Das Gespräch fand im Schulhof statt. Eine Analyse des Transkripts dieser Gruppendiskussion ermöglicht es, Einsicht in die Perspektive der Schüler*innen hinsichtlich der Implementierung von Veränderungen im DaF-Unterricht in der Terminale-Klasse zu erhalten.

11.2.2.2.1. Rückblick auf den DaF-Unterricht vor den Interventionen

Im Rückblick auf den DaF-Unterricht vor den Interventionen sind verschiedene Veränderungen zu beobachten. Nach Angaben der Beteiligten an der Gruppendiskussion kam es nie vor, dass Partner- und Gruppenarbeiten während einer Unterrichtsstunde durchgeführt wurden. Wenn Referate in der Gruppe vorzubereiten waren, befasste sich jedes Gruppenmitglied mit einem Aspekt des zu behandelnden Themas, sodass das Endprodukt aus der Summe der Einzelarbeiten bestand: „ce n'était pas du genre en classe même c'était peut-être pour les groupes [d'espoSÉ dans d'autres] matières (-) où: chacun ira chercher son jour et puis venir déposer (--) pour une personne qui va tout mettre en ordre"[261] (FS2-TLE, Z. 25–28). Diese Erfahrung war nicht nur im Deutschunterricht gängig, sondern auch in anderen Fächern. Für diese Arbeitsweise ist anzumerken, dass sich die Bewertung nur auf das Endprodukt beschränkte und sowohl dessen Entstehungsprozess als auch die besonderen Leistungen einzelner Gruppenmitglieder außer Acht ließ.

Aus Sicht der Lernenden bestand ein anderes Problem im Deutschunterricht in der Art und Weise, wie der Lerngegenstand bearbeitet wurde. Der Unterricht war nämlich lehrerzentriert und die eingesetzten Lehr-Lern-Methoden förderten die aktive Beteiligung der Lernenden nicht: „le cours n'est plus comme AVANT:. (--) [le genre que le professeur] entre et puis il finit de BAVARDER [bavarder non.]"[262] (ebd., Z. 64–66). Aus Langeweile schliefen die Lernenden entweder ein oder sie führten Nebengespräche mit Mitschüler*innen: „[le cours] faisait DORMIR"[263] (Z. 64–65). Aus Angst vor Strafen konnten die Lernenden der Lehrerin nicht mitteilen, dass der Unterricht langweilig war, obwohl sie es gerne getan hätten und dies untereinander auch taten: „avant tu ne pouvais même pas [dire comment tu as trouvé le cours] [tu disais que (-) QUI va dire au professeur-ci même] [parfois QUI] va me prendre pour lui dire là"[264] (ebd., Z. 121–122).

Früher gehörte es also nicht zu den alltäglichen Aktivitäten des Unterrichts, dass die Lehrperson Rückmeldungen von den Lernenden einforderte. Es war daher für die Lehrperson nicht möglich zu erfahren, was die Schüler*innen über ihren Unterricht dachten: „bon il ne pouvait imaginer ce que l'élève pensait"[265] (ebd., Z. 113). Solche Rückmeldungen sind jedoch wichtig, damit die Gestaltung des Unterrichts die Erwartungen der Lernenden erfüllt. Auch wenn die Lehrer-Schüler-Beziehung grundsätzlich nicht angespannt war, wirkten Lehrkraft und Schüler*innen distanziert: „avant bon (-) le professeur était du de ce côté l'élève était de l'autre côté"[266] (ebd., Z. 112). Aufgrund mangelnder Kommunikation

---

261 Es ging vor allem um die Referatsvorbereitung, wie in den anderen Fächern. Dabei hat jeder Einzelne an einem Aspekt des Themas gearbeitet und ein Gruppenmitglied hat sich allein darum gekümmert, alles zusammenzuführen.
262 Der Unterricht ist nicht mehr wie früher. In der Vergangenheit betrat die Lehrerin das Klassenzimmer und sprach ständig allein.
263 Der Unterricht lud zum Schlafen ein.
264 Früher konntest du gar nicht sagen, wie du den Unterricht gefunden hast, du fragtest dich, wer denn dieser Lehrperson etwas mitteilen soll.
265 Die Lehrperson konnte sich nicht vorstellen, was die Schüler*innen dachten.
266 Die Lehrperson stand vorne und die Lernenden saßen auf der anderen Seite.

über den Unterricht entstanden bei vielen Lernenden Vorurteile gegenüber der deutschen Sprache sowie ein Unterlegenheitsgefühl, das ihrer Lernbereitschaft im Wege stand: „[comme on] se sous-estimait AVANT on disait que: l'allemand c'est pour les plus FORTS [...] que c'est dieu qui [donne]"[267] (ebd., Z. 178–179). Mit einem solchen Minderwertigkeitskomplex war die Begeisterung mancher Schüler*innen für den DaF-Unterricht nicht groß, da es ihnen nicht möglich war, der Lehrperson mitzuteilen, wie der Lehr-Lern-Prozess gestaltet werden sollte, damit sie besser zurechtkommen.

Erst durch die Erfahrung, die im Zusammenhang mit der Implementierung von Interventionen im Unterricht gemacht wurden, sind die oben beschriebenen Probleme vielen Lernenden aufgefallen.

11.2.2.2.2. Beschreibung der Interventionen aus Sicht der Lernenden

Nach Angaben der befragten Lernenden sind einige Veränderungen am Deutschunterricht seit Beginn des Aktionsforschungsprojekts zu verzeichnen. Zum einen wurden neue Lernmethoden in den Unterricht eingeführt: Es ist üblich geworden, dass manche Aufgaben in Paaren oder in Kleingruppen bearbeitet werden, was aus Sicht der Lernenden in vielerlei Hinsicht vorteilhaft ist. Zuerst fördert die Gruppenarbeit den Austausch der Lernenden untereinander, sodass sie sich besser kennenlernen: „ça a permis que bon (-) il ait un rapprochement entre nous camarades"[268] (ebd., Z. 18). In einer Großgruppe, wo 71 Schüler*innen, die frontal unterrichtet werden und jeden Tag den Unterricht besuchen, ist es gängig, dass manche nie miteinander kommunizieren, da sie im Unterricht keine Gelegenheit dazu haben und viele sehr weit voneinander entfernt sitzen. Wenn aber die Lernenden in Kleingruppen arbeiten, sprechen sie miteinander und können gegenseitige Vorurteile, die sonst aufgrund mangelnder Kommunikation entstehen würden, abbauen: „OUI: (-) on s'est fait des AMIS les gens avec qui on avait pas l'habitude de CAUSER: (--) on a causé aujourd'hui et puis ça A (1.2) re reNOUÉ les liens"[269] (ebd., Z. 19–21). Dadurch verbessert sich das Zusammenleben im Unterricht und stärkt ein Zusammengehörigkeitsgefühl der Lernenden, sodass ihre Bereitschaft, sich beim Lernen

---

267 Da wir uns früher unterschätzten und dachten, dass Deutsch nur für lernstärkere Schüler*innen ist [...] dass Deutsch ein Gottesgeschenk ist.
268 Dadurch konnten wir unseren Mitschüler*innen näher kommen.
269 Wir haben uns näher kennengelernt. Wir haben unsere kollegialen Beziehungen befestigt, da wir heute mit Leuten gesprochen haben, mit denen wir selten interagieren.

gegenseitig zu unterstützen, größer wird: „oui un peu de [solidarité.]"[270] (ebd., Z. 19). Dadurch, dass sich die Schüler*innen regelmäßig miteinander austauschen und gern miteinander lernen, trägt die Kleingruppenarbeit zur Auflockerung der Arbeitsatmosphäre im Unterricht bei: „l'harmonie"[271] (ebd., Z. 18).

Ein weiterer Vorteil der Gruppenarbeit bezieht sich darauf, dass das Lernen viel besser stattfindet, wenn die Beteiligten auf Augenhöhe kommunizieren. In dieser Situation scheuen sich lernschwächere Schüler*innen nicht, ihren Mitschüler*innen Fragen zu Grammatik und Wortschatz zu stellen, was aber nicht der Fall ist, wenn sie vor der Lehrperson stehen: „[et: ça] permet même aussi d'être OUVERT (--) avec les camaRADES (--) euh tu sais tu peux dire un mot tu as (--) TON camarade il va (-) MIEUX t'expliquer qu'on dit comme ça [...] avec les camarades bon ça va nous [sommes] détendus"[272] (ebd., Z. 36–40). Durch die positiven Erfahrungen, die die Lernenden bei Gruppenarbeiten machen, begreifen sie, wie wichtig es ist, voneinander und miteinander zu lernen. Dabei ist die Lernrichtung nicht mehr nur vertikal vom Lehrenden zum Lernenden, sondern auch horizontal, d.h. zwischen den Lernenden untereinander. Daraus ergibt sich, dass die Lernenden einerseits einander mit mehr Respekt begegnen und andererseits ihr Selbstvertrauen gestärkt wird, wodurch sie eventuell fleißiger werden: „[LÀ maintenant] on ne se sous-estime plus. (-) [on comprend] que en plus de ses efforts [personnels il faut aussi] bon il faut aussi euh: (--) l'apport de son camarade oui il faut apprendre (-) il FAUT se soutenir:: (--)et COMBLER les lacunes de chaque personne"[273] (ebd., Z. 181–184).

Auch wenn die Gruppenarbeit in der heutigen Unterrichtssitzung nicht immer einwandfrei verlaufen ist, haben sich die Lernenden doch sehr darüber gefreut, mit Mitschüler*innen ein lebensrelevantes Thema zu bearbeiten – nämlich das Thema „Menschenrechte". Kritisiert wird die Tatsache, dass die Schüler*innen aufgrund des Lärms im Raum es erst spät geschafft haben, sich konzentriert mit der Lernaufgabe auseinanderzusetzen: „seulement moi je pense qu'il y avait un PEU de manque de concentration. oui au début [...]

---

270 Etwas Solidarität.
271 die Harmonie.
272 Und das hilft den Mitschüler*innen gegenüber offen zu sein. Übrigens, weißt du, dass du ein Wort sagen kannst und dein*e Mitschüler*in kann dir besser erklären, wie x am besten gesagt wird [...] mit den Mitschüler*innen also sind wir völlig entspannt.
273 Von nun an unterschätzen wir uns nicht mehr. Wir begreifen, dass Fleiß genauso wichtig ist, wie die Hilfe der Mitschüler*innen. Man muss lernen, einander unterstützen und jeweilige Lücken abdecken.

chacun n'était pas concentré vraiment sur le travail"²⁷⁴ (ebd., Z. 51–53). Außerdem hätten sich die Lernenden mehr Kompromissbereitschaft in den Gruppen gewünscht, was endlose Diskussionen, Zeitverlust und unnötigen Lärm vermieden hätte: „le petit problème qu'il y avait c'était il y avait (--) par exemple dans mon groupe il y avait beaucoup de discussions [...] et un gros bavardage. (-) [oui DONC] manque d'entente aussi (--) [sur quel]ques points"²⁷⁵ (ebd., Z. 55–59). Jedenfalls haben sich die Lernenden über die Freiheit, die sie während der Durchführung des Miniprojekts genossen haben, gefreut: Neben der freien Gestaltung des Inhalts durften die Lernenden frei bestimmen, ob sie im Klassenraum oder draußen in der Gruppe arbeiten wollten. Für gewöhnliche Verhältnisse an vielen Schulen in Kamerun sind solche Freiheiten im Unterricht äußerst ungewöhnlich. Daher sind die Lernenden sehr zufrieden mit dem Deutschunterricht.

Zum anderen wird in der Gruppendiskussion auf das Einfordern mündlichen Schüler*innen-Feedbacks als weitere bemerkbare Veränderung im DaF-Unterricht hingewiesen. Aus Sicht der Befragten sind solche Rückmeldungen sowohl für die Lernenden als auch für die Lehrperson hilfreich. Dadurch können die Schüler*innen der Lehrperson mitteilen, was im Unterricht gut/nicht so gut läuft, sodass das Lernangebot bestens an die Bedürfnisse der Lernenden angepasst wird. In diesem Sinne fungiert mündliches Feedback als eine Art Reflexion-über-die-Handlung – also über den Unterricht: „ça a PERMIS que nous élèves (--) nous PUISSIONS (---) dire à l'enseignant ce qui n'a pas marché. (--) et: (--) du côté de l'enseignant aussi de voir [...] ce qu'il a FAIT qui n'a pas MARCHÉ. (--) Et:: (--) de VOIR s'il peut améliorer (--) pour que l'élève puisse COMPRENDRE (--) ce qui ne va pas"²⁷⁶ (ebd., Z. 123–127). Dieser Aussage liegt die Annahme zugrunde, dass das schülerorientierte Lehren ein größeres Erfolgspotenzial der Lernenden garantiert: Wenn die Lernenden ihre Schwierigkeiten benennen, kann die Lehrkraft Maßnahmen treffen, um diese Probleme zu lösen und somit das Lernen erleichtern.

---

274 Ich bin der Meinung, dass manche Leute nicht konzentriert waren [...] keiner war am Anfang wirklich auf die Arbeit konzentriert.
275 Meines Erachtens bestand das Problem darin, dass wir in meiner Gruppe zum Beispiel zu viel diskutiert haben [...] daraus haben sich heftige Diskussionen und zu viel Lärm ergeben.
276 Das hat dazu beigetragen, dass die Schüler*innen der Lehrperson sagen können, was nicht gut funktioniert hat und die Lehrperson auch wahrnehmen kann, was im Unterricht nicht gelungen war.

Ein weiterer Vorteil des Schüler*innen-Feedbacks bezieht sich aus Sicht der Lernenden darauf, dass Rückmeldungen der Lehrkraft helfen, ihre eigene Leistung zu verbessern – also eine bessere Lehrperson zu werden: „ça AMÈNE le profesSEUR (--) à [s'améliorer au] prochain cours (-) à s'amélioRER à travaiLLER à FAIRE des recherches (--) pour améliorer le cours"[277] (ebd., Z. 102–104).

Da Rückmeldungen von den Lernenden essenziell für die Vorbereitung der kommenden Unterrichtsstunden sind, gelten sie hier als eine Art Reflexion-für-die-Handlung. Nach Angaben der Lernenden ist es motivierend, wenn die Lehrperson augenscheinlich Interesse daran zeigt, den Lehr-Lern-Prozess möglichst gut zu gestalten. Um den Bemühungen der Lehrperson, die Lernenden beim Lernen zu unterstützen, Wertschätzung entgegenzubringen, halten manche Schüler*innen es für sinnvoll, in dieser Situation auch fleißiger zu sein und ihre Lehrperson nicht zu enttäuschen: „oui cela va (-) POUSSER l'élève à TRAVAILLER. (--)peut-être que quand il va REVENIR au prochain cours (-) il doit (-) je me [DIS:] euh IMPRESSIONER le professeur qu'il a CHERCHÉ"[278] (ebd., Z. 141–144).

Auch wenn diese Feedbackarbeitssequenzen für die Lernenden vorteilhaft sind, ist es aus Sicht mancher Schüler*innen seltsam, der Lehrperson mitzuteilen, was im Unterricht nicht gut gelaufen ist. Für viele Lernende fühlt es sich komisch an, Kritik an der Lehrkraft zu üben, weil dies nicht zu ihren bisherigen Erfahrungen im Schulkontext gehört. Es ist nämlich üblich, dass Lehrende an kamerunischen Schulen als Fachleute bzw. Wissensvermittler*innen angesehen werden, während die Schüler*innen als Wissensrezipienten gelten, die keine Gelegenheit erhalten, eigene Meinungen über den Lehr-Lern-Prozess zum Ausdruck zu bringen. Die Tatsache, dass eventuelle Kritik an der Arbeitsweise der Lehrperson als Respektlosigkeit interpretiert wird und negative Konsequenzen für die Lernenden mit sich bringt, schreckt die Lernenden davon ab, der Lehrkraft Rückmeldungen zu geben. Daher ist es nach Angaben mancher Schüler*innen außergewöhnlich, sich zum Verlauf des Unterrichts zu äußern und dabei verbesserungswürdige Aspekte anzusprechen: „en FAIT pour moi ça: (-) pour moi ça fait un peu bizarre parce que c'est comme si j'étais en train de TUTOYER un peu le profesSEUR; pour lui dire que BON voilà (-) madame

---

277 Das bringt die Lehrperson dazu, , nach Verbesserungswegen zu suchen und besser zu unterrichten, um die Qualität des Unterrichts zu erhöhen.
278 Das wird den/die Schüler*in zum Fleiß motivieren. Vielleicht wird er/sie im nächsten Unterricht, meiner Meinung nach, den Lehrer mit seinem Fleiß beeindrucken.

Kouba là où tu vois là (--) <<:-)>ton cours d'aujourd'hui ça ne DONNE pas.>"²⁷⁹ (ebd., Z. 104–108).

Aus dem regelmäßigen Arbeiten in Paaren und in Kleingruppen sowie aus dem häufigen Einfordern mündlichen Schüler*innen-Feedbacks haben die Lernenden das Fazit gezogen, dass sich die Qualität des DaF-Unterrichts deutlich verbessert hat, sodass ihre Begeisterung für das Deutschlernen und für Frau Kouba groß ist.

11.2.2.2.3. Auswirkungen auf die Prozessqualität des DaF-Unterrichts

In Bezug auf die konstruktive Unterstützung ist festzustellen, dass die eingeführten Veränderungen zur Verbesserung der Lehrer-Schüler-Beziehung beigetragen haben. Da die Lernenden öfter miteinander arbeiten, entsteht mehr Vertrauen untereinander, weil sie einander besser kennen. Aufgrund der Beobachtung, dass sie der Lehrperson Rückmeldungen geben dürfen und dass dies von der Lehrperson berücksichtigt wird, schenken die Lernenden der Lehrperson immer mehr Vertrauen. Die Tatsache, dass die Lernenden miteinander und mit der Lehrperson besser kommunizieren können, trägt zur Entspannung des Unterrichtsklimas bei. Die positive Einstellung der Lernenden zur Relevanz des Feedbacks zeigt, dass eine positive Feedback- und Fehlerkultur im Unterricht entstanden ist. Im Grunde haben die Lernenden in der Gruppendiskussion angegeben, durch ihre Rückmeldungen an die Lehrperson dazu beigetragen zu haben, dass sich die Lehrperson verbessert. Es wird die Hoffnung geäußert, durch die Rückmeldungen die Lehrkraft auf eigene Fehler aufmerksam gemacht zu haben.

Dadurch, dass immer mehr Aktivitäten einerseits als Gruppenarbeit durchgeführt werden und dass die Lernenden andererseits der Lehrperson Feedback geben dürfen, wird dem Qualitätsmerkmal der Schüler*innen-Aktivierung Rechnung getragen. Über die Bedeutung des Feedbacks für die Unterrichtsentwicklung hinaus kann es auch helfen, bestimmten Konflikten entgegenzuwirken. Wenn die Unterrichtsbeteiligten durch ihre Rückmeldungen alles thematisieren, was aus ihrer Sicht im Lehr-Lern-Prozess störend wirkt, kann in den zukünftigen Interaktionen darauf geachtet werden, was zur Vermeidung bestimmter Konflikte und Störungen beitragen kann. Die eingeführten schüleraktivierenden Maßnahmen werden von den befragten Lernenden als lernförderlich interpretiert, insofern als sie zu mehr Fleiß anregen. Daher lässt sich

---

279 Ich finde, es ist ein bisschen seltsam. Ich gewinne den Eindruck, dass ich die Lehrperson duze, um ihr zu sagen: „Frau Kouba, der heutige Unterricht ist langweilig."

sagen, dass das Qualitätsmerkmal der effektiven Klassenführung im Veränderungsprozess des DaF-Unterrichts in der Terminale-Klasse Beachtung findet.

11.2.2.2.4. Zusammenfassung der Interventionsergebnisse aus Sicht der Schüler*innen der Terminale-Klasse

Zum Schluss ist festzustellen, dass die Durchführung der Interventionen die Lernenden der Terminale-Klasse auf bestimmte Probleme aufmerksam gemacht hat, die den guten Verlauf des DaF-Unterrichts beeinträchtigten (vgl. Kap. 11.2.2.2.1). Zuerst wird auf frühere Erfahrungen mit Gruppenarbeit hingewiesen: Früher kam die Gruppenarbeit in den verschiedenen Schulfächern nur infrage, wenn Referate außerhalb der Unterrichtszeiten vorzubereiten waren. Die Fokussierung der Lehrenden darauf, nur die Endprodukte der jeweiligen Gruppen zu bewerten, führte dazu, dass die Aufgabe eher als Einzelarbeit durchgeführt wurde. Außerdem geben die befragten Lernenden an, dass der DaF-Unterricht früher sehr lehrerzentriert und folglich auch für viele Schüler*innen langweilig war. Danach wird die Tatsache kritisiert, dass die Angst vor Strafen viele Lernenden davon abhielt, der Lehrperson Rückmeldungen über den DaF-Unterricht zu geben und dabei verbesserungswürdige Aspekte des Unterrichts anzusprechen.

Durch die Implementierung von Veränderungen sind den Lernenden die Vorteile der Partner- und Gruppenarbeit bewusst geworden (vgl. Kap. 11.2.2.2.2): (1) Wenn Lernende mit ihren Mitschüler*innen Aufgaben gemeinsam bewältigen, können sie sich miteinander austauschen und einander besser kennenlernen; (2) dadurch können gegenseitige Vorurteile abgebaut werden; (3) das Zusammengehörigkeitsgefühl wird gestärkt und die Bereitschaft der Lernenden, einander im Lehr-Lern-Prozess zu unterstützen wird größer; (4) die Kommunikation auf Augenhöhe wird unter den Lernenden gestärkt, sodass lernschwächere Lernende sich weniger scheuen, die Hilfe ihrer Mitschüler*innen in Anspruch zu nehmen; und (5) die Lernenden machen die Erfahrung, dass Lernen nicht nur vertikal – d.h. von der Lehrperson zu den Lernenden – sondern auch horizontal – d.h. durch die Lernenden untereinander – stattfindet. Es ist jedoch festzuhalten, dass endlose Diskussionen aufgrund mangelnder Kompromissbereitschaft mancher Schüler*innen sowie der hohe Lärmpegel während der Gruppenarbeit als störend angesehen werden. Nach Angaben der Befragten hat das Einfordern von Schüler*innen-Feedback zwar dazu beigetragen, dass die Qualität des Lehrangebots und die eigene Leistung der Lehrkraft verbessert wurden. Aber für viele Schüler*innen fühlt es sich komisch an, der Lehrperson mitteilen, was im Unterricht noch zu verbessern ist. Das liegt daran, dass Schüler*innen-Feedback an kamerunischen Schulen nicht üblich ist.

Die Auseinandersetzung mit der Gruppendiskussion FS2-TLE zeigt, dass die Durchführung der Interventionsstudie zur Verbesserung der Prozessqualität des DaF-Unterrichts in der Terminale-Klasse beigetragen hat (vgl. Kap. 11.2.2.2.3). Das entspannte Unterrichtsklima und die positiven Erfahrungen der Lernenden mit Feedback führen zu dem Fazit, dass die Lernenden im Lehr-Lern-Prozess auf emotionaler und motivationaler Ebene konstruktiv unterstützt werden. In Bezug auf das Qualitätsmerkmal der Schüler*innen-Aktivierung ist festzuhalten, dass der Einsatz der Gruppenarbeit und das Einfordern von Schüler*innen-Feedback dazu führen, dass die Lernenden im DaF-Unterricht aktiver werden. Dadurch, dass einerseits Schüler*innen-Feedback dabei helfen kann, den Störungen vorbeugend entgegenzuwirken, dass andererseits die eingeführten schüleraktivierenden Maßnahmen lern- und konzentrationsförderlich sind, tragen sie zu einer effektiven Klassenführung bei.

11.2.2.3. Ergebnisse der Interventionen aus Sicht der Schüler*innen der Troisième-Klasse

Am Ende der letzten Sitzung der Unterrichtsbeobachtung in der Troisième-Klasse haben sich fünf Schüler*innen freiwillig an einer Gruppendiskussion (FS2-TSS) beteiligt. Ziel war, die Perspektive der Lernenden auf die Interventionen in der Troisième-Klasse zu erfassen, indem darüber diskutiert wird, ob/welche Veränderungen in den letzten Monaten im DaF-Unterricht festzustellen sind und was davon zu halten ist.

11.2.2.3.1. Rückblick auf den DaF-Unterricht vor den Interventionen

In der Gruppendiskussion (FS2-TSS) werden Aussagen getroffen, die sich auf den DaF-Unterricht vor den Interventionen in der Troisième-Klasse beziehen. Rückblickend finden die Schüler*innen, dass Frau Njemmack zu streng und oft jähzornig war: „le PROF elle elle était: (---) euh comment dire COLÉRIQUE. (--) donc elle était un peu TROP colérique"[280] (FS2-TSS, Z. 24–25). Sie war voreingenommen gegenüber den Lernenden, weil sie die Schüler*innen für notorische Störer hielt. Es kam oft vor, dass ein*e Lerner*in bei Verständnisfragen zum Lernstoff eine drakonische Strafe bekam, da er/sie der Störung des

---

280 Die Lehrperson war, sagen wir mal, jähzornig, also sie war viel zu jähzornig.

Lehr-Lern-Prozesses verdächtigt wurde: „un éLÈVE qui (--) bon peut-être qu'il ne connaissait pas (--) dire un MOT: (--) euh dans l'objectif que le professeur va: (-) °h RÉPONDRE à sa question. (-) elle elle va plutôt PUNIR en disant qu'il TROUBLE le cours:. (-) pourtant: los l'intention de l'élève n'était pas de TROUBLER (--) le cours"[281] (ebd., Z. 25–29).

Es wird Frau Njemmack auch vorgeworfen, dass sie voreilig auf Strafmaßnahmen zurückgriff, die aus Sicht der Lernenden nicht angemessen und willkürlich waren. Sie fanden es übertrieben und äußerst ärgerlich, dass sie bei Störungen des Lehr-Lern-Prozesses vom Unterricht verwiesen und vom *Surveillant Général* bestraft wurden: „avant dès que l'élève fait une (.) BÊTISE en classe on appelle DIRCTEMENT le surveillant" (ebd., Z. 129–130). Für die Schüler*innen war es nicht gerechtfertigt, dass sich die Lehrperson beispielsweise bei nicht gemachten Hausaufgaben an den *Surveillant Général* wandte, damit sie geschlagen werden: „AVANT quand on avait pas fait un devoir (-) DIRECTEMENT elle appelait le surveillant on se faisait fouetter"[282] (ebd., Z. 51–52). Sie hätten sich gewünscht, dass der *Surveillant Général* in solchen Situationen aus dem Spiel gelassen wird.

Nach Angaben der befragten Lernenden ergab sich aus solchen Erfahrungen eine Abneigung gegenüber dem DaF-Unterricht und der DaF-Lehrerin. Aus Angst vor Strafen war es üblich, dass manche Schüler*innen im Unterricht passiv bleiben und sich nicht zu Wort melden, wenn sie im Lehr-Lern-Prozess mit einem Problem konfrontiert waren und die Unterstützung der Lehrerin gebraucht hätten, da sie Gefahr liefen, bestraft zu werden: „donc ce qui se passe c'est que (--) MÊME si tu as une idée tu ne peux pas parler tout ça parce que (--) [tu as PEUR.] tu as peur du professeur <<all>elle va te dire que> (-) quand tu vas donner ton idée elle va te dire que [...]tu es en TRAIN de vouloir faire du DESORDRE. (--) elle va te punir"[283] (ebd., Z. 151–156). Außerdem beschweren sich die Lernenden darüber, dass Frau Njemmack den Eindruck machte, kein Interesse daran zu haben, dass der Lerngegenstand richtig verstanden wird, da

---

281 Ein Schüler, der vielleicht etwas falsch sagte, weil er ein Wort nicht kannte und auf Verbesserungsvorschläge der Lehrperson hoffte, wurde von der Lehrerin bestraft, weil sie meinte, dass er den Unterricht störte, jedoch beabsichtigte der Schüler das nicht.

282 Früher hat sie sich direkt bei dem Surveillant Général beschwert, wenn man keine Hausaufgaben gemacht hatte und wir wurden infolgedessen geschlagen.

283 Folglich kannst du nicht mehr zu Wort kommen, auch wenn dir etwas einfällt, weil du Angst hast. Du hast Angst vor der Lehrerin. Sie wird dir sagen, wenn du zu Wort kommst. Sie wird das als Versuch betrachten, den Unterricht zu stören.

sie sich selten im Lehr-Lern-Prozess vergewisserte, ob die Lernenden mit den Lerninhalten zurechtkamen: „elle était que comme (-) °h QUAND elle expliquait une ou deux fois: (--) elle ne demandait pas trop la personne qui n'a pas compris"[284] (ebd., Z. 36–37). Manche Schüler*innen fühlten sich dann vom Lernen ausgeschlossen: „quand elle faisait cours il y avait donc [...] ceux qui se sent ÉCARTÉS"[285] (ebd., Z. 110–111).

Ein anderer Grund, weshalb Frau Njemmack als entmutigend im Unterricht angesehen wurde, bezieht sich darauf, dass sie oft zu Beginn der Unterrichtsstunde abschreckende Äußerungen von sich gab, die ihre Demotivation zeigten: „quand elle entre elle va vous dire que (--) je suis malade donc je ne suis pas d'humeur aujourd'hui (-) je ne veux pas le bavardage"[286] (ebd., Z. 149–151). Solche Aussagen flößten den Lernenden Angst ein, sodass sie sich während der ganzen Unterrichtsstunde nicht gern an der Bearbeitung des Lerngegenstands aktiv beteiligten. Zur Einschüchterung der Lernenden kam es oft vor, dass Frau Njemmack ganz zu Beginn der Unterrichtsstunde einen Lerner/eine Lernerin unter dem Vorwand bestrafte, dass er/sie in der vorigen Unterrichtssitzung eine Dummheit begangen hätte: „elle choisit une personne comme ça (--) qu'elle va PUNIR peut-être parce qu'il avait fait une BÊTISE à (-) au cours précédent"[287] (ebd., Z. 163–165).

Aufgrund der zahlreichen Probleme, mit denen die Lernenden im DaF-Unterricht konfrontiert waren und über die sie jedoch nicht mit Frau Njemmack sprechen konnten, war die Durchführung von Interventionen in der Troisième-Klasse herzlich willkommen.

11.2.2.3.2. Beschreibung der Interventionen aus Sicht der Lernenden

Nach Angaben der Lernenden hat sich seit Beginn des Aktionsforschungsprozesses vieles am Deutschunterricht in der Troisième-Klasse verändert: „quand nous sommes rentrés des congés-là c'est là où il y avait (-) <<p>des changements.> [...] [et AUSSI] aprés avoir nous interrogé (--) la première fois (---) première fois"[288] (ebd., Z. 80–83). Als erstes werden Veränderungen in Bezug auf

---

[284] Früher erklärte sie etwas ein- oder zweimal und fragte nicht, ob jemand es immer noch nicht verstanden hat.
[285] In ihrem Unterricht [...] fühlten sich manche Schüler*innen ausgegrenzt.
[286] Wenn sie das Klassenzimmer betritt, teilte sie euch mit, dass sie krank sei und daher schlecht gelaunt sei. Sie wolle nicht gestört werden.
[287] Sie bestraft einen beliebigen Lernenden vielleicht nur, weil er im vorigen Unterricht Quatsch gemacht hatte.
[288] Nach der Rückkehr aus dem Weihnachtsurlaub haben wir die Unterschiede festgestellt [...] und dann nach der ersten Grupppendiskussion.

die Art und Weise genannt, wie Frau Njemmack mit den Lernenden umgeht. Zu Beginn des Veränderungsprozesses wurden die Umgangsregeln im Unterricht zur Debatte gestellt und die Lernenden haben mit der Lehrperson gemeinsam festgehalten, wie künftig mit Problemen im Lehr-Lern-Prozess umzugehen ist: „elle nous a demandé nos avis (--) concernant CEUX qui ne font pas les devoirs (---) [et: ceux qui et ceux qui dérangent en classe.] et nous-mêmes nous avons pris les résolutions par rapport à NOUS-MÊMES"[289] (ebd., Z. 44–47). Die Lernenden durften mitbestimmen, wann welche Strafe anzuwenden war: „donc une une la personne qui ne fait pas: les devoirs (-) °h peut-être tu te METS à genou après tu laves la classe à la fin des cours. (-) [et si tu] bavardes en classe (-) tu te mets à genou"[290] (ebd., Z. 47–50). Sie haben sich auch gemeinsam dafür entschieden, die gemeinsam erarbeiteten Umgangsregeln als einzige Grundlage für die Zusammenarbeit im Unterricht zu betrachten.

Aus Sicht der Lernenden wurde besonders positiv bewertet, dass Probleme im Lehr-Lern-Prozess auf der Grundlage gemeinsam erarbeiteter Umgangsregeln überwunden wurden. Da sowohl die Lehrperson als auch die Lernenden damit einverstanden sind, setzen sich alle dafür ein, sich daran zu halten: „monsieur c'est UNANIME (-) notre règlement est unanime nous sommes TOUS d'accord […] et le prof aussi est d'accord"[291] (ebd., Z. 126–127). Besonders erfreulich ist die Tatsache, dass sich die Schulverwaltung nicht in die Probleme im Unterricht einschaltet, da Lehrerin und Schüler*innen der Troisième-Klasse vor Ort im Klassenzimmer für Disziplin sorgen: „donc ce qui fait que (--) °h l'administration n'est pas TROP (-) impliquée dans ce qu'on fait […] donc on n'a plus (-) l'intervention du (--) surveillant. (--) [en classe.]"[292] (ebd., Z. 127–131).

Der transparente Umgang mit Strafen hat sich positiv auf die Lernenden ausgewirkt. Im Grunde geben sie an, dass sie weniger Angst vor der Lehrperson haben und sich nun mehr trauen, sich aktiv am Lehr-Lern-Prozess zu beteiligen. Da es allen bekannt ist, was genau im Unterricht unerwünscht ist und welche Konsequenzen bestimmte Verhaltensweisen mit sich bringen könnten,

---

289 Sie hat nach unserer Meinung gefragt in Bezug auf diejenigen, die die Hausaufgaben nicht machen und diejenigen, die den Unterricht stören und wir haben auch eigene Vorsätze gefasst.
290 Also wer keine Hausaufgaben macht, muss zum Beispiel auf den Boden knien und dann am Ende des Schultages das Klassenzimmer putzen; wenn du im Unterricht Nebengespräche führst, musst du auf den Boden knien.
291 Monsieur, wir sind alle mit unseren Umgangsregeln einverstanden.
292 Folglich hat die Schulverwaltung nicht so viel damit zu tun, was wir unternehmen […] also nun springt der "surveillant" nicht mehr in unserer Klasse rein.

bemühen sich viele Schüler*innen darum, alles zu vermeiden, was zu Strafen führen könnte. Beispielsweise gehen sie mit der Lehrperson respektvoller um: „on a plus (-) peur nous (-) pace que nous sommes CONSCIENTS que si on (-) si on MANQUE peut-être du respect au professeur [...] les RESOLUTIONS que NOUS-mêmes on a prises par rapport aux [punitions] on va <<:-)>on se condamne en fait.>"[293] (ebd., Z. 116–119). Ein anderes Beispiel bezieht sich darauf, dass immer mehr Schüler*innen gern ihre Hausaufgaben machen, sodass die zeitaufwendige Hausaufgabenkontrolle, die früher zu Beginn jeder Unterrichtsstunde stattfand, allmählich überflüssig wird: „maintenant qu'on: (-) les devoirs se font hein on a plus les devoirs non faits. (-) on FAIT nos devoirs (-) quand elle nous donne un devoir TOUT le monde (-) essaie de le faire (--) °h même ceux qui n'ont pas compris"[294] (ebd., Z. 56–58).

Eine weitere Veränderung, die die Lernenden im DaF-Unterricht in der Troisième-Klasse beobachtet haben, betrifft die Lehr-Lern-Methoden. Anders als früher, wo Aufgaben meistens als Einzelarbeit oder in Klassengesprächen bearbeitet wurden, legt Frau Njemmack besonderen Wert auf Partner- und Gruppenarbeit: „à CHAQUE cours (---) TOUS les exercices qu'on fait sont (--) SOIT en groupe (---) soit (--) euh (-) [par banc.]"[295] (ebd., Z. 139–140). Die Lernenden sehen es positiv, dass sie durch den Austausch mit den Mitschüler*innen miteinander, voneinander lernen und einander unterstützen können: „SI (-) peut-être (--) KS3SX a une idée (--) il va (-) il va partager et (la mienne) on (-) on confronte nos idées. comme le prof dit que (--) <<:-)>comme le prof dit on confronte nos idées> et ça fait qu'on DÉCOUVRE d'autres choses qu'on ne connaissaient pas"[296] (ebd., Z. 141–144).

Nach Angaben der Lernenden geht Frau Njemmack immer fürsorglicher mit ihnen um. Die erste Priorität der Lehrerin scheint nicht mehr zu sein, möglichst viel Lerninhalte im Unterricht zu behandeln, sondern dafür zu sorgen, dass

---

293 Wir haben keine Angst, weil wir genau wissen, wenn wir die Lehrperson respektlos behandeln [...] werden uns unsere eigenen Beschlüsse, die wir selber in Bezug auf die Strafmaßnahmen gefasst haben, erklärt.
294 Nun machen wir unsere Hausaufgaben. Wenn sie uns eine Hausaufgabe gibt, versuchen wir sie zu lösen, auch diejenigen, die wir nicht verstehen.
295 In jeder Unterrichtssitzung werden alle Übungen entweder als Gruppenarbeit oder mit dem Tischnachbarn gemacht.
296 Wenn der Schüler KS3SX zum Beispiel eine Idee hat, wird er sie mit mir teilen und wir konfrontieren unsere jeweiligen Meinungen, wie die Lehrperson sagt, wir konfrontieren unsere jeweiligen Meinungen und können folglich viele neue entdecken, was wir nicht wussten.

die Lernenden den besprochenen Lerngegenstand besser verstehen. Es ist beispielsweise üblich geworden, dass die Lehrkraft daran interessiert ist, dass alle Schüler*innen mit dem behandelten Lerngegenstand zurechtkommen: „maintenant elle demande qui n'a pas COMPRIS"[297] (ebd., Z. 37–38); „elle prend la peine de demander la personne qui n'a pas compris qu'on puisse bien expliquer"[298] (ebd., Z. 172–173). Bei Problemen nimmt sich Frau Njemmack Zeit, um den Lernenden nötige Hilfe zu leisten: „et SI: beaucoup de personnes lèvent le doigt elle ESSAIE d'expliquer (.) en français pour qu'on puisse comprendre et (-) tout le monde comprend"[299] (ebd., Z. 38–40). Die Lehrperson zeigt sich auch hilfsbereit, wenn jemand mit ihr lieber außerhalb des Unterrichts seine Sorgen besprechen will: „[quand tu ne veux pas poser ton] problème (--) pendant le cours (-) tu pars APRÈS le cours (-) la voir comme ça elle essaie de voir ton problème"[300] (ebd., Z. 174–176).

Besonders erfreulich ist aus Sicht der Lernenden die Tatsache, dass sich Frau Njemmack während des ganzen Unterrichts dem Lehren und dem Wohlbefinden der Lernenden widmet. Anders als früher lässt sich die Lehrperson vom Handy weder ablenken noch stören, wenn sie unterrichtet: „ce qui m'a encore (---) plu sur (1.2) euh ce qui m'a encore plu c'est (--) c'est qu'elle ne (--) manipule pas son téléphone en cours [...] quand elle a cours peut-être elle éteint son téléphone soit elle laisse sur euh sur euh (--) [sur silencieux]"[301] (ebd., Z. 165–169). Die Lernenden fühlen sich wertgeschätzt, weil sie das Gefühl haben, dass ihre DaF-Lehrkraft ihnen im Unterricht ihre volle Aufmerksamkeit schenkt: „donc en fait elle nous PREND en considération"[302] (ebd., Z. 170). Die Lernenden freuen sich riesig darüber, die erste Priorität von Frau Njemmack im Unterricht zu sein: „donc qu'elle est en CLASSE c'est d'abord nous qu'elle (prend la peine) de regarder [...] elle nous PRIVILIGE"[303] (ebd., Z. 170–171). Eine solche

---

297 Nun fragt sie, wer nicht verstanden hat.
298 Sie gibt sich die Mühe immer nachzufragen, ob jemand etwas nicht gut verstanden hat, sodass sie weiter erklären kann.
299 Und wenn sich viele Menschen melden, erklärt sie dann weiter auf Französisch, damit alle es verstehen können.
300 Wenn du nicht im Unterricht dein Problem zur Sprache bringen willst, kannst du sie nach dem Unterricht treffen, so kann sie sich mit deinem Problem befassen.
301 Was mir noch gut gefallen hat, ist, dass sie im Unterricht nicht ständig an ihrem Handy arbeitet [...] wenn sie im Unterricht kommt, schaltet sie entweder ihr Handy aus oder sie stumm.
302 Im Grunde achtet sie auf uns.
303 Also, wenn sie im Unterricht ist, sind wir ihre erste Priorität.

Zuwendung wirkt sich positiv auf die Lernenden aus: „[et: ça] a eu de l'effet sur plusieurs de nos camarades"[304] (ebd., 176–177).

Die Tatsache, dass Schüler*innen-Feedback in der letzten beobachteten Unterrichtsstunde eingefordert wurde, bereitet den Lernenden viel Freude. Dadurch können sie der Lehrperson mitteilen, was ihnen im Lehr-Lern-Prozess gefällt und was noch verbessert werden sollte. Dass Frau Njemmack daraus Verbesserungsmaßnahmen entwickelt, finden die Lernenden sehr motivierend: „<<:-)>[moi je me sens joyeuse] je suis fière (--) je suis fière de savoir que le prof tient en compte nos résolutions"[305] (ebd., Z. 106–108). Daraus ergibt sich, dass sie immer aktiver an der Bearbeitung des Lerngegenstands teilnehmen, was früher nicht der Fall war: „vraiment nous sommes très fiers monsieur parce que d'habitude (--) quand elle faisait cours il y avait donc [...] les élèves qui participent.il y a ceux qui se sent ÉCARTÉS [...] mais à partir d'aujourd'hui moi j'ai vu que même (-) TOUT le monde participe au cours"[306] (ebd., Z. 109–113).

Abschließend ist festzustellen, dass sich die Einstellung der Lernenden der Troisième-Klasse zur Deutschlehrerin und zum DaF-Unterricht deutlich verbessert hat, was mit der Verbesserung der Prozessqualität des Unterrichts zusammenhängt.

11.2.2.3.3. Auswirkungen der Interventionen auf die Prozessqualität des Unterrichts

Infolge der implementierten Veränderungen in den Unterricht ist an zahlreichen Merkmalen festzustellen, dass sich die Unterrichtsqualität verbessert hat. In Bezug auf die Klassenführung ist zu beobachten, dass die Umgangsregeln von der Lehrperson und den Lernenden gemeinsam festgehalten wurden, sodass mit Störungen und Strafen transparent umgegangen werden kann. Die Tatsache, dass Frau Njemmack ihre volle Aufmerksamkeit auf die Lernenden richtet und auf angsteinflößende sowie eine frustrationserzeugende Haltung verzichtet, sehen die Lernenden als lern- und konzentrationsförderlich an. Das gilt auch für die Beobachtung, dass die Lehrperson hilfsbereiter geworden ist und offensichtlich daran interessiert ist, dass jeder Schüler/jede Schülerin mit

---

304 Und dies hat auf viele Mitschüler*innen eingewirkt.
305 Ich bin sehr froh, es freut mich zu wissen, dass die Lehrperson unsere Beschlüsse berücksichtigt.
306 Wir sind wirklich sehr froh, Monsieur, denn üblicherweise gibt es in ihrem Unterricht einige Schüler*innen, die aktiv sind. Manche Schüler*innen fühlten sich ausgegrenzt [...] aber von nun an habe ich festgestellt, dass alle Leute aktiv sind.

dem Lerngegenstand zurechtkommt. Daher kann gesagt werden, dass sich die Klassenführung verbessert hat.

Was das Qualitätsmerkmal der konstruktiven Unterstützung angeht, fällt auf, dass das Klassenklima besser geworden ist. Die Erfahrung, dass die Lernenden nicht mehr bei allen Fehlern drakonische Strafen bekommen und dass sich die Lehrperson an die gemeinsam erarbeiteten Umgangsregeln hält, trägt dazu bei, dass die Lernenden Frau Njemmack immer mehr Vertrauen schenken. Die Verbesserung der Lehrer-Schüler-Beziehung ermöglicht es, dass sich die Schüler*innen darauf einlassen, der Lehrperson mündliches Feedback zu geben, wenn dies eingefordert wird. Wertschätzend wirkt die Tatsache, dass die Lernenden einerseits eigene Meinungen zum Verlauf des Lehr-Lern-Prozesses zum Ausdruck bringen dürfen und dass die Lehrperson andererseits ihre Hilfsbereitschaft im Lehr-Lern-Prozess zeigt. Die Bereitschaft der Lehrkraft, aus eigenen Fehlern zu lernen, lässt sich daran erkennen, dass sie von den Lernenden Rückmeldungen einfordert und diese im Verbesserungsprozess des Unterrichts berücksichtigt. Deswegen ist festzuhalten, dass die Durchführung der Aktionsforschung zur Verbesserung der konstruktiven Unterstützung im Unterricht beigetragen hat.

Bezüglich des Qualitätskriteriums der Schüler*innen-Aktivierung geben die Schüler*innen an, dass Partner- und Gruppenarbeit nun zum Unterrichtsalltag gehören. Dadurch können alle Lernenden aktiv an der Bearbeitung des Lerngegenstands mitmachen. Außerdem wird durch das Einfordern von Schüler*innen-Feedback gewährleistet, dass die Lernenden die eigenen Meinungen und Wünsche in die Gestaltung des Lehr-Lern-Prozesses einbringen. Daraus lässt sich der Schluss ziehen, dass dem Merkmal der Schüleraktivierung Rechnung getragen wird.

11.2.2.3.4. Zusammenfassung der Interventionsergebnisse aus Sicht der Schüler*innen der Troisième-Klasse

Zusammenfassend ist festzuhalten, dass die Lernenden einen kritischen Blick auf die Lehrperson vor der Durchführung der Interventionsstudie in der Troisième-Klasse werfen (vgl. Kap. 11.2.2.3.1). Sie finden, dass Frau Njemmack ein Demotivationsfaktor war, denn sie war zu streng; durch den Einsatz drakonischer Strafen flößte sie vielen Lernenden Angst ein, was deren Bereitschaft, am Lehr-Lern-Prozess aktiv teilzunehmen beeinträchtigte. Außerdem wird der DaF-Lehrerin vorgeworfen, dass sie wenig Interesse daran zeigte, inwieweit die Lernenden mit dem Lerngegenstand zurechtkamen.

Es ist den Lernenden aufgefallen, dass sich vieles seit dem Beginn des Aktionsforschungsprozesses im DaF-Unterricht verändert hat (vgl. Kap. 11.2.2.3.2): (1) Die Umgangsregeln wurden zur Debatte gestellt und die Lernenden durften mitbestimmen, wann welche Strafen zum Einsatz kommen sollen; (2) sowohl die Lehrperson als auch die Lernenden halten sich an die festgelegten Umgangsregeln und die Lehrperson verzichtet darauf, Strafen nach Belieben zu verkünden; (3) Frau Njemmack geht fürsorglicher mit den Lernenden um und ist weniger streng geworden; (4) sehr oft werden Aufgaben in Paaren oder in Kleingruppen bearbeitet; und (6) oft dürfen die Lernenden der Lehrperson Rückmeldungen über den Lehr-Lern-Prozess geben. Die Implementierung dieser Maßnahmen hat nicht nur die Motivation der Schüler*innen für den DaF-Unterricht gefördert, sondern auch die Verbesserung der Prozessqualität des DaF-Unterrichts mit sich gebracht (vgl. Kap. 11.2.2.3.3). Dass die Umgangsregeln von den Unterrichtsbeteiligten transparent bestimmt wurden und im Alltag darauf geachtet wird, dass sich jeder daran hält, zeigt, dass die Klassenführung effektiver geworden ist. Die Verbesserung des Klassenklimas, das mit dem wertschätzenden Umgang miteinander und der positiven Lehrer-Schüler-Beziehung zusammenhängt, zeigt, dass das Qualitätsmerkmal der konstruktiven Unterstützung in der Troisième-Klasse nun erfüllt ist. Die Schüler*innen-Aktivierung wird dadurch gefördert, dass Gruppenarbeit immer öfter eingesetzt und mündliches Schüler*innen-Feedback eingefordert wird.

11.3. Vergleichende Betrachtung der Forschungsergebnisse zu den Interventionen im DaF-Unterricht

In diesem Kapitel sollen die Forschungsergebnisse zu den Interventionen während der Teilstudie 2 in den drei DaF-Klassen verglichen und sowohl Gemeinsamkeiten als auch Unterschiede herausgearbeitet werden. Auf der Grundlage der durchgeführten Interventionen sollen die Perspektiven der jeweiligen Lehrenden mit denen ihrer Lernenden verglichen werden, damit ein Gesamtbild über die Auswirkungen des Aktionsforschungsprojektes in den jeweiligen DaF-Klassen zusammengetragen werden kann.

11.3.1. Vergleichende Betrachtung der Lehrer*innen- und Schüler*innen-Perspektiven auf die Interventionen in der Seconde-Klasse und in der Troisième-Klasse

Die Auseinandersetzung mit den Vorstellungen von Frau Nemka – DaF-Lehrerin der Seconde-Klasse – und von Frau Njemmack – DaF-Lehrerin der

Troisième-Klasse – hat offengelegt, dass sich die beiden Lehrkräfte die eigene Lehrer*innen-Rolle hauptsächlich als *Fachfrauen* und *Autorität* vorstellten, also als Wissensvermittlerin, als alleinige Organisatoren des Lehr-Lern-Prozesses, als alleinige Richtungsweisende und als alleinige Entscheidungstragende im Unterricht. Der regelmäßige, nicht transparente Einsatz drakonischer Strafen hat dazu geführt, dass sie von ihren Lernenden als angsteinflößende Autorität angesehen wurden und dass ihre Schüler*innen folglich eine negative Einstellung zum DaF-Unterricht sowie zur Lehrperson entwickelten. Es wurde auch herausgefunden, dass der Deutschunterricht in der Seconde- und in der Troisième-Klasse von einem Kreislauf der Demotivation von Lehrenden und Lernenden geprägt war (vgl. Abb. 23).

Bei der Durchführung der Aktionsforschung in den beiden Klassen wurden zuerst Maßnahmen zur Förderung eines vertrauensvollen Unterrichtsklimas getroffen, in welchem Lehrende eher Vertrauen einflößen und die Lernenden sich allmählich darauf einlassen, sich an der Bearbeitung des Lerngegenstands aktiver zu beteiligen. Durch den Einsatz kooperativer Lernmethoden wurde aufseiten der Lehrenden angestrebt, der Passivität der Schüler*innen im Unterricht zugunsten aktiver Teilnahme am Lehr-Lern-Prozess entgegenzuwirken. Anschließend wurde ein mündliches Schüler*innen-Feedback an die Lehrperson schrittweise eingefordert.

Aus Sicht von Frau Nemka und Frau Njemmack hat die Beteiligung am Aktionsforschungsprojekt zur Selbstreflexion sowie zur Reflexion über die eigene berufliche Tätigkeit angeregt. Als Reflexion-über-die-Handlung konnten die beiden Lehrkräfte auf den eigenen Unterricht zurückblicken und Einsicht in deren verbesserungswürdige Aspekte gewinnen. Während des ganzen Prozesses wurde ständig über eigene Handlungen und deren beobachtbaren Auswirkungen auf die Lernenden sowie auf die Prozessqualität des Unterrichts reflektiert. Anschließend wurden Verbesserungsmaßnahmen entwickelt und im DaF-Unterricht implementiert – so kann hier von Reflexion-in-der-Handlung gesprochen werden. Da die Erkenntnisse aus dem Kreislauf von Aktion und Reflexion, der die Interventionsstudie kennzeichnete, in einem weiteren Reflexionsprozess in die Vorbereitung der darauffolgenden Unterrichtssitzungen eingebracht wurden, fand auch eine Reflexion-für-die-Handlung statt.

Die beiden Lehrkräfte finden die Durchführung der Interventionen sowohl für sich als auch für die Lernenden motivierend. Im Grunde ermöglicht der Einsatz kooperativer Methoden einerseits eine Entlastung der Lehrperson und andererseits die Förderung aktiver Beteiligung der Lernenden an der Bearbeitung des Lerngegenstands. Die Langeweile ergab sich früher zum Teil auch daraus, dass viele Schüler*innen während der Unterrichtsstunde unbeschäftigt waren und folglich mit Nachbar*innen regelmäßig Nebengespräche führten, was als Störungen wahrgenommen wurde. Außerdem ergibt sich die Motivation für den DaF-Unterricht aufseiten der Lernenden daraus, dass sie durch mündliches Schüler*innen-Feedback ihre Meinungen und Wünsche in die Gestaltung des Lehr-Lern-Prozesses einbringen konnten, was sie als besonders wertvoll erachteten. In diesem Kontext entsteht allmählich ein vertrauensvolles Arbeitsklima, in dem sich die Unterrichtsbeteiligten gerne über den Unterricht austauschen und aufgetretene Probleme thematisieren. So können unterschiedliche Perspektiven zum Vorschein kommen und das Wohlbefinden der einzelnen Gruppenmitglieder sowie das der Gruppe gefördert werden. Motivierend ist für die Lehrenden vor allem die Tatsache, dass sich die Lernenden immer lieber auf die Mitgestaltung des Unterrichts einlassen und augenscheinlich immer mehr Gefallen am Deutschunterricht finden. Dankend nehmen die beiden Lehrenden die Rückmeldungen der Lernenden entgegen, da sie zur Reflexion über den eigenen Unterricht anregen und zur Weiterentwicklung der eigenen Lehrkompetenzen beitragen.

Auch die Lernenden der Seconde- und Troisième-Klasse finden die durchgeführten Interventionen motivierend. Vor allem darüber, wie die jeweiligen DaF-Lehrkräfte mit ihnen im Unterricht umgehen, freuen sich die befragten Schüler*innen. Die Lernenden der beiden Klassen halten es für besonders lernförderlich, wenn ihre Beteiligung sowohl an der Bearbeitung des Lerngegenstands – durch den Einsatz kooperativer Lernmethoden – als auch an der Mitgestaltung des Unterrichts – durch das Einfordern von Schüler*innen-Feedback, die gemeinsame Festlegung der Umgangsregeln – gefördert wird. Besonders geschätzt werden in den beiden Klassen die Veränderungen an der Art und Weise, wie die Lehrperson mit ihren Lernenden umgeht. Es geht um den transparenten Umgang mit Strafen bzw. Störungen, die vertrauenseinflößende Haltung, die Hilfsbereitschaft sowie die Fürsorglichkeit der beiden Lehrkräfte. Unter diesen Umständen verbessern sich die Einstellungen der Lernenden zum Deutschunterricht und zu ihren jeweiligen Deutschlehrerinnen.

Frau Nemka, Frau Njemmack und ihre jeweiligen Lernenden vertreten übereinstimmend den Standpunkt, dass die Durchführung des Aktionsforschungsprojekts in ihrem DaF-Unterricht zur Verbesserung der Prozessqualität des Unterrichts beigetragen hat. Die gemeinsame Erarbeitung der Umgangsregeln, der Verzicht auf einen unberechenbaren Umgang mit Strafen sowie die Förderung der Schüler*innen-Aktivität gelten als vorteilhaft für eine effektivere Klassenführung. Die Verbesserung der konstruktiven Unterstützung hängt mit der Schaffung eines vertrauensvollen Arbeitsklimas – bessere Lehrer-Schüler-Beziehungen, Wertschätzung – und mit der positiven Feedback- und

Fehlerkultur im DaF-Unterricht zusammen. Die Schüler*innen-Aktivierung wird durch den regelmäßigen Einsatz kooperativer Lernmethoden, das Einfordern mündlichen Schüler*innen-Feedbacks sowie die übereinstimmende Festlegung der Umgangsregeln gefördert.

Ein Vergleich zwischen den Verhaltensweisen von Frau Nemka und Frau Njemmack vor und nach der Durchführung des Aktionsforschungsprojekts zeigt signifikante Veränderungen. Für die beiden Lehrkräfte spielte die Bearbeitung des Lehrplans die wichtigste Rolle im Unterricht, sodass von den Lernenden erwartet wurde, dass sie sich an das Arbeitstempo anpassen. Durch ein autoritäres Lehrer*innen-Verhalten und den Einsatz verschiedener Einschüchterungsmaßnahmen – z.B. körperliche bzw. nichtkörperliche Strafen – wurde versucht, Disziplin und Fleiß im DaF-Unterricht zu fördern. Aber dies führte einerseits zu Abneigung der Lernenden gegenüber dem Deutschunterricht und auch gegenüber der Deutschlehrerin, andererseits zu negativen Reaktionen, mit denen sie ihre Missbilligung gegenüber der Haltung und den Handlungen der Lehrkräfte sowie ihre Lustlosigkeit zum Ausdruck brachten. Das undisziplinierte Verhalten einiger und die Passivität anderer Schüler*innen hielten die Lehrenden für ärgerlich und demotivierend, was sie zu weiteren autoritären Handeln im Unterricht anregte. So entstand ein Kreislauf der Demotivation von Lehrenden und Lernenden im DaF-Unterricht (vgl. Abb. 23).

An den Aussagen der Lernenden und der Lehrkräfte ist zu erkennen, dass sich vieles verändert hat: Frau Nemka und Frau Njemmack sind aus Sicht ihrer jeweiligen Schüler*innen freundlicher, geduldiger, hilfsbereiter und fürsorglicher geworden. Sie vermitteln den Eindruck, dass das Wohlbefinden der Lernenden Priorität hat – und nicht mehr der Lehrplan. Dadurch, dass die Lernenden aktiver sind und augenscheinlich Spaß am Deutschunterricht haben, finden die Lehrpersonen immer mehr Gefallen am Lehren. Außerdem geben die Lernenden an, unter diesen Umständen besser zu lernen. Daran erkennt man eine Veränderung der Vorstellungen dieser beiden Lehrkräfte von der *Fachperson* und *Autorität* hin zum *Facilitator*, also zum Begleiter des Lehr-Lern-Prozesses, der den Lernenden Wertschätzung entgegenbringt, deren Mitbestimmungsrecht und Wunsch nach aktiver Zusammenarbeit Rechnung trägt sowie eine positive Fehler- und Feedbackkultur im Unterricht fördert. Eine solche Veränderung lässt sich auch bei Frau Kouba feststellen.

11.3.2. Vergleichende Betrachtung der Lehrer*innen- und Schüler*innen-Perspektiven hinsichtlich der Durchführung der Interventionen in der Terminale-Klasse

Die Interpretation der Daten, die zu Beginn der Teilstudie 2 in der Terminale-Klasse erhoben wurden, haben nahegelegt, dass Frau Kouba – zumindest ansatzweise – die eigene Lehrer*innen-Rolle als *Facilitator* verstand. Auch wenn sie im Alltag weder kooperative Methoden einsetzte noch Schüler*innen-Feedback einforderte, war sie darum bemüht, den Lernenden Vertrauen einzuflößen und Spaß am Lernen zu fördern. Während der Interventionsstudie wurde die aktive Beteiligung der Lernenden am Unterricht gefördert, indem kooperative Lernmethoden regelmäßig im Unterricht verwendet wurden. Dann wurde allmählich mündliches Schüler*innen-Feedback eingeholt. Danach wurden den Rückmeldungen der Lernenden entsprechende Veränderungen in die Gestaltung der Lernarrangements eingebracht.

Nach Angaben von Frau Kouba ist die Durchführung der Interventionen als Wendepunkt in ihrem beruflichen Leben zu betrachten. Durch verschiedene Interventionen konnte sie einerseits ihre bisherigen Vorurteile gegenüber Gruppenarbeit überwinden und diese Methode regelmäßig in ihrem Unterricht einsetzen, was sich positiv auf die Zufriedenheit ihrer Lernenden mit dem DaF-Unterricht ausgewirkt hat. Andererseits hat Frau Kouba während des Aktionsforschungsprozesses mehrmals mündliches Feedback von ihren Lernenden eingeholt und daraus wertvolle Einblicke in verbesserungswürdige Aspekte ihres Lehrens gewonnen. Angesichts der positiven Erfahrungen, die sie mit der Förderung der Schüler*innen-Aktivierung durch Gruppenarbeit und Schüler*innen-Feedback gemacht hat, kann sich Frau Kouba nicht mehr vorstellen, anders zu unterrichten. Sie freut sich ebenfalls darüber, dass ihre Lernenden viel aktiver am Lehr-Lern-Prozess teilnehmen und viel motivierter im Deutschunterricht wirken.

Den Mehrwert der Implementierung dieser Veränderungen in der Terminale-Klasse bestätigen die befragten Lernenden, da sie den jetzigen Deutschunterricht viel interessanter und lebendiger finden. Sie begründen ihren Standpunkt mit der Aussage, dass alle Schüler*innen momentan aktiv an der Bearbeitung des Lerngegenstands beteiligt sind, weil die eingesetzten Unterrichtsmethoden dies ermöglichen. Dadurch, dass die Lernenden regelmäßig bestimmte Aufgaben in Gruppen besprechen, können sie miteinander und voneinander lernen, was sich positiv auf die Schüler-Schüler-Beziehung auswirkt und zur Entwicklung bestimmter sozialer Kompetenzen, wie Toleranz und Zusammengehörigkeitsgefühl beiträgt. Unter diesen Umständen finden die Lernenden immer mehr Gefallen daran, mit Mitschüler*innen zusammen zu lernen. Die Tatsache, dass sie ihrer Lehrkraft Rückmeldungen über den Unterricht geben dürfen, schätzen die Lernenden sehr. Das trägt nicht nur zur schülerorientierten Unterrichtsgestaltung bei, sondern auch zur Verbesserung der Lehrer-Schüler-Beziehung.

Frau Kouba und ihre Schüler*innen sind der Meinung, dass die Interventionsstudie zur Verbesserung der Prozessqualität des Unterrichts beigetragen hat. Der Einsatz von Gruppenarbeit und das Einfordern mündlichen Schüler*innen-Feedbacks stehen nicht nur für die Förderung der Schüler*innen-Aktivierung, sondern führen auch zur effektiven Klassenführung und zur konstruktiven Unterstützung. Die Tatsache, dass die Lernenden sich in Gruppen regelmäßig austauschen und voneinander lernen, halten sie für lernförderlich und motivierend. Dadurch lernen sie sich besser kennen, schenken einander mehr Vertrauen und finden immer mehr Gefallen daran, miteinander zu arbeiten. Wertvoll ist, dass die Lernenden der Lehrperson Feedback geben, weil ihre Rückmeldungen dankend entgegengenommen werden und weil sie immer mehr Vertrauen in die Lehrperson haben, was zur Verbesserung des Unterrichtsklimas beiträgt. Der Schüler*innen-Feedbackarbeit liegt ein Unterrichtsverständnis zugrunde, das Fehler als Lernanlässe betrachtet, also als Chance für die Verbesserung der eigenen Leistung. Dadurch, dass die Lernenden ihre Lehrperson auf verbesserungswürdige Aspekte des Unterrichts aufmerksam machen, tragen sie zur Unterrichtsentwicklung bei.

Durch die Durchführung der Aktionsforschung hat sich die Vorstellung von Frau Kouba als *Facilitator* verstetigt. In ihrer Rolle als Lernbegleitung, die Lerngelegenheiten schafft und die Lernenden auf dem Lernweg unterstützt, fördert sie nicht nur Freude am Unterricht, sondern auch die aktive Zusammenarbeit der Lernenden bei der Gestaltung des Unterrichts und bei der Bearbeitung der Lerninhalte. Es ist festzustellen, dass der Unterricht aus Sicht der Schüler*innen interessanter geworden ist.

11.4. Zusammenfassung

Zusammenfassend lässt sich sagen, dass die Durchführung des Aktionsforschungsprojektes die Implementierung von Veränderungen in den Unterricht ermöglicht hat. Insgesamt strebte der erste Schritt der Interventionen danach, ein vertrauensvolles Unterrichtsklima zu fördern, indem einerseits Umgangsregeln von Lehrenden und Lernenden übereinstimmend besprochen und zur Grundlage der Lehrer-Schüler-Interaktion gemacht wurden. Andererseits haben sich die Lehrenden darum bemüht, sich an diese Umgangsregeln zu halten und im Alltag auf drakonische Strafen zu verzichten, die aus Sicht der Lernenden nicht angemessen, willkürlich und zum Teil demütigend waren. Der zweite Schritt der Interventionen bestand in der Förderung aktiver Beteiligung der Lernenden am Lehr-Lern-Prozess. Dafür wurden die Schüler*innen schrittweise dazu gebracht, Aufgaben in Paaren und in Kleingruppen zu erledigen. Um dies im Großgruppenunterricht zustande zu bringen, wurde nach folgenden Grundsätzen gearbeitet: (1) klare Darstellung des Arbeitsauftrags, (2) Rollenklärung in den jeweiligen Gruppen, (3) effektive Arbeit in den Gruppen – wobei einige Schüler*innen in der Rolle der Lautstärkewächter*innen auf die Disziplin in den jeweiligen Gruppen achten, (4) Wertschätzung der Gruppenergebnisse.

Der dritte Schritt der Interventionen bestand in der Vorbereitung der Feedbackarbeit durch (i) die Erklärungen dessen, was (konstruktives) Feedback ist/nicht ist; (ii) Thematisierung der Feedbackregeln; (iii) Besprechung von Redemitteln zum Ausdruck von Feedback; (iv) Einübung von Feedback unter Berücksichtigung der Feedbackregeln und der besprochenen Redemittel durch regelmäßiges Feedback an die Lernenden. Im vierten Schritt der Interventionen wurde mündliches Schüler*innen-Feedback regelmäßig eingefordert. In der Anfangsphase war die Feedbackarbeit in der gemeinsam geteilten Ausgangssprache (Französisch) durchzuführen, damit die Lernenden ihre Rückmeldungen besser ausdrücken können. Es war wichtig darauf zu achten, dass die Schüler*innen in Kleingruppen ihre Rückmeldungen zu einem vorgegebenen Aspekt des Unterrichts – also (a) Aufgabe, (b) Umgang der Lehrperson mit der Aufgabe und der Gruppe, (c) Umgang der Lernenden mit der Lehrperson und der Aufgabe und (d) Verbesserungsmöglichkeiten – besprechen, bevor ein Gruppensprecher die Gruppenergebnisse später im Plenum präsentiert.

Da die Ausgangslagen in den jeweiligen Klassen unterschiedlich waren, hat jede teilnehmende Lehrkraft auf eigene Weise die Interventionsmerkmale implementiert. Es sind Gemeinsamkeiten im Hinblick auf das folgende grundlegende Schema zu beobachten: (1) Vertrauensförderung, (2) Schüler*innen-Aktivierung durch Einsatz kooperativer Lernmethoden, (3) Vorbereitung der Feedbackarbeit und (4) Einfordern mündlichen Schüler*innen-Feedbacks. In den drei Klassen konnten die vier Schritte durchgeführt werden, wobei in der Seconde- und Troisième-Klasse die Feedbackarbeit nur in der gemeinsam geteilten Ausgangssprache – also Französisch – stattfand, in der Terminale-Klasse zum Teil auf Deutsch. Da das oberste Ziel der Feedbackarbeit nicht in der Förderung der Sprachkompetenz bestand, wurde Wert darauf gelegt, dass sich die Lernenden verständigen und wertvolle Einblicke in deren Perspektive auf den Unterricht gewonnen wird.

Die Durchführung dieser Interventionen hat sich auf den DaF-Unterricht in den drei Klassen ausgewirkt. In der Seconde- und Troisième-Klasse, deren Lehrkräfte vor der Durchführung der Interventionen die eigene Lehrer*innen-Rolle hauptsächlich als *Fachfrau* und *Autorität* verstanden und im Unterricht besonderen Wert auf die Bearbeitung des Lehrplans legten, wurde allmählich das Wohlbefinden der Lernenden in den Vordergrund gerückt. In den drei Schulklassen wurde die aktive Beteiligung der Lernenden am Lehr-Lern-Prozess durch den Einsatz kooperativer Lernmethoden und das Einfordern des Schüler*innen-Feedbacks gefördert, was sich positiv auf deren Einstellung zum Deutschunterricht und zur Deutschlehrenden ausgewirkt hat. Insgesamt haben der transparente Umgang mit Strafen, die übereinstimmende Besprechung verbindlicher Umgangsregeln sowie die oben erwähnten Maßnahmen zur Schüler*innen-Aktivierung zur Verbesserung der Prozessqualität des Unterrichts beigetragen, indem sie das lebendige Lernen im DaF-Unterricht ermöglicht haben.

Das Konzept des lebendigen Lernens verweist auf einen Unterricht, in welchem (1) Schüler*innen aktiv am Lehr-Lern-Prozess beteiligt sind, (2) die Klasse so geführt wird, dass Frustration der einzelnen Beteiligten vermieden wird, und (3) die Lernenden im Lehr-Lern-Prozess konstruktiv unterstützt werden, sodass Lernen effektiv stattfindet. Dadurch, dass die Lernenden in der vorliegenden Studie darüber Bescheid wussten, welche Verhaltensweisen zu welchen Konsequenzen führen konnten, haben sie sich mehr auf die aktive Mitarbeit im Unterricht eingelassen. Weil sich die Lehrenden insgesamt an die Umgangsregeln gehalten haben und angsteinflößende sowie frustrationserzeugende Lehrer*innen-Handeln immer seltener wurde, haben die Lernenden der DaF-Lehrkraft immer mehr Vertrauen geschenkt. Gleichzeitig hat der regelmäßige Austausch mit Mitschüler*innen in Paaren oder Kleingruppen dazu beigetragen, dass sie mehr Gefallen an der Zusammenarbeit in Gruppen finden und daher auch mehr Vertrauen zueinander entwickeln. Diese Maßnahmen haben also die Entspannung des Unterrichtsklimas sowie die Verbesserung der Lehr-Schüler- bzw. Schüler-Schüler-Beziehung mit sich gebracht.

Das Einfordern mündlichen Schüler*innen-Feedbacks beruhte auf der Einsicht, dass Feedback sowohl für die Feedbackgebenden als auch für die Feedbacknehmenden gewinnbringend ist, insofern als der eine sich in der Mitgestaltung des Lehrens und Lernens aktiv einbringt, während der andere aus dem erhaltenen Feedback Einblick darin gewinnt, wie sein Handeln wahrgenommen wird und was verbesserungswürdig erscheint. Gerade weil die Schüler*innen ihren Lehrpersonen Rückmeldungen geben durften, haben sie sich wertgeschätzt gefühlt. Angesichts des innovativen Charakters des Schüler*innen-Feedbacks im kamerunischen Schulsystem haben sich einige Lernende nur zögerlich getraut, sich auf Rückmeldungen an die Lehrperson einzulassen. Jedenfalls ist davon auszugehen, dass eine positive Feedback- und Fehlerkultur der erfolgreichen Durchführung der Feedbackarbeit zugrunde liegt. Weil das Qualitätsmerkmal der kognitiven Aktivierung nicht zum Gegenstand der vorliegenden Studie gehört, kann keine Aussage darüber getroffen werden, ob die Interventionen zum effektiven Lernen beigetragen haben. Jedenfalls kann festgehalten werden, dass die Implementierung von Veränderungen positive Auswirkungen auf die Klassenführung, die konstruktive Unterstützung und die Schüler*innen-Aktivierung im DaF-Unterricht in den drei DaF-Klassen hatte.

Die Frage, welche Auswirkungen die Anwesenheit des Forschenden an manchen Unterrichtssitzungen auf den Implementierungsprozess hatte, bleibt unbeantwortet. Da der Verfasser nicht alle Unterrichtssitzungen beobachten konnte, bleibt auch die Frage unbeantwortet, ob die Lehrenden in den nicht beobachteten Unterrichtsstunden anders gearbeitet haben und auch anders mit den Lernenden umgegangen sind. Es ist denkbar, dass die Anwesenheit des Forschenden im Unterricht einen Einfluss auf die Implementierung der Maßnahmen hatte, da die Vorschläge, die bei den jeweiligen informellen Gesprächen mit den Lehrkräften unterbreitet wurden, schon auf die Erwartungen hinwiesen und einen bestimmten Druck auf die Lehrenden ausübten, sodass sie sich manchmal bemühten, im Unterricht erwartungsgemäß zu handeln. Eine weiterführende Studie würde klarstellen, ob die beobachteten Veränderungen nachhaltige Wirkungen bei den teilnehmenden Lehrkräften hatten oder nicht.

12. Zusammenfassung der Forschungsergebnisse und Schlussfolgerungen

Die vorliegende Studie zielte auf die Umsetzung allgemeindidaktischer Forschungsstränge zur Weiterentwicklung des DaF-Unterrichts. Im Mittelpunkt stand die Auseinandersetzung mit Lehrpersonen als einerseits einer der wichtigsten Einflussfaktoren im DaF-Unterricht und andererseits als wichtige Akteure der Unterrichtsentwicklung. Dabei waren zwei Fragestellungen zentral:

(1) Wie stellen sich die Lehrkräfte die eigene Lehrer*innen-Rolle im kamerunischen DaF-Unterricht vor und welche Auswirkungen ergeben sich daraus?
(2) Inwiefern können wichtige Aspekte des Lehrer*innen-Handelns verändert werden und wie kann dies zur nachhaltigen Verbesserung der Prozessqualität des kamerunischen Deutschunterrichts beitragen?

Zur Beantwortung der ersten Fragestellung wurde auf zwei Forschungsfragen eingegangen: (1.1) Wie stellen sich die Lehrkräfte die eigene Lehrer*innen-Rolle im DaF-Unterricht vor? (1.2) Welche Konsequenzen ergeben sich aus diesen Rollenvorstellungen für die Lernenden und für die Prozessqualität des Unterrichts? Leitend für die Beantwortung der zweiten Fragenstellung waren folgende Forschungsfragen: (2.1) Inwiefern können wichtige Aspekte des Lehrer*innen-Handelns verändert werden, damit lebendiges Lernen im DaF-Unterricht stattfinden kann? (2.2.) Welche Schritte sollen gegangen werden, um lebendiges Lernen und insbesondere mündliches Schüler*innen-Feedback an die Lehrperson im kamerunischen Deutschunterricht zu implementieren? (2.3) Welche Konsequenzen ergeben sich daraus sowohl für die Lernenden als auch für die Prozessqualität des Unterrichts?

Im vorliegenden Kapitel sollen die Forschungsergebnisse im Hinblick auf die Forschungsfragen zusammengefasst und Schlussfolgerungen daraus gezogen werden.

12.1. Zusammenfassung der Forschungsergebnisse

Aus der Interpretation der erhobenen Daten konnten folgende Ergebnisse herausgearbeitet werden:

Forschungsergebnisse zur Forschungsfrage (1.1.): Zwei Muster der Rollenvorstellungen haben sich bei den beteiligten Lehrkräften herauskristallisiert: einerseits die Vorstellung der eigenen Lehrer*innen-Rolle hauptsächlich als *Fachperson* und *Autorität* (vgl. Kap. 10.2, sdererseits als *Facilitator* (vgl. Kap. 10.4 und Kap. 10.6). Das erstgenannte Muster entspricht den Rollenvorstellungen von Lehrenden als *Wissensvermittler*innen, alleinige Richtungsweisende, alleinige Entscheidungstragende* und *alleinige Organisatoren* des Lehr-Lern-Prozesses. Drei der vier forschungsbeteiligten DaF-Lehrkräfte wurden diesem Muster zugeordnet (Herr Fetba, Frau Nemka und Frau Njemmack). Sie kennzeichnen sich durch folgende Merkmale (vgl. Abb. 25):

1) *Ausgangslage*: Das wichtigste Anliegen der Lehrpersonen ist, dass ihre Lernenden Erfolg beim Deutschlernen (insbesondere bei Prüfungen) haben. Daher wird ein besonderer Wert auf die Auseinandersetzung mit dem Lehrplan gelegt;

2) *Auffassung der eigenen Rolle als Wissensvermittler*in*: Die Lehrpersonen betrachtet sich maßgeblich als Wissensvermittler*innen, alleinige Richtungsweisende, und alleinige Organisator*innen des Lehr-Lern-Prozesses. Der Unterricht ist lehrerzentriert und die Lernenden werden als passive Wissensrezipienten angesehen.

3) *Auffassung der eigenen Rolle als Autorität*: Die Lehrpersonen fungieren als alleinige Entscheidungstragende im Unterricht. Das Wohlbefinden der Lernenden wird vernachlässigt und die Lehrpersonen greifen regelmäßig auf Abschreckungsmaßnahmen zur Einschüchterung der Lernenden (z.B. drakonische Strafen, Beschimpfungen) zurück.

4) *Folgen*: Das autoritäre Lehrer*innen-Handel führt zur Verschlechterung der Lehrer-Schüler-Beziehung. Es entsteht ein Kreislauf der Demotivation von Lernenden und Lehrenden im Unterricht (vgl. Abb. 23), was die Frustration der Schüler*innen und der Lehrperson mit sich bringt. Daraus ergibt sich, dass der Deutschunterricht sowohl der Lehrkraft als auch den Lernenden wenig Spaß macht.

Eine der vier forschungsbeteiligten Lehrenden – Frau Kouba – weist auf eine Veränderung der eigenen Rollenvorstellungen im Laufe ihrer Karriere hin: Früher verstand sie die eigene Lehrer*innen-Rolle – wie die drei anderen Lehrenden – prinzipiell als Fachfrau und Autorität. Aber nach der Beteiligung an einigen Lehrer*innen-Fortbildungen weist sie heutzutage ansatzweise bestimmte Merkmale auf, die sie zum Muster des *Facilitators* zuordnen lassen: (a) sie legt besonderen Wert auf den Dialog mit den Lernenden; (b) sie beschränkt sich nicht nur auf das Lehrwerk, sondern fördert die aktive Auseinandersetzung

Ausgangslage	Auffassung der eigenen Rolle als Wissensvermittler*in	Auffassung der eigenen Rolle als Autorität	Folgen
•Priorisierung des Lehrplans •Fokus: Lerngegenstand („ES" im TZI-Modell) •Hauptziel: Die Schüler*innen sollen möglichst viel Wissen erwerben, um Erfolg bei Prüfungen zu haben	• Lehrperson als... •Wissensvermittler*in •Alleinige Richtungsweisende •Alleinige Organisator des Lehr-Lern-Prozesses •Lernende als passive Wissens-empfänger*innen •Lehrerzentrierter Unterricht	•Lehrperson als alleinige Entscheidungstragende •Vernachlässigung des Wohlbefindens der Lernenden • Abschreckung der Lernenden (z.B. durch den Einsatz drakonischer Strafen, durch Beschimpfungen)	•Lehrerson als angsteinflößende, frustrations-erzeugende Autorität angesehen •Kreislauf der Demotivation von Lehrenden und Lernenden im Unterricht •Frustration der Lehrenden und Lernenden im Unterricht • geringer Spaß im Deutschunterricht

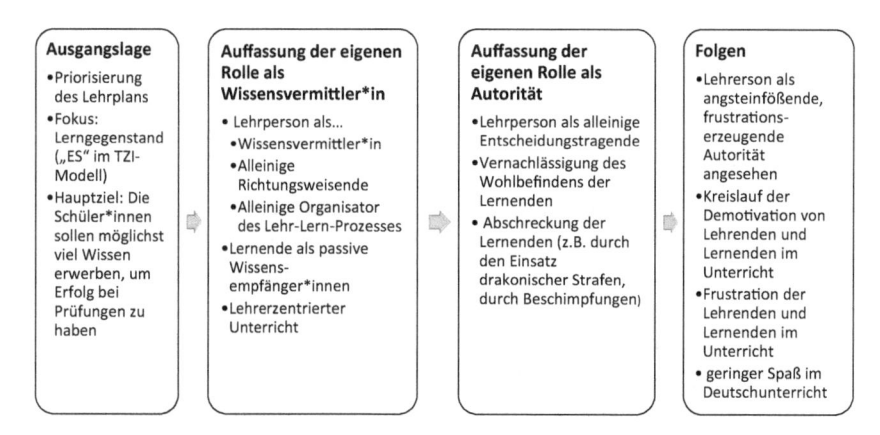

Abb. 25: Muster der Rollenvorstellung als Fachmann/Fachfrau und Autorität

mit den Lebensrealitäten der Lernenden; (c) sie lässt regelmäßig Miniprojekte mit Bezug zum Lebensalltag der Lernenden durchführen; (d) sie zeigt Wertschätzung in ihrem Umgang mit den Lernenden; aber (e) der Unterricht ist lehrzentriert und (f) die eingesetzten Lehr-Lern-Methoden fördern die aktive Beteiligung vieler Lernenden an der Mitgestaltung und Durchführung des Unterrichts nicht.

Forschungsergebnisse zur Forschungsfrage (1.2.): Daraus, dass die Lehrpersonen ihre Rolle als *Fachperson* und *Autorität* verstehen, ergeben sich folgende Konsequenzen für die Lernenden (vgl. Kap. 10.6.2): (1) Diese Lehrenden werden von den Lernenden als *angsteinflößende, frustrationserzeugende Autorität* und *Demotivationsfaktor* angesehen; (2) es entsteht entweder eine Radikalisierung der Lernenden oder eine passive Haltung vieler Schüler*innen im Unterricht; (3) die Lernenden entwickeln eine negative Einstellung zum Deutschunterricht und zur Deutschlehrperson; (4) es entsteht ein Kreislauf der Demotivation der Lehrenden und Lernenden im Unterricht (vgl. Kap. 10.6.2.1): Einerseits führt das autoritäre Lehrer*innen-Handeln zur Demotivation der Lernenden, was sich dann negativ auf deren Verhaltensweisen im Unterricht auswirkt; und andererseits ruft das Schüler*innen-Verhalten Ärger und Demotivation der Lehrperson hervor und mündet in ein autoritäreres Lehrer*innen-Handeln. Die Vorstellung der eigenen Lehrer*innen-Rolle als Fachperson und Autorität hat insofern Auswirkungen auf die Prozessqualität des Unterrichts, als dass die Klassenführung, die konstruktive Unterstützung des Lehr-Lern-Prozesses sowie die Schüleraktivierung problematisch werden (vgl. Kap. 10.6.2.2).

Die Lehrperson, deren Rollenvorstellung dem Muster eines *Facilitators* entspricht, wird von ihren Lernenden (1) als *liebevolle, hilfsbereite Mutter* wahrgenommen; (2) viele Schüler*innen nehmen aktiv am Unterricht teil; (3) sie entwickeln eine positive Einstellung zum Deutschunterricht und zur Lehrerperson; (4) aber angesichts der eingesetzten Lehr-Lern-Methoden können manche Schüler*innen sich nicht aktiv in den Lehr-Lern-Prozess einbringen und (5) finden den Unterricht langweilig (vgl. Kap. 10.6.2.1). Insgesamt ist die Unterrichtsqualität besser: Auch wenn nicht alle Schüler*innen aktiv sind und viele Lernende Angst vor der Lehrperson haben, ist das Unterrichtsklima, wenn auch verbesserungswürdig, insgesamt gut und der Vertrauensgrad hoch. Außerdem bringt die Lehrperson den Lernenden Wertschätzung entgegen und hat eine positive Einstellung zu Fehlern und Feedback im Unterricht. Daher kann der Schluss gezogen werden, dass die Unterrichtsqualität in Hinblick auf die Merkmale der Klassenführung und der konstruktiven Unterstützung besser ist. Aber aufgrund der Beobachtung, dass weder kooperative Lernmethoden in der Unterrichtsstunde eingesetzt werden noch das Einfordern von Schüler*innen-Feedback zum Alltag des DaF-Unterrichts gehört, ist zu schließen, dass das Qualitätsmerkmal der Schüler*innen-Aktivierung verbesserungswürdig bleibt.

Forschungsergebnisse zur Forschungsfrage (2.1): Die Durchführung der Teilstudie 1 hat gezeigt, dass die Teilnahme an einer eintägigen Fortbildung nicht ausreicht, um zentrale Aspekte des Lehrer*innen-Handelns nachhaltig zu verändern (vgl. Kap. 10.2). Während der Teilstudie 2 wurden verschiedene Maßnahmen miteinander verbunden, damit signifikante Veränderungen an der Lehrer*innen-Haltung und am Lehrer*innen-Handeln auftreten (vgl. Kap. 11.1): (1) Die kollegialen *Unterrichtsbeobachtungen*, bei denen unter Berücksichtigung der Handlungssituation konkrete Aspekte des Lehrer*innen-Handelns, die entweder zu fördern oder zu verändern waren, zu Beginn des Interventionsprozesses identifiziert wurden; (2) der *Austausch mit den Lernenden*, der Einsicht ermöglicht hat, wie das Lehrer*innen-Handeln bei ihnen ankam und was aus deren Sicht zu verbessern war; (3) *Nachbereitungsgespräche*, bei denen einerseits die Lehrkraft Kenntnis davon erhielt, was aus fremder Sicht – d.h. der externen Beobachtenden und der Lernenden – an ihrem Handeln im Unterricht zu verändern war, und andererseits sowohl der Gegenstand als auch die nächsten Schritte der Interventionen festgelegt wurden; (4) die *Reflexion-über-die-Handlung*, bei der die verschiedenen Komponenten bzw. Bestandteile des zu verändernden Lehrer*innen-Handelns separiert wurden, sodass ein kleinschrittiger Ansatz möglich wurde; (5) die Begleitung des Veränderungsprozesses durch *regelmäßige Unterrichtsbeobachtungen* und

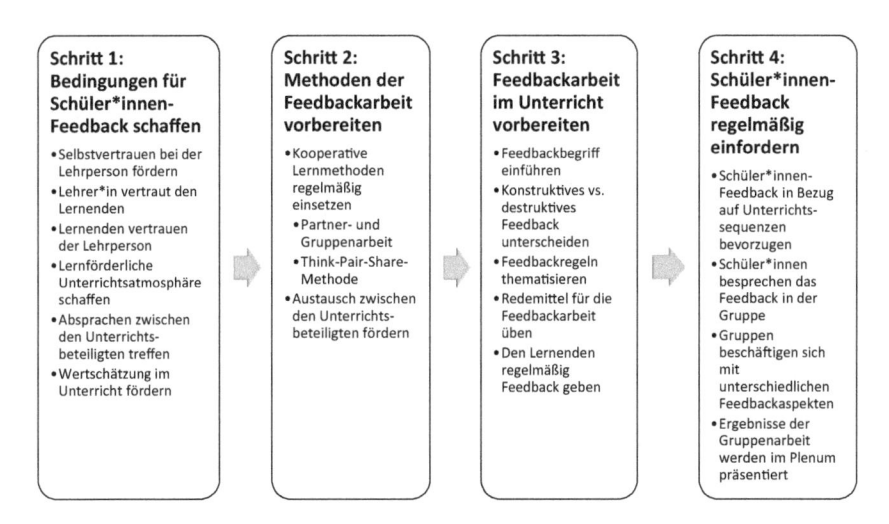

Schritt 1: Bedingungen für Schüler*innen-Feedback schaffen	Schritt 2: Methoden der Feedbackarbeit vorbereiten	Schritt 3: Feedbackarbeit im Unterricht vorbereiten	Schritt 4: Schüler*innen-Feedback regelmäßig einfordern
• Selbstvertrauen bei der Lehrperson fördern • Lehrer*in vertraut den Lernenden • Lernenden vertrauen der Lehrperson • Lernförderliche Unterrichtsatmosphäre schaffen • Absprachen zwischen den Unterrichtsbeteiligten treffen • Wertschätzung im Unterricht fördern	• Kooperative Lernmethoden regelmäßig einsetzen • Partner- und Gruppenarbeit • Think-Pair-Share-Methode • Austausch zwischen den Unterrichtsbeteiligten fördern	• Feedbackbegriff einführen • Konstruktives vs. destruktives Feedback unterscheiden • Feedbackregeln thematisieren • Redemittel für die Feedbackarbeit üben • Den Lernenden regelmäßig Feedback geben	• Schüler*innen-Feedback in Bezug auf Unterrichtssequenzen bevorzugen • Schüler*innen besprechen das Feedback in der Gruppe • Gruppen beschäftigen sich mit unterschiedlichen Feedbackaspekten • Ergebnisse der Gruppenarbeit werden im Plenum präsentiert

Abb. 26: Vier-Schritt-Modell zur Implementierung vom mündlichen Schüler*innen-Feedback

anschließende Nachbereitungsgespräche in einem Kreislauf von Aktion und Reflexion, damit die Interventionen kontextsensibel gestaltet werden und zur Überwindung der aufgetretenen Probleme beitragen konnten; (6) die *Organisation und Durchführung einer Lehrer*innen-Fortbildungsreihe*, die aus mehreren miteinander zusammenhängenden Sitzungen bestand, bei denen die teilnehmenden Lehrenden nicht nur theoretischen Input erhalten und praktische Erfahrungen aus der Teilnehmer*innen-Perspektive gemacht haben, sondern sich auch mit Kollegen aus anderen Schulen ausgetauscht, einander beraten und von gegenseitigen Erfahrungen gelernt haben. Bei dieser Fortbildungsreihe wurden Methoden eingesetzt bzw. Inhalte besprochen, über die anschließend reflektiert wurde und die Lehrenden zum Nachdenken über bestimmte Aspekte des eigenen Handelns im Unterricht angeregt wurden. Die Teilnahme an verschiedenen Sitzungen dieser Fortbildungsreihe hat es ermöglicht, dass Lehrende die während des Interventionsprozesses aufgetretenen Schwierigkeiten zur Diskussion stellen und bei deren Überwindung Unterstützung von Kollegen bekommen konnten.

Forschungsergebnisse zur Forschungsfrage (2.2.): Zur Förderung lebendigen Lernens im DaF-Unterricht wurde im durchgeführten Aktionsforschungsprozess darauf geachtet, das Unterrichtsklima lernförderlich zu gestalten, indem sowohl die Qualität der Lehrer-Schüler-Beziehung verbessert und den Unterrichtsbeteiligten Wertschätzung entgegengebracht wurde (vgl. Kap. 11.1, Kap. 11.2). Dadurch konnten Frustrationen, Demütigungen und Angst der Lernenden vor der Lehrperson vermieden werden, sodass allmählich Vertrauen in der Lehrer-Schüler-Interaktion entstehen konnte. Des Weiteren wurden transparente und verbindliche Umgangsregeln der Zusammenarbeit im Unterricht zugrunde gelegt. Damit sich Lernende darauf einlassen, der Lehrperson Rückmeldungen im Unterricht zu geben, wurden Fehler als inhärente Bestandteile des Lehr-Lern-Prozesses angesehen, die sich durch konstruktives Feedback verbessern lassen. Da die Planung und Aufbereitung von schriftlichem Feedback im Großgruppenunterricht zeit- und ressourcenaufwendig sind und folglich auf manche Lehrkräfte abschreckend wirken, wurde die mündliche Realisierung von Schüler*innen-Feedback als eine große Chance für die Weiterentwicklung des Großgruppenunterrichts wahrgenommen.

Im Rahmen der vorliegenden Studie wurde ein *Vier-Schritt-Modell zur Implementierung vom mündlichen Schüler*innen-Feedback* im DaF-Unterricht entworfen und erprobt (vgl. Abb. 26): (1) Das Vertrauen im Unterricht schaffen bzw. fördern; (2) durch kooperative Methoden die aktive Beteiligung der Lernenden am Lehr-Lern-Prozess ermöglichen; (3) Feedbackarbeit vorbereiten, indem einerseits die Relevanz von Feedback sowie die Umgangsregeln für konstruktives Feedback besprochen werden, andererseits Lehrende regelmäßig mündliche Rückmeldungen an die Lernenden im Unterricht geben; (4) mündliches Feedback einfordern, wobei Schüler*innen in Kleingruppen ihre Rückmeldungen zu einem bestimmten Aspekt des Unterrichts besprechen und dann die Ergebnisse der Gruppenarbeit im Plenum präsentieren.

Die Implementierung dieses Modells im DaF-Unterricht hat gezeigt, dass mündliches Schüler*innen-Feedback den folgenden Vorteil bietet: Es lässt sich nicht zwangsläufig auf den ganzen Unterricht beziehen, sondern es kann auf eine gegebene Unterrichtssequenz – z.B. Unterrichtseinstieg, Textarbeit, Grammatikbesprechung, Hausaufgabenkorrektur, etc. – Bezug nehmen, sodass die Lehrkraft daraus lernt, die betroffene Unterrichtssequenz künftig besser zu handhaben.

Forschungsergebnisse zur Forschungsfrage (2.3.): Im durchgeführten Aktionsforschungsprojekt wurde festgestellt, dass die Implementierung des lebendigen Lernens und insbesondere vom mündlichen Schüler*innen-Feedback positive Auswirkungen auf die Lernenden und die Prozessqualität des Unterrichts hatte. Aus Sicht der Schüler*innen der drei DaF-Klassen (Teilstudie 2) wurde der Deutschunterricht infolge der implementierten

Veränderungsmaßnahmen insofern interessanter, als dass ihre aktive Teilnahme an der Bearbeitung des Lerngegenstands und an der Mitgestaltung des Lehr-Lern-Prozesses zunehmend gefördert wurde. Die Tatsache, dass auf Einschüchterungen durch Strafen verzichtet wurde und Umgangsregeln übereinstimmend von allen Unterrichtsbeteiligten festgehalten wurden, trug dazu bei, dass die Lernenden disziplinierter wurden und den Unterricht weniger störten. Weil die Lehrperson durch ihre Verhaltensweisen Vertrauen erweckte und den Lernenden Wertschätzung entgegenbrachte, verbesserte sich das Unterrichtsklima und insbesondere die Lehrer-Schüler-Beziehung. Unter diesen Umständen entwickelten viele Schüler*innen eine positive Einstellung zum Deutschunterricht und zur DaF-Lehrkraft. Aus diesen Erläuterungen ist festzustellen, dass die Interventionen die Qualitätsmerkmale der Klassenführung, der konstruktiven Unterstützung und der Schüler*innen-Aktivierung positiv beeinflusst haben.

Die Implementierung der Interventionsmaßnahmen hat gezeigt, dass sich die Rollenvorstellungen der teilnehmenden Lehrpersonen hin zum *Facilitator* verändert haben (vgl. Abb. 27). Dieses Muster kennzeichnet sich durch folgende Merkmale:

1) *Ausgangslage*: Besonders wichtig für die Lehrpersonen ist, das Wohlbefinden der Unterrichtsbeteiligten im Lehr-Lern-Prozess zu fördern, damit die Lernenden möglichst motiviert und aktiv am Lernen teilnehmen.

2) *Auffassung der eigenen Rolle als Lernbegleiter*in:* In der Rolle des*er Lernbegleiter*in schafft die Lehrperson Gelegenheiten, um so den Lernprozess zu unterstützen. Gefördert wird die aktive Beteiligung der Schüler*innen aktiv an der Mitgestaltung und Durchführung des Lehr-Lern-Prozesses.

3) *Lernförderliche Gestaltung des Lehr-Lern-Prozesses:* Die Umgangsregeln werden kooperativ durch alle Unterrichtsbeteiligten erarbeitet und regelmäßig werden kooperative Lernmethoden eingesetzt. Wertschätzung und Empathie liegen der Lehrer-Schüler-Interaktion zugrunde, sodass das Unterrichtsklima lernförderlich ist. Außerdem regt konstruktives Feedback (Lehrer*innen- und Schüler*innen-Feedback) zur Reflexion über den Lehr-Lern-Prozess und zur kontextsensitiven Unterrichtsentwicklung an. Des Weiteren werden Fehler als Lernanlässe angesehen.

4) *Folgen:* Die Lehrperson wird als Motivierende angesehen und die Unterrichtsbeteiligten entwickeln eine positive Einstellung zum Deutschunterricht. Das führt zur größeren Lernbereitschaft der Schüler*innen und dazu, dass Lehrende und Lernenden vermehrt Spaß am Lehr-Lern-Prozess haben.

Ausgangslage	Auffassung der eigenen Rolle als Lernbegleiter*in	Lernförderliche Gestaltung des Lehr-Lern-Prozesses	Folgen
• Priorisierung des Wohlbefindens der Unterrichtsbeteiligten • Fokus: Balance zwischen Lerngegenstand („ES" im TZI-Modell), individuellen Bedürfnissen der einzelnen Unterrichtsbeteiligten („ICH" im TZI-Modell) und deren kollektive Anforderungen als Gruppe („WIR" im TZI-Modell) • Hauptziel: Die Schüler*innen sollen möglichst motiviert und aktiv am Lehr-Lern-Prozess teilnehmen	• Lehrperson ... • schafft Lerngelegenheiten • betreut den Lehr-Lern-Prozess • Lernende als aktive Mitgestalter*innen des Lehr-Lern-Prozesses • Lehrerzentrierter und schülerorientierter Unterricht	• Kooperative Erarbeitung der Umgangsregeln • Regelmäßiger Einsatz kooperativer Lernmethoden • Förderung des Wohlbefindens der Lernenden • Wertschätzender und empathischer Umgang miteinander • positive Fehler- und Feedbackkultur • Konstruktives Feedbacks (Lehrer*innen- und Schüler*innen-Feedback) • Förderung einer Reflexion über den Lehr-Lern-Prozess	• Lehrperson als Motivierende angesehen • Positive Einstellung der Unterrichtsbeteiligten zum Unterricht • größere Lernbereitschaft der Schüler*innen • Spaß im Deutschunterricht

Abb. 27: Muster der Rollenvorstellung als Facilitator

12.2. Schlussfolgerungen

Aus der vorliegenden Studie lassen sich zahlreiche Schlussfolgerungen für die Unterrichtsforschung, die Großgruppendidaktik, die Aus- und Fortbildung von DaF-Lehrkräften sowie den DaF-Unterricht ziehen.

12.2.1. Schlussfolgerung für die Unterrichtsforschung

Die Auseinandersetzung mit der Fragestellung, wie DaF-Lehrende ihre eigene Lehrer*innen-Rolle verstehen und wie sich dies auf die Lernenden und die Prozessqualität des kamerunischen DaF-Unterrichts auswirkt, ermöglicht eine Einsicht, inwiefern DaF-Lehrkräfte durch die Art ihrer Interaktion mit den Lernenden den Lehr-Lern-Prozess entweder begünstigen oder beeinträchtigen. Anstatt sich darauf zu beschränken, über die Lösungsvorschläge herausgefundener Probleme zu spekulieren, wurde in der vorliegenden Untersuchung auch die Frage aufgegriffen, inwiefern zentrale Aspekte des Lehrer*innen-Handelns verändert werden können und welche Auswirkungen sich dann für die Lernenden und die Unterrichtsqualität ergeben. Ein solcher Ansatz, bei dem Praktiker*innen im Rahmen der alltäglichen Praxis dabei unterstützt werden, die eigene Praxis zu verbessern – was als Aktionsforschung bezeichnet wird – bietet den Vorteil, dass Lösungsvorschläge allmählich unter Berücksichtigung der Rahmenbedingungen des DaF-Unterrichts entwickelt werden. Ferner lernt die Lehrperson dabei, wie sie ihre Lehre an die Lerngruppe anpassen könnte, sodass Lehrende und Lernende als Partner*innen der Unterrichtsentwicklung erscheinen.

Gerade für den kamerunischen DaF-Unterricht, der bisher wenig erforscht wurde, ist die Aktionsforschung ein sehr gewinnbringender Ansatz. Für die Aus- und Fortbildung kamerunischer DaF-Lehrkräfte wird bisher meistens auf Forschungserkenntnisse aus Unterrichtskontexten mit ganz anderen Rahmenbedingungen zurückgegriffen. Die Umsetzung solcher Erkenntnisse im kamerunischen Kontext bedarf generell eine Anpassung, was erfahrungsgemäß zahlreichen DaF-Lehrenden nicht gelingt. Wenn kamerunische Lehrende dazu befähigt werden, ihre eigene Praxis zu erforschen, ist die Wahrscheinlichkeit groß, dass sie jene Forschungserkenntnisse, die beispielsweise für die Fremdsprachendidaktik in deutschsprachigen Ländern gewonnen wurden, im kamerunischen DaF-Unterricht effektiv anpassen. Des Weiteren ermöglicht eine regelmäßige Durchführung von Aktionsforschungsprojekten die Gewinnung kontextsensitiver Erkenntnisse, die allmählich in die Aus- und Fortbildung kamerunischer DaF-Lehrkräfte integriert werden können.

Angesichts der niedrigen Löhne ist für viele kamerunische Lehrkräfte die Ausübung einer zweiten Erwerbstätigkeit – neben der Lehrer*innen-Arbeit – notwendig, um für die vergleichsweise hohen Unterhaltskosten aufzukommen. Der hohe Aufwand von Aktionsforschungsprojekten kann daher deren Durchführung im kamerunischen DaF-Unterricht im Wege stehen. Die positiven Erfahrungen der Lehrkräfte, die sich an der Lehrer*innen-Fortbildungsreihe der Teilstudie 2 (vgl. Kap. 7.2.2.2.3) beteiligt haben, zeigen jedoch, dass dieser Aufwand trotz der schlechten Rahmenbedingungen des kamerunischen DaF-Unterrichts überwunden werden kann. Dafür wären folgende Empfehlungen wichtig: (1) Den Gegenstand des Aktionsforschungsprojekts genau bestimmen, indem ein konkretes Phänomen bzw. Problem aus dem Unterrichtsalltag identifiziert wird (z.B. *Meine Schüler*innen beteiligen sich nicht aktiv am Lehr-Lern-Prozess*); (2) die genauen Erscheinungsformen des zu untersuchenden Phänomens identifizieren (z.B. *Meine Schüler*innen melden sich nicht gern zu Wort; sie lesen nicht gern vor; sie gehen nicht gern an die Tafel, wenn sie dazu aufgefordert sind, etc.*); (3) sich zuerst nur mit einem einzigen Aspekt des zu untersuchten Problems auseinandersetzen (z.B. *Meine Schüler*innen melden sich nicht gern zu Wort*); (4) über das eigene Handeln im Unterricht reflektieren und eventuell herausfinden, ob bzw. inwiefern die Lehrperson zur Entstehung dieses Problems in konkreten Unterrichtssituationen beiträgt; (5) nötige

Veränderungen an der eigenen Haltung bzw. am eigenen Handeln allmählich herbeiführen; (6) durch die eigene Haltung und das eigene Handeln Vertrauen einflößen; (7) mit den Lernenden über das untersuchte Phänomen austauschen und ihre Perspektive darüber erkunden; (8) bei der Planung und Durchführung des Unterrichts das untersuchte Phänomen im Blick behalten und Lösungsvorschläge kleinschrittig erproben und dann darüber reflektieren; (9) erst nach zufriedenstellenden Ergebnissen des Veränderungsprozesses auf einen weiteren Aspekt des untersuchten Phänomens eingehen (z.B. *Meine Schüler*innen lesen nicht gern vor*); (10) die gesammelten Erfahrungen mit anderen Lehrkräften im Kollegium oder bei Lehr*innen-Fortbildungen teilen.

So wird die Aktionsforschung nicht als zusätzliche Belastung angesehen, die neben dem Unterrichten durchzuführen ist, sondern als integraler Bestandteil des Unterrichtens, der der Planung, Auswahl und Durchführung der unterrichtlichen Aktivitäten zugrunde liegt.

Eine weitere Besonderheit der vorliegenden Studie hängt mit der Art der Beziehungen zwischen dem Forschenden und den Forschungsteilnehmenden zusammen. Die Teilstudie 1 fand an einer Schule statt, an der der Verfasser damals als DaF-Lehrer tätig war: Für die Lernenden, die sich an der Forschung beteiligt haben, war er nicht nur ein Forschender, sondern vor allem zuerst Lehrer, der auf ihre Schullaufbahn Einfluss nehmen konnte. Darüber hinaus wurde er als Kollege ihrer damaligen DaF-Lehrenden angesehen; es bestand also aufseiten der Lernenden die Angst, dass ihre Aussagen an die Lehrperson weitergegeben werden und dies negative Konsequenzen für sie hervorrufen könnte. Aus forschungsethischen Gründen ist bei solchen Untersuchungen darauf zu achten, dass die Forschung zu keinen negativen Konsequenzen für die Forschungsteilnehmenden führt. Daher wurde bei der mündlichen Befragung darauf verzichtet, Personennamen zu erwähnen. In den beiden Teilstudien wurde darauf geachtet, dass die jeweiligen Lehrenden weder an den Gruppendiskussionen mit den Lernenden teilnehmen noch Zugang zu den Aufnahmen bekommen. Bei der Weitergabe von Informationen aus den Gruppendiskussionen wurden sämtliche Aussagen so formuliert, dass Rückschlüsse auf einzelne Lernende nicht möglich waren.

Sowohl die ersten Unterrichtsbeobachtungen als auch die Befragungen der Unterrichtsbeteiligten haben Einsicht in verbesserungswürdige Aspekte des Unterrichts ermöglicht. Während des Aktionsforschungsprozesses wurden Verbesserungsvorschläge sowohl bei den informellen Gesprächen mit den jeweiligen DaF-Lehrkräften als auch bei den verschiedenen Sitzungen der durchgeführten Fortbildungsreihe unterbreitet. Dabei wurde die Erfahrung gemacht, dass manche Lehrkräfte frustriert reagieren können, wenn sie im

Forschungsprozess – insbesondere in informellen Gesprächen – bestimmte negative Rückmeldungen erhalten. Dies kann sich negativ auf ihre Beziehung zum Forschenden auswirken und deren Beteiligung am weiteren Forschungsprozess beeinträchtigen, was aus forschungsethischen Gründen nicht vertretbar ist. Die Durchführung von Lehrer*innen-Fortbildungsseminaren bietet den Vorteil, dass die aus dem Forschungsfeld beobachteten Probleme des DaF-Unterrichts ohne Bezug auf eine gegebene Unterrichtsstunde bzw. eine gegebene Lehrperson zur Diskussion gestellt werden können. Durch den Austausch mit DaF-Lehrkräften aus unterschiedlichen Schulen kann auf Augenhöhe über bestimmte Phänomene aus dem Forschungsfeld als allgemeine Angelegenheiten des kamerunischen DaF-Unterrichts reflektiert werden. Dabei können Wege zur Verbesserung der Sachlage gemeinsam erarbeitet werden, ohne dass sich die Forschungsteilnehmenden von Kollegen belehrt fühlen. Dieser Ansatz empfiehlt sich also für die Unterrichtsforschung in den Kontexten, wo der/die Forschende und die Forschungsteilnehmenden die gleiche berufliche Qualifikation besitzen oder am gleichen Arbeitsort tätig sind und bestimmte Vorschläge zur Verbesserung der Praxis missinterpretiert werden können.

12.2.2. Schlussfolgerungen für die Lehrer*innen-Aus- und -Fortbildung

Die Forschung an den Rollenvorstellungen von Lehrenden hat gezeigt, dass das Handeln der Lehrkräfte im Unterricht hauptsächlich davon abhängt, wie sie ihre Lehrer*innen-Rolle verstehen. Es wurde festgestellt, dass die Selbstwahrnehmung als *Fachperson* und *Autorität* – also als Wissensvermittler*in, alleinige Entscheidungstragende, alleinige Organisator*in des Lehr-Lern-Prozesses und alleinige Richtungsweisende – zu beträchtlichen Problemen im DaF-Unterricht führt. Des Weiteren wurde die Erkenntnis gewonnen, dass die Vorstellung der eigenen Lehrer*innen-Rolle als *Facilitator* zu Haltungen und Handlungen führen, die sich sowohl auf die Lernenden als auch auf die Prozessqualität des DaF-Unterrichts positiv auswirken. Dieses Forschungsergebnis ist als wichtiges Argument dafür zu betrachten, dass die Natur der Interaktion im Fremdsprachenunterricht für den Lehr- und Lernerfolg des Unterrichts entscheidend ist (Edmondson und House 2011: 333) und dass die Art dieser Interaktion stark von der Gestaltung der Beziehungen zwischen der Lehrperson und den Lernenden abhängt (ebd., S. 261). Daraus lässt sich schlussfolgern, dass die kritische Auseinandersetzung mit der Frage nach der Gestaltung der Lehrer-Schüler-Interaktion bei der Ausbildung von DaF-Lehrkräften fokussiert werden muss. Noch wichtiger ist, dass sich angehende DaF-Lehrende intensiv damit beschäftigen sollten, wie sie ihre (zukünftige) Lehrer*innen-Rolle verstehen (sollen), um ihre Beziehungen zu bzw. ihre Interaktionen mit ihren Lernenden lern- und motivationsförderlich zu gestalten.

Weitere wichtige Erkenntnisse konnten aus den von den Lehrenden entworfenen und im Unterricht implementierten Interventionsmaßnahmen gewonnen werden. Durch die Reflexion über das eigene Handeln konnte Einsicht in dessen Auswirkungen auf die Lernenden gewonnen und Verbesserungsmaßnahmen allmählich vorgenommen werden. Daraus lässt sich die Notwendigkeit ableiten, über die Entwicklung jener Lehrkompetenzen hinaus, die Hallet (2006) als „unterrichtsbezogene Kompetenzen im engeren Sinne" bezeichnet, auch „übergreifende pädagogische und didaktische Kompetenzen" (ebd.) in der Ausbildung von DaF-Lehrenden stärker zu fokussieren: (1) erzieherische Kompetenz, (2) personale und soziale Kompetenzen, (3) Planungs- und Managementkompetenz und (4) Entwicklungskompetenz. Vor allem durch die Förderung der Entwicklungskompetenz können zukünftige und aktuell tätige Lehrkräfte dazu befähigt werden, zur Entstehung bzw. Beibehaltung qualitätsvoller Lehr-Lern-Prozesse im eigenen DaF-Unterricht beizutragen. Eine Voraussetzung dafür wäre jedoch aus meiner Sicht, dass (angehende und bereits tätige) Lehrpersonen effektiv lernen, über sich, ihre eigene Handlung und Haltung sowie das Umfeld des eigenen Unterrichts zu reflektieren. Wichtig wäre auch zu lernen, wie die eigenen Schüler*innen in diesen Reflexionsprozess einbezogen werden können. Hilfreich sind hierfür Erkenntnisse zum Schüler*innen-Feedback und insbesondere das in der vorliegenden Studie entwickelte Vier-Schritt-Modell zum Einfordern mündlich realisierten Schüler*innen-Feedbacks im DaF-Unterricht.

In Bezug auf das Format der Fortbildungsangebote für Lehrkräfte wurde an dem Beispiel von Herrn Fetba festgestellt, dass die Beteiligung an einem eintägigen Fortbildungsseminar für die nachhaltige Veränderung der eigenen Praxis im Unterricht nicht ausreicht. Trotz Herrn Fetbas Willen, nach seiner Teilnahme an der Lehrer*innen-Fortbildung zum Thema „Lehrer*innen-Rolle im DaF-Unterricht" mündliches Feedback von seinen Lernenden einzufordern, ist es ihm nicht gelungen, Rückmeldungen zu veränderungswürdigen Aspekten seines Handelns zu bekommen. Aber während der Teilstudie 2 haben auch jene Lehrkräfte, die genauso wie Herr Fetba von ihren Schüler*innen als angsteinflößende und frustrationserzeugende Autorität wahrgenommen wurden, ihre Lernenden dazu gebracht, zum Ausdruck zu bringen, was aus ihrer Sicht am DaF-Unterricht und an der Haltung der Lehrenden zu verbessern war. Ein Rückblick auf die Gestaltung der Teilstudie 2 lässt folgende Beobachtungen anstellen: (1) Zuerst wurden durch die mündliche Befragung der

Unterrichtsbeteiligten und die nicht teilnehmenden Unterrichtsbeobachtungen Einsicht in den bestehenden Verlauf des Unterrichts gewonnen; (2) weiterhin wurde eine Lehrer*innen-Fortbildungsreihe bestehend aus drei Sitzungen durchgeführt, bei denen Lehrende zur Auseinandersetzung mit Problemen aus dem eigenen Unterricht angeregt wurden; (3) anschließend wurden informelle Gespräche zur Reflexion über beobachtete Unterrichtsstunden durchgeführt. Daraus lässt sich die Schlussfolgerung ziehen, dass eine intensive Begleitung von tätigen Lehrenden nötig ist, damit sie ihre eigene Praxis effektiv verändern. Neben kollegialen Unterrichtsbeobachtungen und anschließenden Nachbereitungsgesprächen ist die Durchführung von Fortbildungsreihen zu zusammenhängenden Thematiken zu empfehlen. Dadurch können DaF-Lehrende Rückmeldungen zu ihrem eigenen Handeln bekommen, Probleme aus der Praxis zur Diskussion stellen und den Veränderungsprozess der eigenen Praxis nachjustieren. Daher ist die Praxisveränderung als ein langfristiger Prozess zu betrachten, für dessen Erfolg sowohl die Kooperation mit verschiedenen Akteuren des DaF-Unterrichts – Lernenden, Kollegen und weiteren Akteuren – als auch eine intensive Begleitung des Lehr-Lern-Prozesses notwendig sind.

12.2.3. Schlussfolgerungen für den Großgruppenunterricht

Zentral für die vorliegende Studie war der Entwurf und die Implementierung von Verbesserungsmaßnahmen im Großgruppenunterricht. Aufgrund der Beobachtung, dass der DaF-Unterricht besonders lehrerzentriert war, wurde danach gestrebt, die aktive Beteiligung der Lernenden im Großgruppenunterricht zu fördern. Nach Angaben der forschungsteilnehmenden Lehrkräfte liegt das Problem in der Angst vor Kontrollverlust und Disziplinproblemen.

Während der Durchführung des Aktionsforschungsprojektes wurde die Schüler*innen-Aktivität durch kooperative Lernmethoden – insbesondere die Think-Pair-Share-Methode – gefördert. Es wurde die Erfahrung gemacht, dass die Phase des Denkens, bei denen sich jeder Schüler/jede Schülerin mit der Lernaufgabe individuell beschäftigt, besonders wichtig ist. Der darauffolgende Austausch mit Tischnachbar*innen ermöglicht eine Wertschätzung dessen, was sich alle Lernenden in der Phase des Denkens notiert haben. Dadurch können sie auch herausfinden, ob sie die Lernaufgaben unterschiedlich bzw. gleich verstanden haben. Je nach der Art der Lernaufgabe können die Lernenden beim Austausch mit Mitschüler*innen Rückmeldungen voneinander bekommen und sich gegenseitig verbessern. Die Phase der Besprechung im Plenum ergänzt den Austausch der vorigen Arbeitsphase. Dabei kann die Lehrperson eine andere Perspektive in die Bearbeitung der Lernaufgabe einbringen, indem sie einige Schüler*innen zu Wort kommen lässt, Rückmeldungen zu deren Lösungsbeiträgen gibt und auf Fragen der Lernenden eingeht. Auf der Grundlage der Erfahrungen, die die forschungsteilnehmenden Lehrenden gemacht haben, empfiehlt sich, dass DaF-Lehrkräfte, die in großen Klassen unterrichten, die Think-Pair-Share-Methode regelmäßig einsetzen, beispielsweise zur Einführung neuer Themen, zur Besprechung von Textaufgaben oder auch zur Bearbeitung von Wortschatz- und Grammatikaufgaben.

Darüber hinaus wurde die Schüleraktivierung im Aktionsforschungsprozess durch Gruppenarbeit gefördert. Zur Lösung bestimmter Aufgaben in Kleingruppen wurde darauf geachtet, dass jedes Gruppenmitglied eine besondere Aufgabe übernimmt. Dass jede*r für etwas Besonderes verantwortlich gemacht wurde, hat nachweislich dazu geführt, dass die Gruppenarbeit im Großen und Ganzen gut gelaufen ist und dass sich die Einstellungen der Lernenden zum Deutschunterricht verbessert haben. Für eine erfolgreiche Durchführung von Gruppenarbeit in Großgruppen sollen Rollen in den jeweiligen Gruppen verteilt werden. Es ist wichtig, dass jeder Schüler/jede Schülerin für etwas Besonderes verantwortlich gemacht wird: Gruppensprecher*in, Moderator*in, Protokollführer*in, Zeit- und Lautstärkewächter*in, etc. Von der Lehrperson ist zu erwarten, dass ausreichend Zeit in der Anfangsphase investiert wird, damit die Lernenden diese Arbeitsmethode kennenlernen und auch üben, sodass sie routiniert zur Bearbeitung von Aufgaben im Unterricht eingesetzt werden kann. Es ist aufseiten der Lehrpersonen mit viel Lärm zu rechnen, der lediglich dadurch überwunden werden kann, dass einige Schüler*innen – in der Rolle von Lautsprecherwächter*in – in die Förderung der Disziplin einbezogen werden.

Aus den oben beschriebenen Betrachtungen lässt sich schlussfolgern, dass die bisherigen Erkenntnisse zu den methodischen Prinzipien eines qualitätsvollen Fremdsprachenunterrichts in der vorliegenden Untersuchung bestätigt werden (vgl. Loo 2007; 2012): Prinzipien (1) der Schüleraktivierung, (2) der Kooperation und (3) der Berücksichtigung und Nutzung der Vielfalt (vgl. Kap. 4.2.2). Ein wichtiges Ergebnis der vorliegenden Studie hängt außerdem mit den Aussagen zusammen, die über die Voraussetzung für die erfolgreiche Umsetzung dieser methodischen Prinzipien im Großgruppenunterricht getroffen wurden: Aus der Auseinandersetzung mit den Qualitätsmerkmalen der Klassenführung, der konstruktiven Unterstützung und der Schüleraktivierung ist zu entnehmen, dass die Wertschätzung grundlegend für die Unterrichtsqualität ist. Mit Blick auf die Ergebnisse der vorliegenden Untersuchung ist festzuhalten, dass die Schüleraktivierung ohne Wertschätzung der Unterrichtsbeteiligten nicht funktioniert. Die Schüler*innen können sich leichter auf die aktive Beteiligung am Lehr-Lern-Prozess einlassen, wenn ihnen Respekt, Anerkennung, Interesse, Freundlichkeit, Zugewandtheit und Aufmerksamkeit entgegengebracht werden. Wer seine Schüler*innen als Menschen mit eigenen Bedürfnissen, Wünschen, Schwächen und Stärken ansieht, nimmt im Unterricht eine Haltung ein, die Vertrauen erweckt, Spaß am Unterricht fördert und die Bereitschaft der Lernenden zur aktiven Mitgestaltung des Lehr-Lern-Prozesses vergrößert. Die gute Qualität der Lehrer-Schüler-Beziehung, die sich dann daraus ergibt, trägt zur Motivierung der Lernenden bei sowie zur Bereitschaft, mit der Lehrperson und mit Mitschüler*innen konstruktiv zusammenzuarbeiten. Für den Unterricht in Großgruppen stellt sich der wertschätzende Umgang miteinander als wichtiges Erfolgsrezept dar.

12.2.4. Schlussfolgerungen für den DaF-Unterricht

Die vorliegende Untersuchung betont die Relevanz der Lehrkraft als einer der wichtigsten Einflussfaktoren im DaF-Unterricht. Es wurde auf der Grundlage erhobener Daten aufgezeigt, dass die Art und Weise, wie sich Lehrende die eigene Lehrer*innen-Rolle vorstellen und mit ihren Lernenden im DaF-Unterricht umgehen, einen beträchtlichen Einfluss auf die Schüler*innen, die Lehrer-Schüler-Beziehung und die Prozessqualität des Unterrichts nimmt. Eine wichtige Erkenntnis dieser Studie ist, dass DaF-Lehrkräfte, die sich die eigene Lehrer*innen-Rolle vor allem als *Fachmann* bzw. *Fachfrau* und *Autorität* vorstellen, dazu neigen, den Fokus ihres Unterrichts auf die vollständige Bearbeitung des Lehrplans zu legen und dem Wohlbefinden der Lernenden im Lehr-Lern-Prozess kaum Beachtung zu schenken. Für solche Lehrende scheint also der Lerngegenstand – im TZI-Modell als *Es* angesehen – die erste Priorität zu sein, sodass auf Abschreckungsmaßnahmen zurückgegriffen wird, wenn die Arbeit an den Lerninhalten – dem *Es* – gefährdet wird. Dadurch, dass das autoritäre Handeln dieser Lehrpersonen einen Kreislauf der Demotivation für Lehrende und Lernende im DaF-Unterricht auslöst, ist ausdrücklich zu empfehlen, dass DaF-Lehrende ständig über die eigenen Rollenvorstellungen, das eigene Handeln reflektieren, sowie darüber, wie sich diese auf die Lernenden und den Lehr-Lern-Prozess auswirken. Daraus können wichtige Schlüsse gezogen werden, die zur Verbesserung der Prozessqualität des DaF-Unterrichts beitragen. Von den DaF-Lehrkräften ist zu erwarten, dass folgende Faktoren bei der Planung und Durchführung des Lehr-Lern-Prozesses gleichgewichtig wertgeschätzt werden: (1) die Bearbeitung des Lerngegenstands, (1) die Berücksichtigung des Wohlbefindens einzelner Unterrichtsbeteiligten und (3) die Förderung des Gruppenzusammenhalts (Lehrer-Schüler- bzw.

Schüler-Schüler-Zusammenhalt). Die Einsicht, dass Lehrende durch ihren Umgang mit den Lernenden entweder deren Motivation fördern oder beeinträchtigen können, weist auf die Relevanz der Wertschätzung und der Förderung guter Lehrer-Schüler-Beziehung als wichtige Voraussetzungen für den Lernerfolg hin.

In der vorliegenden Studie wurde ein Modell entworfen, um mündlich realisiertes Schüler*innen-Feedback im DaF-Unterricht einzufordern. Es wurde einerseits aufgezeigt, dass ein vertrauensvolles Unterrichtsklima von großer Bedeutung ist, damit sich die Lernenden darauf einlassen, die eigenen Meinungen und Wünsche im Lehr-Lern-Prozess zum Ausdruck zu bringen. Anderseits wurde hervorgehoben, dass Rückmeldungen der Lernenden an die Lehrperson für alle Unterrichtsbeteiligten gewinnbringend sind. Während die Lernenden dadurch bei der Gestaltung des Unterrichts aktiv mitmachen und sich ernstgenommen fühlen, können die Lehrenden einen wertvollen Einblick in die Wahrnehmung der Lernenden in Bezug auf ihr Handeln gewinnen und wie sie die eigene Leistung als Lehrkraft verbessern können. In diesem Sinne sind die Lernenden nicht mehr nur als Wissensempfänger*innen anzusehen, sondern gelten für DaF-Lehrkräfte als wichtige Partner*innen der Unterrichtsentwicklung. Daher wird mit Nachdruck empfohlen, dass DaF-Lehrende regelmäßig Rückmeldungen von ihren Lernenden einfordern. Für den DaF-Unterricht ist zu wünschen, dass Reflexionssequenzen, in denen Lehrende und Lernende über den Lehr-Lern-Prozess wertschätzend reflektieren und daraus lernförderliche Schlüsse ziehen, zum Bestandteil des Lehrens und Lernens von Deutsch als Fremdsprache gemacht werden.

Ein wichtiges Ergebnis der vorliegenden Untersuchung ist, dass es für alle Unterrichtsbeteiligten gewinnbringend ist, wenn Lehrende die eigene Lehrer*innen-Rolle als *Facilitator* ansehen. Darunter ist zu verstehen, dass (1) DaF-Lehrkräfte mit Lernenden wertschätzend umgehen, (2) sie aktiv in die Bearbeitung des Lerngegenstands und in die Mitgestaltung des Lehr-Lern-Prozesses einbeziehen, sowie (3) Spaß beim Lernen und Lehren fördern. Es geht um Lehrpersonen, die um das Wohlbefinden der Lernenden besorgt sind, ihr Lehren an dem Lernen ihrer Schüler*innen orientieren und Interesse daran haben, dass ihre Lernenden Gefallen am Lehr-Lern-Prozess finden. Vor allem für DaF-Lehrende, die in einem Kontext arbeiten, wo Deutsch als Wahlpflichtfach gelernt wird und viele Schüler*innen keine intrinsische Motivation zum Deutschlernen haben, empfiehlt es sich, viel mehr an das Wohlbefinden der Lernenden zu denken – und entsprechende Lerngelegenheiten zu schaffen – als an die Prüfungen, die zwar für die berufliche Zukunft der Lernenden wichtig sind, aber nicht als oberstes Ziel des DaF-Unterrichts gelten dürfen. Es ist davon auszugehen – angesichts der Erkenntnisse der Motivationsforschung im DaF-Unterricht –, dass die Bereitschaft der Lernenden, beim Lernen mehr Anstrengungen zu investieren, größer wird, wenn sie eine positive Einstellung zum Deutschunterricht und zur Deutschlehrkraft haben.

Des Weiteren hat die vorliegende Studie auf eine besondere Form von Angst im DaF-Unterricht aufmerksam gemacht. Generell wird Angst im Fremdsprachenunterricht im Zusammenhang mit der Lehrer-Schüler- bzw. Schüler-Schüler-Interaktion oder mit der Interaktion der Lernenden mit dem Lerngegenstand untersucht (vgl. z.b. Gardner 1985; Horwitz 2010; MacIntyre 1995; MacIntyre und Gardner 1989; Nerlicki und Riemer 2012). Daraus geht hervor, „dass die Fremdsprachenängste situationsspezifischer und sozialer Natur sind" (Nerlicki und Riemer 2012: 89; vgl. MacIntyre 1995). In diesem Sinne spricht man beispielsweise von Angst, die manche Schüler*innen daran hindern, die Fremdsprache zu sprechen – also die Angst vor Fehlern und deren Konsequenzen im Lehr-Lern-Prozess (z.b. die Angst, von Gesprächspartner*innen ausgelacht zu werden). Zentral in der vorliegenden Untersuchung ist die Angst vor der Lehrperson – also die Angst vor drakonischen Strafen und vor stigmatisierenden Beschimpfungen. Eine solche Angst belastet den DaF-Unterricht vor allem in Schulkontexten, wo die Lernenden körperlichen Strafen ausgesetzt sind oder wo es keine gut funktionierenden rechtlichen und gesellschaftlichen Rahmen gibt, wo die Schüler*innen vor körperlichen und psychischen Übergriffen geschützt sind. Um dieses Phänomen besser erschließen und dagegen kämpfen zu können, ist eine ausführliche Untersuchung dieser Form von Angst notwendig. Damit hat sich Ulrich Achille Ngassam in seiner an der Universität Yaoundé I verfassten Dissertation zum Thema „*Angst beim Fremdsprachenlernen: Eine empirische Studie über den Faktor Angst im kamerunischen Deutschunterricht und Wege seiner Überwindung*" auseinandergesetzt. Für den DaF-Unterricht ist zu wünschen, dass Lehrende durch Selbst- und Fremdreflexion auf angsteinflößende Verhaltensweisen zugunsten vertrauenserweckender Haltung verzichten.

Eine weitere Erkenntnis, die bei der Durchführung des vorliegenden Aktionsforschungsprojektes gewonnen wurde, ist, dass die Förderung *lebendigen Lernens* im DaF-Unterricht wichtige Voraussetzungen für besseren Lehr- und Lernerfolg schafft. Wenn (a) die Klassenführung effektiv ist, (b) die Lernenden im Lehr-Lern-Prozess einerseits konstruktiv unterstützt werden und (c) andererseits aktiv an der Bearbeitung des Lerngegenstands und an der Unterrichtsgestaltung teilhaben, ist ihre Bereitschaft größer, motiviert am DaF-Unterricht teilzunehmen, was langfristig die Lernergebnisse der Schüler*innen positiv beeinflussen kann. Den Ergebnissen der L2-Motivationsforschung entsprechend hängen die L2-Lern-Ergebnisse sowohl mit der Lernanstrengung der Lernenden als auch mit deren weiteren individuellen Faktoren wie *aptitude* und Lernstils zusammen (Riemer 2006). Die Lernanstrengung ergibt sich aus einer Zusammenwirkung von positiven Einstellungen und Emotionen, die ihrerseits u.a. von Faktoren des Fremdsprachenunterrichts (z.B. Lehrer*innen-Persönlichkeit, Vorstellungen der Lehrperson über die eigene Lehrer*innen-Rolle, Gruppengröße, Rahmenbedingungen des DaF-Unterrichts etc.) abhängig sind (vgl. ebd.). Die vorliegende Untersuchung ergänzt demnach Erkenntnisse der L2-Motivationsforschung, nach denen der Unterrichtskontext (z.B. die Lehrperson, die Lerngruppe, die didaktisch-methodische Gestaltung des Unterrichts, etc.) zur Motivation der L2-Lernenden beiträgt (vgl. Riemer 2005; 2006). Durch die Auseinandersetzung mit den Vorstellungen der DaF-Lehrenden über die eigene Lehrer*innen-Rolle wird Einsicht darin ermöglicht, inwiefern Lehrkräfte durch die Art ihrer Interaktion mit den Lernenden sowie der Gestaltung des Lehr-Lern-Prozesses effektiv zur Motivierung bzw. Demotivierung von DaF-Lernenden beitragen.

Für eine wirkungsvolle Implementierung von Veränderungen in den forschungsbeteiligten DaF-Klassen war es entscheidend, dass Lehrende einerseits eine Haltung einnehmen, die Vertrauen einflößt und dass sie andererseits ihren Umgang mit den Lernenden verbessern. Daraus lässt sich folgendes Fazit ziehen: Wenn DaF-Lehrende ihren Unterricht effektiv verändern wollen, müssen sie sich erst einmal selbst verändern.

Die vorliegende Untersuchung leistet auch einen Beitrag zum Stellenwert des DaF-Unterrichts in den Schulcurricula von einem Land wie Kamerun, das weder eine geografische Nähe zu deutschsprachigen Ländern hat noch ein beliebtes Reiseziel deutschsprachiger Touristen ist. Für viele Schüler*innen – aber auch Lehrende – bleibt der schulische Deutschunterricht nichts anderes mehr als nur ein Wahlpflichtfach, bei dem wertvolle Punkte für den Erfolg bei nationalen Schulprüfungen gesammelt werden können. Aber angesichts der schlechten Leistungen vieler Deutschschüler*innen bei Deutschtests wird der Misserfolg vieler Lernender bei diesen nationalen Prüfungen meistens auf den Deutschunterricht zurückgeführt. Wenn Lehrende der Schaffung von Lerngelegenheiten im DaF-Unterricht die Förderung des Wohlbefindens der Lernenden und somit deren Spaß beim Lernen zugrunde legen, kann gehofft werden, dass sich die Schüler*innen mehr anstrengen und mittel- und langfristig die eigenen Leistungen verbessern. Dadurch, dass den Lernenden die Möglichkeit gegeben wird, Rückmeldungen über den Lehr-Lern-Prozess zu geben, wird deren Reflexionskompetenz entwickelt. So lernen die Schüler*innen zuerst, die eigenen Bedürfnisse, die eigenen Wünsche zu identifizieren und

Schlussfolgerungen 411

zu verbalisieren. Zudem wird gelernt, Prozesse, an denen sie beteiligt sind, kritisch zu betrachten und die eigene Meinung zum Ausdruck zu bringen. Die Tatsache, dass bei der Feedbackarbeit zum Nachdenken über verbesserungswürdige Aspekte des Unterrichts angeregt wird, geht mit der Förderung der Kritikfähigkeit einher, die auch die Fähigkeit beinhaltet, über Alternativen in einem laufenden Prozess nachzudenken.

Die Förderung der Reflexionskompetenz, die bisher eigenen Beobachtungen nach in Kamerun weder im DaF-Unterricht noch im Unterricht in den anderen Fächern explizit thematisiert wird, ist unumgänglich für die Demokratisierung und sozio-ökonomische Entwicklung afrikanischer Staaten. Grundlage für eine nachhaltige Entwicklung sowohl auf lokaler als auch auf nationaler Ebene ist die Fähigkeit der Bürger*innen, die eigenen Bedürfnisse zu erkennen, die eigenen Entwicklungsziele und Prioritäten zu setzen sowie die Fähigkeit, Handlungen auf der Grundlage einer kritischen Auseinandersetzung mit Alltagserfahrungen zu konzipieren und durchzuführen. Die Fähigkeit, sich mit dem eigenen Alltag, dem eigenen Leben kritisch auseinanderzusetzen, ist hilfreich, um Schwachstellen in laufenden Demokratisierungs- und Entwicklungsprozessen zu identifizieren und über deren Überwindung nachzudenken.

Weil Demokratie von Differenzen und Toleranz sowie von Meinungsverschiedenheiten lebt, ist es wichtig, dass kamerunische Jugendliche im Schulalltag lernen, mit Unterschieden friedlich und konstruktiv umzugehen. Durch Feedbackarbeit lernen die Schüler*innen einerseits, dass Meinungsunterschiede aus Mitmenschen (z.B. Mitschüler*innen und Lehrperson) – also Mitbürger*innen – keine Feinde machen, und andererseits konstruktive Kritik zur Verbesserung der eigenen Leistung sowie der der Lehrkräfte – genauso wie der Leistung der Regierenden – beitragen kann. Dadurch, dass Jugendliche ihren Lehrkräften konstruktive Rückmeldungen geben und sowohl positive als auch verbesserungswürdige Aspekte des Unterrichts ansprechen, lernen sie, die eigene Leistung und die Leistung der anderen Menschen wertzuschätzen. Es ist leider festzustellen, dass der Umgang mit Kritik und Meinungsverschiedenheit in Kamerun – und in vielen frankofonen Ländern Afrikas – nicht konstruktiv ist und zu zahlreichen sozio-politischen Krisen führt. Wenn Jugendliche durch Feedbackarbeit im DaF-Unterricht diese Reflexionskompetenz entwickeln, kann der DaF-Unterricht somit seinen bescheidenen Beitrag zur Bildung für nachhaltige Entwicklung in Kamerun leisten.

Der Begriff der Bildung für nachhaltige Entwicklung verweist auf eine Bildung, die die Entwicklung zukunftsorientierter Kompetenzen (Appelt und Siege 2016: 23) anstrebt, welche die Lernenden zur Reflexion über die eigenen Handlungen sowohl aus der lokalen als auch aus der globalen Perspektive anregen (UNESCO 2017). Es geht um eine Bildung, die die Schüler*innen befähigt, ihren Alltag mitzubestimmen und mitzugestalten, indem sie sich unter Berücksichtigung der Bedürfnisse der jetzigen und zukünftigen Generationen mit Problemen auseinandersetzen, die sich auf die vier Zieldimensionen nachhaltiger Entwicklung beziehen: soziale Gerechtigkeit, wirtschaftliche Leistungsfähigkeit, ökologische Verträglichkeit und demokratische Politikgestaltung (vgl. Schreiber und Siege 2016). Trotz unterschiedlicher Kompetenzansätze herrscht in der Literatur zur Bildung für nachhaltige Entwicklung Konsens darüber, welche Schlüsselkompetenzen Lernende entwickeln müssen, um zu nachhaltiger Entwicklung beitragen zu können (ESD Expert Net 2018: 12). Diese Schlüsselkompetenzen sind: (1) Die Kompetenz zum kritischen Denken, (2) die Kompetenz zum vernetzten Denken, (3) die Kompetenz zum vorausschauenden Denken, (4) die normative Kompetenz, (5) die Kompetenz zur integrierten Problemlösung, (6) die strategische Kompetenz, (7) die Kooperationskompetenz und (8) die Selbstkompetenz (UNESCO 2017: 10).

Die Entwicklung der Reflexionskompetenz durch die Feedbackarbeit im DaF-Unterricht entspricht der Entwicklung der Kompetenz zum kritischen Denken und der Selbstkompetenz. Wenn die Schüler*innen im DaF-Unterricht lernen, von Dritten Rückmeldungen zu bekommen oder einer anderen Person (z.B. Lehrperson) Feedback zu geben, wird ihre Fähigkeit aufgebaut, einerseits Normen, Praktiken und Meinungen sowohl in ihrem näheren Umfeld (im Unterricht, in der Schule, in der Familie, im Freundeskreis etc.) als auch auf einer nationalen und globalen Ebene zu hinterfragen, andererseits Werte, Wahrnehmungen und Handlungen zu reflektieren. Des Weiteren regt konstruktives Feedback zur Bewertung eigener Handlungen und zur Auseinandersetzung mit eigenen Gefühlen und Wünschen an. Über den DaF-Unterricht hinaus können diese übergreifenden Kompetenzen den Lernenden helfen, beim Umgang mit sozialen, wirtschaftlichen, ökologischen und politischen Problemen nachhaltig zu handeln.

Für die Generalisierbarkeit der verschiedenen Erkenntnisse, die im vorliegenden Aktionsforschungsprozess mit vier DaF-Lehrkräften gewonnen wurden, empfiehlt sich, repräsentative, Hypothesen testende Studien unter Berücksichtigung der verschiedenen Facetten des kamerunischen DaF-Unterrichts durchzuführen. Das in der vorliegenden Arbeit entwickelte Konzept des *lebendigen Lernens* bezieht sich auf einen DaF-Unterricht, welchem verschiedene Qualitätsmerkmale guten Unterrichts zugrunde liegen: effektive Klassenführung, konstruktive Unterstützung, kognitive Aktivierung und Schüler*innen-Aktivierung. Für eine umfassende Auseinandersetzung mit diesem Konzept soll der Frage nachgegangen werden, inwiefern DaF-Lernende im kamerunischen DaF-Unterricht auf der kognitiven Ebene aktiviert und unterstützt werden.

Literatur

Abels, Heinz & Alexandra König. 2016. *Sozialisation: Über die Vermittlung von Gesellschaft und Individuum und die Bedingungen von Identität* (Studientexte zur Soziologie). Wiesbaden: Springer VS.

Abels, Simone. 2011. *LehrerInnen als "Reflective Practitioner": Reflexionskompetenz für einen demokratieförderlichen Naturwissenschaftsunterricht*. Wiesbaden: VS Verl. für Sozialwiss.

Altrichter, Herbert & Andreas Feindt. 2008. Handlungs- und Praxisforschung. In Werner Helsper & Jeanette Böhme (Hrsg.), *Handbuch der Schulforschung*, 449–466. Wiesbaden: VS Verlag für Sozialwissenschaften / GWV Fachverlage GmbH, Wiesbaden.

Altrichter, Herbert, Andreas Feindt & Stefan Zehetmeier. 2014. Lehrerinnen und Lehrer erforschen ihren Unterricht: Aktionsforschung. In Ewald Terhart, Hedda Bennewitz & Martin Rothland (Hrsg.), *Handbuch der Forschung zum Lehrerberuf*, 285–307. Münster & New York: Waxmann.

Altrichter, Herbert, Peter Posch & Harald Spann. 2018. *Lehrerinnen und Lehrer erforschen ihren Unterricht* (Utb. Schulpädagogik 4754). Bad Heilbrunn: UTB; Verlag Julius Klinkhardt.

Appelt, Dieter & Hannes Siege. 2016. Konzeptionelle Grundlagen des Orientierungsrahmens. In Jörg-Robert Schreiber & Hannes Siege (Hrsg.), *Orientierungsrahmen für den Lernbereich globale Entwicklung im Rahmen einer Bildung für nachhaltige Entwicklung: Ein Beitrag zum Weltaktionsprogramm "Bildung für nachhaltige Entwicklung": Ergebnis des gemeinsamen Projekts der Kultusministerkonferenz (KMK) und des Bundesministeriums für Wirtschaftliche Zusammenarbeit und Entwicklung (BMZ), 2004–2015, Bonn*, 21–54. Berlin: Cornelsen.

Arnhold, Grit. 2005. *Kleine Klassen – große Klasse?: Eine empirische Studie zur Bedeutung der Klassengröße für Schule und Unterricht* (Klinkhardt Forschung). Bad Heilbrunn: Klinkhardt.

Auswärtiges Amt. 2015. *Deutsch als Fremdsprache weltweit: Datenerhebung 2015*. Berlin.

Auswärtiges Amt. 2020. *Deutsch als Fremdsprache weltweit: Datenerhebung 2020*. Berlin.

Babad, Elisha. 2007. Teachers' Nonverbal Behavior and its Effects on Students. In Raymond P. Perry & John C. Smart (Hrsg.), *The scholarship of teaching and learning in higher education: An evidence-based perspective*, 201–261. Dordrecht: Springer.

Bach, Gerhard & Johannes-Peter Timm (Hrsg.). 2013. *Englischunterricht: Grundlagen und Methoden einer handlungsorientierten Unterrichtspraxis* (UTB 1540: Anglistik). Tübingen [u.a.]: Francke.

Bahrdt, Hans P. 2003. *Schlüsselbegriffe der Soziologie: Eine Einführung mit Lehrbeispielen* (C. H. Beck-Studium). München: Beck.

Baker, Joanna & Heather Westrup. 2000. *The English language teacher's handbook: How to teach large classes with view resources.* London: VSO.

Ballweg, Sandra, Sandra Drumm, Britta Hufeisen, Johanna Klippel, Lina Pilypaityte & Lina Pilypaitytė. 2013. *Wie lernt man die Fremdsprache Deutsch?* (Deutsch lehren lernen dll; Fort- und Weiterbildungsprogramm des Goethe-Instituts / allgemeiner Hrsg.: Goethe-Institut e.V.; 2). München: Klett-Langenscheidt.

Bamberg, Eva. 2010. Feedback – eine Klärung. *Gruppendynamik und Organisationsberatung* 41(1). 10.1007/s11612-010-0099-2.

Barkowski, Hans, Silvia Demmig, Hermann Funk & Ulrike Würz (Hrsg.). 2011. *Deutsch bewegt: Entwicklungen in der Auslandsgermanistik und Deutsch als Fremd- und Zweitsprache; Dokumentation der Plenarvorträge der XIV. Internationalen Tagung der Deutschlehrerinnen und Deutschlehrer IDT Jena-Weimar 2009.* Baltmannsweiler: Schneider-Verl. Hohengehren.

Barkowski, Hans & Hans-Jürgen Krumm (Hrsg.). 2010. *Fachlexikon Deutsch als Fremd- und Zweitsprache* (UTB 8422: Sprachwissenschaft). Tübingen [u.a.]: Francke.

Barth, Victoria L. 2017. *Professionelle Wahrnehmung von Störungen im Unterricht.* Wiesbaden: Springer VS.

Barthmann, Kati. 2018. *Vorstellungen von Geographielehrkräften über Schülervorstellungen und den Umgang mit ihnen in der Unterrichtspraxis.* Bayreuth: Bayreuther Graduiertenschule für Mathematik und Naturwissenschaften Dissertation.

Bastian, Johannes. 2007. *Einführung in die Unterrichtsentwicklung* (Pädagogik). Weinheim [u.a.]: Beltz.

Bastian, Johannes. 2009. Schülerbeteiligung: Welche Tradition hat Schülerbeteiligung? *Pädagogik* (7–9). https://www.beltz.de/fachmedien/paedagogik/zeitschriften/paedagogik/themenschwerpunkte/schuelerbeteiligung.html (zuletzt aufgerufen am 05.05.2020).

Bastian, Johannes. 2010. Feedbackarbeit in Lehr-Lern-Prozessen: Gespräche über die Entwicklung von Unterricht und Schule gestalten. *Gruppendynamik & Organisationsberatung* (41). 21–37 (zuletzt aufgerufen am 06.06.2015).

Bastian, Johannes. 2014. Hinweise zur Gestaltung von Feedbackarbeiten. *Pädagogik* 66. Jahrgang (4). 35.

Bastian, Johannes. 2015a. Feedback und Unterrichtsentwicklung. In Hans-Günter Rolff (Hrsg.), *Handbuch Unterrichtsentwicklung* (Pädagogik), 143–156. Weinheim, Bergstr: Beltz, J; Beltz.

Bastian, Johannes. 2015b. Schüler-Schüler-Feedback in der dialogorientierten Feedbackarbeit. In Claus G. Buhren (Hrsg.), *Handbuch Feedback in der Schule* (Pädagogik), 231–248. Weinheim: Beltz.

Bastian, Johannes, Arno Combe & Roman Langer. 2007. *Feedback-Methoden: Erprobte Konzepte evaluierte Erfahrungen* (Basis-Bibliothek: Pädagogik). Weinheim [u.a.]: Beltz.

Bauer, Karl-Oswald & Niels Logemann (Hrsg.). 2009. *Kompetenzmodelle und Unterrichtsentwicklung*. Bad Heilbrunn: Verlag Julius Klinkhardt.

Bauer, Ullrich, Uwe H. Bittlingmayer & Albert Scherr (Hrsg.). 2012. *Handbuch Bildungs- und Erziehungssoziologie*. Wiesbaden: Springer.

Baumert, Jürgen & Mareike Kunter. 2006. Stichwort: Professionelle Kompetenz von Lehrkräften. *Zeitschrift für Erziehungswissenschaft* 9(4). 469–520.

Baumert, Jürgen & Mareike Kunter. 2011. Das Kompetenzmodell von COACTIV. In Mareike Kunter, Jürgen Baumert, Werner Blum & Michael Neubrand (Hrsg.), *Professionelle Kompetenz von Lehrkräften: Ergebnisse des Forschungsprogramms COACTIV*, 29–53. Münster: Waxmann.

Baur, Nina & Jörg Blasius (Hrsg.). 2019. *Handbuch Methoden der empirischen Sozialforschung*. Wiesbaden: Springer Fachmedien Wiesbaden; Springer VS.

Bausch, Karl-Richard, Eva Burwitz-Melzer, Frank G. Königs & Hans-Jürgen Krumm (Hrsg.). 2006. *Aufgabenorientierung als Aufgabe: Arbeitspapiere der 26. Frühjahrskonferenz zur Erforschung des Fremdsprachenunterrichts (Giessener Beiträge zur Fremdsprachendidaktik)*. Tübingen: Narr.

Beckers, Tilo, Klaus Birkelbach, Jörg Hagenah & Ulrich Rosar (Hrsg.). 2010. *Komparative empirische Sozialforschung*. Wiesbaden: VS-Verl.

Belton, Valerie, Helyn T. Gould & John L. Scott. 2006. Developing the Reflective Practitioner—Designing an Undergraduate Class. *Interfaces* 36(2). 150–164.

Benitt, Nora. 2015. *Becoming a (Better) Language Teacher: Classroom Action Research and Teacher Learning* (Giessener Beiträge zur Fremdsprachendidaktik). Tübingen: Narr Francke Attempto.

Bennewitz, Hedda. 2011. „doing teacher" – Forschung zum Lehrerberuf in kulturtheoretischer Perspektive. In Ewald Terhart, Hedda Bennewitz & Martin Rothland (Hrsg.), *Handbuch der Forschung zum Lehrerberuf*, 192–213. Münster: Waxmann.

Berger, Regine, Dietlinde Granzer, Wolfgang Looss & Sebastian Waack (Hrsg.). 2013. *"Warum fragt ihr nicht einfach uns?": Mit Schüler-Feedback lernwirksam unterrichten: Unterrichtsentwicklung nach Hattie* (Pädagogik. Praxis). Weinheim: Beltz.

Bergold, Jarg & Stefan Thomas. 2010. Partizipative Forschung. In Günter Mey & Katja Mruck (Hrsg.), *Handbuch qualitative Forschung in der Psychologie*, 333–344. Wiesbaden: VS-Verl.

Berliner, David C. 2001. Learning about and learning from expert teachers. *International Journal of Educational Research* 35(5). 463–482.

Berliner, David C. 2004. Expert Teachers: Their Characteristics, Development and Accomplishments. 13–28.

Berliner, David C. 2005. The Near Impossibility of Testing for Teacher Quality. *Journal of Teacher Education* 56(3). 10.1177/0022487105275904.

Berliner, David C. & Robert C. Calfee (Hrsg.). 1996. *Handbook of educational psychology*. New York: Macmillan Library Reference USA.

Berner, Hans & Hans-Ulrich Grunder. 2011. *Lehrer-Identität, Lehrer-Rolle, Lehrer-Handeln* (Professionswissen für Lehrerinnen und Lehrer / Hans Ulrich Grunder … (Hrsg.); Bd. 8). Baltmannsweiler: Schneider-Verl. Hohengehren [u.a.].

Bierhoff, Hans-Werner, Dieter Frey, Niels-Peter Birbaumer, Julius Kuhl, Wolfgang Schneider & Ralf Schwarzer (Hrsg.). 2017. *Kommunikation, Interaktion und soziale Gruppenprozesse: Herausgegeben von Prof. Dr. Hans-Werner Bierhoff, Bochum, Prof. Dr. Dieter Frey, München* (Enzyklopädie der Psychologie Theorie und Forschung Sozialpsychologie Band 3). Göttingen: Hogrefe.

Boeckmann, Klaus-Börge. 2011. Forschendes Lehren als Instrument der Qualitätsentwicklung – Wie Lehrende den eigenen Unterricht erforschen und dabei weiterentwickeln können. In Hans Barkowski, Silvia Demmig, Hermann Funk & Ulrike Würz (Hrsg.), *Deutsch bewegt: Entwicklungen in der Auslandsgermanistik und Deutsch als Fremd- und Zweitsprache; Dokumentation der Plenarvorträge der XIV. Internationalen Tagung der Deutschlehrerinnen und Deutschlehrer IDT Jena-Weimar 2009*, 79–92. Baltmannsweiler: Schneider-Verl. Hohengehren.

Boeckmann, Klaus-Börge. 2016. Aktionsforschung. In Eva Burwitz-Melzer, Grit Mehlhorn, Claudia Riemer, Karl-Richard Bausch & Hans-Jürgen Krumm (Hrsg.), *Handbuch Fremdsprachenunterricht* (UTB 8043), 592–596. Tübingen: A. Francke Verlag.

Boelmann, Jan (Hrsg.). 2016. *Empirische Erhebungs- und Auswertungsverfahren in der deutschdidaktischen Forschung*. Baltmannsweiler: Schneider Verlag Hohengehren GmbH.

Bohnsack, Ralf. 2005. Standards nicht-standardisierter Forschung in den Erziehungs- und Sozialwissenschaften. In Ingrid Gogolin, Heinz-Hermann

Krüger, Dieter Lenzen & Thomas Rauschenbach (Hrsg.), *Standards und Standardisierungen in der Erziehungswissenschaft* (Zeitschrift für Erziehungswissenschaft Beiheft 4), 63–81. Wiesbaden: VS Verl. für Sozialwiss. https://www.researchgate.net/publication/302122403_Standards_nicht-standardisierter_Forschung_in_den_Erziehungs-_und_Sozialwissenschaften.

Bohnsack, Ralf, Winfried Marotzki & Michael Meuser (Hrsg.). 2011. *Hauptbegriffe Qualitativer Sozialforschung* (UTB Erziehungswissenschaft, Sozialwissenschaft 8226). Opladen: Budrich. http://www.utb-studi-e-book.de/9783838582269.

Börner, Wolfgang (Hrsg.). 2000. *Normen im Fremdsprachenunterricht* (Tübinger Beiträge zur Linguistik 451). Tübingen: Narr.

Börner, Wolfgang & Klaus Vogel (Hrsg.). 2004. *Emotionen und Kognition im Fremdsprachenunterricht*. Tübingen: G. Narr (zuletzt aufgerufen am 17.06.2017).

Borsch, Frank. 2019. *Kooperatives Lernen: Theorie – Anwendung – Wirksamkeit* (Lehren und Lernen). Stuttgart: Verlag W. Kohlhammer.

Bortz, Jürgen & Nicola Döring. 2006. *Forschungsmethoden und Evaluation für Human- und Sozialwissenschaftler: Mit 87 Tabellen* (Bachelor, Master). Heidelberg: Springer.

Bös, Wilfried. 2012. *TIMSS 2011: Mathematische und naturwissenschaftliche Kompetenzen von Grundschulkindern in Deutschland im internationalen Vergleich; [...Grundschuluntersuchung Trends in International Mathematics and Science Study (TIMSS)]*. Münster [u.a.]: Waxmann.

Bourdieu, Pierre. 2016. *Sozialer Raum und "Klassen"* (Suhrkamp Taschenbuch Wissenschaft 500). Frankfurt am Main: Suhrkamp.

Brägger, Gerold & Norbert Posse (Hrsg.). 2007. *Instrumente für die Qualitätsentwicklung und Evaluation in Schulen (IQES): Wie Schulen durch eine integrierte Gesundheits- und Qualitätsförderung besser werden können*. Bern: hep.

Bräunling, Katinka. 2017. *Beliefs von Lehrkräften zum Lehren und Lernen von Arithmetik*. Wiesbaden: Springer Fachmedien Wiesbaden.

Breuer, Franz. 2010b. Wissenschaftstheoretische Grundlage qualitativer Methodik in der Psychologie. In Günter Mey & Katja Mruck (Hrsg.), *Handbuch qualitative Forschung in der Psychologie*, 35–49. Wiesbaden: VS-Verl.

Bromme, Rainer. 1997. Kompetenzen, Funktionen und unterrichtliches Handeln des Lehrers. In Franz E. Weinert (Hrsg.), *Psychologie des Unterrichts und der Schule* (Enzyklopädie der Psychologie Praxisgebiete Pädagogische Psychologie Bd. 3), 177–212. Göttingen: Hogrefe Verl. für Psychologie.

Bromme, Rainer. 2008. Lehrerexpertise. In Wolfgang Schneider, Marcus Hasselhorn & Jürgen Bengel (Hrsg.), *Handbuch der pädagogischen Psychologie*

(Handbuch der Psychologie / hrsg. von J. Bengel …; Bd. 10), 159–167. Göttingen: Hogrefe.

Bromme, Rainer. 2014. *Der Lehrer als Experte*: *Zur Psychologie des professionellen Wissens* (Standardwerke aus Psychologie und Pädagogik, Reprints 7). Münster: Waxmann.

Brookhart, Susan M. & Donald J. Freeman. 1992. Characteristics of Entering Teacher Candidates. *Review of Educational Research* 62(1). 10.3102/00346543062001037.

Brouwers, André & Welko Tomic. 2000. A longitudinal study of teacher burnout and perceived self-efficacy in classroom management. *Teaching and Teacher Education* 16(2). 10.1016/S0742-051X(99)00057-8.

Bruce, Bertram C. & John A. Easley. 2000. Emerging communities of practice: collaboration and communication in action research. *Educational Action Research* 8(2). 10.1080/09650790000200118 (zuletzt aufgerufen am 29.01.2019).

Brüning, Ludger & Tobias Saum. 2017. *Strategien zur Schüleraktivierung* (Erfolgreich unterrichten durch kooperatives Lernen 1). Essen: Neue Deutsche Schule Verlagsgesellschaft mbH.

Brüsemeister, Thomas. 2008. *Qualitative Forschung*: *Ein Überblick* (Lehrbuch). Wiesbaden: VS, Verl. für Sozialwiss.

Bryant, Antony & Kathy Charmaz (Hrsg.). 2007. *The SAGE handbook of grounded theory*. London [u.a.]: SAGE.

Buhren, Claus G. 2015a. Feedback – Definitionen und Differenzierungen. In Claus G. Buhren (Hrsg.), *Handbuch Feedback in der Schule* (Pädagogik), 11–30. Weinheim: Beltz.

Buhren, Claus G. (Hrsg.). 2015b. *Handbuch Feedback in der Schule* (Pädagogik). Weinheim: Beltz.

Buhren, Claus G. & Nicole Reitz. 2007. Schülerselbstbeobachtung: Erfahrungen aus einem Modellversuch zur Steigerung von Selbstständigkeit und Selbstwirksamkeit im Unterricht. In Karl-Oswald Bauer (Hrsg.), *Evaluation an Schulen*: *Theoretischer Rahmen und Beispiele guter Evaluationspraxis* (Pädagogisches Training), 53–79. Weinheim [u.a.]: Juventa.

Burns, Anne. 2005. Action research: an evolving paradigm? *Language Teaching* 38(02). 10.1017/S0261444805002661.

Burns, Anne. 2009. Action Research. In Juanita Heigham & Robert A. Croker (Hrsg.), *Qualitative research in applied linguistics*: *A practical introduction*, 112–134. Basingstoke: Palgrave Macmillan.

Burns, Anne. 2010. *Doing action research in English language teaching: A guide for practitioners* (ESL & applied linguistics professional series). New York: Routledge.

Burns, Anne. 2011. Action Research in the Field of Second Language Teaching and Learning. In Eli Hinkel (Hrsg.), *Handbook of Research in Second Language Teaching and Learning* (ESL & applied linguistics professional series 2), 237–253. New York, N.Y.: Routledge.

Burns, Anne. 2017. Action research in ELT: Growth, diversity and potential. *University of Sydney Papers in TESOL* 12. 1–7. https://katalogplus.ub.uni-bielefeld.de/cgi-bin/new_titel.cgi?katkey=125098448~eue&sprache=GER&bestand=ext.

Burns, Anne & Jack C. Richards (Hrsg.). 2009. *The Cambridge guide to second language teacher education*. New York, NY: Cambridge University Press.

Burns, Anne & Anne Westmacott. 2018. Teacher to Researcher: Reflections on a New Action Research Program for University EFL Teachers. *Profile: Issues in Teachers' Professional Development* 20(1). 10.15446/profile.v20n1.66236.

Burns, Anne, Anne Westmacott & Antonieta H. Ferrer. 2016. Initiating an Action Research Programme for University EFL Teachers: Early Experiences and Responses. *Iranian Journal of Language Teaching Research* 4(3). 55–73. https://katalogplus.ub.uni-bielefeld.de/cgi-bin/new_titel.cgi?katkey=EJ1127335~eric&sprache=GER&bestand=ext.

Burwitz-Melzer, Eva, Grit Mehlhorn, Claudia Riemer, Karl-Richard Bausch & Hans-Jürgen Krumm (Hrsg.). 2016. *Handbuch Fremdsprachenunterricht* (UTB 8043). Tübingen: A. Francke Verlag. http://www.utb-studi-e-book.de/9783838586557.

Burwitz-Melzer, Eva, Claudia Riemer & Lars Schmelter (Hrsg.). 2018. *Rolle und Professionalität von Fremdsprachenlehrpersonen: Arbeitspapiere der 38. Frühjahrskonferenz zur Erforschung des Fremdsprachenunterrichts* (Giessener Beiträge zur Fremdsprachendidaktik). Tübingen: Narr Francke Attempto. https://elibrary.narr.digital/book/99.125005/9783823392453.

Butler, Andrew C., Namrata Godbole & Elizabeth J. Marsh. 2013. Explanation feedback is better than correct answer feedback for promoting transfer of learning. *Journal of Educational Psychology* 105(2). 10.1037/a0031026 (zuletzt aufgerufen am 13.03.2015).

Butzkamm, Wolfgang. 2005a. *Der Lehrer ist unsere Chance: wie Schüler ihren Fremdsprachenunterricht erleben*. Essen: Geisler.

Butzkamm, Wolfgang. 2005b. Zehn Prinzipien des Fremdsprachenlernens und -lehrens. In Johannes-Peter Timm (Hrsg.), *Englisch lernen und lehren: Didaktik des Englischunterrichts*, 45–52. Berlin: Cornelsen.

Calderhead, James. 1996. Teachers: Beliefs and Knowledge. In David C. Berliner & Robert C. Calfee (Hrsg.), *Handbook of educational psychology*, 709–725. New York: Macmillan Library Reference USA.

Caspari, Daniela. 2003. *Fremdsprachenlehrerinnen und Fremdsprachenlehrer: Studien zu ihrem beruflichen Selbstverständnis* (Gießener Beiträge zur Fremdsprachendidaktik). Tübingen: Narr.

Caspari, Daniela. 2014. Was in den Köpfen von Fremdsprachenlehrer(inne)n vorgeht, und wie wir versuchen, es herauszufinden: Eine Übersicht über Forschungsarbeiten zu subjektiven Sichtweisen von Fremdsprachenlehrkräften (2000 – 2013). *Fremdsprachen Lehren und Lernen* 43(1). 20–35.

Caspari, Daniela (Hrsg.). 2016. *Forschungsmethoden in der Fremdsprachendidaktik: Ein Handbuch*. Tübingen: Narr Francke Attempto Verlag.

Charmaz, Kathy. 2014. *Constructing Grounded Theory*. Los Angeles [u.a.]: SAGE.

Charmaz, Kathy C. 2011. Den Standpunkt verändern: Methoden der konstruktivistischen Grounded Theory. In Günter Mey & Katja Mruck (Hrsg.), *Grounded theory reader*, 181–206. Wiesbaden: VS, Verl. für Sozialwiss.

Clarke, Adele E. 2003. Situational Analyses: Grounded Theory Mapping After the Postmodern Turn. *Symbolic Interaction* 26(4). 10.1525/si.2003.26.4.553.

Cohn, Ruth C. 1975. *Von der Psychoanalyse zur themenzentrierten Interaktion: Von der Behandlung einzelner zu einer Pädagogik für alle*. Stuttgart: Klett.

Combe, Arno & Fritz-Ulrich Kolbe. 2008. Lehrerprofessionalität: Wissen, Können, Handeln. In Werner Helsper & Jeanette Böhme (Hrsg.), *Handbuch der Schulforschung*, 857–875. Wiesbaden: VS Verlag für Sozialwissenschaften / GWV Fachverlage GmbH, Wiesbaden.

Corbin, Juliet & Anselm Strauss. 1990. Grounded Theory Research: Procedures, Canons and Evaluative Criteria. *Zeitschrift für Soziologie* 19. (6). 418–427.

Corbin, Juliet M. & Anselm L. Strauss. 2008. *Basics of qualitative research: Techniques and procedures for developing grounded theory*. Los Angeles, Calif.: Sage Publ.

Cornelius-White, Jeffrey. 2007. Learner-Centered Teacher-Student Relationships Are Effective: A Meta-Analysis. *Review of Educational Research* 77(1). 113–143.

Cowan, John. 2006. *On becoming an innovative university teacher: Reflection in action*. Buckingham & New York: Society for Research into Higher education & Open University Press.

Croker, Robert A. 2009. An Introduction to Qualitative Research. In Juanita Heigham & Robert A. Croker (Hrsg.), *Qualitative research in applied linguistics: A practical introduction*, 3–24. Basingstoke: Palgrave Macmillan.

Daumiller, Martin. 2018. Motivation von Lehrkräften. *Enzyklopädie Erziehungswissenschaft Online*. 1–31.

Deci, Edward L. & Richard M. Ryan. 2012. Self-Determination Theory. In Paul A. van Lange (Hrsg.), *Theories of social psychology*, 416–437. Los Angeles, Calif.: SAGE.

Decristan, Jasmin, Miriam Hess, Doris Holzberger & Anna-Katharina Preatorius. 2020. Oberflächen- und Tiefenmerkmale: Eine Reflexion zweier prominenter Begriffe der Unterrichtsforschung. *Zeitschrift für Pädagogik* 66(2). 102–116.

Demirkaya, Sevilen. 2014. Analyse qualitativer Daten. In Julia Settinieri, Sevilen Demirkaya, Alexis Feldmeier, Nazan Gültekin-Karakoç & Claudia Riemer (Hrsg.), *Empirische Forschungsmethoden für Deutsch als Fremd- und Zweitsprache: Eine Einführung* (UTB 8541: Sprachwissenschaft), 213–227. Paderborn: Schöningh.

Diegmann, Daniel. 2013. Wahl der Forschungsinstrumente: Die Beobachtung. In Barbara Drinck (Hrsg.), *Forschen in der Schule: Ein Lehrbuch für (angehende) Lehrerinnen und Lehrer* (UTB 3776: Schulpädagogik, Erziehungswissenschaft), 182–226. Opladen [u.a.]: Budrich.

Diekmann, Andreas. 2014. Die Anderen als sozialer Kontext. Zur Bedeutung strategischer Interaktion. In Jürgen Friedrichs & Alexandra Nonnenmacher (Hrsg.), *Soziale Kontexte und soziale Mechanismen* (Kölner Zeitschrift für Soziologie und Sozialpsychologie), 47–66. Wiesbaden: Springer VS.

Dittmar, Norbert. 2009. *Transkription: Ein Leitfaden mit Aufgaben für Studenten, Forscher und Laien* (Qualitative Sozialforschung 10). Wiesbaden: VS Verlag für Sozialwissenschaften.

Ditton, Hartmut. 2009. Unterrichtsqualität. In Karl-Heinz Arnold (Hrsg.), *Handbuch Unterricht* (UTB Schulpädagogik, Pädagogik 8423), 177–183. Bad Heilbrunn: Klinkhardt.

Ditton, Hartmut & Andreas Müller (Hrsg.). 2014. *Feedback und Rückmeldungen: Theoretische Grundlagen, empirische Befunde, praktische Anwendungsfelder*. Münster [u.a.]: Waxmann.

Dörnyei, Zoltán. 2007. *Research methods in applied linguistics: Quantitative, qualitative, and mixed methodologies* (Oxford applied linguistics). Oxford & New York, N.Y.: Oxford University Press.

Downes, John M., Penny A. Bishop, Meredith Swallow, Mark Olofson & Susan Hennessey. 2016. Collaborative action research for middle grades improvement. *Educational Action Research* 24(2). 10.1080/09650792.2015.1058169 (zuletzt aufgerufen am 17.01.2019).

Drinck, Barbara. 2013. Grundlagen zum Forschungsdesign. In Barbara Drinck (Hrsg.), *Forschen in der Schule: Ein Lehrbuch für (angehende) Lehrerinnen und Lehrer* (UTB 3776: Schulpädagogik, Erziehungswissenschaft), 141–150. Opladen [u.a.]: Budrich.

Dubs, Rolf. 2009. *Lehrerverhalten: Ein Beitrag zur Interaktion von Lehrenden und Lernenden im Unterricht* (Pädagogik). Stuttgart: Steiner.

Duit, Reinders & Peter Häußler. 1997. Physik und andere naturwissenschaftliche Lernbereiche. In Franz E. Weinert (Hrsg.), *Psychologie des Unterrichts und der Schule* (Enzyklopädie der Psychologie Praxisgebiete Pädagogische Psychologie Bd. 3), 427–460. Göttingen: Hogrefe Verl. für Psychologie.

Ebot Boulleys, Vera. 1998. *Deutsch in Kamerun* (Dr. Rabes Hochschulschriften Bd. 3). Bamberg: Collibri-Verl.

Edmondson, Willis J. 1995. Interaktion zwischen Fremdsprachenlehrer und -lerner. In Karl-Richard Bausch, Herbert Christ & Hans-Jürgen Krumm (Hrsg.), *Handbuch Fremdsprachenunterricht*, 175–180. Tübingen & Basel: A. Francke.

Edmondson, Willis J. & Juliane House. 2011. *Einführung in die Sprachlehrforschung* (UTB 1697). Tübingen: A. Francke; UTB GmbH.

Educational Network Cameroon (EduNeC). https://educationalnetwork.org/ (zuletzt aufgerufen am 30.08.2020).

Einsiedler, Wolfgang. 2010. Didaktische Entwicklungsforschung als Transferförderung. *Zeitschrift für Erziehungswissenschaft* 13(1). 10.1007/s11618-010-0106-y.

Einsiedler, Wolfgang (Hrsg.). 2011. *Unterrichtsentwickung und Didaktische Entwicklungsforschung*. Bad Heilbrunn: Verlag Julius Klinkhardt.

Equit, Claudia & Christoph Hohage. 2016. Ausgewählte Entwicklungen und Konfliktlinien der Grounded Theory Methodology. In Claudia Equit & Christoph Hohage (Hrsg.), *Handbuch Grounded Theory: Von der Methodologie zur Forschungspraxis*, 9–46. Weinheim & Basel: Beltz Juventa.

ESD Expert Net. 2018. *Die Ziele für Nachhaltige Entwicklung im Unterricht*. https://www.esd-expert.net/files/hoffmann-Expert/pdf/Was_wir_tun/Lehr-%20und%20Lernmaterialien/Broschuere_DE-SDG-Barrierefrei-web.pdf (zuletzt aufgerufen am 06.07.2020).

Ewert, Friedrich. 2008. *Themenzentrierte Interaktion (TZI) und pädagogische Professionalität von Lehrerinnen und Lehrern: Erfahrungen und Reflexionen* (VS research). Wiesbaden: VS Verlag für Sozialwissenschaften / GWV Fachverlage, Wiesbaden.

EXMARaLDA. https://exmaralda.org/de/ (zuletzt aufgerufen am 06.12.2020).

Faßhauer, Uwe. 2009. Axiom: existentiell-anthropologisches Axiom. In Mina Schneider-Landolf, Jochen Spielmann & Walter Zitterbarth (Hrsg.), *Handbuch Themenzentrierte Interaktion (TZI): Mit 16 Abbildungen und 3 Tabellen*, 80–85. Göttingen: Vandenhoeck & Ruprecht.

Feichter, Helene. 2015. *Schülerinnen und Schüler erforschen Schule: Möglichkeiten und Grenzen*. Wiesbaden: Springer Fachmedien Wiesbaden.

Fives, Helenrose & Michelle M. Buehl. 2012. Spring Cleaning for the "messy" Construct of Teachers' Beliefs: What are they? Which have been examined? What can they tell us? *APA educational pychology handbook*. 471–499.

Flick, Uwe. 1987. Methodenangemessene Gütekriterien in der qualitativ-interpretativen Forschung. In Jarg B. Bergold & Uwe Flick (Hrsg.), *Ein-Sichten: Zugänge zur Sicht des Subjekts mittels qualitativer Forschung; Symposium "Die Erforschung der Sicht des Subjekts" auf dem von der DGVT veranstalteten Kongreß für Klinische Psychologie und Psychotherapie 1986 in Berlin* (Forum für Verhaltenstherapie und psychosoziale Praxis 14), 247–262. Tübingen: DGVT.

Flick, Uwe. 2005. Standards, Kriterien, Strategien: Zur Diskussion über Qualität qualitativer Sozialforschung. *Zeitschrift für Qualitative Forschung* 6(2). 191–210.

Flick, Uwe. 2010. Gütekriterien qualitativer Forschung. In Günter Mey & Katja Mruck (Hrsg.), *Handbuch qualitative Forschung in der Psychologie*, 395–407. Wiesbaden: VS-Verl.

Flick, Uwe. 2011a. *Qualitative Sozialforschung: Eine Einführung* (Rororo 55694: Rowohlts Enzyklopädie). Reinbek bei Hamburg: Rowohlt Taschenbuch Verlag.

Flick, Uwe. 2011b. *Triangulation: Eine Einführung* (Qualitative Sozialforschung 12). Wiesbaden: VS Verlag für Sozialwissenschaften.

Flick, Uwe. 2014a. Gütekriterien qualitativer Sozialforschung. In Nina Baur & Jörg Blasius (Hrsg.), *Handbuch Methoden der empirischen Sozialforschung*, 411–423. Wiesbaden: Springer Fachmedien Wiesbaden.

Flick, Uwe (Hrsg.). 2014b. *The SAGE handbook of qualitative data analysis*. London: SAGE.

Flick, Uwe. 2017. Design und Prozess qualitativer Forschung. In Uwe Flick & Ernst v. Kardorff (Hrsg.), *Qualitative Forschung: Ein Handbuch* (Rororo 55628: Rowohlts Enzyklopädie), 252–265. Reinbek bei Hamburg: Rowohlt Taschenbuch Verlag.

Flick, Uwe & Ernst v. Kardorff (Hrsg.). 2017. *Qualitative Forschung: Ein Handbuch* (Rororo 55628: Rowohlts Enzyklopädie). Reinbek bei Hamburg: Rowohlt Taschenbuch Verlag.

Flick, Uwe, Ernst v. Kardorff, Reiner Keupp, Lutz v. Rosenstiel & Stephan Wolff (Hrsg.). 1995. *Handbuch qualitative Sozialforschung: Grundlagen Konzepte Methoden und Anwendungen.* Weinheim: Beltz, Psychologie-Verl.-Union.

Flick, Uwe, Ernst v. Kardorff & Ines Steinke (Hrsg.). 2008. *Qualitative Sozialforschung.* Hamburg: Rowohlt.

Flick, Uwe, Ernst v. Kardorff & Ines Steinke. 2017. Was ist qualitative Forschung?: Einleitung und Überblick. In Uwe Flick & Ernst v. Kardorff (Hrsg.), *Qualitative Forschung: Ein Handbuch* (Rororo 55628: Rowohlts Enzyklopädie), 13–29. Reinbek bei Hamburg: Rowohlt Taschenbuch Verlag.

Franken, Swetlana. 2010. *Verhaltensorientierte Führung: Handeln, Lernen und Diversity in Unternehmen.* Wiesbaden: Gabler Verlag / Springer Fachmedien Wiesbaden GmbH Wiesbaden (zuletzt aufgerufen am 29.06.2018).

Friebertshäuser, Barbara & Antje Langer. 2013. Interviewformen und Interviewpraxis. In Barbara Friebertshäuser, Antje Langer, Annedore Prengel, Heike Boller & Sophia Richter (Hrsg.), *Handbuch qualitative Forschungsmethoden in der Erziehungswissenschaft*, 437–455. Weinheim [u.a.]: Beltz Juventa.

Friebertshäuser, Barbara, Antje Langer, Annedore Prengel, Heike Boller & Sophia Richter (Hrsg.). 2013. *Handbuch qualitative Forschungsmethoden in der Erziehungswissenschaft.* Weinheim [u.a.]: Beltz Juventa.

Friedrichs, Jürgen. 2014. Die Analyse sozialer Kontexte. In Jürgen Friedrichs & Alexandra Nonnenmacher (Hrsg.), *Soziale Kontexte und soziale Mechanismen* (Kölner Zeitschrift für Soziologie und Sozialpsychologie), 1–16. Wiesbaden: Springer VS.

Friese, Susanne. 2018. Computergestützte Analyse: Das Kodieren narrativer Interviews. In Christian Pentzold, Andreas Bischof & Nele Heise (Hrsg.), *Praxis Grounded Theory*, 277–309. Wiesbaden: Springer Fachmedien Wiesbaden.

Friese, Susanne. 2019. *Qualitative data analysis with ATLAS.ti.*

Furinghetti, Fulvia & Erkki Pehkonen. 2002. Rethinking characterizations of beliefs. In Gilah C. Leder, Erkki Pehkonen & Günter Törner (Hrsg.), *Beliefs: A Hidden Variable in Mathematics Education?* (Mathematics Education Library 31), 39–57. Dordrecht: Kluwer Academic Publishers.

Fuß, Susanne & Ute Karbach. 2014. *Grundlagen der Transkription: Eine praktische Einführung* (utb-studi-e-book 4185). Opladen & Stuttgart: Budrich; UTB.

Gardner, Robert C. 1985. *Social psychology and second language learning: The role of attitudes and motivation* (The social psychology of language 4). London: Arnold.

Gass, Susan M. & Alison Mackey. 2007. *Data Elicitation for Second and Foreign Language Research*. Lawrence Erlbaum.

Geier, Thomas & Marion Pollmanns (Hrsg.). 2016. *Was ist Unterricht?*. Wiesbaden: Springer Fachmedien Wiesbaden.

Gerlach, David & Eynar Leupold. 2019. *Kontextsensibler Fremdsprachenunterricht* (Narr Studienbücher). Tübingen: Narr Francke Attempto.

Gibbs, Graham & Alan Jenkins (Hrsg.). 1992. *Teaching Large Classes in Higher Education: How to Maintain Quality*. London [u.a.]: Routledge.

Gieve, Simon & Inés K. Miller (Hrsg.). 2006. *Darwin and the large Class // Understanding the language classroom*. Basingstoke: Palgrave Macmillan.

Glaser, Barney G. 1978. *Theoretical sensitivity* (Advances in the methodology of grounded theory). Mill Valley, Calif.: Soc. Pr.

Glaser, Barney G. 2002. Constructivist Grounded Theory? Forum Qualitative Sozialforschung / Forum: Qualitative Social Research 3(3). 10.17169/FQS-3.3.825.

Glaser, Barney G. & Anselm L. Strauss. 1967. *The discovery of grounded theory: Strategies for qualitative research*. New York: Aldine.

Glaser, Barney G. & Anselm L. Strauss. 1998. *Grounded theory: Strategien qualitativer Forschung* (Hans Huber Programmbereich Pflege). Bern [u.a.]: Huber.

Glaser, Barney G. & Anselm L. Strauss. 2008. *Grounded theory: Strategien qualitativer Forschung* (Gesundheitswissenschaften: Methoden). Bern: Huber.

Gläser-Zikuda, Michaela & Jürgen Seifried (Hrsg.). 2008. *Lehrerexpertise: Analyse und Bedeutung unterrichtlichen Handelns*. Münster: Waxmann.

Goethe-Institut Kamerun. https://www.goethe.de/ins/cm/de/ (zuletzt aufgerufen am 05.12.2020).

Göhlich, Michael. 2011. Reflexionsarbeit als pädagogisches Handlungsfeld. Zur Professionalisierung der Reflexion und zur Expansion von Reflexionsprofessionellen in Supervision, Coaching und Organisationsberatung. In Werner Helsper (Hrsg.), *Pädagogische Professionalität* (Zeitschrift für Pädagogik Beiheft 57), 138–152. Weinheim: Beltz.

Gold, Andreas. 2015. *Guter Unterricht: Was wir wirklich darüber wissen*. Göttingen & Bristol, CT, U.S.A.: Vandenhoeck & Ruprecht.

Granzer, Dietlinde. 2013. Schüler-Feedback als Lernmotor – Von Hattie lernen. In Regine Berger, Dietlinde Granzer, Wolfgang Looss & Sebastian Waack (Hrsg.), *"Warum fragt ihr nicht einfach uns?": Mit Schüler-Feedback lernwirksam unterrichten: Unterrichtsentwicklung nach Hattie* (Pädagogik. Praxis), 21–31. Weinheim: Beltz.

Gräsel, Cornelia, Kathrin Fußangel & Christian Pröbstel. 2006. Lehrkräfte zur Kooperation anregen – eine Aufgabe für Sisyphos? *Zeitschrift für Pädagogik* 52(2). 205–219.

Green, Norm & Kathy Green. 2012. *Kooperatives Lernen im Klassenraum und im Kollegium: Das Trainingsbuch.* Seelze: Klett/Kallmeyer; Friedrich Verlag.

Green, Thomas F. 1971. *The activities of teaching* (McGraw-Hill series in education Foundations in education). New York: McGraw-Hill.

Groeben, Norbert. 1988. Explikation des Konstrukts ,Subjektive Theorie'. In Norbert Groeben, Diethelm Wahl, Jörg Schlee & Brigitte Scheele (Hrsg.), *Das Forschungsprogramm Subjektive Theorien: Eine Einführung in die Psychologie des reflexiven Subjekts*, 17–24. Tübingen: Francke.

Groeben, Norbert, Diethelm Wahl, Jörg Schlee & Brigitte Scheele (Hrsg.). 1988. *Das Forschungsprogramm Subjektive Theorien: Eine Einführung in die Psychologie des reflexiven Subjekts.* Tübingen: Francke.

Grün, Hartmut. 2015. 9 relevante Aspekte der TZI: Ein TZI-Kompass für «Ortsfremde». In Anja von Kanitz, Walter Lotz, Birgit Menzel, Elfi Stollberg & Walter Zitterbarth (Hrsg.), *Elemente der Themenzentrierten Interaktion (TZI): Texte zur Aus- und Weiterbildung*, 19–28. Göttingen: Vandenhoeck Ruprecht.

Gudjons, Herbert. 2003. *Didaktik zum Anfassen: Lehrerin-Persönlichkeit und lebendiger Unterricht.* Bad Heilbrunn/Obb.: Klinkhardt.

Gudjons, Herbert. 2006. *Neue Unterrichtskultur, veränderte Lehrerrolle.* Bad Heilbrunn: Klinkhardt.

Gudjons, Herbert & Wolfgang Klafki (Hrsg.). 2006. *Didaktische Theorien* (PB-Buch 1). Hamburg: Bergmann + Helbig.

Hallet, Elaine. 2013. *The reflective early years practitioner.* Los Angeles: SAGE.

Hallet, Wolfgang. 2006. *Didaktische Kompetenzen: Lehr- und Lernprozesse erfolgreich gestalten* (Uni-Wissen). Stuttgart: Klett-Lernen-und-Wissen.

Hallet, Wolfgang (H.) & Frank G. Königs (Hrsg.). 2010. *Handbuch Fremdsprachendidaktik.* Seelze-Velber: Kallmeyer, Klett.

Hartinger, Andreas, Thilo Kleickmann & Birgit Hawelka. 2006. Der Einfluss von Lehrervorstellungen zum Lernen und Lehren auf die Gestaltung des Unterrichts und auf motivationale Schülervariablen. *Zeitschrift für Erziehungswissenschaft* 9(1). 10.1007/s11618-006-0008-1 (zuletzt aufgerufen am 14.07.2018).

Hattie, John. 1992. *Self-concept.* Hillsdale, NJ [u.a.]: Erlbaum.

Hattie, John 2013. *Lernen sichtbar machen: Überarbeitete deutschsprachige Ausgabe von "Visible Learning".* Baltmannsweiler: Schneider Hohengehren.

Hattie, John. 2014. *Lernen sichtbar machen für Lehrpersonen: Überarbeitete deutschsprachige Ausgabe von "Visible Learning for Teachers"*. Baltmannsweiler: Schneider Hohengehren.

Hattie, John. & Helen Timperley. 2007. The Power of Feedback. *Review of Educational Research* 77(1). 10.3102/003465430298487.

Hattie, John & Klaus Zierer. 2019. *Kenne deinen Einfluss!: "Visible Learning" für die Unterrichtspraxis*. Baltmannsweiler: Schneider Verlag Hohengehren GmbH.

Heigham, Juanita & Robert A. Croker (Hrsg.). 2009. *Qualitative research in applied linguistics: A practical introduction*. Basingstoke: Palgrave Macmillan.

Helfferich, Cornelia. 2011. *Die Qualität qualitativer Daten: Manual für die Durchführung qualitativer Interviews* (Lehrbuch). Wiesbaden: VS-Verl.

Helfferich, Cornelia. 2019. Leitfaden- und Experteninterviews. In Nina Baur & Jörg Blasius (Hrsg.), *Handbuch Methoden der empirischen Sozialforschung*, 669–686. Wiesbaden: Springer Fachmedien Wiesbaden; Springer VS.

Helmke, Andreas. 2004. *Unterrichtsqualität erfassen, bewerten, verbessern* (Schulisches Qualitätsmanagement). Seelze: Klett Kallmeyer.

Helmke, Andreas. 2011. Forschung zur Lernwirksamkeit des Lehrerhandelns. In Ewald Terhart, Hedda Bennewitz & Martin Rothland (Hrsg.), *Handbuch der Forschung zum Lehrerberuf*, 630–643. Münster: Waxmann.

Helmke, Andreas. 2015a. *Unterrichtsqualität und Lehrerprofessionalität: Diagnose Evaluation und Verbesserung des Unterrichts* (Schule weiterentwickeln, Unterricht verbessern: Orientierungsband). Seelze-Velber: Klett Kallmeyer.

Helmke, Andreas. 2015b. Vom Lehren zum Lernen: Paradigmen, Forschungsstrategien und Kontroversen. In Hans-Günter Rolff (Hrsg.), *Handbuch Unterrichtsentwicklung* (Pädagogik), 33–43. Weinheim, Bergstr: Beltz, J; Beltz.

Helmke, Andreas & Christian Brühwiler. 2018. Unterrichtsqualität. In Detlef H. Rost, Jörn R. Sparfeldt & Susanne Buch (Hrsg.), *Handwörterbuch pädagogische Psychologie* (Beltz Psychologie 2018), 860–869. Weinheim & Basel: Beltz.

Helmke, A., T. Helmke, N. Heyne & A. Hosenfeld. 2007. *Allgemeine Beobachtungsinstrumente der Unterrichtsstudie "VERA – Gute Unterrichtspraxis"*. Universität Koblenz-Landau, Campus Landau.

Helsper, Werner. 2011. Lehrerprofessionalität – der strukturtheoretische Professionsansatz zum Lehrberuf. In Ewald Terhart, Hedda Bennewitz & Martin Rothland (Hrsg.), *Handbuch der Forschung zum Lehrerberuf*, 149–170. Münster: Waxmann.

Helsper, Werner (Hrsg.). 2011. *Pädagogische Professionalität* (Zeitschrift für Pädagogik Beiheft 57). Weinheim: Beltz.

Helsper, Werner & Jeanette Böhme (Hrsg.). 2008. *Handbuch der Schulforschung.* Wiesbaden: VS Verlag für Sozialwissenschaften / GWV Fachverlage GmbH, Wiesbaden.

Helsper, Werner & Jeanette Böhme (Hrsg.). 2008. *Handbuch der Schulforschung.* Wiesbaden: VS, Verl. für Sozialwiss.

Henecka, Hans P. 2015. *Grundkurs Soziologie.* Konstanz: UTB; UVK.

Hillebrandt, Frank. 2012. Der praxistheoretische Ansatz Bourdieus zur Soziologie der Bildung und Erziehung. In Ullrich Bauer, Uwe H. Bittlingmayer & Albert Scherr (Hrsg.), *Handbuch Bildungs- und Erziehungssoziologie*, 437–452. Wiesbaden: Springer.

Hinkel, Eli (Hrsg.). 2011. *Handbook of Research in Second Language Teaching and Learning* (ESL & applied linguistics professional series 2). New York, N.Y.: Routledge.

Hofer, Barbara K. & Paul R. Pintrich. 1997. The Development of Epistemological Theories: Beliefs About Knowledge and Knowing and Their Relation to Learning. *Review of Educational Research* 67(1). 10.3102/00346543067001088.

Hoffmann, Sarah G. 2009. Störungspostulat. In Mina Schneider-Landolf, Jochen Spielmann & Walter Zitterbarth (Hrsg.), *Handbuch Themenzentrierte Interaktion (TZI): Mit 16 Abbildungen und 3 Tabellen*, 101–106. Göttingen: Vandenhoeck & Ruprecht.

Hohage, Christoph. 2016. Kathy Charmaz' konstruktivistische Erneuerung der Grounded Theory. In Claudia Equit & Christoph Hohage (Hrsg.), *Handbuch Grounded Theory: Von der Methodologie zur Forschungspraxis*, 108–125. Weinheim & Basel: Beltz Juventa.

Höhle, Gerhard. 2014. Professionsbezogene Gelingensbedingungen von Unterricht als Kontinuum in Ausbildung und Praxis verankert. In Gerhard Höhle (Hrsg.), *Was sind gute Lehrerinnen und Lehrer?: Zu den professionsbezogenen Gelingensbedingungen von Unterricht* (Theorie und Praxis der Schulpädagogik 20). Immenhausen, Hess: Prolog-Verlag.

Höhle, Gerhard (Hrsg.). 2014. *Was sind gute Lehrerinnen und Lehrer?: Zu den professionsbezogenen Gelingensbedingungen von Unterricht* (Theorie und Praxis der Schulpädagogik 20). Immenhausen, Hess: Prolog-Verlag.

Holton, Judith A. 2010. The Coding Process and Its Challenges. *Grounded Theory Review* 9(1). 21–40.

Honer, Anne. 2011. Interview. In Ralf Bohnsack, Winfried Marotzki & Michael Meuser (Hrsg.), *Hauptbegriffe Qualitativer Sozialforschung* (UTB Erziehungswissenschaft, Sozialwissenschaft 8226), 94–99. Opladen: Budrich.

Hopf, Christel. 1995. Qualitative Interviews in der Sozialforschung. Ein Überblick. In Uwe Flick, Ernst v. Kardorff, Reiner Keupp, Lutz v. Rosenstiel & Stephan Wolff (Hrsg.), *Handbuch qualitative Sozialforschung: Grundlagen Konzepte Methoden und Anwendungen*, 177–182. Weinheim: Beltz, Psychologie-Verl.-Union.

Hopf, Martin & Thomas Wilhelm. 2018. Conceptual Change: Entwicklung physikalischer Vorstellungen. In Horst Schecker, Thomas Wilhelm, Martin Hopf & Reinders Duit (Hrsg.), *Schülervorstellungen und Physikunterricht: Ein Lehrbuch für Studium, Referendariat und Unterrichtspraxis*, 23–37. Berlin, Heidelberg: Springer Berlin Heidelberg.

Horster, Leonhard & Hans-Günter Rolff. 2001. *Unterrichtsentwicklung: Grundlagen, Praxis, Steuerungsprozesse* (Beltz Pädagogik). Weinheim: Beltz.

Horwitz, Elaine K. 2010. Foreign and second language anxiety. *Language Teaching* 43(2). 10.1017/S026144480999036X.

Hübner, Renate. 2012. Interventionsbegriffe im Vergleich. In Larissa Krainer & Ruth E. Lerchster (Hrsg.), *Interventionsforschung: Paradigmen, Methoden, Reflexionen* (Interventionsforschung Band 1), 155–172. Wiesbaden: Springer VS.

Hurrelmann, Klaus & Birgit Holler. 1988. Pädagogische Intervention. In Georg Hörmann & Frank Nestmann (Hrsg.), *Handbuch der psychosozialen Intervention*, 81–92. VS Verlag für Sozialwissenschaften.

Husserl, Edmund & Klaus Held (Hrsg.). 2010. *Die phänomenologische Methode* (Universal-Bibliothek 8084). Stuttgart: Reclam.

Ingenkamp, Karlheinz, Hanns Petillon & Manfred Weiss (Hrsg.). 1985. *Klassengrösse: je kleiner, desto besser?: Forschungs- u. Diskussionsstand zu Wirkungen d. Klassenfrequenz*. Weinheim: Beltz.

Ittel, Angela & Diana Raufelder. 2011. *Lehrer und Schüler als Bildungspartner: Theoretische Ansätze zwischen Tradition und Moderne*. Göttingen: Vandenhoeck & Ruprecht GmbH & Co. KG (zuletzt aufgerufen am 22.02.2016).

Jank, Werner & Hilbert Meyer. 2009. *Didaktische Modelle*. Berlin: Cornelsen Scriptor.

Jost, Christofer, Daniel Klug, Axel Schmidt, Klaus Neumann-Braun & Armin Reautschnig. 2013. *Computergestützte Analyse von audiovisuellen Medienprodukten* (Qualitative Sozialforschung 22). Wiesbaden: Springer Fachmedien Wiesbaden.

Kanitz, Anja von. 2009. Einführung zu den Axiomen und Postulaten. In Mina Schneider-Landolf, Jochen Spielmann & Walter Zitterbarth (Hrsg.), *Handbuch Themenzentrierte Interaktion (TZI): Mit 16 Abbildungen und 3 Tabellen*, 78–79. Göttingen: Vandenhoeck & Ruprecht.

Kanitz, Anja von, Walter Lotz, Birgit Menzel, Elfi Stollberg & Walter Zitterbarth (Hrsg.). 2015. *Elemente der Themenzentrierten Interaktion (TZI): Texte zur Aus- und Weiterbildung*. Göttingen: Vandenhoeck Ruprecht.

Keel, David. 2009. Hilfsregeln. In Mina Schneider-Landolf, Jochen Spielmann & Walter Zitterbarth (Hrsg.), *Handbuch Themenzentrierte Interaktion (TZI): Mit 16 Abbildungen und 3 Tabellen*, 195–200. Göttingen: Vandenhoeck & Ruprecht.

Kelle, Udo. 2007. The Development of Categories: Different Approaches in Grounded Theory. In Antony Bryant & Kathy Charmaz (Hrsg.), *The SAGE handbook of grounded theory*, 191–213. London [u.a.]: SAGE.

Kenné, Augustin. 2019. Paradigmenwechsel bei der Entwicklung von Lehr- und Lernmaterialien für Deutsch als Fremdsprache: Zu einigen Anforderungen an zukünftige Lehrwerke für Deutsch als Tertiärsprache in afrikanischen Ländern südlich der Sahara am Beispiel Kamerun. In Bertin Nyemb, Augustin Kenné & Georges Massock (Hrsg.), *Paradigmenwechsel in der Fremdsprachendidaktik: Konzeptionen und Perspektiven des DaF-Unterrichts und Germanistikstudiums im afrikanischen Kontext: Festschrift für Alexis Ngatcha zum 65. Geburtstag* (Schriftenreihe Lingua), 153–172.

Kiper, Hanna. 2012. *Unterrichtsentwicklung* (Pädagogik 2013). Stuttgart: W. Kohlhammer.

Kiper, Hanna. 2013. *Theorie der Schule: Institutionelle Grundlagen pädagogischen Handelns* (Schulpädagogik). Stuttgart: Kohlhammer.

Kirchner, Vera. 2014. "Denn sich etwas vorstellen heißt, eine Welt bauen": Schülervorstellungen sichtbar machen und für ökonomische Lehr-Lern-Prozesse nutzen. *Unterricht Wirtschaft + Politik* (2). 10–13.

Kirchner, Vera. 2016. *Wirtschaftsunterricht aus der Sicht von Lehrpersonen*. Wiesbaden: Springer Fachmedien Wiesbaden.

Klauer, Karl J. 1985. Framework for a theory of teaching. *Teaching and Teacher Education* 1(1). 10.1016/0742-051X(85)90026-5. 5–17.

Klauer, Karl J. & Detlev Leutner. 2007. *Lehren und Lernen: Einführung in die Instruktionspsychologie*. Weinheim, Basel: Beltz Verlag.

Kleickmann, Thilo. 2008. *Zusammenhänge fachspezifischer Vorstellungen von Grundschullehrkräften zum Lehren und Lernen mit Fortschritten von Schülerinnen und Schülern im konzeptuellen naturwissenschaftlichen Verständnis*. Münster: Westfälischen Wilhelms-Universität Münster Dissertation.

Klempin, Christiane. 2019. *Reflexionskompetenz von Englischlehramtsstudierenden im Lehr-LErn-Labor-Seminar: Eine Interventionsstudie zur Förderung und Messung*. Berlin: J.B. Metzler.

Klieme, Eckhard. 2019. Unterrichtsqualität. In Marius Harring, Carsten Rohlfs & Michaela Gläser-Zikuda (Hrsg.), *Handbuch Schulpädagogik* (UTB Schulpädagogik 8698), 393–408. Münster & New York: Waxmann.

Klieme, Eckhard, Frank Lipowsky, Katrin Rakoczy & Nadja Ratzka. 2006. Qualitätsdimensionen und Wirksamkeit von Mathematikunterricht: Theoretische Grundlagen und ausgewählte Ergebnisse des Projekts "Pythagoras". In Manfred Prenzel & Lars Allolio-Näcke (Hrsg.), *Untersuchungen zur Bildungsqualität von Schule: Abschlussbericht des DFG-Schwerpunktprogramms*, 127–146. Münster: Waxmann.

Klippert, Heinz. 2019. *Teamentwicklung im Klassenraum: Bausteine zur Förderung grundlegender Sozialkompetenzen* (Pädagogik: Praxis).

Klüger, Hermann. 2009. Vier-Faktoren-Medell der TZI. In Mina Schneider-Landolf, Jochen Spielmann & Walter Zitterbarth (Hrsg.), *Handbuch Themenzentrierte Interaktion (TZI): Mit 16 Abbildungen und 3 Tabellen*, 107–114. Göttingen: Vandenhoeck & Ruprecht.

Klusmann, Uta. 2011. Allgemeine berufliche Motivation und Selbstregulation. In Mareike Kunter, Jürgen Baumert, Werner Blum & Michael Neubrand (Hrsg.), *Professionelle Kompetenz von Lehrkräften: Ergebnisse des Forschungsprogramms COACTIV*, 277–294. Münster: Waxmann.

Knoblauch, Hubert. 2011. Transkription. In Ralf Bohnsack, Winfried Marotzki & Michael Meuser (Hrsg.), *Hauptbegriffe qualitativer Sozialforschung* (UTB Erziehungswissenschaft, Sozialwissenschaft 8226), 159–160. Opladen & Farmington Hills, MI: Verlag Barbara Budrich.

Köck, Peter & Hanns Ott. 1989. *Wörterbuch für Erziehung und Unterricht: 2300 Begriffe aus den Bereichen Pädagogik, Didaktik, Psychologie, Soziologie, Sozialwesen für Eltern und Erzieher, Lehrer aller Schularten, Ausbilder und Auszubildende, Studenten und Studierende, Führungskräfte im Personalbereich, Berufs- und Bildungsberater u.a.* Donauwörth: Auer.

Kolodzy, Elke. 2016. Schüler für Russisch begeistern: aktivierende Methoden im Anfangsunterricht Russisch. In Anka Bergmann (Hrsg.), *Kompetenzorientierung und Schüleraktivierung im Russischunterricht* (Kolloquium Fremdsprachenunterricht 49), 93–112. Frankfurt a.M.: Peter Lang GmbH, Internationaler Verlag der Wissenschaften.

König, Johannes & Sigrid Blömeke. 2009. Pädagogisches Wissen von angehenden Lehrkräften. *Zeitschrift für Erziehungswissenschaft* 12(3). 10.1007/s11618-009-0085-z.

König, Johannes, Jörg Doll, Nils Buchholtz, Sabrina Förster, Kai Kaspar, Anna-Maria Rühl, Sarah Strauß, Albert Bremerich-Vos, Ilka Fladung & Gabriele Kaiser. 2018. Pädagogisches Wissen versus fachdidaktisches Wissen? *Zeitschrift für Erziehungswissenschaft* 21(3). 10.1007/s11618-017-0765-z.

Königs, Frank G. (Hrsg.). 2014. *Themenschwerpunkt: Der Fremdsprachenlehrer im Fokus* (Fremdsprachen Lehren und Lernen 43.2014,1). Tübingen: Narr.

Königs, Frank G. 2014. War die Lernerorientierung ein Irrtum?: Der Fremdsprachenlehrer im Kontext der Sprachlehrforschung. *Fremdsprachen Lehren und Lernen* 43(1). 66–80.

Kotz, Friedrich. 2018. Grounded Theory als integrierte Folge von Einzelfallstudien: Besonderheiten eines Forschungsverfahrens. In Christian Pentzold, Andreas Bischof & Nele Heise (Hrsg.), *Praxis Grounded Theory*, 53–72. Wiesbaden: Springer Fachmedien Wiesbaden.

Kowal, Sabine & Daniel C. O'Connell. 2003. Datenerhebung und Transkription. In: Flick, Uwe/von Kardoff, Ernst/ Steinke, Ines (Hrsg): Qualitative Forschung: Ein Handbuch. Reinbek bei Hamburg, 436–446.

Krainer, Larissa & Ruth Lerchster. 2012. Interventionsforschung: Paradigmen, Methoden, Reflexionen. In Larissa Krainer & Ruth E. Lerchster (Hrsg.), *Interventionsforschung: Paradigmen, Methoden, Reflexionen* (Interventionsforschung Band 1), 9–19. Wiesbaden: Springer VS.

Krainer, Larissa & Ruth E. Lerchster (Hrsg.). 2012. *Interventionsforschung: Paradigmen, Methoden, Reflexionen* (Interventionsforschung Band 1). Wiesbaden: Springer VS.

Krainer, Larissa & Ruth E. Lerchster. 2016. Interventionsforschung: Anliegen, Potentiale und Grenzen transdisziplinärer Wissenschaft: Eine Einführung. In Ruth E. Lerchster & Larissa Krainer (Hrsg.), *Interventionsforschung; Band 2*, 1–7. Wiesbaden: Springer.

Krapp, Andreas & Bernd Weidenmann (Hrsg.). 2006. *Pädagogische Psychologie: Ein Lehrbuch* (Lehrbuch). Weinheim [u.a.]: Beltz, PVU.

Krappmann, Lothar. 2000. *Soziologische Dimensionen der Identität: Strukturelle Bedingungen für die Teilnahme an Interaktionsprozessen* (Veröffentlichungen des Max-Planck-Instituts für Bildungsforschung). Stuttgart: Klett-Cotta.

Krauss, Stefan. 2011. Das Experten-Paradigma in der Forschung zum Lehrerberuf. In Ewald Terhart, Hedda Bennewitz & Martin Rothland (Hrsg.), *Handbuch der Forschung zum Lehrerberuf*, 171–191. Münster: Waxmann.

Krumm, Hans-Jürgen, Christian Fandrych, Britta Hufeisen & Claudia Riemer (Hrsg.). 2010. *Deutsch als Fremd- und Zweitsprache: Ein internationales Handbuch* (Handbücher zur Sprach- und Kommunikationswissenschaft Bd. 35, Online Ed). Berlin & New York: Walter de Gruyter.

Kruse, Jan. 2015. *Qualitative Interviewforschung: Ein integrativer Ansatz* (Grundlagentexte Methoden). Weinheim & Basel: Beltz Juventa.

Kubik, Silke. 2016. Grounded Theory: How might it have been otherwise. In Jan Boelmann (Hrsg.), *Empirische Erhebungs- und Auswertungsverfahren in der deutschdidaktischen Forschung*, 247–255. Baltmannsweiler: Schneider Verlag Hohengehren GmbH.

Kuckartz, Udo. 2007. *Einführung in die computergestützte Analyse qualitativer Daten* (Lehrbuch). Wiesbaden: VS, Verl. für Sozialwiss.

Kügler, Hermann. 2009. Vier-Faktoren-Modell der TZI. In Mina Schneider-Landolf, Jochen Spielmann & Walter Zitterbarth (Hrsg.), *Handbuch Themenzentrierte Interaktion (TZI): Mit 16 Abbildungen und 3 Tabellen*, 107–114. Göttingen: Vandenhoeck & Ruprecht.

Kuhl, Julius, Christina Schwer & Claudia Solzbacher. 2014. Professionelle pädagogische Haltung: Persönlichkeitspsychologische Grundlagen. In Christina Schwer & Claudia Solzbacher (Hrsg.), *Professionelle pädagogische Haltung: Historische theoretische und empirische Zugänge zu einem viel strapazierten Begriff*, 79–106. Bad Heilbrunn: Klinkhardt.

Kuhl, Julius, Christina Schwer & Claudia Solzbacher. 2014. Professionelle pädagogische Haltung: Versuch einer Definition des Begriffs und ausgewählte Konsequenzen für Haltung. In Christina Schwer & Claudia Solzbacher (Hrsg.), *Professionelle pädagogische Haltung: Historische theoretische und empirische Zugänge zu einem viel strapazierten Begriff*, 107–120. Bad Heilbrunn: Klinkhardt.

Kühler, Michael & Markus Rüther (Hrsg.). 2016. *Handbuch Handlungstheorie: Grundlagen, Kontexte, Perspektiven*. Stuttgart: J.B. Metzler.

Kühn, Thomas & Kay-Volker Koschel. 2011. *Gruppendiskussionen: Ein Praxis-Handbuch*. Wiesbaden: VS, Verl. für Sozialwiss.

Kühn, Thomas & Kay-Volker Koschel. 2018. *Gruppendiskussionen: Ein Praxis-Handbuch*. Wiesbaden: Springer Fachmedien Wiesbaden.

Kunter, Mareike. 2011. Motivation als Teil der professionellen Kompetenz: Forschungsbefunde zum Enthusiasmus von Lehrkräften. In Mareike Kunter, Jürgen Baumert, Werner Blum & Michael Neubrand (Hrsg.), *Professionelle Kompetenz von Lehrkräften: Ergebnisse des Forschungsprogramms COACTIV*, 259–275. Münster: Waxmann.

Kunter, Mareike, Jürgen Baumert, Werner Blum & Michael Neubrand (Hrsg.). 2011. *Professionelle Kompetenz von Lehrkräften: Ergebnisse des Forschungsprogramms COACTIV*. Münster: Waxmann.

Kunter, Mareike & Cornelia Gräsel. 2018. Lehrerexpertise und Lehrerkompetenzen. In Detlef H. Rost, Jörn R. Sparfeldt & Susanne Buch (Hrsg.), *Handwörterbuch pädagogische Psychologie* (Beltz Psychologie 2018), 400–407. Weinheim & Basel: Beltz.

Kunter, Mareike & Ulrich Trautwein. 2013. *Psychologie des Unterrichts* (Standard Wissen Lehramt 3895). Paderborn: Schöningh.

Kunter, Mareike, Yi-Miau Tsai, Uta Klusmann, Martin Brunner, Stefan Krauss & Jürgen Baumert. 2008. Students' and mathematics teachers' perceptions of teacher enthusiasm and instruction. *Learning and Instruction* 18(5). 10.1016/j.learninstruc.2008.06.008.

Küster, Lutz. 2012. *Themenschwerpunkt: Kompetenzen konkret* (Fremdsprachen Lehren und Lernen 41.2012,1). Tübingen: Narr.

Küsters, Ivonne. 2006. *Narrative Interviews: Grundlagen und Anwendungen*. Wiesbaden: VS Verlag für Sozialwissenschaften | GWV Fachverlage GmbH Wiesbaden.

Laatz, Wilfried. 1993. *Empirische Methoden: Ein Lehrbuch für Sozialwissenschaftler*. Thun: Deutsch.

Lamnek, Siegfried. 2005. *Gruppendiskussion: Theorie und Praxis* (UTB 8303). Weinheim & Basel: Beltz.

Lamnek, Siegfried. 2010. *Qualitative Sozialforschung: Lehrbuch; [mit Add-on]*. Weinheim [u.a.]: Beltz.

Langmaack, Barbara. 2011. *Einführung in die themenzentrierte Interaktion: Das Leiten von Lern- und Arbeitsgruppen erklärt und praktisch angewandt* (Beltz-Taschenbuch 921). Weinheim [u.a.]: Beltz.

Langmaack, Barbara & Michael Braune-Krickau. 2010. *Wie die Gruppe laufen lernt: Anregungen zum Planen und Leiten von Gruppen; ein praktisches Lehrbuch*. Weinheim [u.a.]: Beltz.

Laucken, Uwe. 2001. *Zwischenmenschliches Vertrauen: Rahmenentwurf und Ideenskizze*. Oldenburg: Bibliotheks- und Informationssystem der Univ. Host.

DECRET N° 2001/041 DU 10 FEVRIER 2001 portant organisation des Etablissements Scolaires Publics et fixant les Attributions des Responsables de l'Administration Scolaire. 2001.

Leder, Gilah C., Erkki Pehkonen & Günter Törner (Hrsg.). 2002. *Beliefs: A Hidden Variable in Mathematics Education?* (Mathematics Education Library 31). Dordrecht: Kluwer Academic Publishers.

Leonhard, Tobias & Thomas Rihm. 2011. Erhöhung der Reflexionskompetenz durch Begleitveranstaltungen zum Schulpraktikum? Konzeption und Ergebnisse eines Pilotprojekts mit Lehramtsstudierenden. *Lehrerbildung auf dem Prüfstand* 4(2). 240–270.

Lerchster, Ruth. 2012. Zentrale Grundannahmen der Interventionsforschung. In Larissa Krainer & Ruth E. Lerchster (Hrsg.), *Interventionsforschung: Paradigmen, Methoden, Reflexionen* (Interventionsforschung Band 1), 23–73. Wiesbaden: Springer VS.

Lerchster, Ruth E. & Larissa Krainer (Hrsg.). 2016. *Interventionsforschung; Band 2*. Wiesbaden: Springer.

Leuders, Timo. 2009. *Qualität im Mathematikunterricht in der Sekundarstufe I und II*. Berlin: Cornelsen-Scriptor.

Leung, Constant. 2009. Second Language Teacher Professionalism. In Anne Burns & Jack C. Richards (Hrsg.), *The Cambridge guide to second language teacher education*, 49–58. New York, NY: Cambridge University Press.

Löhmer, Cornelia & Rüdiger Standhardt (Hrsg.). 1992. *TZI: Pädagogisch-therapeutische Gruppenarbeit nach Ruth C. Cohn*. Stuttgart: Klett-Cotta.

Loo, Angelika. 2007. *Teaching and learning modern languages in large classes* (Beiträge zur Didaktik). Aachen: Shaker.

Loo, Angelika. 2012. *Deutsch-Unterricht in großen Lerngruppen international: Ein Praxis-Handbuch* (Beiträge zur Didaktik). Aachen: Shaker Verlag.

Loosen, Wiebke. 2015. Das Leitfadeninterview – eine unterschätzte Methode. In Stefanie Averbeck-Lietz & Michael Meyen (Hrsg.), *Handbuch nicht standardisierte Methoden in der Kommunikationswissenschaft* (Springer NachschlageWissen), 1–15. Wiesbaden: Springer VS.

Looss, Wolfgang. 2013. Feedback, systemisch: Vom Steuern, vom Lernen und von den Mäusen. In Regine Berger, Dietlinde Granzer, Wolfgang Looss & Sebastian Waack (Hrsg.), *"Warum fragt ihr nicht einfach uns?": Mit Schüler-Feedback lernwirksam unterrichten: Unterrichtsentwicklung nach Hattie* (Pädagogik. Praxis), 16–20. Weinheim: Beltz.

Lotz, Miriam & Frank Lipowsky. 2015. Die Hattie-Studie und ihre Bedeutung für den Unterricht: Ein Blick auf ausgewählte Aspekte der Lehrer-Schüler-Interaktion. In Gerlinde Mehlhorn, Karola Schöppe & Frank Schulz (Hrsg.), *Begabungen entwickeln & Kreativität fördern: Geht zurück auf das Symposium "Begabungen entwickeln & Kreativität fördern", das vom Dachverband Kreativitätspädagogik e.V. am 16. und 17. Mai 2014 am BIP Kreativitätsschulzentrum Leipzig durchgeführt wurde* (KREAplus Band 8), 97–136. München: kopaed.

Lotz, Walter. 2009. Ich. In Mina Schneider-Landolf, Jochen Spielmann & Walter Zitterbarth (Hrsg.), *Handbuch Themenzentrierte Interaktion (TZI): Mit 16 Abbildungen und 3 Tabellen*, 115–119. Göttingen: Vandenhoeck & Ruprecht.

Lotz, Walter. 2015. Beredtes Schweigen – Themenzentrierte Prozessanalyse als Reflexionsinstrument professioneller Praxis. In Anja von Kanitz, Walter Lotz, Birgit Menzel, Elfi Stollberg & Walter Zitterbarth (Hrsg.), *Elemente der Themenzentrierten Interaktion (TZI): Texte zur Aus- und Weiterbildung*, 185–195. Göttingen: Vandenhoeck Ruprecht.

MacIntyre, Peter D. 1995. How Does Anxiety Affect Second Language Learning? A Reply to Sparks and Ganschow. *The Modern Language Journal* 79(1). 10.1111/j.1540-4781.1995.tb05418.x.

MacIntyre, Peter D. & Robert C. Gardner. 1989. Anxiety and Second-Language Learning: Toward a Theoretical Clarification*. *Language Learning* 39(2). 10.1111/j.1467-1770.1989.tb00423.x.

Maksimović, Jelena & Jelena Osmanović. 2018. Reflective Practice as a Changing Factor of Teaching Quality. *Research in Pedagogy* 8(2). 10.17810/2015.82.

Maksimović, Jelena, Jelena Osmanović & Lazar Stošić. 2018. Teachers as reflective practitioners with the function of improving educational practice in primary schools in Serbia. *Sodobna pedagogika/Journal of Contemporary Educational Studies* 69(4). 306–324.

Mann, Richard D., Stephen M. Arnold, Jeffrey L. Binder, Solomon Cytrynbaum, Barbara M. Newman, Barbara E. Ringwald, Ringwald John W. & Robert Rosenwein. 1970. *The college classroom: Conflict, change, and learning*. New York: Wiley.

Matthies, Paul. 2016. Rollenkarten für die Gruppenarbeit. http://paul-matthies.de/Schule/Allgemeines/Rollenkarten%20Gruppenarbeit.pdf (zuletzt aufgerufen am 10.01.2017).

Matzdorf, Paul & Ruth C. Cohn. 1992. Das Konzept der Themenzentrierten Interaktion. In Cornelia Löhmer & Rüdiger Standhardt (Hrsg.), *TZI: Pädagogisch-therapeutische Gruppenarbeit nach Ruth C. Cohn*, 39–92. Stuttgart: Klett-Cotta.

Mayr, Johannes (Hrsg.). 1994. *Lehrer-in werden* (Studien zur Bildungsforschung & Bildungspolitik Bd. 11). Innsbruck: Österr. Studien-Verl.

Mayr, Johannes. 2011. Der Persönlichkeitsansatz in der Lehrerforschung: Konzepte, Befunde und Folgerungen. In Ewald Terhart, Hedda Bennewitz & Martin Rothland (Hrsg.), *Handbuch der Forschung zum Lehrerberuf*, 125–148. Münster: Waxmann.

Mayring, Philipp. 2002. *Einführung in die qualitative Sozialforschung: [eine Anleitung zu qualitativem Denken]* (Beltz Studium). Weinheim [u.a.]: Beltz.

Mayring, Philipp. 2008. Neuere Entwicklungen in der qualitativen Forschung und der Qualitativen Inhaltsanalyse. In Philipp Mayring & Michaela Gläser-Zikuda (Hrsg.), *Die Praxis der qualitativen Inhaltsanalyse* (Pädagogik), 7–19. Weinheim [u.a.]: Beltz.

Mbia, Claude-Marie. 1998. *DaF – Unterricht in Afrika: Chancen Grenzen Möglichkeiten Am Beispiel Kameruns* Dissertation.

Mehlhorn, Gerlinde, Karola Schöppe & Frank Schulz (Hrsg.). 2015. *Begabungen entwickeln & Kreativität fördern: Geht zurück auf das Symposium "Begabungen entwickeln & Kreativität fördern", das vom Dachverband Kreativitätspädagogik e.V. am 16. und 17. Mai 2014 am BIP Kreativitätsschulzentrum Leipzig durchgeführt wurde* (KREAplus Band 8). München: kopaed.

Merton, Robert K., Marjorie Fiske & Patricia L. Kendall. 1990. *The focused interview: A manual of problems and procedures*. New York: Free Pree.

Meuser, Michael & Ulrike Nagel. 2009. Das Experteninterview — konzeptionelle Grundlagen und methodische Anlage. In Susanne Pickel, Gert Pickel, Hans-Joachim Lauth & Detlef Jahn (Hrsg.), *Methoden der vergleichenden Politik- und Sozialwissenschaft: Neue Entwicklungen und Anwendungen* (Lehrbuch), 465–479. Wiesbaden: VS Verlag für Sozialwissenschaften.

Mey, Günter & Katja Mruck. 2010. Interviews. In Günter Mey & Katja Mruck (Hrsg.), *Handbuch qualitative Forschung in der Psychologie*, 423–435. Wiesbaden: VS-Verl.

Mey, Günter & Katja Mruck. 2011. Grounded-Theory-Methodologie: Entwicklung, Stand, Perspektiven. In Günter Mey & Katja Mruck (Hrsg.), *Grounded theory reader*, 11–48. Wiesbaden: VS, Verl. für Sozialwiss.

Meyer, Hilbert. 2007. *Leitfaden Unterrichtsvorbereitung: Der neue Leitfaden*. Berlin: Cornelsen-Scriptor.

Meyer, Hilbert. 2014. Auf den Unterricht kommt es an!: Hatties Daten deuten lernen. In Ewald Terhart (Hrsg.), *Die Hattie-Studie in der Diskussion: Probleme sichtbar machen* (Bildung kontrovers), 117–133. Seelze: Kallmeyer.

Meyer, Hilbert. 2015. *Unterrichtsentwicklung*. Berlin: Cornelsen.

Meyer, Hilbert. 2018. *Was ist guter Unterricht?*. Berlin: Cornelsen Scriptor; Cornelsen.

Meyer, Hilbert, Andreas Feindt & Wolfgang Fichten. 2007a. Skizze einer Theorie der Unterrichtsentwicklung: Überlegungen zu einem interdisziplinären Ansatz. *Friedrich Jahresheft* (XXV). 111–115.

Meyer, Hilbert, Andreas Feindt & Wolfgang Fichten. 2007b. Was wissen wir über erfolgreiche Unterrichtsentwicklung?: Wirksame Strategien und Maßnahmen. *Friedrich Jahresheft* (XXV). 66–70.

Meyer, Ruth. 2009. *Soft skills fördern: Strukturiert Persönlichkeit entwickeln*. Bern: hep verlag.

Meyer, Ruth. 2015. Didaktisches Dreieck: Unterrichtsgestaltung. https://www.arbowis.ch/images/downloads/didaktik/did_Dreieck_Unterrichtsgestaltung.pdf (zuletzt aufgerufen am 29.07.2020).

Meyer, Ruth & Flavia Stocker. 2018. *Lehren Kompakt I: Von der Fachperson zur Lehrperson.* Bern: hep verlag ag.

Michelsen, Gerd & Peter J. Wells (Hrsg.). 2017. *A Decade of Progress on Education for Sustainable Development: Reflections from the UNESCO Chairs Programme.* Paris: UNESCO.

Miles, Matthew B. & A. M. Huberman. 1994. *Qualitative data analysis: An expanded sourcebook.* Thousand Oaks, CA: SAGE Publications.

MINESEC. 2014. *Guide pédagogique du programme d'étude de l'allemand langue vivante II enseignement secondaire général classes de 4ème et de 3e.*

MINESEC. 2014. *Programme d'études de 4ème et 3ème: Allemand.*

MINESEC. 2018. *Programme d'études de l'Allemand, Langue Vivante II, Classe de Seconde.*

MINESEC. 2019. *Programme d'études de l'Allemand, Langue Vivante II. Classe de Première ESG.*

MINESEC. 2020. *Programme d'études de l'Allemand, Langue Vivante II. Classe de Terminale ESG.*

Misoch, Sabina. 2019. *Qualitative Interviews.* De Gruyter Oldenbourg.

Mombe, Delfim d. D. 2012. *Lehren und Lernen in Klassen mit hohen Schülerzahlen: Neue Ansätze für zentrale Entwicklungsaufgaben des mosambikanischen Bildungssystems.* Berlin. Logos-Verl.

Moser, Heinz. 2015. *Instrumentenkoffer für die Praxisforschung: Eine Einführung.* Freiburg im Breisgau: Lambertus-Verl.

Moskowitz, Gertrude. 1976. The Classroom Interaction of Outstanding Language Teachers. *Foreign Language Annals* 9(2). 135–143.

Müller, Andreas & Hartmut Ditton. 2014. Feedback: Begriff, Formen und Funktionen. In Hartmut Ditton & Andreas Müller (Hrsg.), *Feedback und Rückmeldungen: Theoretische Grundlagen, empirische Befunde, praktische Anwendungsfelder,* 11–28. Münster [u.a.]: Waxmann.

Müller, Kathrin F. 2018. Theoretisches Kodieren von Interviewmaterial: Medienaneignung mit der Grounded Theory induktiv analysieren. In Christian Pentzold, Andreas Bischof & Nele Heise (Hrsg.), Praxis Grounded Theory, 149–168. Wiesbaden: Springer Fachmedien Wiesbaden.

Narkar-Waldraff, Janaki. 2014. Deutschunterricht mit Jugendlichen in Großgruppen in Indien: Beispiele aus Pune/Indien. *Fremdsprache Deutsch* (51). 30–34.

Ndethiu, Sophia M., Joanna O. Masingila, Marguerite Milheso-O'Conner, Davis W. Khatete & Katie L. Heath. 2017. Kenyan Secondary teachers' and principals perspectives and strategies on teaching and learning with large classes. *Africa Education Review* 14(1). 58–86.

Nelhiebel, Walter. 2009. Globe. In Mina Schneider-Landolf, Jochen Spielmann & Walter Zitterbarth (Hrsg.), *Handbuch Themenzentrierte Interaktion (TZI): Mit 16 Abbildungen und 3 Tabellen*, 134–140. Göttingen: Vandenhoeck & Ruprecht.

Nerlicki, Krzysztof & Claudia Riemer. 2012. Sprachverwendungsangst im interkulturellen Vergleich – auf der Suche nach ihren universellen und lernkontextspezifischen Ursachen. *Deutsch als Fremdsprache* 48(2). 88–98.

Neuner, Gerhard & Hans Hunfeld. 1993. *Methoden des fremdsprachlichen Deutschunterrichts: Eine Einführung* (Fernstudienangebot Germanistik Deutsch als Fremdsprache 4). Berlin: Langenscheidt.

Neuweg, Georg H. 2011. Das Wissen der Wissensvermittler: Problemstellungen, Befunde und Perspektiven der Forschung zum Lehrerwissen. In Ewald Terhart, Hedda Bennewitz & Martin Rothland (Hrsg.), *Handbuch der Forschung zum Lehrerberuf*, 451–477. Münster: Waxmann.

Ngassam, Ulrich A. 2020. *Angst beim Fremdsprachenlernen: Eine empirische Studie über den Faktor Angst im kamerunischen Deutschunterricht und Wege seiner Überwindung.* Yaoundé: Universität Yaoundé I. Nicht veröffentlichte Dissertation.

Ngatcha, Alexis. 2002. *Der Deutschunterricht in Kamerun als Erbe des Kolonialismus und seine Funktion in der postkolonialen Ära.* Frankfurt am Main: Peter Lang.

Ngatcha, Alexis. 2010. Deutsch in Kamerun. In Hans-Jürgen Krumm, Christian Fandrych, Britta Hufeisen & Claudia Riemer (Hrsg.), *Deutsch als Fremd- und Zweitsprache: Ein internationales Handbuch* (Handbücher zur Sprach- und Kommunikationswissenschaft Bd. 35, Online Ed), 1702–1705. Berlin: Walter de Gruyter.

Niegemann, Helmut. 2018. Lehr-Lern-Forschung. In Detlef H. Rost, Jörn R. Sparfeldt & Susanne Buch (Hrsg.), *Handwörterbuch pädagogische Psychologie* (Beltz Psychologie 2018), 375–381. Weinheim & Basel: Beltz.

Niermann, Anne. 2017. *Professionswissen von Lehrerinnen und Lehrern des Mathematik- und Sachunterrichts.* Verlag Julius Klinkhardt Dissertation.

Noffke, Susan E. 2010. Revisiting the Professional, Personal, and Political Dimensions of Action Research. In Susan E. Noffke & Bridget Somekh (Hrsg.), *The SAGE handbook of educational action research*, 6–23. Los Angeles: SAGE.

Norton, Bonny. 2013. *Identity and Language Learning: Extending the Conversation.* Clevedon: Channel View Publications.

Norton, Bonny & McKinney. 2011. An Identity Approach to Second Language Acquisition. In Dwight Atkinson (Hrsg.), *Alternative approaches to second language acquisition*, 73–94. Abingdon England & New York: Routledge.

Norton, Lin, T. E. Richardson, James Hartley, Stephen Newstead & Jenny Mayes. 2005. Teachers' beliefs and intentions concerning teaching in higher education. *Higher Education* 50(4). 10.1007/s10734-004-6363-z.

Nunan, David & Kathleen M. Bailey. 2009. *Exploring second language classroom research: A comprehensive guide*. Boston, MA: Heinle, Cengage Learning.

Nyemb, Bertin, Augustin Kenné & Georges Massock (Hrsg.). 2019. *Paradigmenwechsel in der Fremdsprachendidaktik: Konzeptionen und Perspektiven des DaF-Unterrichts und Germanistikstudiums im afrikanischen Kontext: Festschrift für Alexis Ngatcha zum 65. Geburtstag* (Schriftenreihe Lingua).

Pajares, M. F. 1992. Teachers' Beliefs and Educational Research: Cleaning Up a Messy Construct. *Review of Educational Research* 62(3). 307–332 (zuletzt aufgerufen am 04.07.2017).

Pentzold, Christian, Andreas Bischof & Nele Heise (Hrsg.). 2018. *Praxis Grounded Theory*. Wiesbaden: Springer Fachmedien Wiesbaden.

Petillon, Hanns. 1985. Klassenfrequenz: Überlegungen zu einem systematischen Erklärungsansatz. In Karlheinz Ingenkamp, Hanns Petillon & Manfred Weiss (Hrsg.), *Klassengrösse: je kleiner, desto besser?: Forschungs- u. Diskussionsstand zu Wirkungen d. Klassenfrequenz*, 147–189. Weinheim: Beltz.

Pflüger, Jessica. 2013. *Qualitative Sozialforschung und ihr Kontext: Wissenschaftliche Teamarbeit im internationalen Vergleich*. Wiesbaden: Springer Fachmedien Wiesbaden.

Pollmanns, Marion & Thomas Geier. 2016. Kein gemeinsamer Nenner: Systematisierender Vergleich der Antworten auf die Frage, was Unterricht ist. In Thomas Geier & Marion Pollmanns (Hrsg.), *Was ist Unterricht?*, 225–248. Wiesbaden: Springer Fachmedien Wiesbaden.

Popitz, Heinrich. 1972. *Der Begriff der sozialen Rolle als Element der soziologischen Theorie: Freiburger Antrittsvorlesung vom 7.7.1966 (Erweiterte Fassung)* (Recht und Staat in Geschichte und Gegenwart 331/332). Tübingen: Mohr.

Preatorius, Anna-Katharina, Eckhard Klieme, Thilo Kleickmann, Esther Brunner, Anke Lindmeier, Sandy Taut & Charalambous Charalambous. 2020. Towards Developing a Theory of Generic Teaching Quality: Origin, Current Status, and Necessary Next Steps Regarding the Three Basic Dimensions Model. *Zeitschrift für Pädagogik* 66(2). 15–36.

Prengel, Annedore. 2012. Anerkennung in Lehrer-Schüler-Beziehungen als Bedingung sozialen und kognitiven Lernens. In Frank Hellmich, Sabrina Förster & Fabian Hoya (Hrsg.), *Bedingungen des Lehrens und Lernens in der Grundschule: Bilanz und Perspektiven* (Jahrbuch Grundschulforschung 16), 73–76. Wiesbaden: Springer VS.

Prengel, Annedore, Barbara Friebertshäuser & Antje Langer. 2013. Perspektiven qualitativer Forschung in der Erziehungswissenschaft: Eine Einführung. In Barbara Friebertshäuser, Antje Langer, Annedore Prengel, Heike Boller & Sophia Richter (Hrsg.), *Handbuch qualitative Forschungsmethoden in der Erziehungswissenschaft*, 17–39. Weinheim [u.a.]: Beltz Juventa.

Prenzel, Manfred & Lars Allolio-Näcke (Hrsg.). 2006. *Untersuchungen zur Bildungsqualität von Schule: Abschlussbericht des DFG-Schwerpunktprogramms*. Münster: Waxmann.

Président de la République. 1998. *LOI N°98/004 DU 4 AVRIL 1998 D'ORIENTATION DE L'EDUCATION AU CAMEROUN*.

Président de la République. 2001. *DECRET N° 2001/041 DU 10 FEVRIER 2001 portant organisation des Etablissements Scolaires Publics et les Attributions des Responsables de l'Administration Scolaire*.

Preyer, Gerhard. 2012. *Rolle, Status, Erwartungen und soziale Gruppe: Mitgliedschaftstheoretische Reinterpretationen*. Wiesbaden: VS Verlag für Sozialwissenschaften.

Proske, Matthias & Kerstin Rabenstein (Hrsg.). 2018. *Kompendium Qualitative Unterrichtsforschung: Unterricht beobachten – beschreiben – rekonstruieren*. Bad Heilbrunn: Verlag Julius Klinkhardt.

Proske, Matthias & Kerstin Rabenstein. 2018. Stand und Perspektive qualitativ sinnverstehender Unterrichtsforschung: Eine Einführung in das Kompendium. In Matthias Proske & Kerstin Rabenstein (Hrsg.), *Kompendium Qualitative Unterrichtsforschung: Unterricht beobachten – beschreiben – rekonstruieren*, 7–24. Bad Heilbrunn: Verlag Julius Klinkhardt.

Przyborski, Aglaja & Monika Wohlrab-Sahr. 2014. *Qualitative Sozialforschung: Ein Arbeitsbuch* (Lehr- und Handbücher der Soziologie). München: Oldenbourg; DE GRUYTER.

Rabenstein, Kerstin. 2019. Teilnehmende (Video-)Beobachtung. In Marius Harring, Carsten Rohlfs & Michaela Gläser-Zikuda (Hrsg.), *Handbuch Schulpädagogik* (UTB Schulpädagogik 8698), 822–830. Münster & New York: Waxmann.

Raguse, Hartmut. 1992. Kritische Bestandsaufnahme der TZI. In Cornelia Löhmer & Rüdiger Standhardt (Hrsg.), *TZI: Pädagogisch-therapeutische Gruppenarbeit nach Ruth C. Cohn*, 264–277. Stuttgart: Klett-Cotta.

Reich, Kersten. 2008. *Konstruktivistische Didaktik: Lehr- und Studienbuch mit Methodenpool* (Pädagogik). Weinheim [u.a.]: Beltz.

Reich, Kersten. 2010. *Systemisch-konstruktivistische Pädagogik: Einführung in die Grundlagen einer interaktionistisch-konstruktivistischen Pädagogik* (Pädagogik und Konstruktivismus). Weinheim u.a.: Beltz.

Reichertz, Jo. 2011. Abduktion: Die Logik der Entdeckung der Grounded Theory. In Günter Mey & Katja Mruck (Hrsg.), *Grounded theory reader*, 279–297. Wiesbaden: VS, Verl. für Sozialwiss.

Reichertz, Jo. 2013. *Die Abduktion in der qualitativen Sozialforschung: Über die Entdeckung des Neuen* (Qualitative Sozialforschung 13). Wiesbaden: Springer Fachmedien Wiesbaden.

Reichertz, Jo & Sylvia Wilz. 2016. Welche Erkenntnistheorie liegt der GT zugrunde? In Claudia Equit & Christoph Hohage (Hrsg.), *Handbuch Grounded Theory: Von der Methodologie zur Forschungspraxis*, 48–66. Weinheim & Basel: Beltz Juventa.

Reiger, Horst. 2007. Symbolischer Interaktionismus. In Renate Buber & Hartmut H. Holzmüller (Hrsg.), *Qualitative Marktforschung: Konzepte – Methoden – Analysen*, 137–155. Wiesbaden: Gabler.

Reiser, Helmut. 2009. TZI als professionelles pädagogisches Konzept. In Mina Schneider-Landolf, Jochen Spielmann & Walter Zitterbarth (Hrsg.), *Handbuch Themenzentrierte Interaktion (TZI): Mit 16 Abbildungen und 3 Tabellen*, 209–212. Göttingen: Vandenhoeck & Ruprecht.

Reitzer, Christine. 2014. *Erfolgreich lehren: Ermutigen, motivieren, begeistern*. Berlin, Heidelberg: Springer Berlin Heidelberg.

Reusser, Kurt. 2011. Von der Unterrichtsforschung zur Unterrichtsentwicklung: Probleme, Strategien, Werkzeuge. In Wolfgang Einsiedler (Hrsg.), *Unterrichtsentwickung und Didaktische Entwicklungsforschung*, 11–40. Bad Heilbrunn: Verlag Julius Klinkhardt.

Reusser, Kurt. 2020. Unterrichtsqualität zwischen empirisch-analytischer Forschung und pädagogisch-didaktischer Theorie: Ein Kommentar. *Zeitschrift für Pädagogik* 66(2). 236–254.

Reusser, Kurt, Christine Pauli & Anneliese Elmer. 2011. Berufsbezogene Überzeugungen von Lehrerinnen und Lehrern. In Ewald Terhart, Hedda Bennewitz & Martin Rothland (Hrsg.), *Handbuch der Forschung zum Lehrerberuf*, 478–495. Münster: Waxmann.

Richards, Jack C. 2011. *Competence and performance in language teaching*. Cambridge: Cambridge University Press.

Richards, Jack C. & Theodore S. Rodgers. 2014. *Approaches and methods in language* teaching. Cambridge: Cambridge Univ. Press.

Richardson, Virginia (Hrsg.). 2001. *Handbook of research on teaching*. Washington DC: American Educational Research Association.

Richter, Dirk & Hans A. Pant. 2016. *Lehrerkooperation in Deutschland: Eine Studie zu kooperativen Arbeitsbeziehungen bei Lehrkräften der Sekundarstufe I*. Gütersloh: Bertelsmann Stiftung.

Riemer, Claudia. 2004. Zur Relevanz qualitativer Daten in der neueren L2-Motivationsforschung. In Wolfgang Börner & Klaus Vogel (Hrsg.), *Emotionen und Kognition im Fremdsprachenunterricht*, 35–65. Tübingen: G. Narr.

Riemer, Claudia. 2005. L2-Motivationsforschung und Deutsch als Fremdsprache (mit exemplarischen Länderanalysen). In Armin Wolff, Claudia Riemer & Fritz Neubauer (Hrsg.), *Sprache lehren – Sprache lernen: Beiträge der 32. Jahrestagung Deutsch als Fremdsprache, die vom 19.05.2004 bis 22.05.2004 an der Universität Bielefeld stattfand* (Materialien Deutsch als Fremdsprache H. 74), 51–72. Regensburg: Fachverband Deutsch als Fremdsprache.

Riemer, Claudia. 2006. Der Faktor Motivation in der empirischen Fremdsprachenforschung. In Almut Küppers & Jürgen Quetz (Hrsg.), *Motivation Revisited: Festschrift für Gert Solmecke* (Hallenser Studien zur Anglistik und Amerikanistik 12), 35–48. Berlin [u.a.]: Lit.

Riemer, Claudia. 2010. Erste Schritte empirischer Forschung: Themenfindung, Forschungsplanung, forschungsmethodische Entscheidungen. In Christoph Chlosta & Matthias Jung (Hrsg.), *DaF integriert: Literatur – Medien – Ausbildung: Tagunsband der 36. Jahrestagung des Fachverbandes Deutsch als Fremdsprache 2008*, 423–434. Göttingen: Universitätsverlag.

Riemer, Claudia. 2014. Forschungsmethodologie Deutsch als Fremd- und Zweitsprache. In Julia Settinieri, Sevilen Demirkaya, Alexis Feldmeier, Nazan Gültekin-Karakoç & Claudia Riemer (Hrsg.), *Empirische Forschungsmethoden für Deutsch als Fremd- und Zweitsprache: Eine Einführung* (UTB 8541: Sprachwissenschaft), 15–31. Paderborn: Schöningh.

Riemer, Claudia. 2018. Zur Rolle und Professionalität von DaF-/DaZ-Lehrer*innen. In Eva Burwitz-Melzer, Claudia Riemer & Lars Schmelter (Hrsg.), *Rolle und Professionalität von Fremdsprachenlehrpersonen: Arbeitspapiere der 38. Frühjahrskonferenz zur Erforschung des Fremdsprachenunterrichts* (Giessener Beiträge zur Fremdsprachendidaktik), 131–142. Tübingen: Narr Francke Attempto.

Riemer, Claudia & Julia Settinieri. 2010. Empirische Forschungsmethoden in der Zweit- und Fremdsprachenerwerbsforschung. In Hans-Jürgen Krumm, Christian Fandrych, Britta Hufeisen & Claudia Riemer (Hrsg.), *Deutsch als Fremd- und Zweitsprache: Ein internationales Handbuch* (Handbücher zur Sprach- und Kommunikationswissenschaft Bd. 35, Online Ed), 764–781. Berlin: Walter de Gruyter.

Rogers, Carl R. 1974. *Lernen in Freiheit: Zur Bildungsreform in Schule und Universität*. München: Kösel.

Röhling, Jens G. 2009. Chairperson-Postulat. In Mina Schneider-Landolf, Jochen Spielmann & Walter Zitterbarth (Hrsg.), *Handbuch Themenzentrierte Interaktion (TZI): Mit 16 Abbildungen und 3 Tabellen*, 95–100. Göttingen: Vandenhoeck & Ruprecht.

Rokeach, Milton. 1972. *Beliefs, attitudes and values: A theory of organization and change*. San Francisco, Calif.: Jossey-Bass.

Rolff, Hans-Günter. 2013. *Schulentwicklung kompakt: Modelle, Instrumente, Perspektiven* (Pädagogik 2014). Weinheim: Beltz. http://sub-hh.ciando.com/book/?bok_id=506965.

Rolff, Hans-Günter. 2015. Formate der Unterrichtsentwicklung und Rolle der Schulleitung. In Hans-Günter Rolff (Hrsg.), *Handbuch Unterrichtsentwicklung* (Pädagogik), 12–32. Weinheim, Bergstr: Beltz, J; Beltz.

Rolff, Hans-Günter (Hrsg.). 2015. *Handbuch Unterrichtsentwicklung* (Pädagogik). Weinheim, Bergstr: Beltz, J; Beltz.

Rost, Detlef H., Jörn R. Sparfeldt & Susanne Buch (Hrsg.). 2018. *Handwörterbuch pädagogische Psychologie* (Beltz Psychologie 2018). Weinheim & Basel: Beltz.

Rothland, Martin (Hrsg.). 2007. *Belastung und Beanspruchung im Lehrerberuf: Modelle, Befunde, Interventionen* (Lehrbuch). Wiesbaden: VS Verl. für Sozialwiss.

Rothland, Martin (Hrsg.). 2013a. *Belastung und Beanspruchung im Lehrerberuf*. Wiesbaden: Springer Fachmedien Wiesbaden.

Rothland, Martin. 2013b. Beruf: Lehrer/Lehrerin – Arbeitsplatz: Schule: Charakteristika der Arbeitstätigkeit und Bedingungen der Berufssituation. In Martin Rothland (Hrsg.), *Belastung und Beanspruchung im Lehrerberuf*, 21–39. Wiesbaden: Springer Fachmedien Wiesbaden.

Rothland, Martin. 2013c. „Riskante" Berufswahlmotive und Überzeugungen von Lehramtsstudierenden. *Erziehung und Unterricht* (1–2). 71–80.

Rothland, Martin & Ewald Terhart. 2010. Forschung zum Lehrerberuf. In Rudolf Tippelt & Bernhard Schmidt-Hertha (Hrsg.), *Handbuch Bildungsforschung*, 791–810. Wiesbaden: VS-Verlag.

Rupp, Gerhard. 2014. *Deutschunterricht lehren weltweit: Basiswissen für Master of Education-Studierende und Deutschlehrerinnen*. Baltmannsweiler: Schneider-Verl. Hohengehren.

Saldern, Matthias v. 2010. Klassengröße. In Detlef H. Rost (Hrsg.), *Handwörterbuch Pädagogische Psychologie*, 362–368. Weinheim: Beltz.

Schädlich, Birgit. 2019. *Fremdsprachendidaktische Reflexion als Interimsdidaktik: Eine Qualitative Inhaltsanalyse zum Fachpraktikum Französisch*. Stuttgart: J.B. Metzler.

Schart, Michael. 2014. Die Lehrerrolle in der fremdsprachendidaktischen Forschung: Konzeptionen, Ergebnisse, Kosequenzen. *Fremdsprachen Lehren und Lernen* 43. Jahrgang (1). 36–50.

Schart, Michael & Michael Legutke. 2012. *Lehrkompetenz und Unterrichtsgestaltung* (Deutsch lehren lernen Basis, Einheit 1). Berlin & Madrid: Langenscheidt.

Schecker, Horst & Reinders Duit. 2018. Schülervorstellungen und Physiklernen. In Horst Schecker, Thomas Wilhelm, Martin Hopf & Reinders Duit (Hrsg.), *Schülervorstellungen und Physikunterricht: Ein Lehrbuch für Studium, Referendariat und Unterrichtspraxis*, 1–21. Berlin, Heidelberg: Springer Berlin Heidelberg.

Scheele, Brigitte & Norbert Groeben. 1998. Das Forschungsprogramm subjektive Theorien: Theoretische und methodologische Grundzüge in ihrer Relevanz für den Fremdsprachenunterricht. *Fremdsprachen Lehren und Lernen* 27. 12–32.

Schensul, Jean, Marlene Berg, Daniel Schensul & Sandra Sydlo. 2004. Core Elements of Participatory Action Research for Educational Empowerment and Risk Prevention with Urban Youth. *Practicing Anthropology* 26(2). 10.17730/praa.26.2.k287g8jh47855437.

Schlee, Jörg. 2012. *Kollegiale Beratung und Supervision für pädagogische Berufe: Hilfe zur Selbsthilfe. ein..* [S.l.]: Kohlhammer Verlag.

Schmelter, Lars. 2014. Gütekriterien. In Julia Settinieri, Sevilen Demirkaya, Alexis Feldmeier, Nazan Gültekin-Karakoç & Claudia Riemer (Hrsg.), *Empirische Forschungsmethoden für Deutsch als Fremd- und Zweitsprache: Eine Einführung* (UTB 8541: Sprachwissenschaft), 33–45. Paderborn: Schöningh.

Schmidt, Christiane. 2008. Analyse von Leitfadeninterviews. In Uwe Flick, Ernst v. Kardorff & Ines Steinke (Hrsg.), *Qualitative Sozialforschung*, 447–456. Hamburg: Rowohlt.

Schmidt, Christiane. 2013. Auswertungstechniken für Leitfadeninterviews. In Barbara Friebertshäuser, Antje Langer, Annedore Prengel, Heike Boller & Sophia Richter (Hrsg.), *Handbuch qualitative Forschungsmethoden in der Erziehungswissenschaft*, 473–486. Weinheim [u.a.]: Beltz Juventa.

Schmidt, Frederike. 2016a. Interviewverfahren: Ein Überblick. In Jan Boelmann (Hrsg.), *Empirische Erhebungs- und Auswertungsverfahren in der deutschdidaktischen Forschung*, 23–34. Baltmannsweiler: Schneider Verlag Hohengehren GmbH.

Schmidt, Frederike. 2016b. Leitfadeninterviews: Ein Verfahren zur Erhebung subjektiver Sichtweisen. In Jan Boelmann (Hrsg.), *Empirische Erhebungs- und Auswertungsverfahren in der deutschdidaktischen Forschung*, 51–66. Baltmannsweiler: Schneider Verlag Hohengehren GmbH.

Schmidt, Melanie, Franziska Heinze & Christian Herfter. 2013. Der Forschungsbericht. In Barbara Drinck (Hrsg.), *Forschen in der Schule: Ein Lehrbuch für (angehende) Lehrerinnen und Lehrer* (UTB 3776: Schulpädagogik, Erziehungswissenschaft), 393–410. Opladen [u.a.]: Budrich.

Schmidt, Michaela & Franziska Perels. 2010. *Der optimale Unterricht!?: Praxishandbuch Evaluation*. Göttingen: Vandenhoeck & Ruprecht.

Schmitz, Angela. 2017. *Beliefs von Lehrerinnen und Lehrern der Sekundarstufen zum Visualisieren im Mathematikunterricht* (Freiburger Empirische Forschung in der Mathematikdidaktik). Wiesbaden: Springer Spektrum.

Schmitz, Gerdamarie S. & Ralf Schwarzer. 2000. Selbstwirksamkeitserwartung von Lehrern: Längsschnittbefunde mit einem neuen Instrument. *Zeitschrift für Pädagogische Psychologie* 14(1). 10.1024//1010-0652.14.1.12.

Schneider-Landolf, Mina. 2009. System der TZI. In Mina Schneider-Landolf, Jochen Spielmann & Walter Zitterbarth (Hrsg.), *Handbuch Themenzentrierte Interaktion (TZI): Mit 16 Abbildungen und 3 Tabellen*, 67–77. Göttingen: Vandenhoeck & Ruprecht.

Schneider-Landolf, Mina. 2009. Wir. In Mina Schneider-Landolf, Jochen Spielmann & Walter Zitterbarth (Hrsg.), *Handbuch Themenzentrierte Interaktion (TZI): Mit 16 Abbildungen und 3 Tabellen*, 120–127. Göttingen: Vandenhoeck & Ruprecht.

Schneider-Landolf, Mina, Jochen Spielmann & Walter Zitterbarth (Hrsg.). 2009. *Handbuch Themenzentrierte Interaktion (TZI): Mit 16 Abbildungen und 3 Tabellen*. Göttingen: Vandenhoeck & Ruprecht.

Schnell, Martin W. 2008. *Ethik als Schutzbereich*. s.l.: Verlag Hans Huber.

Schnell, Martin W. & Christine Dunger. 2018. *Forschungsethik: Informieren – reflektieren – anwenden*. Bern: Hogrefe.

Schnell, Martin W. & Charlotte Heinritz. 2006. *Forschungsethik: Ein Grundlagen- und Arbeitsbuch mit Beispielen aus der Gesundheits- und Pflegewissenschaft* (Programmbereich Pflege). Bern: Huber.

Schnell, Rainer, Paul B. Hill & Elke Esser. 2014. *Methoden der empirischen Sozialforschung*. München: Oldenbourg.

Schocker-von Ditfurth, Marita. 2002. *Unterricht verstehen: Medienpaket zur Förderung reflektierter Unterrichtspraxis. Modul 1: Erfahrungswissen reflektieren und den eigenen Unterricht weiterentwickeln*. München: Goethe-Inst. Inter Nations.

Schön, Donald A. 1983. *The reflective practitioner: How professionals think in action*. New York: Basic Books.

Schön, Donald A. 1987. *Educating the reflective practitioner* (The Jossey-Bass higher education series). San Francisco: Jossey-Bass.

Schramm, Karen. 2016. Unterrichtsforschung und Videographie. In Eva Burwitz-Melzer, Grit Mehlhorn, Claudia Riemer, Karl-Richard Bausch & Hans-Jürgen Krumm (Hrsg.), *Handbuch Fremdsprachenunterricht* (UTB 8043), 587–592. Tübingen: A. Francke Verlag.

Schreiber, Jörg-Robert. 2016. Kompetenzen, Themen, Anforderungen, Unterrichtsgestaltung und Curricula. In Jörg-Robert Schreiber & Hannes Siege (Hrsg.), *Orientierungsrahmen für den Lernbereich globale Entwicklung im Rahmen einer Bildung für nachhaltige Entwicklung: Ein Beitrag zum Weltaktionsprogramm "Bildung für nachhaltige Entwicklung": Ergebnis des gemeinsamen Projekts der Kultusministerkonferenz (KMK) und des Bundesministeriums für Wirtschaftliche Zusammenarbeit und Entwicklung (BMZ), 2004–2015, Bonn*, 84–110. Berlin: Cornelsen.

Schreiber, Jörg-Robert & Hannes Siege (Hrsg.). 2016. *Orientierungsrahmen für den Lernbereich globale Entwicklung im Rahmen einer Bildung für nachhaltige Entwicklung: Ein Beitrag zum Weltaktionsprogramm "Bildung für nachhaltige Entwicklung": Ergebnis des gemeinsamen Projekts der Kultusministerkonferenz (KMK) und des Bundesministeriums für Wirtschaftliche Zusammenarbeit und Entwicklung (BMZ), 2004–2015, Bonn*. Berlin: Cornelsen.

Schütz, Klaus-Volker. 1992. Glossar zur TZI. In Cornelia Löhmer & Rüdiger Standhardt (Hrsg.), *TZI: Pädagogisch-therapeutische Gruppenarbeit nach Ruth C. Cohn*, 385–396. Stuttgart: Klett-Cotta.

Schwer, Christina & Claudia Solzbacher (Hrsg.). 2014. *Professionelle pädagogische Haltung: Historische theoretische und empirische Zugänge zu einem viel strapazierten Begriff*. Bad Heilbrunn: Klinkhardt.

Seidel, Tina. 2014. Angebots-Nutzungs-Modelle in der Unterrichtspsychologie: Integration von Struktur- und Prozessparadigma. *Zeitschrift für Pädagogik* 60(6). 850–866.

Seidel, Tina. 2020. Kommentar zum Themenblock „Angebots-Nutzungs-Modelle als Rahmung": Quo vadis deutsche Unterrichtsforschung? Modellierung von Angebot und Nutzung im Unterricht. *Zeitschrift für Pädagogik* 66(2). 95–101.

Seidel, Tina & Richard J. Shavelson. 2007. Teaching Effectiveness Research in the Past Decade: The Role of Theory and Research Design in Disentangling Meta-Analysis Results. *Review of Educational Research* 77(4). 10.3102/0034654307310317.

Seidlhofer, Barbara. 1999. Double Standards: Teacher Education in the Expanding Circle. *World Englishes* 18(2). 10.1111/1467-971X.00136.

Seitz, Stefan & Petra Hiebl. 2014. *Feedbackkultur in Schulen etablieren: So gelingt der konstruktive Austausch mit Eltern, Schülern und Kollegium* (Handlungsfeld: Qualität). Köln: Link.

Selting, Margret, Peter Auer, Birgit Barden, Jörg Bergmann, Elizabeth Couper-Kuhlen, Susanne Günthner, Christoph Meier, Uta Quasthoff, Peter Schlobinski & Susanne Uhmann. 1998. Gesprächsanalytisches Transkriptionssystem (GAT). https://www.mediensprache.net/de/medienanalyse/transcription/gat/gat.pdf (zuletzt aufgerufen am 06.12.2020).

Selting, Margret, Peter Auer, Dagmar Barth-Weingarten, Jörg Bergmann, Pia Bergmann, Karin Birkner, Elizabeth Couper-Kuhlen, Arnulf Deppermann, Peter Gilles, Susanne Günthner, Martin Hartung, Friederike Kern, Christine Mertzlufft, Christian Meyer, Miriam Morek, Frank Oberzaucher, Jörg Peters, Uta Quasthoff, Wilfried Schütte, Anja Stukenbrock & Susanne Uhmann. 2009. Gesprächsanalytisches Transkriptionssystem 2 (GAT 2). *Gesprächsforschung – Online-Zeitschrift zur verbalen Interaktion* (10). 353–402.

Settinieri, Julia, Sevilen Demirkaya, Alexis Feldmeier, Nazan Gültekin-Karakoç & Claudia Riemer (Hrsg.). 2014. *Empirische Forschungsmethoden für Deutsch als Fremd- und Zweitsprache: Eine Einführung* (UTB 8541: Sprachwissenschaft). Paderborn: Schöningh.

Solzbacher, Claudia. 2017. Selbstkompetenz als zentrale Dimension im Bildungsprozess: Wie lernen (besser) gelingen kann. In Claudia Solzbacher, Miriam Buse & Meike Sauerhering (Hrsg.), *Selbst – Lernen – Können: Selbstkompetenzförderung in Theorie und Praxis*, 1–20. Baltmannsweiler: Schneider Verlag Hohengehren GmbH.

Solzbacher, Claudia, Miriam Buse & Meike Sauerhering (Hrsg.). 2017. *Selbst – Lernen – Können: Selbstkompetenzförderung in Theorie und Praxis*. Baltmannsweiler: Schneider Verlag Hohengehren GmbH.

Spielmann, Jochen. 2009. Was ist TZI? In Mina Schneider-Landolf, Jochen Spielmann & Walter Zitterbarth (Hrsg.), *Handbuch Themenzentrierte Interaktion (TZI): Mit 16 Abbildungen und 3 Tabellen*, 15–17. Göttingen: Vandenhoeck & Ruprecht.

Steinke, Ines. 1999. *Kriterien qualitativer Forschung: Ansätze zur Bewertung qualitativ-empirischer Sozialforschung*. Weinheim: Juventa.

Steinke, Ines. 2017. Gütekriterien qualitativer Forschung. In Uwe Flick & Ernst v. Kardorff (Hrsg.), *Qualitative Forschung: Ein Handbuch* (Rororo 55628: Rowohlts Enzyklopädie), 319–331. Reinbek bei Hamburg: Rowohlt Taschenbuch Verlag.

Stollberg, Dietrich. 2015. «Wer den Globe nicht kennt, den frisst er»: Zur Bedeutung des Umfeldes in der themenzentriertinteraktionellen Arbeit. In Anja von Kanitz, Walter Lotz, Birgit Menzel, Elfi Stollberg & Walter Zitterbarth (Hrsg.), *Elemente der Themenzentrierten Interaktion (TZI): Texte zur Aus- und Weiterbildung*, 33–45. Göttingen: Vandenhoeck Ruprecht.

Stollberg, Dietrich & Mina Schneider-Landolf. 2009. Lebendiges Lernen. In Mina Schneider-Landolf, Jochen Spielmann & Walter Zitterbarth (Hrsg.), *Handbuch Themenzentrierte Interaktion (TZI): Mit 16 Abbildungen und 3 Tabellen*, 147–153. Göttingen: Vandenhoeck & Ruprecht.

Strahm, Peter. 2008. *Qualität durch systematisches Feedback: Grundlagen, Einblicke und Werkzeuge* (Impulse zur Schulentwicklung). Bern: Schulverl.

Strauss, Anselm L. 1991. *Grundlagen qualitativer Sozialforschung: Datenanalyse und Theoriebildung in der empirischen soziologischen Forschung* (Übergänge 10). München: Fink.

Strauss, Anselm L. & Juliet M. Corbin. 1996. *Grounded theory: Grundlagen qualitativer Sozialforschung*. Weinheim: Beltz, Psychologie-Verl.-Union.

Stringer, Ernest T. 1996. *Action research: A handbook for practitioners.* Thousand Oaks, Calif.: Sage Publ. http://www.loc.gov/catdir/enhancements/fy0655/95041802-d.html.

Strübing, Jörg. 2014. *Grounded Theory: Zur sozialtheoretischen und epistemologischen Fundierung eines pragmatistischen Forschungsstils* (Qualitative Sozialforschung). Wiesbaden: VS Verlag für Sozialwissenschaften.

Strübing, Jörg. 2018a. Grounded Theory: Methodische und methodologische Grundlagen. In Christian Pentzold, Andreas Bischof & Nele Heise (Hrsg.), *Praxis Grounded Theory*, 27–52. Wiesbaden: Springer Fachmedien Wiesbaden.

Strübing, Jörg. 2018b. *Qualitative Sozialforschung*. Berlin, Boston: DE GRUYTER.

Strübing, Jörg, Stefan Hirschauer, Ruth Ayaß, Uwe Krähnke & Thomas Scheffer. 2018. Gütekriterien qualitativer Sozialforschung. Ein Diskussionsanstoß. *Zeitschrift für Soziologie* 47(2). 10.1515/zfsoz-2018-1006 (zuletzt aufgerufen am 12.03.2019).

Strübing, Jörg & Bernt Schnettler. 2004. Klassische Grundlagentexte zur Methodologie interpretativer Sozialforschung. In Jörg Strübing & Bernt Schnettler (Hrsg.), *Methodologie interpretativer Sozialforschung: Klassische Grundlagentexte* (UTB 2513: Sozialwissenschaften), 9–16. Konstanz: UVK-Verl.-Ges.

Strübing, Jörg & Bernt Schnettler (Hrsg.). 2004. *Methodologie interpretativer Sozialforschung: Klassische Grundlagentexte* (UTB 2513: Sozialwissenschaften). Konstanz: UVK-Verl.-Ges.

Surkamp, Carola (Hrsg.). 2010. *Metzler-Lexikon Fremdsprachendidaktik*: *Ansätze – Methoden – Grundbegriffe; mit Tabellen*. Stuttgart [u.a.]: Metzler.

Surkamp, Carola & Britta Viebrock (Hrsg.). 2018. *Teaching English as a Foreign Language*: *An Introduction*. Stuttgart: J.B. Metzler.

Terhart, Ewald. 2014. Der Heilige Gral der Schul- und Unterrichtsforschung – gefunden?: Eine Auseinandersetzung mit Visible Learning. In Ewald Terhart (Hrsg.), *Die Hattie-Studie in der Diskussion*: *Probleme sichtbar machen* (Bildung kontrovers), 10–23. Seelze: Kallmeyer.

Terhart, Ewald. 2015. Theorie der Unterrichtsentwicklung: Inspektion einer Leerstelle. In Hans-Günter Rolff (Hrsg.), *Handbuch Unterrichtsentwicklung* (Pädagogik), 62–76. Weinheim, Bergstr: Beltz, J; Beltz.

Terhart, Ewald. 2020. Unterrichtsqualität zwischen Theorie und Empirie: Ein Kommentar zur Theoriediskussion in der empirisch-quantitativen Unterrichtsforschung. *Zeitschrift für Pädagogik* 66(2). 223–235.

Terhart, Ewald, Hedda Bennewitz & Martin Rothland (Hrsg.). 2011. *Handbuch der Forschung zum Lehrerberuf*. Münster: Waxmann.

Thaler, Engelbert. 2010. Lehrer und Lehrerrolle. In Carola Surkamp (Hrsg.), *Metzler-Lexikon Fremdsprachendidaktik*: *Ansätze – Methoden – Grundbegriffe; mit Tabellen*, 162–164. Stuttgart [u.a.]: Metzler.

Thißen, Anne. 2019. *Reflexionsfähigkeit in der Lehrerbildung*: *Eine empirische Untersuchung im Rahmen der Schulpraktika im Fach Sport*. Kassel: Universität Kassel Dissertation.

Thornberg, Robert & Kathy Charmaz. 2014. Grounded Theory and Theoretical Coding. In Uwe Flick (Hrsg.), *The SAGE handbook of qualitative data analysis*, 153–169. London: SAGE.

Tillmann, Klaus-Jürgen. 2011. Konzepte der Forschung zum Lehrerberuf. In Ewald Terhart, Hedda Bennewitz & Martin Rothland (Hrsg.), *Handbuch der Forschung zum Lehrerberuf*, 232–240. Münster: Waxmann.

Timm, Johannes-Peter (Hrsg.). 2005. *Englisch lernen und lehren*: *Didaktik des Englischunterrichts*. Berlin: Cornelsen.

Timm, Johannes-Peter. 2013. Schüleräußerungen und Lehrfeedback im Unterrichtsgespräch. In Gerhard Bach & Johannes-Peter Timm (Hrsg.), *Englischunterricht*: *Grundlagen und Methoden einer handlungsorientierten Unterrichtspraxis* (UTB 1540: Anglistik), 199–229. Tübingen [u.a.]: Francke.

Törner, Günter. 2002. Epistemologische Grundüberzeugungen – verborgene Variablen beim Lehren und Lernen von Mathematik. *Der Mathematikunterricht* 48(4/5). 103–128.

Toumi Njeugue, Bertrand. 2019. Schülerfeedback als Chance für einen professionelleren Deutschunterricht in Kamerun: Probleme und Perspektiven. In Malgorzata Barras, Katharina Karges, Thomas Studer & Eva Wiedenkeller (Hrsg.), *IDT 2017: Sektionen* (2), 433–438. Berlin: Erich Schmidt Verlag.

Tsamo Fomano, Williams. 2016. *Interaktion im kamerunischen Deutschunterricht: Bewältigung von Lernschwierigkeiten*. Yaoundé: Universität Yaoundé I Dissertation.

Ulber, Daniela & Margarete Imhof. 2014. *Beobachtung in der Frühpädagogik: Theoretische Grundlagen, Methoden, Anwendung*. Stuttgart: Kohlhammer.

UNESCO. Cameroun. http://uis.unesco.org/fr/country/cm (zuletzt aufgerufen am 30.05.2020).

UNESCO. 2017. *Education for Sustainable Development Goals: Learning Objectives*. Paris.

UNESCO & MGIEP. 2017. *Textbook for Sustainable Development: A Guide to Embedding* (zuletzt aufgerufen am 08.01.2018).

Unger, Hella von. 2014a. *Partizipative Forschung: Einführung in die Forschungspraxis*. Wiesbaden: Springer Fachmedien Wiesbaden; Imprint; Springer VS.

Unger, Hella von. 2014b. Forschungsethik in der qualitativen Forschung: Grundsätze, Debatten und offene Fragen. In Hella von Unger, Petra Narimani, Rosaline M'Bayo & Rosaline M'Bayo (Hrsg.), *Forschungsethik in der qualitativen Forschung: Reflexivität, Perspektiven, Positionen*, 15–39. Wiesbaden: Springer Fachmedien Wiesbaden; Springer VS.

Urquhart, Cathy. 2013. *Grounded theory for qualitative research: A practical guide*. London [u.a.]: SAGE.

van Dick, Rolf & Sebastian Stegmann. 2013. Belastung, Beanspruchung und Stress im Lehrerberuf – Theorien und Modelle. In Martin Rothland (Hrsg.), *Belastung und Beanspruchung im Lehrerberuf*, 43–59. Wiesbaden: Springer Fachmedien Wiesbaden.

van Ophuysen, Stefanie, Bea Bloh & Volker Gehrau. 2017. *Die Beobachtung als Methode in der Erziehungswissenschaft* (utb Erziehungswissenschaft, Pädagogik, Bildungswissenschaft 4862). Konstanz & München: UVK Verlagsgesellschaft mbh; UVK Lucius.

Vicente, Sara. 2018. *Professionelle Sprachkompetenz für den Unterricht: Eine Studie zu epistemischen Überzeugungen angehender und berufstätiger Deutschlehrender im DaF-Kontext* (Perspektiven Deutsch als Fremdsprache Band 35). Baltmannsweiler: Schneider Verlag Hohengehren.

Viebrock, Britta. 2015. *Forschungsethik in der Fremdsprachenforschung: Eine systemische Betrachtung* (Kolloquium Fremdsprachenunterricht v.53 // Band 53). Frankfurt: Peter Lang GmbH Internationaler Verlag der Wissenschaften; Peter Lang Edition.

Viebrock, Britta. 2018. Teachers of English as a Foreign Language: Experience and Professional Development. In Carola Surkamp & Britta Viebrock (Hrsg.), *Teaching English as a Foreign Language: An Introduction*, 39–55. Stuttgart: J.B. Metzler.

Voss, Andreas & Inge Blatt. 2009. Unterrichtsentwicklungsforschung. Ein integrativer Ansatz zur Verbesserung der Unterrichtsqualität. In Karl-Oswald Bauer & Niels Logemann (Hrsg.), *Kompetenzmodelle und Unterrichtsentwicklung*, 11–74. Bad Heilbrunn: Verlag Julius Klinkhardt.

Voss, Andreas, Thilo Kleickmann, Mareike Kunter & Axinja Hachfeld. 2011. Überzeugungen von Mathelehrerkräften. In Mareike Kunter, Jürgen Baumert, Werner Blum & Michael Neubrand (Hrsg.), *Professionelle Kompetenz von Lehrkräften: Ergebnisse des Forschungsprogramms COACTIV*, 235–257. Münster: Waxmann.

Wallace, Michael J. 2002. *Action research for language teachers* (Cambridge teacher training and development). Cambridge [u.a.]: Cambridge Univ. Press.

Wasser, Harald. Harald Wasser, Eine kurze Reise zum Konstruktivismus(Version 1.1). http://autopoietische-systeme.de (zuletzt aufgerufen am 29.06.2019).

Watt, Helen M. G. & Paul W. Richardson. 2007. Motivational Factors Influencing Teaching as a Career Choice: Development and Validation of the FIT-Choice Scale. *The Journal of Experimental Education* 75(3). 10.3200/JEXE.75.3.167-202.

Weinert, Franz E. 1996. 'Der gute Lehrer', 'die gute Lehrerin' im Spiegel der Wissenschaft. Was macht Lehrende wirksam und was führt zu ihrer Wirksamkeit? *Beiträge zur Lehrerinnen- und Lehrerbildung* 14(2). 141–151.

Weinert, Franz E. (Hrsg.). 2001. *Leistungsmessungen in Schulen* (Beltz Pädagogik). Weinheim: Beltz.

Weinert, Franz E. & Andreas Helmke. 1996. Der gute Lehrer: Person, Funktion oder Fiktion? In Achim Leschinsky (Hrsg.), *Die Institutionalisierung von Lehren und Lernen: Beiträge zu einer Theorie der Schule*, 223–233. Weinheim: Beltz.

Weinert, Franz E., Friedrich-Wilhelm Schrader & Andreas Helmke. 1990. *Unterrichtsexpertise – ein Konzept zur Verringerung der Kluft zwischen zwei theoretischen Paradigmen*. München.

Weinert, Franz E. (Hrsg.). 1997. *Psychologie des Unterrichts und der Schule* (Enzyklopädie der Psychologie Praxisgebiete Pädagogische Psychologie Bd. 3). Göttingen: Hogrefe Verl. für Psychologie.

Wicke, Rainer E. 2004. *Aktiv und kreativ lernen: Projektorientierte Spracharbeit im Unterricht; Deutsch als Fremdsprache*. Ismaning: Hueber.

Wicke, Rainer E. 2012. *Aufgabenorientiertes und projektorientiertes Lernen im DaF-Unterricht: Genese und Entwicklung*. München: Iudicium.

Wiechmann, Jürgen & Susanne Wildhirt (Hrsg.). 2016. *Zwölf Unterrichtsmethoden: Vielfalt für die Praxis* (Pädagogik). Weinheim [u.a.]: Beltz.

Wild, Katia. 2014. Kompetenzorientiert mit dem Lehrwerk unterrichten: Schwierigkeiten und Möglichkeiten in der Sekundarstufe I. *PRAXIS Fremdsprachenunterricht. Französisch* 11. Jahrgang (1/2014). 8–11.

Windeler, Arnold. 2014. Kompetenz. Sozialtheoretische Grundprobleme und Grundfragen. In Arnold Windeler & Jörg Sydow (Hrsg.), *Kompetenz: Sozialtheoretische Perspektiven* (Organisation und Gesellschaft), 7–18. Wiesbaden: VS Verlag für Sozialwissenschaften.

Windeler, Arnold & Jörg Sydow (Hrsg.). 2014. *Kompetenz: Sozialtheoretische Perspektiven* (Organisation und Gesellschaft). Wiesbaden: VS Verlag für Sozialwissenschaften.

Witzel, Andreas. 2000. Das Problemzentrierte Interview. *Forum: Qualitative Sozialforschung/ Forum: Qualitative Social Research* 1(1). http://nbn-resolving.de/urn:nbn:de:0114-fqs0001228 (zuletzt aufgerufen am 03.05.2019).

Woolfolk Hoy, Anita, Heather Davis & Stephen J. Pape. 2006. Teacher Knowledge and Beliefs. In Patricia A. Alexander & Philip H. Winne (Hrsg.), *Handbook of educational psychology*, 715–737. New York: Routledge.

Wyss, Corinne. 2013. *Unterricht und Reflexion: Eine mehrperspektivische Untersuchung der Unterrichts- und Reflexionskompetenz von Lehrkräften* Dissertation.

Yang, Jianpei & Angelika Loo. 2007. Vom Notfall zur Innovation?: Zur Großgruppendidaktik im chinesischen DaF-Unterricht. *German as a foreign language (GFL)* (3). 73–90.

Zeichner, Kenneth M. & Susan E. Noffke. 2001. Practitioner Research. In Virginia Richardson (Hrsg.), *Handbook of research on teaching*, 298–330. Washington DC: American Educational Research Association.

Ziebell, Barbara. 2002. *Unterrichtsbeobachtung und Lehrerverhalten* (Fernstudienprojekt zur Fort- und Weiterbildung im Bereich Germanistik und Deutsch als Fremdsprache Deutsch als Fremdsprache Fernstudieneinheit 32). Berlin: Langenscheidt.

Ziebell, Barbara & Annegret Schmidjell. 2012. *Unterrichtsbeobachtung und kollegiale Beratung: Neu* (Fernstudienprojekt zur Fort- und Weiterbildung im Bereich Germanistik und Deutsch als Fremdsprache, Teilbereich Deutsch als Fremdsprache: Fernstudieneinheit 32). Berlin & Madrid: Langenscheidt.

Zierer, Klaus, Vera Busse, Stephan Wernke & Lukas Otterspeer. 2015. Feedback in der Schule – Forschungsergebnisse. In Claus G. Buhren (Hrsg.), *Handbuch Feedback in der Schule* (Pädagogik), 31–50. Weinheim: Beltz.

Zitterbarth, Walter. 2009. Ausdifferenzierung des Vier-Faktoren-Modells. In Mina Schneider-Landolf, Jochen Spielmann & Walter Zitterbarth (Hrsg.), *Handbuch Themenzentrierte Interaktion (TZI): Mit 16 Abbildungen und 3 Tabellen*, 213–216. Göttingen: Vandenhoeck & Ruprecht.

Im Medium fremder Sprachen und Kulturen

Herausgegeben von Prof. Dr. Lutz Götze,
Prof. Dr. Gabriele Pommerin-Götze und PD Dr. Salifou Traoré

Band 1 Maryse Nsangou: Kommunikatives Verhalten von Deutschlernenden in Kontaktsituationen. Eine exemplarische Untersuchung am Beispiel sprachlicher Problemlösungsstrategien kamerunischer Deutschlernender. 2000.

Band 2 Salifou Traoré: Interlinguale Interferenzerscheinungen. In ausgewählten Bereichen von Morphosyntax und Text bei afrikanischen frankophonen Germanistikstudierenden mit didaktischen Schlussfolgerungen. 2000.

Band 3 Jutta Wolfrum: "Heimat ist wie eine Göttin der Antiquität." Lebensperspektiven junger griechischer MigrantInnen und RemigrantInnen – kreativ geschrieben. 2001.

Band 4 Hyun-Sun Park: Tempusfunktionen in Texten. Eine Untersuchung zu den Tempusfunktionen je nach Textsorte im Hinblick auf die Textrezeption und Textproduktion im Fremdsprachenunterricht. 2003.

Band 5 Yvette Verbeeck: Eine Grammatik für Lernende unter funktionalkommunikativem Blickwinkel: Bindeglied zwischen Linguistik, Psychologie und Fremdsprachendidaktik. Eine Konkretisierung für Anfänger. 2004.

Band 6 Lutz Götze: Zeitkulturen. Gedanken über die Zeit in den Kulturen. 2004.

Band 7 Friederike Vogel: Suchtprävention im Deutschunterricht der Mittelstufe. Erfahrungen mit einem Unterrichtsprojekt auf der Grundlage von Jugendliteratur zum Thema *Sucht* in Klassen mit einheimischen Schülern und Migranten. 2005.

Band 8 Bernard Mulo Farenkia: Beziehungskommunikation mit Komplimenten. Ethnographische und gesprächsanalytische Untersuchungen im deutschen und kamerunischen Sprach- und Kulturraum. 2006.

Band 9 Baudelaire Didier Dnzoutchep Nguewo: Dankbarkeitsbekundung in Deutschland und Kamerun als kommunikatives und soziokulturelles Phänomen. Unter besonderer Berücksichtigung des Gebietes der Bamiléké. 2006.

Band 10 Jean-Claude Bationo: Literaturvermittlung im Deutschunterricht in Burkina Faso. Teil 1: Stellenwert und Funktion literarischer Texte im Regionallehrwerk *IHR und WIR*. Teil 2: Die Dissertation begleitende literarische Textauszüge zum interkulturellen Lernen im Unterricht Deutsch als Fremdsprache. 2007.

Band	11	Elisabeth Venohr: Textmuster und Textsortenwissen aus der Sicht des Deutschen als Fremdsprache. Textdidaktische Aspekte ausgewählter Textsorten im Vergleich Deutsch-Französisch-Russisch. 2007.
Band	12	Salifou Traoré: Interkulturelle Grammatik. Konzeptionelle Überlegungen zu einer Grammatik aus eigener und fremder Perspektive im Deutschen als Fremdsprache. 2008.
Band	13	Daniella Kpoda: Das Bild der afrikanischen Frau in der deutschen und der französischen Kolonialliteratur und sein Gegenentwurf in der frankophonen afrikanischen Literatur der Kolonialzeit. 2009.
Band	14	Amirdine Chababy: Deutschunterricht auf Madagaskar, Mauritius und den Komoren. Mit landeskundlichen und grammatischen Anmerkungen sowie Verbesserungsvorschlägen zu den Lehrbüchern *Ihr und Wir*. Teil 1: Theoretischer Teil. Teil 2: Unterrichtsvorschlag. Mit einem Modellsatz für Hörverstehen auf CD-Rom. 2009.
Band	15	Christine Fourcaud: Phraseologie und Sprachtransfer bei Arte-Info. 2010.
Band	16	Lutz Götze / Patricia Müller-Liu / Salifou Traoré: Kulturkontrastive Grammatik – Konzepte und Methoden. 2009.
Band	17	Charles Boris Diyani Bingan: Begrüßung, Verabschiedung und Entschuldigung in Kamerun und Deutschland. Zur linguistischen und kulturkontrastiven Beschreibung von Sprechakten in der Alltagskommunikation. 2010.
Band	18	Lutz Götze: Zeit-Räume – Raum-Zeiten. Gedanken über Raum und Zeit in den Kulturen. 2011.
Band	19	Nino Loladze: Interkulturelles Lernen im Deutschunterricht: Fallbeispiel Georgien. 2011.
Band	20	Steffi Schieder-Niewierra: Schreibförderung im interkulturellen Sprachunterricht. Der Computer als Schreibwerkzeug. Eine empirische Untersuchung am Beispiel einer vierten Grundschulklasse. 2011.
Band	21	Lesya Matiyuk: Authentische Texte beim Lehren und Lernen von Fremdsprachen. Ein diskursbasiertes Modell für den ausländischen Fremdsprachenunterricht mit fortgeschrittenen erwachsenen Lernenden. Entwickelt im Fach Deutsch als Fremdsprache. 2012.
Band	22	Mina Ioveva: Zeit und Tempus im Deutschen und Bulgarischen. Versuch einer kulturkontrastiven Betrachtung. 2014.

Band 23 Lutz Götze: In dreißig Jahren um die Welt. Begegnungen mit Menschen, Sprachen und Kulturen. 2014.

Band 24 Salifou Traoré: Sprachvergleich im Kontext des Lehrens und Lernens fremder Sprachen. Zur Modellierung eines funktionalen Apparates als *tertium comparationis*. 2014.

Band 25 Lutz Götze/Pakini Akkramas/Gabriele Pommerin-Götze/Salifou Traoré (Hrsg.): Motivieren und Motivation im Deutschen als Fremdsprache. 2015.

Band 26 Benedikt Döhla: Vorintegrative Sprachförderung an den Goethe-Instituten in der Türkei. Zur Wirksamkeit vorintegrativer Sprachförderung im Rahmen des Sprachnachweises beim Ehegattennachzug – eine empirische Untersuchung. 2015.

Band 27 Petra McLay: Deutsch als Fremdsprache an schottischen Gesamtschulen. Interkultureller Fremdsprachenunterricht mit integrativen Ansätzen zum Sprechen und Schreiben für schottische Lerner. 2016.

Band 28 Lutz Götze / Norbert Gutenberg / Robin Stark (Hrsg.): Sprachliche Schlüsselkompetenzen und die Ausbildungsreife Jugendlicher. Leseverstehen, Hörverstehen, mündliches und schriftliches Formulieren bei Hauptschulabsolventen deutscher und nichtdeutscher Muttersprache. Leistungstests – Förderprogramm – Evaluation. 2017.

Band 29 Eirini Monsela: Kulturspezifischer Tempusgebrauch in der Fremdsprache Deutsch am Beispiel griechischer Lernender. Lernersprachenanalyse – Kulturkontrastive Analyse. 2017.

Band 30 Pakini Akkramas / Hermann Funk / Salifou Traoré (Hrsg.): Deutsch als Fremdsprache im Spannungsfeld zwischen Globalisierung und Regionalisierung. 2017.

Band 31 Jean-Claude Bationo: Didactique de la littérature en classe d'allemand au Burkina Faso. Bilan et perspectives de recherche. 2017.

Band 32 William Wagaba / Steven Heimlich (Hrsg.): Unterwegs mit und für Deutsch. 50 Jahre DaF und Germanistik in Ostafrika. 2020.

Band 33 Bertrand Toumi Njeugue: Rollenvorstellungen kamerunischer Lehrkräfte im schulischen DaF-Unterricht. Eine qualitative praxiserkundende Fallstudie. 2022.

www.peterlang.com

Printed by
CPI books GmbH, Leck